MES

1935 – 1945

MINISTÉRIO DA EDUCAÇÃO E SAÚDE

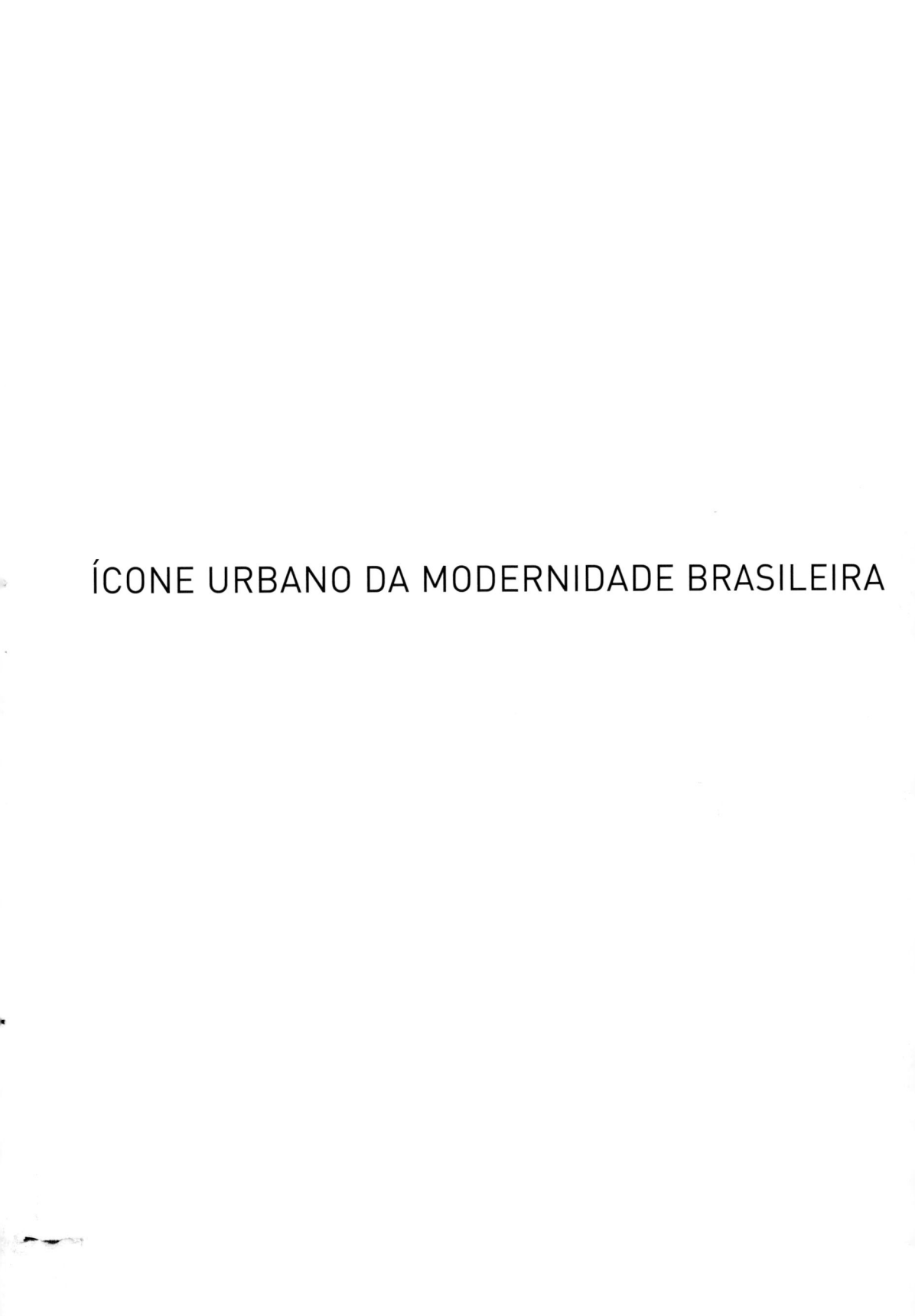

ÍCONE URBANO DA MODERNIDADE BRASILEIRA

MINISTÉRIO DA EDUCAÇÃO E SAÚDE

ÍCONE URBANO DA MODERNIDADE BRASILEIRA (1935-1945)

Roberto Segre

Romano Guerra Editora

São Paulo, 2013

patrocínio

realização

COLABORAÇÃO

José Ripper Kós, José Barki, Naylor Vilas Boas, Rodrigo Cury Paraízo, Thiago Leitão de Souza, Andrea Borde, Paulo Vidal Leite Ribeiro, César Jordão e Eduardo Vasconcelos

EQUIPE DE PESQUISA

Adriana Simeone, Ana Carolina Libardi, Daniela Ortiz dos Santos, Fagner das Neves, Gabriel Costa Alves, Itaci Aragão, Juliana Mattos, Karina Cavadas Figueira, Luis Estrella, Marcel Cadaval Pereira, Marcia Furriel Galvez, Marcio Nisenbaum, Maria Branca Rabelo de Moraes, Maria Laura Rosembuch, Mario Luis Pinto de Magalhães, Mônica da Silva Colmonero, Natalia Duffles de Brito, Niuxa Dias Drago, Rossana Beck, Tabitha Nicoletti Von Krüger, Verônica Gomez Natividade e Vinicius Constantino / Laboratório de Análise Urbana e Representação Digital (Laurd)

COORDENAÇÃO EDITORIAL

Abilio Guerra, Silvana Romano Santos e Ana Paula Koury

TRADUÇÃO DO ORIGINAL ESPANHOL

Flávio Coddou

ENSAIO FOTOGRÁFICO

Nelson Kon

DESENHO GRÁFICO

Carlito Carvalhosa e Gabriela Favre

PRODUÇÃO GRÁFICA

Jorge Bastos

APOIO INSTITUCIONAL

Instituto do Patrimônio Histórico e Artístico Nacional (Iphan), Fundação Le Corbusier e Projeto Portinari

APOIO À PESQUISA

Programa de Pós-Graduação em Urbanismo (Prourb) FAU UFRJ, Fundação de Amparo à Pesquisa do Estado do Rio de Janeiro (Faperj) e Conselho Nacional de Desenvolvimento Científico e Tecnológico (CNPq)

Para meus netos, Lucas e Maya,
esperanças de um futuro melhor

A Vale é uma mineradora global, que trabalha diariamente com a missão de transformar recursos naturais em prosperidade e desenvolvimento sustentável. Somos líderes mundiais na produção de minério de ferro e pelotas, matérias-primas para a indústria siderúrgica, e o segundo maior produtor de níquel, ingrediente essencial de ligas metálicas usadas em aeronaves, telefones celulares e baterias especiais para veículos elétricos híbridos, entre outros. Também produzimos manganês, ferroligas, carvão, cobre, cobalto, fertilizantes e metais do grupo platina, e investimos em logística e energia.

Nossas atividades são guiadas por uma política de transparência, proteção ao meio ambiente e melhoria da qualidade de vida das comunidades das quais fazemos parte, por meio do fortalecimento do capital humano e do respeito às identidades culturais locais.

Valorizamos a história, o patrimônio e a arte, e por isso apoiamos a publicação *Ministério da Educação e Saúde: ícone urbano da modernidade brasileira (1935-1945)*. Neste livro é apresentada a história da concepção da sede do MES, seus aspectos, suas características e particularidades técnicas, estruturais, funcionais, espaciais, artísticas e estéticas. Edifício vizinho ao prédio sede da Vale no Rio de Janeiro, o atual Palácio Gustavo Capanema é considerado um dos mais importantes exemplos de arquitetura moderna no mundo.

Vale

A participação efetiva da Caixa no desenvolvimento das nossas cidades e sua presença na vida de cada cidadão deste país consolida-se por meio de programas e projetos de financiamento da infraestrutura e do saneamento básico dos municípios brasileiros, da execução e administração de programas sociais do Governo Federal, da concessão de créditos a juros acessíveis a todos e do financiamento habitacional a toda a sociedade, além de vários outros programas de largo alcance social.

A manutenção da memória e a preservação do patrimônio histórico-cultural nacional são de fundamental importância para a Caixa, que mantém muitos de seus espaços culturais e galerias em edifícios históricos, registros materiais dos diversos movimentos da arte e da arquitetura do país.

Com a publicação deste livro-documento, a Caixa reafirma sua política cultural, sua vocação social e sua disposição de democratizar o acesso aos seus espaços culturais e à sua programação artística, cumprindo, desta forma, seu papel institucional de estimular a criação e dar condições concretas para preservação da memória arquitetônica nacional.

Caixa Econômica Federal

A Imprensa Oficial do Estado de São Paulo tem a satisfação de se alinhar aos editores, produtores e patrocinadores do livro *Ministério da Educação e Saúde: ícone da modernidade urbana carioca*, de autoria do prestigiado arquiteto e crítico de arquitetura Roberto Segre. O atual Palácio Capanema, projetado em 1936, é um ícone do movimento moderno de arquitetura no Brasil. Ele foi apresentado ao mundo, ainda em fase final de construção, na exposição *Brazil Builds*, no MoMA de Nova York, em 1943.

Liderados por Lúcio Costa e tendo como consultor o arquiteto franco-suíço Le Corbusier, uma equipe de jovens arquitetos brasileiros – Affonso Reidy, Carlos Leão, Jorge Moreira, Ernani Vasconcellos e Oscar Niemeyer – desenvolveu o projeto arquitetônico adotando formas simples e geométricas, pilotis, terraços-jardim, fachada de vidro e *brise-soleil*, preceitos que começavam a se implantar mundialmente como linguagem e expressão da arquitetura racionalista.

O edifício-sede do MES é cuidadosamente examinado nesta publicação que trata desde a polêmica em torno do concurso, em 1935, até sua inauguração definitiva dez anos depois. É importante destacar a integração entre a arquitetura e as artes plásticas, que se impõe e se consolida no conjunto do edifício com painéis de Cândido Portinari, esculturas de Celso Antônio, Bruno Giorgi e Jacques Lipchitz, além dos jardins de Roberto Burle Marx. Aclamado pelas revistas especializadas internacionais de sua época, o MES representa uma contribuição singular da cultura brasileira, que definiu juntamente com outras obras arquitetônicas das décadas de 1930 e 1940 – como o edifício-sede da Associação Brasileira de Imprensa (ABI), dos irmãos Roberto, e o conjunto da Pampulha, de Oscar Niemeyer –, o lugar destacado do país no cenário da arquitetura moderna no século 20.

Que a presente edição, que reforça a importância e a atualidade do Palácio Capanema, possa contribuir para sua inclusão na lista de patrimônio cultural da humanidade da Unesco.

Marcos Antonio Monteiro
Diretor-presidente
Imprensa Oficial do Estado de São Paulo

ÍNDICE

PREFÁCIO por Luiz Fernando de Almeida **24**

APRESENTAÇÃO por Jean-Louis Cohen **26**

INTRODUÇÃO **30**

1 O MES: CATALISADOR DE UMA NOVA DIMENSÃO URBANA NO RIO MODERNO **38**
   1. Rio de Janeiro: significações e representações **40**
   2. A herança tradicional portuguesa **44**
   3. A ordem urbana neoclássica: a Missão Francesa **46**
   4. A difusão de símbolos e alegorias **52**
   5. Monumentalidade e modernidade **60**

2 UM CONCURSO FRUSTRADO **74**
   1. A nova imagem do Estado **76**
   2. A convocatória do concurso **78**
   3. Os projetos premiados **81**
   4. A irrupção dos modernos **89**
   5. O final feliz do concurso: adeus ao primeiro prêmio **92**

3 PODER E ARQUITETURA NA ERA VARGAS: O PAPEL DE CAPANEMA **100**
   1. Política, academia e nacionalismo **102**
   2. A renovação cultural da vanguarda **105**
   3. O ministro Capanema: arquitetura e Estado **109**

4 LÚCIO COSTA E A EQUIPE DE ARQUITETOS **120**
   1. A aproximação à modernidade **122**
   2. A formação da equipe de projeto **125**
   3. Personalidades divergentes e complementares **128**

5 OS MURMÚRIOS DA "MÚMIA" **146**
   1. As premissas do projeto da equipe brasileira **148**
   2. As contradições do projeto **153**

ÍNDICE

6 LE CORBUSIER NO RIO DE JANEIRO (1936): UMA LUZ NO CAMINHO **162**
   1. Peripécias de um convite **164**
   2. Urbanismo e regionalismo **167**
   3. Academia, política e ideologia **170**

7 OS PROJETOS DO MES: PRAIA DE SANTA LUZIA E CASTELO **182**
   1. Aviões, dirigíveis e paisagens **184**
   2. Incógnitas a esclarecer **189**
   3. Avenida Beira-Mar: a fascinação do lugar **191**
   4. Castelo: uma solução apressada **197**

8 VICISSITUDES DO PROJETO DEFINITIVO: A ANTROPOFAGIA DE OSCAR NIEMEYER **216**
   1. O regresso da "Múmia" **218**
   2. A antropofagia de Niemeyer **221**
   3. Variantes sobre o mesmo tema **229**

9 EDIFÍCIO E CIDADE NO CENTRO DO RIO DE JANEIRO **252**
   1. Contextualismo urbano do MES **254**
   2. Uma nova proposta urbana **259**
   3. Os jardins de Burle Marx **263**

10 A MONUMENTALIDADE TRANSGREDIDA **280**
   1. Monumento e monumentalidade **282**
   2. A nova monumentalidade do MES **287**

11 LEVEZA, TRANSPARÊNCIA E FLUIDEZ: EXPRESSÕES DA MODERNIDADE **302**
   1. Metáforas culturais e arquitetônicas **304**
   2. Transparência: a visibilidade do poder **308**
   3. A luminosidade do vidro **311**
   4. Os brise-soleils protetores **315**
   5. Fluidez: espaço e função **318**

ÍNDICE

12 EQUIPAMENTO, TECTÔNICA E MATERIALIDADE 336
   1. Variações tipológicas e formais **338**
   2. Funções flexíveis e circulações fluidas **346**
   3. A poética do concreto armado **357**
   4. Equipamentos e materiais **365**

13 UNIDADE DAS ARTES MAIORES: CLÁSSICOS E MODERNOS 378
   1. O MES: síntese das Artes Maiores **380**
   2. Discurso artístico e discurso ideológico **384**
   3. Uma monumentalidade diluída: o *Homem Brasileiro* *391*
   4. Artistas nacionais e estrangeiros **394**
   5. Realismo e abstração: as pinturas de Portinari **403**
   6. Ornamento não é crime: os painéis de azulejos **412**

14 UMA DIFÍCIL SOBREVIVÊNCIA 432
   1. A lenta dialética entre espaços e funções **434**
   2. As intervenções dos anos 1980 **438**
   3. As intervenções dos anos 1990 **446**

15 A SIGNIFICAÇÃO DO MES COMO MODELO ARQUITETÔNICO E URBANÍSTICO 460
   1. A monumentalidade perdida no contexto urbano **462**
   2. O prestígio do modelo **471**
   3. A dimensão urbanística do MES **481**

16 DIFUSÃO, DISPERSÃO E DEFORMAÇÃO DO MODELO 492
   1. Brasil: variações sobre o tema da lâmina **494**
   2. A assimilação na América Latina **508**
   3. Lâmina e embasamento no mundo **513**

BIBLIOGRAFIA **516**

ÍNDICE ONOMÁSTICO **535**

CRÉDITOS **542**

PREFÁCIO

Por Luiz Fernando de Almeida

O Palácio Gustavo Capanema no Rio de Janeiro, antiga sede do Ministério da Educação e Saúde é – parafraseando Lúcio Costa, autor da legenda que acompanha a imagem da Igreja de São Francisco de Assis de Ouro Preto presente na exposição permanente no seu salão nobre – a expressão pronta, acabada, da autonomia de um pensamento nacional sobre a arte e a cultura brasileira no século 20.

Sobre uma obra na qual se projeta a dimensão simbólica de ser marco do desenvolvimento da cultura e do Estado modernos brasileiros, nunca é demais nem redundante a edição de mais uma publicação, ainda mais sendo o resultado do trabalho de pesquisa do professor Roberto Segre, que contribui com uma abordagem que nos permite, ao mesmo tempo, aumentar o conhecimento e ampliar nossos critérios de proteção desse bem cultural.

A minha experiência de convívio com o edifício começou nos anos 1980, quando tive a oportunidade de visitá-lo acompanhado por Lúcio Costa e testemunhei seu reencontro com Oscar Niemeyer. Daquele momento especial guardo na memória algumas coisas além dos detalhes dos desafios construtivos do edifício: o nome das oficinas e fábricas envolvidas na sua construção, a frustração demonstrada pelo dois mestres com a escala reduzida da escultura de Jacques Lipchitz e, principalmente, a lição presente na busca insistente pela síntese que, no seu âmbito material, se reflete no resultado obtido com o uso adequado dos materiais existentes enfrentando os problemas da arquitetura do seu tempo. Nos deparamos assim com a presença atemporal da arquitetura na lição dos mestres.

Depois, no exercício da presidência do Iphan, tomei plena consciência da excepcionalidade do edifício e do desafio de sua conservação. A minha aposta é que o edifício se tornará – após sua completa restauração e reestruturação do uso do seu espaço físico – uma referência fundamental para a reflexão sobre a intervenção no patrimônio moderno brasileiro. E não poderia ser diferente.

Este é um livro bem vindo, que surge, coincidentemente, quando estes desafios se apresentam. Também é um trabalho editorial feito com esmero e que me permitiu reencontrar um amigo, Abilio Guerra, parceiro da revista *Óculum* e esteio da crítica da arquitetura.

Por Jean-Louis Cohen

Dentre as cenas inesquecíveis do meu itinerário de arquiteto e historiador, uma das mais memoráveis foi uma calma conversa, em outubro de 1987, com Lúcio Costa – afundado em uma poltrona do antigo escritório de Gustavo Capanema no Ministério de Educação e Cultura (MES) –, durante a qual ele relatou com bom humor suas lembranças sobre a origem do edifício e sobre a difícil relação com Le Corbusier. Vinte e cinco anos depois, enquanto eu participava das tomadas para um filme sobre a obra de Christian de Portzamparc, me surpreendi ao ouvir do arquiteto francês que o edifício da Rua Araujo Porto Alegre foi fundamental para a sua reflexão pessoal.

Objeto histórico notável, o edifício continua a ser uma referência essencial tanto para a história da arquitetura do século 20 como para a cultura de uma maneira geral. Ainda mais pelo fato de ter criado, no momento da sua realização, um novo tipo de arranha-céu, introduzindo assim a primeira ruptura significativa na tipologia das edificações verticalizadas desde sua invenção na Chicago dos anos 1880. À primeira vista trata-se de uma ruptura léxica, com a utilização de brise-soleils e pilotis, cuja paternidade Le Corbusier vai reivindicar com insistência no quarto volume das suas *Obras completas*, editado em 1946. Mas esta ruptura é de fato estrutural, porque o prisma ortogonal do edifício contrasta pela sua distribuição com os edifícios construídos até então – a planta alongada, o núcleo de circulação descentralizado, o volume arrematado por cobertura plana e a implantação na cidade.

Não é portanto de se estranhar que o edifício projetado e construído pela equipe formada em 1936 por Lúcio Costa e liderada por Oscar Niemeyer seja um dos sucessos da exposição "Brazil Builds" do Museum of Modern Art de Nova York em 1942 e que nos anos seguintes ganhe lugar de destaque nas revistas especializadas norte-americanas e européias. O convite a Oscar Niemeyer para participar do projeto para a sede das Nações Unidas pode ser considerado um indicativo desse sucesso, assim como o fato de um arquiteto como Ludwig Mies van der Rohe, no final dos anos 1940, repensar seus projetos de arranha-céu conferindo-lhes uma forma prismática derivada daquela construída no Rio de Janeiro. Pode-se também observar o impacto do edifício em outros projetos americanos. Destaca-se o fato de ser a primeira vez, na contemporaneidade, que um tipo arquitetônico proveniente

APRESENTAÇÃO

colônia até o começo do século XIX se apresente ao mundo como um novo cânone.

A gênese deste projeto decisivo, que permanecia parcialmente desconhecido apesar dos trabalhos de muitos pesquisadores brasileiros nas últimas décadas, será esclarecida e reconstruída nas páginas que se seguem. Ao longo de extensa pesquisa, Roberto Segre e sua equipe analisam com grande rigor e rara precisão as principais etapas do projeto e da construção, restituindo sentido ao edifício como entidade urbana e como sistema construtivo, sem privá-lo de sua dimensão estética. Esta iniciativa revela não somente as etapas da formulação do projeto pelos brasileiros, e sua relação delicada com Le Corbusier, como também as relações entre os membros da equipe e deles com o ministro Capanema.

Roberto Segre oferece assim um exemplo acabado daquilo que o historiador Carlo Ginzburg chamou de "micro-história": através de um edifício singular, modesto em relação à escala do planeta, tornam-se inteligíveis realidades sociais, políticas, culturais e humanas. A sede do MES concentra ainda as contradições do Estado Novo de Getúlio Vargas, bem como os conflitos das gerações fundadores da arquitetura moderna. Afinal, o edifício não foi concluído só dez anos depois da Villa Savoye de Le Corbusier e cinco anos após a residência Fallingwater de Frank Lloyd Wright? Esta proximidade temporal faz do edifício carioca uma das manifestações mais fortes da arquitetura moderna nascente, ao mesmo tempo uma referência para a arquitetura moderna mais complexa e mais madura pós 1945. Antes deste livro, esta contribuição era difícil de apreender na sua gênese e no detalhe de suas características, mas de agora em diante isto vai mudar: o livro torna a primeira obra-prima da modernidade brasileira ao mesmo tempo mais impressionante e mais familiar.

Este livro surgiu da paixão individual e coletiva pelo edifício do Ministério de Educação e Saúde – MES, atual Palácio Gustavo Capanema. São muitos os motivos que explicam este desejo em conhecê-lo, estudá-lo, descrevê-lo, representá-lo e divulgá-lo. Este edifício exemplar sintetiza e contém a história não só de uma cidade, o Rio de Janeiro, mas de um país, o Brasil, do qual era capital e grande farol cultural. Os conceitos, valores estéticos, conteúdos culturais, espaços, formas e funções nele contidos constituem expressão singular da modernidade brasileira, mas transbordam do universo local ao entabular diálogo profundo com o movimento moderno latino-americano e universal. A mensagem que traz nunca se apagou, continua viva e acesa, e eu tenho a esperança que o seu modelo ético e estético que representa constitua neste século 21 um exemplo válido para as gerações presentes e futuras.

A história da minha paixão individual começou há mais de meio século. Quase poderia falar-se de um relacionamento subliminar que estabeleci com dois personagens essenciais de nossa arquitetura, primeiro com Le Corbusier e depois com Oscar Niemeyer. A minha vida quase se iniciou com um percurso semelhante a uma das viagens do Mestre: ele viajou da Europa a Buenos Aires no transatlântico Massilia em 1929, convidado pela aristocracia intelectual argentina para ministrar conferências; eu fiz a mesma viagem no transatlântico Conte Grande em 1939, fugindo com a família do fascismo e do antissemitismo de Mussolini. Não conhecia o MES, quando sobrevoei a Baía de Guanabara no Super Constellation da Panair do Brasil em 1947 e tampouco na passagem pelo Rio de Janeiro no transatlântico Giulio Cesare em 1952. Quando estudei na Faculdade de Arquitetura da Universidade de Buenos Aires, Le Corbusier era o guru indiscutido e a sua obra, modelo e exemplo a seguir em todos os projetos do ateliê. Ali me interessei pelo MES, que era equivocadamente apresentado nos volumes da *Oeuvre Compléte* como um projeto dele, com a colaboração de equipe brasileira.

Só fui compreender a dimensão do desconhecimento quando, em 1963, percorri o Brasil por um mês e tomei contato com as obras de João Vilanova Artigas, Paulo Mendes da Rocha e Lina Bo Bardi em São Paulo, e, acompanhado pelo arquiteto Eduardo Corona, visitei Oscar Niemeyer na Casa das Canoas, no Rio de Janeiro. E, finalmente, visitei o MES, totalmente inesquecível já na primeira experiência direta.

INTRODUÇÃO

De imediato testemunhei a sua importância no artigo "Significación del Brasil en América Latina", que publiquei na revista argentina *Nuestra Arquitectura*, em 1963, ao afirmar que este foi o verdadeiro ponto de partida da arquitetura moderna brasileira. Acostumado à severidade das obras portenhas, a descoberta da leveza, da transparência, do cromatismo dos azulejos de Portinari e da fluidez das amebas de Burle Marx, me fez ver que os cânones rígidos do movimento moderno podiam ser transformados. Depois, estabelecido em Cuba para ministrar os cursos de história da arquitetura na Faculdade de Arquitetura de Havana, o MES também teve uma posição de destaque em duas situações: nas aulas que ministrei entre os anos 1963 e 1993; e no livro que escrevi com Eliana Cárdenas e Lohania Aruca, *Historia de la Arquitectura y el Urbanismo: América Latina y Cuba*, publicado em 1981.

Em 1994 cheguei ao Brasil para participar como professor e pesquisador nos cursos de pós-graduação em urbanismo da Faculdade de Arquitetura e Urbanismo da Universidade Federal do Rio de Janeiro – FAU UFRJ. Na ocasião, fui convidado por três autoridades da instituição: o reitor da universidade, Nelson Maculan; o diretor da faculdade, Luiz Paulo Conde; e a coordenadora do Programa de Pós-Graduação em Urbanismo – Prourb, Denise Pinheiro Machado. Tendo vários livros escritos sobre a arquitetura e o urbanismo da América Latina e Cuba, desejava, nesta nova etapa da minha vida acadêmica que aconteceria no Brasil, percorrer caminhos inéditos na pesquisa histórica, em particular as formas de representação da morfologia urbana e dos objetos contidos na cidade que pudessem ter leituras e interpretações auxiliadas pela computação gráfica.

Almejando uma bolsa do CNPq, procurei parceiros para formar uma equipe relacionada com esta problemática, que, baseada na multidisciplinaridade, permitisse a leitura interativa do fenômeno arquitetônico. Assim, conheci José Ripper Kós, professor da FAU, que, com uma bolsa do CNPq, estava desenvolvendo a pesquisa "A computação gráfica como instrumento para a análise arquitetônica". Em parceria com o arquiteto Carlos Eduardo Nunes Ferreira, Kós havia acabado de participar do *First Symposium Multimedia for Architecture and Urbanism,* em São Paulo, com o trabalho "Multimedia As a New Form of Architectural Representation: a Critical Analysis of the Ministry of Education Building (Palácio Gustavo Capanema, RJ, 1994)". Assisti a apresentação do seu aplicativo de multimídia e fiquei impressionado com as possibilidades criativas abertas pelas construções virtuais e pelos modelos elaborados do edifício. Convidei Kós para participar da equipe – da qual já faziam parte Lilian Fessler Vaz, Rachel Coutinho e Eduardo Mendes de Vasconcellos –, que estudava o relacionamento entre edifícios e tecido urbano com o auxílio de instrumentos da gráfica digital, comparando os centros históricos de Havana e Rio de Janeiro. Esses estudos cuminaram em um CD-ROM, cuja originalidade permitiu obter o prêmio Moebius Brasil em 1997 e a seleção para apresentação do trabalho na etapa internacional do concurso, promovido pela Unesco, em Paris.

Finalizada a pesquisa em 1998, decidimos continuar os trabalhos da equipe com um novo tema: o estudo dos ícones urbanos e arquitetônicos na cidade do Rio de Janeiro. Ao CNPq foram solicitadas bolsas para a equipe de professores e estudantes da FAU de 1999 a 2004, período no qual deveriam ser analisados diferentes exemplos selecionados na cidade – o Teatro Municipal, o edifício A Noite, o MES, o Hotel Copacabana Palace, entre outros. Iniciava-se aí a paixão coletiva pelo edifício, uma vez que, vislumbrada a sua importância para a cidade do Rio de Janeiro, sua capacidade de sintetizar diversas questões da modernidade arquitetônica brasileira, e sua influência na arquitetura mundial, a pesquisa acabou sendo dedicada a um só ícone: o Ministério da Educação e Saúde.

Para este estudo mais aprofundado, foi organizado um novo grupo de trabalho, dividido entre os que assumiam os conteúdos históricos e literários e os responsáveis pela elaboração das representações em 3D. No primeiro tema colaboraram Eduardo Mendes de Vasconcellos, Andrea Borde e a bolsista Niuxa Drago; e na área de gráfica digital participaram José Kós, José Barki, Thiago Leitão, Rodrigo Cury Paraízo, Naylor Vilas Boas e a designer Adriana Simeone, sob a cobertura institucional do Laboratório de Análise Urbana e Representação Digital – Laurd; entre muitos outros, bolsistas de iniciação científica, pesquisadores e bolsistas que se tornaram pesquisadores, mestres e doutores, alguns dos quais já incorporados ao corpo docente da FAU e do Prourb. Como embasamento desta nova parte da pesquisa, foi essencial para o roteiro da análise do edifício o livro *Colunas da educação*, de Maurício Lissovsky e Paulo Sergio Moraes de Sá, que continha todos os documentos básicos existentes na Fundação Getúlio Vargas. Grande parte do acervo gráfico – planos, desenhos e fotos –, foi obtido com a ajuda do Iphan, tanto no arquivo – com acesso facilitado pelo diretor Hilário Pereira Filho –, como na reprodução dos desenhos de projeto – ação na qual contamos com a valiosa participação do fotógrafo da instituição, Oscar Vidal. Ao longo de 2000, dois bolsistas se engajaram na pesquisa, gentilmente cedidos por Paulo Eduardo Vidal Leite Ribeiro, na ocasião coordenador de administração do Palácio Gustavo Capanema (Iphan/Minc).

Na realidade, o objetivo original da pesquisa não era a elaboração de um livro acadêmico, mas a criação de um aplicativo digital em CD-ROM, que permitisse uma leitura original e inovadora do edifício, da sua estrutura interna, do seu funcionamento, das tecnologias utilizadas, da sua história, dos projetos do concurso, das diferentes soluções propostas pela equipe brasileira e por Le Corbusier. Também fazia parte do escopo inicial verificar o que aconteceu no entorno urbano do centro do Rio de Janeiro após a inauguração do MES e a sua influência no Brasil, na América Latina e no mundo. Para evidenciar estes conteúdos dissímiles do edifício, foram fundamentais as interpretações visuais elaboradas a partir das construções em 3D, explicando os elementos espaciais, formais, funcionais e técnicos do MES, assim como o seu relacionamento com a estrutura urbana existente. Para isso, além do percurso histórico, foram elaboradas categorias de análise e de interpretação desenvolvidas como em um roteiro cinematográfico, um *storyboard,* que permitisse uma visão original da sua dimensão morfológica. Na realidade, foi uma antecipação da metodologia aplicada por Umberto Eco nos livros *História da beleza* e *História da feiura* (2004 e 2007, respectivamente), com categorias heterodoxas semelhantes às nossas. A criatividade do CD-ROM sobre o MES foi reconhecida na 43ª premiação do IAB/Rio (2005), onde obteve um dos primeiros prêmios.

O ano de 2006 foi estratégico. Sylvia Ficher – professora da UnB e membro do comitê de avaliação do CNPq – entregou o relatório do MES ao Presidente Nacional do Iphan, Luiz Fernando de Almeida, que se interessou pelo trabalho desenvolvido e propôs a publicação de um livro contemplando o conteúdo. Começava uma nova etapa do trabalho da pesquisa e iniciamos a transformação do conteúdo do CD-ROM para adequá-lo ao formato do livro. Neste mesmo ano, a funcionária do Iphan Thays

Pessotto (falecida em 2010) se engajou no projeto, buscando caminhos que viabilizassem a publicação. Em paralelo, Abilio Guerra, da Romano Guerra Editora, se interessou em editar a publicação e começou a listar uma série nova de demandas, em especial relativas a direitos autorais. Deste momento em diante, todas as decisões foram tomadas em comum acordo pelo autor, equipe de trabalho e editora.

Para a versão livro, foi necessário procurar novas informações nos arquivos do Iphan, tornados acessíveis com a ajuda de Luciano Pereira Lopes. Decidimos também ampliar o acervo de documentos gráficos, com novas pesquisas cujas descobertas se mostraram gratificantes: os desenhos originais de Le Corbusier para o projeto da Esplanada do Castelo no arquivo do Museu Nacional de Belas Artes; o projeto para o concurso de 1935, apresentado por Olavo Redig de Campos, depositado no Instituto Moreira Salles, onde tivemos a colaboração de Cristina Zappa; detalhes do processo construtivo localizados no Núcleo de Pesquisa e Documentação (NPD), da FAU-UFRJ, onde contamos com a valiosa ajuda de sua coordenadora, Elisabete Rodrigues de Campos Martins. Nesta fase, contamos ainda com a inestimável participação, através de uma bolsa de apoio técnico da Faperj, da jovem arquiteta Daniela Ortiz na organização do material iconográfico.

A partir do ano 2009, se desenvolveu a última fase da elaboração do material literário e iconográfico. Foi de grande ajuda a solicitação do Iphan feita à nossa equipe de trabalho, para elaborar o conteúdo teórico do dossiê sobre o MES, que deveria ser apresentado na Unesco, com o objetivo de ser integrado na lista do Patrimônio Cultural da Humanidade. Para elaborar o conteúdo do relatório, desenvolvemos novas representações urbanas e arquitetônicas e mergulhamos mais uma vez nos arquivos, com o apoio do presidente da regional do Iphan no Rio de Janeiro, Carlos Fernando de Andrade. Na ocasião, recebemos a autorização da *Fondation Le Corbusier* para reproduzir os desenhos e planos do Mestre e de Niemeyer relacionados aos projetos do MES. Nesse momento, o arquiteto Cesar Jordão, com uma bolsa de apoio técnico da Faperj, assumiu a responsabilidade de organizar o sistema iconográfico do livro. Assim se concretizou o amadurecimento de um conjunto de ideias de grande originalidade, que permitiu lançar nova luz para entender a importância desta obra, ícone mundial da arquitetura moderna carioca.

Cabe ressaltar ainda o trabalho sério e aprofundado da equipe editorial, sob a coordenação de Abilio Guerra, Silvana Romano Santos e Ana Paula Koury, para definir e ordenar o complexo material gráfico e literário contido neste livro. Para se viabilizar uma publicação deste porte são tantas pessoas e instituições envolvidas que fica até difícil se lembrar de todas. No registro fotográfico houve a participação de Nelson Kon, um dos melhores fotógrafos de arquitetura do país, que fotografou o edifício em três ocasiões: uma vez em 2001 e duas outras, especialmente para o livro, em 2009 (uma delas de helicóptero, graças à sensibilidade de Celso Colombo). Fotos para ilustrar diversos dos edifícios que menciono ao longo dos capítulos foram conseguidas com Victor Hugo Mori, Luis Espallargas Gimenez, Carlos Moreira Teixeira, Daniel Ducci e Marcelo Donadussi, fotógrafos amadores e profissionais. Uma das fotos, já em domínio comum, foi fornecida pela Editora Cosac Naify, graças à colaboração de Elaine Ramos Coimbra e Florencia Ferrari. Fernando Alvarez Prozorovich, professor da ETSAB UPC de Barcelona, gentilmente enviou reprodução de projeto de Antoni Bonet publicado em revista argentina. A reprodução dos originais de Roberto Burle Marx foi possível graças ao empréstimo dos cromos por Guilherme Mazza Dourado (autor de importante livro sobre o paisagista), à autorização de Andres Otero (autor das fotos dos originais presentes no livro), e à cortesia de Isabela Ono e Haruyoshi Ono (responsáveis pelo acervo da Burle Marx e Cia. Ltda). Sula Danowski, autora do design gráfico do maravilhoso catálogo sobre Jorge Machado Moreira, facilitou o acesso aos desenhos do primeiro projeto da equipe brasileira, a "Múmia", e do projeto com o qual Moreira participou, e perdeu, no concurso do MES. George Ermakoff cedeu imagens históricas do Rio de Janeiro e Sylvia Heller autorizou a reprodução de gravuras de seu pai, Gèza Heller. E são muitas as pessoas que ajudaram com informações úteis, algumas fundamentais, que estão mencionadas – sob o risco inevitável de algum esquecimento – na lista de agradecimentos.

São diversas as instituições que colaboraram para o êxito desta edição e em todas trabalham pessoas de boa vontade. A Fundação Le Corbusier, graças à assinatura do seu diretor Michel Richard, estendeu a autorização de uso de imagens no relatório da Unesco para o presente livro, uma contribuição de valor inestimável. O Projeto Portinari, pelas mãos de João Cândido Portinari, auxiliado por Eliza Seoud, cedeu arquivos digitais das obras de Cândido Portinari abrigadas no Palácio Capanema. A Coleção Gregori Warchavchik, graças ao empenho e engajamento do pesquisador Paulo Mauro Mayer de Aquino, nos forneceu imagens e informações sobre o período em que o arquiteto lituano foi sócio de Lúcio Costa. A Casa de Lúcio Costa, nas figuras de Maria Elisa Costa e Julieta Sobral, nos deram acesso a cópias digitais de originais do concurso do Pavilhão de Nova York. As bibliotecas da FAU USP, dirigidas por Dina Uliana e Maria José Polletti, facilitaram ao máximo a reprodução de algumas páginas de livros, revistas e catálogos publicados no período coberto por este livro. O acervo do NPD da FAU-UFRJ possibilitou o fechamento de lacunas iconográficas, graças à sua já citada coordenadora, pelas mãos do técnico João Claudio Parucher. E a biblioteca da escola de arquitetura da University of Texas at Austin, por intermediação do professor da casa, o brasileiro Fernando Lara, nos enviou reproduções de capas de revistas internacionais.

Por fim, cabe uma referência ao trabalho profissional, mas apaixonado, da equipe de produção, responsável pelas qualidades deste livro. A bela tradução para o português do original escrito em castelhano foi feita por Flávio Coddou. O projeto gráfico primoroso é de autoria de Carlito Carvalhosa e Gabriela Favre, cabendo a esta última incontáveis revisões na diagramação. Os redesenhos em CAD ficaram sob a responsabilidade de Ivana Barossi Garcia, a produção gráfica – tratamento de imagens e fechamento de arquivos – a cargo de Jorge Bastos, e a revisão e preparação de texto foi coordenada por Carolina Von Zuben, participações já tradicionais nos livros da Romano Guerra. Na pesquisa e organização iconográfica complementar, destaca-se a eficiente participação de Patrícia Oliveira Lima, Nina Dalla Bernardino e Maria Claudia Levy.

Tornar este livro uma realidade não teria sido possível sem os benefícios previstos pela Lei de Incentivo à Cultura, conquistados com a aprovação de projeto encaminhado ao MinC pela VB Oficina de Projetos Ltda, liderada por Mariah Villas Boas e Gabriela Pileggi. A Imprensa Oficial do Estado de São Paulo e a Caixa Econômica Federal – esta última, graças à intermediação de Ivanise Calil – foram as duas primeiras empresas a acreditar no projeto. Contudo, as dificuldades em se conseguir completar as cotas de patrocínio bloqueou o avanço da produção do livro, dificuldade superada com a entrada da Vale, contatada por Marcela Bronstein. Mas este relato sobre as vicissitudes da produção não faria justiça aos fatos se eu não reiterasse o apoio fundamental do Instituto do Patrimônio Histórico e Artístico Nacional – Iphan, tanto o nacional como o regional, sem o qual este livro seria impossível.

Não posso fechar esta introdução sem agradecer a paciência da minha esposa, Conchita Pedrosa Morgado, que participou do sacrifício de inúmeros finais de semana tirados do lazer familiar e dedicados com paixão e entusiasmo ao MES. Esperamos que o esforço desenvolvido nestes quase vinte anos de trabalho permita valorizar em toda a sua dimensão a significação e transcendência do Ministério da Educação e Cultura.

Roberto Segre
Rio de Janeiro, fevereiro de 2013

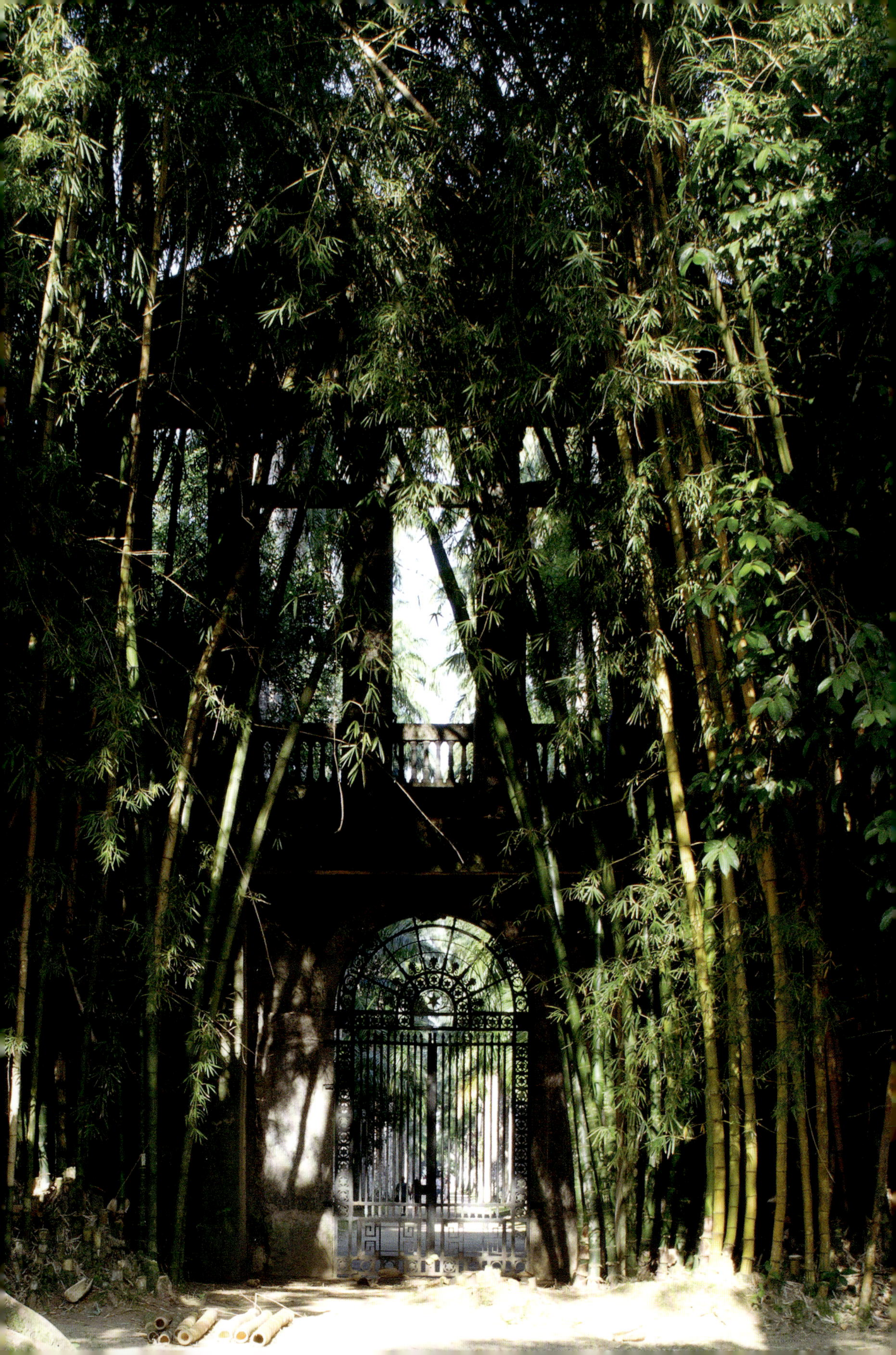

CAPÍTULO 1

O MES: CATALISADOR DE UMA NOVA DIMENSÃO URBANA NO RIO MODERNO

1. RIO DE JANEIRO: SIGNIFICAÇÕES E REPRESENTAÇÕES

A partir da primeira aparição do "Rio de Janeyro" no mapa de Lopo Homem (Pedro e Jorge Reinel, 1515-19)[1], sua insólita paisagem motivou o interesse universal pela Baía de Guanabara e pelas terras cariocas. Conscientes da sua importância estratégica, os portugueses derrotaram os invasores franceses, sob o comando do almirante Villegaignon, interrompendo definitivamente em 1560 a ilusão de uma *France Antartique* no continente sul-americano. Em 1565, Estácio de Sá estabeleceu aos pés do Pão de Açúcar o primeiro assentamento da cidade de São Sebastião, que ele próprio deslocou para a colina do Morro do Castelo em 1567[2]. Começou assim uma árdua luta entre homem e natureza, expandindo-se o espaço urbano em difíceis condições do contexto físico, definido pela sinuosidade da costa, pela multiplicidade dos lamaçais, mangues e morros e pela densa vegetação da Mata Atlântica.

Ao longo de quase cinco séculos, o empenho da razão humana não conseguiu sujeitar aquela liberdade da paisagem natural. Apesar das múltiplas obras de engenharia – que regularizaram as costas, secaram os pântanos, expandiram o território sobre a baía com gigantescos aterros, canalizaram os rios, perfuraram os morros com túneis profundos, ampliaram as praias, arrasaram a densa vegetação e eliminaram os principais morros da área central –, nenhum atributo artificial, nenhum símbolo urbano ou arquitetônico superou a iconicidade visual dos dois elementos identificadores da paisagem carioca: o Pão de Açúcar e o Corcovado. Mais além dos conventos e igrejas coloniais, dos palácios imperiais, dos carregados monumentos ecléticos e dos ascéticos edifícios modernos, a "Cidade Maravilhosa" – assim definida pelo poeta Jane Catulle-Mendès, em 1912[3] – foi identificada mundialmente pela presença desses dois ícones naturais – reafirmados por uma posição estratégica que possibilitava percepções inéditas da cidade e pela construção do Cristo Redentor no Corcovado, que se tornou símbolo indelével da cidade[4] –, aos quais se somam a imagem hedonista de suas praias, a romântica interpretação da pobreza – as favelas – e a euforia estética do carnaval. A arquitetura e o urbanismo dificilmente competiriam com a força desses "acontecimentos" – parafraseando Bernard Tschumi[5] – geográficos e sociais citadinos.

Na página anterior, vista posterior do pórtico da Escola Nacional de Belas Artes, demolida em 1938, Jardim Botânico, Rio de Janeiro, foto de 2012

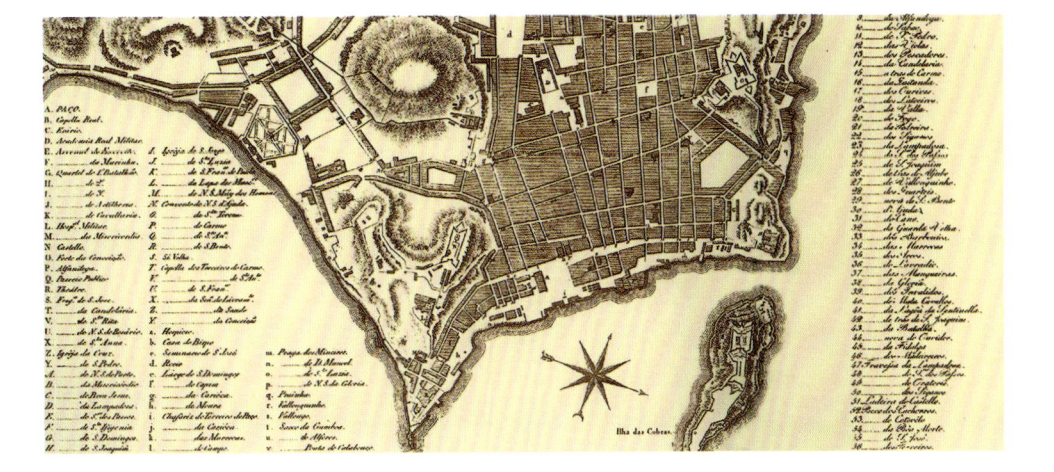

Acrescentou-se à profanação da natureza a amnésia da herança histórica em benefício da construção da modernidade. Primeiramente, no início do século 20, o traçado da Avenida Central motivou a demolição de mais de quinhentos edifícios coloniais[6], logo a consolidação da "Paris dos trópicos"[7] varreu os principais monumentos de fundação da colônia, uma vez desmontado o Morro do Castelo pelo prefeito Carlos Sampaio em 1922[8]. Nos anos 1940, a primazia do automóvel levou à criação da Avenida Presidente Vargas, que eliminou os vestígios históricos de outras quinhentas edificações. Em contraposição, a visão "franciscana" dos arquitetos de vanguarda que, encabeçados por Lúcio Costa, obstinaram-se na desaparição de alguns ícones do ecletismo, situados ao longo da Avenida Central e na Praça da Cinelândia, como o Palácio Monroe[9]. Esgotada a significação e funcionalidade do centro densificado por arranha-céus anônimos, a "capital do prazer" estendeu-se em direção à costa atlântica. A iconicidade arquitetônica acabou sendo substituída pela metáfora urbanística da vida hedonista ao longo da praia: o valor simbólico do Rio de Janeiro foi associado ao bairro de Copacabana, denominado "Princesinha do Mar". Por fim, a imagem acadêmica de Paris contida na cidade compacta, que ainda perdurava em Copacabana, foi negada pelo modelo disperso de Miami assumido na Barra da Tijuca, derradeira expansão periférica margeando a costa sul nas últimas décadas do século 20. Esta foi por sua vez novamente negada – a categoria da "negação da negação" do materialismo dialético – pela onipresença das favelas, expressão icônica da pobreza generalizada da cidade. Diante disso, a história arquitetônica do Rio de Janeiro, interpretada a partir dos principais ícones que refletiram os sucessivos períodos estilísticos, torna-se desconexa e fragmentada, marcada por ausências e persistentes vazios. Não obstante, ainda subsistem valiosas presenças simbólicas que permitem costurar os múltiplos nós de uma malha complexa e contraditória.

O movimento moderno europeu desencadeou uma luta frontal contra a academia, rompendo o diálogo com o passado em busca da renovação não somente linguística, mas também dos conteúdos culturais, ideológicos, técnicos e funcionais da arquitetura e do urbanismo. Como afirmou Anatole Kopp (1915-1990), o funcionalismo dos anos

Planta da Cidade de São Sebastião
do Rio de Janeiro, detalhe,
Petipé de Braças, 1818

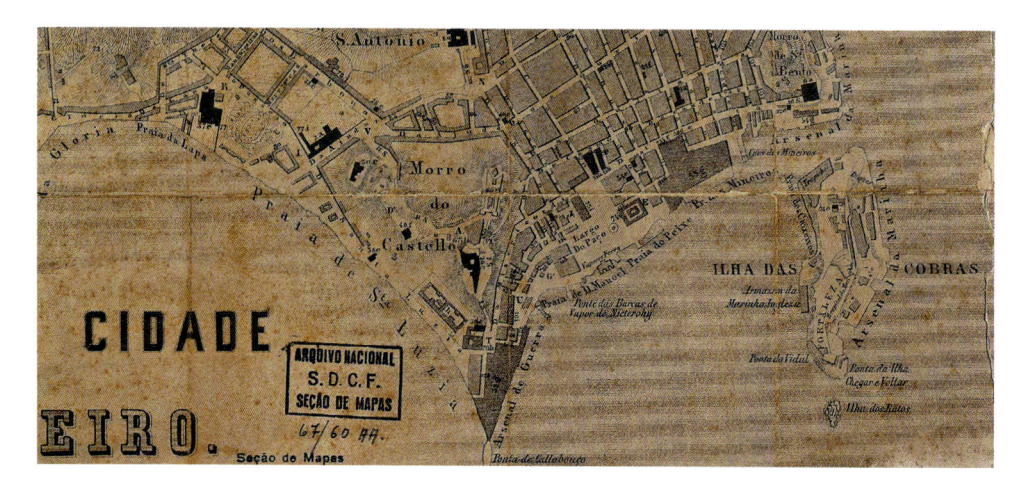

Nova planta da cidade do
Rio de Janeiro, detalhe, E.&H.
Laemmert, 1864

1930 não foi um estilo e sim uma causa[10]. Diante da pressão das necessidades sociais criadas pelos processos de industrialização e urbanização, as soluções impulsionadas pela vanguarda "linha dura" esquivavam-se de toda valorização autônoma do edifício, de toda identificação icônica e estética no contexto urbano. As ações privilegiavam a primazia da coerência formal e espacial do sistema de funções que a vida social requeria. Entretanto, com exceção dos *Siedlungen* alemães ou dos conjuntos residenciais holandeses, essa aspiração não se concretizou, convertendo-se em ícones arquitetônicos de validez universal algumas obras emblemáticas dos princípios estéticos do movimento moderno: a sede da Bauhaus em Dessau, de Walter Gropius (1925); a Villa Savoye em Paris, de Le Corbusier (1929); o Pavilhão de Barcelona, de Mies van der Rohe (1929); e o Clube Operário Rusakov em Moscou, de Konstantin Melnikov (1928)[11].

Na América Latina, apesar do apoio entusiasta dos jovens profissionais às novas ideias difundidas pelos mestres do movimento moderno – no continente sul-americano Le Corbusier foi o guru das vanguardas locais –, não foi fácil materializar obras concretas alheias à persistente hegemonia da tradição acadêmica. Se em alguns países os jovens tiveram o apoio do Estado para levar adiante seus princípios estéticos em obras de conteúdo social – com maior ênfase no México e no Brasil –, em geral a produção arquitetônica dos anos 1930 ou 1940 limitou-se a exemplos isolados que transcreviam os atributos formais e espaciais canônicos dos modelos europeus, timidamente reelaborados em função das próprias tradições[12]. Nesse contexto destaca-se a excepcionalidade do Ministério da Educação e Saúde do Rio de Janeiro, projetado e construído por uma equipe de jovens arquitetos liderada por Lúcio Costa e assessorada por Le Corbusier. Transformado em ícone da arquitetura moderna carioca[13], por suas características formais, espaciais, estéticas e conceituais, que expressavam a transformação dos postulados do mestre suíço em código local, assumiu também o valor de símbolo representativo da vanguarda cultural brasileira e latino-americana.

Analisar profunda e detalhadamente esse edifício se justificaria, não somente por sua dimensão icônica dentro do movimento moderno brasileiro, mas também por assumir múltiplos significados metafóricos da sociedade, política, cultura e dinâmica urbanística carioca dos anos 1930 e 1940[14]. Seu valor simbólico era ambíguo e contraditório: por um lado, sua concretização coincidiu com o autoritarismo vigente na ditadura de Getúlio Vargas[15], por outro, expressou ao mesmo tempo a autonomia cultural do ministro progressista Gustavo Capanema (1900-1985). Diante da importância assumida pelos ministros nesse sistema de governo, que se imortalizavam no caráter identificador de suas sedes, Capanema optou pela alternativa da modernidade em oposição às obras definidas pelo academicismo e pelo tradicionalismo e à monumentalidade fascista representada na maioria dos exemplos construídos. Trata-se então de integrar numa nova leitura semiológica[16] todos os fatores que possibilitaram sua existência, e superar as tradicionais interpretações estéticas – a leitura da obra de arte isolada, no vazio, sugerida por Theodor Adorno ou Simone Weil[17] –, presentes na maioria dos livros de história da arquitetura, que analisam o MES em função de algumas abordagens formais: os pilotis monumentais, os brise-soleils e a volumetria purista provenientes dos cinco pontos de Le Corbusier[18]. É lícito então citar Walter Benjamin, que afirmou que de um "objeto" histórico é possível inferir não apenas os seus atributos inovadores, mas também a particularidade da época e "o rumo geral da história"[19].

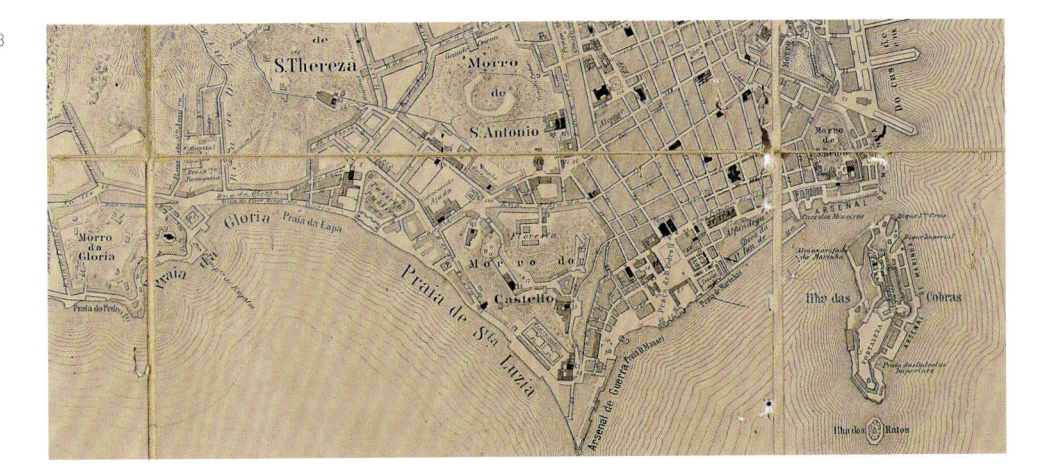

A exemplaridade do MES abriu o caminho para a renovação linguística da arquitetura nacional e dos postulados urbanísticos elaborados por uma geração de profissionais imbuídos do "desejo"[20] de criar o sistema icônico que culminou com a imagem de Brasília, não somente como glorificação do Estado[21] mas principalmente como imagem da transformação de um país historicamente agrário em urbano e industrial.

Contudo, ao mesmo tempo, sua originalidade proveio do abandono da monumentalidade tradicional, fundindo razão e sentimento numa relação dialética – a lógica "contraditória" de Maffesoli[22] – na busca de uma síntese dos valores culturais locais. Sua concretização não foi o resultado de uma utopia abstrata falida – segundo afirmara Beatriz Jaguaribe[23] –, mas a fértil semente que fez germinar a expressão arquitetônica da modernidade brasileira, cuja originalidade foi reconhecida no mundo inteiro. O tempo não deteriorou o esplendor da objetividade e subjetivi-

Planta da cidade do Rio de Janeiro e subúrbios, detalhe, Lithografia do Imperial Instituto Artístico, 1875

dade de suas formas – alheias a toda classificação de "ruína modernista"[24] –, que se consolidaram na contemporaneidade, transformando o MES num clássico dos valores humanistas gerados no século 20[25]. Sua presença na ex-capital brasileira estabeleceu um divisor de águas em seu desenvolvimento urbano, estabelecendo as premissas iniciais do urbanismo moderno cuja maturidade seria atingida em Brasília. Entretanto esse processo produziu a "morte" de sua significação icônica no imaginário social da população do Rio de Janeiro. Com a mudança da sede de governo para a nova capital, o símbolo da importância concedida à educação nacional apagou-se no anonimato dos burocráticos edifícios da Esplanada dos Ministérios no eixo monumental de Brasília. O MES tentou recuperar sua iconicidade perdida, ao representar a síntese cultural apoiada pelo ministro, cunhando sua nova identificação a partir dos anos 1990 como Palácio de Cultura Gustavo Capanema, associada às múltiplas atividades que ali se realizam por iniciativa da Funarte, mas que nunca atingiram uma resonância popular no contexto carioca.

2. A HERANÇA TRADICIONAL PORTUGUESA

O assentamento do Rio de Janeiro não nasceu de um plano nem de traçados preconcebidos – como aconteceu na maioria das cidades coloniais hispânicas[26] –, mas da adaptação pragmática às condições naturais adversas provocadas por um grupo de morros próximos entre si – Senado, Castelo, Santo Antônio, São Bento e Conceição – rodeados por áreas pantanosas e alagadiças. Por isso os colonizadores portugueses, encabeçados por Estácio de Sá (1567), assentaram as primeiras casas e a fortaleza de São Sebastião no rústico Morro do Castelo, criando uma acrópole amuralhada cujas ruas se adaptavam às curvas de nível, estabelecendo o caráter medieval e militar do conjunto[27]. Como afirmou o historiador Sérgio Buarque de Holanda, os princípios que regeram as primeiras fundações na costa atlântica que aplicaram o modelo português foram: a rotina e não a razão abstrata; a integração com a natureza preexistente e não a vontade de modificá-la[28]. Assim, diante da necessária vinculação com o porto

Planta da cidade do Rio de Janeiro e de uma parte dos subúrbios, detalhe, Laemmert & Cia, 1885

e as dificuldades no abastecimento de água, começaram a ocupar as áreas planas contíguas à costa com uma estrutura densa e compacta – a chamada várzea – que continha residências, edifícios públicos e igrejas situadas ao longo das ruas estreitas. A cidade carecia de praças, e o Largo do Carmo – depois Largo do Paço –, localizado diante do porto e similar ao existente em Lisboa, acabou tornando-se o principal espaço público. Sem um estrito traçado regulador, variando seus limites ao longo do tempo até o fim do século 19, concentrou as funções políticas, administrativas, militares, comerciais e religiosas, tanto do Vice-reinado quanto do Império, constituindo o coração "luso-brasileiro" do centro urbano[29].

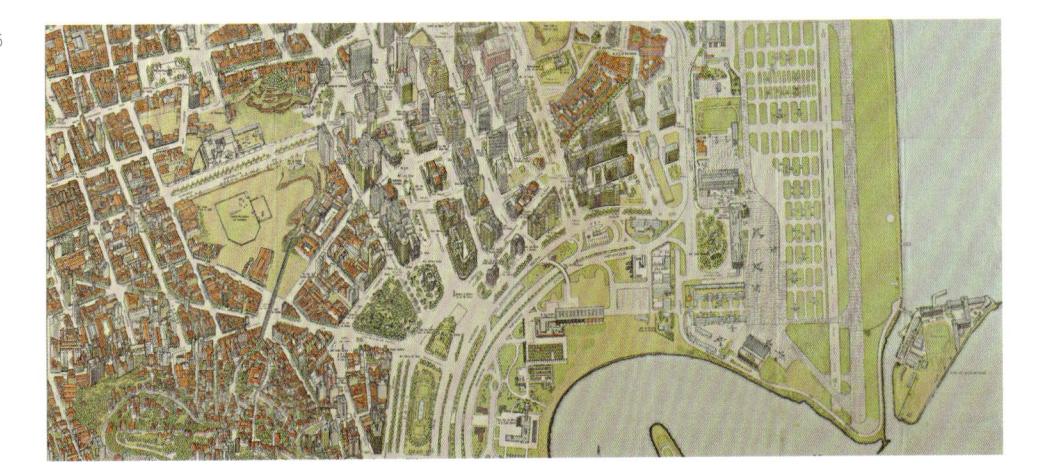

Na construção da imagem icônica do Rio de Janeiro predominou o poder religioso sobre o civil e o militar. A distribuição de terras e propriedades entre as ordens e irmandades – beneditinos, jesuítas, carmelitas, franciscanos – facilitou a acumulação de recursos econômicos, que se multiplicaram no século 18 com o descobrimento do ouro em Minas Gerais, enviado a Portugal a partir do porto do Rio. Parte delas foi dedicada à construção de grandes conventos e igrejas monumentais configuradas numa linguagem colonial ou barroca que, concentradas majoritariamente na área central, se expandiram na região circundante[30]. Nossa Senhora da Glória do Outeiro, situada num ponto alto da ribeira interior da Baía de Guanabara, referência icônica para os barcos que chegavam ao Rio de Janeiro, foi a mais famosa das periféricas, destacando-se com sua brancura sobre o fundo verde da vegetação[31]. Ao se assentarem as principais ordens nos morros da área central – os jesuítas no Castelo, os franciscanos no Santo Antônio e os beneditinos no São Bento –, torres e cúpulas dominaram a paisagem frente à precariedade das construções civis e militares.

Apesar de o Morro do Castelo concentrar importantes edificações militares, civis e religiosas – a igreja dos capuchinhos, de Santo Inácio, de São Sebastião, o Colégio Jesuíta, o Armazém Real, a Casa de Câmara e Cadeia e o Pelourinho[32] –, o Largo do Paço, com a construção do Palácio dos Vice-Reis e o conjunto de igrejas ao longo do eixo da Rua da Misericórdia-Direita – principal via de circulação na direção norte-sul, unindo os morros do Castelo e São Bento – configurou o centro simbólico da

Planta-perspectiva do centro da cidade, detalhe, Secretaria do Turismo do Governo do Estado da Guanabara, 1967 cidade, fortalecido pelo incremento das atividades comerciais e portuárias. Próximas ao palácio – cuja modesta arquitetura não competia com os valores estéticos dos edifícios religiosos – radicaram-se as instituições políticas e as elaboradas igrejas de Nossa Senhora do Monte do Carmo, da Ordem Terceira, Santa Cruz dos Militares, São José e Nossa Senhora da Candelária[33]. A monumentalidade dos templos não foi acompanhada por um traçado urbano que ressaltasse seu valor icônico, ficando vários deles submersos no labirinto das ruas estreitas, onde sua presença marca os diversos grupos sociais e raciais que compõem a cidade.

O escasso valor estético e funcional do entorno urbano foi consequência do interesse das autoridades pelas defesas militares e pela criação dos limites externos da malha viária imaginando hipotéticas muralhas[34]. O único "projeto" em escala urbanística foi o Passeio Público (1779-1783), primeiro espaço verde da cidade situado à margem sul, na área de um pântano seco e implantado às margens da baía[35]. Os limites geométricos definidos por muros, escadas e plataformas foram traçados por Valentim de Fonseca e Silva – o mestre Valentim –, configurando um conjunto inédito baseado em percursos retilíneos sobre eixos e diagonais que uniam a frondosa vegetação à paisagem marítima[36], logo transformados em sinuosos no fim do século 19 pelo paisagista romântico francês Auguste François Marie Glaziou (1833-1906). Entretanto o aqueduto dos Arcos da Lapa, construído em 1750, constitui a principal imagem icônica desse período, cuja vigência significativa foi resgatada no fim do século 20 ao ser identificado como identificador do espaço da boemia carioca.

3. A ORDEM URBANA NEOCLÁSSICA: A MISSÃO FRANCESA

Em 1808, o rei de Portugal Dom João VI chegou com sua corte ao Rio de Janeiro fugindo das tropas napoleônicas que ocuparam a península ibérica. Surpreendentemente, se supõe que, segundo versões divergentes, entre cinco e quinze mil pessoas de alto nível social e cultural se juntaram aos cinquenta mil habitantes da cidade, um desafio para o qual ela não estava preparada. Pela primeira vez na história da América

Baía do Rio de Janeiro, vista do Morro do Castelo, foto de 1915

Rio de Janeiro, Brazil

Latina, instalou-se no continente a sede de um reino europeu. O rei e a corte verificaram o contraste entre a renovada Lisboa – cuja estrutura medieval fora destruída pelo terremoto de 1755 e substituída pelo traçado neoclássico promovido por Marquês de Pombal – e a precariedade da "cidade-feitoria", assumida como expressão da "barbárie" colonial e da persistência dos modelos medievais e islâmicos[37]. Revelou-se sintomático o escasso peso outorgado ao poder civil no sistema colonial brasileiro diante da carência de uma residência urbana "oficial" para o chefe de governo. O rei ocupou a mansão de um rico comerciante português – Elias Antônio Lopes – no periférico bairro de São Cristóvão; ao instituir-se a República (1889), o primeiro presidente radicou-se no Palácio do Catete, propriedade do Barão de Nova Friburgo. Foi o Palácio da Alvorada em Brasília, a primeira residência construída especialmente para o primeiro mandatário brasileiro[38].

Imediatamente, a tradicional compacidade do centro, cercado pelos quatro morros, foi substituída pela expansão suburbana, assumindo os modelos europeus de alamedas e bulevares que se estendiam em direção às luxuosas mansões construídas nas periferias de Paris, Londres ou Madri. O surgimento dos novos bairros e sua caracterização urbanística e arquitetônica estava mais relacionado com as iniciativas privadas que com a intervenção dos poderes públicos, que privilegiavam a criação das infraestruturas viárias e de saneamento e estavam pouco interessados nos atributos estéticos.

Ao longo do século 19 – no Reinado (até 1822), no Império (até 1889) e no início da República – a cidade se expandiu ao longo das margens da baía no eixo sudeste-noroeste: para o sul, Lapa, Catete, Glória, Flamengo, Laranjeiras, Cosme Velho, Jardim Botânico e Botafogo; para o norte, Andaraí, Catumbi, Rio Comprido, Estácio de Sá, Caju, São Cristóvão, Vila Isabel, Tijuca[39]. Enquanto os portugueses tradicionalistas vinculados à administração pública preferiam morar na área central, parte da corte se assentou nas proximidades da Quinta da Boa Vista, primeiramente residência do Rei João VI e depois do Imperador Pedro II. Por sua vez, ingleses, franceses e ricos fazendeiros preferiam ocupar a zona sul, a partir de Santa Teresa até o Jardim

Academia Imperial de Belas Artes, posteriormente Escola Nacional de Belas Artes, desenho da fachada, Rio de Janeiro, Grandjean de Montigny

Botânico⁴⁰, áreas facilmente acessíveis com a aparição dos bondes de tração animal e posteriormente elétricos, que facilitaram a separação entre a moradia e o trabalho. Os ideais estéticos neoclássicos e românticos estiveram associados à natureza em suas duas versões: assumir a livre configuração da paisagem; ou geometrizá-la, impondo o domínio racional do homem sobre o entorno. A fileira de esbeltas palmeiras reais trazidas das Antilhas por João VI para o Jardim Botânico e a purista residência de Grandjean de Montigny submersa na floresta de Mata Atlântica foram exemplos da racionalidade civilizatória⁴¹.

Com o intuito de promover a imagem europeia na colônia, o rei convidou em 1816 um grupo de artistas franceses – a Missão Francesa – que desenvolveu o estilo neoclássico na pintura, escultura e arquitetura e que estabeleceu as bases do ensino acadêmico na Escola Real de Ciências, Artes e Ofícios. As propostas arquitetônicas e urbanísticas estiveram a cargo do prestigioso profissional Auguste-Henri-Victor Grandjean de Montigny (1776-1850)⁴², fundador da Academia de Belas Artes e criador do ensino de arquitetura no Brasil. De imediato propôs a monumentalização *Beaux Arts* do Palácio Real de acordo com sua nova significação simbólica e do espaço público circundante orientado ao mar, assim como a construção do mercado e a Câmara de Comércio⁴³ próximas ao mar. Também imaginou um *boulevard*⁴⁴ que comunicaria o Paço Imperial com a residência real em São Cristóvão; e outro perpendicular que atravessaria o Morro de Santo Antônio até a atual Praça Floriano; finalmente propôs o deslocamento de algumas atividades governamentais ao Campo de Santana, transformando-o no novo centro da cidade "imperial", em substituição ao "luso-brasileiro" Largo do Paço⁴⁵. Assim, o eixo da Rua Direita seria substituído pelo novo, que representava a metáfora das duas portas da cidade: uma que se abria ao exterior – o Largo do Paço –; e outra que, a partir do Largo do Rossio, se abria para o interior⁴⁶. A indicação dos eixos visuais adaptados aos requerimentos das luxuosas carruagens da corte, em substituição às estreitas ruas coloniais, teve como resultado uma solução pioneira na América Latina, que precedeu o *Paseo de la Reforma* na Cidade do México, realizado pelo Imperador Maximiliano em 1864⁴⁷. Apesar de

Pórtico da Escola Nacional de Belas Artes, vista frontal, Jardim Botânico, Rio de Janeiro, foto de 2012

Grandjean ter projetado uma gigantesca catedral inspirada no Panteão de Roma, com a chegada de João VI as obras civis tiveram primazia sobre as religiosas, abrindo o caminho em direção ao positivismo "comtiano" da República[48]. Com a expulsão dos jesuítas em 1759 se iniciou a marginalização do poder econômico da Igreja e de sua ascendência social, refutados por importantes setores da população, em particular pelos proprietários de terras e comerciantes[49].

Apesar de as ideias urbanísticas de Grandjean não terem sido levadas a cabo, ficaram latentes para uma futura concretização no início do século 20. Assim se iniciou a substituição da influência portuguesa pela francesa, que perdurou até o século 20: a presença dos arquitetos franceses se manteve com Agache, Le Corbusier e, recentemente, com os projetos do Museu Guggenheim de Jean Nouvel para o píer Mauá e da Cidade da Música na Barra da Tijuca de Christian de Portzamparc. Outro fator importante resgatado pela arquitetura e o urbanismo cariocas – em particular por Lúcio Costa, que reconheceu o neoclassicismo como parte do processo de identificação de uma arquitetura nacional – foi a adoção de uma linguagem clássica simples e coerente que não entrasse em contradição com a herança nacional. Construído o conjunto de novos edifícios públicos, baseado em frontões, colunas e galerias – a Procuradoria Geral do Estado, a Academia de Belas Artes, a Academia Militar, o Conservatório de Música, a Santa Casa da Misericórdia, entre outros –, que perduraram no tempo sem ocasionar alterações drásticas na paisagem natural. O traçado retilíneo do Canal do Mangue, marcado por fileiras de palmeiras, acabou sendo a consequência da secagem de grandes manguezais, que facilitou o vínculo da cidade com o mar[50]. Por último, a importância dada às áreas verdes prenunciava o surgimento de um paisagismo carioca moderno identificado com a figura de Burle Marx.

A partir da análise a respeito da contribuição do urbanismo neoclássico como antecedente do MES, pode-se afirmar que sua principal característica radicou-se na distribuição dos edifícios autônomos sobre o território e na sua articulação com o espaço verde. Durante o século 19 não se propôs a substituição do centro tradicional, que manteve uma significação funcional e simbólica; identificado com o eixo da

Fachada com a pedra gnaisse,
centro histórico, Rio de Janeiro,
foto de 2012

Rua Direita e o Largo do Paço e as ruas estreitas vizinhas, entre as quais sobressaía a Rua do Ouvidor pelo refinamento dos estabelecimentos comerciais[51]. No entanto, novos focos culturais, sanitários e administrativos foram estabelecidos fora da cidade compacta: em direção à zona sul, ao longo da baía em direção à Praia Vermelha, num espaço que já estava valorizado por chácaras e casarões luxuosos, foram construídos os monumentais edifícios do Hospício de Alienados (1842), o Imperial Instituto dos Meninos Cegos (1872) e a Escola Militar (1859)[52]. Em direção à zona norte, numa área periférica ao núcleo urbano tradicional, o projeto do Campo de Santana, de Grandjean, chamado de Campo da Aclamação a partir de 1822 – conforme os cânones das praças parisienses[53] – definiu a existência de um novo centro administrativo. Ali se construiu a Casa da Moeda (1858), o Arquivo Nacional (1818), o Senado (1825), o Supremo Tribunal de Justiça (1830), a Câmara Municipal (1825), o Paço Municipal (1882), o Corpo de Bombeiros (1864) e a Secretaria de Guerra; esse espaço era articulado com o Largo do Rossio – hoje Praça Tiradentes –, que continha o Real Teatro de São João (1817)[54], cuja presença se fortaleceu no início do século 20 e perdurou até os anos 1950.

Contudo, na segunda metade do século 19 não prosperou a tentativa de consolidar a cidade "nobre" na direção norte do Rio de Janeiro, e por sua vez o Imperador não aprovou as reformas haussmanianas propostas por Francisco Pereira Passos e a Comissão de Melhoramentos[55]. Com a proclamação da República e a criação da ferrovia em 1858 – cuja estação central se localizava em frente ao Campo de Santana – o processo se deteve. A presença do Imperador na Quinta da Boa Vista motivou a elitização dos bairros de São Cristóvão, Andaraí, Catumbi e Caju – neste último o monarca tomava os banhos de mar –, ocupados por membros da corte. O governo republicano não se interessou em ocupar o Palácio de São Cristóvão, privilegiando a nova expansão da zona sul e designando o Palácio do Catete – o mais luxuoso do bairro do Catete – como residência do chefe de Estado. Portanto, a área perdeu o *status* mantido durante o século 19, iniciando-se assim sua progressiva deterioração ambiental[56]. Também contribuiu para isso a presença da linha de ferro, com seus ateliês e armazéns instalados no bairro de Santo Cristo. Sua relação com o porto e o processo de assentamento de indústrias e trabalhadores manuais em seu percurso mudaram radicalmente a imagem da paisagem bucólica precedente. Desde o fim do século 19 iniciou-se a antítese social, cultural e urbanística entre a zona sul e a zona norte do Rio de Janeiro, radicalizada pela extensão infinita do subúrbio anônimo e a beleza hedonista dos bairros surgidos ao longo das praias.

4. A DIFUSÃO DE SÍMBOLOS E ALEGORIAS

Consolidadas na América Latina as burguesias liberais nacionais no início do século 20, e designado a cada país o papel econômico de abastecer com matérias primas os países industrializados – Argentina, o celeiro da América, trigo e carne; Brasil, café e borracha; Chile, cobre; Bolívia, estanho; Cuba, açúcar –, cada nação teve como ambição reproduzir em sua capital a imagem de Paris. A primeira transposição começou na Cidade do México com o *Paseo de la Reforma* (1864), sob o fugaz "Império" de Maximiliano, sobrinho de Napoleão III; iniciativa seguida pelo ditador Porfirio Díaz até a Revolução de 1910. Entretanto, mais radicais foram as intervenções realizadas em três cidades que aplicaram a ortodoxia haussmaniana, impulsionada por energéticos funcionários públicos: o prefeito de Buenos Aires, Torcuato de Alvear (1880-1887), que idealizou a *Avenida de Mayo*; Francisco Pereira Passos, prefeito do Rio de Janeiro (1902-1906), empreendedor da modernização da cidade[57]; Carlos Miguel de Céspedes, Ministro de Obras Públicas do governo do ditador Gerardo Machado (1925-1933), em Cuba, que encomendou o Plano Diretor de Havana ao urbanista francês Jean-Claude Nicolas Forestier[58].

A rivalidade fraternal entre Argentina e Brasil remonta ao século 19. Apesar de a consolidação do Estado nacional brasileiro na década de 1880 ter sido quase contemporânea à do Estado nacional argentino na década de 1860, o crescimento econômico e populacional da Argentina foi mais acelerado, manifestando-se nas profundas transformações urbanísticas de Buenos Aires[59]. Por isso essa cidade, que no início do século 20 já superava um milhão de habitantes – enquanto o Rio de Janeiro chegava aos 800 mil –, constituía-se no modelo concreto a ser seguido nos planos de embelezamento, tanto no traçado das infraestruturas como na construção das novas instalações portuárias[60]. Assim, o projeto da *Avenida de Mayo*, estudado pelos engenheiros cariocas que visitaram a capital portenha, foi reproduzido na Avenida Central, superando em um metro sua largura[61]. Ambas iniciativas tiveram objetivos similares: concretizar os elementos funcionais e simbólicos existentes na Avenida Champs-Elysées de Paris, com suas vias largas de circulação veicular, as generosas calçadas sombreadas para o passeio do *flâneur* baudeleriano, protegidas por árvores abundantes, e os decorados edifícios monumentais, identificadores de empresas, hotéis, teatros, cafés e restaurantes, utilizados pela opulenta burguesia local. Por sua vez, tinham um peso significativo os atributos simbólicos que definiam os pontos extremos do traçado[62]. Na *Avenida de Mayo*, uniam-se dois ícones arquitetônicos representativos do poder político – a Casa Rosada, sede do executivo, e o Palácio do Congresso, sede do legislativo –, enquanto a Avenida Central, que começava na irregular Praça Mauá, diante do terminal marítimo de passageiros provenientes do exterior, culminava na Praça Marechal Floriano, na frente da Baía de Guanabara, num lugar indicado por um obelisco e pelo Palácio Monroe, símbolo internacional do novo Brasil pan-americanista. Assim foram enterradas definitivamente as heranças coloniais, espanhola e portuguesa, expressão de atraso e do estancamento substituídos pelo cosmopolitismo francês[63]. Tinha então começado o sonho positivista da ordem e do progresso, lemas do emblema nacional.

Contudo, a perda de memória foi maior no Rio de Janeiro que em Buenos Aires. Enquanto a arquitetura eclética da *Avenida de Mayo* subsistiu em quase sua totalidade, recebendo a declaração de Patrimônio Nacional, a lembrança da Avenida Central limitou-se a poucos edifícios isolados, substituídos a partir dos anos 1930 pelos altos arranha-céus da Avenida Rio Branco. Isso se deve, em primeiro lugar, à estrutura diferente de ocupação dos terrenos e das funções em ambas as avenidas. Em Buenos Aires, o traçado se realizou sobre quarteirões de 110 metros de lado da quadrícula retangular, expropriando a metade dela aos dois lados da avenida projetada, o que permitiu a construção das novas edificações em blocos integrais com trinta metros de

Avenida Central, Rio de Janeiro, atual Avenida Rio Branco, fotos dos anos 1920

profundidade. Além dos edifícios comerciais, hotéis e sedes administrativas, foram projetados edifícios residenciais, o que possibilitou a vitalidade funcional ou duradoura do espaço público. No caso da Avenida Central, onde não foi permitido o uso residencial, o eixo viário se sobrepôs a uma divisão irregular de terrenos de pequenas propriedades, que determinou uma estrutura de tamanho desigual em relação aos espaços livres para os edifícios que emolduraram a avenida.

Não é, portanto, casual que o chamado concurso para configurar o marco arquitetônico não definisse obras concretas, mas principalmente o desenho de fachadas[64], sendo debilitada a consistência urbanística do conjunto e sua posterior conservação. Primeiramente, em 1926, surgiram os edifícios altos na Praça Marechal Floriano (Cinelândia); depois, na segunda fase de modernização do Rio de Janeiro, a partir da década de 1970, caracterizada por uma forte rejeição à arquitetura eclética por parte das autoridades do Instituto do Patrimônio Histórico e Artístico Nacional – Iphan, em particular por Lúcio Costa[65], aprovou-se a construção de torres de escritórios no eixo da avenida, antecipada já no final dos anos 1920 pela demolição dos modelos ecléticos: um dos primeiros na Praça Mauá foi a torre do jornal *A Noite*, de 22 andares, projetada em 1929 por Joseph Gire e Elisiário da Cunha Bahiana[66].

A construção da cidade acadêmica, em substituição à herança portuguesa, teve dois momentos intensos no primeiro quarto de século, iniciativas que se materializaram nas escalas urbanística e arquitetônica: o conjunto de obras iniciado por Pereira Passos, em 1902, e finalizado em 1910; e a eliminação do Morro do Castelo executada pelo prefeito Carlos Sampaio entre 1920 e 1922, que liberou os terrenos necessários para a Exposição do Centenário da Independência[67]. Em termos estruturais, a Avenida Central, uma fissura na malha compacta do centro ao longo de 1.800 metros, constituiu o principal eixo viário que substituiu a colonial e paralela Rua Direita. Suas ramificações fortaleceram o sistema de praças, concebidas como centralidades funcionais diversificadas, que conformaram os principais espaços públicos urbanos: a Praça XV, face ao antigo Palácio Imperial; a Praça Tiradentes, que concentrou os primeiros teatros e cinematógrafos da cidade; a Praça da Independência (Campo de Santana),

Plano de intervenções de Pereira Passos na Avenida Central, Rio de Janeiro, 1902-1910, publicação no livro *O álbum da Avenida Central*, de Marc Ferrez

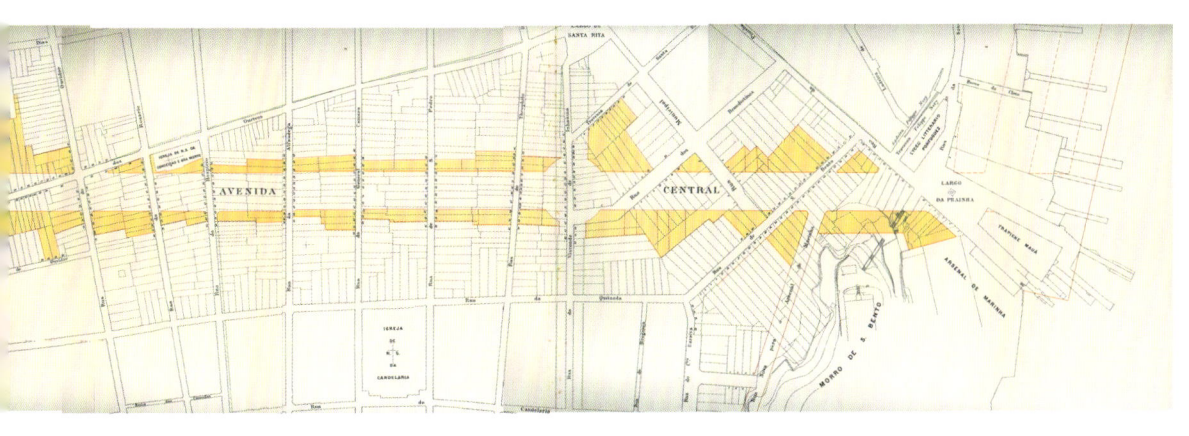

Avenida Central, com área livre à
esquerda após desmonte do
Morro do Castelo, Rio de Janeiro,
foto de c.1941

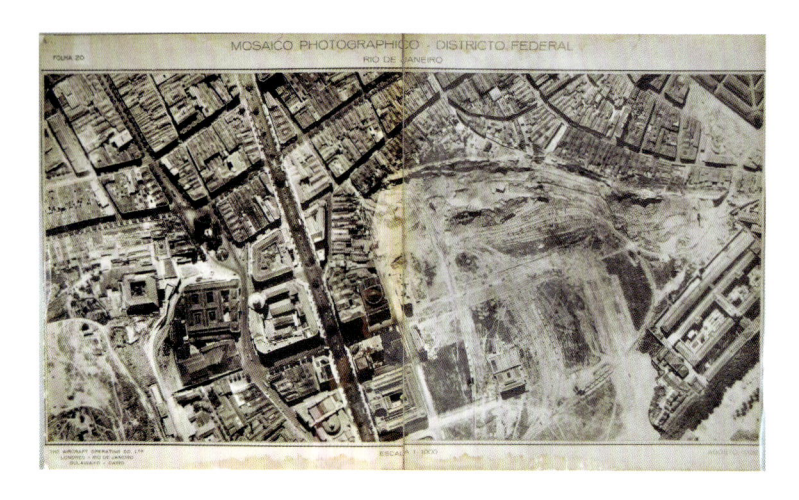

Desmonte do Morro do Castelo, aerofotogrametria, Rio de Janeiro, foto de agosto de 1928

ainda então vigente como centro governamental administrativo; e a incipiente Praça Marechal Floriano, que acolhe progressivamente as atividades recreativas e políticas[68].

A avenida não era um elemento autônomo dentro da cidade, pois tinha duas conexões básicas de articulação com as novas ramificações urbanas: ao norte, a Praça Mauá constituiu a rótula de conexão com a Avenida Rodrigues Alves, que percorria a extensão do porto – construído entre 1904 e 1910[69] – até o canal do Mangue (Avenida Francisco Bicalho). Ao sul, o Obelisco – ícone do ponto final da Avenida Central – e o Palácio Monroe abriam a perspectiva da baía e da Avenida Beira-Mar – alameda inspirada nos passeios marítimos europeus –, que se estendeu ao longo da Praia de Botafogo. Com a presença do presidente no Palácio do Catete e a abertura do primeiro túnel de acesso à Praia de Copacabana (1906), a expansão da cidade "nobre" em direção ao sul se consolidava definitivamente. A Exposição do Centenário da Abertura dos Portos às Nações Amigas, realizada em 1908 na Praia Vermelha e definida pelos pavilhões de gosto *pompier* – hegemônico naquele período – configura-se um exemplo da importância que era dada a essa zona costeira da cidade[70].

Para a burguesia local era difícil compatibilizar os modelos representativos da cidade moderna, europeia ou norte-americana – tanto Washington ou Chicago como Paris ou Londres –, com a desordem herdada da tradição colonial portuguesa e a inquietante irregularidade do contexto natural. Por isso a vontade demolidora, que tendia a eliminar os obstáculos que se opunham à regularidade dos traçados clássicos e monumentais, era determinada por vários fatores: a) social: criar um espaço socialmente harmônico, segregando os pobres e expulsando os cortiços do centro urbano[71]; b) higienista: eliminar os focos e epidemias, os pântanos e manguezais da costa, e facilitar a ventilação do núcleo central, afetada pela presença dos morros; c) viária: criar uma nova dimensão de ruas e avenidas para a circulação de veículos, de acordo com o desenvolvimento do automóvel e do transporte coletivo; d) funcional: diferenciar as zonas residenciais, recreativas, administrativas, produtivas, fortalecendo as atividades comerciais e administrativas no centro – para as quais era necessária uma maior disponibilidade de terrenos – e afastar para a periferia as indústrias e ateliês; e) sim-

PLANTA GERAL DA VIIª FEIRA INTERNACIONAL DE AMOSTRAS - RIO DE JANEIRO 1934

bólico: estabelecer a relevância das edificações de acordo com a identidade da capital do Brasil, cujos ícones fossem significativos em escala nacional e internacional[72].

O resultado foi o desmonte do Morro do Castelo, de 65 metros de altura, berço da cidade, depositário do túmulo do seu fundador, Estácio de Sá, ocupado por igrejas e conventos dos séculos 17 e 18, com uma população de 5 mil habitantes – pobres em sua maioria[73] – radicados em mais de quinhentas habitações. Foi executada com uma espetacular operação de engenharia baseada numa tecnologia norte-americana de mangueiras hidráulicas, cujos jatos d'água faziam com que a terra corresse em direção à baía, gerando o aterro sobre o qual posteriormente se situou o aeroporto Santos Dumont[74]. Ficou assim disponível um território plano de 420 hectares – a Esplanada do Castelo, que teria os futuros ministérios de Vargas – e um aterro de 230 hectares entre a Praia de Santa Luzia e a Ponta do Calabouço, espaço que recebeu os pavilhões da Exposição Universal de 1922[75]. A destruição do "infecto monturo" tinha permitido o surgimento, sobre seus escombros, de um "vale de luzes" e um "bazar de maravilhas", expressivos da moderna civilização[76]. Entretanto, o novo espaço teve uma significação simbólica, quase emblemática dos novos tempos que se aproximavam: em 1930, na disputa presidencial, a polícia não permitiu o ato eleitoral de Getúlio Vargas no centro da cidade, realizando-se então nos terrenos livres do Castelo, onde anunciou o programa futuro de governo, na Plataforma da Esplanada[77].

A articulação estilística entre a arquitetura popular portuguesa habitacional, a ornamentação barroca das igrejas do século 18 e o caráter integrador do neoclassicismo do século 19 ficou truncada diante da personalização icônica das funções, estabelecida pelo repertório *Beaux Arts*, nos novos edifícios construídos pelo Estado. Assim como acabou sendo um ato monstruoso a eliminação do Morro do Castelo – que erradicou um fragmento essencial da memória histórica urbana –, também é inaceitável a desaparição do conjunto de construções da Avenida Central – entre outros, os hotéis Avenida e Palace, o Derby Clube, o Jóquei Clube, o teatro Phoenix –, cuja diversidade de estilos desdobrados ao longo da via conseguia estabelecer a unidade formal com a diversidade linguística.

VIIª Feira Internacional de Amostras, implantação perspectivada no local do antigo Morro do Castelo, Rio de Janeiro, 1934

Comparativamente, seria como eliminar hoje os edifícios da *Gran Vía* de Madri e substituí-los pelas torres da *Plaza de Castilla*; ou em Paris demolir a Avenida da Ópera e substituí-la pelos arranha-céus de *La Défense*. Felizmente, subsistiram o Teatro Municipal de Francisco de Oliveira Passos (1904), a Biblioteca Nacional de Héctor Pepin (1905), o Museu Nacional de Belas Artes e o Supremo Tribunal Federal, ambos de Adolfo Morales de los Rios (1906)[78]. Constituem exemplos de alta qualidade de projeto entre os cânones do ecletismo, resgatados hoje por uma visão dialética da história da arquitetura brasileira, alheia à oposição radical de alguns membros da vanguarda do movimento moderno, que negavam toda significação estética das obras acadêmicas realizadas no início do século 20[79].

Existe um vínculo direto entre o MES, símbolo da renovação política, social e cultural identificada com o governo de Getúlio Vargas, e os ícones historicistas que representavam a República Velha. A relação de amor e ódio entre ambas as atitudes estéticas e conceituais face à arquitetura não se resumiu somente às componentes estéticas, mas compreendia relações profissionais complexas, ligadas ao acesso às encomendas e ao poder acadêmico. É lícito estabelecer um paralelo entre o acontecido na Rússia e a Revolução de Outubro. Os arquitetos tradicionalistas, autores das principais obras monumentais até 1917, foram suplantados pelos jovens construtivistas que, apoiados pelo governo durante os "anos de fogo" (1917-1930), assumiram importantes encomendas. Uma vez definida a política cultural do realismo socialista por Stalin, os modernos foram eliminados e os acadêmicos voltaram ao poder a partir do concurso para o Palácio dos Sovietes (1933). A rivalidade entre Tatlin, Leonidov e Guinzbourg com Iofan e Schussev[80] teve um caráter semelhante à ocorrida entre Lúcio Costa com Arquimedes Memória e José Marianno Filho. Ou seja, em ambos os casos, academia e vanguarda coexistiram, alternando-se no relacionamento com o poder político. Mas ao contrário do que aconteceu na URSS de Stalin, no Brasil, o governo de Vargas assimilou as diversas alternativas estéticas[81].

Embora no Brasil a academia não tenha conseguido recuperar o espaço profissional perdido para os membros da vanguarda, ao defender um sistema arcaico de

Barco-restaurante na Esplanada do Castelo, Rio de Janeiro, foto de 1936

valores diante dos novos códigos que representavam a ansiedade de modernização do país, conseguiram reassumir o poder na Universidade, que perdurou até os anos 1950[82]. A essa rivalidade estética e profissional juntou-se o fato de Arquimedes Memória ter obtido o primeiro lugar no concurso do MES em 1935, sendo eliminados os projetos modernos. A decisão do ministro de não proceder à construção do premiado e entregar a encomenda a Lúcio Costa radicalizou o antagonismo existente entre Lúcio Costa e Arquimedes Memória, que havia começado quando o primeiro fora demitido da direção da Escola Nacional de Belas Artes – ENBA, em 1931 (Memória manteve-se nesse cargo por muitos anos e, como professor, até os anos 1950)[83]. Este último junto com Francisque Couchet, herdeiros do escritório de Heitor de Mello, haviam construído alguns dos principais ícones da República Velha: a Câmara dos Vereadores (Palácio Pedro Ernesto, 1920-1923), o Palácio Tiradentes (1922-1926) e o Palácio das Indústrias na Exposição de 1922, hoje Museu Nacional. A qualidade profissional de Memória lhe permitia adotar os estilos da moda – o classicismo, o neocolonial e o *art déco* –, movimentos refutados pela vanguarda arquitetônica local. Entretanto, ele não soube assumir as mudanças de caráter radical dos novos códigos formais e suas encomendas foram diminuindo a partir de 1935[84].

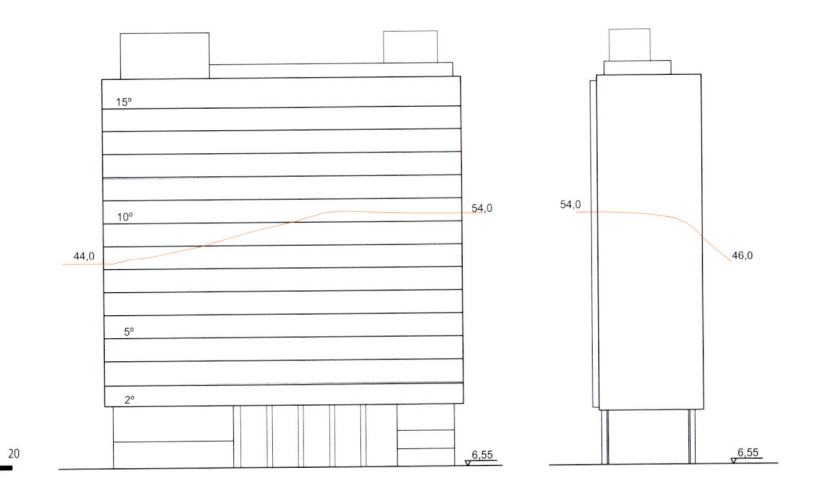

Esse conflito, além de invocar conteúdos morais e éticos, motivou a atitude depreciativa de Lúcio Costa, funcionário do Serviço do Patrimônio Histórico e Artístico Nacional – Sphan em relação a obras ecléticas, o que resultou na demolição de algumas delas, negando o necessário diálogo entre o historicismo e a modernidade. Se tivesse lido e aceito as teses de Robert Venturi, publicadas nos anos 1970, talvez sua posição não tivesse sido tão drástica. Esse radicalismo, que se justificava nos anos 1930, mas que perdeu a validade na década de 1970[85], acabou sendo uma atitude assumida por toda uma geração de intelectuais que se estendeu até a década de 1980[86]. Surgido o vazio da Esplanada do Castelo, nos seus limites externos, dois ícones da arquitetura acadêmica teriam estabelecido o contraponto ao MES: o Palácio Monroe, projetado por Francisco Marcelino de Souza Aguiar (1904) e o Pavilhão dos Estados na Exposição de 1922, logo transformado em Ministério da Agricultura, obra

Desenhos esquemáticos relacionando elevações do Ministério da Educação e Saúde e a topografia original do Morro do Castelo de Morales de los Rios Filho, chamado popularmente de "bolo de noiva". Assim, sua ornamentação carregada e suas visíveis cúpulas teriam adquirido um significado icônico para o imaginário social, contudo ambas desapareceram na década de 1970. Talvez no subconsciente de Costa e Niemeyer tenha perdurado a lembrança dessas duas cúpulas que depois apareceram no Congresso de Brasília[87].

Foi dolorosa a perda do Palácio Monroe, pavilhão do Brasil premiado com a medalha de ouro na *Louisiana Purchaser Exposition*, celebrada na cidade de Saint Louis, Missouri, em 1904. Reconstruído no Rio de Janeiro – despertando a admiração de alguns cariocas como Olavo Bilac[88] – acolheu a III Conferência Pan-americana de 1906, organizada pelo Barão do Rio Branco, que sugeriu homenagear com seu nome o presidente James Monroe, criador do movimento da integração pan-americana sob a tutela do Grande Irmão. Sua posição isolada defronte à baía, rodeado por um extenso espaço verde e no final da Avenida Central, transformou-o num ícone monumental representativo – com expressividade maior que a Biblioteca Nacional, o Museu de Belas Artes ou o Teatro Municipal – do sistema de valores da *República Velha*[89]. Entretanto, o pedido para sua declaração patrimonial em 1970 não foi atendido, e em 1976 a ditadura militar, presidida pelo general Ernesto Geisel, com a aprovação do Iphan, ordenou sua demolição, desaparecendo assim mais um ícone, dos tantos legados ao esquecimento na cidade do Rio de Janeiro[90].

5. MONUMENTALIDADE E MODERNIDADE

No lento processo de confirmação da personalidade do Rio de Janeiro, somente o período colonial, prolongado pelas construções espontâneas durante o Império, definiu uma malha urbana coerente em sua centralidade. As sucessivas intervenções estatais configuraram episódios pontuais que estabeleceram eixos viários, cenografias e monumentos. A homogeneidade neoclássica foi substituída pela diversidade eclética, integrada tanto no espetáculo da Avenida Central como nas obras icônicas monumentais, representativas das funções hierarquizadas da burguesia. Apesar

Praça da Cinelândia, Rio de Janeiro, foto c.1930/40

da existência de edifícios que atingiam oito andares – o hotel Palace na Avenida Central[91] – o *skyline* continuava baixo. Somente na década de 1920 surgiu a proposta de uma nova dimensão urbana que desintegrou progressivamente a silhueta *Belle Époque*[92], tanto pela adoção fragmentada de edifícios altos – os quarteirões do conjunto Serrador na Praça Floriano (Cinelândia) – quanto pela elaboração do primeiro plano urbano detalhado que realizou Donat Alfred Agache.

A Avenida Central, ao chegar à baía, alargava-se nos espaços livres criados pela demolição do Convento d'Ajuda (1911) e nos terrenos disponíveis que ladeavam o Passeio Público. Uma vez desaparecido o convento, o espaço defronte a ele foi redimensionado, configurando a Praça Floriano, que continha as atividades culturais geradas no Teatro Municipal, no Museu de Belas Artes e na Biblioteca Nacional, assim como as políticas localizadas no Palácio Monroe, na Câmara dos Vereadores e no Supremo Tribunal Federal. Portanto, ficava aqui definida a nova centralidade urbana que caracterizou o período republicano no Rio de Janeiro. Francisco Serrador, um empresário de origem espanhola associado à indústria cinematográfica, tomou a iniciativa de atrair capitais privados e de organizar uma operação especulativa imobiliária em grande escala, com um traçado de ruas e quarteirões, com o intuito de construir um complexo de cinemas, escritórios, apartamentos e restaurantes, criando o "maior centro de diversões da América do Sul"[93]. Por um lado, foi assumida a definida vocação hedonista da capital carioca, fortalecida pela criação dos novos hotéis na direção sul – o Glória (1922) e o Copacabana (1923) –, por outro, o persistente modelo da cultura francesa foi substituído pela imagem da modernidade que provinha dos Estados Unidos. A tipologia adotada nos lugares de exibição inspirou-se em Hollywood e na Broadway; o início dos edifícios altos conformando uma estrutura compacta nos quarteirões apertados retomou a malha de Wall Street em Nova York. Foram soluções renovadoras que exigiam a nova dinâmica da vida social e a agressiva presença do capital financeiro sobre o solo urbano que pressionava o Estado: em 1925 o prefeito Alaor Prata Leme promulgou o decreto que estabelecia as normas de zoneamento e uso do solo; e em 1928, o decreto que facilitou o processo de verticalização da cidade com o desenvolvimento das estruturas de concreto armado[94].

Biblioteca Nacional, Rio de Janeiro, 1905, Héctor Pepin, foto de 2012

Área tampão

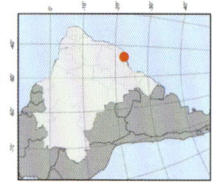

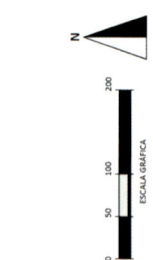

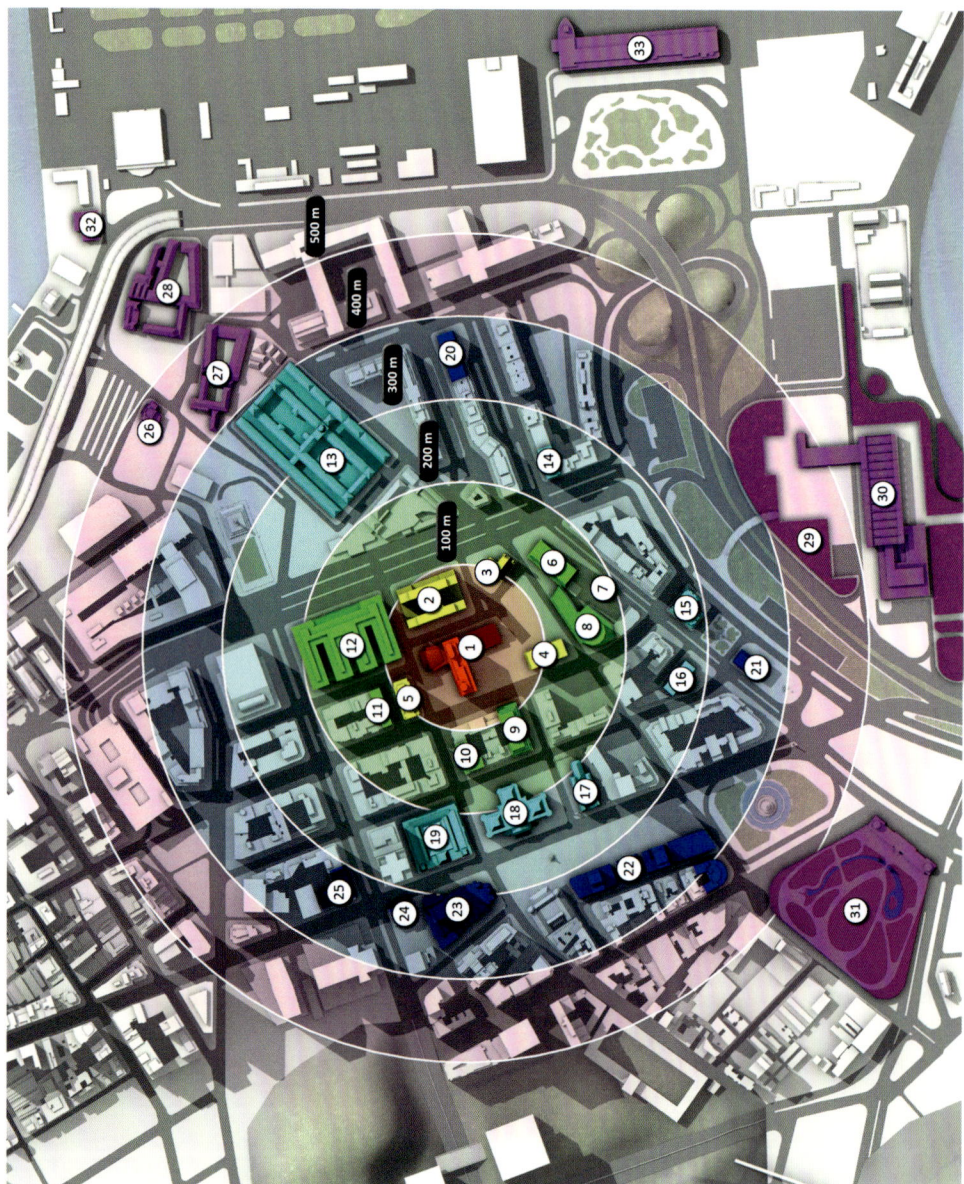

01- Edifício do MES
02- Ministério do Trabalho
03- Igreja santa Luzia
04- Barão de Mauá
05- Edifício Aliança da Bahia
06- Anexo Academia Brasileira de Letras
07- Academia Brasileira de Letras
08- Clube da Aeronáutica
09- IPASE
10- ABI
11- Edifício Antônio Severo
12- Ministério da Fazenda
13- Santa Casa de Misericórdia
14- Consulado da França
15- Ministério do Interior
16- Consulado dos Estados Unidos
17- Justiça Federal
18- Biblioteca Nacional
19- Museu Nacional de Belas Artes
20- Instituto Reasseguros do Brasil
21- Edifício Standard
22- Quarteirão Serrador
23- Teatro Municipal
24- Clube Naval
25- Edifício Marques do Herval
26- Museu da Imagem e do Som
27- Igreja Nossa Senhora de Bonsucesso
28- Museu Histórico Nacional
29- Jardins do Aterro do Flamengo
30- Museu de Arte Moderna
31- Passeio Público
32- Edifício do antigo terminal de Hidro Aviões
33- Edifício de embarque de passageiros do Aéroporto Santos Dumont

MES, situação do prédio em relação às principais edificações das imediações

Sem dúvida o conjunto Serrador constituiu um marco na nova dimensão urbana que predominará a partir da década de 1940, acentuando o caráter político-administrativo, comercial e recreativo da área central, que se mantém até a mudança da capital para Brasília em 1960. Iniciado o projeto em 1917, avançou com lentidão até o início da década de 1920 e adotou um ritmo acelerado a partir de 1925, uma vez encerradas a Exposição Universal de 1922 e as obras do desmonte do Morro do Castelo. Abriam-se assim as perspectivas da expansão construtiva nessas grandes áreas livres, que possibilitavam novas pautas no projeto arquitetônico e urbanístico, afastadas das limitações existentes nas ruas estreitas da cidade colonial, que ainda continham as principais atividades da vida elegante da burguesia. No limitado espaço compreendido entre a Praça Floriano, a Rua Senador Dantas e a Rua do Passeio, compactou-se uma sucessão de modernas salas cinematográficas integradas no térreo de edifícios que tinham entre dez e quatorze andares: Capitólio (1925) – com estrutura de concreto armado projetada por Emílio Baumgart, engenheiro calculista do MES –, Odéon (1926), Parisiense (1926), Pathé (1927), Rex (1928), Broadway (1931), Alambra (1932) e Plaza (1934)[95]. Apesar de suas fachadas manterem os códigos ecléticos, no seu interior as inovações técnicas necessárias ao caráter polifuncional dos edifícios – no térreo se localizam os cinemas, teatros e comércios; nos andares superiores, habitação e escritórios – constituíram uma base essencial para a arquitetura moderna carioca. Mesmo que hoje em dia a Praça da Cinelândia tenha perdido a vitalidade existente nas décadas de 1930 e 1940, que era fortalecida pela presença das bandas de Carnaval – hoje subsiste apenas o Cordão da Bola Preta –, manteve-se seu significado espacial icônico da vida social urbana: em 1945 ali desfilaram as tropas que voltaram da Segunda Guerra Mundial; em 1968 foi palco da Manifestação dos Cem Mil contra a ditadura militar; em 1992 foi a vez da multidão em apoio ao *impeachment* de Collor[96].

A partir dos anos 1920 o acelerado crescimento da população urbana no mundo – no Rio de Janeiro aumenta de 1.158.000 habitantes em 1920 para 2.380.000 em 1930 – e a subsistência de estruturas funcionais obsoletas, particularmente o sistema viário, geraram um caloroso debate sobre as necessárias transformações urbanísti-

Plano Agache, simulação da ocupação prevista para a Esplanado do Castelo

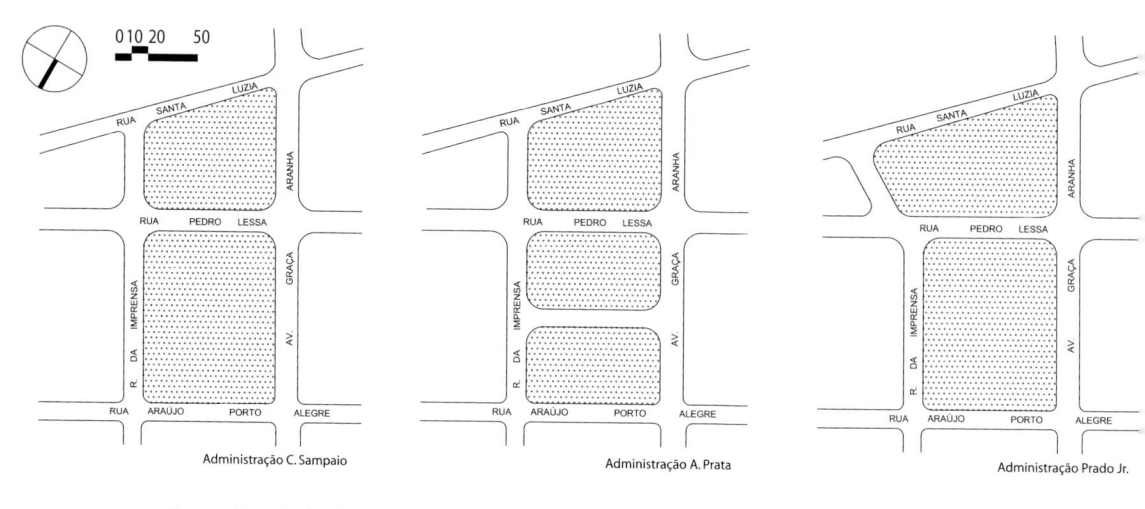

Propostas de arruamentos para a Quadra F segundo as administrações dos prefeitos Carlos Sampaio, Alaor Prata e Antônio Prado Júnior

cas adaptadas à dinâmica estabelecida pela modernidade. Apesar da presença de especialistas locais – Francisco Saturnino de Brito Filho, Armando de Godoy, José Octacílio Saboya Ribeiro, José de Oliveira Reis –, não existia na capital um plano diretor que estabelecesse pautas ao crescimento urbano. O vazio da Esplanada do Castelo e o surgimento do conjunto Serrador abriram o debate sobre a necessidade de edifícios altos e a configuração de novos espaços disponíveis, gerando alguns projetos parciais[97]. O último presidente da República Velha, Washington Luís (1926-1930) – deposto pela revolução de Vargas – nomeou como prefeito do Rio de Janeiro Antônio Prado Júnior, conhecido empresário industrial, proveniente de uma família de ricos barões cafeeiros paulistas – seu irmão Paulo, intelectual, foi o responsável pela visita de Le Corbusier ao Brasil em 1929. Prado Júnior decidiu concretizar um plano de ação que modernizasse a esquecida capital e ao mesmo tempo fortalecesse as conexões viárias com o resto do país[98] e para isso convidou o urbanista francês Donat Alfred Agache (1875-1959) a elaborar o primeiro plano diretor detalhado da cidade, cujos trabalhos se desenvolveram entre 1927 e 1930[99].

Apesar das incessantes críticas à sua proposta, que perduram até nossos dias[100], foi admirável a seriedade de seu estudo sobre as preexistências geográficas e urbanas, e sobre as infraestruturas sociais, culturais e estéticas do Rio de Janeiro. Mesmo mantendo no projeto as estruturas básicas da tradição *Beaux Arts* parisiense, identificada com o modelo haussmaniano, demonstrou sua atualidade sobre as diferentes tendências predominantes do urbanismo mundial, que tentou compatibilizar no plano diretor tanto a presença de edifícios altos na área central – o projeto da *City Beautiful* em Chicago de Daniel Burnham – quanto a expansão suburbana associada à *Garden City* inglesa e às *Cités Jardins* francesas. Estabeleceu um claro zoneamento de funções na cidade e na área central organizou os espaços monumentais necessários para uma moderna capital sul-americana. Hierarquizou o acesso dos visitantes ilustres a partir da baía, na "Porta do Brasil", situada na área da Glória – similar à solução de Jean-Claude Nicolas Forestier na Havana[101] –, espaço adequado à cenografia das cerimônias públicas, rodeado de edifícios governamentais. Imaginou um centro religioso diante de um passeio retilíneo de palmeiras reais em direção à baía e um distrito de negócios com edifícios de escritórios de vinte e trinta andares, identificados com os arranha-céus norte-americanos.

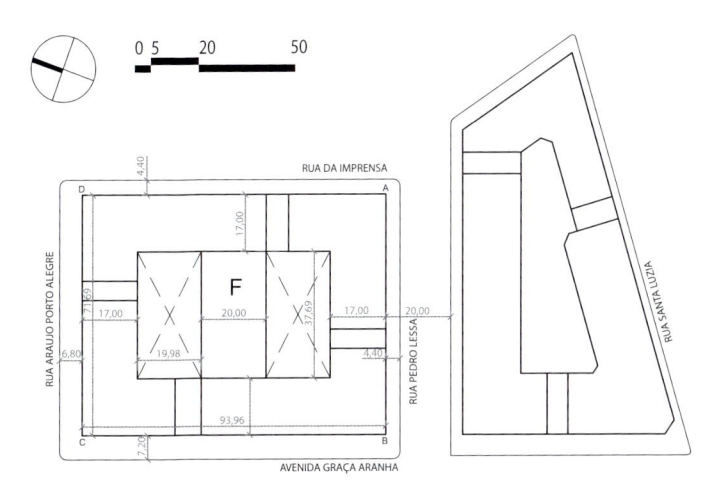

Ao abordar a totalidade da cidade, o plano tentou recuperar o equilíbrio e a integração entre as antitéticas zonas sul e norte. Os núcleos monumentais eram reafirmados, na direção sul, na Praia Vermelha pela localização da Cidade Universitária; e na direção norte, pela grande avenida em direção à Quinta da Boa Vista, com um ponto focal na nova estação ferroviária, próxima à Leopoldina. Portanto, resgatava os valores estéticos perdidos dos bairros da zona norte, objetivo pelo qual se construiu a Avenida Presidente Vargas (1941-1944) e se reafirmou o sistema de composição clássica a partir do projeto da sede da Universidade do Brasil (1935-1938), de Marcello Piacentini e Vittorio Morpurgo[102], que culminava na monumentalidade do Ministério da Fazenda. Ao mesmo tempo, estabeleceu a tipologia dominante do bairro do Castelo, baseada na ocupação compacta dos quarteirões com edifícios de escritórios e residenciais de doze andares, escalonados na parte superior, contendo galerias cobertas ao longo das ruas, que protegiam os comércios situados no térreo, e pátios internos de ventilação, também usados para o estacionamento de veículos. Apesar de os arquitetos do movimento moderno terem atacado veementemente essa proposta – particularmente Affonso Eduardo Reidy – hoje, diante do resgate da cidade compacta, percebe-se a validez do projeto de Agache, mesmo despojado de seus atributos acadêmicos. Em suma, embora a maioria de suas propostas não tenha sido realizada devido à crise econômica de 1929 e a mudança de orientação do governo de Getúlio Vargas, constituiu o elemento de transição entre a cultura acadêmica e a renovação modernista, cujas ideias, aceitas ou questionadas, serviram de base para a formação dos protagonistas da vanguarda, como ocorreu com os jovens Affonso Reidy e Atílio Corrêa Lima, que trabalharam em sua equipe.

No Castelo, a crítica real ao plano Agache proveio do projeto do MES, elaborado por Lúcio Costa e sua equipe e reafirmado pelas alternativas que propusera Le Corbusier durante sua estadia no Brasil em 1936. Ao rejeitar a densidade do quarteirão agachia-

Plano Agache, simulação da configuração da Quadra F

no e propor a livre composição do edifício sobre o terreno, afastando-se da rua com a presença de generosos espaços verdes, o projeto abriu caminho à aplicação dos princípios do Congresso Internacional da Arquitetura Moderna – CIAM na *Carta de Atenas*, em grande parte formulada pelo mestre francês[103]. Este elaborou, frente às soluções técnicas de Agache – parafraseando Margareth da Silva Pereira –, a visão poética da faixa residencial contínua, livremente dispersa sobre o território, circundando os morros da cidade[104]. Na teoria e na prática, estabeleceu-se um debate tenso entre tradição clássica e modernidade nas intervenções realizadas na capital durante o governo do prefeito Henrique de Toledo Dodsworth (1937-1945). Enquanto os arquitetos da vanguarda propunham atingir finalmente um desenho flexível, adequado à natureza e à topografia do Rio de Janeiro, sem violentar a já profanada geografia natural, o regime de Vargas apoiou a manutenção das rígidas estruturas monumentais. A Avenida Presidente Vargas, com seus 80 metros de largura e dois quilômetros de extensão, configurou a destruição de mais de quinhentos edifícios, entre os quais importantes exemplos da arquitetura religiosa colonial[105]. Apesar da tipologia arquitetônica moderna, as lâminas de 22 andares sobre amplas galerias para a circulação de pedestres criaram dois gigantes muros de aço, concreto e vidro, reafirmando o conteúdo autoritário do projeto, totalmente fora de escala em relação à dinâmica da vida urbana. Construída parcialmente, a paralisação da proposta original gerou um sistema de vazios que perduram até hoje, que foram apropriados popularmente para estacionamento de carros e localização de vendedores ambulantes. O mercado popular do Saara constituiu-se no maior identificador icônico do espaço da Avenida Vargas[106].

Em 1938, a partir do momento em que foi aprovada a concretização do projeto de Agache para o Castelo, Affonso Eduardo Reidy (1909-1964) elaborou, no seu cargo de funcionário da Prefeitura, uma série de projetos urbanos alternativos que tentaram aplicar as ideias do CIAM no Rio de Janeiro. Em 1938 fez uma proposta para o Castelo; logo outra em 1948 para os terrenos livres surgidos do desmonte do Morro de Santo Antônio; e finalmente em 1953 – juntamente com o Museu de Arte Moderna – o projeto do Aterro do Flamengo, materializado em 1962, com a participação de

Esplanada do Castelo, simulação
do plano de intervenção de
Affonso Reidy

Esplanada dos Ministérios, vista aérea, Brasília, Lúcio Costa, foto de 2007

Burle Marx[107]. Surgia a imagem da nova cidade aberta que assumia e valorizava os atributos naturais de sua situação geográfica, assim como a dimensão estabelecida pelo automóvel na estrutura urbana. Os conjuntos habitacionais de Pedregulho (1947) e da Gávea (1952), de sinuosas curvas acompanhando a topografia, constituíram-se num eco da lâmina corbusiana.

Enterrava-se teoricamente – já que na realidade se manteve a malha tradicional no centro do Rio de Janeiro, sobre a qual atuou a especulação imobiliária erigindo os edifícios altos – a herança clássica da cidade compacta e da *rue corridor*[108], em busca da possibilidade de transformar a imagem do urbanismo brasileiro, adequando-o aos princípios do CIAM. Brasília conseguiu concretizar esse ideal, formalizado por Lúcio Costa. No Rio de Janeiro, o sistema moderno conformou uma série de iniciativas parciais distribuídas sobre o território. Paralelamente aos projetos de Reidy, os sucessivos projetos da Cidade Universitária – realizados primeiramente por Le Corbusier, depois por Lúcio Costa e finalmente construída por Jorge Machado Moreira (1949-1956) – utilizaram o modelo dos volumes puros dispersos sobre uma área verde: Machado Moreira, na sede da Universidade do Brasil na Ilha do Fundão, realizou uma homenagem arquitetônica e urbanística a Le Corbusier. Por um lado aplicou canonicamente os cinco pontos no edifício da Faculdade de Arquitetura e retomou detalhes provenientes dos projetos do MES; por outro, construiu um fragmento de lâmina da *Ville Radieuse* no Hospital Universitário[109]. O sistema urbano carioca culminou no projeto de Sert, Wiener e Schulz para a Cidade dos Motores na Baixada Fluminense, que acolheria os trabalhadores da Companhia Siderúrgica Nacional, cuja fábrica, com investimento do governo dos Estados Unidos, começou a ser construída em 1943[110].

Esteve presente a semente do MES em todas essas propostas, já que o edifício era assumido como um ícone arquitetônico e urbanístico do novo Brasil. Assim como Saturno devorou seus filhos, Brasília fagocitou o MES. Sua significação estética e simbólica expandiu-se como um manto sobre toda a cidade, porém, ao mesmo tempo, o Ministério da Educação enquanto instituição perdeu o destaque atingido na década de 1930 e se diluiu no anonimato da Esplanada dos Ministérios em Brasília.

Acima, Avenida Presidente Vargas, Rio de Janeiro, foto de abril de 1953

Na página à direita, Plano Agache, proposta de intervenção na Esplanada do Castelo e ponta do Calabouço, Rio de Janeiro, 1930

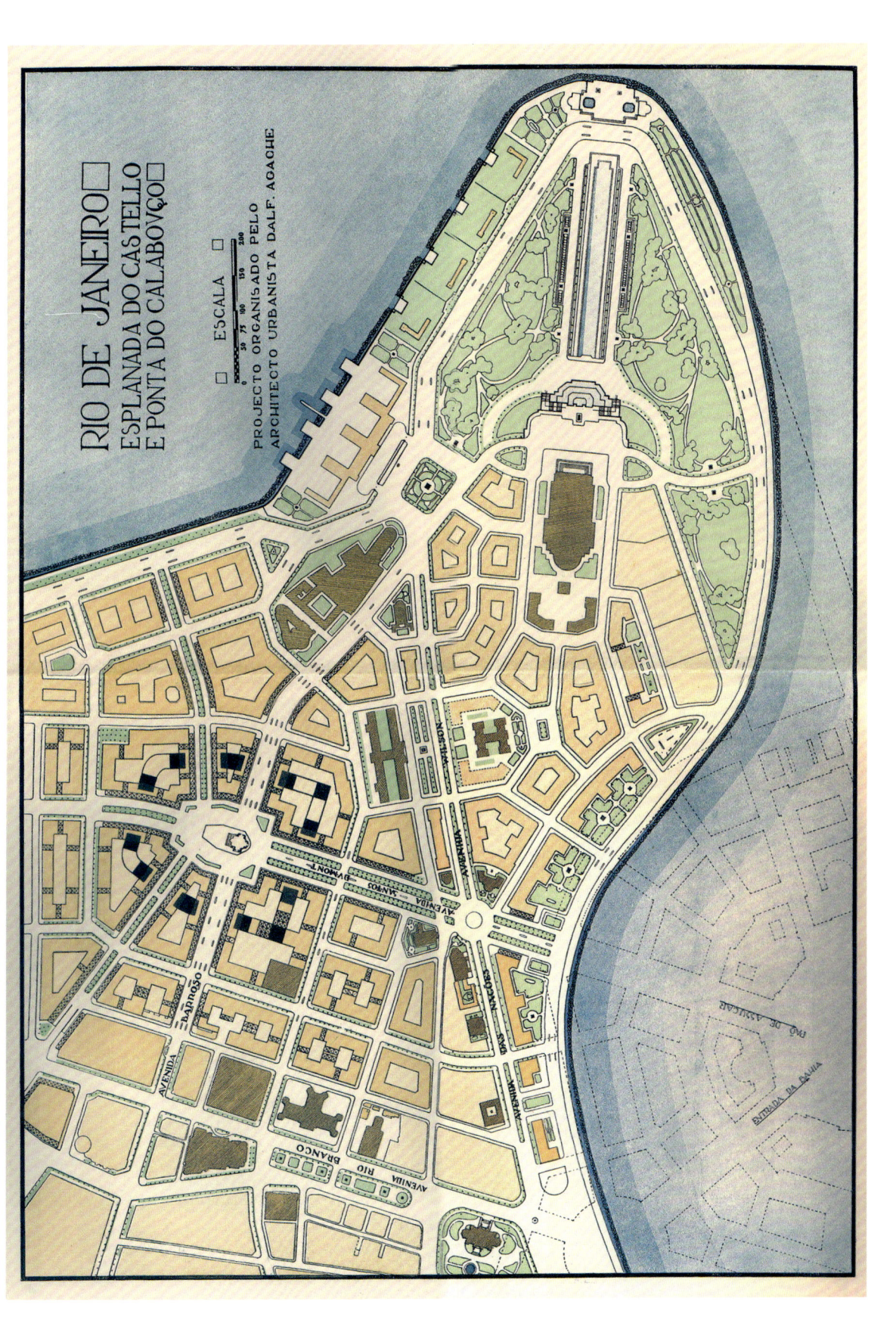

RIO DE JANEIRO
ESPLANADA DO CASTELLO E PONTA DO CALABOUÇO

ESCALA
0 50 75 100 150 200

PROJECTO ORGANISADO PELO
ARCHITECTO URBANISTA D. ALF. AGACHE

NOTAS

1. CZAJKOWSKI, Jorge (org.). *Do cosmógrafo ao satélite. Mapas da cidade do Rio de Janeiro*, p. 25.
2. CAVALCANTI, Nireu. *O Rio de Janeiro setencista. A vida e a construção da cidade da invasão francesa até a chegada da Corte*, p. 27.
3. REBELO, Marques; BULHÕES, Antônio. *O Rio de Janeiro do Bota-Abaixo*, p. 21.
4. "Sempre considerei o Cristo Redentor o maior carioca de todos os tempos. Lá de cima, ele não só abençoa a cidade mas abraça – e abraça a cada um de nós. [...] Olhando para ele, qualquer carioca sabe que chegou em casa". CONY, Carlos Heitor. Tombamento inútil, p. A2.
5. TSCHUMI, Bernard. Algunos conceptos urbanos.
6. Foram demolidos 585 edifícios, e em seis meses foram negociadas 1.700 propriedades. Cf. FERREZ, Gilberto. A Avenida Central e seu álbum. In FERREZ, Marc. *O Álbum da Avenida Central. Um documento fotográfico da construção da Avenida Rio Branco. Rio de Janeiro, 1903-1906*.
7. LESSA, Carlos. *O Rio de todos os Brasis. Uma reflexão em busca de auto-estima*, p. 258.
8. Uma aversão similar à dos modernos contra os acadêmicos foi expressa pelos arquitetos ecléticos contra a arquitetura colonial, considerada atrasada e anti-higiênica. Cf. LEJEUNE, Jean François. Rêves d'un ordre: utopie, cruauté et modernité. In LEJEUNE, Jean-François (org.). *Cruauté & utopie. Villes et paysages d'Amérique Latine*.
9. Ver o debate estabelecido entre Lúcio Costa e Paulo Santos sobre os edifícios ecléticos da Avenida Central, o Palácio Monroe e a política de preservação mantida pelo Departamento do Patrimônio Histórico e Artístico Nacional – Dphan. PESSÔA, José (org.). *Lúcio Costa. Documentos de trabalho*, p. 273-283.
10. Tese desenvolvida no curso que ministrou na FAUUSP no final dos anos oitenta e concretizada neste livro. KOPP, Anatole. *Quando o moderno não era um estilo e sim uma causa*.
11. SEGRE, Roberto. *Historia de la arquitectura y del urbanismo. Países desarrollados, siglos XIX y XX*, p. 430.
12. SEGRE, Roberto. *América Latina fin de milenio. Raíces y perspectivas de su arquitectura*, p. 13.
13. VERÍSSIMO, Francisco Salvador; BITTAR, William Seba Mallmann; ALVAREZ, José Maurício. *Vida urbana. A evolução do cotidiano da cidade brasileira*, p. 83. Nos livros de fotografias da cidade publicados nos anos 1950 – por exemplo, *Flagrantes do Brasil*, de Jean Manzon – o MES já aparece junto à igreja da Glória e aos Arcos da Lapa, ícones arquitetônicos da cidade tradicional. Ver: SIQUEIRA, Vera Beatriz; MOTTA, Marcus Alexandre. Escritos de viagem: girar sobre os próprios passos.
14. Recentemente, o aprofundamento de temas históricos pontuais que possibilitam construir o geral a partir do particular – a micro-história, nos termos de Carlo Ginzburg – é recorrente em autores como Jacques Le Goff, Fernand Braudel, Norbert Elias, George Duby, entre outros. No Brasil, ainda são escassas essas pesquisas, entre as quais se destaca: ATIQUE, Fernando. *Memória moderna. A trajetória do Edifício Esther*.
15. "Os novos construtores utilizaram-se do poder de ação dos ditadores para pôr em prática as suas ideias. Souberam fazer compreender então tudo o que pensavam e sonhavam realizar. [...] O 'milagre' do Ministério da Educação não pôde ser realizado a não ser em razão de sua 'grandiosidade', e de seu programa impositivo". PEDROSA, Mário. *Dos murais de Portinari aos espaços de Brasília*, p. 259.
16. Apesar de esta pesquisa ter se centrado nos aspectos urbanísticos, técnicos, formais e espaciais do MES, há aqui uma identificação com a interpretação do ícone em relação aos processos históricos sociais e econômicos, tentando encontrar um equilíbrio entre as posições de Umberto Eco, Hal Foster e Frederic Jameson. Ver: CONSIGLIERI, Victor. *As significações da arquitetura 1920-1990*, p. 105.
17. GINZBURG, Carlo. *Olhos de madeira. Nove reflexões sobre a distância*, p. 174.
18. Em todos os estudos históricos da arquitetura moderna universal, o MES se reduz a um breve comentário sobre a influência de Le Corbusier no Brasil e a originalidade da fachada com brise-soleil. Ver as obras de J.M. Richards, Henry-Russell Hitchcock, Bruno Zevi, Michel Ragon, Leonardo Benevolo, Manfredo Tafuri & Francesco Dal Co, Kenneth Frampton, William Curtis, Jean-Louis Cohen, entre outros.
19. QUETGLAS, Josep. *El horror cristalizado. Imágenes del Pabellón de Alemania de Mies van der Rohe*, p. 19.
20. DELEUZE, Gilles; GUATTARI, Felix. *L'anti-Oedipe. Capitalisme et schizophrénie*, p. 34.
21. "Architecture immortalizes and glorifies something. Hence there can be no architecture where there is nothing to glorify". WITTGENSTEIN, Ludwig. *Culture and Value (1947-1948)*, p. 69.
22. MAFFESOLI, Michel. *Elogio de la razón sensible. Una visión intuitiva del mundo contemporáneo*, p. 36.
23. JAGUARIBE, Beatriz. *Fins de século. Cidade e cultura no Rio de Janeiro*, p. 121.
24. "Ao contrário do mundo épico, com sua ação deliberativa sobre a história, a ruína modernista jaz como fragmento destroçado de um novo, danificado pelo outro novo de presente, que também será descartável". Idem, ibidem, p. 122.
25. HABERMAS, Jürgen. Moderno, postmoderno e neoconservatorismo, p. 15-17.
26. TERÁN, Fernando de (org.). *La ciudad hispanoamericana. El sueño de un orden*.
27. "Se Salvador foi a 'fortaleza-forte' que centralizou a defesa da costa nordeste, o Rio de Janeiro foi o 'castelo' que exerceu funções idênticas para a costa sul". SANTOS, Paulo F. *Formação de cidades no Brasil colonial*, p. 94. Ver também: EVENSON, Norma. *Two brazilian capitals. Architecture and urbanism in Rio de Janeiro and Brasília*, p. 4.
28. O autor estabelece as diferentes atitudes do espanhol e do português na definição da cidade. O primeiro é o *ladrilhador*, construtor dos primeiros traçados "abstratos" no continente, cujas "ruas não

se deixam modelar pela sinuosidade e pelas asperezas do solo". O segundo é o *semeador* circunstancial de uma colônia que é um mero lugar de passagem. HOLANDA, Sérgio Buarque de. *Raízes do Brasil*, p. 62. Ver também: GUTIÉRREZ, Ramón. *Arquitectura y urbanismo en hispanoamérica*, p. 99.

29. SISSON, Rachel. *Espaço e poder. Os três centros do Rio de Janeiro e a chegada da Corte Portuguesa*, p. 42.

30. Sem contar os conventos, o autor enumera dezoito igrejas existentes no século 18. REIS, José de Oliveira. História urbanística do Rio de Janeiro. O Rio: cidade de pântanos e lagoas, p. 3-27.

31. SEGRE, Roberto. *Rio de Janeiro. Guias de Arquitectura Latinoamericana: Río de Janeiro*, p. 53.

32. NONATO, José Antonio; SANTOS, Nubia Melhem. *Era uma vez o Morro do Castelo*. Rio do Janeiro, Iphan, 2000.

33. CARVALHO Cláudia; NÓBREGA, Cláudia; SÁ, Marcos. Introdução: guia da arquitetura colonial.

34. SANTOS, Paulo F. Op. cit., p. 99.

35. VILAS BOAS, Naylor. *O Passeio Público do Rio de Janeiro: análise histórica através da percepção do espaço*.

36. SEGAWA, Hugo. *Ao amor do público. Jardins no Brasil*, p. 90.

37. ROCHA-PEIXOTO, Gustavo. *Reflexos das luzes na terra do sol. Sobre a teoria da arquitetura no Brasil da Independência. 1808-1831*, p. 281.

38. O Palácio da Alvorada foi projetado por Oscar Niemeyer em 1957. Ver: NIEMEYER, Oscar. *Minha Arquitetura 1937-2004*, p. 94-99.

39. ABREU, Mauricio de Almeida. *A evolução urbana do Rio de Janeiro*, p. 37.

40. NEEDELL, Jeffrey D. *Belle époque tropical*, p. 181.

41. ARGAN, Giulio Carlo. Landscape architecture, p. 1067.

42. CONDURU, Roberto. Grandjean de Montigny. Um acadêmico na selva.

43. FERREZ, Gilberto. *A Praça 15 de Novembro – antigo Largo do Carmo*.

44. MELLO JÚNIOR, Donato. *Rio de Janeiro: planos, plantas e aparências*, p. 121.

45. SISSON, Rachel. Op. cit., p. 55-71.

46. BARRA, Sérgio. *Entre a corte e a cidade. O Rio de Janeiro no tempo do rei (1808-1821)*, p. 110.

47. REESE, Carol McMichael. The Urban Development of Mexico City, 1850-1930, p. 139-169.

48. SISSON, Rachel. Rio de Janeiro, 1875-1945: The Shaping of a New Urban Order, p. 139-154.

49. CAVALCANTI, Nireu. Op. cit., p. 72.

50. CAVALCANTI, Nireu. *Rio de Janeiro. Centro histórico 1808-1998. Marcos da Colônia*.

51. Em 1893, Machado de Assis escreveu: "Na Rua do Ouvidor, um homem, que está à porta do Laemmert, aperta a mão do outro que fica à porta do Crashley, sem perder o equilíbrio. Pode-se comer um sanduíche no Castelões e tomar um cálice de Madeira no Deroche, quase sem sair de casa. O característico desta rua é ser uma espécie de loja, única, variada, estreita e comprida". ASSIS, Machado de. Crônica de 13 de agosto de 1893, p. 1007-1008.

52. TABET, Sérgio Roberto; PUMAR, Sônia. *O Rio de Janeiro em antigos cartões postais*, p. 164-166.

53. PEREIRA, Margareth da Silva. Paris-Rio: le passé américain et le goût du monument.

54. LIMA, Evelyn Furquim Werneck. *Arquitetura do espetáculo. Teatros e cinemas na formação da Praça Tiradentes e da Cinelândia*, p. 39.

55. Cf. NEEDELL, Jeffrey D. Op. cit., p. 53 Em 1874, Francisco Pereira Passos foi nomeado engenheiro do Ministério do Império e, como membro da Comissão de Melhoramentos da Cidade do Rio de Janeiro, participou da elaboração de um anteprojeto para o primeiro plano integral de reforma da cidade. Entretanto, somente se concretizou a "modernização" do projeto dos parques, elaborada pelo paisagista francês Auguste Marie François Glaziou. Cf. ANDREATTA, Verena. *Cidades quadradas, paraísos circulares. Os planos urbanísticos do Rio de Janeiro no século XIX*; RABHA, Nina (org.). *Planos urbanos. Rio de Janeiro, o século XIX*.

56. ABREU, Mauricio de Almeida. Op. cit., p. 47.

57. BENCHIMOL, Jaime Larry. *Pereira Passos: um Haussmann tropical. A renovação urbana da cidade do Rio de Janeiro no início do século XX*, p. 289.

58. HARDOY, Jorge Enrique. Teorías y prácticas urbanísticas en Europa entre 1850 y 1930. Su traslado a América Latina. Ver também: GUTIÉRREZ, Ramón. *Buenos Aires. Evolución histórica*; BRAUN, Clara; CACCIATORE, Julio. El imaginario interior: el intendente Alvear y sus herederos. Metamorfosis y modernidad urbana; SEGRE, Roberto. La Perle des Antilles: Ombres et Utopies Tropicales de La Havane.

59. A expressão do ritmo diferente na concretização dos ícones monumentais de ambas as cidades aparece nas Exposições do Centenário da Independência. Teve maior repercussão internacional a de Buenos Aires, em 1910, pelo conjunto de pavilhões e edifícios públicos realizados, assim como pela presença de autoridades europeias, que a do Rio de Janeiro, celebrada em 1922. Ver: GUTMAN, Margarita (org.). *Buenos Aires 1910: Memoria del porvenir*.

60. Verbete "Buenos Aires". In LIERNUR, Jorge Francisco; ALIATA, Fernando. *Diccionario de arquitectura en la Argentina. Estilos, obras, biografías, instituciones, ciudades*. Volume A/B, p. 188-213.

61. DEL BRENNA, Giovanna Rosso. *O Rio de Janeiro de Pereira Passos. Uma cidade em questão II*, p. 30-35; ANDREATTA, Verena. Op. cit., p. 197. SOLSONA, Justo; HUNTER, Carlos. *La Avenida de Mayo. Un proyecto inconcluso*, p. 6.

62. SEGRE, Roberto; ROSENBUSCH, Maria Laura. Historias paralelas: coincidencias y divergencias. Avenida Central em Río de Janeiro y Avenida de Mayo em Buenos Aires.

63. O escritor carioca Olavo Bilac glorificou a construção da Avenida Central, ao dizer: "Há poucos dias, as picaretas, entoando um hino jubiloso, iniciaram os trabalhos de construção da Avenida Central, pondo abaixo as primeiras casas condenadas [...] começamos a caminhar para a reabilitação. No aluir das paredes, no esfarelar do barro, havia um longo

gemido. *Era o gemido soturno e lamentoso do Passado, do Atraso, do Opróbrio*". Apud NEEDELL, Jeffrey D. Op. cit., p. 70.

64. FERREZ, Marc. Op. cit. Foram apresentados 134 projetos elaborados nos mais diversos estilos, realizados por arquitetos e construtores locais. Os primeiros prêmios foram dados a Rafael Rebecchi e Adolfo Morales de los Rios. Também participaram Heitor de Mello e Antonio Jannuzzi. Ver: SANTOS, Paulo F. *Quatro séculos de arquitetura*, p. 75.

65. Lúcio Costa afirmou: "não se trata [o ecletismo] de um período da história da arte, mas de um hiato nessa história". SANTOS, Cecília Rodrigues dos. Problema mal posto, problema reposto, p. 139.

66. Sobre o tema dos edifícios altos no centro e a atitude do Iphan a respeito, ver: GUIMARAENS, Cêça de. *Paradoxos entrelaçados. As torres para o futuro e a tradição nacional*; CARDEMAN, David; CARDEMAN, Rogerio Goldfeld. *O Rio de Janeiro nas alturas*.

67. NONATO, José Antonio; SANTOS, Nubia Melhem. Op. cit.

68. O tradicional espaço de vida social concentrado nas ruas estreitas do centro se expandia agora aos novos lugares, nos quais se organizavam as múltiplas funções da burguesia e dos quais eram excluídos os pobres da cidade, expulsos das áreas centrais. CARVALHO, Maria Alice Rezende de. *Quatro vezes cidade*, p. 15-62.

69. PINHEIRO, Augusto Ivan Freitas; RABHA, Nina Maria de Carvalho Elias. *Porto do Rio de Janeiro. Construindo a modernidade*.

70. Cf. VIANNA, Luiz Fernando. *Rio de Janeiro: Imagens da aviação naval. 1916-1923*, p. 84. ERMAKOFF, George. *Rio de Janeiro 1900-1930. Uma crônica fotográfica*, p. 74-87; LEVY, Ruth, *A Exposição do Centenário e o meio arquitetônico carioca no início dos anos 1920*; PEREIRA, Margareth da Silva. *Um Brasil em exposição*.

71. Fenômeno que produziu a proliferação das favelas nos morros próximos ao centro: Providência, Santo Antônio, Mangueira e Salgueiro. Ver: VAZ, Lilian Fessler. *Modernidade e moradia. Habitação coletiva no Rio de Janeiro, séculos XIX e XX*, p. 54-55.

72. BENCHIMOL, Jaime Larry. A modernização do Rio de Janeiro.

73. "Querem arrasar o morro? Pois arrasem, mas se não há casas, façam barracões para a gente pobre!". Descendo do Castelo, *O Malho*, 2 set. 1905. Apud MARINS, Paulo César Garcez. Habitação e vizinhança: limites da privacidade no surgimento das metrópoles brasileiras, p. 151; "amontoados de casebres imundos". Para crianças adultas, *Careta*, XV (716), 11 mar. 1922; "nódoas do Rio"; ''bairros parasitários". O centenário do Brasil, *Careta*, XV (715), 04 mar. 1922. Apud MOTTA, Marly Silva da. *A Nação faz 100 anos. A questão nacional no centenário da Independência*, p. 52.

74. NONATO, José Antonio; SANTOS, Nubia Melhem. Op. cit., p. 280-281; VILAS BOAS, Naylor Barbosa. *A Esplanada do Castelo: fragmentos de uma história urbana*.

75. LESSA, Carlos. Op. cit., p. 240.

76. MOTTA, Marly Silva da. O 'Hércules da Prefeitura' e o 'Demolidor do Castelo': o executivo municipal como gestor da política urbana da cidade do Rio de Janeiro.

77. CAMPOS, Candido Malta. *Os rumos da cidade. Urbanismo e modernização em São Paulo*, p. 448.

78. CZAJKOWSKI, Jorge (org.). *Guia da arquitetura eclética no Rio de Janeiro*.

79. Os seguidores de Le Corbusier se identificaram com sua atitude intransigente contra a arquitetura *Beaux Arts*, especialmente depois da derrota sofrida pelo movimento moderno no concurso do Palácio das Nações em Genebra (1927) e do Palácio dos Sovietes em Moscou (1933). Por isso, durante décadas, as obras realizadas durante as três primeiras décadas do século 20 ficaram excluídas das análises teóricas da arquitetura brasileira, consideradas distantes da cultura nacional. Somente com o surgimento do pós-modernismo nos anos 1980, voltaram a integrar os exemplos ecléticos no processo histórico da arquitetura local. Ver: FABRIS, Annateresa. *Ecletismo na arquitetura brasileira*; PUPPI, Marcelo. *Por uma história não moderna da arquitetura brasileira*, p. 176.

80. BENEVOLO, Leonardo. *Storia dell 'architettura moderna*. Volume 2, p. 714-715.

81. SEGAWA, Hugo. Arquitetura na Era Vargas: o avesso da unidade pretendida.

82. "No campo específico do patrimônio, enquanto os seus oponentes privilegiam aspectos morais e patrióticos, resultando seus discursos em uma catilinária nostálgica, os 'modernos' desenvolvem pormenorizados trabalhos especializados sobre arte, arquitetura, etnologia, música"; "Os 'modernos' possuíam, ainda, um projeto de nação incomparavelmente mais globalizante, sofisticado e inclusivo, frente à complexa realidade brasileira". CAVALCANTI, Lauro. *Moderno e brasileiro. A história de uma nova linguagem na arquitetura (1930-60)*, p. 105.

83. MEMÓRIA FILHO, Péricles. *Archimedes Memória. O último dos ecléticos*, p. 112.

84. A última obra significativa realizada foi a igreja de Santa Teresina em Botafogo (1935). Ver: CZAJKOWSKI, Jorge; CONDE, Luiz Paulo; ALMADA, Mauro (org.). *Guia da arquitetura art déco no Rio de Janeiro*, p. 69.

85. VENTURI, Robert. *Complexidade e contradição em arquitetura*.

86. O autor se refere à sua iniciativa de salvar da demolição o Castelinho da Praia do Flamengo, questionada por Darcy Ribeiro, Secretário de Estado da Cultura no governo de Leonel Brizola (1982), que afirmou: "É arquitetura espúria, é de má qualidade". SANTOS, Afonso Carlos Marques dos. Entre a destruição e a preservação: Notas para o debate.

87. SEGRE, Roberto; BARKI, José. Oscar Niemeyer and Lúcio Costa in Brasília: Genealogy of the Congress Palace.

88. Em *O Rio convalesce*, Bilac escreveu: "todos os olhares se fixam na formosa construção, que está pouco a pouco subindo, esplêndida e altiva, da casca dos andaimes, já revelando a suprema beleza em que daqui a pouco pompeará". Apud FABRIS,

73 Annateresa. *Fragmentos urbanos. Representações culturais*, p. 24.

89. Isso foi claramente compreendido pelo arquiteto, professor e historiador Paulo Santos, ao dizer: "A meu ver, por mais altos que fossem os arranha-céus da Avenida Rio Branco, jamais o pequeno pavilhão transformado em Palácio Monroe seria perturbado, porque funcionaria qual um monumento de escultura: um chafariz, um monumento, uma porta monumental, um arco de triunfo". In PESSÔA, José. *Lúcio Costa. Documentos de trabalho* (op. cit.), p. 279; COHEN, Alberto A.; FRIDMAN, Sérgio A. *Rio de Janeiro: ontem & hoje*, p. 37.

90. Escreveu Lúcio Costa em 1972 definindo sua posição sobre o conjunto de edifícios da Avenida Rio Branco: "Os próprios federais serão naturalmente preservados, como exceção do Monroe que já perdeu toda e qualquer significação e deve ser demolido em benefício do desafogo urbano". In PESSÔA, José. *Lúcio Costa. Documentos de trabalho* (op. cit.), p. 272. Roberto Tumminelli relata que essa decisão pode ter sido uma vingança pessoal do general Geisel contra o filho do autor do projeto, apoiado por uma campanha do *Globo*, encabeçada por Roberto Marinho, e com a aprovação de Lúcio Costa e o Iphan. Essa decisão não estava relacionada com o suposto obstáculo que o edifício criava à linha do metrô. Em 2002, o prefeito César Maia propôs sua reconstrução, o que não se concretizou. Cf. TUMMINELLI, Roberto. A triste saga do Monroe.

91. FICHER, Sylvia. Edifícios altos no Brasil.

92. PEREIRA, Margareth da Silva. Pensando a metrópole moderna: os planos de Agache e Le Corbusier para o Rio de Janeiro.

93. LIMA, Evelyn Furquim Werneck. *Arquitetura do espetáculo. Teatros e cinemas na formação da Praça Tiradentes e da Cinelândia* (op. cit.), p. 256.

94. REZENDE, Vera F. Evolução da produção urbanística na cidade do Rio de Janeiro, 1900, 1950, 1965, p. 43. CARDEMAN, David; CARDEMAN, Rogério Goldfeld. Op. cit., p. 84.

95. Cf. ERMAKOFF, George. Op. cit. Apesar da modernidade funcional, o desejo de explorar ao máximo os terrenos disponíveis, criou ruas estreitas e escuras no interior dos quarteirões, o que levou Lúcio Costa a criticar a "audácia empreendedora de Francisco Serrador, lamentavelmente desajudado de orientação urbanística adequada, pois de outra forma não se teria aventurado a construir com a *inexplicável* complacência municipal os becos sombrios do infeliz quarteirão". COSTA, Lúcio. Muita construção, alguma arquitetura e um milagre, p. 166.

96. Tendo em vista a decadência do cinematógrafo e o deslocamento das atividades recreativas às praias de Copacabana, Ipanema, Leblon e Barra da Tijuca, a partir do fim do século 20 surgiu um movimento para recuperar a vida social no centro da cidade, tendo como exemplo o Corredor Cultural, realizando a remodelação de algumas das salas da Cinelândia, como os cinemas Odéon e Palace. Em 2003 o desfile da Escola de Samba Portela foi dedicado a Francisco Serrador, criador da "cidade encantada".

97. Os arquitetos Cortez & Bruhns, que elaboraram um projeto para a área do Castelo com a ideia de um acesso monumental a partir da baía, acusaram Agache de ter copiado a proposta. Cf. STUCKENBRUCK, Denise Cabral. *O Rio de Janeiro em questão: o Plano Agache e o ideário reformista dos anos 20*, p. 101.

98. Comparando o plano de Agache para o Rio de Janeiro e o de Forestier para Havana, verifica-se que o primeiro já havia assimilado a importância do transporte automotor no traçado viário, enquanto o segundo continuava apegado à primazia das linhas de ferro. Cf. REZENDE, Vera F. *Planejamento urbano e ideologia. Quatro planos para a cidade do Rio de Janeiro*, p. 37.

99. AGACHE, Donat Alfred. *Cidade do Rio de Janeiro, extensão, remodelação, embellezamento*.

100. PEREIRA, Margareth da Silva. The Time of the Capitals: Rio de Janeiro and São Paulo: Words, Actors and Plans.

101. SEGRE, Roberto. El sistema monumental en la ciudad de La Habana.

102. TOGNON, Marcos. *Arquitetura italiana no Brasil. A obra de Marcello Piacentini*, p. 99-100.

103. TSIOMIS, Yannis. La Charte d'Athénes: atopia ou utopia.

104. TSIOMIS, Yannis. Da utopia e da realidade da paisagem.

105. Entre outras, foram demolidas as igrejas de São Pedro dos Clérigos (a primeira igreja de planta elipsoidal do Brasil) e Bom Jesus do Calvário; Largo e Igreja de São Domingos; igreja de Nossa Senhora da Conceição; o Palácio Municipal; a Praça Onze; a Escola Benjamin Constant etc. Cf. LIMA, Evelyn Furquim Werneck. *Avenida Presidente Vargas: uma drástica cirurgia*, p. 39.

106. BORDE, Andréa de Lacerda Pessoa. *Vazios urbanos: perspectivas contemporâneas*.

107. BONDUKI, Nabil (org.). *Affonso Eduardo Reidy*.

108. PEREIRA, Margareth da Silva. Reidy aprendeu cedo com Agache que arquitetura e cidade têm que andar juntas. In FREIRE, Américo; OLIVEIRA, Lucia Maria Lippi (org.). *Capítulos da memória do urbanismo carioca*.

109. SEGRE, Roberto. A ortodoxia corbusierana na obra de Jorge Machado Moreira.

110. ROVIRA, Josep M. *José Luis Sert 1901-1983*, p. 115.

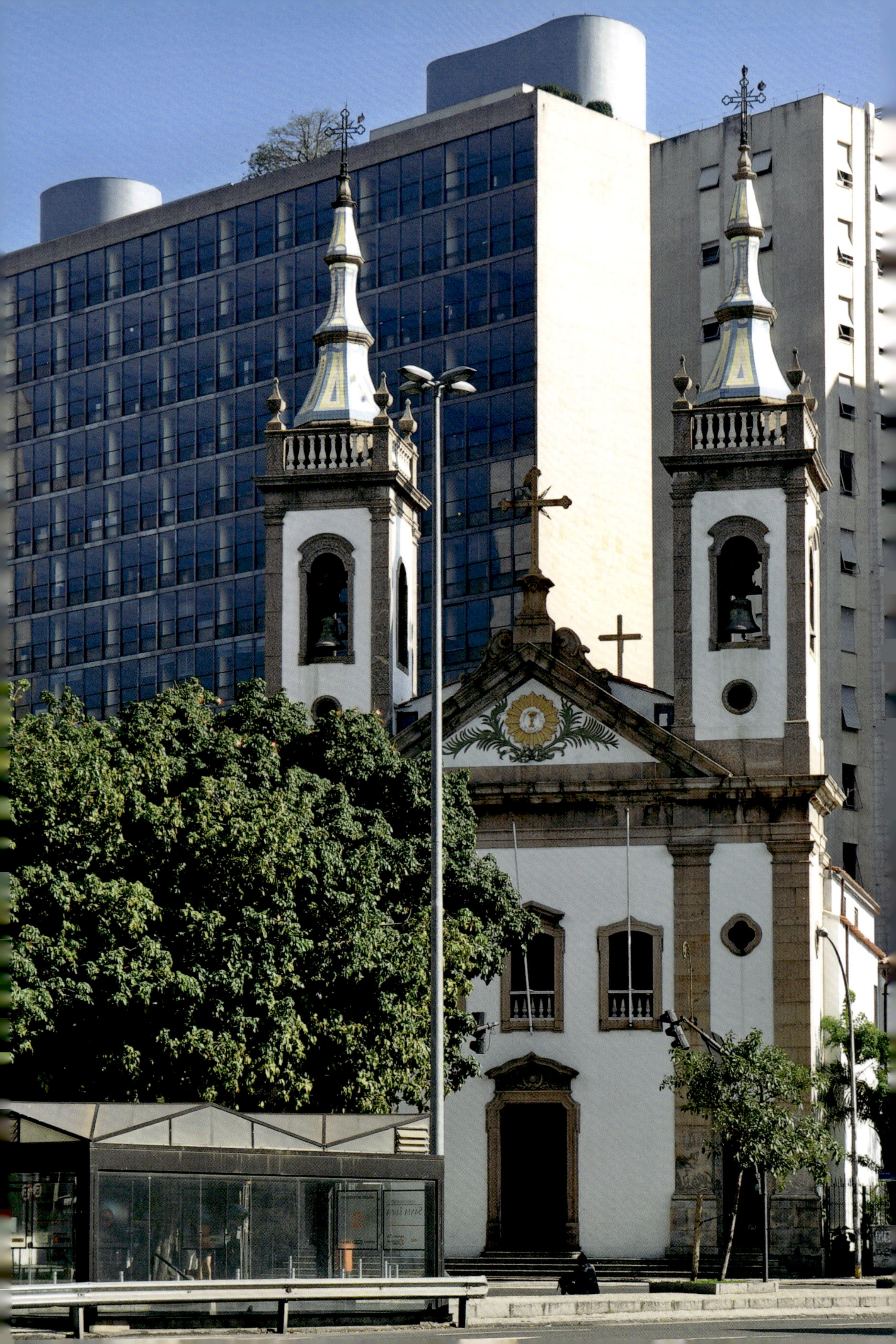

CAPÍTULO 2

UM CONCURSO FRUSTRADO

1. A NOVA IMAGEM DO ESTADO

A mudança de orientação política, social e econômica do governo "revolucionário" de Vargas em relação à *República Velha* deveria também se manifestar em termos arquitetônicos. No período anterior, o poder da elite burguesa tinha hierarquizado as instituições representativas do hipotético jogo democrático livre, construindo suas sedes monumentais – o Senado no Palácio Monroe (1906), a Câmara dos Vereadores no Palácio Pedro Ernesto (1923), a Câmara dos Deputados no Palácio Tiradentes (1926), estes dois últimos projetados por Arquimedes Memória e Francisque Couchet –, materializadas no final agonizante do regime. Em uma nova dinâmica autoritária do governo, assumiram maior importância política as figuras dos ministros relacionados com as prioridades funcionais do Estado, em grande parte relacionadas com as necessidades populares: defesa, educação, cultura, saúde, trabalho e economia. Assim, as decisões relativas às novas edificações emanavam do poder central – Getúlio Vargas – e para serem colocadas em prática dependiam das afinidades arquitetônicas de cada uma dessas personalidades políticas.

Consequentemente, na década de 1930 foram construídos quatro edifícios monumentais, que correspondiam aos objetivos propostos pelo presidente: impulsionar a educação, a saúde e o esporte como base de formação do "homem novo" brasileiro para o desenvolvimento do progresso nacional[1]: Ministério da Educação e Saúde Pública; elaborar um sistema de leis trabalhistas que regulasse os deveres e direitos dos trabalhadores urbanos e rurais e fomentar o processo de industrialização do país: Ministério do Trabalho, Indústria e Comércio; organizar o sistema administrativo do Estado e regular suas finanças: Ministério da Fazenda; fortalecer o poder militar num período convulso da história do mundo: Ministério do Exército. A longa persistência no cargo de alguns deles – Gustavo Capanema na educação e Eurico Gaspar Dutra no exército – facilitou a execução de projetos relacionados com o caráter, a cultura e a orientação ideológica que os identificava, o que explica as tendências estéticas divergentes dos edifícios construídos quase contemporaneamente. Capanema foi o único que apoiou a vanguarda cultural e arquitetônica – atitude controversa, isola-

Na página anterior, Igreja de Santa Luzia com MES ao fundo, foto de 2012

Acima, Palácio Monroe, Rio de Janeiro, 1906, Francisco Marcelino de Souza Aguiar

Palácio Pedro Ernesto, Rio de Janeiro, 1920-1923, Francisque Cuchet e Arquimedes Memória, foto de 2012

da e duramente criticada pelas forças conservadoras – e, com sua postura firme e combativa, conseguiu materializar a solução original e inovadora da sede do MES, apesar do triunfo de uma proposta historicista no concurso organizado para levar adiante sua construção.

Do conjunto de edifícios em grande escala construídos na década de 1930 no Rio de Janeiro, o MES iniciou, em 1935, a série de concursos para a construção de edifícios públicos, seguindo a recomendação do Instituto Central de Arquitetos – ICA, de 1926, e nunca aplicada no governo precedente[2]. Logo após, em 1936, o ministro da Fazenda, Artur da Souza Costa, realizou um concurso no qual o primeiro prêmio foi concedido a um projeto moderno, realizado por Wladimir Alves de Souza e Enéas Silva; obtendo o segundo prêmio Oscar Niemeyer e Jorge Machado Moreira[3]. O ministro, que aspirava ter um edifício clássico com colunas dóricas, recusou a solução esteticamente avançada, assim como sua localização no terreno da Avenida Passos, em que se encontrava o Tesouro Nacional, e solicitou um terreno na Esplanada do Castelo, ao lado das outras sedes. Encarregou a obra ao arquiteto Luiz Eduardo Frias de Moura e ao engenheiro Ary Fontoura de Azambuja, autores daquele imenso e pesado edifício acadêmico inaugurado em 1943[4]. O Ministério do Trabalho – projetado pelo arquiteto Mário dos Santos Maia e calculado pelos engenheiros Carlos de Andrade Ramos e Jayme de Araújo – acabou sendo menos expressivo, realizado no estilo monumental moderno de ascendência norte-americana e inaugurado pelo ministro Waldemar Falcão em 1938. Finalmente, Eurico Gaspar Dutra, ministro do Exército até o fim do mandato de Vargas – e que o sucedeu no poder depois de sua queda em 1945 –, de orientação direitista e conservadora, solicitou em 1935 o projeto da monumental sede – situada na avenida que seria posteriormente a Presidente Vargas – ao famoso arquiteto historicista de São Paulo, Cristiano Stockler das Neves (1889-1982). Em suma, a academia obteve uma maioria avassaladora ao forjar a imagem do autoritário Estado Novo.

Palácio Tiradentes, Rio de Janeiro, 1922-1926, Francisque Cuchet e Arquimedes Memória, foto de 2012

Palácio Tiradentes e Paço Imperial, Rio de Janeiro, século 18, foto de 2012

Ministério da Fazenda, Rio de Janeiro, 1939-1943, Luiz de Moura, foto de 2012

2. A CONVOCATÓRIA DO CONCURSO

Desde a criação do Ministério da Educação e Saúde em 1930[5], três políticos tinham precedido Gustavo Capanema: Francisco Campos, Belisário Pena e Washington Pires. Nomeado em 26 de julho de 1934, a juventude, cultura, inteligência e sagacidade política de Capanema (1900-1985) subjulgaram Vargas, que o manteve no cargo até a finalização do governo em 1945. Uma de suas primeiras iniciativas foi a convocação do concurso para a construção da indispensável sede, uma vez que as diferentes repartições se encontravam espalhadas pelo centro da cidade[6]. Apesar da existência de alguns edifícios de escritórios funcionalmente modernos e de os profissionais locais conhecerem as experiências norte-americanas, a concepção da identificação de um organismo público – também assumida nos Estados Unidos – estava associada a uma imagem monumental. Por isso as exigências estabelecidas na convocatória do concurso previam uma solução baseada nos padrões tradicionais vigentes naquela época.

Pedro Ernesto Batista, prefeito do Distrito Federal (1931-1936), havia entregue ao ministro Washington Pires a Quadra F da Esplanada do Castelo, compreendida entre as Ruas Araújo Porto Alegre, Graça Aranha, Pedro Lessa e Imprensa, cujas dimensões eram de 91,60mx69m; e a escritura definitiva foi assinada em 1935. O projeto deveria adequar-se estritamente às normativas municipais estabelecidas nessa área do centro de Rio de Janeiro – surgida com o desmonte do Morro do Castelo em 1922 –, que seguiam as pautas elaboradas pelo urbanista francês Donat-Alfred Agache. Desse modo, era obrigatória a ocupação compacta do quarteirão com pátios internos e com altura máxima permitida entre oito e dez andares. Além disso, no programa se definiam elementos funcionais provenientes do sistema compositivo *Beaux Arts*, tais como os acessos nas quatro fachadas, um generoso *hall* e uma escadaria monumental identificando a entrada principal. Também as múltiplas atividades estabelecidas para os diferentes departamentos balizava uma resposta fragmentada de cada setor, assim como uma estrutura organizativa interna fortemente hierárquica. Segundo as recentes pesquisas de Luís Rechdan, o ministro Washington Pires tinha proposto solicitar o projeto ao arquiteto mineiro Luiz Signorelli, e este, interessado na proposta, uma vez empossado Gustavo Capanema, escreveu ao ministro para reativar a possibilidade dessa encomenda, que foi descartada por conta da decisão de organizar um concurso público[7].

É possível assumir a hipótese de que Capanema não participou diretamente na elaboração do programa do edital para o concurso, embora sem dúvida tivesse que expressar seus critérios sobre as necessidades funcionais do ministério, que ainda não estavam totalmente definidas. Contudo, tendo em vista o ambiente conservador dominante entre os funcionários públicos que o rodeavam, provavelmente desconfiava do tom tradicionalista dos parâmetros estabelecidos na convocatória, aos quais os arquitetos participantes do concurso deveriam se adaptar. Assim, solicitou a dois diplomatas amigos radicados no exterior o envio de informações sobre as soluções aplicadas nos países que eram considerados pioneiros na organização da estrutura administrativa do Estado. O embaixador na Itália, José Roberto de Macedo Soares, enviou a documentação do Ministério da Aeronáutica do governo de Mussolini, realizado em 1931, considerado então o mais moderno da Europa; e o encarregado de negócios em Washington, Fernando Lobo, explicou-lhe detalhadamente o funcionamento do Departamento de Estado. Em ambos os casos indicavam-se uma distribuição interna eficiente dos edifícios, o predomínio dos espaços contínuos sem divisões internas, a existência de uma organização hierárquica mínima dos funcionários, o uso de mobiliário moderno e de equipamento tecnológico avançado[8].

Os membros do jurado não eram confiáveis – em termos de apoio a uma solução inovadora –, já que representavam as instituições profissionais tradicionais e conservadoras do país. Capanema presidia o tribunal formalmente, composto por Adolfo Morales de los Rios Filho, representante da Escola Nacional de Belas Artes (ENBA); Natal Palladini, da Escola Politécnica (posteriormente Faculdade de Engenharia); Salvador Duque Estrada Batalha, do Instituto Central de Arquitetos do Brasil e Eduardo Duarte de Souza Aguiar, Superintendente de Obras e Transportes do MES. Entre todos eles, distantes do movimento moderno e pouco significativos como projetistas, destacava-se Adolfo Morales de los Rios Filho, herdeiro de um dos principais represen-

Ministério do Trabalho, Rio de Janeiro, 1936, Mário dos Santos Maia, foto de 2012

Ministério do Exército ou Palácio Duque de Caxias, Rio de Janeiro, 1935, Cristiano Stocker das Neves, foto de 2012

O novo edifício do Ministerio da Educação
O JULGAMENTO DOS PROJECTOS APRESENTADOS

O jury incumbido do julgamento dos ante-projectos do edifício que o Ministerio da Educação vae construir esteve reunido, hontem, sob a presidencia do sr. Gustavo Capanema. Após largo debate, a commissão resolveu classificar, dentre os projectos apresentados, os assignados com os pseudonymos de "Alpha", "Minerva" e "Pax". Abertos os envelopes, verificaram que eram de autoria dos seguintes architectos, respectivamente Gerson Pompeu Pinheiro, Raphael Galvão e Archimedes Memoria. A commissão deliberou não classificar 5 projectos, como estava previsto por se terem os demais, entre os quaes havia outros de valor afastado da especificação do edital. Os premios estipulados serão distribuídos entre os classificados, dentro de 30 dias, depois de feitas as modificações que forem suggeridas, e após novo julgamento.

tantes do academicismo nas primeiras décadas do século, professor de história e teoria da arquitetura na ENBA e levemente sensível à renovação estética impulsionada pela vanguarda. Apesar de ter projetado o Pavilhão dos Estados na Exposição Universal de 1922[9] – logo adaptado para se tornar sede do Ministério da Agricultura e demolido nos anos 1970 –, ao ocupar o cargo de presidente do Instituto Central de Arquitetos, apoiou o convite a Le Corbusier para ministrar duas palestras no Rio de Janeiro em 1929, após passagem por Buenos Aires e São Paulo, e antes de regressar a Paris. Em 1936, a pedido de Capanema, Morales apresentou ao público a palestra de Auguste Perret durante sua breve visita ao Rio de Janeiro. Neste mesmo ano fez parte do júri para o edifício da Associação Brasileira de Imprensa (ABI), cujo resultado possibilitou aos vencedores – os irmãos Marcelo e Milton Roberto – se tornarem os autores do primeiro exemplo canônico do movimento moderno no Rio de Janeiro[10].

O tema do concurso demandaria uma pesquisa exaustiva para esclarecer as incógnitas que ainda subsistem, mesmo depois do trabalho esclarecedor de Luis Rechdan. Publicado o edital no Diário Oficial em 25 de abril de 1935, foram apresentados 35 projetos de 34 arquitetos, e o júri selecionou somente três obras – as bases estabeleciam o limite máximo de cinco projetos – para passar à segunda fase do concurso e sua posterior premiação, que se realizaria 45 dias depois da primeira decisão do júri. Não foram expostos os projetos, nem foram divulgados os nomes dos participantes, ocultos sob os códigos que identificavam as pranchas. O júri não se manifestou sobre os critérios que tinham resultado na drástica medida de não aceitar a maioria dos participantes, nada além de uma breve explicação sobre a falta de adequação destes aos termos da convocatória. Foram divulgados os três premiados, e a *Revista da Directoria de Engenharia* (Prefeitura do Distrito Federal), editada pela engenheira Carmen Portinho, companheira de Affonso Eduardo Reidy, publicou as propostas eliminadas de Reidy e da equipe de Jorge Machado Moreira e Ernani Mendes de Vasconcellos[11]. Nunca se fez referência alguma ao projeto apresentado por Olavo Redig de Campos, exposto posteriormente no Instituto Moreira Salles, nem a outras soluções modernas, como as de Carlos Porto e Firmino Saldanha[12].

Reportagem sobre o concurso da sede do MES em *O Jornal*, Rio de Janeiro, 1935. Na foto, os membros do júri: Gustavo Capanema, Salvador Batalha, Eduardo Duarte de Souza Aguiar, Adolfo Morales de Los Rios Filho e Natal Paladini

Porém a maior incógnita está no projeto de Lúcio Costa e Carlos Leão, apresentado sob o pseudônimo M.E.S.P. com o número 19, cuja solução não foi encontrada até hoje[13]. Por que o arquiteto nunca divulgou a apresentação elaborada com Carlos Leão, que sem dúvida interessou a Capanema e motivou o convite para realizar o projeto definitivo?[14] Por que, se a sua correta solução, proposta na linguagem racionalista que tinha amadurecido nas "Casas sem dono" e na Vila Monlevade (1934)[15], constituindo uma alternativa face às outras propostas de Machado Moreira e de Reidy, não esteve presente no momento de formular o novo projeto solicitado pelo ministro? Talvez ele tenha apresentado uma solução acadêmica, respeitando as bases da convocatória, e depois quis eliminar qualquer rastro dela? Por que os estudiosos da obra do mestre mantêm um silêncio sepulcral sobre esse tema? Essas são dúvidas que ainda se mantêm em aberto. Existe uma hipótese segundo a qual a modéstia e o caráter reservado de Lúcio Costa não lhe teriam permitido se identificar com uma iniciativa considerara pouco honesta, como o fato de ter sido perdedor no concurso e logo assumir a responsabilidade do novo projeto. Por isso, teria eliminado a documentação de sua participação no concurso. Ou, também, se o projeto era tradicional – como aconteceu no concurso para o Pavilhão do Brasil na Feira Mundial de Nova York –, teria ficado constrangido com essa solução. E ainda, se a proposta dele era moderna, então porque não apareceu na *PDF – Revista da Directoria de Engenharia* dirigida por Carmen Portinho, ao lado dos projetos de Reidy, Moreira e Vasconcellos? Entretanto, a decisão de Capanema pode também ser considerada como uma compensação ao fracasso da proposta de renovação educacional na ENBA. Por outro lado, ficou evidente que Costa não quis assumir a pessoalmente responsabilidade do novo projeto, dividindo-a com a equipe de trabalho que se formou para concretizar a tarefa solicitada.

3. OS PROJETOS PREMIADOS

Os três projetos selecionados para a segunda etapa do concurso, na reunião decisiva do jurado celebrada no dia 1º de outubro de 1935, obtiveram a seguinte classifica-

MES, anteprojetos participantes do concurso, perspectivas, Rio de Janeiro, 1935, Carlos Porto e Firmino Saldanha, publicação na *Revista de Arquitetura*, n. 16, 1935

ção: primeiro prêmio ao pseudônimo Pax apresentado por Arquimedes Memória; segundo ao Minerva de Rafael Galvão e Mário Fertin; terceiro ao Alfa de Gérson Pompeu Pinheiro. A decisão não foi unânime, já que Natal Palladini tinha dado o primeiro prêmio a Rafael Galvão enquanto Salvador Batalha a Gérson Pompeu Pinheiro. Finalmente, por maioria apertada foi definido o projeto de Arquimedes Memória. Em termos geracionais, tanto Memória (1893-1960) como Rafael Galvão (1894-1964) pertenciam ao grupo precedente ao dos arquitetos modernos nascidos no início do século 20, este integrado por Gérson Pompeu Pinheiro (1910-1978), associado a Affonso Reidy na década de 1930 em projetos modernos canônicos, como o Albergue da Boa Vontade (1931). Podemos afirmar que cada um deles representava uma tendência progressivamente escalonada na direção do vocabulário racionalista: Memória era decididamente acadêmico, Galvão ficaria integrado no monumental moderno e Pompeu Pinheiro, na ortodoxia racionalista. Entretanto os três se adequaram estritamente às exigências da convocatória, obtendo assim os cobiçados prêmios.

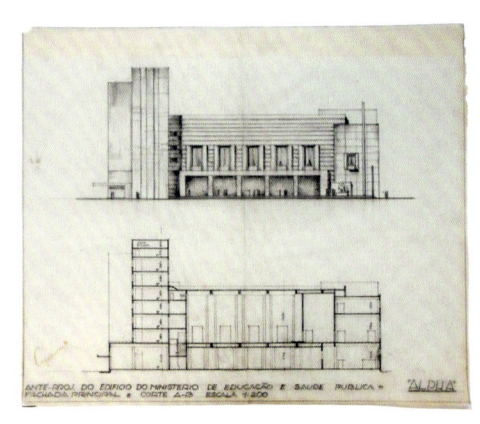

Arquimedes Memória (1893-1960) começou a trabalhar muito jovem no prestigioso escritório de Heitor de Mello. Sua capacidade, criatividade e eficiência levaram-no a assumir a direção do escritório depois do prematuro falecimento de Mello em 1920, associando-se com o arquiteto francês Francisque Couchet. Nesse mesmo ano casou-se com a filha do pintor de origem alemã Benno Treider, autor do teto do salão nobre do edifício do Jockey Clube, o que permitiu seu relacionamento com o mundo artístico local[16]. Era talentoso e tinha recebido a medalha de ouro da ENBA em 1917, seguindo assim os delineamentos estilísticos mantidos por Mello, embora – segundo Lúcio Costa, que também trabalhou em seu escritório – Memória não tivesse o refinamento e a elegância que caracterizavam a obra do seu antecessor[17]. Juntamente com Couchet projetou algumas das principais obras públicas da República Velha. Entretanto, apoiou o governo de Vargas, a partir de 1930, embora fizesse parte de um dos grupos políticos mais reacionários do país: a Ação Integralista Brasileira e a Câmara dos Quarenta. Professor da cadeira de Grandes Composições na ENBA, Memória enfrentou radicalmente Lúcio Costa e, junto com José Marianno Filho (1881-1946), conseguiu afastá-lo

MES, anteprojeto participante do concurso, perspectiva, elevação e corte, Rio de Janeiro, 1935, Olavo Redig de Campos

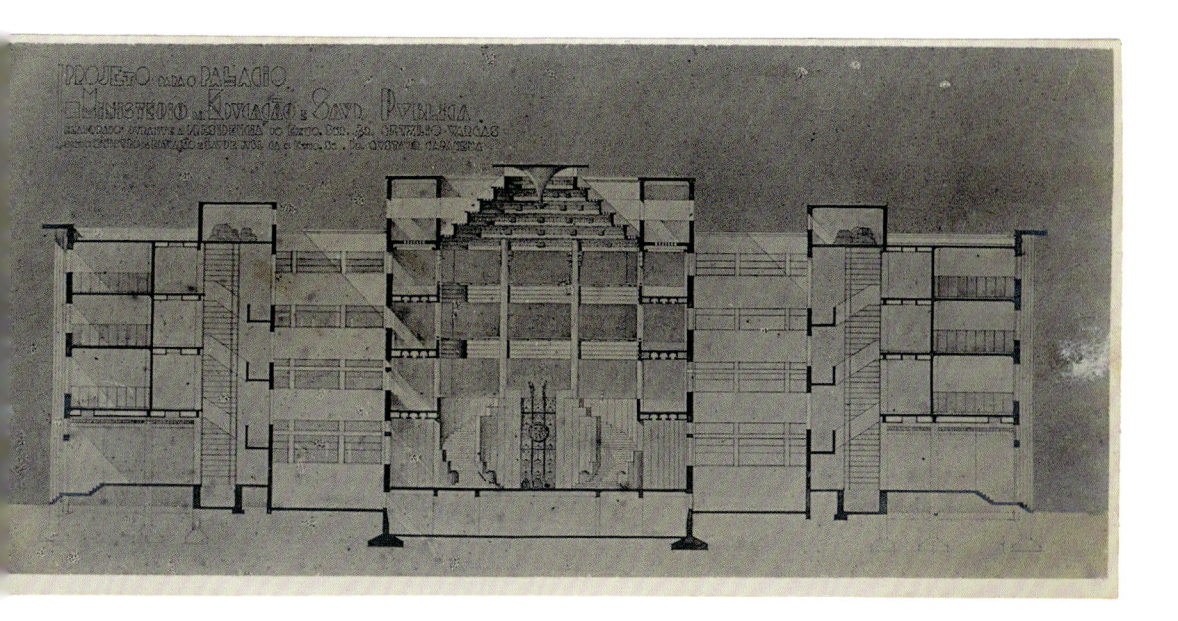

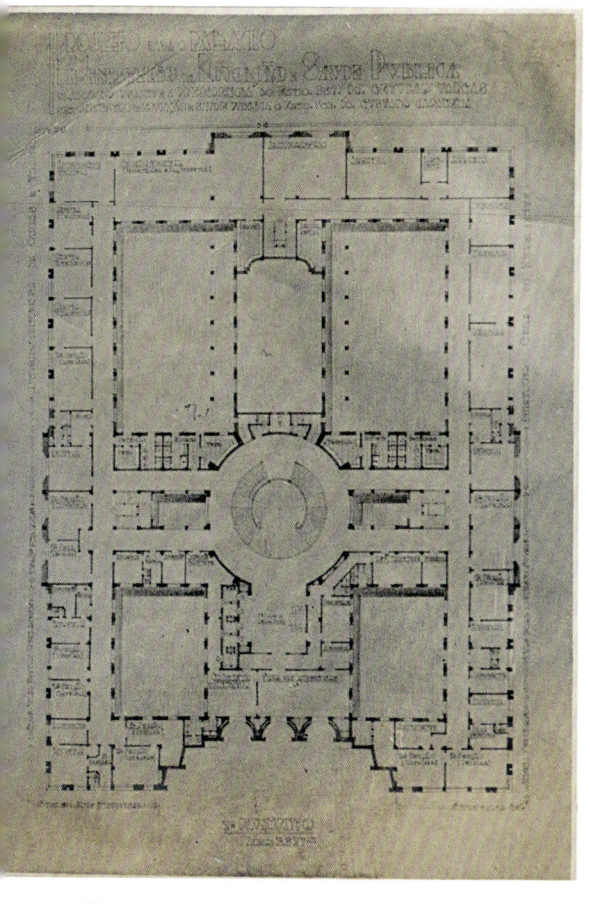

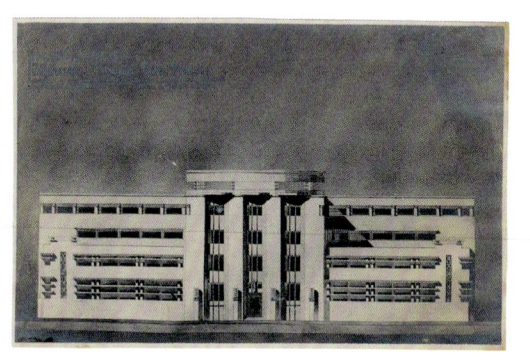

MES, projeto Pax, corte, planta, elevação e perspectiva, primeiro colocado no concurso, Rio de Janeiro, 1935, Arquimedes Memória

da direção da escola em 1931, assumindo ele próprio o cargo até 1937. Apesar de suas principais obras terem sido elaboradas dentro dos cânones clássicos, foi adaptando-se às mudanças estilísticas que se produziam tanto no país como internacionalmente. Em 1922 construiu o Museu Histórico Nacional em estilo neocolonial, sob a pressão artística renovadora que havia se iniciado na Semana de Arte Moderna de 1922, em São Paulo, em busca de uma expressão da identidade nacional; e nos anos 1930, assimilou o *art déco*, proveniente da Europa e dos Estados Unidos. Em 1931 projetou o edifício de escritórios Beatriz, no centro do Rio, no qual desaparecem as ordens clássicas, substituídas pela simplicidade estrutural e por decorações figurativas *déco*; e em 1935 realizou a igreja de Santa Teresina em Botafogo, caracterizada pela integração da fachada escalonada de pilastras verticais com a torre central da igreja[18].

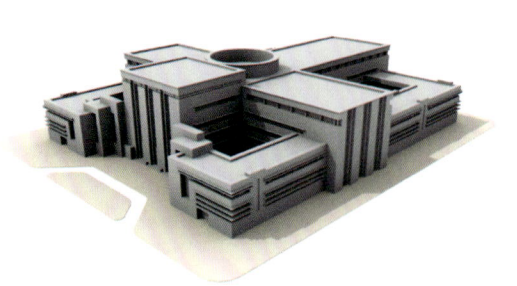

Não surpreende então a solução proposta para o projeto do MES, elaborada a partir de um código duplo: em planta é *Beaux-Arts*, com sua axialidade rígida nas duas direções perpendiculares, formando o grande espaço monumental no cruzamento dos dois eixos dos volumes principais e os quatro pátios internos; enquanto o tratamento externo com faixas horizontais e verticais de janelas articuladas e os elementos decorativos nas gigantescas pilastras que emolduram as quatro entradas principais são decididamente *déco*. Embora tenha se tentado forjar o neocolonial como um estilo nacional nos anos 1920, sob o impulso de José Marianno Filho, seu historicismo rígido não era adequado aos novos temas e à simplificação formal originária no uso da estrutura de concreto armado. Por isso o *déco* era mais apropriado, ao estabelecer um equilíbrio entre os elementos construtivos e decorativos. Tentava-se buscar a tradição nacional não no passado português, mas nas populações indígenas da Amazônia. Essa referência, que havia sido tomada por artistas e antropólogos – Oswald de Andrade, Mário de Andrade, Gilberto Freyre, Tarsila do Amaral[19] –, resgatou as manifestações artísticas provenientes dos habitantes da ilha de Marajó, cuja reinterpretação numa abordagem moderna foi denominado estilo marajoara. Os impulsores desse resgate decorativo foram o pintor Vicente do Rego Monteiro[20] e o professor Olympio de Menezes, criadores do estilo brasileiro, cujas ordens eram o amazônico, o brasílico e o

MES, projeto Pax, simulações da volumetria e da inserção no contexto urbano olímpico, que se baseavam em sistemas de figuras geométricas inspirados nos panos e cerâmicas indígenas[21]. Se o MES deveria representar a essência do homem brasileiro, a referência marajoara implicava uma identificação com a cultura nacional.

Em termos de expressão plástica, sem dúvida alguma o projeto de Memória era o melhor dos premiados, além de incluir soluções climáticas e funcionais supostamente corretas, segundo afirmaram os membros do júri Souza Aguiar – "o projeto de Arquimedes Memória tem sobre os demais a vantagem da ótima regulação térmica natural e a solução excelente da circulação" – e Salvador Batalha – "é um trabalho que se destaca imediatamente pela clareza de composição, por ser uma simplicidade e economia de construção, difícil de serem superadas"[22]. O volume em cruz de quatro andares, que identificava as quatro entradas principais de cada uma das fachadas, acentuadas por pilastras "piacentinianas", se articulava com um complexo sistema de planos escalonados que desciam em direção aos quatro cantos, de dois andares de altura. As perspectivas e os desenhos das fachadas ofereciam um aspecto dramático e monumental, alternando-se a verticalidade das pilastras com a horizontalidade das faixas de janelas. Entretanto, os desenhos adulteravam a realidade. Esse efeito cenográfico estava fora de escala em relação ao terreno. Ao conceber um edifício de quatro andares em seus eixos centrais, porém de dois andares nos quatro cantos, este teria ficado esmagado pelos prédios vizinhos, na sua maioria de oito a dez andares. Já existia desde 1933 em frente ao terreno do MES do outro lado da Rua Graça Aranha, a sede do Ipase, edifício projetado por Paulo Antunes Ribeiro em linguagem racionalista ortodoxa com dez andares de altura[23].

O segundo colocado, de Rafael Galvão e Mario Fertin, era mais simples, e sua expressividade reduzia-se à acentuação dos cantos com volumes verticais, que se destacavam no plano geral das fachadas e emolduravam panos de vidro contínuos nos quatro andares do edifício, e à presença de dois pórticos monumentais nas entradas principais, situadas nas ruas opostas. Logo, os escritórios gerais tinham faixas horizontais de janelas que se repetiam nos dois pátios interiores, colocando o teatro no eixo central, em uma composição que mantinha a estrita simetria axial

MES, simulação da inserção no contexto urbano do projeto de Rafael Galvão e Mário Fertin

MES, segundo lugar no concurso, perspectiva, Rio de Janeiro, 1935, Rafael Galvão e Mario Fertin

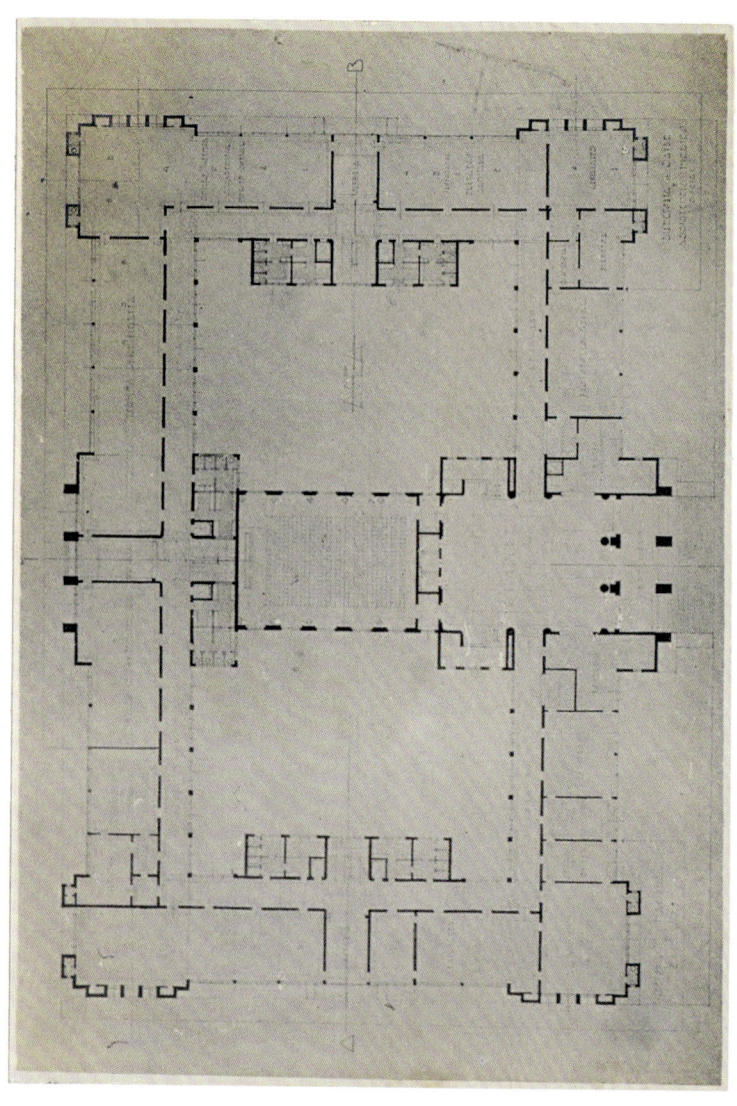

MES, segundo lugar no concurso, elevação e planta, Rio de Janeiro, 1935, Rafael Galvão e Mário Fertin

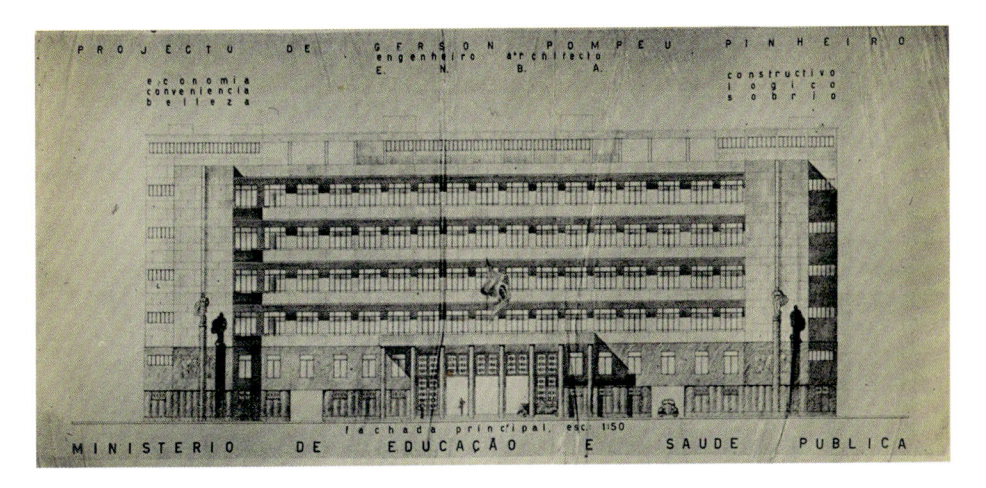

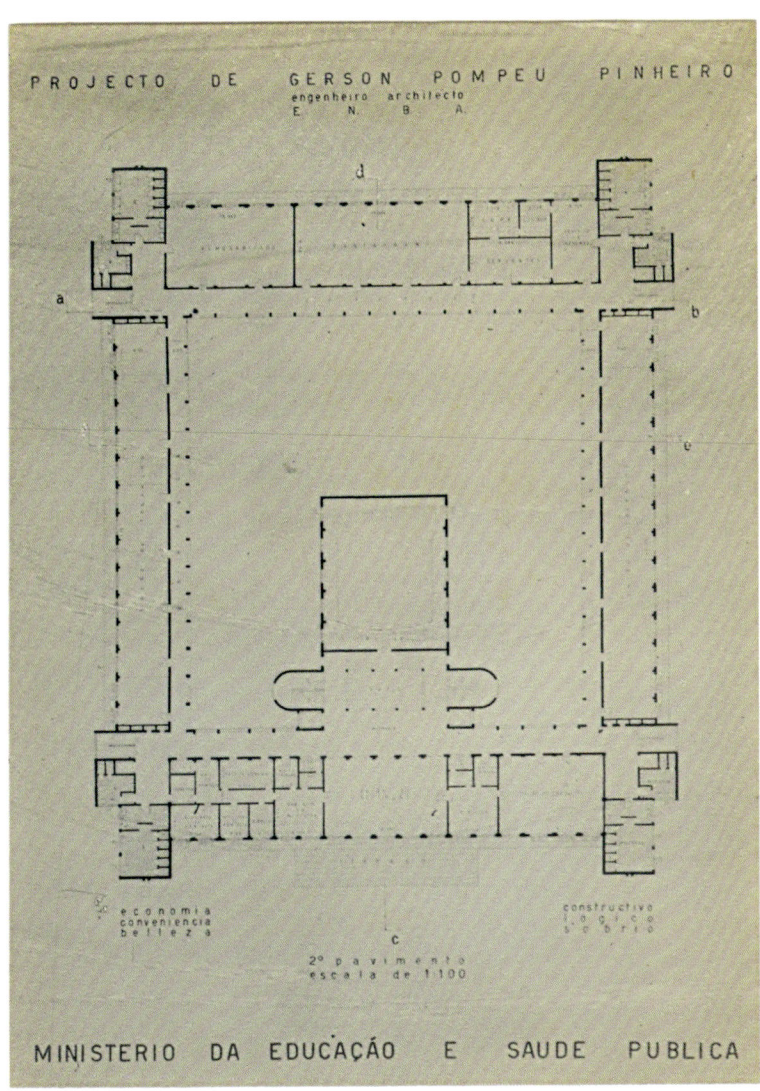

MES, terceiro lugar no concurso, elevação e planta do segundo pavimento, Rio de Janeiro, 1935, Gerson Pompeu Pinheiro

dupla. Apesar da participação de Galvão em concursos importantes – do Ministério da Fazenda em 1937 e da sede do Ministério de Relações Exteriores em 1942 –, ele não teve um papel significativo na arquitetura carioca, assim como Mário Fertin, uma vez que não se tem dados concretos em relação à sua obra. Galvão foi reconhecido internacionalmente pelo Monumento Rodoviário Rio-São Paulo (1928) – premiado na *Exposition Internationale d'Anvers*, Bélgica (1930) – e participou da equipe que construiu o estádio do Maracanã e o ginásio do Maracanãzinho em 1949. Caracterizou-se por intentar um equilíbrio híbrido entre a monumentalidade clássica e os códigos do movimento moderno.

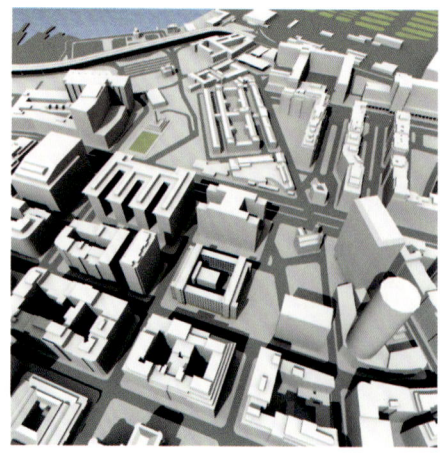

O projeto de Pompeu Pinheiro era o mais próximo aos códigos da ortodoxia racionalista e no concurso tinha merecido o apoio de Capanema. Como os anteriores, respondeu às exigências do bloco compacto no quarteirão, que ele tentou desvirtuar com a presença dos pilotis ao longo da base. Conseguiu minimizar os corredores e definiu um pátio contínuo, ocupado parcialmente pelo salão de conferências. Era o mais alto dos três, com seis andares, promovendo uma interessante articulação com os volumes que identificavam as caixas de escadas, cuja verticalidade era interrompida pela incisão das faixas horizontais de janelas em extensão dos blocos principais de escritórios. A presença de galerias nas fachadas criava sombras que o protegiam da força do sol tropical. A identificação de Pompeu Pinheiro com o movimento moderno provinha de sua associação com Affonso Reidy, com quem projetou residências individuais sem concessões historicistas e obteve, em 1931, o primeiro prêmio no concurso para a construção do Albergue da Boa Vontade, primeira obra racionalista no Rio de Janeiro. Entretanto, ao separar-se de Reidy e depois do concurso do MES, não produziu nenhuma obra significativa, dedicando-se basicamente ao ensino da arte e arquitetura, alcançando o cargo de diretor da ENBA entre 1958 e 1961. Em síntese, eram projetos medíocres, sem originalidade, que repetiam os modelos do monumental moderno, levados a cabo na Europa pelos regimes ditatoriais, assim como nos Estados Unidos, impulsionados pelo governo de Roosevelt que outorgara a construção de edifícios públicos nos anos 1930 para superar os efeitos da crise econômica de 1929.

MES, terceiro lugar no concurso, perspectiva, Rio de Janeiro, 1935, Gerson Pompeu Pinheiro

MES, simulação da inserção no contexto urbano do projeto de Gerson Pompeu Pinheiro

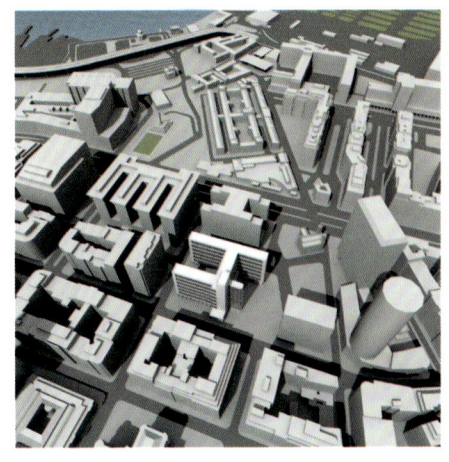

4. A IRRUPÇÃO DOS MODERNOS

Difundida no mês de julho de 1935 a notícia dos resultados da primeira fase do concurso e os nomes dos três finalistas, mexeu-se no ninho de vespas dos jovens da vanguarda arquitetônica carioca que tinham apresentado seus projetos e foram eliminados. A indignação tinha fundamento, já que este era o primeiro concurso importante do governo Vargas. Além disso, todos conheciam exemplos de temas similares realizados com os códigos do movimento moderno, construídos na Europa, como as obras de Le Corbusier, a saber, a *Cité de Refuge* em Paris (1929), o projeto para o Palácio das Nações em Genebra (1927), o Centrosoyus em Moscou (1929), a *Casa del Fascio* de Giuseppe Terragni em Como (1932); e ainda a loja de departamentos *Schocken* em Chemnitz de Erich Mendelsohn (1928)[24]. Embora Le Corbusier, nas duas palestras ministradas no Rio de Janeiro, não tivesse se referido especificamente ao projeto do Palácio das Nações, como fez em Buenos Aires, eram conhecidas as inovações estéticas, técnicas e funcionais que caracterizaram tal proposta[25]. Em resposta ao caráter retrógrado das soluções premiadas no concurso, a *Revista da Directoria de Engenharia*, editada pela Prefeitura do Distrito Federal, publicou, por iniciativa de Affonso Reidy, a Caixa de Aposentadorias de Praga, dos arquitetos Havlicek & Honzik[26], e no mesmo número os dois projetos desclassificados: o de Affonso Reidy e o de Jorge Machado Moreira e Ernani M. de Vasconcellos. Contemporaneamente, Álvaro Vital Brazil, que já em 1934 tinha projetado o primeiro edifício de apartamentos vertical de São Paulo em linguagem racionalista canônica – o edifício Esther[27] –, publicou detalhadamente na *Revista de Arquitetura* o Centrosoyus de Le Corbusier[28].

Essas publicações foram difundidas com antecedência à segunda reunião do júri no mês de outubro, com evidente objetivo de evidenciar as alternativas existentes em relação aos critérios obsoletos que o júri havia adotado, especificamente a estrutura em bloco do edifício e a persistência dos pátios internos. Nesse sentido, o edifício de Praga era muito significativo pela semelhança com as bases do MES, deixando claro o quanto a equipe ganhadora perdeu a oportunidade de transformar essas exigências e realizar uma planta com blocos articulados, com espaços livres vinculados à cidade.

MES, anteprojeto participante do concurso, perspectiva, Rio de Janeiro, 1935, Affonso Eduardo Reidy, publicação na *Revista da Diretoria de Engenharia*, n. 18, setembro de 1935

MES, simulação da inserção no contexto urbano do projeto de Affonso Eduardo Reidy

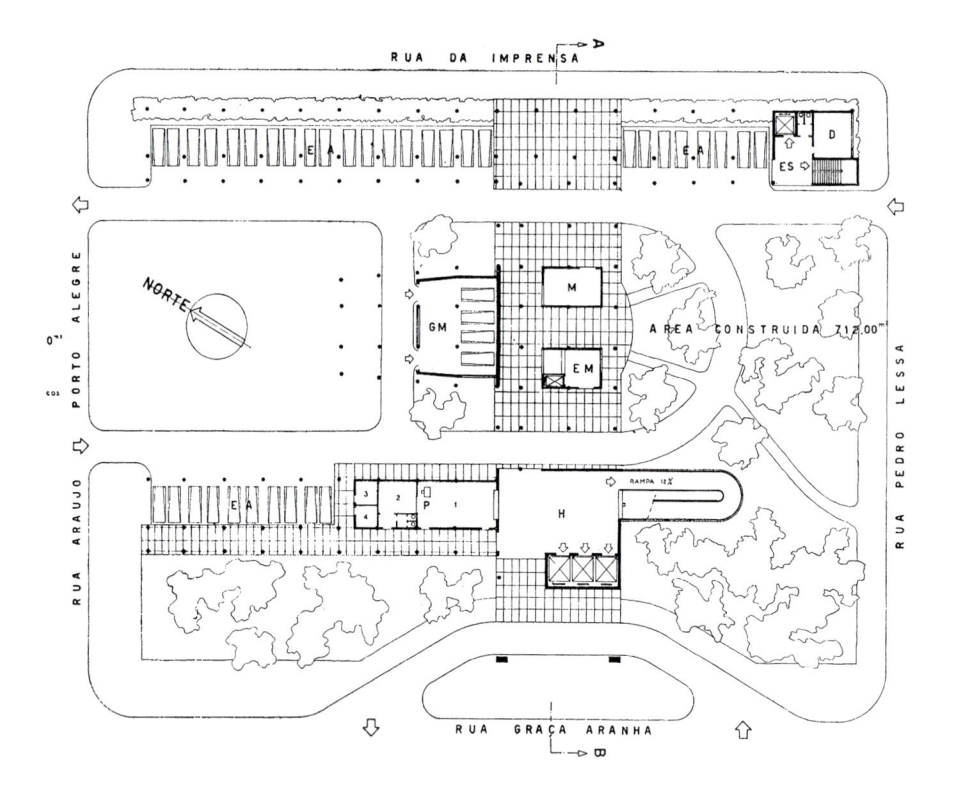

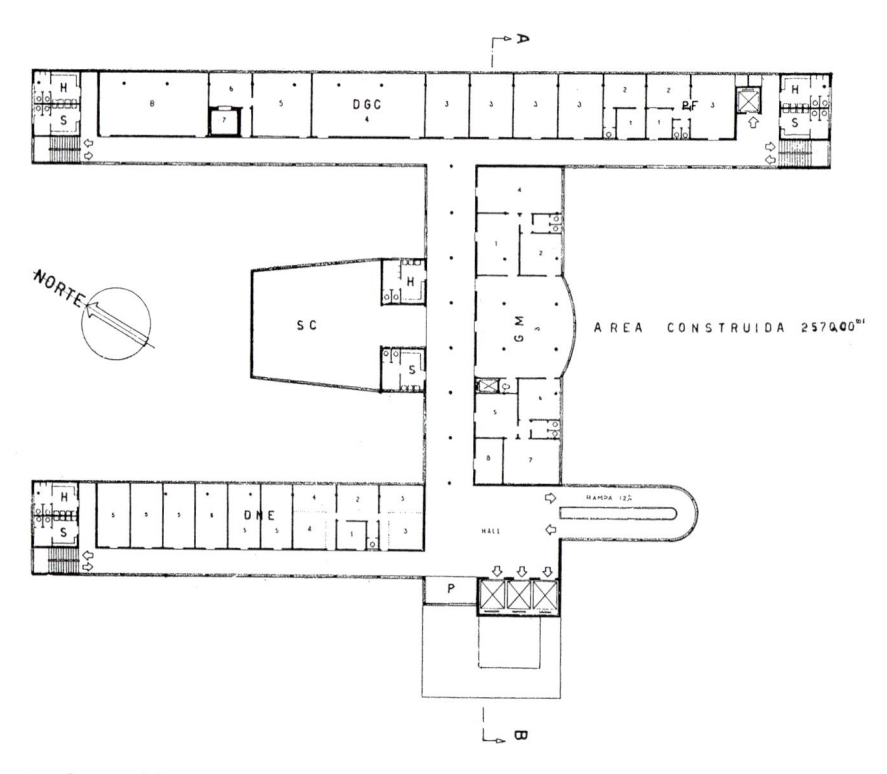

MES, anteprojeto participante do concurso, plantas do térreo e primeiro pavimento, Rio de Janeiro, 1935, Affonso Eduardo Reidy, publicação na *Revista da Diretoria de Engenharia*, n. 18, setembro de 1935

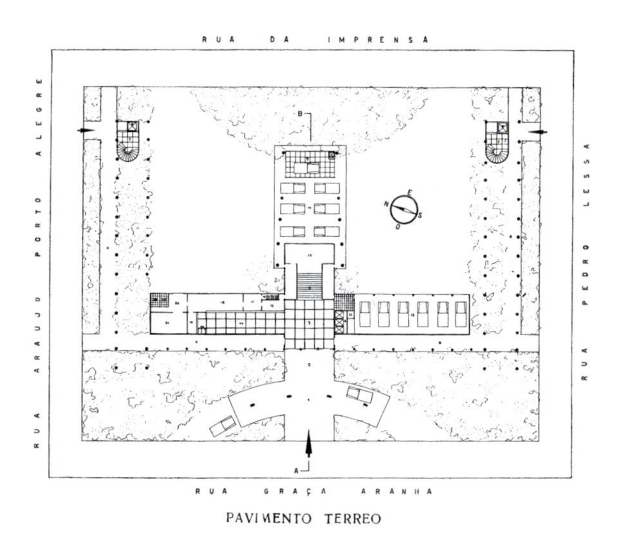

PAVIMENTO TERREO

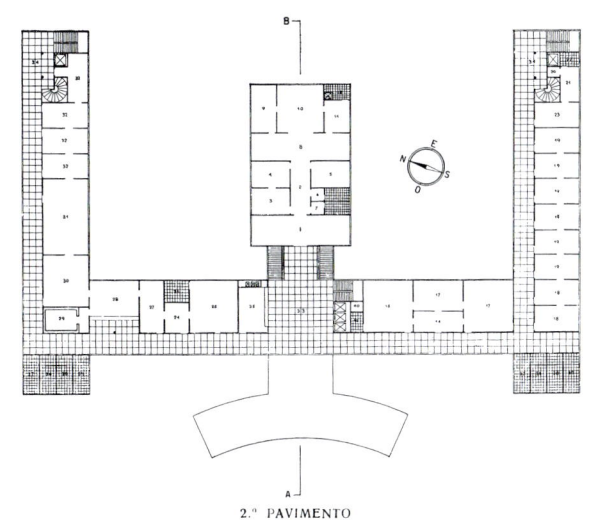

2.º PAVIMENTO

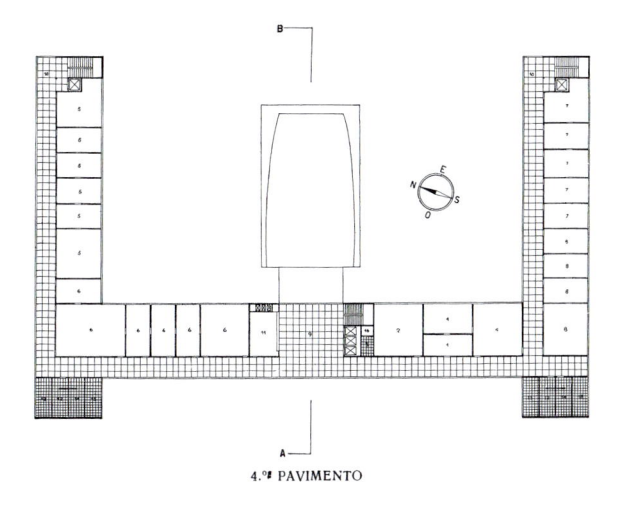

4.º PAVIMENTO

MES, anteprojeto participante do concurso, plantas do térreo primeiro e segundo pavimentos, Rio de Janeiro, 1935, Jorge Machado Moreira e Ernani Vasconcellos, publicação na *Revista da Diretoria de Engenharia*, n. 18, setembro de 1935

Souza Aguiar, membro do júri, sentiu-se provocado e, em sua justificativa do voto, reagiu contra esta alternativa vinculada aos princípios modernos[29]. Não deixa de ser paradoxal que o mesmo Sousa Aguiar, em seu cargo de Superintendente de Obras e Transportes do MES, se tornasse posteriormente no encarregado de acompanhar a obra definitiva que seria realizada por Costa e sua equipe. Poderíamos supor que Capanema teve acesso a essa informação e certamente comparou os avançados projetos de Moreira e de Reidy com as imagens anônimas e a vazia monumentalidade contida nos selecionados para a prova final. Enquanto a solução de Reidy se relacionava com a liberdade plástica e volumétrica de algumas obras de Mendelsohn, Moreira assumiu de modo bastante rígido o partido de Le Corbusier no Centrosoyus. Porém ambos coincidiam na livre composição dos volumes sobre o terreno, na utilização dos pilotis e na estrutura modulada, que facilitavam a distribuição flexível dos espaços internos, nas janelas em extensão e na integração dos espaços verdes com o contexto urbano. Também as circulações horizontais e verticais eram reduzidas ao máximo, valorizava-se a posição do salão de conferências e o escritório do ministro, que nas soluções tradicionais ficavam perdidos dentro do sistema compositivo clássico. A expressão plástica provinha da organização equilibrada dos volumes e da exteriorização das funções principais: Reidy destacava as rampas de circulação do público cobrindo-as com uma caixa cilíndrica de vidro em toda sua extensão. Portanto, com a difusão desses exemplos, ficava claro que as propostas do concurso não resolveriam as aspirações de Capanema.

5. O FINAL FELIZ DO CONCURSO: ADEUS AO PRIMEIRO PRÊMIO

Entre julho e outubro de 1935, o ministro teve à mão os projetos do concurso. Isso lhe permitiu familiarizar-se com as soluções propostas e amadurecer seus critérios sobre o sonhado edifício para a sede do MES. No mês de agosto esteve no Rio de Janeiro o arquiteto italiano Marcello Piacentini, figura hegemônica na Itália fascista, predileto de Mussolini, que estava finalizando as obras da Cidade Universitária de Roma. Para

MES, anteprojeto participante do concurso, perspectiva, Rio de Janeiro, 1935, Jorge Machado Moreira e Ernani Vasconcellos

realizar um projeto análogo, como sede da Universidade do Brasil, Capanema, seguindo uma sugestão do professor de medicina Aloísio de Castro, convidou-o para vir ao Rio de Janeiro por um breve período em 1935, evidenciando certa ambiguidade estética – ou oportunismo político – do ministro. Segundo uma versão oral não confirmada do professor Paulo Santos[30], ao ver as propostas do concurso, o arquiteto italiano teria expressado uma opinião contrária à proposta de Arquimedes Memória e se detido diante dos painéis de um dos projetos eliminados, afirmando que um deles constituía uma solução melhor que os selecionados para a decisão final: era o projeto apresentado por Lúcio Costa e Carlos Leão[31]. E existe ainda uma versão sobre uma visita que eles dois teriam feito a Capanema para convencê-lo a anular o concurso, devido à escassa significação arquitetônica do projeto vencedor[32]. Naquela época, Costa tinha um alto prestígio entre os membros da vanguarda política de Vargas, especialmente depois da crise criada na ENBA pelo grupo de professores tradicionalistas e de sua expulsão do cargo de diretor. Sua figura destacada foi enfatizada quando se organizou a equipe de profissionais que colaboraria com Piacentini no projeto da Cidade Universitária. Ao serem solicitadas, no mês de setembro, às diferentes instituições sugestões de nomes dos candidatos para essa equipe, Costa apareceu na lista do Sindicato Nacional de Engenheiros, do Instituto Central de Arquitetos e do Diretório Acadêmico da ENBA. Ou seja, do grupo da vanguarda carioca, era o líder indiscutível.

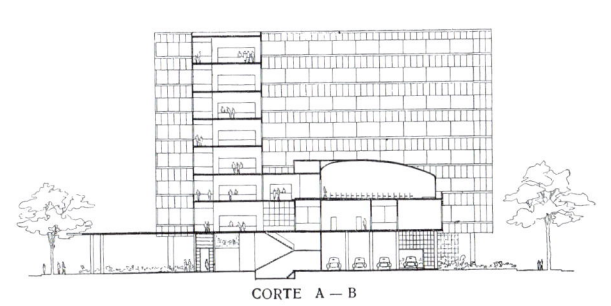

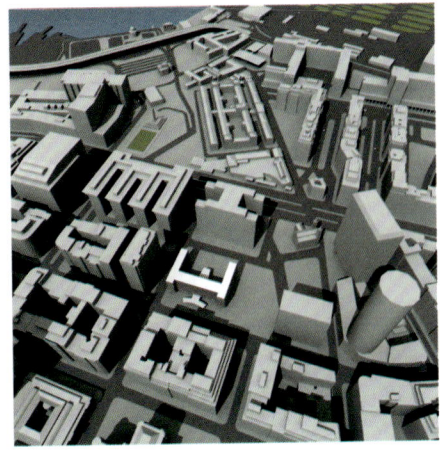

Entre 1º de outubro de 1935, data da entrega dos prêmios, e 2 de janeiro de 1936, dia em que foi entregue aos ganhadores o valor estipulado nas bases do concurso, Capanema foi amadurecendo sua decisão de não levar adiante a construção do projeto de Memória. Uma prova de seu desacordo com a solução, não somente do primeiro prêmio, mas também das demais apresentações que se adaptavam às rígidas normas municipais, foi o fato de solicitar, no mês de novembro, uma autorização ao prefeito Pedro Ernesto Batista para que o novo edifício, por sua importância, não se ajustasse ao regulamento vigente para a zona da Esplanada do Castelo[33]. Certamente o que também influenciou a decisão do ministro foi o processo que havia acontecido na Caixa de Aposentadorias de Praga; além da percepção de que essas normas de edificação

MES, anteprojeto participante do concurso, corte, Rio de Janeiro, 1935, Jorge Machado Moreira e Ernani Vasconcellos

MES, simulação da inserção no contexto urbano do projeto de Jorge Machado Moreira e Ernani Vasconcellos

somente permitiam soluções acadêmicas – como acontecia com a maioria dos edifícios de escritórios da área, com exceção do exemplo posterior da sede da ABI, dos irmãos Roberto –, limitando a criatividade e a liberdade dos projetistas identificados com o movimento moderno. Isso indica que ele já havia decidido aplicar o regulamento do concurso, no qual se estipulava que o ministério não era obrigado a construir o projeto premiado. Sem dúvida, a imagem idealizada por Capanema do que deveria ser o novo edifício tinha a ver com as soluções dos modernos, como ele informara a Vargas em fevereiro de 1936, ao solicitar a autorização para contratar Lúcio Costa[34].

Para evitar um passo em falso, em março de 1936 o ministro solicitou a vários técnicos qualificados uma opinião sobre o projeto de Memória, antecipando-se à reação que despertaria neste arquiteto a notícia da elaboração de um projeto alternativo ao ganhador do concurso. Não era possível subestimar a importância de Memória, profissional de grande prestígio no Rio de Janeiro, diretor da ENBA, amigo pessoal de Vargas e relacionado com políticos influentes do governo. O engenheiro Saturnino de Brito Filho, especialista em saneamento urbano e instalações sanitárias, centrou-se na análise técnica do projeto, demonstrando a carência de uma resposta adequada aos requisitos higiênicos e sanitários que o edifício do MES deveria ter. O diplomata Maurício Nabuco assinalou que a solução, por sua falta de flexibilidade, não se adaptava às exigências da organização moderna de uma instituição estatal. Domingos da Silva Cunha, diretor da Inspetoria de Engenharia Sanitária do MES, realizou uma análise detalhada tanto dos aspectos estéticos como dos funcionais. Ele evidenciou o tamanho reduzido do edifício em relação ao entorno e a contradição do partido assumido, no qual 70% da superfície seria ocupada pelos volumes de dois andares e somente 30% correspondiam à cruz principal de quatro andares. Demonstrou a incongruência entre o projeto das fachadas e o sistema estrutural do edifício, os erros de orientação que faziam com que os cômodos orientados para o oeste fossem insuportáveis, além do excesso de corredores de circulação, que em alguns andares chegavam a 40% da superfície construída. Era igualmente confusa a organização funcional dos assessores do ministro, com circulações privativas que se misturavam com as públicas. Em último lugar, um informe sem identificação novamente destacava a falta de escala do ministério e o contraste existente entre sua dimensão externa e a presença de um grande *hall* no centro da composição, que o assemelhava mais a uma loja de departamentos que a um escritório estatal. Neste também se criticava o número excessivo de corredores, conformando uma circulação labiríntica. Na grande maioria dos informes eram apontados graves erros nas instalações técnicas e de serviços.

Em poder dessa incontestável documentação e contando com o consentimento de Vargas, Capanema enviou, em 25 de março de 1936, a carta oficial de convite a Lúcio Costa, na qual faz referência a "entendimentos anteriores". Portanto, é evidente que desde o fim de 1935 existia um diálogo com os jovens arquitetos, com o intuito de elaborar um novo projeto[35]. Ao mesmo tempo, não demorou a reação de Memória, que escreveu uma carta enfurecida a Vargas, acusando Costa de subversivo, aludindo à sua sociedade com o prestigioso arquiteto paulista Gregori Warchavchik, "judeu russo de atitudes suspeitas"[36]. Hoje, à distância, se compreende a frustração de Memória, que não achava profissionalmente ética a decisão de Capanema, e também sua depressão e seu fervoroso catolicismo, que o levaram a um retiro espiritual de seis meses no convento de Santo Antônio[37]. Felizmente, o presidente fez caso omisso do protesto e em março, no momento em que Costa formava a equipe de trabalho com Affonso Reidy, Jorge Machado Moreira, Ernani Vasconcellos, Carlos Leão e Oscar Niemeyer, foi iniciada a etapa final da história do MES.

MINISTERIO DA EDUCAÇÃO E SAÚDE PUBLICA

SUPERINTENDENCIA DE OBRAS E TRANSPORTES

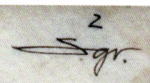

Edital de concorrencia publica para o concurso de projecto do edificio da Secretaria de Estado da Educação e Saúde Publica.

PARTE I
CAPITULO I
Das bases do concurso

1 - Fica aberto, nesta data, um concurso de projecto para o edificio da Secretaria de Estado da Educação e Saúde Publica.

2 - O concurso constará de duas provas successivas, a primeira publica e a segunda privada.

a) á primeira prova poderão concorrer, individualmente, todos os architectos brasileiros officialmente registrados.

b) á segunda prova concorrerão, tão somente, os concorrentes escolhidos pelo jury na primeira prova, até o maximo de quatro.

3 - Cada concorrente entregará seu trabalho em envolucro fechado e lacrado, levando apenas por fóra uma divisa com a qual serão assignados tambem os desenhos; o envolucro virá acompanhado de um enveloppe, levando externamente a mesma divisa do envolucro e contendo o nome e o endereço do autor.

4 - Os architectos escolhidos na prova final serão convidados a apresentar suas carteiras profissionaes.

5 - A area a edificar é rectangular e mede 69,00 pelas ruas Araujo Porto Alegre e Pedro Lessa e 91,60 pelas ruas Graça Aranha e Imprensa, ficando porem á criterio do projectista o recuo desses alinhamentos até um maximo de 10,00.

6 - Os desenhos exigidos para a prova final são os seguintes: planta de cada pavimento e da cobertura; córte longitudinal e transver-

MES, edital do concurso, primeira página, 1935

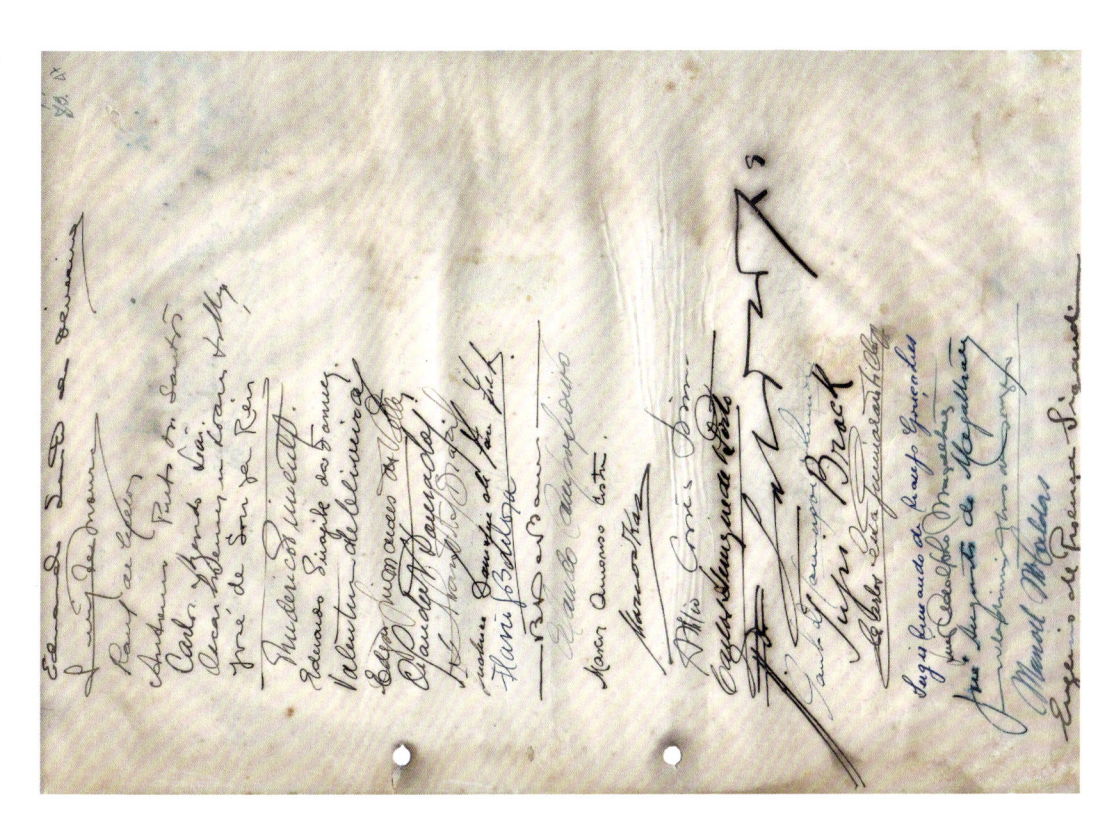

Abaixo-assinado dos participantes do concurso da sede do MES solicitando a mudança de data final para entrega dos projetos, folhas 1 e 2, 1935

NOTAS

1. Getúlio Vargas, no "Manifesto à Nação" (1934), escreveu: "Há no Brasil três problemas fundamentais, dentro dos quais está triangulado o seu progresso: sanear, educar, povoar". Apud RECHDAN, Luís Henrique Junqueira de Almeida. *Moderno entre modernos: a escolha do projeto do edifício-sede do Ministério da Educação e Saúde Pública (1935-1937)*, p. 73.
2. RECHDAN, Luís Henrique Junqueira de Almeida. Op. cit., p. 92.
3. CAVALCANTI, Lauro. *As preocupações do belo*.
4. Segundo os usuários, em contradição com a sua estética acadêmica, o edifício era funcional e termicamente eficiente. CAVALCANTI, Lauro. *Moderno e brasileiro* (op. cit.), p. 79.
5. A área da educação, até aquela época, fazia parte do Ministério de Justiça e Negócios Interiores. O Ministério da Educação e da Saúde Pública – MESP foi criado pelo Decreto n. 19.402 de 14 de novembro de 1930. A Lei 378 de 13 de janeiro de 1937, elaborada por Gustavo Capanema, definiu-o como Ministério da Educação e Saúde – MES. Ver: CAPANEMA, Gustavo. Depoimento sobre o edifício do Ministério da Educação. Posteriormente, com a criação do Ministério da Saúde, transformou-se em Ministério da Educação e Cultura – MEC (Lei 1.920, de 25 de julho de 1953). Em 1960, o edifício passou a ser chamado Palácio da Cultura. Com o Decreto n. 91.144, de 15 de março de 1985, foi criado o Ministério da Cultura (MinC), e o edifício passou a ser identificado como Palácio Gustavo Capanema, denominação que perdura até hoje.
6. Proposta apoiada por Vargas, que afirmou: "unificar todos os serviços que dizem respeito ao desenvolvimento da instrução e da assistência sanitária, constituindo com eles o MESP". Apud RECHDAN, Luís Henrique Junqueira de Almeida. Op. cit., p. 38.
7. RECHDAN, Luís Henrique Junqueira de Almeida, ibidem, p. 79.
8. LISSOVSKY, Mauricio; SÁ, Paulo Sergio Moraes de. *Colunas da Educação. A construção do Ministério de Educação e Saúde – 1935-1945*, p. 8-12.
9. ROCHA-PEIXOTO, Gustavo. O ecletismo e seus contemporâneos na arquitetura do Rio de Janeiro; TAVEIRA, Alberto. Alguns edifícios desaparecidos, p. 135.
10. CAVALCANTI, Lauro (org.). *Quando o Brasil era moderno. Guia de Arquitetura 1928-1960*, p. 206-209.
11. Ambos os projetos aparecem na *Revista da Directoria de Engenharia*, ano 4, n. 18, set. 1935, p. 511-515.
12. Projetos publicados na *Revista de Arquitetura*, Rio de Janeiro, n. 16, 1935. Ver: UZEDA, Helena Cunha de. *Ensino acadêmico e modernidade. O curso de arquitetura na Escola Nacional de Belas Artes. 1890-1930*.
13. BRUAND, Yves. *Arquitetura contemporânea no Brasil*, p. 83.
14. Numa nota autobiográfica escrita na década de 1970, Capanema afirmou: "tendo em vista que, dentro os projetos modernos recusados pela comissão estavam três: Lúcio Costa, Affonso Eduardo Reidy e Carlos Leão, chamei o mais notável dos três para organizar a comissão". Apud LISSOVSKY, Maurício; SÁ, Paulo Sérgio Moraes de. Op. cit., p. 25.
15. COSTA, Lúcio. Monlevade, p. 91.
16. MEMÓRIA FILHO, Péricles. Op. cit., p. 37.
17. "na verdade, o senso de medida e propriedade, o *tempero* eram de fato dele, pois na obra dos seus vários colaboradores, o *paladar* inconfundível se perdeu". COSTA, Lúcio. Muita construção, alguma arquitetura e um milagre (op. cit.), p. 164.
18. Esse estilo caracterizou um grupo significativo de obras realizadas no Rio de Janeiro por prestigiosos arquitetos locais e estrangeiros: Ricardo Wriedt projeta o edifício Natal e o cinema Pathé na Cinelândia (1927) e a torre Novo Mundo na Avenida Beira-Mar (1934); Arnaldo Gladosch, os apartamentos Itahy em Copacabana (1932), Gusmão, Dourado & Baldassini, o teatro Carlos Gomes na Praça Tiradentes (1931), um dos exemplos mais refinados do estilo, caracterizado também pela integração das artes – no seu interior há um mural de Di Cavalcanti. CZAJKOWSKI, Jorge; CONDE, Luiz Paulo; ALMADA, Mauro (org.). Op. cit., p. 69.
19. Estes intelectuais procuravam descobrir a essência dos povos que formavam o triângulo cultural brasileiro: brancos, índios e negros. Ver: GUERRA, Abilio. *O primitivismo em Mário de Andrade, Oswald de Andrade e Raul Bopp. Origem e conformação no universo intelectual brasileiro*, p. 144.
20. "Em Paris desde 1921 num ateliê cujas paredes forrara de telas suas 'de inspiração linear marajoara', Vicente prepara em 1923 a capa e as ilustrações para o livro de P. L. Duchartre, *Légendes, Croyances et Talismans des Indiens de l'Amazonie*, peças marcadas pela simplificação geometrizante do traço Art Déco sem perda, no entanto, de uma sensualidade mais típica do Art Nouveau". PONTUAL, Roberto. *Entre dois séculos. Arte brasileira do século XX na Coleção Gilberto Chateaubriand*, p. 25.
21. Além de Olympio de Menezes, o professor Theodoro Braga publica vários artigos na revista *Architectura e Construção*, entre os anos 1928 e 1931: "Nossa Arte Marajoara" e "Por uma arte brasileira". Cf. CARVALHO, Maurício Rocha de. El nacionalismo historicista en Brasil.
22. Apud LISSOVSKY, Maurício; SÁ, Paulo Sérgio Moraes de. Op. cit., p. 21 e 23, respectivamente.
23. XAVIER, Alberto; BRITO, Alfredo; NOBRE, Ana Luiza. *Arquitetura moderna no Rio de Janeiro*, p. 33.
24. KHAN, Hasan-Uddin. *Estilo Internacional. Arquitectura Moderna de 1925 a 1965*, p. 65.
25. BARDI, Pietro Maria. *Lembrança de Le Corbusier. Atenas, Itália, Brasil*, p. 118-119; CORBUSIER, Le. *Précisions sur un état présent de l'architecture et de l'urbanisme*, p. 157-166. Versão brasileira: CORBUSIER, Le. *Precisões sobre um estado presente da arquitetura e do urbanismo*, p. 159-167.
26. HAVLICEK, Josef; HONZIK, Karel. Caixa de Aposentadorias de Praga. Tradução de Affonso Eduardo Reidy, a partir de artigo publicado na revista *L'Architecture d'Aujourd'hui*.
27. ATIQUE, Fernando. Op. cit., p. 152; MINDLIN, Henrique E. *Álvaro Vital Brazil. 50 anos de arquitetura*, p. 21. Segundo Mindlin, Philip Goodwin afir-

mou no livro *Brazil Builds*, publicado nos anos 1940 pelo MoMA de Nova York, que era difícil encontrar um exemplo melhor para a vida moderna que esse edifício de apartamentos.

28. BRAZIL, Álvaro Vital. Sobre o Palácio do Centrosoyus de Moscou.

29. "Na minha opinião o que fizeram os arquitetos da Caixa de Aposentadoria foi o que se chama uma cavação. Eles se apresentaram ao concurso em desacordo com o edital e em oposição às leis municipais; depois de trabalhos desesperados venceram a proprietária do prédio e a municipalidade local". LISSOVSKY, Maurício; SÁ, Paulo Sérgio Moraes de. Op. cit., p. 20.

30. Segundo o testemunho pessoal do professor da FAU UFRJ, Flávio Ferreira, que escutou esta afirmação em uma aula de Paulo F. Santos.

31. Não foram totalmente esclarecidos alguns detalhes desse processo. No testemunho de Capanema dos anos 1970 existe uma confusão de datas, porque o ministro afirma ter mostrado a Piacentini, durante sua visita em agosto, o projeto ganhador de Memória, enquanto a decisão final aconteceu em 1 de outubro, na reunião do júri que emitiu o veredito sobre a ordem dos prêmios aos três selecionados. É provável que Capanema tenha mostrado as três alternativas possíveis de serem realizadas e Piacentini tenha se detido com maior ênfase ao analisar os painéis de Memória. A versão publicada na revista *Módulo*, Rio de Janeiro, n. 85, p. 28-32, 1985, que contém uma informação equivocada sobre a participação de Piacentini, afirma: "O professor Marcello Piacentini chegou ao Rio de Janeiro em agosto de 1935, depois de aberto e julgado o concurso. [...] Mostrei-lhe, também, o projeto premiado do professor Memória, dizendo-lhe que estava horrorizado com o mesmo e que não o executaria. O projeto era uma coisa horrível, um pouco 'Marajoara', e não estava à altura das anteriores realizações do professor Memória. [...] O professor Marcello Piacentini disse: 'Eu não o faria. O senhor tem toda a razão. Isso não serve, definitivamente. Eu lhe dou o conselho de não fazer'". CAPANEMA, Gustavo. Depoimento sobre o edifício do Ministério da Educação, p. 117-118.

32. Entrevista a Francisco Bolonha em fevereiro 2001. "Pois o Lúcio Costa e Carlos Leão foram ao Capanema e exigiram a anulação do concurso, sob a alegação de que o projeto vencedor era muito ruim. Anularam um concurso público". Apud FREIRE, Américo; OLIVEIRA, Lucia Maria Lippi (org.). Op. cit., p. 53-54.

33. "Em 5 de novembro de 1935, Gustavo Capanema obteve de Pedro Ernesto Batista, prefeito do Distrito Federal, e da Secretaria Geral de Viação, Trabalho e Obras Públicas do Distrito Federal, autorização para que o prédio do ministério não obedecesse integralmente ao gabarito oficial, 'uma vez que se trata de um edifício que ocupará toda uma quadra naquele local'. A mesma secretaria recomendava, na ocasião, que o ministério entrasse em entendimentos com o arquiteto-chefe da Diretoria de Engenharia, Affonso Eduardo Reidy". LISSOVSKY, Maurício; SÁ, Paulo Sérgio Moraes de. Op. cit., p. 25. Reidy, apesar de trabalhar na Prefeitura, era contrário à normativa dos quarteirões fechados e dos pátios internos.

34. Referindo-se à sua decisão, afirmou Capanema: "Contei então ao Presidente a minha decisão de não abrir novo concurso para o projeto, pois o resultado poderia ser o mesmo. Ficara eu impressionado com a beleza dos projetos de Lúcio Costa, Reidy, Carlos Leão, dos arquitetos novos e jovens que competiram e que não haviam sido premiados no concurso. Havia projetos muito interessantes, inteiramente revolucionários, inteiramente novos. Era 'um estouro'". CAPANEMA, Gustavo. Depoimento sobre o edifício do Ministério da Educação (op. cit.), p. 118.

35. No dia 25 de março de 1936, o ministro Gustavo Capanema encaminha a carta-convite para Lúcio Costa: "Confirmando nossos entendimentos anteriores sobre o assunto, solicito-vos a elaboração de um projeto de edifício para sede desta Secretaria de Estado, tendo em vista o plano de reorganização dos serviços do Ministério da Educação e Saúde Pública, apresentado ao Poder Legislativo, em dezembro do ano passado. Desejo, igualmente, que me declareis qual o preço pelo qual o Ministério poderá adquirir esse vosso trabalho". Apud COSTA, Lúcio. *Lúcio Costa: registro de uma vivência* (op. cit.), p. 131.

36. Na carta de protesto afirma: "E sobe de ponto esta surpresa por se não encontrar justificativa desse ato na moral comum, de vez que se sabe ter sido o arquiteto Lúcio Costa desclassificado na primeira prova daquele concurso. [...] esse arquiteto é sócio do arquiteto Gregori Warchavchik, judeu russo de atitudes suspeitas, por esse mesmo sr. Lúcio Costa levado para uma cadeira da Escola Nacional de Belas Artes, onde ambos tanto têm concorrido para as constantes agitações em que esta escola se tem visto [...]. Não ignora o sr. Ministro de Educação as atividades do arquiteto Lúcio Costa, pois pessoalmente já o mencionamos a S. Excia. Entre vários nomes dos filiados ostensivos à corrente modernista que tem como centro o Clube de Arte Moderna, célula comunista cujos principais objetivos são a agitação no meio artístico e a anulação de valores reais que não comunguem no seu credo. Esses elementos deletérios se desenvolvem justamente à sombra do Ministério da Educação, onde têm num patrono e intransigente defensor o sr. Carlos Drummond de Andrade, chefe do gabinete do ministro". LISSOVSKY, Maurício; SÁ, Paulo Sérgio Moraes de. Op. cit., p. 26.

37. Tanto o professor de história da arquitetura da FAU UFRJ, William Seba Bittar, como Péricles Memória Filho, em seu recente livro, questionam o procedimento, considerado antiético, de Capanema, assim como se critica, no conjunto de protestos contra a decisão, em particular do Clube de Engenharia, o silêncio do Instituto de Arquitetos do Brasil sobre o caso. Na realidade, entre os arquitetos cariocas, criaram-se grupos de poder que protegiam seus interesses e, depois da crise da ENBA, Lúcio Costa galvanizou um grupo de jovens da vanguarda, que atuava em concursos com uma postura bastante coesa, tanto em termos estéticos quanto em relações pessoais, o que permitiu formar a equipe para o projeto do MES.

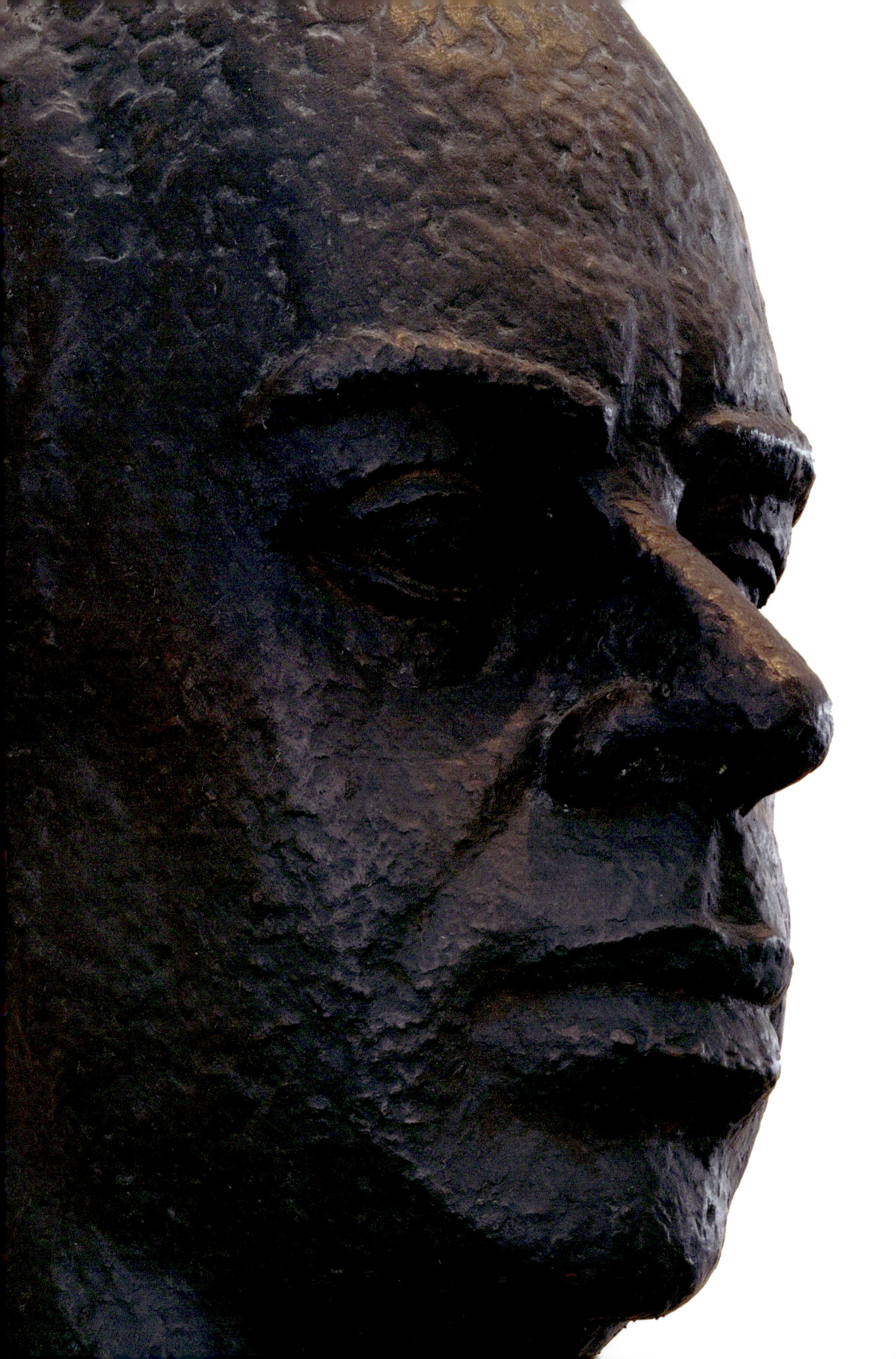

CAPÍTULO 3

PODER E ARQUITETURA NA ERA VARGAS: O PAPEL DE CAPANEMA

1. POLÍTICA, ACADEMIA E NACIONALISMO

Ao rejeitar a execução do projeto ganhador do concurso para a sede do MES, o ministro Capanema tomou uma decisão amparada pela cláusula 23 das bases do concurso[1]. Entretanto, naqueles anos convulsos da política, da sociedade e da cultura brasileiras, seguramente não foi fácil opor-se à execução do projeto vencedor de Arquimedes Memória (1893-1960), um dos arquitetos mais prestigiosos do Rio de Janeiro, que era apoiado pela alta burguesia carioca e pelos políticos conservadores da extrema direita. Essa decisão coincidia com as premissas contraditórias e heterogêneas – ideológicas, estéticas e arquitetônicas – que se mantiveram do início da era Vargas até o seu fim em 1945[2]. Entretanto, o edifício da sede do MES imaginado por Memória estaria ou não de acordo com as tipologias arquitetônicas dos edifícios públicos vigentes naquele momento? Não há dúvidas que sua proposta estética – ao idealizar uma composição monumental e um sistema decorativo marajoara, referência aos primitivos indígenas que habitavam o país – correspondia à busca de uma identidade cultural nacional. Contudo, se ele estava certo em sua decisão estética, existiam dois elementos negativos insuperáveis: a solução formal não coincidia com o imaginário do homem novo brasileiro elaborado por alguns porta-vozes do regime, nem com a representatividade que deveria assumir o "Ministério da Cultura Nacional", forjada pelos políticos e intelectuais progressistas integrados no governo a partir da Revolução de 1930; e o arquiteto defendia arduamente o sistema de valores acadêmicos aplicado na construção dos edifícios governamentais da República Velha[3].

O espectro político de Vargas incluía desde a extrema direita, a Ação Integralista Brasileira – criada por Plínio Salgado –, até a extrema esquerda representada pelo Partido Comunista Brasileiro – encabeçado por Luís Carlos Prestes e participante da coalizão de partidos agrupados na Aliança Nacional Libertadora. A dinâmica do governo esteve sempre mais próxima das posições de direita que das de esquerda, especialmente a partir do golpe de 1937, que iniciou a etapa autoritária do Estado Novo, prolongada até sua destituição em 1945[4]. Um grupo de ideólogos identificados com o fascismo tinha uma forte influência sobre o presidente: Gustavo Barroso,

Na página anterior, MES, busto em bronze de Gustavo Capanema, detalhe, Rio de Janeiro, 1950, Celso Antônio, foto de 2009

Francisco Campos, Oliveira Viana, Alberto Torres, Azevedo Amaral e Alceu Amoroso Lima, acompanhados também por intelectuais como Monteiro Lobato[5]. Também incidiam sobre ele os grupos católicos ansiosos em recuperar o espaço perdido no âmbito da religiosidade popular e no sistema educacional que o Estado controlava, e que confiavam na figura de Capanema[6]. A influência desses grupos se manifestou na construção do Cristo Redentor (1931) no Corcovado, que foi um ícone urbano gerado pelo movimento "Restauração católica"[7]. Entretanto, Vargas, de acordo com as circunstâncias políticas internacionais, flertava ao mesmo tempo com os regimes fascistas europeus e com a democracia de Roosevelt. A pressão sofrida governo, inflada pelos interesses capitalistas internos e externos, finalmente fez a balança inclinar-se a favor dos Estados Unidos, com a participação do Brasil na Segunda Guerra Mundial como um dos países aliados, a partir de 1942, logo após o Japão ter bombardeado Pearl Harbor[8]. No plano nacional, o governo Vargas primeiramente reprimiu os comunistas em 1935, aprisionou Prestes e em 1936 entregou aos nazistas sua esposa alemã Olga Benário em estado de gestação, que viria a morrer no campo de extermínio de Bemburg em 1942; finalmente proibiu o movimento integralista em 1938, depois de revoltas populares de ambos os grupos contra seu governo autoritário[9]. Cabe ressaltar a inteligência política de Vargas, que manteve um sutil equilíbrio, afastando-se dos extremismos de esquerda e de direita, ao mesmo tempo reprimindo-os dentro de uma ditadura, sem dúvida, bastante *sui generis* na América Latina[10].

Naqueles anos, as diferentes tendências políticas não assumiam posições estéticas claras em relação à arquitetura. A extrema direita que abrigava as figuras de Cristiano Stockler das Neves, Arquimedes Memória e José Marianno[11], entre outros, apoiava tanto o resgate nacionalista do neocolonial quanto o monumentalismo acadêmico que se expandiu pela Europa e nos Estados Unidos, posteriormente à grande crise de 1929. Esta teve como consequência a deterioração da situação social e econômica da maioria dos países capitalistas, tanto as frágeis democracias representativas europeias quanto as nações das áreas periféricas, obrigadas a suspender as exportações de suas matérias-primas. No Brasil, significou a falência dos fazendeiros

Um ministro que se não cansa de ter idéas onças

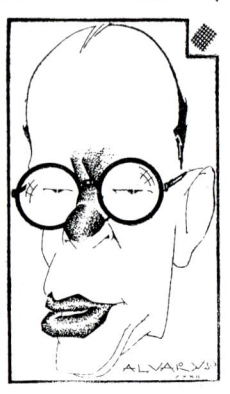

paulistas e mineiros, diante da drástica redução dos preços dos produtos agrícolas. A esperada recuperação econômica implicou uma dominante participação do Estado que, com exceção dos Estados Unidos, produziu o surgimento de regimes autoritários, tanto na Europa quanto na América Latina: Mussolini na Itália (1923); Stalin na URSS (1924); Gerardo Machado em Cuba (1925); Salazar em Portugal (1929); Uriburu na Argentina (1930); Trujillo na República Dominicana (1930); Hitler na Alemanha (1933); e por último Franco na Espanha (1939). Além disso, defendia-se a imagem de sociedades compactas e coesas, formadas por jovens e atléticos trabalhadores, portadores do sangue fresco que suplantaria os velhos esquemas econômicos e políticos que entraram em crise com a Primeira Guerra Mundial[12]. Coincidindo com o caráter, vigor e individualismo vislumbrado no "super-homem" nietzschiano[13], a arquitetura clássica e monumental refletia com maior precisão as ideias de autoridade, fortaleza, virilidade, tradição e durabilidade, que se identificavam com o Estado nacional, capitalista ou socialista[14]. Disso resulta a negação dos princípios democráticos, igualitários e populares, que fundamentavam o movimento moderno, rapidamente estigmatizado, associado ao marxismo internacionalista[15] e vinculado de modo absurdo e sem fundamento ao sionismo mundial[16].

Assim o monumentalismo obteve a primazia no Brasil, uma vez que a referência às tradições locais do período colonial – presentes nos edifícios da Exposição Internacional de 1922 – não incidiu particularmente nos edifícios públicos realizados na capital durante a década de 1930. Dessa forma, os ataques de Marianno contra a importação dos códigos clássicos e modernos europeus tiveram um efeito restrito ao êxito significativo de suas teses no IV Congresso Pan-americano de Arquitetos realizado no Rio de Janeiro (1930)[17]. Por outro lado, a alta burguesia e a classe política ainda não assimilavam as mudanças do movimento moderno que a vanguarda artística e arquitetônica difundia, tanto em São Paulo quanto no Rio de Janeiro[18]. Por isso a empresa paulista Matarazzo, ao construir seu edifício de escritórios, considerado o mais moderno do Brasil (1935-1939)[19], recorreu ao estilo neoclássico proposto pelo Escritório Técnico Ramos de Azevedo com a assessoria de Marcello Piacentini[20].

Ministro Gustavo Capanema, charge publicada no *Diário da Tarde*, Florianópolis, 21 de julho de 1936

A maioria dos ministros de Vargas apoiou o academicismo ao construir as novas instalações administrativas, para demonstrar o poder e a autoridade de suas respectivas sedes. Salgado Filho e Waldemar Falcão se entusiasmaram com o projeto banal de Mário dos Santos Maia para o Ministério do Trabalho (1936-1938); Artur da Souza Costa invalidou o projeto moderno vencedor do concurso para o Ministério da Fazenda – projetado por Wladimir Alves de Souza e Enéas Silva (1936) – e impôs o rígido academicismo de Luiz Eduardo Frias de Moura (1939-1943)[21]; por fim Eurico Gaspar Dutra convidou Cristiano Stockler das Neves para projetar o monumental Ministério do Exército na Avenida Presidente Vargas (1935)[22].

Apesar de as publicações especializadas daquela década não enfatizarem a difusão das obras monumentais, algumas foram valorizadas no âmbito profissional. Saturnino de Brito e Adalberto Szilard admiravam o Palácio das Nações de Genebra de Nénot, Flegenheimer, Broggi, Lefèvre e Vago, assim como alguns exemplos da Alemanha hitleriana projetados por Emil Fahrenkamp[23]. Enquanto isso, Gérson Pompeu Pinheiro elogiava a atitude do Duce Benito Mussolini, que supostamente apoiava a arquitetura moderna italiana, desconhecendo a marginalização que os racionalistas sofriam nas grandes obras encarregadas pelo Estado[24]. Resumindo, é justo afirmar que, apesar da identificação patente com as manifestações acadêmicas por parte dos funcionários do governo Vargas (como demonstrado na Exposição do Estado Novo de 1938), nunca se produziu um documento oficial estabelecendo os parâmetros obrigatórios de uma arquitetura de Estado, como já havia sido rigidamente definida na Alemanha de Hitler ou na Itália de Mussolini[25].

2. A RENOVAÇÃO CULTURAL DA VANGUARDA

A transformação do Brasil tradicional identificado com a República Velha e o deslocamento do poder das antigas oligarquias agrícola-pecuárias da política do "café com leite" – marcada pela alternância de poder entre São Paulo, Belo Horizonte e Rio de Janeiro – não coincidiam com os valores da academia nem da extrema direita. Isso

Cartaz do IV Congresso Pan-americano de Arquitetos no Rio de Janeiro, publicação na *Revista de Arquitectura*, 1930

ficou claro na significação construída pela revolução artística e cultural da Semana de Arte Moderna de São Paulo de 1922, que teve apoio de alguns membros da alta sociedade paulista, ao romper com os esquemas estéticos importados e historicistas: ali o premiado escritor Graça Aranha defendeu o surgimento das posições novas e radicais da vanguarda literária e pictórica, enquanto estas foram atacadas duramente por Plínio Salgado, líder integralista associado à direita nacionalista[26]. A posterior revolução de 1930 significou, além da consolidação no firmamento político das forças jovens do tenentismo[27], pertencentes às classes médias urbanas, a busca de integração do país em sua gigantesca totalidade territorial, ultrapassando o triângulo urbano – carioca, mineiro e paulista – que mantinha o poder econômico dominante. O Brasil era então concebido por políticos e intelectuais na sua ampla diversidade geográfica: do extremo sul gaúcho ao sertão nordestino e às populações indígenas da Amazônia.

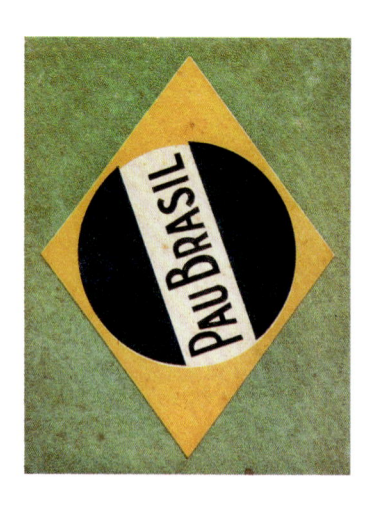

Essa visão, que procurava definir a particularidade do Brasil-Nação[28], esteve presente nos conteúdos dos primeiros manifestos literários como o "Pau-Brasil" e o "Manifesto Antropófago" de Oswald de Andrade; na marcha da Coluna Prestes pelo interior do país; nos temas literários, pictóricos e musicais de Jorge Amado, Gilberto Freyre, Carlos Drummond de Andrade, Mário de Andrade, Graciliano Ramos, Heitor Villa-Lobos, Vinícius de Moraes, Di Cavalcanti, Tarsila do Amaral, Cândido Portinari, entre outros artistas e intelectuais que introduziam negros, mulatos, índios e camponeses pobres como protagonistas de ensaios e romances. Também teve influência nessa nova dinâmica cultural o interesse de antropólogos e pesquisadores franceses na assimilação da existência de um país multiétnico – Claude Lévi-Strauss e Roger Bastide, convidados a ministrar palestras na Universidade de São Paulo –, bem como de literatos, como Paul Claudel e Blaise Cendrars, e de músicos, como Darius Milhaud, que assumiram as manifestações brasileiras na fertilização da sua dinâmica criativa[29]. Eles constituíam um grupo de europeus que percebiam o esgotamento das próprias raízes e que viam nestas experiências inéditas a possibilidade de renovação da cultura elitista. É compreensível, portanto, que tenham se apaixonado pelo "primitivismo" das manifestações culturais das sociedades indígenas e das populações

Capa do catálogo da exposição da Semana de Arte Moderna, desenho e design gráfico de Emiliano Di Cavalcanti, São Paulo, 1922

Capa do livro *Pau Brasil*, de Oswald de Andrade, ilustração de Tarsila do Amaral, São Paulo, 1925

de raça negra que habitavam as precárias favelas, situadas em áreas marginais das grandes cidades, especialmente do Rio de Janeiro[30]. Isso também despertou o interesse de Le Corbusier, que reproduziu em seus *Carnets* homens e mulheres que moravam nos morros e elogiou a simplicidade e o contextualismo das casas elementares existentes nas favelas[31].

O reencontro com a brasilidade[32]; a conscientização das próprias raízes, fundamentada no sincretismo cultural e na mestiçagem racial de grupos sociais dissímiles, e a busca de uma personalidade identificadora da nacionalidade no contexto latino-americano não tinham um caráter retrógrado ou historicista, mas recorriam aos elementos representativos da modernidade local, integrando a tradição à vanguarda: como disse Lúcio Costa, "não somos 'futuristas', somos contemporâneos"[33]. A renovação formal era associada à produção industrial[34]: novas tecnologias e materiais, sistemas de comunicação e meios de transporte, edifícios altos nas metrópoles etc. Não é por acaso que as imagens de cidades ou paisagens dos anos 1930 integravam silhuetas de aviões, hidroaviões e dirigíveis[35], que aparecem nas fotos do Rio de Janeiro de Peter Fuss ou na obra de Álvaro Vital Brazil em São Paulo[36]. Para a vanguarda, o imaginário do progresso não era inspirado somente pela Alemanha ou França, mas também por países como União Soviética e Estados Unidos. O primeiro, pela acelerada superação do atraso quase medieval da sociedade, pela confiança de Lenin sobre a industrialização e eletrificação do país, e também pela criação dos "novos condensadores" para as funções sociais urbanas[37], imaginados com uma criatividade e originalidade nunca vistas até então[38]. O segundo, pela liderança alcançada no mundo a partir da Primeira Guerra Mundial e pelos vínculos estreitos que o "Colosso do Norte" desejava estabelecer com as nações latino-americanas, espaço significativo para a exportação de seus produtos industriais e a obtenção de matérias-primas[39].

A partir daí surgiu o esforço de Roosevelt para frear a influência dos países do Eixo, estabelecendo a política da boa vizinhança, impondo o lema "América para os americanos" e enfatizando os intercâmbios culturais[40]. Nos anos 1930 foram inaugurados os voos dos *Clippers* da Pan American Airways ao Rio de Janeiro; Ginger Rogers

Le Corbusier, caricatura de Gerson Pompeu Pinheiro, publicação na *Revista de Arquitetura*, 1935

Dirigível Graf Zeppelin, Rio de Janeiro, foto c.1920

e Fred Astaire dançavam "Carioca" no filme *Flying down to Rio* (1933); Walt Disney inventou o personagem Zé Carioca para a formação dos "três cavalheiros"[41]; Orson Welles visitou o Rio de Janeiro e Salvador para filmar o carnaval e a vida dos pescadores locais; Carmem Miranda influenciou a paixão musical dos norte-americanos pelo Brasil, ao interpretar em cassinos e clubes noturnos *A Conga* e *Alô Alô Brazil*[42]; e, por último, em 1935, Gustavo Capanema solicitou ao diplomata Fernando Lobo que lhe enviasse de Washington informações sobre a organização da eficiente estrutura administrativa norte-americana[43].

Apesar de a sociedade tradicional hesitar em aceitar os novos códigos arquitetônicos da modernidade, consolidou-se pouco a pouco o surgimento de edifícios projetados a partir da linguagem funcionalista. Num cenário onde predominava a demanda por casas de estilo por parte de uma burguesia arrivista, formada por homens de finanças, comerciantes ou novos ricos (segundo Costa[44]), alguns membros "iluminados" da elite local encomendavam a Warchavchik em São Paulo e a Costa no Rio de Janeiro residências modernas ou aceitavam as ideias da vanguarda na construção de edifícios públicos, como aconteceu com os empresários Herbert Moses[45] ou Roberto Marinho, que influenciavam a opinião pública através dos órgãos de imprensa que dirigiam. A classe média também recebia mensagens por meio de revistas de difusão massiva, que publicavam constantemente imagens de pequenas casas racionalistas, demonstrando que as "caixas brancas" eram igualmente ou mais econômicas, eficientes e cômodas que as construções em estilo. Diversas publicações locais apoiaram e difundiram as novas tendências arquitetônicas entre os leitores anônimos. Além dos semanários – *Para Todos*[46], *Careta*, *Fon-Fon* –, a revista *A Casa*, criada pelo arquiteto Ricardo Wriedt em 1923, já no final dos anos 1920 publicava as residências de Mallet-Stevens em Paris e os modelos de casas populares apresentados na exposição do *Werkbund* em Stuttgart[47].

Durante a década de 1930, os engenheiros Barz Jordão e A. Segadas Vianna e o arquiteto J. Cordeiro de Azeredo, colaboradores dessa revista, apresentaram significativas obras modernas de Paris[48], a torre Price de Wright, e várias obras sociais

Cartaz de publicidade da empresa aérea Aeropostale com o Rio de Janeiro como tema

Pintura *Primeiro vôo atlântico a longa distância sobre o Rio de Janeiro*, Alfredo Gauro Ambrosi, 1933

construídas na Rússia. Ao mesmo tempo, publicaram desenhos e projetos modernos de casas modestas, para sua construção nos novos bairros da expansão habitacional. No final dos anos 1920, os edifícios de apartamentos construídos em Copacabana, no Flamengo ou na Glória, abandonaram totalmente a linguagem clássica assumindo os códigos *déco* e a simplicidade ascética do racionalismo[49]. Começaram a se impor as dimensões mínimas dos cômodos, o caráter especializado das áreas de serviço e a crescente presença de artefatos elétricos, associados ao conforto moderno e a um estilo de vida que integrava as atividades esportivas, o culto ao corpo e o contato com o mundo externo, o sol, a luz e a natureza[50].

3. O MINISTRO CAPANEMA: ARQUITETURA E ESTADO

O governo de Vargas, tanto na primeira etapa revolucionária (1930-1934) quanto na posterior constitucionalista (1934-1937), desenvolveu inúmeras obras públicas na capital e no interior do país que melhoraram a estrutura funcional do Estado e os serviços sociais para a população: foram construídas escolas, hospitais, escritórios de correios, instalações esportivas, habitações populares etc. Algumas dessas iniciativas abandonaram os códigos arquitetônicos historicistas e assumiram os princípios econômicos, funcionais e formais do movimento moderno, coincidente com o uso de concreto armado e os componentes normalizados da construção. Não se tratava de edificar monumentos, e sim infraestruturas elementares distribuídas por todo o território nacional, que expressassem a orientação popular do novo governo e ao mesmo tempo contemplassem a estética da modernidade[51].

Novos escritórios de correios surgiram em diversas capitais de Estado, com base em projetos-tipo elaborados pelos arquitetos Rafael Galvão e Paulo Candiota[52]. Era inovador o projeto da Diretoria Regional do Maranhão (1932), edifício resolvido com uma linguagem racionalista ortodoxa. No Rio de Janeiro, a presença do prefeito progressista do Distrito Federal, Pedro Ernesto Batista – o primeiro a ser eleito pela população da cidade em 1934[53] –, e de seu secretário de educação, o intelectual

1° salão de arquitetura tropical inaugurado á 17 de abril de 1933 pelo exmo. sr. ministro washington pires

presidente de honra	frank lloyd wright
precursores	lucio costa gregorio warchavchic emilio baumgart
comissão organisadora	joão lourenço da silva alcides da rocha miranda ademar portugal
organisador e compositor do catalogo	alexandre altberg

Anísio Teixeira, levaram adiante um ambicioso programa educacional que atingia as camadas de menor renda, assim como os moradores das favelas. Infelizmente, o prefeito foi associado à Revolta Comunista de 1935, destituído e preso até 1937, e se paralisaram as iniciativas progressistas, no que se refere tanto às escolas – onde em 1936 foram cobertos os murais de Di Cavalcanti –, quanto à criação da Universidade do Distrito Federal – UDF em 1935[54]. Para concretizar a proposta levou-se a cabo a construção de 28 conjuntos escolares, sob a direção do arquiteto Enéas Silva, da Divisão de Prédios e Aparelhamentos Escolares do Departamento de Educação do Distrito Federal[55]. Instalações educacionais de formas simples, volumes puros e cores brilhantes que se distribuíram em diferentes bairros da cidade, demonstrando os valores estéticos da nova arquitetura, criticados por José Marianno na imprensa local[56]. A escola República Argentina na Vila Isabel (1935), com seus volumes horizontais, janelas contínuas e formas curvilíneas, que acentuavam as circulações e elementos em balanço (de inspiração claramente holandesa), foi um dos exemplos mais representativos da capital[57].

Foi incorporada a essa popularização da arquitetura moderna a ação de combate dos profissionais de vanguarda, iniciada no Rio de Janeiro com a nomeação de Lúcio Costa como diretor da Escola Nacional de Belas Artes (1930), que introduziu mudanças radicais nos métodos pedagógicos dessa instituição. Apesar de permanecer menos de um ano no cargo[58] e a ENBA voltar a ser um baluarte do academicismo conservador sob a égide de Arquimedes Memória[59], a semente que tinha sido plantada não demorou em germinar. Não somente pela identificação dos jovens estudantes que apoiaram com uma longa greve a gestão de Costa, mas também pelo apoio recebido de Frank Lloyd Wright, que participou dos acontecimentos ao visitar o Rio de Janeiro em 1931 como júri do concurso do Farol de Colombo[60]. Apareceram várias revistas de curta duração, porém incisivas em sua defesa do movimento moderno – *Architectura* (1929), dirigida por Moacyr Fraga; *Base* (1933), de Alexandre Altberg; *Forma* (1930), de Baldassini e Baumgart; e a *Revista de Arquitetura* (1934), órgão oficial da Direção da ENBA – além das duas publicações de maior circulação entre os profissionais: a

Catálogo de exposição do 1° Salão de Arquitetura Tropical, design gráfico de Alexandre Altberg, Rio de Janeiro, 1933

Na página ao lado, foto à esquerda, almoço na Urca, Rio de Janeiro, 8 de dezembro de 1931. Em pé: Mario do Amaral, Hernani Coelho Duarte, Antonio Dias, Alcides da Rocha Miranda, Guilherme Leão de Moura, Paulo Warchavchik, Carlos Leão,

Revista da Directoria de Engenharia do Município do Distrito Federal, fundada em 1932 e que pouco tempo depois ficaria a cargo da engenheira Carmem Portinho; e *Arquitetura e Urbanismo*, editada pelo Instituto de Arquitetos do Brasil – IAB. Estas publicações difundiram as obras importantes realizadas na Europa durante os anos 1930, assim como as ideias que circulavam entre os membros da vanguarda, como o êxito de Gropius na Bauhaus e as reuniões dos CIAM, a partir da primeira declaração de La Sarraz em 1928, expressa no catálogo do 1º Salão de Arquitetura Tropical[61]. Este, celebrado em 1933, teve uma grande repercussão local, sendo inaugurado pelo ministro da Educação e Saúde Pública Washington Pires.

A realidade política e cultural descrita demonstra como Capanema não estava só em seu apoio aos jovens arquitetos modernos[62]. Embora na primeira etapa de sua vida política em Belo Horizonte tenha assumido atitudes de característica fascista ao criar a Legião Liberal Mineira em 1931[63] – que depois persistiram nos enunciados propostos para organizar o sistema educativo nacional visando o fortalecimento do espírito coletivista e patriótico similar ao modelo italiano[64] –, Capanema convidou para sua equipe intelectuais progressistas, conciliando de forma frágil os antagonismos ideológicos existentes entre os assessores do seu ministério: por um lado, cooptava o conservador e anticomunista Alceu Amoroso Lima para proferir palestras no ministério; por outro, mantinha como chefe de gabinete o esquerdista Carlos Drummond de Andrade[65]. Apoiou os artistas de vanguarda que realizaram o conjunto de obras plásticas do MES e, ao mesmo tempo, fechou a UDF em 1939, na qual todos eles, inclusive Costa, deveriam ministrar aulas.

Diante da pressão exercida pela ala conservadora do governo, Capanema manteve uma equidistância das correntes culturais contrapostas; por isso desenvolveu um jogo duplo, convidando quase contemporaneamente os arquitetos Marcello Piacentini e Le Corbusier para assessorar a realização da Cidade Universitária e a sede do MES, respectivamente, elogiando os projetos acadêmicos do primeiro e a contribuição racionalista do segundo, com uma sutil postura política que o permitiu manter-se longo tempo no cargo[66]. Entretanto, no que diz respeito às suas aproxima-

Cícero Dias, João Lourenço e Álvaro Ribeiro da Costa; sentados: Mario Pedrosa, Pedro Paulo Paes de Carvalho, Gregori Warchavchik, Lúcio Costa, Candido Portinari e Cesário Coelho Duarte

Foto à direita, Frank Lloyd Wright, Lúcio Costa e Gregori Warchavchik no terraço da casa Nordshild, Rio de Janeiro, 1931

ções, Capanema teve mais afinidades com Le Corbusier que com Piacentini. Sempre expressou sua grande admiração e respeito pelo mestre suíço, assistiu às palestras ministradas no Rio de Janeiro e elogiou publicamente seu pensamento e sua obra[67]. Diversos políticos de peso estiveram ao seu lado nas desagradáveis polêmicas sobre a necessidade de uma cultura de vanguarda apoiada pelo Estado: citemos Abgard de Castro Araújo Renault, Afonso Arinos de Melo Franco e Prudente de Morais Neto[68]. O escritor Carlos Drummond de Andrade foi uma figura central que o acompanhou durante muitos anos – Capanema foi o único ministro no cargo ao longo de quase todo o governo Vargas –, atuando como intermediário fundamental nas relações com os artistas e projetistas. Também participavam de seu círculo Rodrigo Melo Franco de Andrade, nomeado diretor do Serviço de Patrimônio Histórico e Artístico Nacional em 1937, o poeta Manuel Bandeira, o compositor Heitor Villa-Lobos, o pintor Cândido Portinari e o escultor Celso Antônio, entre outros[69].

É importante estabelecer um paralelo entre a significação atingida por Capanema no apoio à vanguarda cultural brasileira e a figura do pensador José Vasconcelos (1881-1959), ministro da educação no México durante o governo de Álvaro Obregón (1920-1924)[70]. Embora haja uma década de diferença entre os cargos ministeriais de ambos, tinham pontos essenciais em comum: a consciência da importância da educação nacional para criar uma juventude identificada com os valores éticos e morais que ambas as revoluções pretendiam impor[71]. Eles acreditavam no papel das manifestações artísticas como um dos principais meios de educação popular e de resgate das próprias raízes culturais. Disso surgiu o apoio à pintura de murais e aos escritores que assumiam os temas locais em suas obras, particularmente referente aos indígenas e camponeses que moravam nas áreas rurais. Vasconcelos apoiou o surgimento do muralismo mexicano – identificado com as figuras de Diego Rivera, José Clemente Orozco e David Alfaro Siqueiros – como meio de comunicação estético e pedagógico presente nas escolas e edifícios públicos. Capanema igualmente tentou fazê-lo na sede do ministério que ele presidia – o "Ministério da Cultura Nacional"–, convidando os melhores artistas nacionais para integrar suas obras ao edifício:

Exposição de Portinari, Cândido Portinari, Antônio Bento, Mario de Andrade e Rodrigo de Mello Franco, Rio de Janeiro, Palace Hotel, 1936

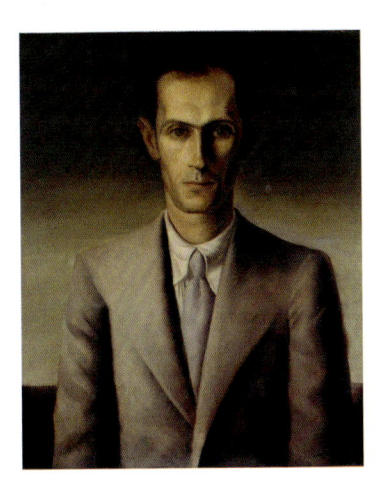

Cândido Portinari foi encarregado dos murais que representavam a história do povo e a economia do Brasil. É evidente a coincidência estética e ideológica com os seus predecessores mexicanos[72].

Vale notar que o apoio irrestrito de Capanema à construção do MES mesmo diante das complexidades do projeto e sua participação ativa e pessoal nas decisões principais, particularmente aquelas relacionadas à seleção das obras de arte, demonstram um aproveitamento sagaz do apoio político recebido por Vargas, uma força de vontade férrea e uma posição inflexível diante das constantes críticas de um meio social adverso e hostil, que constituía "um desafio à incompreensão e má vontade da opinião pública, toda ela imbuída de ideias e gostos enraizados, intransigentes e ferozes"[73]. Sem ele, as dificuldades e vicissitudes que estiveram presentes na realização do MES ao longo de dez anos nunca teriam resultado no êxito atingido. Assim se evidencia que as obras de arquitetura não somente se devem ao talento dos arquitetos, mas também à generosidade, apoio e compreensão de seus comitentes.

Retrato de Carlos Drummond de Andrade, Cândido Portinari, 1936

Retrato de Manuel Bandeira,
1931, Cândido Portinari

Retrato de Mario de Andrade,
1935, Cândido Portinari

NOTAS

1. Na cláusula 23 do edital do concurso fica estipulado que "O governo não fica com a obrigação de contratar os serviços dos arquitetos premiados para a execução da obra". Edital de concorrência pública para o concurso e projetos do edifício do Ministério da Educação e Saúde Pública, 20 abr. 1935. Apud LISSOVSKY, Mauricio; SÁ, Paulo Sergio Moraes de. Op. cit., p. 5.
2. ZILIO, Carlos. *A querela do Brasil*, p. 57.
3. Arquimedes Memória, associado a Francisque Couchet, tinha construído na década de 1920 alguns dos edifícios públicos de estilo eclético mais significativos do Rio de Janeiro, projetados dentro do Escritório Técnico Heitor de Mello: o Palácio Pedro Ernesto (Câmara de Vereadores) (1920); o Palácio Tiradentes (1922) e o Jockey Club Brasileiro (1924). Ver: ROCHA-PEIXOTO, Gustavo. O ecletismo e seus contemporâneos na arquitetura do Rio de Janeiro.
4. PANDOLFI, Dulce (org.). *Repensando o Estado Novo*, p. 21-38.
5. MICELI, Sérgio. *Intelectuais à brasileira*, p. 146.
6. Segundo Rechdan, Gustavo Capanema foi nomeado ministro da educação porque era considerado um homem de confiança da Igreja e teve o apoio de Alceu Amoroso Lima. RECHDAN, Luís Henrique Junqueira de Almeida. Op. cit., p. 48.
7. NOVAIS, Fernando A.; SCHWARCZ, Lilia Moritz. *História da vida privada no Brasil*. Volume IV, p. 73.
8. FAUSTO, Boris. *História do Brasil*, p. 369; FAORO, Raymundo. *Os donos do poder. Formação do patronato político brasileiro*. Volume 2, p. 705. Ver também: TOTA, Antonio Pedro. *O imperialismo sedutor: a americanização do Brasil na época da Segunda Guerra*.
9. AMARAL, Aracy. *Arte para quê? A preocupação social na arte brasileira – 1930-1970*, p. 55.
10. FAORO, Raymundo. Op. cit., p. 705.
11. Capanema recorda que "Memória tinha muito prestígio na Ação Integralista Brasileira [...] e um dos membros da tal 'Câmara dos Quarenta', que era um órgão muito importante, ao que me parece, da Ação Integralista Brasileira". CAPANEMA, Gustavo. Depoimento sobre o edifício do Ministério da Educação (op. cit.), p. 118.
12. No Brasil, a busca do novo homem brasileiro pretendia estabelecer o tipo racial que o definia, baseando-se nas teorias de Lombroso. Estas totalmente opostas ao homem novo "nu", despojado de todos os tabus que limitavam sua autenticidade originária, tal como proposto por Flávio de Carvalho no IV Congresso Panamericano de Arquitetura e Urbanismo, texto publicado no *Diário da Noite*, São Paulo, 19 jul. 1930. Ver: CARVALHO, Flávio. A cidade do homem nu.
13. NIETZSCHE, Friedrich Wilhelm. *Assim falava Zaratustra*, p. 111.
14. ELSEN, Albert E. La arquitectura de la autoridad.
15. Este termo não deve ser confundido com o estilo internacional, utilizado por Hitchcock e Johnson na exposição da arquitetura funcionalista no MoMA de Nova York em 1932. Ver: HITCHCOCK, Henry-Russel; JOHNSON, Philip. *El estilo internacional: arquitectura desde 1922*.
16. O antissemitismo feroz de Hitler, já presente em seu livro *Mein Kampf*, anterior à tomada do poder em 1933, incidiu no pensamento político daquela década, inclusive nos países democráticos. No Brasil, as formulações da direita sempre tiveram um conteúdo antissemita, como acontece com Memória e Mariano Filho, que falam de "judaísmo arquitetônico". Ver: MARIANNO FILHO, José. *À margem do problema arquitetônico*, p. 41.
17. TELLES, Augusto da Silva. Neocolonial: la polémica de José Mariano. Os escassos edifícios de grande escala foram realizados na década de 1920. Entre eles, o Museu Histórico Nacional, o Instituto de Educação e o Hospital Universitário Gaffrée e Guinle.
18. Segundo Mário de Andrade, a burguesia carioca era mais fechada que a paulista, contrária à aceitação das novas formulações estéticas: "Uma coisa dessas seria impossível no Rio, onde não existe aristocracia tradicional, mas apenas alta burguesia riquíssima. E esta não podia encampar um movimento que lhe destruía o espírito conservador e conformista". ANDRADE, Mário de. O movimento modernista. In ANDRADE, Mário de. *Aspectos da literatura brasileira*, p. 237.
19. TOGNON, Marcos. Op. cit., p. 182.
20. No jornal paulistano *Folha da Manhã*, na seção "Mundo Musical", de 23 de março de 1944, Mário de Andrade escreveu o seguinte sobre o edifício: "O edifício Matarazzo deslumbra, também, pela estupidez *grossolana* da massa e pela maravilhosa beleza da pedra de revestimento. Que pedra sublime, cruz-credo! Dá vontade de comer! Mas nem comidas nem revestimentos ainda são arquitetura". ANDRADE, Mário de. Brazil Builds, p. 178.
21. CAVALCANTI, Lauro. *As preocupações do belo* (op. cit.), p. 107-109. O autor transcreve as opiniões positivas existentes sobre o edifício, comparado com o MES: "É comentado hoje, entre arquitetos e funcionários lotados nos dois prédios, que o da Fazenda é melhor aerado, iluminado e possui melhor circulação vertical que o seu congênere da Educação. [...] Os andares-tipo da sede da Fazenda foram tratados de acordo com os princípios funcionais 'modernos', possivelmente com maior propriedade e resultados que os obtidos no MES". Idem, ibidem, p. 117.
22. Vinícius de Moraes ironiza na ocasião a presença do Ministério: "E sorriu, apesar da arquitetura teuta / Do bélico Ministério / Como quem diz: Eu só sou a hermeneuta / Dos códices do mistério". MORAES, Vinícius de. A cidade em progresso, p. 108.
23. LISSOVSKY, Maurício; SÁ, Paulo Sérgio Moraes de. Op. cit., p. 74; SZILARD, Adalberto. Edifícios públicos.
24. "Mussolini, observado sob esse aspecto, tem encarnado com grande felicidade o papel verdadeiro do chefe de governo: afasta os obstáculos para a livre expansão da inteligência e da arte, e estimula as iniciativas, venham de onde vierem". PINHEIRO, Gerson Pompeu. O Estado e a arquitetura, p. 169-170. O autor evidentemente não entendeu o sentido de um texto de Giuseppe Pagano, publicado na re-

vista *Casabella*, que propõe a liberdade de ação para os arquitetos modernos frente às imposições de Piacentini, arquiteto oficial do regime. Ver a defesa do movimento moderno – em artigo publicado na revista *Casabella*, n. 40, abr. 1931 – feita por Pagano, refutando as acusações de Piacentini. PAGANO, Giuseppe. Del 'monumentale' nell'architettura moderna. IN PAGANO, Giuseppe. *Architettura e città durante il fascismo*, p. 98. Entretanto, sua posição poderia justificar-se pela ambiguidade estética inicial de Piacentini, que, no fim da década de 1920, apoiava os modernos, chegando a convidar alguns deles para colaborar no seu escritório. Ver: MARIANI, Riccardo. *Razionalismo e architettura moderna. Storia di una polemica*, p. 22.

25. Em 1931 Pietro Maria Bardi, escreve o artigo "Architettura, arte dello Stato", espécie de manifesto da arquitetura fascista: "1) Mussolini quer uma arte de nosso tempo, uma arte fascista. 2) A arquitetura do tempo de Mussolini deve corresponder ao caráter da virilidade, do orgulho e da força da revolução. 3) Nosso movimento tem como única tarefa servir a Mussolini nos momentos difíceis". BARDI, Pietro Maria. Architettura, arte dello Stato, p. 87.

26. Ao inaugurar a Semana de Arte Moderna de 1922, Graça Aranha disse: "A remodelação estética do Brasil iniciada na música de Villa-Lobos, na escultura de Brecheret, na pintura de Di Cavalcanti, Anita Malfatti, Vicente do Rego Monteiro, Zina Aita, e na jovem e ousada poesia será a libertação da arte dos perigos que a ameaçam, de inoportuno arcadismo, academismo e do provincialismo". Apud: AMARAL, Aracy. *Artes plásticas na Semana de 22*, p. 210. Ver também: BOAVENTURA, Maria Eugenia (org.). *22 por 22. A Semana de Arte Moderna vista pelos seus contemporâneos*.

27. O tenentismo foi um movimento progressista formado por oficiais jovens das Forças Armadas que desempenhou um papel importante no desenvolvimento político do Brasil entre 1922 e 1934. Um grupo se radicalizou à esquerda, participando da Coluna Prestes.

28. Segundo Luciano Martins, "é a nação, mais do que a sociedade, que constitui o eixo das preocupações dos intelectuais". Apud: MARTINS, Carlos Alberto Ferreira. Identidade nacional e Estado no projeto modernista. Modernidade, Estado e tradição, p. 281.

29. Sobre este tema, ver: AMARAL, Aracy. *Blaise Cendrars no Brasil e os modernistas*; EULÁLIO, Alexandre (org.). *A aventura brasileira de Blaise Cendrars*.

30. JACQUES, Paola Berenstein. As favelas do Rio, os modernistas e a influência de Blaise Cendrars, p. 185-199.

31. "Le nègre a sa maison presque toujours à pic, juchée sur des pilotis au-devant, la porte étant derrière, du côté de la colline; du haut des 'Favellas' on voit toujours la mer, les rades, les ports, les îles, l'océan, les montagnes, les estuaires; le nègre voit tout cela; le vent règne, utile sous les tropiques; une fierté est dans l'oeil du nègre qui voit tout ça; l'oeil de l'homme qui voit de vastes horizons est plus hautain, les vastes horizons confèrent de la dignité; c'est une réflexion d'urbaniste". LE CORBUSIER. *Précisions sur un état présent de l'architecture et de l'urbanisme*, p. 235. Na edição brasileira: "O negro tem sua casa quase sempre a pique, sustentada por pilotis na parte da frente, com a porta atrás, do lado do morro; do alto das 'favelas' sempre se contempla o mar, as enseadas, os portos, as ilhas, o oceano, as montanhas, os estuários; o negro vê tudo isto; o vento reina, útil sob os trópicos; existe orgulho, no olhar do negro que contempla tudo isto; o olho do homem que avista horizontes vastos é mais altaneiro, tais horizontes conferem dignidade; eis aqui uma reflexão de urbanista". CORBUSIER, Le. *Precisões sobre um estado presente da arquitetura e do urbanismo* (op. cit.), p. 229.

32. SILVA NETO, Napoleão Ferreira da. *O Palácio da Cultura. Poder e arquitetura*, p. 15.

33. COSTA, Lúcio. Uma escola viva de Belas-Artes, p. 47-51.

34. O engenheiro surge como um novo poeta urbano, como é expresso por João Cabral de Melo Neto: "A luz, o sol, o ar livre / envolvem o sonho de engenheiro. O engenheiro sonha coisas claras: / superfícies, tênis, um copo de água. / O lápis, o esquadro, o papel; / o desenho, o projeto, o número: / o engenheiro pensa o mundo justo, / mundo que nenhum véu encobre". MELO NETO, João Cabral de. *O engenheiro*. In NOVAIS, Fernando A.; SEVCENKO, Nicolau. *História da vida privada no Brasil. República: da belle époque à era do rádio*, p. 40. É provável que o autor conhecesse esta passagem de Le Corbusier, em que expressa sua admiração pelos engenheiros: "Os engenheiros constroem os instrumentos de seu tempo. [...] Os engenheiros são viris e saudáveis, úteis e ativos, morais e alegres". CORBUSIER, Le. *Por uma arquitetura*, p. 6.

35. A importância atribuída aos novos meios de transporte é evidenciada no Rio de Janeiro: em Santa Cruz (Zona Norte), a 35 quilômetros do centro, foi construído o hangar para o Zeppelin; e em frente à Baía de Guanabara, no final dos anos 1930, foram construídos em pleno centro o terminal de hidroaviões (Atílio Corrêa Lima, 1937) e o aeroporto Santos Dumont (Marcelo e Milton Roberto, 1937).

36. FUSS, Peter. *Rio, capital da beleza*, p. 4; CONDURU, Roberto. *Vital Brazil*, p. 33.

37. Disse Lenin: "A base material do socialismo deve ser a grande indústria da maquinária capaz de reorganizar também a agricultura". SEGRE, Roberto. *Historia de la arquitectura y del urbanismo. Países desarrollados, siglos XIX y XX* (op. cit.), p. 417.

38. Em entrevista a Jorge Czajkowski, Maria Cristina Burlamaqui e Ronaldo Brito, Lúcio Costa diz: "As experiências do começo na Rússia foram muito interessantes. Os russos eram muito talentosos, criativos, tiveram aquele movimento construtivista, eram arquitetos muito idealistas". COSTA, Lúcio. Presença de Le Corbusier, p. 151.

39. A partir de 1936 as empresas petroleiras norte-americanas realizam convênios com o governo para estabelecer bases no Brasil: em 1936, a Standar Oil; em 1938, a Texaco e a Atlantic. Em 1939 se propõe a instalação de uma indústria metalúrgica com a

40. Roosevelt criou o Departamento de Assuntos Inter-Americanos, dirigido por Nelson Rockefeller, que ao mesmo tempo era Presidente do Museu de Arte Moderna de Nova York (MoMA). Ver: DECKKER, Zilah Quezado. *Brazil Built. The Architecture of the Modern Movement in Brazil*, p. 95-102. É a penetração cultural que se iniciou a partir de então para difundir o *american way of life*, tão persistentemente denunciado por Vilanova Artigas. Ver: ARTIGAS, João Vilanova. *Caminhos da arquitetura*, p. 25-43.

41. O filme do estúdio Walt Disney *Você já foi à Bahia?* (*The Three Caballeros*, 1944) é estrelado por Donald, Zé Carioca e Panchito. Este último – personificado por Goof ou "Pateta", como é conhecido no Brasil – é o personagem latino que forma a trinca de amigos com o norte-americano e o brasileiro.

42. GAULIN, Kenneth. The Flying Boats: Pioneering Days to South America; STERN, Robert A. M.; GILMARTIN, Gregory; MELLINS, Thomas. *New York 1930. Architecture and Urbanism Between the Two World Wars*, p. 291.

43. LISSOVSKY, Maurício; SÁ, Paulo Sérgio Moraes de. Op. cit., p. 12.

44. Lúcio Costa, em entrevista ao jornal *Folha de São Paulo*, 10 jul. 1995, afirma: "No fim dos anos 20, fiquei intransigente com o novo rico, o novo cliente. Não conseguia trabalho porque me recusava a fazer casas de estilo [...] o moderno era mal visto até pela sociedade culta". COSTA, Lúcio. Entrevista a Mário César Carvalho.

45. Os irmãos Marcelo e Milton Roberto elogiaram o papel do cliente progressista – Herbert Moses, presidente da Associação Brasileira de Imprensa – na construção da sede da instituição. ROBERTO, Marcelo; ROBERTO, Milton. Associação Brasileira de Imprensa. *Arquitetura e Urbanismo*, n. 5, p. 261-278.

46. Lúcio Costa escreveu: "Quando me casei com Leleta, em 1928, fomos morar em Correias. Foi lá que, numa revista chamada *Para Todos*, tomei conhecimento da existência de Gregori Warchavchik. A nota trazia uma fotografia da casa 'modernista' exposta em São Paulo. Apesar da minha congênita ojeriza pela expressão, gostei da casa". Registro de Lúcio Costa em homenagem a Gregori Warchavchik, por ocasião de sua morte em 1972. Apud VIEIRA, Lucia Gouvêa. *Salão de 1931. Marco da revelação da arte moderna em nível nacional*, p. 106.

47. CAMISSASA, Maria Marta dos Santos. Desvelando alguns mitos: as revistas modernistas e a arquitetura moderna.

48. É surpreendente o vanguardismo do Salão de Exposição de Automóveis dos arquitetos Laprade e Bazin e a garagem Alfa Romeo de Mallet Stevens. Ver: Os automóveis e as garages. *A Casa*, n. 74, p. 16-21.

49. Alguns blocos de apartamentos foram paradigmáticos sobre os novos valores estéticos e a eficiência funcional; por exemplo, o edifício Ok construído na Praça do Lido em Copacabana por Gusmão, Dourado & Baldassini (1928); ou o Ipú na Glória, de Ari Leon Rey e Floriano Brilhante (1935). Ver: CZAJKOWSKI, Jorge; CONDE, Luiz Paulo; ALMADA, Mauro (org.). Op. cit., p. 76 e 51.

50. Além de se aumentar o tamanho das janelas, aparecem as varandas e os generosos pátios internos para a iluminação e ventilação, também em edifícios especulativos de apartamentos mínimos, como o edifício Morro de Santo Antônio, de Marcelo Roberto (1929). Ver: BRITO, Alfredo. MMM Roberto. O espírito carioca na arquitetura.

51. Mário de Andrade escreveu ao apresentar o primeiro número da revista *Base*: "Hoje a arte que penetrar os escaninhos mais ásperos da vida coletiva; entra nos laboratórios, nos hospitais, nas fábricas". Apud FROTA, Leila Coelho. *Alcides da Rocha Miranda. Caminho de um arquiteto*, p. 25.

52. PEREIRA, Margareth da Silva. *Os correios e telégrafos no Brasil; um patrimônio histórico e arquitetônico*, p. 126.

53. ENDERS, Armelle. *A história do Rio de Janeiro*, p. 242.

54. CONNIFF, Michael L. *Política urbana no Brasil. A ascensão do populismo, 1925-1945*, p. 160.

55. SISSON, Rachel. Escolas públicas do primeiro grau. Inventário, tipologia e história.

56. O autor ataca a substituição do estilo neocolonial pelos projetos modernos, realizados no estilo de "miséria estilizada": "o arquiteto Enéas Silva pesteou a cidade com uma série de escolas verdes e encarnadas, recomendáveis por serem de baixo custo, posto que inabitáveis". MARIANNO FILHO, José. *Debates sobre estética e urbanismo*. Apud CAVALCANTI, Lauro. *Moderno e brasileiro* (op. cit.), p. 103.

57. Nesses projetos também participaram os arquitetos Wladimir Alves de Souza, Paulo Camargo e Almeida e Raul Penna Firme. SILVA, Enéas. Os novos prédios escolares do Districto Federal.

58. Costa foi nomeado diretor em dezembro de 1930, substituindo o conservador e predecessor em sua etapa neocolonial, o médico José Marianno, que finalmente, por mecanismos administrativos, conseguiu que Costa fosse deposto pelo Reitor da Universidade em setembro de 1931.

59. Carta de Lúcio Costa a Gustavo Capanema (3/10/1945). Apesar da data tão tardia, Costa afirmava: "Pois já não se compreende que o ensino oficial do país ainda persista em não tomar conhecimento das grandes realizações da arte contemporânea". In LISSOVSKY, Maurício; SÁ, Paulo Sérgio Moraes de. Op. cit., p. 217.

60. IRIGOYEN, Adriana. *Wright e Artigas. Duas viagens*.

61. ALTBERG, Alexandre (org.). *1o Salão de arquitectura tropical*.

62. Segundo Mário Pedrosa, havia uma intencionalidade nisso, ao dizer que a ditadura brasileira "concebeu leis em cima de cada dia, cuidando acima de tudo de sua propaganda, buscou em sua tendência totalitária atrair a si os jovens arquitetos cujas ideias e concepções eram, entretanto, de inspiração completamente oposta". PEDROSA, Mário. A arquitetura moderna no Brasil, p. 258-259.

63. CAVALCANTI, Lauro. As preocupações do belo (op. cit.), p. 204.

64. SCHWARTZMAN, Simon; BOMENY, Helena Maria Bousquet; COSTA, Vanda Maria Ribeiro. *Tempos de Capanema*, p. 188-219.

65. "[Capanema] erigiu uma espécie de território livre refratário às salvaguardas ideológicas do regime, operando como paradigma de um círculo de intelectuais subsidiados para a produção de uma cultura oficial". MICELI, Sérgio. Op. cit., p. 218.

66. Neste ponto há uma divergência em relação à perspectiva de Rechdan, que escreve: "Não encontramos em nossa pesquisa o ministro clarividente, presente em grande parte da historiografia da arquitetura, mas o político hábil, muitas vezes indeciso, cujas ações foram respostas por ele encontradas aos desafios que o cargo lhe impunha. [...] Valorações supervalorizadas, de forma a se perder o caráter político das decisões tomadas". RECHDAN, Luís. Op. cit., p. 231. Ao contrário, nota-se que a postura de Capanema em relação ao MES foi firme e decidida, opondo-se à opinião pública e aos inimigos da arquitetura moderna.

67. No banquete oferecido a Le Corbusier no MAM, na ocasião de sua última visita ao Brasil em 1962, Capanema fez o brinde de homenagem ao mestre, com as seguintes palavras: "Digo-vos isto, recordando um episódio que vós mesmo contais. Numa noite de outubro de 1928, já madrugada, numa boate de Praga, no meio das efusões mais cálidas, o poeta Nesvald se levanta e percorre as mesas gritando, 'Le Corbusier é um poeta...'. Comentou Le Corbusier: 'eu tive aquela noite a minha primeira profunda recompensa'". BARDI, Pietro Maria. BARDI, Pietro Maria. *Lembrança de Le Corbusier. Atenas, Itália, Brasil* (op. cit.), p. 111-112.

68. Personalidades citadas por Oscar Niemeyer em sua autobiografia. NIEMEYER, Oscar. *As curvas do tempo. Memórias*, p. 46.

69. José Marianno achava que esses intelectuais foram prejudiciais a Capanema ao: "envenenar o cérebro fulgente do Ministro Capanema, foi necessária uma turma inteira de poetas inimigos do estilo colonial; para dominar o cérebro opaco do Prefeito Pedro Ernesto, bastou a presença do comunista Anísio Teixeira". MARIANNO FILHO, José. *Debates sobre estética e urbanismo* (op. cit.). Apud CAVALCANTI, Lauro. *Moderno e brasileiro* (op. cit.), p. 103.

70. DE ANDA, Enrique Alanis. *Historia de la arquitectura mexicana*, p.168.

71. Embora os princípios estabelecidos pelo Estado para as diretrizes da educação tivessem pontos em comum – o amor à Pátria, a solidariedade, a justiça –, em sua essência eram diametralmente opostos: enquanto no Brasil predominavam os princípios de disciplina, hierarquia e condicionamento físico, no México se propunha o conteúdo socialista: "La educación que imparta el Estado será socialista y además de excluir toda doctrina religiosa combatirá el fanatismo y los prejuicios". VIGATÁ, Antonio E. Méndez. *Política y lenguaje arquitectónico. Los regímenes posrevolucionarios en México y su influencia en la arquitectura pública 1920-1952*.

72. AMARAL, Aracy. *Stages in the Formation of Brazil's Cultural Profile*; PEDROSA, Mário. *Portinari. De Brodósqui aos murais de Washington*.

73. "Essa opinião pública era orientada e alentada pela quase unanimidade das correntes dos artistas plásticos de então (arquitetos, pintores, escultores etc.), correntes poderosas que contavam com o apoio da imprensa, assim como de não pequeno número de maiorais políticos e militares". CAPANEMA, Gustavo; ANDRADE, Carlos Drummond de; COSTA, Lúcio. *A sede do MEC: onde a arte começou a mudar*, p. 20.

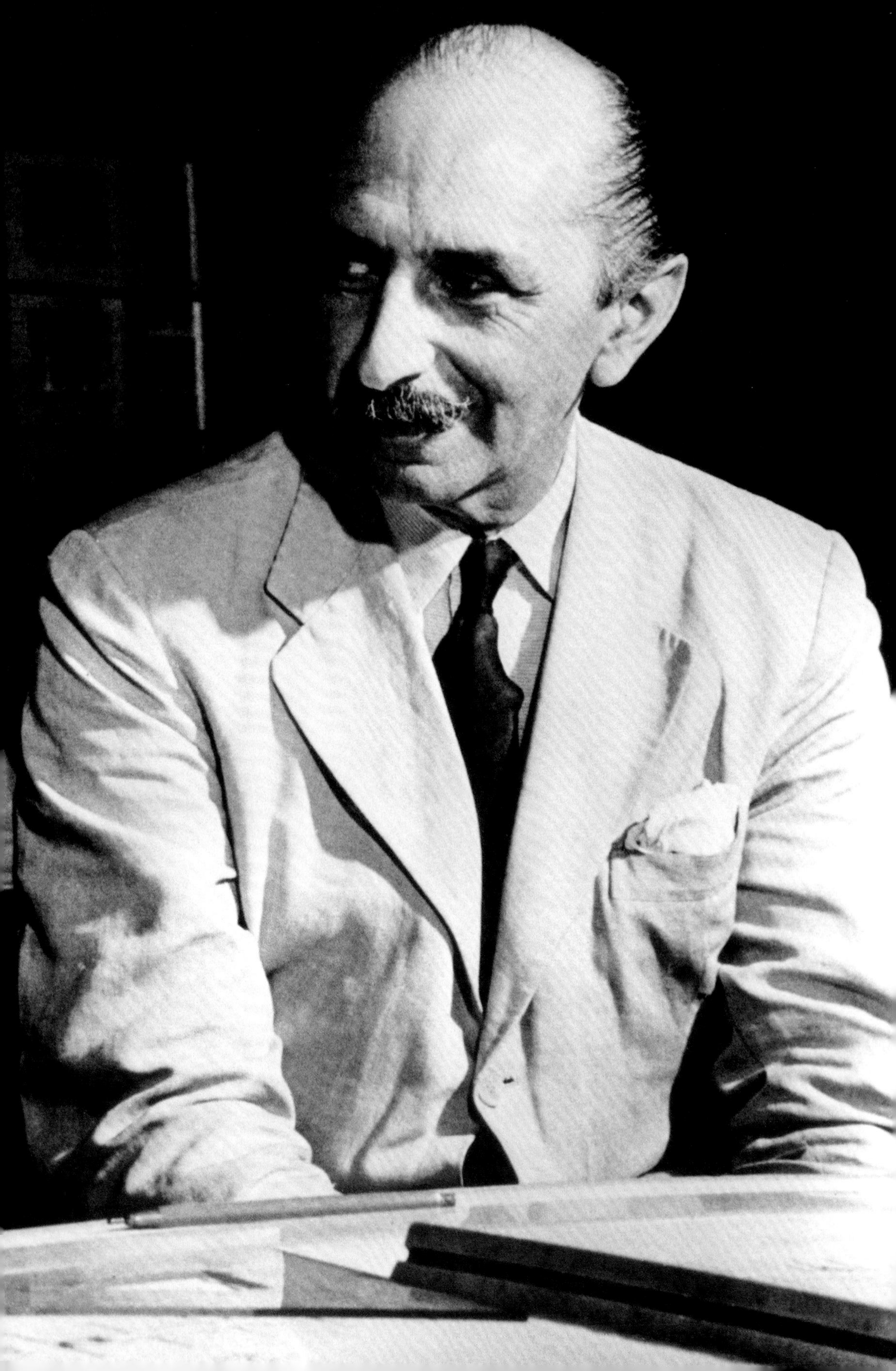

CAPÍTULO 4

LÚCIO COSTA E A EQUIPE DE ARQUITETOS

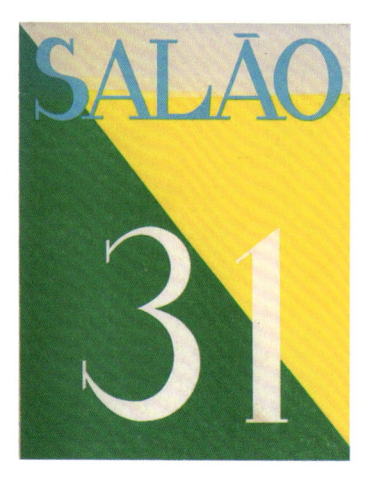

1. A APROXIMAÇÃO À MODERNIDADE

Segundo afirmaram os pesquisadores Lissovsky e Moraes de Sá, os documentos e versões que narram a história posterior ao concurso, sua anulação e o convite de Lúcio Costa e da equipe de arquitetos, são contraditórios[1]. O veredito final sobre a colocação dos três projetos selecionados foi divulgado em outubro de 1935; e somente em março de 1936 foi enviada a comunicação oficial a Lúcio Costa pedindo-lhe um novo projeto. Também naquele mês foram redigidos os pareceres críticos que Capanema solicitara a Saturnino de Brito Filho, Maurício Nabuco e Domingos da Silva Cunha para invalidar a proposta de Memória. É evidente que entre a seleção dos três finalistas – Arquimedes Memória, Rafael Galvão & Mário Fertin e Gérson Pompeu Pinheiro – e o contrato de Costa, o ministro amadureceu lentamente essa decisão. É um fenômeno tipicamente latino-americano – ou "macondiano", parafraseando Gabriel García Márquez – a coexistência de dualidades antagônicas nas ideologias locais, tanto em políticos quanto em intelectuais. Assim como Capanema assumiu a atitude de "Jano" em sua relação com a arte e a arquitetura, Costa reafirmou sua posição estética como resultante de um processo dialético de negação[2], de acordo com o pensamento hegeliano, ao abandonar definitivamente o estilo neocolonial, resgatar os elementos válidos da arquitetura colonial e projetar coletivamente um dos primeiros ícones do movimento moderno brasileiro.

Desde a sua graduação na Escola Nacional de Belas Artes – ENBA em 1922, Costa destacou-se no âmbito profissional pelos êxitos alcançados no domínio dos códigos neocoloniais sob a tutela de José Marianno Filho, que o considerava "o mais destemido combatente da coluna tradicionalista"[3]. Em 1923 obteve o segundo lugar no concurso Solar Brasileiro (projeto de casa neocolonial); em 1925 projetou o pavilhão do Brasil na Exposição da Filadélfia; e em 1928 foi vencedor no concurso da sede da Embaixada Argentina no Rio de Janeiro[4]. Ao assumir o estandarte do movimento moderno e iniciar as mudanças radicais no ensino da arquitetura como diretor da ENBA em 1930, renegou a postura historicista mantida até então[5], sendo acusado de apóstata por Marianno[6], que a partir de então se transformou em seu opositor mais

Na página anterior, Lúcio Costa, foto de c.1960

Acima, cartaz da exposição *Salão de 31*, publicação na capa do livro Salão de 1931, de Lucia Gouvêa Vieira, 1984

Casas operárias da Gamboa, Rio de Janeiro, 1931, Lúcio Costa e Gregori Warchavchik, publicação na revista *Base*, n. 1, agosto de 1933

feroz. Essa mudança radical de orientação não significa que ignorasse o valor da história e da tradição, mas ao contrário, assumiu-os como componentes necessários da nova arquitetura ao conceber o ato projetual em termos de "um entrelaçamento de complexas incompatibilidades culturais"[7]. Segundo a versão do próprio Capanema, este entrou em contato com Costa, que era o mais velho do grupo de jovens arquitetos, não somente devido à apresentação de um projeto hipoteticamente moderno no concurso[8], mas também por causa da recomendação feita em 1935 pelo Instituto Central de Arquitetos e pelo Sindicato Nacional dos Engenheiros para que Lúcio Costa fizesse parte do grupo de profissionais que deveria participar com Piacentini do projeto da Cidade Universitária[9]. Por outro lado, existe uma versão, já anteriormente citada, que se refere ao juízo negativo do mestre italiano sobre o projeto de Memória e seu entendimento de que a proposta de Costa se apresentava como uma solução válida para a sede do ministério. Ou seja, devido à sua experiência profissional, Costa foi considerado idôneo para colaborar com o principal representante da arquitetura monumental e fascista.

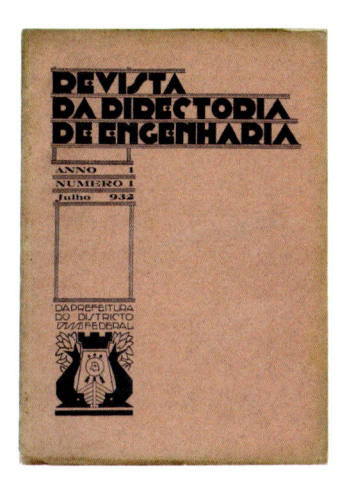

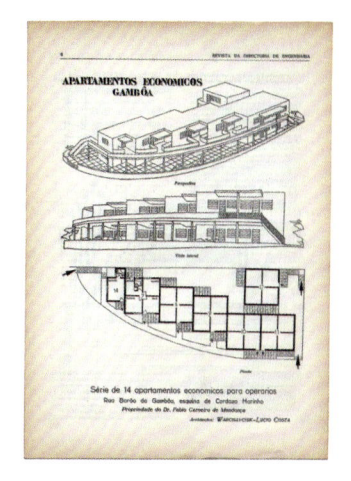

Lúcio Costa, em meados dos anos 1930, tinha atingido um prestígio sólido entre políticos e profissionais por suas intransigentes posições de vanguarda. Sua nomeação como diretor da Escola de Belas Artes em 1930 por Roberto Campos, ministro de educação e saúde, foi sugerida por seu chefe de escritório Rodrigo Melo Franco de Andrade e pelo poeta Manuel Bandeira. Apesar da curta permanência no cargo, Costa conseguiu uma significativa repercussão nacional. Além da nova orientação que tentou introduzir na Escola[10], organizou uma exposição de arte aberta a todas as tendências de vanguarda – o Salão de 31, também chamado de "Salão Revolucionário"[11] –, sacudindo a estrutura acadêmica que controlava os tradicionais eventos artísticos anuais[12]. Apesar de ser um período de produção arquitetônica escassa, entre 1931 e 1933 ele esteve associado a Gregori Warchavchik – reconhecido profissional atuante em São Paulo e um dos fundadores do movimento moderno no Brasil[13] –, na firma Arquitetura & Construção, que desenvolveu o projeto e a construção de um grupo de casas para operários na

Revista da Directoria de Engenharia da Prefeitura do Districto Federal, capa, ano 1, n.1, julho de 1932

No interior da revista, Casas operárias da Gamboa, Rio de Janeiro, 1931, Lúcio Costa e Gregori Warchavchik

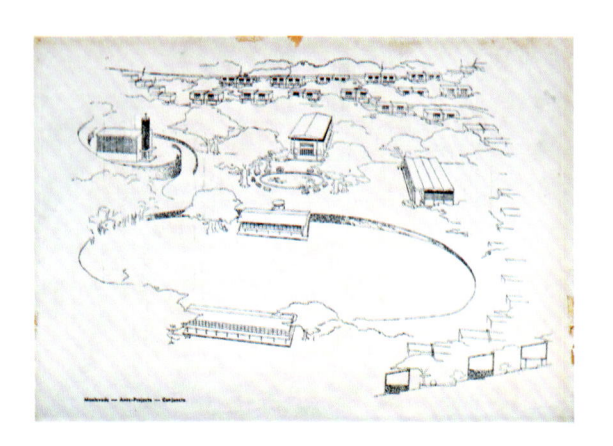

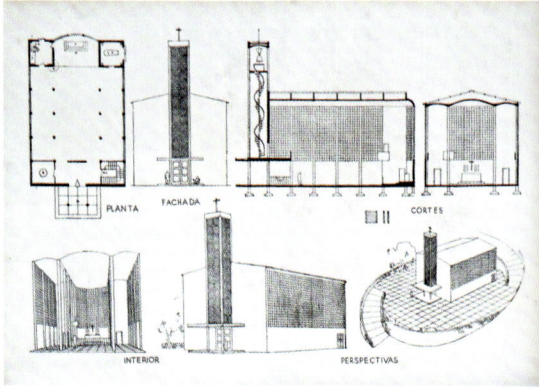

Gamboa (1931) e algumas residências particulares na capital. Foi importante sua presença no concurso organizado pela Companhia Siderúrgica Belgo-Mineira para o projeto de uma comunidade em Monlevade, Minas Gerais (1934). Nele aplicava os princípios corbusianos integrados com o uso de materiais e tecnologias locais, tanto nas diversas tipologias de edificação quanto na escala urbanística, mas na forma dos edifícios principais ainda conservava elementos formais da tradição perretiana[14]. Apesar do caráter inovador do projeto apresentado por ele, premiou-se uma solução tradicional. Sem dúvida foi uma coincidência a grande semelhança entre a planta de Monlevade e o esquema de Le Corbusier para a Fazenda Radiosa (1934), difundido pelas revistas francesas *Prélude* e *L'homme réel* e que logo seria incluído na concepção geral da Ville Radieuse[15].

Entre 1931 e 1935, anteriormente ao convite para levar a cabo o projeto do MES, Costa obteve poucas encomendas de obras concretas, chegando a deprimir-se ao interiorizar um hipotético fracasso profissional[16]. Entretanto, foi um período de amadurecimento intelectual, de intercâmbio de ideias com os colegas que visitavam o escritório da Avenida Rio Branco, o que lhe permitiu elaborar, em 1934, o primeiro texto conceitual utilizado na "guerra santa" para defender os postulados do movimento moderno: "Razões da nova arquitetura". Embora tenha sido escrito como programa para um curso de pós-graduação de urbanismo no Instituto de Artes da UDF, estabelecia as pautas metodológicas que logo regeriam as sucessivas propostas do MES. Por um lado, definia os elementos básicos da arquitetura moderna tomados dos cinco pontos corbusianos e fundamentava a necessária linguagem da contemporaneidade de acordo com as transformações tecnológicas, urbanas e das formas de vida, prenunciando a globalização atual, difícil de imaginar naquele momento. Por outro, reconhecia a importância das tradições locais e propunha a integração entre o projeto e as diversas manifestações artísticas. Ao mesmo tempo, refutava o caráter individualista de algumas expressões arquitetônicas, apoiando o trabalho em equipe, e respondia com firmeza às acusações, formuladas pela reação e pela academia, de assumir posições "judaicas" ou estrangeirizantes[17]. Por esses motivos, Costa era

Vila Monlevade, perspectiva da implantação geral e projeto da igreja, 1934, Lúcio Costa, publicação na *Revista da Directoria de Engenharia da Prefeitura do Districto Federal*, n. 3, vol. III, maio de 1936

indubitavelmente, em 1935, o profissional de maior prestígio no contexto carioca, e sua nomeação para desenvolver o projeto do MES constituía uma compensação ao fracasso do seu desejo de renovar o ensino da arquitetura no Brasil[18].

2. A FORMAÇÃO DA EQUIPE DE PROJETO

A seguinte pergunta poderia ser formulada: por que o ministro não solicitou a colaboração do outros arquitetos premiados – Rafael Galvão e Gérson Pompeu Pinheiro –, cujas soluções tinham atributos formais modernos que ele valorizou, mais originais que os contidos no projeto de Arquimedes Memória? No âmbito das suposições, ele teria percebido que as propostas de ambos tinham uma imagem com pouca personalidade, de escassa originalidade, e carentes de um particular significado expressivo e simbólico. Ao mesmo tempo, nas atividades profissionais e teóricas não atingiram um destaque particular, manifestando posições conservadoras, como se verificou nas obras e escritos posteriores: Galvão apresentou um projeto neoclássico no concurso do Ministério da Fazenda[19], Pompeu Pinheiro escreveu artigos criticando a adoção dos princípios de Le Corbusier, tais como a estrutura independente e o terraço-jardim, e questionando as formulações de Costa sobre a casa moderna brasileira[20]. Assim se compreendem as causas da decisão de Capanema de encarregar o novo projeto do MES a Lúcio Costa.

Outro ponto sobre o qual os pesquisadores formularam diversas hipóteses refere-se à formação da equipe criada por Costa. Por que não assumiu a responsabilidade por sua conta? O que justificou a presença de cada um dos convidados? Annateresa Fabris coincide com Lauro Cavalcanti ao sustentar que foram as afinidades pessoais e de trabalho que definiram a equipe: Carlos Leão (1906-1983) e Oscar Niemeyer (1907-2012) trabalhavam no seu escritório; Jorge Machado Moreira (1904-1992) e Affonso E. Reidy (1909-1964) eram colegas da ENBA; Ernani Vasconcellos (1912-1988) era sócio e primo de Moreira. Mas também contou o pertencimento deles a uma geração mais jovem: em 1930, Costa tinha 28 anos; Vasconcellos, 18; Reidy e

Concurso do Ministério da Fazenda, primeiro prêmio, 1936, Enéas Silva e Wladimir Alves de Souza, publicação na *Revista da Prefeitura do Distrito Federal*, Rio de Janeiro, ano 3, n. 2, vol. 4, março de 1937

Jorge Machado Moreira e
Roberto Burle Marx, festa na
casa de Ícaro de Castro Melo,
São Paulo, foto sem data

Oscar Niemeyer na Casa das
Canoas, Rio de Janeiro, foto de
c.1954

Burle Marx 21; Niemeyer, 23; Leão, 24; e Moreira, 26 anos. Em outra perspectiva, Yves Bruand apresentou a tese da existência de certa insegurança pessoal de Costa, sentindo-se mais sustentado com a formação de uma equipe, em face de uma opinião pública que criticaria a decisão de Capanema, uma vez que infringia as leis que obrigavam a realização de concurso para a construção de edifícios públicos estatais[21]. Entretanto, considerou que a equipe foi integrada pela indubitável afinidade existente entre os projetos modernos desclassificados, do grupo vanguardista formado por Costa, Reidy, Moreira e Vasconcellos – esteve presente também Olavo Redig de Campos, cujo projeto não era racionalista canônico. Contudo, uma dúvida se mantém: a equipe foi formada por Costa ou por Capanema? Segundo testemunho do ministro, teria sido ele quem indicou os membros e propôs a Vargas, como revelado numa entrevista concedida em 1985[22]. Costa, por sua vez, explica o motivo da formação do grupo de trabalho: "O Carlos Leão, pessoa culta e fina, chamei porque era meu sócio e amigo. Affonso Reidy e Jorge Moreira, colegas na ENBA, haviam apresentado bons projetos. Moreira disse que só aceitaria colaborar caso viesse também o Ernani. Oscar, colaborador meu, argumentou que também merecia estar no grupo"[23]. Entre eles não aparece o nome de Burle Marx (1909-1994), que foi o responsável pelo projeto das áreas verdes na etapa final do projeto.

Analisando o panorama dos arquitetos graduados nos anos 1930, percebe-se quão reduzido era o grupo identificado com a ortodoxia modernista e interessado em adaptá-la às circunstâncias locais. Naquele período, ainda eram tomadas quase como um catecismo as formas puras das "caixas brancas" introduzidas no Brasil por Gregori Warchavchik e elogiadas por Mário de Andrade[24]. Além dos já citados, pertencentes ao círculo de Costa, outros arquitetos nunca transgrediram os princípios do movimento moderno em seu trabalho profissional: Jayme da Silva Telles, Luiz Nunes, Atílio Corrêa Lima, Álvaro Vital Brazil, Alcides da Rocha Miranda, Marcelo e Milton Roberto. Cada um deles se orientou por diferentes caminhos na atividade projetual. A equipe de Costa tinha se consolidado a partir de uma afinidade baseada no talento e na inteligência demonstrados nos projetos realizados na ENBA[25], na pai-

Ernani Vasconcellos, foto sem data

Affonso Reidy, Lúcio Costa, Carmem Portinho e Charlotte Perriand, Rio de Janeiro, foto de 1957

Carlos Leão, foto sem data

xão pelas formas do mundo novo e no compromisso ideológico assumido nas lutas docentes e discentes ocorridas na escola em 1931, contra o retorno à academia[26]. Num período de escassa atividade construtiva, alguns deles se reuniam no escritório de Costa para estudar a obra dos mestres europeus, formando "um pequeno reduto purista consagrado ao estudo apaixonado não somente das realizações de Gropius e de Mies van der Rohe, mas principalmente da doutrina e obra de Le Corbusier, encaradas, já então, não mais como um exemplo entre tantos outros, mas como o 'Livro Sagrado' da arquitetura"[27].

No entanto, o mais importante era que o interesse daqueles jovens, orientados pelo mestre, não se limitava aos aspectos estéticos apresentados pelo movimento moderno; eles se identificavam com uma postura ética e moral frente à sociedade, cujos defeitos e contradições sonhavam em transformar. O rigor ascético e a coerência da estrita linguagem racionalista propostos nos projetos concebidos anteriormente ao MES [28], aplicados principalmente nos projetos apresentados nos concursos[29], estabeleceram a base comum que possibilitou o diálogo harmônico e o entendimento mútuo no trabalho da equipe para a elaboração do projeto do ministério[30].

3. PERSONALIDADES DIVERGENTES E COMPLEMENTARES

Foram importantes na articulação da equipe as afinidades pessoais existentes entre os jovens arquitetos, a coerência geracional – com exceção de Costa, graduado em 1922, todos obtiveram o diploma de arquitetos entre 1930 e 1934: Reidy (1930), Leão (1931), Moreira (1932), Vasconcellos (1933), Niemeyer (1934) –, as experiências acumuladas em obras, projetos e concursos realizados até então e a predominante personalidade "tranquila" de todos eles. A ausência de uma atitude individualista dos participantes do grupo e o *low profile* mantido por Costa ao longo de sua vida – caracterizado por uma modéstia e generosidade proverbial em relação aos colaboradores que sempre o rodearam – foram um importante fator de articulação entre os membros da equipe. Suas renúncias – ao convidar Niemeyer para participar do projeto do pavilhão do

Estação de Hidroaviões,
Rio de Janeiro, 1937, Atílio
Correa Lima

Brasil na Feira Mundial de Nova York (1939)[31] e entregar a Le Corbusier o projeto definitivo da Casa do Brasil na Cidade Universitária de Paris (1953)[32] – demonstram sua falta de interesse em impor uma liderança na equipe, guardando para si o papel de promotor e de orientador conceitual e filosófico. Mas, ao mesmo tempo, ele devia se sentir mais seguro, no desenvolvimento dos projetos, com o acompanhamento dos jovens arquitetos mais ousados e menos comprometidos com a tradição clássica, que Costa nunca teve a coragem de abandonar, como se evidenciou nas suas propostas.

Em linhas gerais, pode-se estabelecer uma identificação de cada um dos membros do grupo naquele momento. Reidy e Moreira eram os arquitetos com maior experiência em obras executadas dentro dos cânones formais ortodoxos do racionalismo e simultaneamente preocupados com detalhes técnicos e construtivos. Leão e Vasconcellos tinham um caráter boêmio e uma sensibilidade artística particular, que os levaram progressivamente, ao longo de suas vidas, a afastarem-se da arquitetura e dedicarem-se ao desenho, à pintura e à docência universitária[33]. Niemeyer era o mais envolvido com os aspectos estéticos, mas até então tinha demonstrado relativamente pouco seu futuro talento, dedicando-se a absorver como uma esponja os desenhos e o método de trabalho, tanto no escritório de Costa quanto durante o mês em que passou ao lado de Le Corbusier[34]. Reidy, por sua vez, alternava seus interesses urbanísticos com os arquitetônicos. Em sua breve fase de afinidades clássicas, fez parte da Comissão do Plano Diretor do Rio de Janeiro, em que colaborava com Alfredo Agache (1929), e obteve medalha de prata no IV Congresso Pan-americano de Arquitetos (1930) com o projeto acadêmico de um gigantesco Clube Rotariano[35].

No entanto, Reidy acabou renegando esse caminho e, em 1931, foi vencedor, juntamente com Gérson Pompeu Pinheiro (e projeto estrutural de Emílio Baumgart), no concurso para a construção do Albergue da Boa Vontade da Prefeitura do Distrito Federal, obra considerada como uma das primeiras manifestações do racionalismo canônico na capital. Indicado pela Prefeitura como arquiteto-chefe da Secretaria Geral de Viação, Trabalho e Obras, alternou uma série de projetos de edifícios públicos com algumas pequenas residências projetadas com Pompeu Pinheiro. Anteriormente à

Albergue da Boa Vontade da Prefeitura do Distrito Federal, Rio de Janeiro, 1931, Affonso Eduardo Reidy e Gerson Pompeu Pinheiro proposta elaborada para o concurso do MES, adentrou-se na grande escala urbana ao sugerir diversas alternativas para a sede da Prefeitura do Distrito Federal, com uma linguagem estritamente funcionalista. Associado a sua companheira, a engenheira Carmem Portinho (1903-2001), construiu a escola primária rural Coelho Neto (1934) no subúrbio carioca, cuja extensão horizontal de muros e janelas corridas lembra tanto as composições volumétricas de Malevich quanto os primeiros esquemas de casas de concreto armado de Mies van der Rohe (1923)[36]. Sem dúvida, a presença de Reidy teve um papel significativo, não somente por suas qualidades de projetista, sua preocupação com os detalhes e o processo construtivo[37], mas também por seus contatos próximos com a Prefeitura e pelos acordos estabelecidos nas sucessivas alterações em relação às normas de edificação da Esplanada do Castelo, que permitiram a excepcionalidade do projeto do MES em relação às edificações circundantes.

Recém-graduado, Moreira começou a trabalhar na empresa construtora Baerlein e projetou vários edifícios de apartamentos em Ipanema, Leblon, Copacabana e Flamengo[38], caracterizados pela funcionalidade precisa e qualidade construtiva, pelo cuidado com os detalhes e abandono dos ornamentos déco, presentes naqueles anos em projetos das iniciativas comerciais de empresas construtoras. No seu escritório, trabalhando em equipe com Vasconcellos (seu primo), participou de diversos concursos, dedicando-se arduamente ao desafio do MES, elaborando uma solução ortodoxa corbusiana, inspirada no Centrosoyus de Moscou. Obtiveram o quarto lugar no concurso para a sede da ABI (1935), com um bloco homogêneo trabalhado com brise-soleil em ambos os lados, bastante semelhante ao projeto ganhador dos irmãos Roberto. O tratamento expressionista da perspectiva externa – que faz lembrar os desenhos a lápis das torres de Mies van der Rohe – contrastava com os espaços internos elementares, enfatizados plasticamente pela presença de uma escada helicoidal em concreto, elemento repetido por vários profissionais até os anos 1950 – sendo a escada principal do MAM de Affonso Reidy um dos exemplos mais magistrais e bem sucedidos –, depois da publicação do pavilhão dos pinguins no zoológico de Londres, de Lubetkin, Drake & Tecton[39]. O estudo cuidadoso dos componentes estruturais

Associação Brasileira de Imprensa – ABI, detalhes, Rio de Janeiro, 1936-1939, Marcelo e Milton Roberto, fotos de 2012

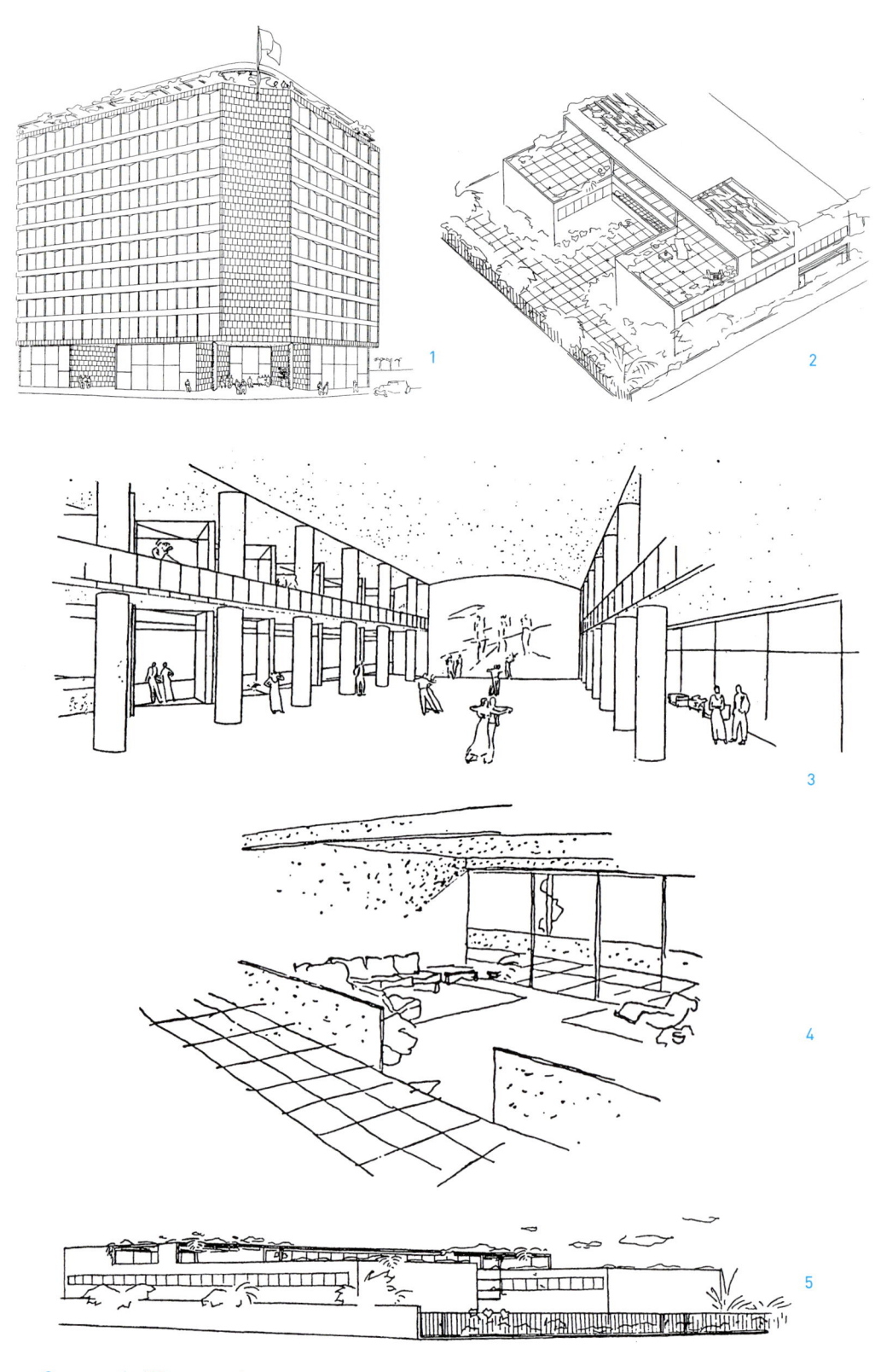

Concurso da ABI, perspectivas (1, 3), Rio de Janeiro, 1936, Oscar Niemeyer, Fernando Saturnino de Brito e Cássio Veiga de Sá

Sede do Clube Esportivo, perspectivas externas e interna (2, 4, 5), Rio de Janeiro, 1934-1935, Oscar Niemeyer,

publicação na *Revista da Prefeitura do Districto Federal*

demonstrava a grande atenção dedicada por Moreira a parte construtiva do projeto: todas as plantas tinham um sistema de lajes nervuradas com caixão perdido, que evitava a presença das vigas facilitando a continuidade visual dos tetos[40]. Fez parte da equipe, com José de Souza Reis e Oscar Niemeyer, que ficou em segundo lugar no concurso para o Ministério da Fazenda (1936), com projeto baseado num volume rígido sobre pilotis, solto no terreno e com fachadas diferenciadas pelas superfícies de vidro e os brise-soleils habituais.

Leão e Niemeyer, ambos colaboradores de Costa em seu escritório na Avenida Rio Branco, tinham poucas obras. O primeiro era considerado o jovem mais talentoso de sua geração até a revelação de Niemeyer[41]. Pertencia a uma família rica – como a maioria do grupo, filhos de membros da alta burguesia local –, primo e amigo de Vinícius de Moraes[42], de grande cultura e inclinado à pintura, o que chamou a atenção de Le Corbusier, com quem tinha uma afinidade particular na paixão por desenhar mulheres nuas[43]. Assim como Costa, tinha essa ambivalência de interesses entre a modernidade e a tradição, que esteve presente na casa de sua mãe em Laranjeiras, Francisca de Azevedo Leão, elogiada pelo mestre francês durante sua estadia no Rio de Janeiro. Situada num terreno alto com um barranco, aproveitou a topografia para articular o edifício com o terreno e a natureza, por meio de pérgulas e desníveis[44]. No período de sua participação no projeto do MES e depois na equipe da Cidade Universitária[45], identificou-se com a ortodoxia funcionalista e a solução limpa dos elementos estruturais: por exemplo, o uso das lajes lisas e pilares-cogumelo nos edifícios altos. O projeto da Diretoria do Serviço Técnico do Café em São Paulo[46], a proposta elaborada com Costa para a sede do Clube de Engenharia (1936) e o Colégio Pedro II (1937) pertencem a essa tendência, sem concessões a elementos formais locais. Sua crise estética ocorre em 1938, quando volta aos códigos neocoloniais no Grande Hotel de Ouro Preto, projeto rejeitado por Costa e substituído pela solução moderna proposta por Niemeyer[47]. A partir de então, afastou-se progressivamente da arquitetura, dedicando-se ao desenho e à pintura, atingindo certo renome local, especialmente na sua colaboração gráfica com o poeta Vinícius de Moraes.

Concurso do Ministério da Fazenda, segundo prêmio, Rio de Janeiro, 1936, José de Souza Reis, Oscar Niemeyer e Jorge Machado Moreira

Por sua vez, Oscar, o último da equipe a receber seu diploma da ENBA, era também reconhecido por sua dedicação à boemia, sua paixão pelas mulheres, música e bebidas[48]. Entretanto, demonstrou seu espírito combativo, tanto profissional quanto político – desde os anos do governo Vargas aproximou-se do Partido Comunista Brasileiro, dirigido por Luís Carlos Prestes[49] –, e o desejo de progredir rapidamente na sua formação de arquiteto, superando as dificuldades econômicas que enfrentava naqueles anos de vida universitária. Já casado e com uma filha, sem receber salário algum, trabalhou no escritório de Costa onde "estudava atentamente os projetos e consultava os livros do mestre Le Corbusier"[50]. Ainda como aluno, projetou a sede de um Clube Esportivo (1934)[51], cujo interesse radicava na liberdade dos volumes e na presença de terraços e pérgulas relacionados com a vegetação circundante. O traçado linear dos desenhos prenunciava o caráter não tectônico de sua concepção de projeto, que permanecerá como uma constante ao longo de sua vida[52]. No ano seguinte, propôs uma solução original de uma pequena casa na Urca com pilotis, volumes suspensos leves e um conjunto de varandas e espaços livres, que permitiam a contemplação da paisagem, seguramente inspirada num exemplo similar projetado por Le Corbusier em 1933[53].

No início, Oscar ainda não dominava a grande escala, como demonstra nos dois concursos dos quais participou: a sede da ABI, com Fernando Saturnino de Britto e Cássio Veiga de Sá; e o Ministério da Fazenda, com Jorge Moreira e José de Souza Reis. O primeiro não chegou a resolver a organização da planta baixa e suas fachadas eram muito esquemáticas por conta da simplicidade formal do brise-soleil; o segundo tinha uma elementaridade volumétrica que diminuía excessivamente a escala do ministério. É evidente que Niemeyer não reconheceu posteriormente esses primeiros projetos de sua carreira, já que nenhum deles foi publicado em suas numerosas biografias nacionais e internacionais[54]. Entretanto, o contato com Le Corbusier e sua participação na equipe do MES e da Cidade Universitária permitiram-lhe amadurecer rapidamente sua linguagem pessoal: ainda tímido na escola maternal Obra do Berço (1937) no Rio de Janeiro; mais próximo de uma liberdade espacial e formal no

Aeroporto Santos Dumont,
Rio de Janeiro, 1937, Marcelo
e Milton Roberto

CAPÍTULO 4 – LÚCIO COSTA E A EQUIPE DE ARQUITETOS

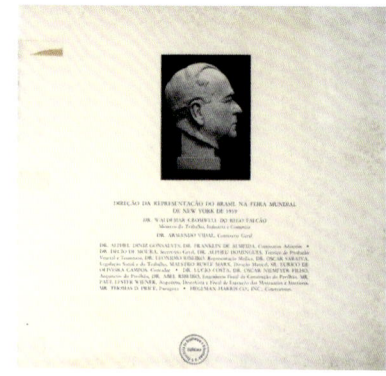

Pavilhão do Brasil na Feira Mundial de Nova York (1939), realizado com Lúcio Costa; e atingindo sua plenitude no conjunto da Pampulha (1940) em Belo Horizonte.

Antes de se iniciar a construção do MES em maio de 1937, Oscar é quem apresenta a solução que fechará o trabalho intenso da equipe dedicada à elaboração das plantas definitivas da obra. Durante o processo construtivo que se prolongou até 1945, houve diversas alterações, tanto estruturais – a modificação da altura, de doze para dezesseis andares, resolvida pelo engenheiro Emílio Baumgart – quanto de alguns elementos funcionais. Em setembro de 1937, Costa renuncia à direção da equipe[55], sendo esta assumida por Oscar Niemeyer, que se tornou assessor direto de Capanema, abrindo-lhe os caminhos dos contatos políticos que lhe permitiram a obtenção de futuras encomendas[56]. Decisão que também poderia se justificar politicamente ao afastar-se dos bastidores do poder com o início do governo autoritário de Estado Novo[57]. É possível imaginar que Costa, com sua tradicional modéstia e assumindo sempre o papel de mediador filosófico e artístico nos debates da equipe, desejasse impulsionar Oscar à tomada de decisões sobre os aspectos finais da obra: a organização da praça seca, os jardins, a distribuição interna, o mobiliário e a integração das obras de arte. Este, por sua vez, realizará o projeto do pavilhão do ministério na Exposição do Estado Novo (1938) no Rio de Janeiro. Reidy assumirá as transformações urbanísticas dos terrenos adjacentes; Moreira continuará responsável pelos detalhes construtivos e a caixilharia; e Leão será o interlocutor de Burle Marx. Costa acompanhará de perto a evolução dos trabalhos, como demonstram os informes elaborados sobre o MES (1939); mas dedicará seu tempo ao estudo da arquitetura colonial e ao projeto do Museu das Missões[58], em seu cargo como funcionário do Sphan, e em 1939 viajará com Niemeyer a Nova York para construir o Pavilhão do Brasil. Com a Segunda Guerra Mundial, as obras avançam lentamente e o ministério somente será inaugurado em 1945. Entretanto, já adquire fama mundial a partir da exposição *Brazil Builds*, organizada pelo Museu de Arte Moderna de Nova York em 1943[59].

Não poderia passar despercebida a presença de Burle Marx (1909-1994), integrado à equipe do MES em 1938 e autor do conjunto de jardins do ministério. Desde adoles-

Obra do Berço, Rio de Janeiro, 1937, Oscar Niemeyer, foto de 2008

Catálogo do Pavilhão de Nova York, página de rosto, 1939

cente teve uma vocação para a música e a pintura, que se fortaleceu nos anos 1927 e 1928, quando fez uma viagem à Alemanha, onde resolveu um problema que tinha na vista. Em Berlim, aproximou-se dos movimentos da vanguarda europeia e participou do momento final da efervescência artística da frágil República de Weimar[60], parafraseando Giulio Carlo Argan. Conheceu o expressionismo de Van Gogh e as representações realistas e abstratas de Cézanne, Miró, Matisse, Arp, Kandinsky, Klee e Picasso. Ao mesmo tempo, ficou impressionado com a originalidade das plantas tropicais brasileiras que encontrou no jardim botânico de Dahlem, em Berlim. Ali se anuncia a relação entre arte e natureza[61], na qual Burle Marx se aprofundaria mais adiante.

No Rio de Janeiro, morava na mesma rua que Lúcio Costa, com quem estabeleceu uma duradoura amizade. Em 1930 quis entrar na ENBA para estudar arquitetura, mas Costa o orientou que seguisse a carreira de pintura, formando-se em 1937. Participou com os jovens arquitetos e artistas do movimento de renovação da ENBA e recebeu a influência dos pintores Leo Putz e Cândido Portinari. Em 1932, Costa lhe solicita o projeto do jardim da casa Schwartz, sua primeira obra de paisagismo. Em 1934 é convidado por Carlos de Lima Cavalcanti, Governador de Pernambuco, para ocupar o cargo de diretor de parques e jardins de Recife, responsabilidade que mantém até 1937. Ali teve a oportunidade de conhecer profundamente as características da vegetação autóctone e, nos projetos realizados em Recife, utilizou espécies locais, que nunca haviam sido utilizadas no paisagismo clássico. Quando retorna ao Rio de Janeiro, com a finalização de seus estudos de pintura, integra-se à equipe do MES e assume a responsabilidade do projeto dos jardins do térreo, do terraço do ministro e da cobertura, nos quais se inicia a elaboração das formas geométricas livres e curvilíneas que caracterizarão sua obra futuramente. Ao mesmo tempo, colabora com o escritório dos irmãos Roberto, nos projetos dos jardins do terraço da Associação Brasileira de Imprensa, do Aeroporto Santos Dumont e do Instituto de Resseguros do Brasil[62].

Instituto de Resseguros do Brasil, Rio de Janeiro, 1941, Marcelo e Milton Roberto, foto de 2012

LUCIO COSTA & OSCAR NIEMEYER SOARES - ARCHITECTS.

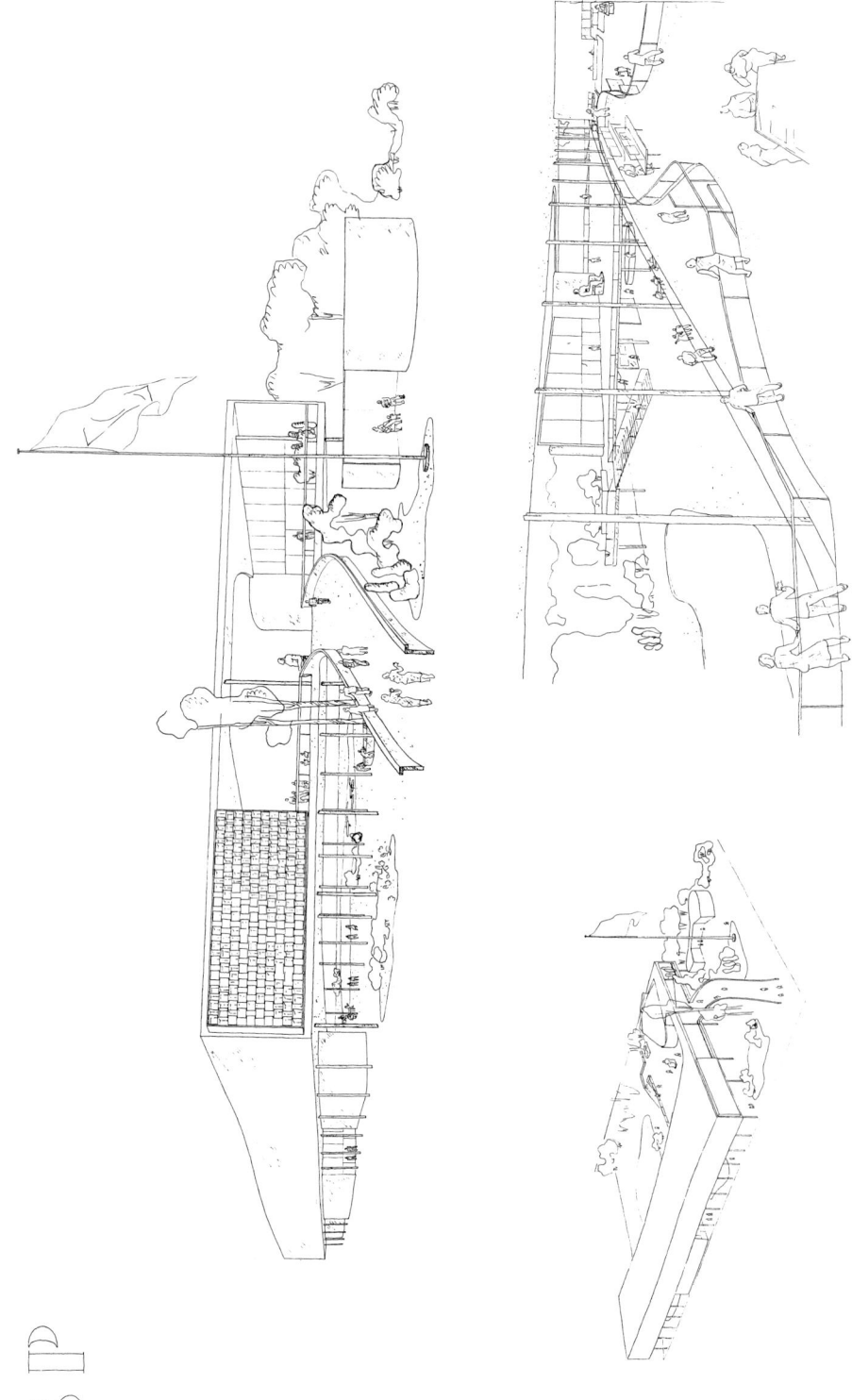

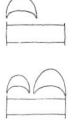

BP

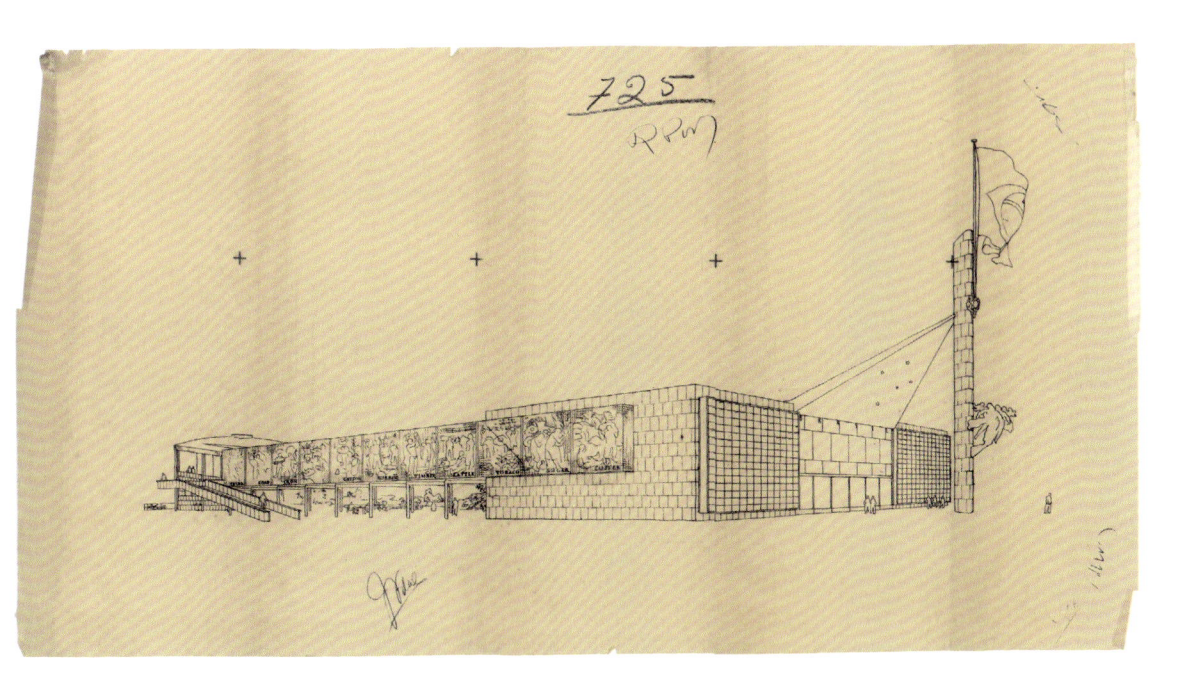

Página à esquerda, Pavilhão do Brasil na Feira Mundial de Nova York, projeto construído, desenhos originais, 1939, Lúcio Costa e Oscar Niemeyer

Acima, Pavilhão do Brasil na Feira Mundial de Nova York, primeiro prêmio no concurso, desenhos originais, 1939, Lúcio Costa

Abaixo, Pavilhão do Brasil na Feira Mundial de Nova York, segundo prêmio no concurso, desenhos originais, 1939, Oscar Niemeyer

Catálogo do Pavilhão de
Nova York, doze páginas
internas, 1939

Este aspeto mostra a entrada do átrio principal do Pavilhão, pela esplanada. No interior, merecem atenção as pinturas e bancos de couro, e, na esplanada, a escultura de Celso Antonio "Mulher reclinada". Ao lado da estatua se vê o Auditorium cuja parede, em curva, recoberta por largas inscrições com os nomes de brasileiros notáveis na política administração, armas, letras, ciências, artes.

Vista da esplanada mostrando o lindo conjunto de linhas. À direita as inscrições murais na parede, em curva, do Auditorium no tipo de letra especialmente desenhado para o Pavilhão.

Vista geral do primeiro andar, seção a seguir ao Good-Neighbour Hall, e o oparte do mezzanine.
A linha no tealho indica o limite do Good-Neighbour Hall e, de ambos os lados se vê a grande cortina de veludo cinza, com as armas da Republica em prata, reproduzida dezenas de vezes em toda sua extensão e altura.
No primeiro plano, magistral escultura em granito da Serra de Petropolis, executada pelo escultor H. Leão Velloso, reproduzindo a cabeça do Ex. Snr. Presidente Getulio Vargas. Em volta da escultura, simbolicamente, os minerios fundamentaes da riqueza do Brasil: ouro, ferro, manganez, cromio e níckel.
No mezzanine se distinguem aparelhos e instalações para cirurgia.

Salão de honra do Pavilhão, denominado "Good Neighbour Hall" em homenagem à Política de Boa Visinhança que o Brasil sempre seguiu.
Ao fundo, um resumo da Historia do Brasil através de suas bandeiras historicas, serie organisada pelo Snr. Gustavo Barroso, diretor do Museu Historico, confeccionada pela Casa Sucena do Rio de Janeiro. Junto às bandeiras os fardamentos do Batalhão Colonial e do Batalhão de Guardas, oferta do Ministerio da Guerra. Ainda ao fundo a reprodução de Igrejas antigas do Brasil formando contraste com a vigorosa pintura moderna de Candido Portinari.

Vista geral do primeiro andar lado da fachada interna envidraçada, com cortinas creme, dando para o jardim.
No primeiro plano, homenagem a Santos Dumont e Bartholomeu de Gusmão.

Vista de parte do primeiro andar tomada da escada do mezzanine.

NOTAS

1. LISSOVSKY, Maurício; SÁ, Paulo Sérgio Moraes de. Op. cit., p. XVII.
2. Trata-se de um processo evolutivo do pensamento, no qual uma nova ideia suprime a anterior, conservando, entretanto, elementos precedentes. Ver: *Diccionario de Filosofía*, p. 308.
3. MARIANNO FILHO, José. *Debates sobre estética e urbanismo* (op. cit.), p. 71.
4. TELLES, Augusto da Silva. Op. cit., p. 237-243. O concurso teve grande sucesso com a participação de quarenta arquitetos (mais do que no posterior para o MES). Neste, Costa superou Arquimedes Memória, que obteve o segundo prêmio com um projeto neoclássico, e Morales de los Rios Filho (terceiro prêmio), com um projeto neocolonial. Cf. SANTOS, Paulo F. *Quatro séculos de arquitetura* (op. cit.), p. 94.
5. Em artigo publicado n'*O Jornal*, Rio de Janeiro, 31 jul. 1931, Lúcio Costa afirma: "Todos nós, sem exceções, só temos feito pastiche, camelote, falsa arquitetura enfim, em todos os sentidos, tradicionalista ou não". COSTA, Lúcio. Uma escola viva de Belas Artes, p. 48.
6. "O jovem cadete Lúcio Costa, violentamente promovido ao posto de general por atos de bravura contra a tradição nacional, tentou palidamente, com evasivas e titubeios, justificar-se da apostasia que acaba de praticar, contra os seus ideais de brasilidade". MARIANNO FILHO, José. *Debates sobre estética e urbanismo* (op. cit.), p. 71-74.
7. GUIMARAENS, Ceça de. *Lúcio Costa. Um certo arquiteto em incerto e secular roteiro*, p. 6.
8. Embora se saiba que Costa e Leão tenham se apresentado ao concurso, não se conhece nenhuma planta ou desenho do projeto elaborado por eles. Certamente Costa fez sumir os documentos, porque não acharia válida a solução apresentada. E há dúvidas se a solução era tradicional ou moderna. Mas o ministro Capanema escreveu: "Ficara eu impressionado com a beleza dos projetos de Lúcio Costa, Reidy, Carlos Leão, dos arquitetos novos e jovens que competiriam e que não haviam sido premiados no concurso". CAPANEMA, Gustavo. Depoimento sobre o edifício do Ministério da Educação (op. cit.), p. 118.
9. Seu nome foi o único sugerido por duas instituições. Entre outros foram recomendados Saldanha, Porto, Bruhns, Ferreira, Baumgart, Azevedo, Prestes Maia, Silva Costa, Baeta Neves, Nunes, Santos, Lima e Camargo.
10. Segundo o testemunho de Costa, ele estabeleceu cursos paralelos ao ensino acadêmico, que continuava sendo ministrado pelos professores tradicionais. "Não se tratava, portanto, de uma reforma no sentido da Bauhaus, daqueles princípios modernos, mas da moralização de um ensino que, naquela altura, não digo que estivesse ultrapassado, pois não gosto dessa palavra, mas estava no fim da linha". Apud WOLF, José; PEDREIRA, Lívia Álvares. Escola carioca. Depoimentos. Lúcio Costa, p. 57.
11. LIMA, Lucia de Meira. O Palace Hotel. Um espaço de vanguarda no Rio de Janeiro, p. 114.
12. VIEIRA, Lucia Gouvêa. Op. cit.
13. Warchavchik foi convidado por Costa como professor na ENBA, e inicialmente concordavam em suas concepções sobre a arquitetura moderna, apesar de Costa se distanciar logo de seu radicalismo e de sua posição em relação à tradição. "Os países novos, de recente formação, como os americanos, não tem tradição a contemplar: tem vida a viver, conquistas a efetuar, belezas a sonhar e descobrir". WARCHAVCHIK, Gregori. Architectura moderna.
14. BRUAND, Yves. Op. cit., p. 75. Segundo Otávio Leonídio, a solução não tinha ainda uma identificação com o purismo da linguagem do mestre. "Se o que Lúcio Costa buscava era um estilo, e esse estilo devia ter como qualidade fundamental, como pré-requisito, a unidade formal, então, desse ponto de vista, Monlevade era um projeto malogrado". LEONÍDIO, Otavio. *Carradas de razões. Lúcio Costa e a arquitetura moderna brasileira (1924-1951)*, p. 132.
15. RAGOT, Gilles; DION, Mathilde. *Le Corbusier en France. Projets et réalisations*. O fato curioso é que os dois projetos, de Costa e de Le Corbusier, quase coincidem no tempo, o que faz duvidar se o mestre brasileiro conhecia a experiência do arquiteto francês. No comentário sobre Monlevade, cita autores norte-americanos, e Le Corbusier aparece apenas quando assume os princípios gerais da sua arquitetura. COSTA, Lúcio. Monlevade (op. cit.).
16. "Levei muitos anos sem trabalho, com dificuldades, porque ninguém aceitava a renovação. Foram três, quatro anos de crise intelectual. Eu me formei no fracasso". COSTA, Lúcio. Entrevista a Mário César Carvalho (op. cit.).
17. "Assim, o internacionalismo da nova arquitetura nada tem de excepcional, nem de particularmente *judaico* – como, num jogo fácil de palavras, se pretende – apenas respeita um costume secularmente estabelecido. É mesmo neste ponto, rigorosamente *tradicional*"; "Nada tem, ainda, de eslava, como se poderia confusamente supor, baseado no fato de ser a Rússia, de todos os países, o mais empenhado na procura do novo equilíbrio – consentâneo com a noção mais ampla de justiça social que a grande indústria, convenientemente orientada e distribuída, permite". COSTA, Lúcio. Razões da nova arquitetura (op. cit.), p. 115 e 116, respectivamente. Trata-se de evidente resposta a José Marianno, que acusa o calvinista Le Corbusier de ser judeu: "Mas Le Corbusier, como bom judeu que é, *se fiche pas mal* do que nos está acontecendo". MARIANNO FILHO, José. *Debates sobre estética e urbanismo* (op. cit.), p. 155.
18. "O que fracassou, o que não consegui na Escola, consegui materializar cinco anos depois. Consegui concretizar essa reforma na construção de um prédio, o MEC. Quer dizer, tudo o que eu quis fazer teoricamente através do ensino foi concretizado num prédio-padrão; está tudo lá". Apud WOLF, José; PEDREIRA, Lívia Álvares. Op. cit., p. 58.
19. CAVALCANTI, Lauro. *As preocupações do belo* (op. cit.), p. 103.
20. PINHEIRO, Gerson Pompeu. A estrutura livre; PINHEIRO, Gerson Pompeu. Rumo à casa brasileira.
21. Logo após a notícia da encomenda do projeto à

equipe em março de 1936, o *Correio da Manhã* publicou: "Apenas isto: [o Ministro Capanema] convocou os seis rapazes não classificados, alguns sem a responsabilidade sequer de 'um pé-direito aí pela cidade', e contratou com eles a execução do palácio de seu ministério". Apud FABRIS, Annateresa. *Fragmentos urbanos. Representações culturais* (op. cit.), p. 158.

22. "Havia projetos muito interessantes, inteiramente revolucionários, inteiramente novos. Eram 'um estouro'. Então, disse ao presidente: 'Fiquei muito impressionado e nós poderíamos tentar no Brasil fazer uma experiência com a arquitetura nova, com essa *rapaziada* que temos aí, de primeira ordem. Vamos fazer uma coisa corajosa, interessante. Vale a pena. Componhamos uma Comissão, com esses rapazes, encarregada de fazer um projeto do Palácio do Ministério de Educação e Saúde Pública livremente. Vamos dar-lhes oportunidade de fazer uma coisa avançada'. Com a autorização do presidente, compus uma comissão constituída por Lúcio Costa, Affonso Eduardo Reidy, Ernani Vasconcellos, Carlos Leão, Jorge Moreira e Oscar Niemeyer". CAPANEMA, Gustavo. Depoimento sobre o edifício do Ministério da Educação (op. cit.), p. 125.

23. CAVALCANTI, Lauro. *As preocupações do belo* (op. cit.), p. 66. A respeito da dúvida sobre a participação de Carlos Leão no concurso do MES, fica esclarecida por Costa, ao dizer: "reuni um grupo de jovens arquitetos que haviam participado do concurso: Affonso Eduardo Reidy, Jorge Moreira, Carlos Leão – que não concorreu mas era meu amigo". SABBAG, Haifa. Entrevista a Lúcio Costa. A beleza de um trabalho precursor, síntese da tradição e da modernidade, p. 16.

24. O purismo fundamentalista do arquiteto e do crítico caracterizou a posição de ambos nesse momento, logo progressivamente suavizada, parcialmente talvez por influência da escola carioca liderada por Costa. Por um lado, Warchavchik negava o valor da tradição, ao dizer em artigo publicado no *Correio Paulistano*, São Paulo, 28 ago. 1928: "A tradição é um veneno sutil que somente velhos povos podem se orgulhar de ter, embora, mesmo assim, não devem esquecer que a vida contemplativa é a negação da vida. Os povos novos, de recente formação como os americanos, não tem tradição a contemplar: tem vida a viver, conquistas a efetuar, belezas a sonhar e descobrir". WARCHAVCHIK, Gregori. Arquitetura do século XX, p. 64; por outro lado, Andrade afirmava: "Aqui eu insisto na definição modernista da casa ser *uma máquina de morar*". ANDRADE, Mário de. Brazil Builds, p. 179.

25. Costa, Reidy e Vasconcellos (Prêmio Donativo, 1932) obtiveram medalha de ouro na graduação e uma viagem à Europa, oferecido pela empresa Lloyd. Ver: SOUZA, Abelardo de. A ENBA, antes e depois de 1930, p. 56-64.

26. "A inspiração doutrinária do grupo purista de Lúcio Costa, Niemeyer, Carlos Leão, Moreira, Reidy, fundida nas ideias de Le Corbusier, criou entre eles um estado de espírito revolucionário. Seu dogmatismo teórico desta época lhes foi necessário a fim de levar a bom termo seu papel de militantes. Este dogmatismo repousava, contudo, sobre um sentimento bem moderno: a fé (o que nos falta aqui) nas virtualidades democráticas da produção em massa. Esta disciplina teórica lhes permitiu colocar em prática suas ideias no momento oportuno". PEDROSA, Mário. A arquitetura moderna no Brasil (op. cit.), p. 256.

27. COSTA, Lúcio. Muita construção, alguma arquitetura e um milagre (op. cit.), p. 157-171. Ver também: PUPPI, Lionello. *A arquitetura de Oscar Niemeyer*, p. 30.

28. A ortodoxia racionalista dura até o MES, ou seja, até 1936. Essa data é tomada pela maioria dos historiadores da arquitetura – Bruand, Santos, Comas, Segawa – como o início de uma nova etapa no movimento moderno carioca. Ver: SANTOS, Paulo F. *Quatro séculos de arquitetura* (op. cit.), p. 106.

29. SEGRE, Roberto; BARKI, José. Niemeyer jovem: o amor à linha reta.

30. "Na época, nós todos estávamos convencidos que essa nova arquitetura que nós estávamos fazendo, essa nova abordagem, era uma coisa ligada à renovação social. Parecia que o mundo, a sociedade nova, assim como a arquitetura nova, eram coisas gêmeas [...]. De modo que havia uma ética, havia uma seriedade no que se fazia, ninguém estava brincando". COSTA, Lúcio. Presença de Le Corbusier (op. cit.), p. 151. "Foi o dogmatismo dessa disciplina teórica autoimposta, e o intransigente apego, algo ascético, aos princípios de fundo moral que fundamentavam a doutrina [...], foi esse estado de espírito predisposto à receptividade, que tornou possível resposta instantânea". COSTA, Lúcio. Muita construção, alguma arquitetura e um milagre (op. cit.), p. 168.

31. "Levei o Oscar comigo para Nova York a fim de elaborarmos novo projeto para o Pavilhão do Brasil na Feira Mundial de 1939 [...]. O meu objetivo na época era *contribuir* fazendo o melhor possível, naquilo que dependesse de mim para o bom êxito da adequação arquitetônica às novas tecnologias do aço e do concreto. O que estava em jogo era a *boa causa da arquitetura*". COSTA, Lúcio. Pavilhão do Brasil. Feira Mundial de Nova York de 1939, p. 190.

32. À luz dos mal-entendidos surgidos com Le Corbusier sobre a autoria do MES, a partir da publicação dos desenhos do edifício realizados *a posteriori* pelo mestre – insinuando sua autoria da versão final brasileira (*Oeuvre Complète 1934-1938*) –, Costa recebe a encomenda da Casa do Brasil na Cidade Universitária de Paris (1952) e, depois de realizar um primeiro projeto, cede a realização do projeto definitivo a Le Corbusier. Os desenhos originais aparecem em *Lúcio Costa. Registro de uma vivência*, p. 233, com a seguinte epígrafe: "Risco original que serviu de base à elaboração do projeto definitivo, por mim confiado – com carta branca – ao ateliê da Rua de Sèvres e efetivamente construído, a título compensatório por sua decisiva interferência no caso do Ministério da Educação e Saúde em 1936". Logo escreve ao mestre: "Ainda que nosso desejo inicial tenha sido bem outro (o de confiar a

seu escritório o desenvolvimento de um anteprojeto feito por um brasileiro) a realização da Casa do Brasil na Cidade Universitária por você só pode nos alegrar, sobretudo a mim que gosto de você e o estimo e que, melhor que ninguém, sei o quanto sua obra significa". Carta de Lúcio Costa a Le Corbusier, 5 fev. 1956. In SANTOS, Cecília Rodrigues dos; PEREIRA, Margareth Campos da Silva; PEREIRA, Romão Veriano da Silva; SILVA, Vasco Caldeira da. *Le Corbusier e o Brasil*, p. 273.

33. "Pois foi nesse escritório que um dia, voltando o grupo de uma incursão ao Centro, animado pelo circuito de boates, bilhares, hotéis e prostíbulos que atendiam à política nacional ainda sediada no Rio de Janeiro, o arquiteto Carlos Leão – fino desenhista, tão fino que com o passar dos anos seria cada vez mais desenhista e menos arquiteto – decorou as paredes da sala com cenas de bacanal. Cenas completas, com filigranas ginecológicas, falos, bichos, o escambau". CORRÊA, Marcos Sá. *Oscar Niemeyer*, p. 29.

34. Segundo testemunho de Lúcio Costa, que recebeu Niemeyer em seu escritório: "Ele frequentou o escritório por mais de um ano e não revelou nenhuma qualidade. [...] Era simpático, mas não mostrou talento. Era só um desenhista na época, eu não apostaria um tostão nele". COSTA, Lúcio. Entrevista a Mário César Carvalho (op. cit.).

35. BONDUKI, Nabil (org.). *Affonso Eduardo Reidy* (op. cit.), p. 34.

36. NEUMEYER, Fritz. *Mies van der Rohe. La palabra sin artificio. Reflexiones sobre arquitectura, 1922-1968*, p. 43.

37. CAIXETA, Eline Maria Moura Pereira. *Affonso Eduardo Reidy, o poeta construtor*.

38. CONDURU, Roberto. *Razão ao cubo*.

39. Ver artigo publicado na revista PDF, em 1935: Pavilhão dos pingüins no zôo de Londres. Lubetkin, Drake & Tecton (CIAM). Essa obra teve uma grande repercussão internacional, como expressão de uma liberdade formal que sintetizava a integração do racionalismo europeu com o construtivismo russo. Ver: ALLAN, John. *Berthold Lubetkin. Architecture and the Tradition of Progress*. A escada helicoidal aparece como um signo de modernidade: ela é usada por Leão no Serviço Technico do Café; por Atílio Corrêa Lima no Terminal de Hidroaviões; e finalmente no próprio MES. Existe ainda uma versão sobre a significação religiosa e maçônica da escada helicoidal, desde sua primeira aparição nos desenhos do pintor inglês William Blake. Ver: ROOB, Alexander. *El museo hermético. Alquimia & mística*, p. 296.

40. MOREIRA, Jorge Machado; VASCONCELLOS, Ernani M. de. *Anteprojeto para a Associação Brasileira de Imprensa*.

41. CAVALCANTI, Lauro (org.). *Quando o Brasil era moderno. Guia de arquitetura 1928-1960* (op. cit.), p. 80.

42. Sem dúvida alguma, por conta da relação intensa entre ambos, Vinícius de Moraes escreveu o poema "Azul e branco" dedicado ao MES, cujas primeiras estrofes são: "Massas geométricas / Em pautas de música / Plástica e silêncio / Do espaço criado / Concha e cavalo-marinho". MORAES, Vinícius de. *Azul e branco*, p. 113.

43. "Lembro-me do Leão a desenhar suas belas mulheres, e nos falar do mundo das artes, e rir desinibido como um bom camarada". NIEMEYER, Oscar. *As curvas do tempo. Memórias* (op. cit.), p. 43.

44. CZAJKOWSKI, Jorge. *Carlos Leão: mestre da justa medida*; SEGRE, Roberto. *Os caminhos da modernidade carioca (1930- 1980)*.

45. Segundo testemunho de Niemeyer, "durante a construção da sede do Ministério da Educação e Saúde, Capanema designou Carlos Leão para organizar o projeto da Universidade, sob a chefia do ex-ministro Souza Campos". NIEMEYER, Oscar. *Minha Arquitetura 1937-2004* (op. cit.), p. 11.

46. LEÃO, Carlos. *Diretoria do Serviço Technico do Café*, São Paulo.

47. COMAS, Carlos Eduardo Dias. *O passado mora ao lado: Lúcio Costa e o projeto do Grand Hotel de Ouro Preto, 1938/40*.

48. "O Oscar, esse verdadeiro *playboy* da arquitetura moderna ocidental [...]. O Niemeyer displicente e boêmio, jovial, não se sabe se diletante porque cético, ou cético por ser diletante, se revela grave, capaz de entusiasmo e devoção, convicto. A fé na arquitetura reverdece e com esta o entusiasmo, a seriedade, a dedicação ao trabalho profissional". PEDROSA, Mário. *O depoimento de Oscar Niemeyer*, p. 290.

49. "Em 1945 [...] a presença de Luís Carlos Prestes (Secretário-geral do PCB) e o contato diário com seus companheiros me entusiasmam [...] e no Partido me integro definitivamente". PEREIRA, Miguel Alves. *Arquitetura, texto e contexto: o discurso de Oscar Niemeyer*, p. 136.

50. NIEMEYER, Oscar. *Oscar Niemeyer*, p. 18.

51. NIEMEYER, Oscar. *Club Sportivo*.

52. TELLES, Sophia Silva. *Forma & imagem*, p. 91-95.

53. BROOKS, H. Allen (org.). *Buildings and Projects 1933-1937. The Le Corbusier Archive*, p. 114.

54. Somente Bruand faz referência ao projeto do Clube Esportivo, em *Arquitetura contemporânea no Brasil* (op. cit.), p. 75. Nas recentes biografias – de Petit, Underwood, Puppi e Botey – não aparecem citados esses projetos, propondo então como início de sua obra a participação no MES e a Obra do Berço (1937). Tampouco citam o importante conjunto do Instituto Nacional de Puericultura (1937), projetado com Olavo Redig de Campos e José de Souza Reis, e o anteprojeto para uma maternidade (1937), evidente antecedente do Hotel de Ouro Preto. Ver: PETIT, Jean. *Niemeyer: poeta da arquitetura*; UNDERWOOD, David. *Oscar Niemeyer and the Architecture of Brazil*; BOTEY, Josep Maria. *Oscar Niemeyer*. Em testemunho recente, Niemeyer renega aqueles tempos iniciais: "Começarei lembrando a situação da forma na arquitetura, lá pelo ano 1936, quando iniciei minha vida de arquiteto e a arquitetura contemporânea se fixava entre nós, com o funcionalismo, pontificando, recusando a liberdade de criação"; "Não podia compreender como, na época do concreto armado que tudo oferecia, a arquitetura contemporânea permanecesse com um vocabulário frio e repetido, incapaz de exprimir aquele sistema em

toda a sua grandeza e plenitude". NIEMEYER, Oscar. *A forma na arquitetura*, p. 16-54.

55. Carta de Lúcio Costa a Drummond de Andrade: "Sinto-me doente. Deixo, temporariamente com o Reidy, o Niemeyer, o Moreira e o Leão, a tarefa do ministério. Esta resolução não se prende ao caso da universidade [...] pois antes me teria sentido um pouco com jeito de desertor [...] cansado e incapaz de atenção continuada, a minha presença, longe de ajudar, só tem servido para entravar o bom andamento dos trabalhos". In LISSOVSKY, Maurício; SÁ, Paulo Sérgio Moraes de. Op. cit., p. 151.

56. Niemeyer teve uma discussão com o responsável do projeto da Cidade Universitária – o ex-ministro Souza Campos – e quis renunciar ao trabalho: "Capanema recusou, convocando-me para o seu gabinete. E ali permaneci, atendendo-o em tudo que se referisse à arquitetura ou artes plásticas. E ficamos amigos. Foi Capanema que me levou ao governador Benedito Valadares e depois a Juscelino Kubitschek, que tanta influência tiveram sobre a minha carreira de arquiteto". NIEMEYER, Oscar. *Minha Arquitetura 1937-2004* (op. cit.), p. 12.

57. SEGRE, ROBERTO. Ideologia e estética no pensamento de Lúcio Costa.

58. PESSÔA, José. *Lúcio Costa. Documentos de trabalho* (op. cit.), p. 21-42. Em dezembro de 1937, Costa elabora o informe para o Sphan sobre as ruínas das missões jesuíticas – igreja de São Miguel, São Miguel das Missões – no Rio Grande do Sul, e projeta um pequeno museu, quase um leve pavilhão que articula elementos coloniais e modernos. Ver: WISNIK, Guilherme. *Lúcio Costa*, p. 60.

59. DECKKER, Zilah Quezado. Op. cit., p. 147.

60. ARGAN, Giulio Carlo. *Walter Gropius y el Bauhaus*, p. 11.

61. ADAMS, William Howard. *Roberto Burle Marx. The Unnatural Art of the Garden*, p. 17.

62. RIZZO, Giulio G. *Roberto Burle Marx. Il giardino del Novecento*, p. 56.

Submetta-se o projecto Pax, classificado em 1º logar, á apreciação da Inspectoria de Engenharia Sanitaria deste Ministerio.

18 - III - 36.

Capanema.

CAPÍTULO 5

OS MURMÚRIOS DA "MÚMIA"

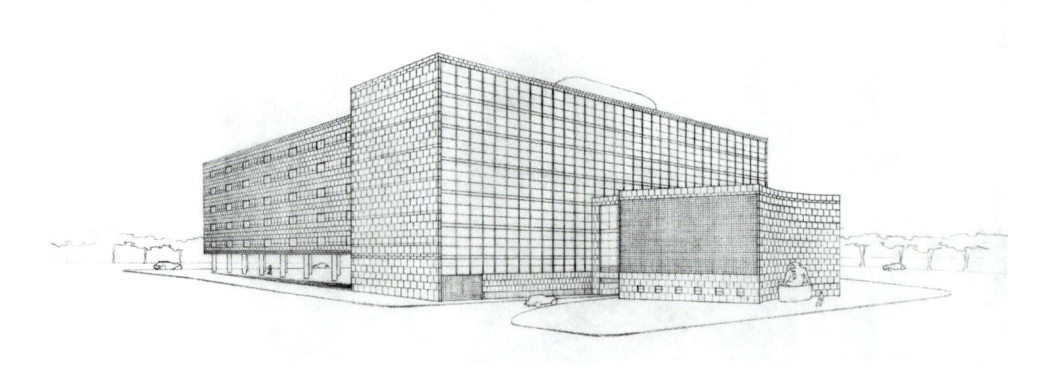

1. AS PREMISSAS DO PROJETO DA EQUIPE BRASILEIRA

Descrever as sucessivas transformações ocorridas nas propostas do MES até a concretização da solução definitiva – assumido como um *work in progress* do modernismo brasileiro, parafraseando James Joyce[1] – transforma-se quase em trabalho de arqueólogo em busca de rastros, indícios e marcas; expressões de avanços e retrocessos, de dúvidas, opções e alternativas desenvolvidas durante os anos de trabalho da equipe. Não houve uma separação nítida entre projeto e construção, porém, no lento e trabalhoso processo de execução da obra, as modificações continuaram sendo feitas até os dias precedentes à inauguração. Mas hoje, falecidos todos os membros da equipe, não existem testemunhos precisos sobre o desenvolvimento da dinâmica que determinou o processo do projeto. Niemeyer, que faleceu recentemente (2012), poderia tê-la esclarecido na atualidade, mas há muito tempo se distanciou do MES, e as hipóteses abertas, as dúvidas e interrogações continuam sem resposta. Lúcio Costa, ao insistir na autoria de Le Corbusier, não valorizou a significação que tiveram suas contribuições pessoais que definiram o ponto de partida básico, na sua capacidade imaginativa que desdobrou junto ao grupo brasileiro na elaboração do projeto definitivo[2].

Desde a conclusão do concurso em outubro de 1935, Capanema, contrário à execução do projeto ganhador, imaginava a possibilidade de uma nova proposta vinculada aos projetos modernos de alguns dos 31 participantes desclassificados. A criatividade escassa das rígidas soluções apresentadas era, em parte, resultado da adaptação necessária das edificações às normas urbanísticas estabelecidas pelo Plano Agache na Esplanada do Castelo, que impunham os blocos fechados dentro dos limites dos quarteirões. Por isso, a primeira iniciativa do ministro – fica a dúvida se isso aconteceu depois da conversa com Costa – foi solicitar à Prefeitura a alteração das normas urbanas obrigatórias, e assim poder dispor livremente sobre o terreno os volumes edificados[3]. Uma vez entregue o valor dos prêmios em janeiro de 1936 e assumidos os critérios negativos solicitados pelo ministro sobre o projeto de Memória, Costa recebeu em março desse ano a encomenda definitiva.

Na página anterior, encaminhamento para análise técnica do projeto de Arquimedes Memória pelo ministro Gustavo Capanema, 1936

Acima, MES, primeiro projeto apelidado de Múmia, perspectiva, Rio de Janeiro, 1936, Lúcio Costa, Oscar Niemeyer, Affonso Eduardo Reidy, Jorge Machado Moreira, Ernani Vasconcellos e Carlos Leão, publicação em *Jorge Machado Moreira*, de Jorge Czajkowski

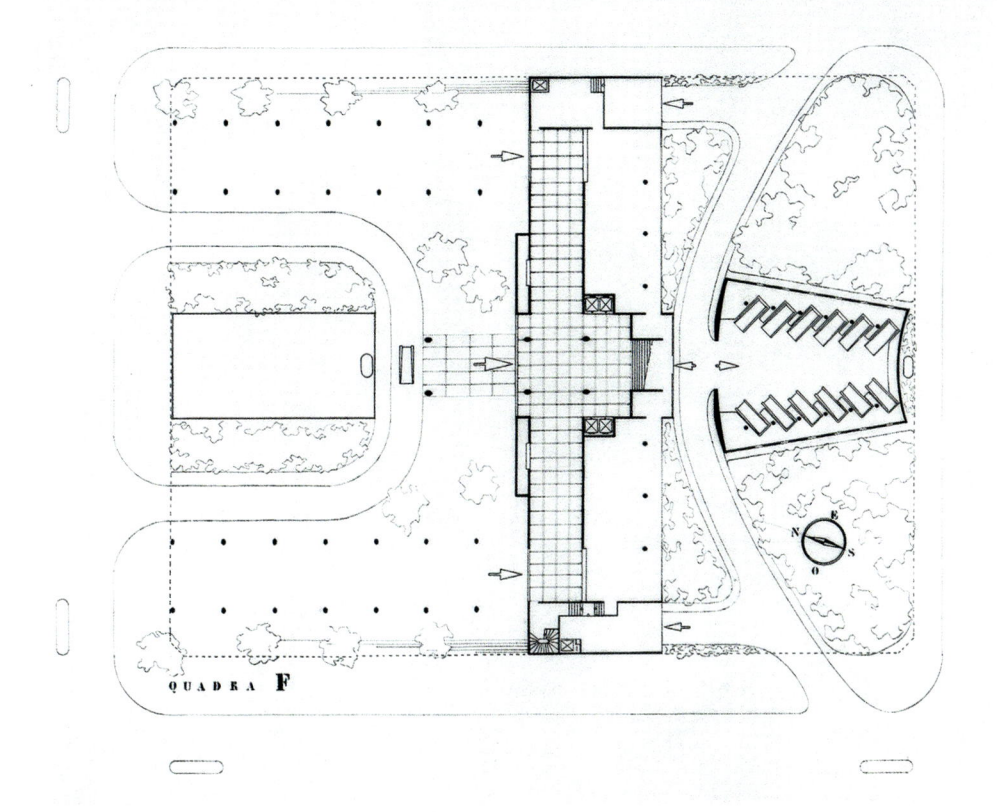

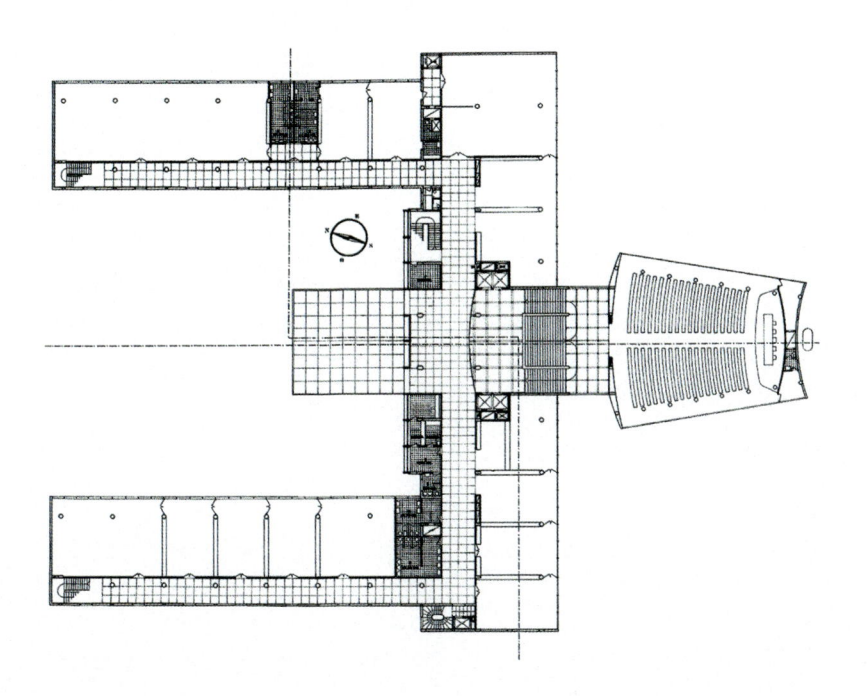

MES, primeiro projeto, Múmia, plantas do térreo e primeiro pavimento, Rio de Janeiro, 1936, Lúcio Costa, Oscar Niemeyer, Affonso Eduardo Reidy, Jorge Machado Moreira, Ernani Vasconcellos e Carlos Leão, publicação em *Jorge Machado Moreira*, de Jorge Czajkowski

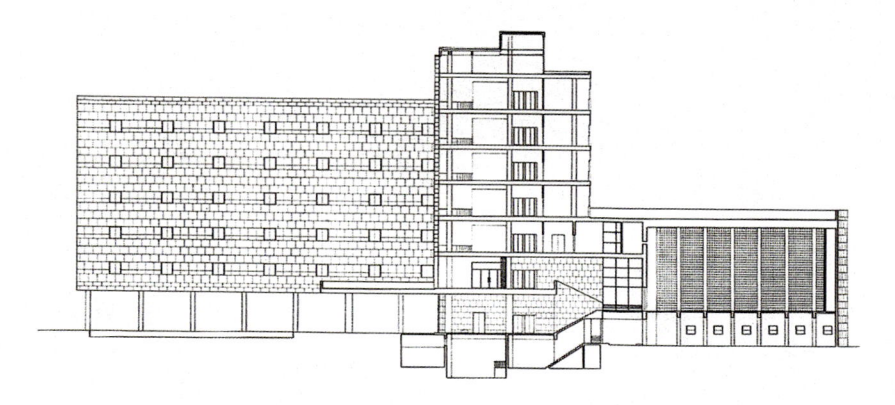

Formada a equipe de trabalho, desenvolveu-se o estudo do edifício, cuja primeira etapa foi completada em maio de 1936 com a apresentação dos desenhos e o memorial descritivo. Em junho foram emitidas as críticas solicitadas aos especialistas locais, e em julho chegou Le Corbusier, que, ao analisar o projeto e criticar sua rigidez, deu-lhe o apelido de "Múmia". Em agosto, após sua partida, face à inexistência de um projeto alternativo que pudesse ser apresentado a Capanema – apesar dos desenhos elaborados pelo arquiteto suíço-francês – este solicitou que fossem realizadas algumas modificações da Múmia, com alguns riscos elaborados por ele mesmo, a partir da solução aprovada definitivamente em outubro. Enquanto a equipe trabalhava nas mudanças solicitadas, no fim do ano, Niemeyer sugere uma nova alternativa, imediatamente aceita por Costa e pelo restante de projetistas, que é apresentada ao ministro em janeiro de 1937 encerrando, assim, o ciclo da Múmia[4].

Não são conhecidas as plantas do hipotético projeto apresentado no concurso por Costa e Leão; por isso, assumimos que os antecedentes diretos do trabalho da equipe sejam as soluções de Reidy e Moreira & Vasconcellos. Ambos eram canonicamente corbusianos – mais próximo o de Moreira & Vasconcellos, inspirado no Centrosoyus[5], que as referências mendelsohnianas e do expressionismo holandês de Reidy[6] – com pontos comuns de contato, tais como a organização funcional e a composição dos volumes básicos. O partido em U favorecia a identificação das principais funções: duas alas de escritórios gerais, um bloco central com a direção e o gabinete do ministro e um corpo independente para o salão de conferências. Essa tipologia foi aplicada por Le Corbusier no Palácio das Nações de Genebra (1927) e no Centrosoyus de Moscou (1929), assim como na Caixa de Aposentadorias de Praga (1929), projeto dos arquitetos checos Havlicek e Honzik[7], conformando um esquema planimétrico de volumes articulados que integrava a monumentalidade clássica com a liberdade compositiva do movimento moderno[8].

A organização dos volumes em U criava um espaço aberto na frente principal do edifício – presente na solução de Reidy e ausente na proposta de Moreira – que atuava como uma *cour d'honneur*, herdada da tradição acadêmica e reiterada nas

MES, primeiro projeto, Múmia, corte, Rio de Janeiro, 1936, Lúcio Costa, Oscar Niemeyer, Affonso Eduardo Reidy, Jorge Machado Moreira, Ernani Vasconcellos e Carlos Leão, publicação em *Jorge Machado Moreira*, de Jorge Czajkowski

simetrias axiais do conjunto, resumidas pelos traçados reguladores que Costa adotara como essência da composição – tanto os clássicos, provenientes das formulações teóricas de Quatremère de Quincy, quanto a aplicação canônica dos cinco pontos de Le Corbusier[9]. Tal proposta era justificada pela busca da hierarquia arquitetônica atribuída ao ministério[10] e pelos supostos vínculos com os futuros edifícios circundantes. Devemos supor que também existiu certa insegurança ao executar uma inovação compositiva com relação às tipologias utilizadas nos edifícios públicos daquele momento[11]. Não esqueçamos que, devido ao baixo gabarito estabelecido pelas normativas urbanas – o volume principal tinha sete andares e as duas alas laterais, cinco –, era necessário definir uma massa compacta dentro do terreno que competisse com as sedes ministeriais previstas na área. Em relação à distribuição espacial, adotou-se a solução de Reidy, orientando o conjunto em direção à Rua Araújo Porto Alegre, considerada de maior significação por conta de suas conexões com a futura Avenida Presidente Antônio Carlos e a já existente Avenida Rio Branco, onde acontecia o maior movimento de veículos e pedestres. Embora no plano Agache a Rua Graça Aranha tivesse uma hierarquia de artéria principal, nunca ficou estabelecida como tal: isso explicaria o motivo pelo qual alguns projetos apresentados no concurso, assim como o de Moreira & Vasconcellos, assumirem essa rua como a mais hegemônica na orientação do edifício[12].

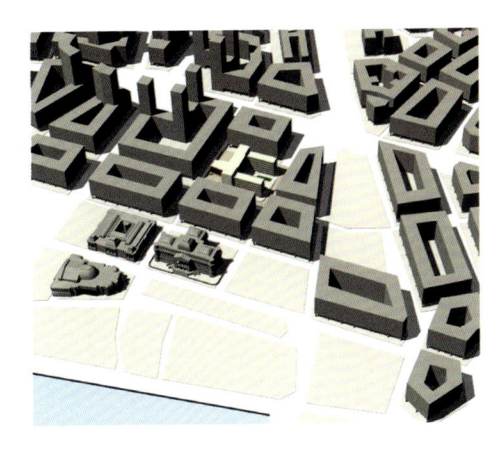

Costa e sua equipe tentaram estabelecer um equilíbrio entre a tradição clássica que impunha um edifício austero e compacto – "um conjunto rigorosamente equilibrado e plasticamente *puro*"[13] – e os enunciados estéticos da modernidade. Naqueles anos, a proliferação de governos autoritários no mundo e a batalha contra a vanguarda levada a cabo pela academia – obstinada em subsistir tanto nas estruturas universitárias como na obtenção de encomendas oficiais –, fez com que a teoria e prática arquitetônica se concentrassem na busca de uma justificativa da monumentalidade no movimento moderno. Disso resulta a defesa de Pagano em resposta às acusações de Piacentini[14], as contradições entre Perret e Le Corbusier sobre o predomínio das horizontais ou das verticais nas fachadas[15], as palestras de intelectuais latino-ameri-

MES, primeiro projeto, Múmia, entrada principal, 1936, Rio de Janeiro, Lúcio Costa, Oscar Niemeyer, Affonso Eduardo

Reidy, Jorge Machado Moreira, Ernani Vasconcellos e Carlos Leão

Simulação da implantação da Múmia no plano Agache

canos, que refletiam a problemática dos europeus, e particularmente o pensamento de Sigfried Giedion, que se preocupava em estabelecer um relacionamento entre a tradição histórica e a renovação estética estabelecida pelo movimento moderno[16]. Evidentemente Costa não estava alheio a essas influências, tão presentes na política cultural do governo Vargas[17]. Porém, ao mesmo tempo, conseguiu materializar os cinco pontos corbusianos estabelecidos em seu texto "Razões da nova arquitetura": a estrutura independente, a separação entre paredes e estrutura, a organização precisa das funções, o uso dos elementos em balanço, as fachadas livres, o terraço jardim, o jogo de cheios e vazios, a limpeza formal dos volumes da geometria regular, relacionados tanto com as formas abstratas surgidas da indústria quanto as surgidas das mais puras tradições mediterrâneas[18].

O cumprimento desses enunciados estabelecia a ortodoxia da solução do MES: as fachadas dos escritórios tinham grandes panos de vidro voltados ao leste, enquanto as circulações ao oeste estavam protegidas por paredes quase cegas, com pequenas janelas que permitiam a iluminação dos corredores. As duas alas laterais estavam erguidas sobre pilotis, gerando a sombra protetora necessária para o acesso dos pedestres. Por outro lado, o bloco central tinha fachadas diferenciadas: a que correspondia à entrada principal ao norte era caracterizada por um fechamento com brise-soleil em toda a sua altura, um painel de venezianas formado por lâminas fixas de vidro esmerilhado que protegia a circulação e serviços; enquanto a pele de vidro transparente da fachada sul identificava a presença dos escritórios. Todos os ambientes de trabalho tinham ventilação cruzada que atenuava o cotidiano calor carioca[19]. Outro detalhe inovador consistia na unificação das instalações técnicas em shafts verticais situados no eixo que continha os serviços, e uma malha horizontal modulada integrada às lajes que facilitava o acesso às linhas telefônicas e às tomadas elétricas embutidas no piso. Finalmente, o volume do salão de atos de forma trapezoidal estava separado do bloco principal. Com a cobertura em laje plana, tinha um terraço-jardim conectado à biblioteca localizada no quarto andar, a única parte significativa do programa que usufruía a vista da paisagem da Baía de Guanabara[20].

MES, primeiro projeto, Múmia, perspectiva da escada principal, 1936, Rio de Janeiro, Lúcio Costa, Oscar Niemeyer, Affonso Eduardo Reidy, Jorge Machado Moreira, Ernani Vasconcellos e Carlos Leão

A estrutura em concreto armado projetada por Emílio Baumgart era independente das paredes sobre as lajes sem vigas, baseada numa solução original de viga invertida, cuja espessura era usada para a instalação de infraestruturas técnicas. A organização funcional respondia aos requerimentos do programa, enfatizando a nítida separação – exterior e interior – das circulações, das infraestruturas e dos serviços do ministro, dos funcionários e do público geral. Também estava previsto o estacionamento de automóveis sob o auditório, o que ainda era pouco comum em edifícios de escritórios daquela década. A hierarquia do ministério ficava definida pela nobreza dos materiais usados: revestimentos de placas de arenito, granito e mármore na base e na entrada principal; e revestimento de madeira no interior dos principais salões e escritórios. Estava prevista a inserção de murais, esculturas e pinturas, distribuídos em diferentes áreas externas e internas do edifício[21].

2. AS CONTRADIÇÕES DO PROJETO

Analisado com uma distância de mais de meio século, é possível dizer que o projeto não era uma solução madura e acabada, apesar da defesa realizada por Costa ao refutar as múltiplas críticas dos técnicos assessores de Capanema. A simetria axial da composição foi questionada tanto por Le Corbusier quanto pelo ministro em suas orientações finais, que acabou solicitando que o teatro fosse deslocado e ficasse mais próximo à Rua da Imprensa – quase uma intuição do que logo aconteceria na planta definitiva – para quebrar o eixo da simetria e ao mesmo tempo (outra percepção apurada que demonstrava a sensibilidade de Capanema) configurar uma praça na área posterior, conectada à Rua Pedro Lessa. Além da composição axial, o ministério tinha a estrutura tradicional de uma frente e um fundos – não se propunha uma solução formal das áreas verdes da Rua Pedro Lessa – totalmente em contradição com a visão dinâmica e em constante rotação da percepção cinematográfica da modernidade.

O vestíbulo principal de acesso, demasiadamente longo e estreito, carecia de fluidez, espacialidade e luminosidade de acordo com a escala do edifício: as trans-

MES, primeiro projeto, Múmia, jardim e galeria externa, 1936, Rio de Janeiro, Lúcio Costa, Oscar Niemeyer, Affonso Eduardo Reidy, Jorge Machado Moreira, Ernani Vasconcellos e Carlos Leão

parências características das obras do mestre suíço ainda não eram assimiladas no bloco central do ministério. Não se justificava o terraço-jardim sobre a marquise de entrada, criando um espaço aberto inútil frente ao vestíbulo do salão de conferências. Havia um excesso nas circulações situadas ao longo das fachadas, ao contrário do Centrosoyus, onde estas coincidiam com a área dos escritórios. O espaço da *cour d'honneur*, com os acessos de veículos, o espelho d'água e a escultura em granito, além de parecer excessivamente pequeno e caloroso, não configurava um espaço público que permitisse a congregação social. A planta liberada no solo, com os pilotis situados sob os dois volumes laterais para facilitar a circulação de pedestres e a ventilação, criava uma espacialidade empobrecida pela altura de somente quatro metros das colunas dos pórticos.

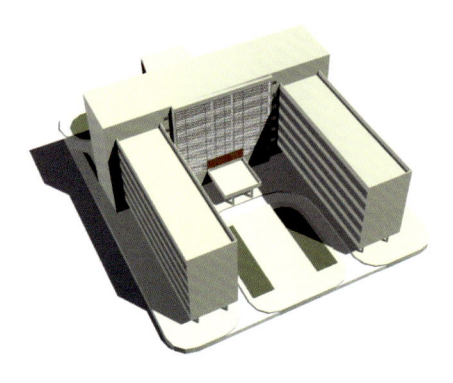

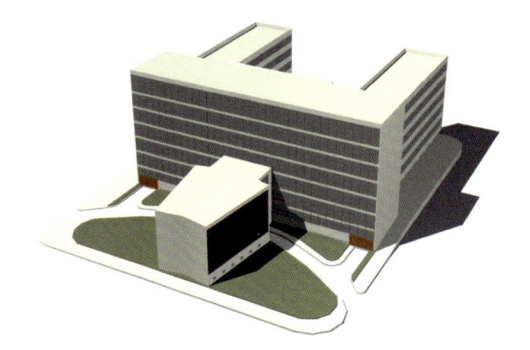

O plano de brise-soleil colocado sobre a fachada principal também era esquemático: formavam uma malha de venezianas de vidro opaco semelhante ao muxarabi de origem colonial, ainda distanciados dos modelos elaborados por Le Corbusier em Barcelona e Argel[22]. A parte frontal do edifício não expressava as funções essenciais do ministério: ocultava o conjunto de circulações e serviços do bloco principal, enquanto o grande pano de vidro e a caixilharia metálica da fachada sul eram simplistas e sem particular relevo. Essa orientação, que permitia a vista para a Baía de Guanabara, não era aproveitada para hierarquizar os escritórios do ministro, localizadas ao longo da Rua da Imprensa. Faltava também uma solução para o encontro das três alas do edifício, a articulação com o salão de atos e a base do bloco principal, demasiadamente pesado e carente de transparência visual. O percurso dos veículos não fora suficientemente estudado: os dois acessos para a entrada do ministro e dos funcionários eram forçados e o número de vagas na garagem sob o volume trapezoidal do teatro era baixo e insuficiente para a demanda. A ideia de localizar o arquivo e depósito de livros no sótão também foi criticada nos pareceres dos assessores.

Entretanto, a maioria dos pareceres emitidos pelos diplomatas e especialistas consultados por Capanema era favorável ao projeto, como atestam as manifestações do engenheiro-arquiteto Eduardo de Souza Aguiar, do superintendente de

MES, simulações da volumetria da Múmia

obras do ministério, e dos diplomatas Maurício Nabuco e Washington Azevedo. Domingos J. da Silva Cunha, inspetor de engenharia sanitária, se opôs aos pilotis, questionando a presença de colunas nos corredores de circulação interna e a grande superfície de vidro na fachada sul. Os comentários mais elaborados foram feitos por dois reconhecidos profissionais cariocas: o engenheiro Saturnino de Brito Filho (1899-1976) e o arquiteto Ângelo Bruhns (1896-1975). Entende-se a formulação de reservas estéticas – além das técnicas já mencionadas – ao predominar nessa década a tipologia de edifícios de escritórios ocupando todo o quarteirão, com reminiscências decorativas clássicas ou déco, e o uso de materiais nobres nas suas bases e acessos principais.

Como já afirmamos anteriormente, a sede da empresa Matarazzo em São Paulo era um modelo disponível para ser seguido em escala nacional por conjugar a modernidade tecnológica com os atributos estéticos clássicos. No Rio de Janeiro, a Esplanada do Castelo constituía o âmbito privilegiado das edificações monumentais, não somente estatais – os ministérios da Fazenda e Trabalho – mas também da iniciativa privada. Ali Robert T. Prentice projetou o conjunto de escritórios dos edifícios Castelo, Nilomex e Raldia (1937); Ângelo Bruhns, além de obter o primeiro lugar no concurso da sede do Clube de Engenharia (1936) com um projeto inspirado no monumental moderno norte-americano, construiu o edifício das *Assicurazioni Generali di Trieste e Venezia* (1938), caracterizado pela presença de mármores e granitos importados[23].

A atitude conservadora de ambos profissionais que emitiram os pareceres não atingia os níveis de esquematismo conceitual de José Marianno ou Arquimedes Memória. Ao contrário, permitia certo grau de liberdade, baseado em uma significativa cultura arquitetônica e um conhecimento das diversas tendências de vanguarda que aconteciam no mundo. Saturnino Brito, que formulou o juízo mais detalhado e elaborado, recebia as revistas *Architectural Forum* e *L'Architecture d'Aujourd'hui* – do mesmo modo como o arquiteto Monteiro de Carvalho, responsável pelos contatos com Le Corbusier, era assinante da revista suíça *Das Werk. Architektur Freie Kunst* – e também era um atento leitor dos livros de Le Corbusier que chegavam ao Rio de Janeiro naqueles anos: *Une Maison, un Palais* e *La Ville Radieuse*. Obviamente Saturnino não concordava com as ideias ali formuladas, pois se identificava com o projeto acadêmico que se construiu para o Palácio das Nações em Genebra e os edifícios monumentais norte-americanos: citava como exemplos válidos o *Mall* de Washington; as obras do prestigioso classicista Paul Cret, mestre de Louis Khan; e de Christiano Stockler das Neves, líder do historicismo paulista. Contrário aos pilotis, considerados aptos somente em uma "arquitetura lacustre", não aceitava o ascetismo dos projetistas ao opinar que "seus gestos semelham os de uma colônia de nudistas"[24], referindo-se à tese do homem novo nu, defendida por Flávio de Carvalho no IV Congresso Pan-americano de Arquitetos[25]. Finalmente, sem invalidar o projeto, Saturnino propunha o acréscimo de pilares e elementos maciços verticais sobre o sistema compositivo de Costa, permitindo assim ao ministério atingir a expressão monumental desejada. Sugestões formais e espaciais também propostas pelos diretores gerais do MES, cujos esquemas volumétricos previam futuras ampliações do edifício.

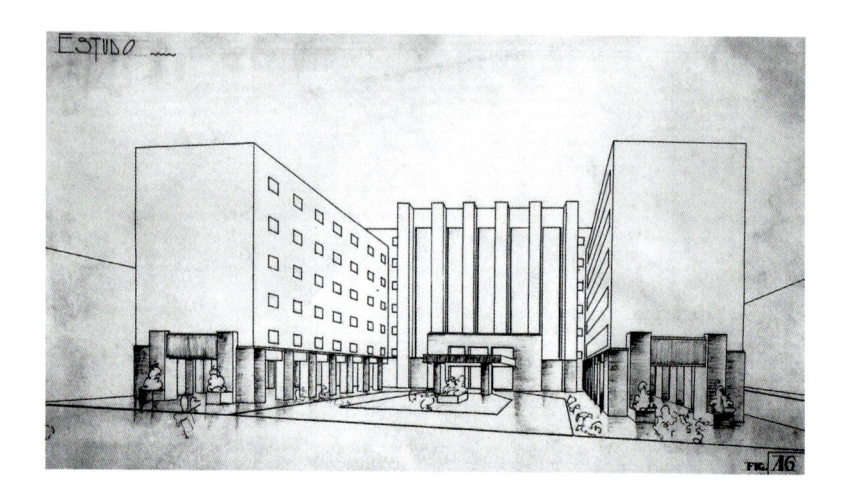

Lúcio Costa rejeitou a maioria das críticas em setembro de 1936 em informe realizado depois da visita de Le Corbusier, questionando ao mesmo tempo os comentários negativos de Auguste Perret, que nesse mesmo mês havia participado de uma conferência no Rio de Janeiro, tendo se encontrado com Capanema. Este finalmente aprovou a Múmia, sugerindo diversas modificações que implicavam em mudanças substanciais do projeto. É interessante observar que o ministro se identificou tanto com os problemas arquitetônicos, que teve a valentia de esboçar uns croquis, ilustrando as suas propostas. Questionava a garagem, a localização de seu escritório – crítica justa, já que não estava no bloco principal do edifício – e solicitou o aumento da altura e tamanho para incluir todas as crescentes atividades do ministério, o acréscimo de um salão de exposições e de estúdios para uma transmissora de rádio. Alterações que, sem dúvida, serviram para justificar que fosse projetada uma alternativa, também necessária diante da inexistência de mensagens metafóricas, além dos atributos funcionais, no projeto.

MES, desenho com mudanças propostas por Saturnino Brito para a Múmia, Rio de Janeiro, 1936

Não se concebeu um espaço público com valores simbólicos, identificados pelos atos e cerimônias que eram características do governo Vargas; nem o ministro estava localizado numa posição espacialmente destacada que identificasse sua presença na estrutura hierárquica do ministério. Não se havia enfatizado a relação com a paisagem e a visão que era possível ainda ter naquele momento da Baía de Guanabara. Com as críticas feitas por Le Corbusier e os desenhos elaborados durante sua estadia no Rio, haviam amadurecido as condições para chegar a uma nova solução do projeto e abandonar definitivamente a Múmia[26]. Enterro radical, porque até mesmo Lúcio Costa minimizou o significado desta proposta com o surgimento da solução definitiva em 1937[27].

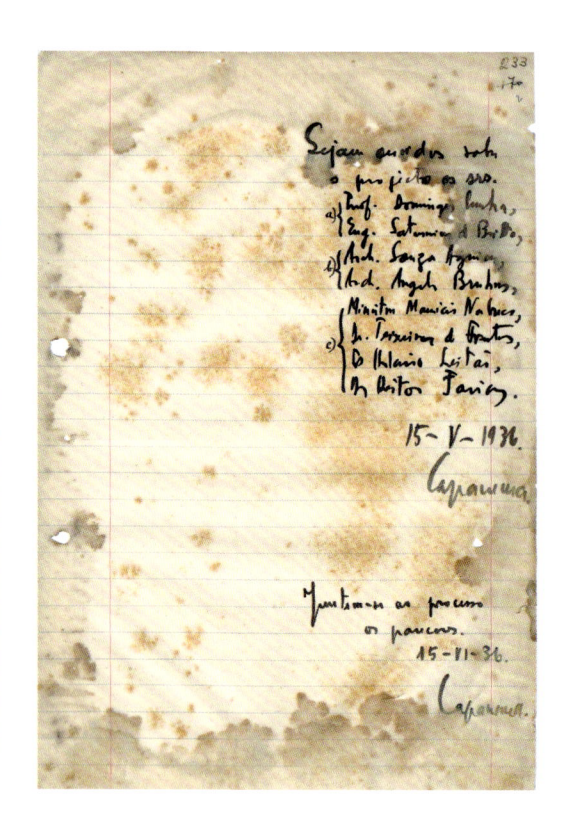

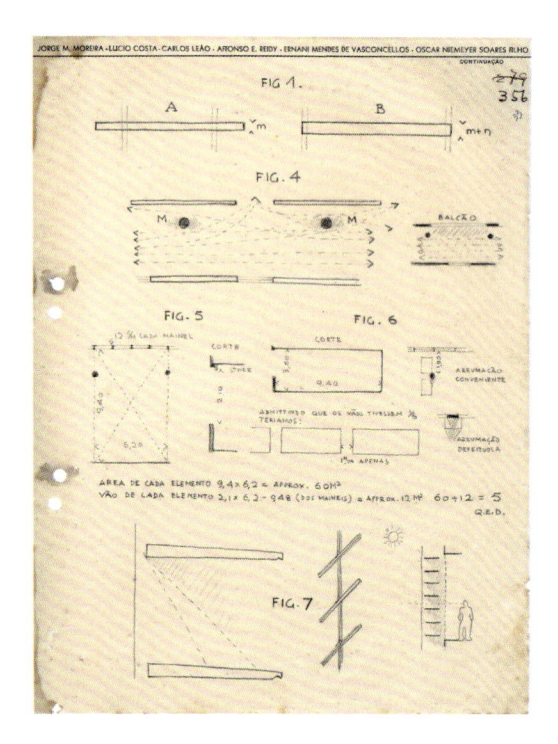

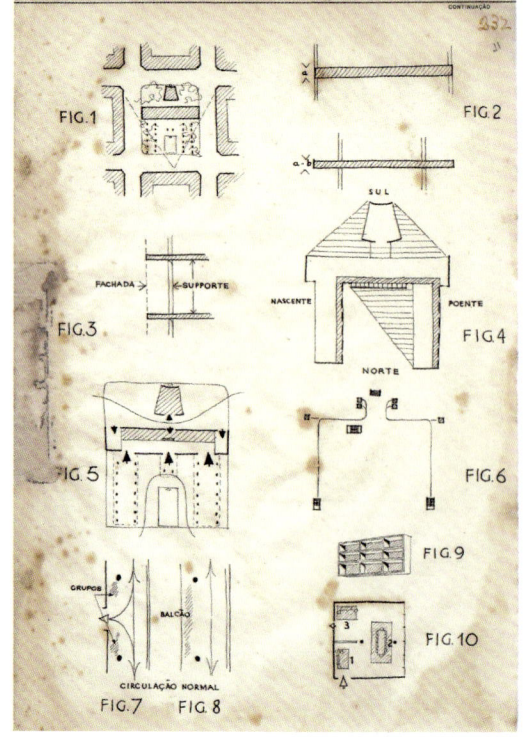

Acima, à esquerda, MES, primeira página de carta de Capanema a Vargas sobre o projeto

Acima, à direita, página final de mensagem assinada por Capanema, encaminhando projeto às comissões de análise, 1936

Abaixo, duas folhas em papel timbrado com os nomes dos membros da equipe contendo croquis sobre proteção solar, acessos e visuais

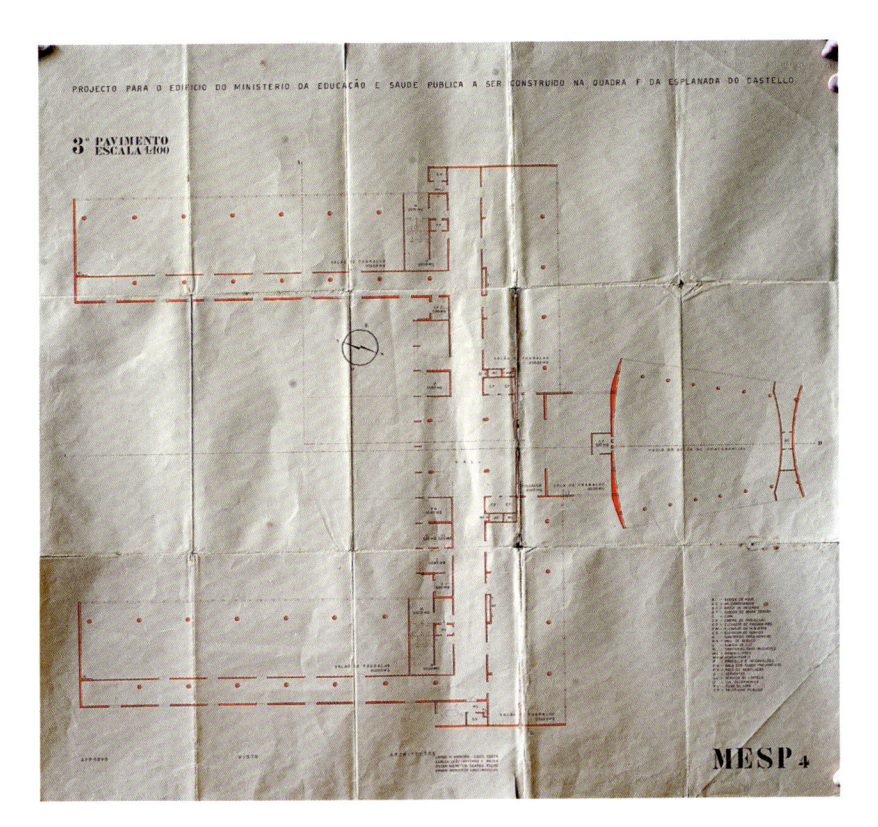

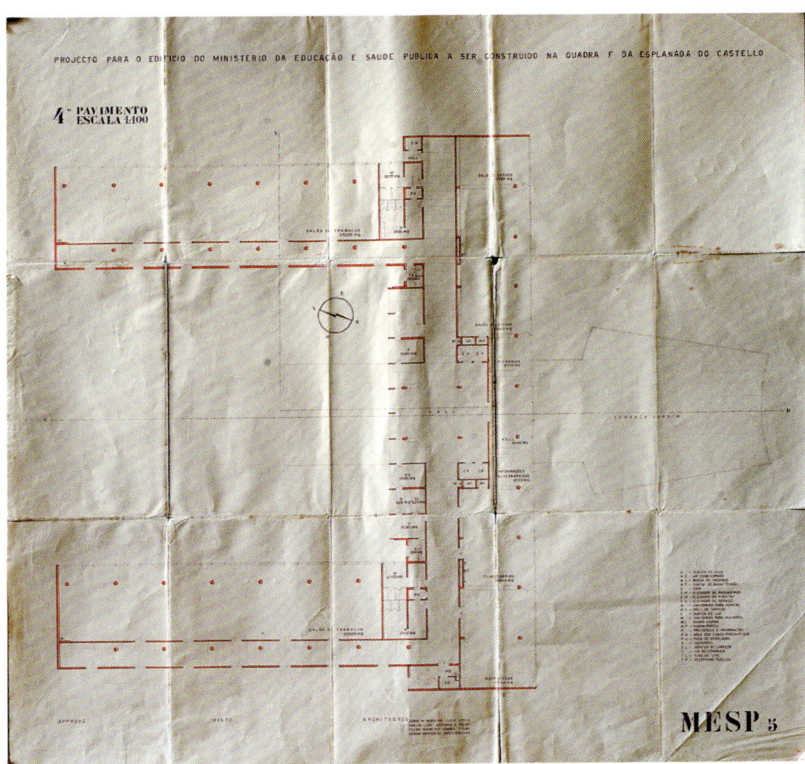

MES, primeiro projeto, Múmia, plantas do terceiro e quarto pavimentos, Rio de Janeiro, 1936, Lúcio Costa, Oscar Niemeyer, Affonso Eduardo Reidy, Jorge Machado Moreira, Ernani Vasconcellos e Carlos Leão

NOTAS

1. A expressão foi utilizada por James Joyce como primeiro título da obra *Finnegans Wake*. MONTANER, Josep Maria. *As formas do século XX*, p. 14.

2. Este tema é polêmico, porque, por um lado, Le Corbusier insistiu em sua *Oeuvre Complète* em reafirmar a sua autoria. Entretanto, no recente CD-Rom elaborado pela Fundação Le Corbusier em Paris (1999), o MES não aparece entre os projetos apresentados, enquanto é incluído o projeto da Cidade Universitária. Por sua vez, Niemeyer em várias ocasiões atribui o projeto ao mestre francês: "Mas se o prédio do Ministério, projetado por Le Corbusier constituiu a base do movimento moderno no Brasil, é à Pampulha – permitam-me dizê-lo – que devemos o início da nossa arquitetura, voltada para a forma livre e criadora que até hoje a caracteriza". NIEMEYER, Oscar. *A forma na arquitetura* (op. cit.), p. 27. E Niemeyer confirma a mesma opinião em outra oportunidade: "Nunca considerei a sede do Ministério da Educação e Saúde como a primeira obra de arquitetura moderna brasileira, mas sim um exemplo da arquitetura de Le Corbusier..." NIEMEYER, Oscar. *Minha arquitetura 1937-2004* (op. cit.), p. 15. O equívoco dessa tese tem perdurado até nossos dias entre estudiosos e críticos locais: "a primeira obra pública importante da arquitetura moderna do Brasil, o Ministério da Educação no Rio de Janeiro, foi criação de Le Corbusier, levada avante pelos seus seguidores, sob as bênçãos do ditador Vargas". PIGNATARI, Décio. *Por uma crítica da arquitetura no Brasil*, p. 11.

3. "Em 5 de novembro de 1935, Capanema obteve de Pedro Ernesto Batista, Prefeito do Distrito Federal, e da Secretaria Geral de Viação, Trabalho e Obras Públicas do Distrito Federal autorização para que o prédio do ministério não obedecesse integralmente ao gabarito oficial [...] e recomendava que o ministério entrasse em entendimentos *com o arquiteto-chefe da Diretoria de Engenharia, Afonso Eduardo Reidy*" (destaque, R.S.). Ver: LISSOVSKY, Maurício; SÁ, Paulo Sérgio Moraes de. Op. cit., p. 25.

4. Niemeyer insiste em menosprezar a sua participação no projeto, ao afirmar: "consciente que a minha colaboração no caso do MES não foi nada além de um detalhe secundário, pois a base fundamental foi o projeto inicial de Le Corbusier". [No original em italiano: "conscio che la mia collaborazione nel caso del MES non fu altro che un dettaglio secondario, poiché la base fondamentale fu il progetto iniziale di Le Corbusier". NIEMEYER, Oscar. *Oscar Niemeyer* (op. cit.), p. 22].

5. Esta obra havia sido divulgada detalhadamente no artigo: BRAZIL, Álvaro Vital. Op. cit.

6. Eram conhecidas as experiências da Escola de Amsterdam, as obras de Duiker, Dudok e Oud. Ver: PORTINHO, Carmen. *Arquitetura moderna na Holanda*, p. 7.

7. HAVLICEK, Josef; HONZIK, Karel. *Caixa de Aposentadorias de Praga*.

8. No Rio de Janeiro também foi aplicado no projeto de hospitais, como no resto da América Latina. Ver: RIBEIRA, Paulo Antunes. *Hospital do Funcionário Público*; VILLANUEVA, Paulina; PINTÓ, Maciá. *Hospital Clínico. Ciudad Universitaria*, p. 56; Verbete "III-6. Hospital de Clínicas, arq. Carlos Surraco". In PONCE DE LEÓN, Marta; ALTEZOR, Carlos (org.). *Guía arquitectónica y urbanística de Montevideo*, p. 70.

9. COMAS, Carlos Eduardo Dias. *Niemeyer's Casino and the Misdeeds of Brazilian Architecture*.

10. "*Monumentalidade* cuja presença não se limitará, portanto, àqueles locais onde já se convencionou dever-se encontrá-la tais, *por exemplo, os centros cívicos e de administração governamental*" (destaques R.S.). COSTA, Lúcio. *Considerações sobre arte contemporânea*, p. 257.

11. O caráter monumental dos edifícios públicos era uma condição quase obrigatória, segundo as atribuições que dispunha a lei aos arquitetos e engenheiros. Na letra b do Artigo 30 do Decreto n. 23.569 que regulava ambas profissões, dizia-se que a eles correspondia "o estudo, projeto, direção, fiscalização, e construção das obras que *tenham caráter essencialmente artístico ou monumental*" (destaque, R.S.). VASCONCELOS JR., Augusto. *O monumental em arquitetura*.

12. PINHEIRO, Gerson Pompeu. *Urbanismo no Rio de Janeiro*.

13. Memorial descritivo elaborado pela comissão de arquitetos em 15 de maio de 1936. LISSOVSKY, Maurício; SÁ, Paulo Sérgio Moraes de. Op. cit., p. 62.

14. Em 1931, Pagano defendia que a forma (monumental) não provinha de valores absolutos, mas de relações de proporções, ritmo e dimensões relativas. Ver: PAGANO, Giuseppe. *Del 'monumentale' nell'architettura moderna* (op. cit.), p. 98.

15. Em 7 de dezembro de 1923, através do *Paris-Journal*, Auguste Perret ataca Le Corbusier e Pierre Jeanneret pelo uso das janelas em extensão, declarando que a "janela vertical correspondia à natureza do homem". Apud SADDY, Pierre. *Deux héros de l'époque machiniste, ou le passage du témoin*, p. 300; "Houve um ataque violento de Auguste Perret a Le Corbusier e Pierre Jeanneret e suas janelas corridas – assim como contra a supressão da cornija e em geral contra suas inovações arquitetônicas". [No original em francês: "Une attaque violente avait été lancée contre Le Corbusier et Pierre Jeanneret et leurs fenêtres en longueur, – de même que contre la suppression de la corniche et en général leurs innovations architecturales – par Auguste Perret". DUMONT, Marie-Jeanne (org.) *Le Corbusier. Lettres à Auguste Perret*, p. 219].

16. SERT, Josep Lluís; LÉGER, Fernand; GIEDION, Sigfried. *Nine Points on Monumentality*.

17. Lúcio Costa aponta as incompreensões generalizadas sobre a arquitetura moderna, o que sua obra escrita e construída desmentirá ao longo do tempo: "primeiro, a aparência marcadamente diferenciada da arquitetura moderna seria contrária às leis naturais da evolução; segundo, ela não respeitaria o acervo de tradições nacionais; e, finalmente, o seu caráter eminentemente utilitário e deliberadamente funcional seria incompatível com a procura da expressão artística e incapaz de expressar qualquer senti-

do *monumental*". COSTA, Lúcio. O arquiteto e a sociedade contemporânea, p. 273. Ver também: RICALDONI, Américo. El concepto de lo monumental en arquitectura; GIEDION, Sigfried. *The Need for a New Monumentality*. Apud OCKMAN, Joan. Los años de la guerra. Nova York: Nueva Monumentalidad.

18. COSTA, Lúcio. Razões da nova arquitetura (op. cit.), p. 108-116. Conforme pode se confirmar em seu depoimento para a revista *Módulo*, n. 9, Rio de Janeiro, fev. 1958, p. 4-5, Niemeyer concordava com essas propostas: "as soluções compactas, simples e geométricas; os problemas de hierarquia e de caráter arquitetônico; as conveniências de unidade e harmonia entre os edifícios e, ainda, que estes não mais se aproximem por seus elementos secundários, mas pela própria estrutura, devidamente integrada na concepção plástica original". Apud PEREIRA, Miguel Alves. *Arquitetura, texto e contexto: o discurso de Oscar Niemeyer* (op. cit.), p. 147.

19. "Aeração natural tanto quanto possível perfeita: os caixilhos do tipo 'guilhotina' com contrapesos facilitam a abertura gradual da parte superior dos vãos, o que em combinação com os pequenos caixilhos basculantes previstos nas paredes opostas, garante a renovação constante do ar, sem, todavia, incomodar os funcionários". LISSOVSKY, Maurício; SÁ, Paulo Sérgio Moraes de. Op. cit., p. 64.

20. Este detalhe não está referido de forma clara nos desenhos, nem na perspectiva, nem no informe que acompanha o projeto. Ver: HARRIS, Elisabeth D. *Le Corbusier. Riscos brasileiros*, p. 75.

21. Consta no Memorial descritivo elaborado pela comissão de arquitetos, datado de 15 de maio de 1936: "Pinturas murais nos salões de conferências e recepção, baixos-relevos na entrada principal e duas grandes figuras em granito nas fachadas norte e sul retomarão, naturalmente, o lugar que lhes compete no conjunto, e o ministério a cujo cargo se acham os destinos da arte no país terá dado assim – na construção da própria casa – o exemplo a seguir, restituindo à arquitetura, depois de mais de um século de desnorteio, o verdadeiro rumo – fiel em seu espírito aos princípios tradicionais". In LISSOVSKY, Maurício; SÁ, Paulo Sérgio Moraes de. Op. cit., p. 68.

22. Os desenhos da Múmia demonstram que o tema da sombra como fator plástico não foi interpretado do modo como foi formulado tanto por Wright (que segundo Alcides da Rocha Miranda definia a sombra como quarta dimensão do edifício) quanto por Le Corbusier nos projetos de habitação e escritórios para Argel. Ver trechos da entrevista de Alcides da Rocha Miranda para Maria Cristina Burlamaqui, em 23 ago. 1984. In VIEIRA, Lúcia Gouvêa. Op. cit., p. 71-73; Ver também: BOESIGER, Willy (org.). *Le Corbusier. Oeuvre Complète 1938-1946*, p. 108-113.

23. Esses exemplos eram publicados detalhadamente na revista *Arquitetura e Urbanismo*, editada pelo Instituto de Arquitetos do Brasil, ao longo da década.

24. LISSOVSKY, Maurício; SÁ, Paulo Sérgio Moraes de. Op. cit., p. 71.

25. CARVALHO, Flávio de. A cidade do homem nu (op. cit.).

26. Evidentemente, Costa estava totalmente consciente da significação que Le Corbusier teve na mudança radical do primeiro projeto ao afirmar que: "se não tivesse vindo, não teria acontecido o Ministério da forma que aconteceu. Não teria acontecido Oscar. Teria sido diferente. Tudo se engrenou. Sem Le Corbusier, portanto, não existiria *escola carioca*". Apud WOLF, José; PEDREIRA, Lívia Álvares. Op. cit, p. 58.

27 "Baseado no risco original do próprio Le Corbusier para outro terreno, motivado pela consulta prévia ao pedido dos arquitetos responsáveis pela obra, tanto o projeto quanto a construção do atual edifício, desde o primeiro esboço até a definitiva conclusão, foram levados a cabo sem a mínima assistência do mestre, como espontânea contribuição nativa para a pública consagração dos princípios por que sempre se bateu". COSTA, Lúcio. Muita construção, alguma arquitetura e um milagre, p. 168.

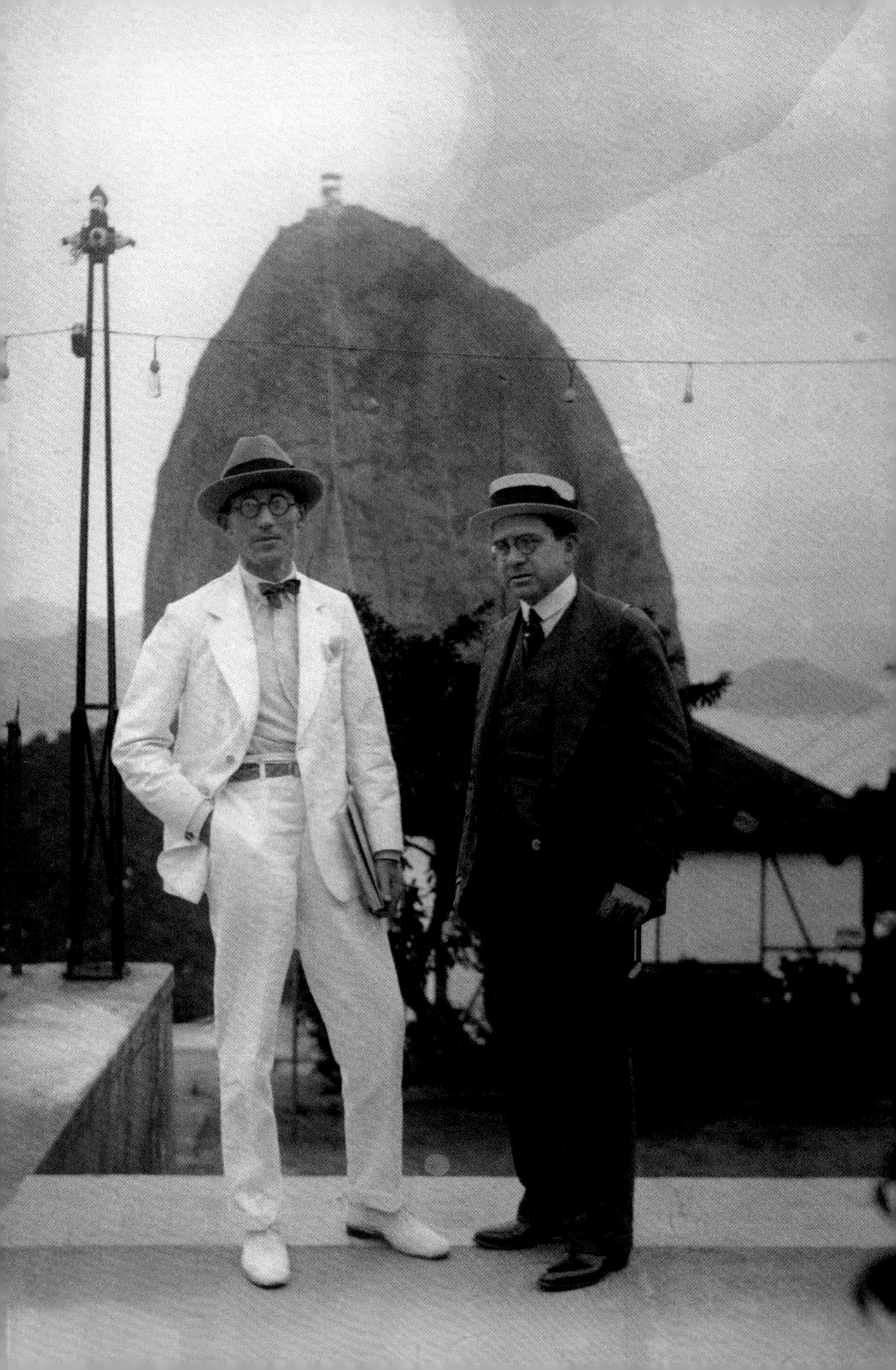

CAPÍTULO 6

LE CORBUSIER NO RIO DE JANEIRO (1936): UMA LUZ NO CAMINHO

1. PERIPÉCIAS DE UM CONVITE

Apesar da abundante bibliografia escrita por conta da comemoração do centenário de nascimento de Le Corbusier (1987), os pesquisadores europeus e norte-americanos ainda não valorizaram a real magnitude de seus vínculos com a América Latina, menosprezando o significado que tiveram para ele suas duas primeiras viagens nessa região do planeta[1]. Ainda hoje, no início do século 21, é minimizada a interação recíproca entre o mestre e os jovens discípulos locais, que, dentro dos ateliês conservadores das escolas de arquitetura acadêmicas, devoravam secretamente as páginas de seus livros e estudavam minuciosamente cada uma de suas obras[2]. Nem foram hierarquizadas as mudanças sucedidas em suas concepções arquitetônicas e urbanísticas a partir dos descobrimentos geográficos e culturais do Novo Mundo – se dá mais importância à experiência africana do que à latino-americana e a influência exercida no Brasil e no cone sul do Continente[3] só será valorizada pelos pesquisadores locais nos trabalhos elaborados nesse início de século. Se por um lado a detalhada enciclopédia publicada em Paris na ocasião da grande exposição realizada no Centro Pompidou não continha verbetes sobre a América Latina ou Brasil e os ensaios de pesquisadores reconhecidos ignoraram o tema[4]; por outro lado, dois críticos europeus – Giulio Carlo Argan e Manfredo Tafuri – demonstraram enfaticamente a importância que teve na década de 1930 o contato com o chamado Terceiro Mundo e a ponte estabelecida pelos projetos urbanos entre América Latina e África[5]. O tema foi aprofundado por alguns estudiosos locais – Fernando Pérez Oyarzún no Chile, Francisco Liernur e Ramón Gutiérrez na Argentina, Pietro Maria Bardi, Carlos Eduardo Comas e Margareth da Silva Pereira no Brasil –, que revelaram a influência exercida pelo mestre em seus respectivos países[6].

No Rio de Janeiro as teses, discursos e obras de Le Corbusier circularam precocemente entre os alunos da Escola de Belas Artes. Jayme da Silva Telles foi o primeiro a difundir a revista *L'Esprit Nouveau*, formando grupos de estudo sobre as realizações da vanguarda europeia entre 1922 e 1925[7]. Em 1927, a revista *A Casa* anunciava aos assinantes que poderiam adquirir na sua sede editorial o livro *Vers une Architecture*.

Na página anterior, Le Corbusier e A. Monteiro de Carvalho, Rio de Janeiro, 1929

Entretanto, Costa, imbuído pela influência de José Mariano, dedicado de corpo e alma à arquitetura colonial e realizando projetos no estilo neocolonial, estava alheio ao movimento moderno: durante sua viagem à Europa, patrocinada pelo Lloyd Brasileiro como prêmio da medalha de ouro recebida na ENBA, não visitou nenhum edifício dos membros da vanguarda[8]. Nem mesmo repercutiram sobre ele as palestras ministradas pelo mestre suíço em 1929 durante sua estadia no Rio de Janeiro[9]. Há uma hipótese de que ao assistir o IV Congresso Latino-Americano de Arquitetos (1930), interessado nas apresentações de Gregori Warchavchik, Jayme da Silva Telles e Flávio de Carvalho – os três únicos modernos anunciados na festa neocolonial[10] –, teve a revelação, como Paulo de Tarso no caminho a Damasco, convertendo-se à nova religião[11]. Naquele ano, logo após projetar a casa E. G. Fontes em estilo neocolonial, Costa elaborou uma nova versão usando os códigos ortodoxos do racionalismo[12]. A partir de então, seus projetos, intervenções teóricas e a intenção de mudar radicalmente o ensino da arquitetura na ENBA[13] expressaram com veemência sua identificação com os postulados do movimento moderno.

Por que então a necessidade de convidar Le Corbusier para participar nos projetos do Ministério e da Cidade Universitária? Lauro Cavalcanti, Cecília Rodrigues dos Santos e sua equipe defendem a tese de que sua presença servia para fazer frente à crescente influência de Marcello Piacentini[14] – encarregado por Capanema de assessorar e logo realizar o projeto da Cidade Universitária, apoiado pela ala conservadora e acadêmica da arquitetura local –, ocupando Le Corbusier, figura de calibre similar, o espaço da contrapartida moderna[15]. Nesse sentido, existia uma política de Mussolini voltada para a ampliação da influência da cultura italiana na América Latina, contrapondo-se ao tradicional predomínio francês. Assim, alguns artistas e intelectuais visitaram o Brasil, como Tommaso Marinetti, e outros países da América Latina, como o arquiteto Alberto Sartoris e o crítico Pietro Maria Bardi, para difundir as obras racionalistas em visita a Argentina, Uruguai, Paraguai e Peru[16].

Uma abordagem mais cultural supunha a identificação dos jovens arquitetos cariocas com a vanguarda artística paulista e com as declarações de Oswald de

Le Corbusier a caminho da praia,
Rio de Janeiro, 1929

Andrade e o "Manifesto Antropofágico", defendendo os vínculos de dependências recíprocas entre europeus e brasileiros[17]. Foram mais verídicas as palavras de Lúcio, referindo-se a certa insegurança e insatisfação da equipe com os resultados atingidos no projeto do MES que fora apresentado ao ministro[18]. Ou talvez existisse uma percepção mais íntima e secreta de que o trabalho do conjunto não tinha dado todos os frutos esperados?[19] Que motivo definiu a escolha do mestre suíço em relação aos membros homólogos da vanguarda europeia? Como já afirmamos, durante o período de *chômage*[20] – assim o definiu Lúcio Costa –, caracterizado pela ausência de projetos, os jovens cariocas dedicavam o seu tempo livre ao estudo das obras de Gropius, Mies, Wright, Vesnin, Aalto, Oud, Mendelsohn e outros, com o intuito de aprofundar-se sobre as diversas tendências dominantes na Europa. Entretanto, ao realizar um balanço final, Le Corbusier se destacava como o projetista mais completo, integral e coerente, capaz de unir a criatividade individual com as necessidades sociais, a teoria e a prática, a arte e a técnica[21]. E por último a assimilação das ideias desenvolvidas nas palestras de 1929 tinham criado condições favoráveis na vanguarda cultural brasileira, que aspirava concretizar uma obra de transcendência mundial, como havia acontecido na URSS com o Centrosoyus de Moscou[22].

O clima gerado pelos acontecimentos contraditórios da política nacional e internacional em 1936 – as tensões entre as forças políticas de esquerda e direita, que levaram à constituição do Estado Novo e ao desencadeamento da Guerra Civil na Espanha – não facilitava a materialização do convite oficial a Le Corbusier. Apesar do apoio dado pelo governo italiano de Mussolini[23], Capanema já havia sido questionado no meio profissional sobre a visita de Piacentini e sobre a oferta da encomenda da Cidade Universitária, pois até então a Constituição promulgada em 1934 proibia o trabalho liberal de estrangeiros no país. Por isso o ministro, embora duvidoso diante da utilidade desse pedido de convite e já tendo considerado válido o projeto do MES realizado pela equipe, finalmente teve um encontro com Getúlio Vargas para que Costa formulasse pessoalmente o motivo de uma exigência tão reiterativa. O presidente, diante de tal veemência do arquiteto, aceitou o pedido justificando a visita como parte de um ciclo de conferências[24]. Naquele ano, Vargas ainda liderava um governo constitucional, apesar de manifestar progressivamente as atitudes paternalistas e autoritárias que caracterizaram sua trajetória posterior. A relação amistosa com Costa e os arquitetos jovens refletia a aproximação do governo com os intelectuais e profissionais que apoiavam as mudanças radicais que estavam sendo realizadas. Entretanto, não existia uma relação direta entre o "pai" Vargas e a figura caricata de Mussolini; nem o diálogo estabelecido com a elite progressista era associado ao servilismo dos artistas no regime fascista, verificado por Costa em sua visita à Itália[25]. Poucos imaginavam que em 1937 se desenlaçaria no Brasil um processo similar ao italiano[26]. Ainda imperava a imagem do pai forte, a quem seus filhos, naturais ou adotivos, deveriam obedecer e respeitar, sem negar o diálogo, porém mantendo a discrepância. Ao mesmo tempo era identificado como a figura de um predicador nas frequentes transmissões de rádio dirigidas ao povo brasileiro para difundir as verdades do novo governo. Pai e predicador diante de seus discípulos "cristãos": foi a relação homóloga que se estabeleceu com Le Corbusier durante o mês de sua estadia no Rio de Janeiro, entre 12 de julho e 15 de agosto de 1936.

2. URBANISMO E REGIONALISMO

Bardi (1984), Pereira (1987), Comas (1991) e recentemente Tsiomis (1998) elaboraram diferentes biografias sobre o mestre suíço e sua estadia na capital carioca. Entretanto, ainda persistiram alguns pontos obscuros na relação com as atividades desenvolvidas e os projetos apresentados, que tentaremos esclarecer mais tarde. O Le Corbusier do ano 1936 era bastante diferente daquele conhecido no ano 1929, segundo Rogers (1963), Comas (1987), Frampton (1987), Ingersoll (1990) e Jencks (2000)[27]. Ao visitar a América Latina, para as conferências de 1929, ainda era o "demiurgo", difusor das ideias contidas em *Vers une Architecture*, cujo ciclo das "caixas brancas" tinha se encerrado com a construção da Villa Savoye. Entretanto, desde 1928, tanto na obra pictórica[28] quanto nas sequências de casas que introduziram o uso de materiais naturais e sistemas construtivos artesanais – o projeto da casa Errázuriz no Chile (1929), a Villa de Mandrot (1931), a Maison à La Celle-Saint-Cloud (1934) e a Maison aux Mathes (1935) –, Le Corbusier iniciou uma etapa regionalista ou vernácula[29], influenciado pelo contato com os países do Terceiro Mundo. Desabrochou o interesse pela natureza, pela paisagem e pela sensualidade feminina[30], que tinha demonstrado em sua juventude quando realizou uma longa viagem para os Bálcãs, a Turquia e o mar Egeu (1911)[31], aprofundando os vínculos entre os habitantes modestos dos lugares visitados, as manifestações da cultura popular e o entorno físico, rural e urbano[32]. Consequentemente, o objeto arquitetônico perdia importância conforme orientava os seus interesses às múltiplas expressões da dimensão geográfica, às comunidades de diferentes regiões do planeta e à escala urbanística: os livros *Précisions* (1930) e *La Ville Radieuse* (1935) resumiram os conteúdos essenciais dessa nova atitude estética e plástica.

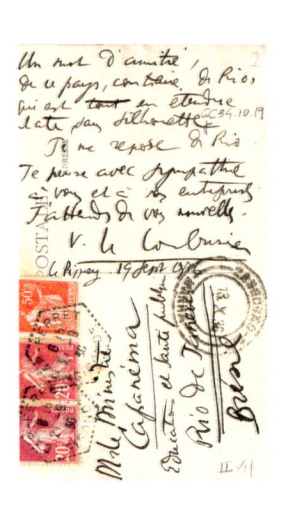

Em meados dos anos 1930, Le Corbusier materializou algumas das maiores obras e projetos de sua carreira. Essa etapa foi encerrada com a crise do concurso para o Palácio dos Sovietes (1931), momento em que mais uma vez triunfava a academia, depois do escândalo provocado por manipulações duvidosas relacionadas ao seu projeto para o Palácio das Nações em Genebra (1927). Rejeitadas as propostas modernas, foi dado o primeiro prêmio ao "pastiche" eclético da equipe russa formada por Boris. M. Iofan, Vladimir Gelfreikh, Vladimir Shchuko e o escultor Sergei Merkurov[33]. O projeto complexo elaborado pelo mestre para Moscou, rico em invenções formais, espaciais e tecnológicas inéditas, condensava a experiência anterior acumulada em obras que se transformaram em marcos significativos da arquitetura moderna: os escritórios do Centrosoyus (1928); a sede da *Cité de Refuge de l'Armée du Salut* (1929) e o Pavilhão Suíço (1929), ambos em Paris; e o edifício de apartamentos Clarté (1930) em Genebra. Assim, a sede do MES significava uma oportunidade de enfrentar um tema de escala similar, levando em conta o interesse por parte de Le Corbusier de levar adiante essa nova tarefa, como o demonstra sua correspondência inicial com Alberto Monteiro de Carvalho[34]. Embora não tenha economizado esfor-

Cartão Postal de Le Corbusier a Gustavo Capanema, 1936

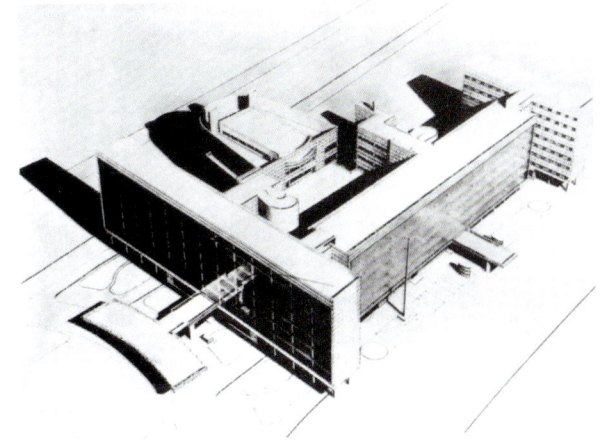

ços para colaborar com Costa e sua equipe, os projetos realizados para o ministério durante sua estadia no Rio demonstraram que, naquele momento, eles realmente não eram o foco de suas atenções.

Uma vez formalizadas as visões abstratas urbanas contidas na Cidade de Três Milhões de Habitantes e depois das sucessivas viagens realizadas entre 1929 e 1936 a diversas capitais mundiais fora do Velho Continente – Rio de Janeiro, São Paulo, Buenos Aires, Nova York, Moscou, Argel –, abriu-se a perspectiva de situações desconhecidas, tanto do ponto de vista da paisagem urbana como dos problemas sociais, funcionais e econômicos existentes em cada uma delas. Seu pensamento continha um paradoxo: por um lado propunha a busca de soluções concretas e, por outro, a redação de normativas globais que permitissem encarar os desafios gerados pelo crescimento acelerado da população urbana no mundo, associado ao desenvolvimento produtivo dos países industrializados. As orientações contidas na *Carta de Atenas*, redigida no IV CIAM (1933), atingiram uma repercussão cujos efeitos se prolongaram até a década de 1960 com os projetos de Chandigarh e Brasília. Por esse motivo, Le Corbusier pressionava governos e prefeituras para levar adiante algumas propostas formuladas que coincidiam com os planos de renovação urbana existentes nas diversas cidades visitadas: no Rio de Janeiro havia sido recentemente concluído o projeto acadêmico de Alfred Agache; em Buenos Aires, o Plano Orgânico para a Urbanização do Município do Intendente Noel (1925) precisava de uma atualização[35], que finalmente se concretizaria durante a visita de Jorge Enrique Hardoy e Juan Kurchan a seu escritório na *rue de Sèvres* em Paris (1939) para elaborar o Plano Diretor[36].

Em Argel, ao longo de quase uma década a partir de 1932, não parou de formular alternativas nos sucessivos planos Obus. Na ocasião da sua visita à Itália em 1934, convidado por Pietro Maria Bardi e Massimo Bontempelli para ministrar duas conferências[37], tentou encontrar-se com Mussolini para convencê-lo de que lhe fosse encomendado o projeto de alguma das cidades novas que seriam construídas nas zonas pantanosas da península (Sabaudia, Littoria, Pontinia, nas *Paludi Pontine*); ou participar na remodelação de Addis-Abeba na Etiópia[38]. Na URSS, entusiasmou-se

Pavilhão Suíço, Cidade Universitária, Paris, 1929, Le Corbusier

Centrosoyus, Moscou, 1929, Le Corbusier

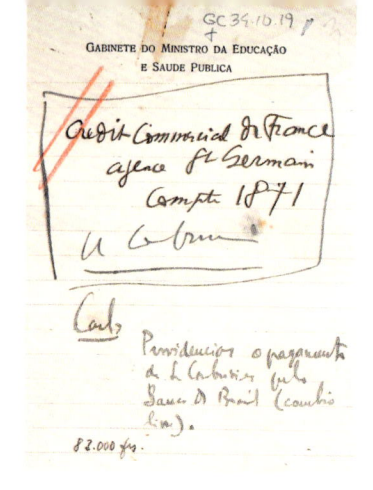

com o debate existente entre urbanistas e desurbanistas – apoiando Sabsovich e seu grupo, em contraposição a Ginzburg e Milyutin[39] –, com a perspectiva de participar da construção de centenas de cidades nos Urais e nos assentamentos industriais sobre as pradarias do leste[40]. E ainda ficou decepcionado, após o fraco resultado concreto da sua visita aos Estados Unidos (1935), por não receber nenhuma encomenda, talvez por conta de seu infeliz comentário na ocasião de sua chegada em Nova York, quando se declarou surpreso pelo "tamanho reduzido" dos arranha-céus[41].

3. ACADEMIA, POLÍTICA E IDEOLOGIA

Enquanto a viagem de 1929 – resumida nos textos poéticos e intensos de *Précisions* – revelava uma atitude otimista e cheia de confiança no futuro, o ano de 1936 não foi particularmente favorável para Le Corbusier. De forma similar ao que acontecia com Costa no início daquela década nos projetos das "Casas sem dono", tinha uma carência de encomendas arquitetônicas, públicas ou privadas. Desde 1932, em conjunto com Pierre Jeanneret, desenvolvera múltiplas ideias que foram propostas aos organizadores da Exposição Universal de Paris, prevista para abrir em 1937, entretanto nenhuma delas foi aceita por conta do poder absoluto da tradição Beaux-Arts que persistia na França[40]. Projetou um esquema geral baseado em um fragmento da Ville Radieuse; logo imaginou uma participação importante do CIAM, que permitisse mostrar por meio de soluções concretas os conceitos essenciais do novo urbanismo; foi também rejeitado o seu original projeto para o Museu de Arte Moderna de Paris; diante da constituição de um júri acadêmico, não se apresentou no concurso para o aeroporto de Bourget; e não foi aceito o seu projeto para o Centro de Estética Contemporânea. Finalmente o Pavilhão dos Novos Tempos[41], conformado por uma estrutura metálica leve que sustentava uma lona tensionada, definiu sua presença restrita em tal exposição[42]. Sempre em busca de clientes ilustrados, Le Corbusier tentou convencer os irmãos Bat'a, donos da empresa industrial com o mesmo nome na Tchecoslováquia, de impulsionar várias iniciativas: desde um plano urbanístico

Bilhete de Gustavo Capanema para Carlos Drummond de Andrade solicitando o pagamento de honorários a Le Corbusier, 1936

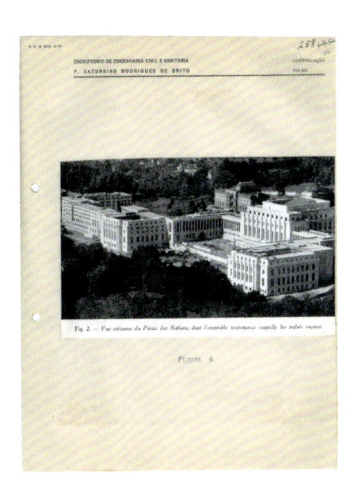

MES, fotografia do Palácio das Nações em Genebra ilustrando parecer de Saturnino de Brito sobre o primeiro projeto da equipe brasileira, 4 de junho de 1936

linear em Zlin até o sistema normatizado de lojas de sapatos e o pavilhão na exposição de 1937. Nenhum dos projetos se materializou: evidentemente teve menos sorte que Rem Koolhaas, autor das lojas das boutiques da grife Prada de essência inversa – Bat'a se dirigia ao consumo popular massivo – cuja sofisticação se destaca nas capitais mundiais neste início de século 21. Conta-se que naquele momento teve que hipotecar o seu apartamento de Boulogne (1936)[43]; por isso as cartas reiteradas dirigidas a Capanema com esperanças sobre a concretização do projeto da Cidade Universitária e a insistência sobre a publicação de um livro com o conteúdo das palestras ministradas no Rio de Janeiro, que o permitiria incrementar seus honorários[44].

Tão importante quanto as decepções no âmbito profissional era o estado depressivo em que se encontrava durante aqueles anos, acentuado pelo pessimismo generalizado no mundo ocidental[45]. Também colaboravam com o caráter amargo de Le Corbusier os ataques persistentes à sua obra e suas ideias, provenientes tanto da academia reacionária quanto da esquerda stalinista. Os ataques anteriormente citados de Marianno e Memória – acusando-o de judeu errante, bolchevique, comunista sem pátria, derrotista universal etc. – não eram uma criação local de colheita própria. Esses apelativos começaram a circular em 1927, quando foi publicado na Suíça uma série de artigos contra o projeto do Palácio das Nações escritos por Alexander von Senger, posteriormente reunidos (1931) em um livro intitulado *O cavalo de Troia do bolcheviquismo*[46]. Calúnias que coincidiam com os enunciados políticos do nacional-socialismo alemão que preparava a subida de Hitler ao poder e a imediata repressão dos porta-vozes do movimento moderno[47]. Por outro lado, no *Le Figaro* de Paris o escritor Camille Mauclair demonstrou o suposto caráter bolchevique da arquitetura moderna em *L'architecture va-t-elle mourir? La crise du panbétonisme intégral* (1933), artigo que circulou na imprensa especializada de Havana, Buenos Aires e Rio de Janeiro, antecipado pelos textos do arquiteto de Rosário Ángel Guido, oposto às ideias do mestre, com vasta circulação no Continente[48]. Somou-se a essa campanha denegridora o coro acadêmico dos professores da *École des Beaux-Arts* de Paris, liderado pelo (hoje desconhecido) membro da instituição Gustave M.

Umbdenstock. Le Corbusier se muniu de paciência e rejeitou as acusações no folheto *Croisade ou le Crépuscule des Académies* (1933)[49].

Entretanto, foram mais duros e desmoralizantes os ataques provindos dos arquitetos de esquerda, cujos objetivos essenciais não divergiam em relação aos fundamentos sociais, econômicos, técnicos e funcionais do movimento moderno. Os membros da *Sachlichkeit* (Nova Objetividade), liderados pelo suíço Hannes Meyer (membro do Partido Comunista alemão) e o tcheco Karel Teige[50], acusaram-no de formalista e esteticista a serviço da burguesia europeia[51]. Em Moscou, o Centrosoyus recebeu críticas virulentas de El Lissitzky, logo de Hannes Meyer – que o definiu como uma "orgia de vidro e concreto" – e também do arquiteto comunista francês André Lurçat e seu irmão Jean, porta-vozes da estética do realismo socialista, que o questionaram tanto em Moscou quanto em Paris[52]. Assumiam posições extremistas, baseadas na tese de Meyer – "todas as coisas deste mundo são produto da fórmula: função x economia [...] a vida é uma função em si e está desprovida por isso de caráter artístico" – que propunha eliminar do projeto todo conteúdo subjetivo, transformando a arquitetura marxista em uma expressão técnica objetiva, científica, desvinculada de todo conteúdo estético ou simbólico[53]. Visão errônea por dois motivos: primeiramente, porque no movimento moderno, seja de esquerda ou direita, os aspectos técnicos e funcionais sempre foram colocados em primeiro plano; os cinco pontos de Le Corbusier não eram um catálogo de receitas estéticas, mas uma resposta lógica às novas tecnologias construtivas do aço e do concreto armado e às indispensáveis condições higiênicas que deviam ser aplicadas aos espaços vitais das moradias. Em segundo lugar, tanto o mestre suíço quanto Meyer se interessaram pelas expressões regionalistas da arquitetura "pobre", com a diferença de que o primeiro continuou sendo criativo mesmo diante de restrições severas econômicas e técnicas – veja-se por exemplo as *maisons Murondins*[54] – enquanto Hannes Meyer se limitou a elogiar as cabanas dos *mujic* russos ou dos indígenas mexicanos, sem elaborar soluções inovadoras inspiradas nessas tradições locais[55].

Le Corbusier, em um tom modesto e sereno, longe da atitude de profundo rancor

Le Corbusier a bordo do navio Lutetia, retornando do Brasil à França, 1929

que sentia com relação à academia, demonstrou-lhes que "a estética é uma função humana fundamental", e que "o homem é um cérebro e um coração, uma razão e uma paixão. A razão não é nada mais que o absoluto da ciência do dia, e a paixão é a força viva que traz consigo os objetos disponíveis"[56]. Também questionou a existência de uma arquitetura racional ou funcional, apelativos redundantes já que não existia um projeto irracional ou a-funcional: os significados surgidos da criatividade conformam os componentes básicos da linguagem humana que deve identificar a obra arquitetônica, como ato de vontade consciente[57]. O extremismo populista que envenenou a cultura progressista europeia durante décadas e anulou a vanguarda arquitetônica russa sob a égide do stalinismo, não teve grande repercussão na América Latina como foi demonstrado pelo comunista Niemeyer, ao dizer:

"A influência de Le Corbusier não se restringe ao campo da arquitetura. Baseada em um profundo sentimento de solidariedade humana, sua obra é um libelo contra esse regime de mistificações e injustiças em que vivemos, onde o interesse das coletividades está invariavelmente sujeito às imposições de classe, e as alegrias essenciais – as *joies essentielles* às quais ele sempre se refere – são um privilégio de uma pequena minoria"[58].

Acima, paisagem do Rio de Janeiro, Le Corbusier, datado como "Rio, dezembro 1929, Paris Julho 1930"

Ao lado, Arcos da Lapa, Rio de Janeiro, 1929, Le Corbusier

Na próxima página, edifício serpenteando pela paisagem carioca, Le Corbusier, datado como "Rio, dezembro 1929, Paris Julho 1930"

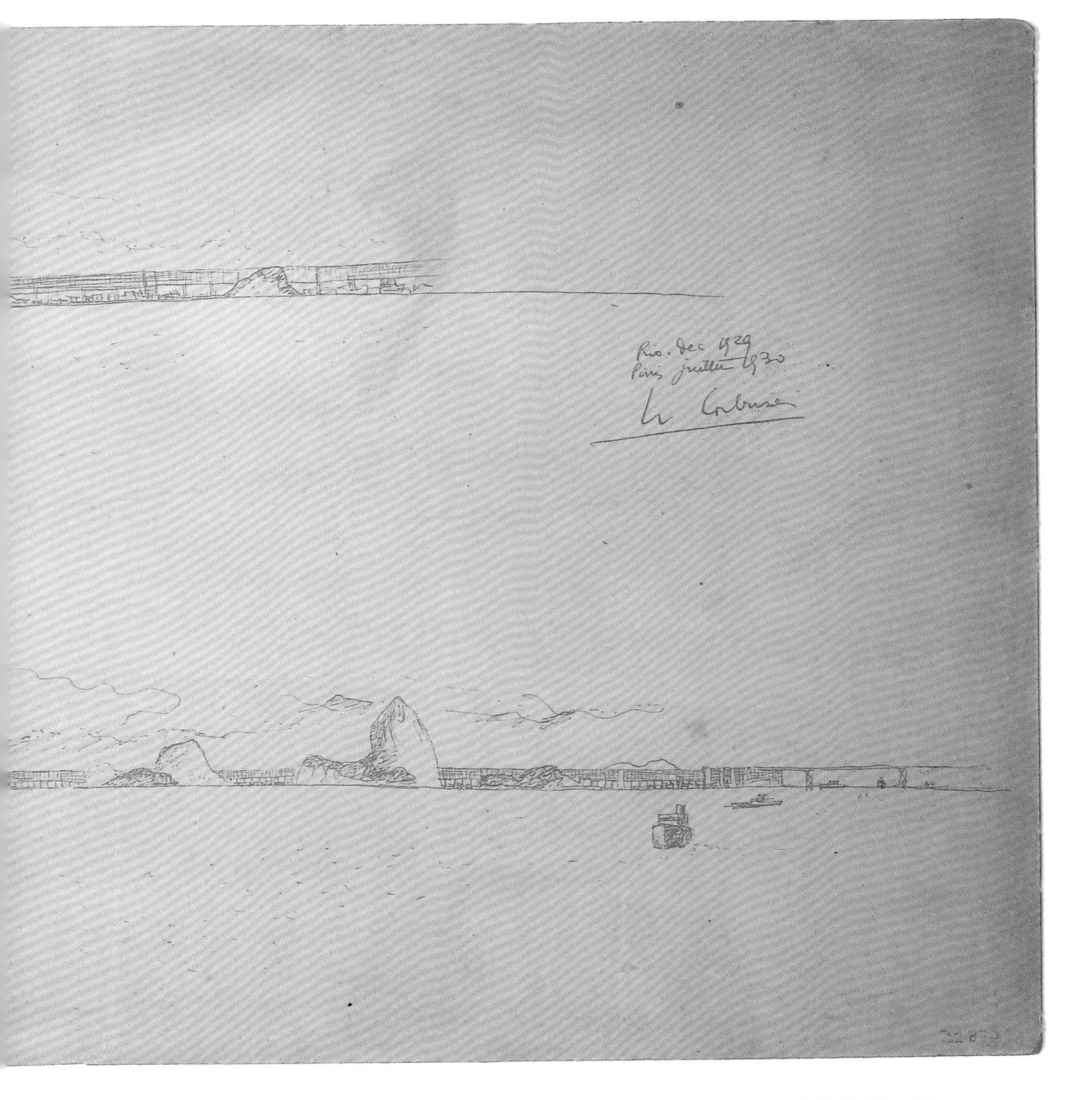

CAPÍTULO 6 – LE CORBUSIER NO RIO DE JANEIRO (1936): UMA LUZ NO CAMINHO

Si l'on construit 6 kilomètres d'autostrades
on a : 6 km × 15 étages d'appartements = 90 kilomètres d'appartements
90 km à 20 m de large = 1 800 000 m² de surface "
Si l'on affecte 20 m² de surface habitable par habitant on loge 1
Logés dans les conditions les plus favorables qui on puisse rêver
Si on loue le m² habitable à raison de 80 francs le m²,
qui représentent à 10 % un capital de 1 ½ Milliard !

Voilà comment on peut gagner de l'argent en urbanisa

Rio dec 1929
Paris juillet 1930
Le Corbusier

...0 000 habitants
...144 millions de revenu annuel

... pas en dépenser !

...rrissement du Boulogne = 160 fr. le m²

$$\frac{1800\,000}{15} = 120\,000 \text{ habitants}$$

× 288 millions.

NOTAS

1. Nos estudos e documentos publicados no século 21, ainda é limitada a significação que os autores outorgam à América Latina, como são exemplo os textos de Jean-Louis Cohen. No gigantesco volume da Phaidon Press só é documentada a viagem de 1929, sem referência alguma à de 1936 no Rio de Janeiro. Ver: COHEN, Jean-Louis. *Le Corbusier 1887-1965. El lirismo de la arquitectura en la era de la máquina*; COHEN, Jean-Louis. *Le Corbusier. Le planète comme chantier*; BENTON, Tim; COHEN, Jean-Louis (org.). *Le Corbusier Le Grand*. Muitos cometem erros crassos, como no livro de Weber, ao escrever: "O governo brasileiro solicitou ajuda a Le Corbusier no desenvolvimento dos projetos para as sedes do Ministério da Educação e do Ministério da Saúde Pública". [No original em inglês: "The Brazilian government asked Le Corbusier to help develop plans for the headquarters for *both the Ministry of Education and the Ministry of Public Health*". WEBER, Nicholas Fox. *Le Corbusier. A Life*]. Maior interesse pela precisão demonstrou a Fondation Le Corbusier: SEGRE, Roberto. Le Corbusier, un jeune et 'vieux Brésilien'.
2. "Foi na Escola Nacional de Arquitetura do Rio de Janeiro onde tivemos contato pela primeira vez com a obra de Le Corbusier. Foi ali que a estudamos, através de seus livros, tentando perceber suas intenções, e tentando descobrir, em cada traço e em cada curva, a sua busca arquitetônica". NIEMEYER, Oscar. Présentation, p. 9.
3. Referimos-nos ao livro de Charles Jencks, que reduz os vínculos de Le Corbusier com o Brasil à sua relação com Josephine Baker. Ver: JENCKS, Charles. *Le Corbusier and the Continual Revolution in Architecture*.
4. Os projetos urbanos e as ideias formuladas no livro *Précisions* estão incluídos no verbete "Territoire", escrito por Giordani. GIORDANI, Jean-Pierre. Territoire. Ver também: WALDEN, Russell (org.). *The Open Hand. Essays on Le Corbusier*.
5. Em 1954, Argan escreveu que "A aparição de Le Corbusier no Brasil marcou uma época, como haviam marcado no Cinquecento a chegada de Serlio na França e no Seicento a volta de Iñigo Jones in Glaterra com os textos de Palladio e Scamozzi". Apud IRACE, Fulvio. Brasil. Por outro lado, Tafuri afirmou: "De 1929 a 1931, con los planes de Montevideo, Buenos Aires, San Pablo, Río y con la experiencia fina del Plan Obús de Argel, Le Corbusier formula la más elevada hipótesis teórica del urbanismo, no superada aún, ni a nivel ideológico, ni a nivel formal". TAFURI, Manfredo; CACCIARI, Massimo; DAL CO, Francesco. *De la vanguardia a la metrópoli*, p. 61.
6. É paradigmático o livro de Fernando Pérez Oyarzún que contém ensaios dos autores citados: OYARZÚN, Fernando Pérez (org.). *Le Corbusier y sudamérica. viajes y proyectos*. A influência exercida na Argentina foi recentemente aprofundada no livro: LIERNUR, Jorge Francisco; PSCHEPIURCA, Pablo. *La red austral. Obras y proyectos de Le Corbusier y sus discípulos en la Argentina (1924-1965)*. GUTIÉRREZ, Ramón; MÉNDEZ, Patricia (org.). *Le Corbusier en el Río de la Plata, 1929*.
7. BRITO, Alfredo. Jayme da Silva Telles. Olhar pioneiro.
8. Comenta Costa: "era alienado em relação à arquitetura moderna. Não vi nada disso na Europa". COSTA, Lúcio. Entrevista a Mário César Carvalho (op. cit.).
9. "Eu era inteiramente alienado nessa época, não fiz questão de ir até lá. Cheguei um pouco atrasado e a ala estava toda tomada. As portas do salão da Escola estavam cheias de gente e eu o vi falando. Fiquei um pouco depois, desisti e fui embora, inteiramente despreocupado, alheio à premente realidade". COSTA, Lúcio. Presença de Le Corbusier (op. cit.), p. 144-154. E ao convidar Le Corbusier, escreveu-lhe: "Durante sua visita ao Rio, em 1929, fui ouvir sua conferência: ela estava na metade, a sala cheia – cinco minutos mais tarde eu saía escandalizado, sinceramente convencido de ter conhecido um 'cabotino'. [...] Nesse meio tempo [...] havia podido pouco a pouco vencer a repugnância que seus livros me inspiravam e de repente, como uma revelação, toda a comovente beleza de seu espírito me ofuscou". Carta de Lúcio Costa a Le Corbusier, 26 jun. 1936. In LISSOVSKY, Mauricio; SÁ, Paulo Sergio Moraes de. Op. cit., p. 93.
10. O papel desempenhado pelos "modernos" não foi muito lúcido. Silva Telles não participou, Warchavchik não foi aos debates e Flávio de Carvalho ficou isolado no escândalo produzido pela sua palestra *A cidade do homem nu*. José Marianno foi o grande vencedor da disputa que culminou na apoteótica festa de *São João na roca*, realizada em sua luxuosa mansão em estilo neocolonial "Solar de Monjope" do Jardim Botânico (hoje demolida). Ver: SANTOS, Paulo F. *Quatro séculos de arquitetura* (op. cit.), p. 102.
11. Na verdade, sua primeira conversão aconteceu em 1924 ao conhecer a arquitetura colonial de Diamantina e ficar impressionado com a simplicidade e honestidade de suas formas, distantes da carregada decoração do estilo neocolonial: "Caí em cheio no passado, no seu sentido mais despojado, mais puro; um passado de verdade, que era novo em folha para mim". Apud COSTA, Maria Elisa. Apresentação, p. 9.
12. BRUAND, Yves. Op. cit., p. 57.
13. "evitar que os 450 futuros arquitetos que estudam na Escola sofressem as consequências da má orientação *que tive, fazer desses 450 rapazes verdadeiros arquitetos*". COSTA, Lúcio. Uma escola viva de Belas-Artes (op. cit.), p. 50.
14. "Esperava-se, assim, subtrair a encomenda à influência de Marcello Piacentini que, no quadro do 'namoro' velado entre o fascismo e o getulismo, fora enviado ao Brasil pelo governo italiano para prestar a sua colaboração no planejamento do novo Campus da Universidade do Distrito Federal". SANTOS, Cecília Rodrigues dos; PEREIRA, Margareth Campos da Silva; PEREIRA, Romão Veriano da Silva; SILVA, Vasco Caldeira da. Op. cit., p. 110.
15. CAVALCANTI, Lauro. *As preocupações do belo* (op. cit.), p. 70. Essa tese não é tão convincente por-

que José Marianno questionou o convite do "astro arquitetônico italiano", ao dizer: "discrepando da decisão do Sr. Capanema, tão arbitrária quanto ilegal, de contratar um arquiteto estrangeiro para fazer o projeto da futura Cidade Universitária". MARIANNO FILHO, José. Viva o Ministro.

16. NAVARRO SEGURA, María Isabel (org.). *Alberto Sartoris. La concepción poética de la arquitectura (1901-1998)*, p. 127. Em 1933 e 1935, Bardi leva a Argentina uma exposição de arquitetura italiana. Ver: MARIANI, Riccardo. *Razionalismo e architettura moderna. Storia di una polemica*, p. 249.

17. VASCONCELLOS, Eduardo Mendes de. Le Corbusier e Lúcio Costa, 'le Maître' e o mestre, ou o intercâmbio de saberes, p. 3. Segundo Oswald de Andrade, "O Brasil, rico de sua própria seiva, mas secularmente assediado por alimento exógeno, necessitava assumir a urgência de uma estratégia regeneradora: devorar o vindo da fora com a sabedoria autóctone do ritual antropofágico, onde se come a carne de outrem, não por corriqueira fome, e sim pelo anelo de retemperar-se nas suas melhores qualidades. Eram a valentia e a potência do guerreiro (*em nosso caso, Le Corbusier, R.S.*) morto que o antropófago almejava reviver em si, ao devorá-lo. O comido fertilizando o comedor – porque comedor sabido na escolha da comida e, mais que tudo, na maneira de comê-la". PONTUAL, Roberto. Antropofagia e/ou construção: uma questão de modelos, p. XII-XXXII.

18. "Aprovado o primeiro projeto, mandava o comodismo e a eficiência fosse a obra atacada sem tardança, reclamaram os próprios autores a sua revisão [...] prevenia a experiência que não se devia confiar a arquitetos novos, sem tirocínio, a responsabilidade de tamanha empresa [...] apesar de se tratar de um belo projeto, tínhamos as nossas dúvidas, e deliberamos submetê-lo ao veredito do mestre". COSTA, Lúcio. Muita construção, alguma arquitetura e um milagre (op. cit.), p. 157-171.

19. Costa afirmou, segundo testemunho de Bardi: "Em torno de mim havia algumas mãos inseguras, conquanto marcadas por evidente antecipação de genialidade". BARDI, Pietro Maria. *Lembrança de Le Corbusier. Atenas, Itália, Brasil* (op. cit.), p. 74.

20. NT – Desemprego.

21. "Le Corbusier era o único que encarava o problema de três ângulos: o sociológico – ele dava muita importância ao social – a adequação à tecnologia nova e a abordagem plástica... era sensível ao regionalismo e era cosmopolita ao mesmo tempo [...] e a sua concepção da Arquitetura como a união entre *la sagesse et l'entreprise*; arte que conjugasse *la raison et la poésie*". COSTA, Lúcio. Presença de Le Corbusier (op. cit.), p. 144-154.

22. Em 21 de novembro de 1929, nas páginas do jornal paulista *Diário Nacional*, Mário de Andrade tinha insinuado essa ideia: "A vinda de Le Corbusier que de fato nos honrava muito, não a sua presença real, mas a realização por ele aqui de alguma grande casa, um palácio para Câmaras, uma Prefeitura, um palácio Salvi, um palácio Martinelli! Mas, como todos entre-selvagens, nós estávamos ainda sob a escravidão ilusionista das palavras, e desservimos um valor tão determinado como Le Corbusier, lhe pedindo palavras, palavras, palavras". ANDRADE, Mário de. Le Corbusier. In ANDRADE, Mário de. *Táxi e crônicas no Diário Nacional*. Organização de Telê Porto Ancona Lopez. São Paulo, Duas Cidades/Secretaria de Cultura, Ciência e Tecnologia, 1976, p. 135-136.

23. É válido supor que certa identificação entre Mussolini e Vargas, no que diz respeito a personalidades fortes, facilitara a presença de seu arquiteto de confiança – Piacentini – no Brasil. Isso justificaria o fato de não terem visitado o país os porta-vozes da vanguarda italiana – Pietro Maria Bardi e Alberto Sartoris – que, entre os anos 1933 e 1936, apresentaram exposições e realizaram conferências na Argentina, Uruguai, Paraguai e Peru. Sobre o tema ver: NAVARRO, María Isabel. Notas biográficas. In NAVARRO, María Isabel. Op. cit., p. 166-173; LIERNUR, Jorge Francisco. *Arquitetura en la Argentina del siglo XX. La construcción de la modernidad*, p. 172.

24. "O Ministro Capanema não se sentia em condições de pleitear nova contratação. Me levou ao Catete e o Dr. Getúlio, entre divertido e perplexo diante de tamanha obstinação, acabou por aquiescer, como se cedesse ao capricho de um neto". COSTA, Lúcio. Relato pessoal, p. 135.

25. Em carta para a família, enviada de Florença em 22 de dezembro de 1926, Lúcio Costa diz: "O italiano, meio perdido, encontrou uma sombra, encontrou Mussolini"; "Os artistas – eternos serviçais de celebridades – o estilizam misturando César com Napoleão". In COSTA, Lúcio. *Lúcio Costa: registro de uma vivência* (op. cit.), p. 44. Ver também: COUTINHO, Wilson. Os anos 30 e 40: as décadas da crença.

26. "Mas deixemos de sonhar com esse belo país imaginário e procuremos considerar este 1937 – caótico e angustiado, cego pela desconfiança, pelo ódio e pelo medo – o melhor dos mundos possíveis". Carta de Lúcio Costa a Le Corbusier, 24 out. 1937. Apud LISSOVSKY, Mauricio; SÁ, Paulo Sergio Moraes de. Op. cit., p. 138.

27. Entre as obras e os autores já citados, devemos incluir o precursor Ernesto N. Rogers, que foi um dos primeiros a reconhecer a validade da nova linguagem do mestre em oposição aos duros ataques de Reyner Banham e Giulio Carlo Argan: ROGERS, Ernesto N. Il sogno ad occhi aperti di Le Corbusier.

28. INGERSOLL, Richard. *A Marriage of Contours*, p. 11; JENCKS, Charles. *Le Corbusier and the Continual Revolution in Architecture* (op. cit.), p. 188. Ambos os autores se referem ao seu interesse por conchas, pedras e figuras femininas, que substituem os *objets-types* pelos *objets à reáction poétique*.

29. Esta categoria é aplicada por Alexander Tzonis e Liane Lefaivre para a arquitetura dos anos 1970, mas também é válida para esta etapa de Le Corbusier. Frampton a define como "vernácula" ou "neobrutalista". Ver: FRAMPTON, Kenneth. *Historia crítica de la arquitectura moderna*, p. 226; FRAMPTON, Kenneth. L'autre Le Corbusier: la forme primitive et la ville lineaire; TZONIS, Alexander; LEFAIVRE, Liane. *La arquitectura en Europa desde 1968*, p. 17.

30. Na primeira viagem à América Latina, em 1929, Le Corbusier se apaixonou por Josephine Baker e no Rio de Janeiro teve um romance com uma jovem mulata, segundo declara em uma carta a Paulo Prado: "despedi-me do continente, num hotel de Copacabana, com uma tarde inteira de carícias com Jandira, a mulata, cujo corpo, juro, é belo, puro, delicado, perfeito e adoravelmente jovem. Ela me disse ser costureira. Calvacanti [sic, o pintor Di Cavalcanti] disse que é cozinheira. Veja o milagre. O imaginário de Corbu encarna toda a América no corpo perfeito e puro de uma cozinheira". Apud CALIL, Carlos Augusto. Tradutores de Brasil, p. 338.

31. CORBUSIER, Le. *Voyage d'Orient. Carnets*; TURNER, Paul V. *La formation de Le Corbusier. Idealisme & Mouvement Moderne*, p. 53.

32. "O sol e a topografia são os elementos mais importantes [...] tenta-se encontrar a linha profunda de cada civilização. Esses são os fatores imanentes que regirão todos os planos". [Na versão espanhola: "El sol y la topografía son los elementos más importantes [...] se intenta hallar la profunda línea de cada civilización. Estos son los factores inmanentes que regirán todos los planes"]. CORBUSIER, Le. *Por las cuatro rutas*, p. 135.

33. COOKE, Catherine (org.). *Architectural Drawings of the Russian Avant-Garde*, p. 115.

34. "1º) o essencial é minha participação eventual na construção do novo Ministério de Instrução Pública". Carta de Le Corbusier a Monteiro de Carvalho, 30 mar. 1936. Apud LISSOVSKY, Mauricio; SÁ, Paulo Sergio Moraes de. Op. cit., p. 57.

35. LARRAÑAGA, Maria Isabel de. Las normativas edilícias como marco de la arquitectura moderna en Buenos Aires (1930-1940).

36. CORBUSIER, Le. Plan Director para Buenos Aires; SEGRE, Roberto. Lo sviluppo urbanistico di Buenos Aires.

37. TALAMONA, Marida. Á la recherche de l'autorité.

38. "Quando convidei Le Corbusier para ir a Roma, o mais explícito dos seus interesses era o de pedir a Mussolini a encomenda de um plano urbanístico de um dos centros então em construção nas Paludes Pontinas, o majestoso empreendimento realizado para sanear um território durante séculos infestado pela malária". BARDI, Pietro Maria. *Lembrança de Le Corbusier. Atenas, Itália, Brasil* (op. cit.), p. 27.

39. QUILICI, Vieri. *L'architettura del construttivismo*, p. 539.

40. "L'équipement du pays, usines, barrages, canaux, manufactures, etc. Voilà pour le travail. Pour les hommes – leur habitation – on va construire 360 villes neuves. On commence déjà [...] Un afflux saisissant de plans: plans d'usines, de barrages, de manufactures, de maisons d'habitation, de villes entières. Le tout, sous un seul signe: tout ce qu'apporte le progrès". CORBUSIER, Le. Atmosphère Moscovite. In CORBUSIER, Le. *Précisions sur un état présent de l'architecture et de l'urbanisme*, p. 261. Na edição brasileira: "O equipamento do país: fábricas, represas, canais, manufaturas etc. Isto quanto ao trabalho. No que se refere aos homens – à sua moradia – serão construídas 360 cidades novas. Tais obras já foram iniciadas, aliás. [...] Um afluxo surpreendente de projetos: fábricas, represas, unidades manufatureiras, moradias, cidades inteiras. Este conjunto se colocar sob um único signo: *tudo o que contribua para o progresso*". CORBUSIER, Le. *Precisões sobre um estado presente da arquitetura e do urbanismo* (op. cit.), p. 253-254.

41. "Los rascacielos neoyorquinos han perjudicado al rascacielos razonable que yo he llamado el *rascacielos cartesiano*". CORBUSIER, Le. *Cuando las catedrales eran blancas (viaje al país de los tímidos)*, p. 83. Em 22 de outubro de 1935, dia seguinte a sua chegada em Nova York, apareceu a nota no jornal *New York Herald Tribune* uma referência a seu comentário: "*skyscrapers not big enough, says Le Corbusier at first sight*". Ver: BACON, Mardges, *Le Corbusier in America. Travels in the Land of the Timid*, p. 39.

42. Com ressentimento, Le Corbusier afirmou: "Satã pode sempre estar por aí. A exposição de 1937 nasceu sob o signo do diabo". [No original em francês: "Satan peut toujours être quelque part. L'exposition de 1937 est née sous le signe du diable". RAGOT, Gilles; DION, Mathilde. Op. cit., p. 180]. "A reação contra a arquitetura moderna será muito mais forte na França burguesa anterior a 1939, impregnada de academismo, do que na Itália fascista". [No original em francês: "La réaction contre l'architecture moderne sera beaucoup plus forte dans la France bourgeoise d'avant 1939, pétrie d'academisme, que dans l'Italie fasciste". RAGON, Michel. *Histoire mondiale de l'architecture et de l'urbanisme modernes*, p. 205].

43. Continha uma exposição ambulante para a educação popular sobre os temas desenvolvidos nos Congressos do CIAM: o urbanismo, as quatro funções básicas da cidade, a habitação e o habitat camponês relacionado à reforma agrária.

44. Foi uma demonstração do totalitarismo que imperava na Europa, prenunciando a tempestade que se aproximava; hoje é lembrado pelo acadêmico *Palais Chaillot* e os monumentais e agressivos pavilhões, colocados face a face, da URSS e Alemanha. Isso foi intuído por Le Corbusier ao publicar um pequeno folheto sobre o pavilhão: CORBUSIER, Le. *Des canons? Des munitions. Merci, des logis S.V.P.*

45. JENCKS, Charles. *Le Corbusier and the Continual Revolution in Architecture* (op. cit.), p. 188.

46. "A questão dos meus honorários pelo trabalho no Rio. De fato, tais honorários não me foram pagos como eu esperava, pela compensação de Londres. O senhor deve lembrar-se de que ofereceu para pagar-me à vista no Rio e eu admiti ser pago por Londres, pois que assim haveria uma grande economia para o governo brasileiro. Não me leve a mal se lhe digo que muito me surpreende o silêncio sobre este assunto". Carta de Le Corbusier a Gustavo Capanema, 9 out. 1936. LISSOVSKY, Mauricio; SÁ, Paulo Sergio Moraes de. Op. cit., p. 124.

47. Le Corbusier escreveu em 1935: "O mundo de hoje está cheio de tumulto. Tudo está coberto de cinzas e corroído pelo desgaste, nossas vidas, nossos corações, nossos pensamentos [...] é preciso substituir a presente brutalidade, a miséria, a necessidade, por aquilo que eu nomeei *alegrias essenciais*". [Na

versão espanhola: "El mundo de hoy está lleno de tumulto. Todo está negro de hollín y roído por el desgaste... nuestras vidas, nuestros corazones, nuestros pensamientos [...] es preciso reemplazar la brutalidad presente, la miseria, la necesidad, por lo que yo he llamado *las alegrías esenciales*". CORBUSIER, Le. *Cuando las catedrales eran blancas* (op. cit.), p. 15.

48. Texto conhecido também no Brasil e citado pelo *Jornal do Comércio* do Rio de Janeiro, ao comentar as palestras de Le Corbusier (30 jul. 1936). Cf. LISSOVSKY, Mauricio; SÁ, Paulo Sergio Moraes de. Op. cit., p. 105.

49. Em artigo publicado em 1932, lia-se: "A Bauhaus, a chamada 'catedral do marxismo', uma catedral que sinistramente brilha como uma Sinagoga [...] estes homens revelam o seu caráter de típicos nômades das metrópoles, que não podem entender o sangue e o solo [...] a nova habitação como instrumento para a destruição da família e da raça". Apud LANE, Barbara Miller. *Architecture and politics in Germany 1918-1945*, p. 162.

50. Ángel Guido, conhecido em toda a América Latina por sua defesa perseverante do Neocolonial, teve uma intensa participação no IV Congresso Panamericano de Arquitetos do Rio, associado a Marianno. À luz da visita de Le Corbusier ao Cone Sul, em 1930 publicou livro em francês – para que pudesse ser lido pelo mestre! – com o intuito de "colocar em alerta os estudantes americanos de arquitetura contra as teorias mecanicistas da arte encarnadas pelo arquiteto Le Corbusier". GUIDO, Ángel. *La Machinolâtrie de Le Corbusier*.

51. A campanha contra Le Corbusier, além das acusações políticas e ideológicas habituais, se baseava na defesa da construção artesanal, contra o uso de técnicas modernas, à luz do desemprego gerado na França por conta da crise de 1929.

52. O movimento era formado por grupos que pertenciam a diversos países ("Left" na Rússia, "Levá Fronta" na Tchecoslováquia) e reunia Hans Wittwer, Mart Stam, Hans Schmidt, Johannes Duiker, Willem Van Tijen, Ernst May, Otto Haesler e outros.

53. Outro comunista, Oscar Niemeyer, questionava essa crítica, que vinha do academicismo identificado com o realismo socialista, ao dizer: "Uns, declarando que realizava obra comunista – quanta ignorância! – que, naquela época, na União Soviética a arquitetura moderna era tida como expressão decadente da burguesia capitalista". NIEMEYER, Oscar. *As curvas do tempo* (op. cit.), p. 46.

54. BORNGRÄBER, Christian. Le Corbusier a Mosca. André Lurçat o questionou em uma conferência em Moscou (1932), ao dizer: "Enquanto ele fala sobre Autoridade, eu falo sobre Ditadura do proletariado [...] fazendo a Ville Radieuse, ele se colocou sobre um plano reacionário e não revolucionário". [No original em francês: "Alors qu'il parle d'Autorité, je parle de Dictature du prolétariat [...] en faisant la Ville Radieuse, il s'est placé sur un plan réactionnaire et non révolutionnaire"]. Jean Lurçat por sua vez proclamou no momento em que Le Corbusier se integrou ao movimento *Front Populaire*, liderado por Louis Aragon e André Malraux: "os tempos novos demandam artes de imitação para que as massas populares se satisfaçam". [No original em francês: "les temps nouveaux réclament des arts d'imitation pour que les masses populaires soient satisfaites". COHEN, Jean-Louis. *Le Corbusier et la mystique de l'URSS. Théories et projets pour Moscou 1928-1936*, p. 264 e 267, respectivamente].

55. MARTÍ, Carles; MONTEYS, Xavier. La línea dura. El ala radical del racionalismo, p. 2. Ver também: MEYER, Hannes. *El arquitecto en la lucha de clases*, p. 71. Meyer, autor de um brilhante projeto para o Palácio das Nações de Genebra (desenho colocado na capa do livro de Frampton), se converte ao realismo socialista, defende o projeto de Iofan para o Palácio dos Sovietes e, na década de 1940, no México, ao vernáculo indígena! Honestidade ideológica ou oportunismo cultural?

56. Ao referir-se às qualidades "ambientais" destas construções populares e provisórias, escreveu Le Corbusier: "o corte das Murondins é especialmente fecundo, porque em todo tipo de implantação, todas as orientações, ele permite que o sol penetre em todos os cômodos. O que é estritamente indispensável, o que é a primeira regra do urbanismo". [No original em francês: "la coupe des Murondins est particulièrement féconde car à toutes les implantations, toutes les orientations, elle permet au soleil de pénétrer dans les locaux. Ce qui est strictement indispensable, ce qui est la règle première de l'urbanisme". Apud DANCY, Jean-Marie. Murondins (Constructions), p. 266].

57. Durante a sua estadia no México, Hannes Meyer criticou a arquitetura "internacionalista" da vanguarda mexicana (O'Gorman), elogiando a expressão "regional" das comunidades indígenas, como uma orientação mais "realista" da arquitetura popular. GORELIK, Adrián; LIERNUR, Jorge Francisco. *La sombra de la vanguardia. Hannes Meyer en México, 1938-1949*, p. 24. Ver também: GORELIK, Adrián. Hannes Mayer e o regionalismo (onde está a periferia?).

58. CORBUSIER, Le. *El espíritu nuevo en arquitectura. En defensa de la arquitectura*, p. 48.

59. São estes fundamentos que motivavam o entusiasmo de Lúcio Costa por Le Corbusier, e o texto escrito a bordo do Zeppelin, em sua viagem ao Rio em 1936, que retomavam os conceitos expressados em *Précisions*, p. 84: "Porque a arquitetura é um evento inegável que surge em um instante de criação no qual o espírito, preocupado com a garantia da solidez da obra, e do cumprimento das exigências do conforto, eleva-se por conta de uma intenção que vai mais longe do que aquela de simplesmente servir e tende a manifestar as líricas potentes que amamos e que nos dão alegria". [No original em francês: "Car l'architecture est un événement indéniable qui surgit en tel instant de la création où l'esprit, préoccupé d'assurer la solidité de l'ouvrage, d'apaiser les exigences du confort, se trouve soulevé par une intention plus élévée que celle de simplement servir et tend à manifester les puissances lyriques qui nous animent et nous donnet la joie"].

60. NIEMEYER, Oscar. Le Corbusier, p. 329.

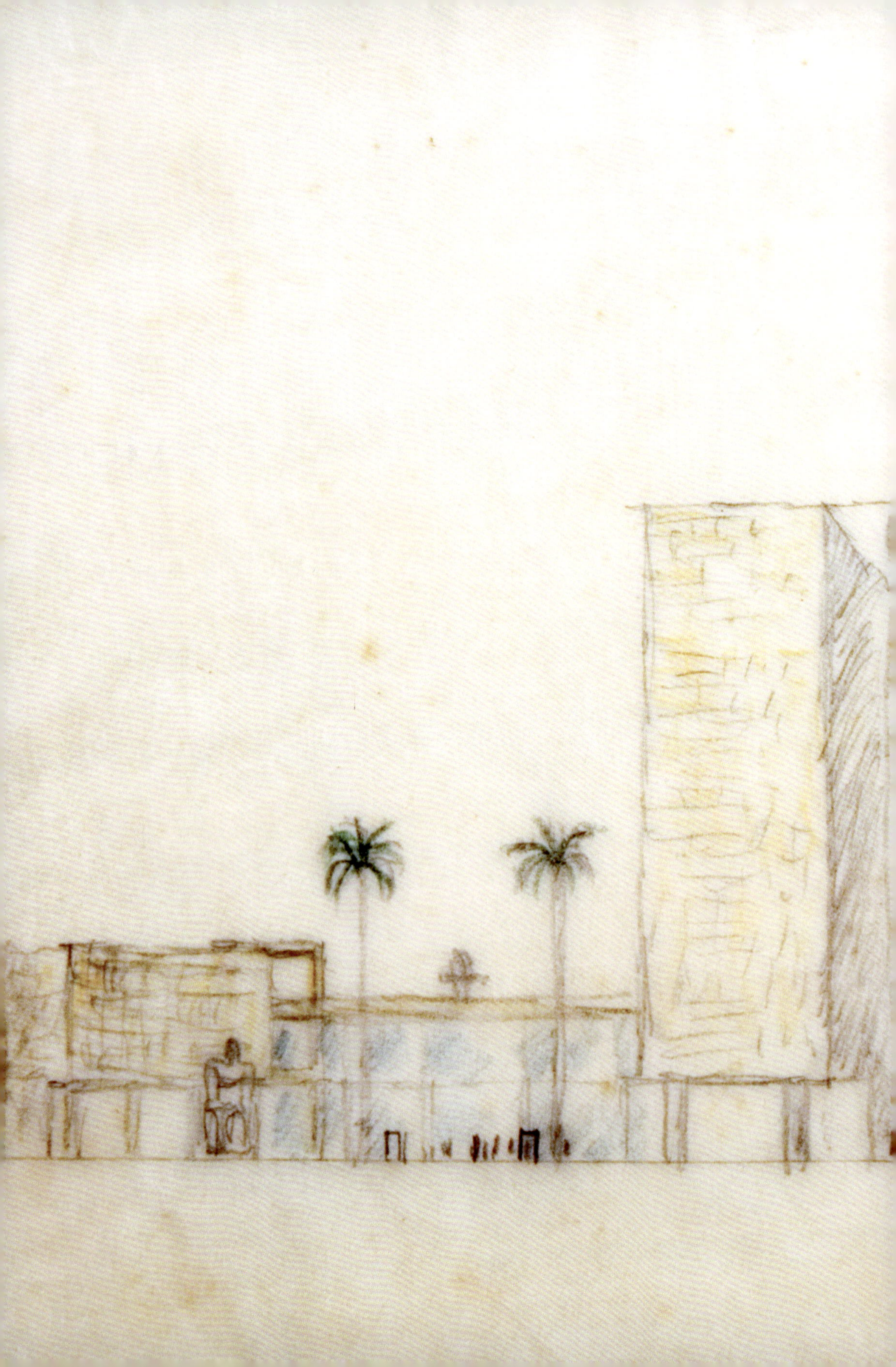

CAPÍTULO 7

OS PROJETOS DO MES: PRAIA DE SANTA LUZIA E CASTELO

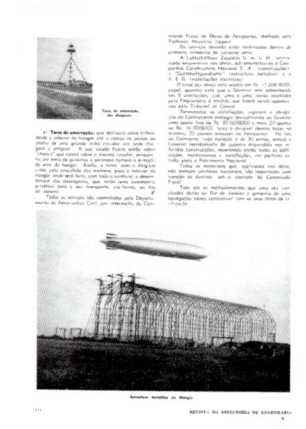

1. AVIÕES, DIRIGÍVEIS E PAISAGENS

Depois de uma viagem silenciosa de cinco dias no dirigível Hindenburg – que lhe permitiu escrever um texto fundamental sobre os vínculos entre a arte e a arquitetura[1] –, Le Corbusier chegou ao hangar de Santa Cruz, situado na zona oeste do Rio de Janeiro (ainda hoje existente), na madrugada do dia 13 de julho de 1936. Hospedado no hotel Glória à beira da Baía de Guanabara, onde realizava sua sessão matinal de natação – como o evidencia sua foto reproduzida até o cansaço[2] –, organizou imediatamente a equipe de trabalho no escritório de Costa, localizado no edifício Castelo (Avenida Nilo Peçanha, 151) no centro da cidade. Durante as quatro semanas que residiu na capital carioca[3], o mestre desenvolveu com o seu proverbial entusiasmo[4] múltiplas tarefas: a) assessorar o projeto do Ministério da Educação e Saúde; b) participar da equipe responsável pela Cidade Universitária; c) ministrar seis palestras – que constituíam a justificação básica de sua visita em termos administrativos e econômicos – concentradas na segunda quinzena de sua estadia (de 31 de julho a 14 de agosto)[5]; d) realizar informes sobre os projetos e as gestões políticas com a Prefeitura, procurando o apoio do engenheiro Marques Porto, Diretor de Engenharia, na Secretaria Geral de Viação, Trabalho e Obras Públicas da Prefeitura do Distrito Federal (com a esperança de obter do prefeito Cônego Olimpo de Melo, que não devia ter o menor interesse de ocupar-se deste problema, a mudança do terreno situado na Esplanada do Castelo para a Avenida Beira-Mar na Praia de Santa Luzia); e) elaborar novas versões de seu projeto urbanístico para o Rio; f) aprofundar o conhecimento da cidade e seus arredores por meio de percursos e visitas, documentados em seus cadernos de notas; g) desenvolver as suas habituais atividades esportivas, recreativas, amorosas[6] e sociais. Cabe aqui uma pergunta: teria ele distribuído harmoniosamente tais atividades em seu ciclo solar de 24 horas ou teria privilegiado algumas delas em detrimento de outras? Manteve um equilíbrio em sua dedicação múltipla à arquitetura, ao urbanismo, à natureza e à teoria?

Com base na análise dos projetos, desenhos e *Carnets* de viagem[7], é possível formular a hipótese de que os temas geográficos e urbanísticos prevaleceram sobre os

Na página anterior, MES, projeto para a Esplanada do Castelo, detalhe da prancha com fachada, Rio de Janeiro, Le Corbusier

Acima, dirigível Hindenburg, publicação na *Revista da Directoria de Engenharia*, Rio de Janeiro, 1936

arquitetônicos, como já tinha acontecido nas suas diversas propostas para Argel[8]. À percepção da paisagem do Rio, evidenciada na representação dos matizes diversos da pródiga natureza, e à familiarização com os tipos populares locais, somaram-se as novas versões do viaduto, desenhadas nos sucessivos croquis realizados durante sua estadia. É evidente que a concepção geral da Cidade Universitária e o projeto de seus edifícios – cuja dimensão urbana já havia sido experimentada no conjunto cultural do Mundaneum (1929)[9] – atingiram um grau mais amplo de elaboração do que as soluções propostas para o ministério. Se compararmos a sequência dos *Grands Travaux* executados entre os projetos do Palácio das Nações em Genebra (1927) e o Palácio dos Sovietes em Moscou (1931); o projeto do MES para o terreno da Praia de Santa Luzia constitui uma proposta menor, com contribuições escassas sobre ideias já formuladas anteriormente. Eram também muito esquemáticos os esboços apressados da adaptação solicitada pelo ministro para o terreno da Esplanada do Castelo, elaborada alguns dias antes de seu regresso a Paris, a ponto de nenhum deles ter sido incluído em sua *Oeuvre Complète 1934-1938*[10].

Ao que se deve essa opção ambientalista do mestre? Desde 1927, ao colocar o Palácio das Nações à beira do lago de Genebra, hierarquizando a significação da paisagem natural e a atmosfera circundante, o entorno imediato assumiu uma importância equivalente ao partido arquitetônico, demonstrando, segundo alguns críticos, um retorno progressivo às origens – a busca do primitivo, o telúrico, o vernáculo e o feminino associado à "mãe terra" – inspirado no pensamento rousseauniano[11]. A aproximação progressiva da natureza, iniciada com a identificação do lugar da casa de seus pais (*père fervent de la nature*) à beira do lago Léman (1923)[12], radicalizou-se no projeto da casa Errázuriz no Chile (1929) e na *Maison aux Mathes* (1935), absorvendo ao mesmo tempo a influência surrealista e a experiência pictórica dos nus femininos[13].

Embora a viagem aos Bálcãs, à Turquia e ao Mar Egeu (1911) o tenha posto em contato com tradições folclóricas e populares tradicionais da Europa e do Oriente, assimilando paisagens clássicas e exóticas, a visão geográfica ainda estava limitada a um âmbito reduzido[14]. A mudança de dimensão aconteceu na América Latina,

Croquis e anotações sobre
o terreno de Santa Luzia, 1936,
Le Corbusier

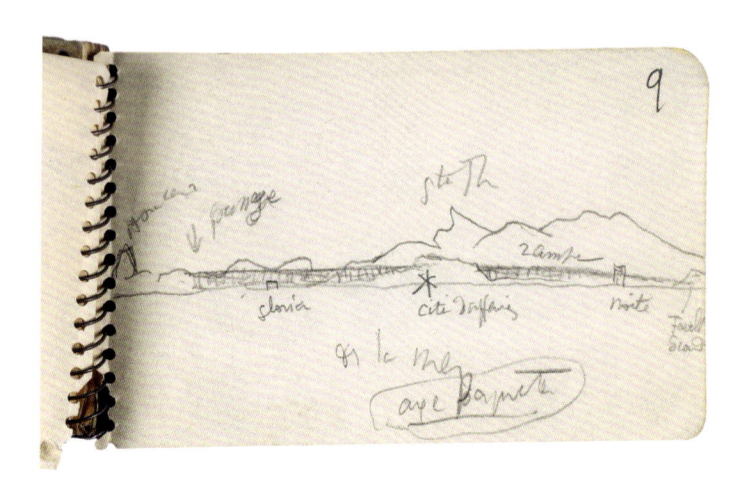

Desenho da paisagem do Rio de Janeiro, 1936, Le Corbusier

não somente por conta da extensão do território, mas pela perspectiva que lhe fora aberta pela observação da diversidade geográfica durante a viagem de avião de Buenos Aires a Assunção no Paraguai, experiência que impactou profundamente o mestre[15]. Ali enfrentou os inesperados contrastes da natureza experimentados no Rio de Janeiro; a imensidão dos pampas; os rios abundantes e seus meandros na Mesopotâmia argentina, que o permitiram elaborar sua tese sobre a lei do meandro, definida pela liberdade das formas da natureza em contraste com a regularidade geométrica dos traçados urbanos[16]. O clímax do entusiasmo pela geografia inusitada do Novo Mundo apareceu em seus textos ao dizer: "Minha cabeça ainda está repleta de América e [...] não havia infiltração europeia alguma nesta massa poderosa de sensações e de espetáculos americanos que [...] sucederam-se, acumularam-se, superpuseram-se numa pirâmide da qual o Rio era o topo e esse topo era coroado, como um fogo de artifício"[17].

Significa, portanto, que a experiência de percorrer os morros, a baía, as praias e as florestas inseridos dentro da cidade motivou as novas visões de uma estrutura urbana baseada na fita horizontal contínua que concentrava as habitações ao longo de percursos sinuosos – "que vai de um morro a outro e que estende a mão, de uma baía a outra"[18] – numa simbiose genial, criativa e emotiva entre arquitetura, urbanismo e natureza, logo desenvolvida detalhadamente nos sucessivos planos Obus em Argel[19]. Ou seja, a percepção da natureza se transformou, além de suas qualidades estéticas, em uma interpretação geradora de projetos urbanos[20].

Ao retornar ao Rio em sua segunda viagem, Le Corbusier estava inteiramente submerso na problemática urbana: no quinquênio 1930-1935 escreveu a *Carta de Atenas*; publicou o livro *La Ville Radieuse* em resposta aos "desurbanistas" russos; tentou obter a encomenda de uma nova cidade na Itália de Mussolini; continuava desenhando soluções para Argel; e elaborou os planos para as cidades de Nemours e Zlin. Ou seja, por um lado ele buscava uma autoridade política[21] sensibilizada com as soluções urgentes aos problemas das metrópoles; por outro, desejava encontrar um promotor – estatal ou privado – que lhe permitisse concretizar suas ideias urbanísticas. O Rio de Janeiro constituía-se em um âmbito propício para isso. Havia acontecido uma revolução política e social que propugnava modernizar o país; a população urbana crescia aceleradamente dentro de estruturas tradicionais e obsoletas; surgia um grupo de jovens profissionais identificados com a vanguarda, que ainda se consideravam fiéis discípulos e ao mesmo tempo associados ao poder estatal[22]. Havia certa esperança em torno do desinteresse que o Prefeito Pedro Ernesto (1931-1936) havia manifestado sobre o Plano Diretor acadêmico de Alfred Agache – embora aprovado em 1931 pela Comissão do Plano da Cidade do Rio de Janeiro –, cuja realização parcial ocorreu posteriormente com Henrique Dodsworth (1937-1945) e a abertura da Avenida Presidente Vargas[23]. A expansão da cidade, com as novas funções propostas – o novo centro administrativo no Castelo, o aeroporto no Aterro do Flamengo e a Cidade Universitária na Quinta da Boa Vista – requeria a definição de eixos viários e estruturas urbanas renovadas que justificariam a participação do mestre.

Além disso, ele continuava fascinado com a multiplicidade de fatores que compunham a paisagem do Rio: a conjunção de morros sinuosos, praias brancas, mar azul, baía de contornos irregulares, florestas exuberantes com a cidade entrelaçada a esses atributos originários. Foi deixada de lado a terra de ninguém, o vazio geográfico que acolhia as propostas abstratas teóricas da Cidade de Três Milhões de Habitantes ou a Ville Radieuse. Nem havia sinais factíveis, por conta da manutenção dos efeitos da Grande Crise de 1929, dos arranha-céus do Plano Voisin ou das torres cartesianas imaginadas frente ao porto de Buenos Aires. A decepção e a amargura que surgiram após a viagem aos Estados Unidos (1935), quando da não realização de uma encomenda arquitetônica, produziram certo distanciamento da imagem esquemática do edifício alto como solução universal[24].

O racionalismo abstrato identificado com o silêncio e a solidão da estepe e o deserto que dominavam o eremita – o *Lobo da estepe* de Herman Hesse (1927) – foram substituídos pela vitalidade ativa e a propagação das novas verdades, influenciado por *Assim falava Zaratustra* (*Also Sprach Zarathustra*, 1885) de Nietzsche[25]. Assumiu a imagem do predicador ativo e dinâmico que, ao descer da montanha, descobre a maldade da cidade tradicional controlada pelos mercadores e retorna à natureza, tentando difundir as suas ideias entre os discípulos que o rodeiam[26]. Diversos ensaístas – H. Allen Brooks (1997), Jean-Louis Cohen (1999), Charles Jencks (2000)[27] – vincularam Le Corbusier a Nietzsche, porém não associaram a metáfora do Anticristo com o discurso urbanístico de Le Corbusier no Rio de Janeiro, talvez por conta da aversão evidente de Zaratustra pela cidade grande. Entretanto coincidia com o filósofo alemão em sua cruzada contra um mundo maligno, forjado por interesses econômicos inescrupulosos, propondo uma nova ordem baseada na simbiose entre homem, natureza e imagem inédita da cidade, questionando o conservadorismo da academia, o historicismo, a rigidez das estruturas tradicionais e a mediocridade generalizada. O profeta, a partir dos morros, intuiu a necessidade de uma ação criadora sobre-humana, demiúrgica, que conformasse o habitat do futuro como expressão da integração socionatural, contrária ao individualismo exacerbado do capitalismo industrial[28], e parte integral do sistema geográfico cujo território fosse forjado pela divindade.

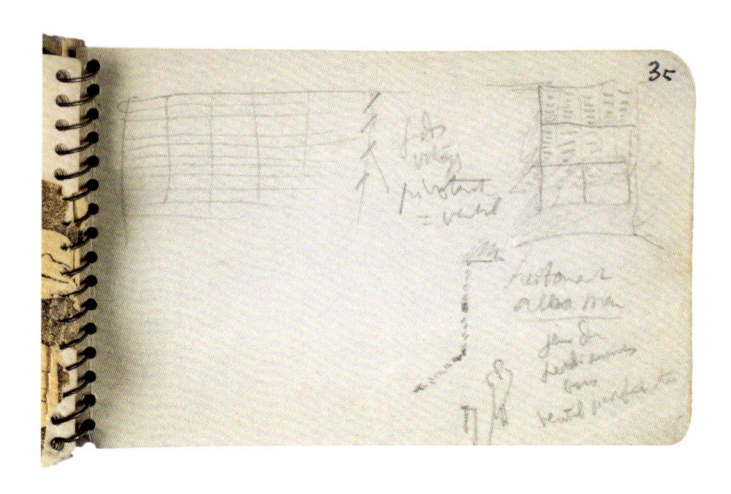

Sua visão, entre mágica e profética, abandonou a estrutura racional homogênea do sistema urbano, substituindo-a por uma geometria livre e multiforme[29], associada à sensualidade expressiva do lugar e suas mulheres, permitindo-lhe imaginar a imensa "máquina biomórfica" – segundo Tafuri – síntese do homem-natureza e arquitetura-paisagem[30]. As formas puras apolíneas de Platão e o ascetismo calvinista herdado de seus antepassados foram substituídas pelas figuras orgânicas livres surgidas no Rio, reveladoras da simbiose entre o gesto dionisíaco e a memória histórica[31], que culminaram com os edifícios lâmina curvos de Fort l'Empereur, integrados ao Plano Obus A de Argel (1932)[32]. Finalmente, à beira do mar, diante da Baía de Guanabara, com sua tradicional paixão e vontade irredutíveis, como Quixote contra os moinhos de vento, congregou os discípulos para levar adiante a cruzada pela arquitetura e o urbanismo modernos no Brasil[33]. Apesar de seu reconhecido individualismo, também acreditava nos frutos da transmissão da sua doutrina e de sua experiência prática[34]. Não teve de que se queixar da semente espalhada no Rio de Janeiro[35].

MES, projeto para o terreno de Santa Luzia, croquis de estudo, Rio de Janeiro, 1936, Le Corbusier

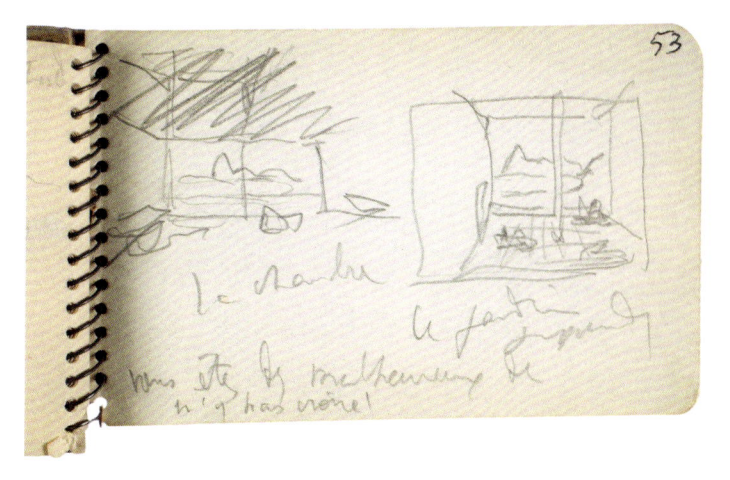

2. INCÓGNITAS A ESCLARECER

Costa e sua equipe esperavam ansiosamente a chegada de Le Corbusier para submeter o projeto do MES a críticas imprevisíveis e severas. Já eram conhecidos os julgamentos nem sempre favoráveis emitidos pelos assessores de Capanema. Por isso, na última carta escrita a Le Corbusier com o intuito de esclarecer-lhe as tarefas a serem realizadas no Rio, Costa solicitou que não fizesse comentários negativos em público[36]. De acordo com essas orientações, no informe a Capanema, o mestre afirmou: "Este projeto pode ser classificado por seu valor arquitetônico dentro dos melhores que já se fizeram até hoje não importa em que país"[37]. Entretanto, de forma privada, apesar de reconhecer a aplicação ortodoxa de seus cinco pontos, questionou a simetria rígida e o caráter maciço da composição, o projeto equivocado dos brise-soleils da fachada – nos quais não havia sido assimilada sua experiência nos projetos de Argel[38] – e o aspecto acadêmico da escada monumental de acesso ao salão de conferências. Essas observações motivaram o apelido irônico de Múmia dado ao edifício.

A partir da crítica ao projeto, o mestre deveria ter elaborado juntamente à equipe brasileira as mudanças necessárias para conseguir uma nova solução. Isso, no entanto, não aconteceu: a Múmia ficou de molho. Le Corbusier questionou o terreno indicado para o ministério e dedicou-se à busca de outro lugar para realizar um projeto alternativo[39], declarando, entretanto, que não era uma solução nova, apenas uma modificação que mantinha a essência do projeto realizado pelo grupo: "Eu simplesmente abri as asas de seu edifício"[40]. Por que essa insistência em mudar de terreno? Por que não tentou, com a equipe, transformar a Múmia conservando sua localização na Esplanada do Castelo? Por que não propôs uma torre monumental como já havia projetado em Buenos Aires e Argel[41], esforçando-se em obter a alteração da legislação urbana? Por que concentrou o seu esforço em uma solução diferente com a participação direta de Niemeyer como desenhista em vez de tentar dar continuidade à Múmia? Por acaso as plantas elaboradas para o ministério não representariam o resultado de um mês intenso de trabalho de uma equipe com o mestre?[42] No terreno das conjeturas, é pertinente formular algumas hipóteses para responder a essas interrogações.

MES, projeto para o terreno de Santa Luzia, croquis de estudo, Rio de Janeiro, 1936, Le Corbusier

Não há dúvida que o projeto da Cidade Universitária teve maior significação, tanto para Le Corbusier quanto para Costa e sua equipe. Em primeiro lugar, desde o início de sua gestão, Capanema definiu como tarefa prioritária do ministério organizar o ensino universitário do Brasil, ainda precário e disperso em diferentes instituições[43]. Enquanto o Palácio da Cultura já estava projetado e sua solução moderna aprovada, a sede da Universidade do Brasil, após infinitos debates e muitas propostas de localização – a Praia Vermelha por Agache, a Lagoa Rodrigo de Freitas por Costa, e finalmente os terrenos da Quinta da Boa Vista[44] – deveria surgir de acordo com as reformas educacionais que seriam implementadas em todo o país[45]: por isso o convite enviado a Marcello Piacentini, autor da Cidade Universitária de Roma, e o posterior projeto solicitado ao seu escritório, elaborado com seu assistente Vittorio Morpurgo, após terem sido rejeitadas as propostas de Le Corbusier e Lúcio Costa.

Em segundo lugar, para o mestre, a dimensão complexa do projeto do campus constituía um desafio maior que o edifício do MES. Este já era uma realidade, definido pela equipe de discípulos e seguidores: com eles não havia contradições conceituais ou estéticas essenciais. Tratava-se somente de melhorar uma solução alcançada, sem alterações complexas. Pelo contrário, na Cidade Universitária o enfrentamento era radical: mais uma vez, ali se desencadeava a batalha contra a Academia. Teria que lutar "mano a mano" com Piacentini[46], um dos principais líderes europeus do classicismo monumental. Por isso Le Corbusier, com a equipe de arquitetos[47], elaborou uma resposta madura, contrapondo as detalhadas imagens clássicas e historicistas dos italianos[48]. Ele não perdeu as esperanças, após sua partida, de conseguir superá-los e concretizar o projeto, como demonstram as sucessivas cartas enviadas a Capanema entre 1936 e 1939[49].

Em relação à cidade do Rio, a admiração que sentia pela irregularidade de seu traçado, a dimensão informal dos fatores definidores da paisagem cuja liberdade e originalidade forjaram em 1929 a imagem da cidade contínua, faziam com que ele rejeitasse o rígido academicismo do Plano Agache. Embora na palestra inaugural em sua primeira visita tenha feito um elogio a Pereira Passos[50] e sua intervenção urbanís-

MES, projeto para o terreno de
Santa Luzia, croqui do hall de
entrada, Rio de Janeiro, 1936,
Le Corbusier

tica na capital, questionava a proposta do colega parisiense. Se Passos era êmulo de Haussmann na criação dos grandes traçados da cidade moderna, Agache representava a persistência da estrutura compacta que o mestre combatia, como ficou evidente nos desenhos sobre a evolução de Buenos Aires que elaborou em 1929[51]. Ao referir-se à solução final do MES, cujas plantas e maquetes Costa lhe enviou em 1937, elogiou a proposta arquitetônica, lamentando-se do entorno que a acolhia, considerando-a como uma "pérola em meio ao lixo agachiano"[52]. Poderia Le Corbusier dialogar com um contexto que ele rejeitava – o contexto acadêmico que queria manter uma tradição obsoleta e alheia aos desafios da modernidade?[53] Poderia ter tomado uma postura urbanística que eliminaria os acidentes geográficos e nivelaria a cidade para organizar um sistema de eixos e núcleos, opostos à essência paisagística do Rio?[54] Era pertinente aprovar o injustificado desmonte do Morro do Castelo[55] com todos os seus edifícios coloniais, intervindo brutalmente na topografia original de acordo com uma falsa ideia de modernidade? Seria correto construir, em um espaço destinado ao surgimento da monumentalidade burocrática, a representação estática do poder que ele sempre rejeitou?[56] Faria sentido propor um arranha-céu cartesiano num contexto compacto de ruas e edificações sem os habituais espaços verdes que deveriam rodeá-lo? Por outro lado, seria ele capaz de trabalhar com outros profissionais em termos de igualdade ou somente poderia manter com eles uma relação de mestre e discípulos?[57]

3. AVENIDA BEIRA-MAR: A FASCINAÇÃO DO LUGAR

Para o mestre, a dinâmica identificadora da modernidade estava associada aos novos meios de comunicação que aproximavam entre si as geografias distantes. Enquanto Agache cobria a Esplanada do Castelo com edifícios públicos e administrativos ecléticos, regularizando a margem da baía usando passeios arborizados e avenidas retilíneas de palmeiras reais, Le Corbusier relacionava as suas visões arquitetônicas com o futuro aeroporto localizado no centro da cidade, a irregularidade do contorno da Baía da Guanabara e a imagem persistente dos dois ícones naturais: o Pão de

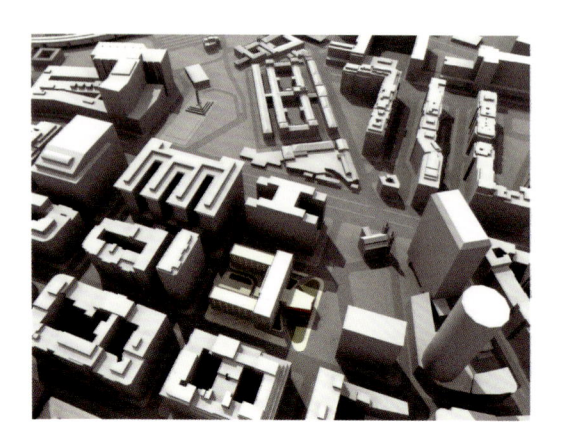

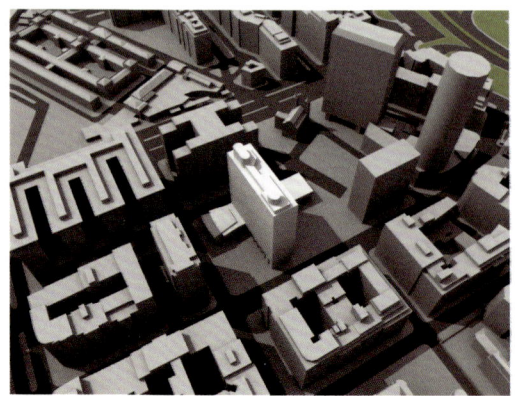

Açúcar e o Corcovado. Imaginava uma nova estrutura urbana definida pelas relações espaciais entre os ícones modernos, localizados em escala territorial. Não imaginou o MES e a Cidade Universitária como elementos isolados, porém articulados entre si por uma cadeia de funções culturais: propôs um eixo que começava nos ateliês juvenis, seguido pelo Museu do Crescimento Ilimitado e a Faculdade de Arquitetura e terminava no MES[58]. Contrário a projetar sua proposta do MES no terreno original, buscou um terreno à margem da baía e encontrou um espaço livre sem construções adjacentes, próximo do aterro do aeroporto, na Avenida Beira-Mar em frente à Praia de Santa Luzia. Era constituído por um quarteirão triangular estreito de aproximadamente 300 metros de longitude, definido em seus lados maiores por uma rua curva e a avenida citada[59]. Esperança criada pelo Mestre, diante do entusiasmo de Marques Porto, funcionário da Prefeitura, que prometeu facilitar a disponibilidade do terreno, negociando com as autoridades máximas do governo municipal[60].

Sobre ele implantou um bloco horizontal de 200 metros de longitude e oito andares de altura, apoiado completamente sobre os pilotis de quatro metros de altura, proposto como um desdobramento da Múmia, com suas alas laterais abertas sem alterar a estrutura funcional da solução de Costa e equipe. O volume principal era atravessado por um eixo perpendicular menor, colocado assimetricamente, formado pelo trapézio baixo abobadado do teatro, situado na fachada norte e o novo salão de exposições, solicitado pelo ministro, orientado à direção sul. Entretanto, aconteceram mudanças substanciais no caráter e organização dos espaços. Não convém reiterar aqui a descrição do projeto, já suficientemente estudado por Comas (1998)[61], porém analisar alguns atributos ainda pouco ressaltados.

O primeiro enunciado do partido arquitetônico consistiu em despojar o ministério de toda expressão monumental[62]: a identificação como edifício público provinha do isolamento, da pureza geométrica dialogando com a paisagem[63] – que é realmente o componente monumental da composição – e da apropriação visual do espaço externo – a baía da Guanabara, o Pão de Açúcar e o Corcovado – por parte dos funcionários e os usuários do edifício[64]. Entretanto, existia uma monumentalidade virtual, quase

Simulações da Múmia e do
projeto definitivo no contexto
urbano atual

imperceptível visualmente, porém definida pelo mestre: o piso retangular de granito colocado na área que se debruçava à baía e disposto simetricamente em relação ao bloco, que delimitava o espaço cerimonial do ministério. As formas geométricas livres que subdividiram o terreno foram regularizadas pelo plano horizontal, implantado simetricamente em ambos os lados do eixo principal; cuja composição era definida pela indicação de dois eixos menores, marcados pela presença da continuidade teatro-salão de exposições e a localização da escultura *Homem Brasileiro*, colosso sentado de dez metros de altura, semelhante ao *Colosso de Memnon*, obra do escultor Celso Antônio (1896-1984). O colosso constituía o marco referencial do âmbito público das congregações populares ou patrióticas.

É notável a importância outorgada pelo mestre à espetacular paisagem num ato de contemplação, de êxtase, face à incomensurabilidade da natureza circundante: o desenho reiterativo do funcionário sentado diante da janela – assumida na sua significação urbanística[65] – que emoldura o Pão de Açúcar está na mesma posição que a figura escultórica. Assim como o homem de granito, já não estava erigido sobre um pedestal acadêmico e distante; o homem cotidiano no interior do ministério distanciava-se da posição erguida perretiana, envolvido em si mesmo num sofá cômodo, numa fruição visual da beleza da paisagem[66]. Essa imagem metafórica representava a identidade entre o passado e o Brasil futuro que se desejava construir[67].

O segundo enunciado manifesta-se na dimensão urbanística do edifício. O projeto não se caracteriza como uma solução fechada e introvertida como a Múmia, porém materializa no espaço natural um fragmento arquitetônico, cuja forma não possui início nem fim. Carece dos atributos formais e volumétricos complexos do Palácio das Nações de Genebra ou do Centrosoyus, entretanto, ao criar a lâmina horizontal suspensa no ar por pilotis apoiados ao longo de três quarteirões, Le Corbusier estava construindo um trecho do viaduto ou, segundo Comas, um segmento do *rédent* da Ville Radieuse, signo referencial do sistema arquitetura-cidade-natureza[68]. O partido baseado num bloco único – com os serviços nos extremos, identificados por dois volumes salientes cobertos por brise-soleil – articulado com o auditório e o salão de expo-

MES, projeto para o terreno de Santa Luzia, croqui do sistema de circulação no térreo, Rio de Janeiro, 1936, Le Corbusier, publicação no livro *Le Corbusier. Oeuvre Complète 1934-38*

sições localizados perpendicular e assimetricamente em relação ao eixo da lâmina, poderia ser repetido *ad infinitum*, assim como a extensão ilimitada da Ville Radieuse.

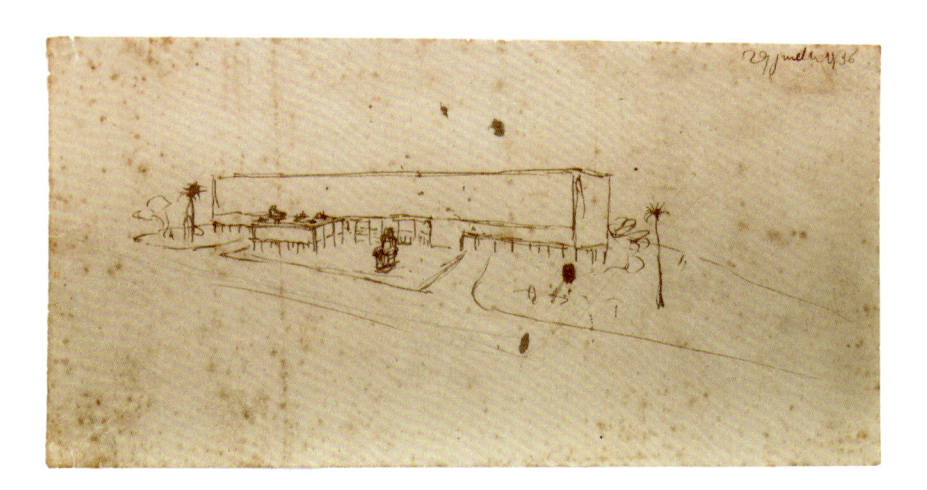

O croquis da planta geral da *Oeuvre Complète 1934-1938* detalha as circulações de veículos que o atravessam em ambas as direções, tanto sob o volume principal e o auditório quanto na área de estacionamento sob os pilotis da base[69], privilegiando o valor urbano do ministério e sua inserção no novo sistema viário imaginado para a cidade. Porém, ao mesmo tempo constituía uma construção metafórica da futura urbe, já que as ruas virtuais que atravessam o edifício não resolveriam nenhuma exigência concreta de circulação. O acesso de veículos principal ao ministério dava-se pelo sistema de avenidas estabelecido no Plano Agache, basicamente por meio da futura Avenida Antônio Carlos e da Avenida Beira-Mar até as margens da baía. Nega-se assim a herança histórica: apesar da proximidade com os quarteirões da Esplanada do Castelo, não dialoga com esse tecido, mas lhe dá as costas. A lâmina, apesar de conter o acesso principal orientado ao Rio, é praticamente cega na fachada norte, identificada pela parede maciça perfurada – assim como no pavilhão suíço, no Centrosoyus e na Múmia – e pelos brise-soleils das áreas de serviço que definem os volumes salientes, alterando sua pureza geométrica. O conceito do *non finito* (de Michelangelo) é evidente nesse projeto ao deixar imprecisa a imagem da base. O fragmento de guarda-corpo fechado, que apoia visualmente o pano de vidro que se abre à baía, tem uma colunata aberta na fachada norte, carente de uma função definida nos desenhos das plantas: somente atua como leve apoio ao muro maciço perfurado.

Le Corbusier não renunciava aos conteúdos formais e espaciais do fato arquitetônico. Diversas caracterizações do projeto evidenciam as suas buscas: o estudo das proporções assumidas da herança clássica; as relações de simetria já analisadas; os traçados reguladores e a ênfase nas transparências espaciais e visuais[70]. Um croquis elaborado pelo mestre demonstra a aplicação da proporção áurea na definição das dimensões do volume e sua espessura. Também repete o tradicional sistema tripartido, proveniente das obras anteriores: base (os pilotis); o *piano nobile* (volume principal) e cobertura (teto-jardim)[71]. Porém, sem dúvida alguma, a contribuição mais

MES, projeto para o terreno de Santa Luzia, perspectiva do conjunto, Rio de Janeiro, 1936, Le Corbusier importante que despertou a atenção da equipe do MES foi a manipulação da riqueza espacial que articulava o vestíbulo de acesso com o salão de exposições, baseado nas transparências conseguidas com a perfuração do bloco e a orientação múltipla das visuais sobre a paisagem. Esta era a grande protagonista do projeto: os visitantes do salão de exposições os funcionários e o ministro, todos olham persistentemente em direção ao Pão de Açúcar emoldurado à distância, como tela de fundo do cenário natural, cuja perspectiva é definida pelo plano horizontal de granito da praça monumental, que é continuada pelas águas azuis da baía. A conexão entre o vestíbulo e o salão de exposições, indicado pelo plano inclinado da ampla escada de acesso, acolhia as colunas de altura dupla – logo retomadas por Niemeyer na proposta definitiva do MES – que apoiavam o volume do salão e o terraço-jardim situado em frente ao escritório do ministro. Entretanto, Le Corbusier não deu grande importância a essas colunas, como se demonstra na representação errônea nos croquis internos do vestíbulo: somente aparecem indicadas na vista geral da fachada principal.

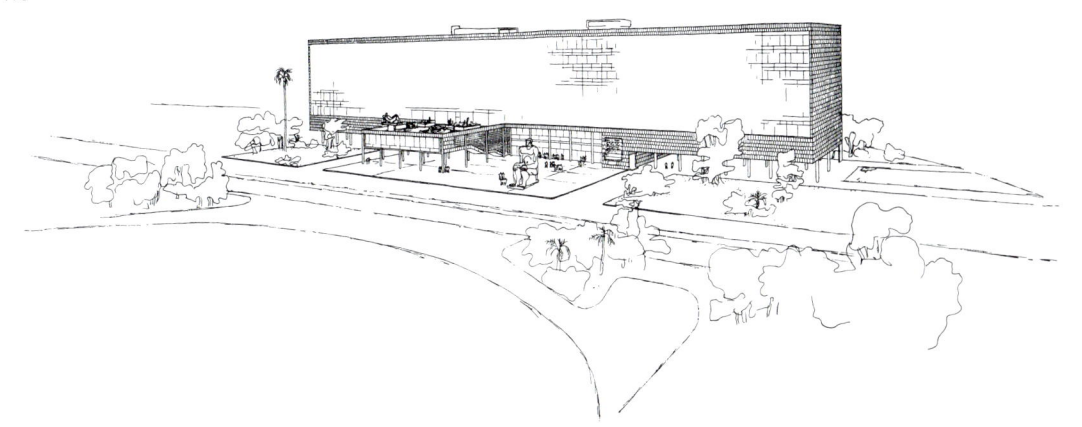

Se compararmos as representações de ambos os projetos – a Múmia e o da Avenida Beira-Mar – observamos que, no primeiro, o entorno urbano ou as visuais a partir do edifício não estão presentes nas perspectivas que ilustram a proposta: predomina o princípio da introversão na leitura do edifício. Ao contrário, nos riscos rápidos que definem o projeto do mestre, com exceção da perspectiva do conjunto do ministério, todos os desenhos definitivos – com certeza realizados por Niemeyer – se organizam como uma sucessão de enquadramentos fotográficos[72] sobre a paisagem externa a partir dos espaços internos. Como afirma Colquhoun[73], as fachadas não constituem uma superfície material definida, mas "fronteiras críticas e ambíguas" entre o exterior e o interior, que negam a materialidade e a definição do espaço construído, hierarquizando a vivência perceptiva do indivíduo, em sua constante mobilidade dentro de um âmbito contínuo e indiferenciado. Entende-se então a primazia de Le Corbusier dada ao tema da *fenêtre en longueur*, face transparente do cubo em perspectiva do cômodo, de onde o usuário usufrui a paisagem com uma vista panorâmica[74].

Esse relacionamento intenso com a natureza, tanto na habitação quanto em um

MES, projeto para o terreno de Santa Luzia, perspectiva do conjunto, Rio de Janeiro, 1936, Le Corbusier, desenho de Oscar Niemeyer para projeto de Le Corbusier publicado no livro *Le Corbusier. Oeuvre Complète 1934-38*

edifício ministerial, constitui uma metáfora da democracia e da alegria do trabalho, baseados na ética e na estética representadas pela unidade e integração das funções vitais e saudáveis da esfera cotidiana, sejam recreativas, de trabalho, culturais, sociais ou individuais. Ao desaparecer supostamente o trabalho alienado, que o mestre reduz a quatro horas em seu ciclo solar[75], e quando se homogeneízam e se diluem os rituais da vida comunitária, os símbolos hierárquicos identificados com a monumentalidade arquitetônica se distanciam da sociedade moderna, dinâmica, baseada nas comunicações, nos fluxos e nos deslocamentos. O espaço público estava sendo priorizado sobre o privado; a clareza e a nitidez das ações políticas e administrativas realizadas sob a luz do sol imperavam sobre a introversão, a ocultação, a escuridão e o silêncio, associados à mentira e ao engano. Por isso o ministro não ficava isolado dos funcionários, não se identificava pelos salões luxuosos nem pelos corredores labirínticos, mas pela presença do terraço-jardim, ou seja, pela expressão de um contato mais privativo com a paisagem circundante. Sem dúvida alguma Le Corbusier antecipou intuitivamente a globalização e a tão ansiada democratização dos sistemas políticos, que após profundas fissuras, voltariam a se encontrar no final do século 20.

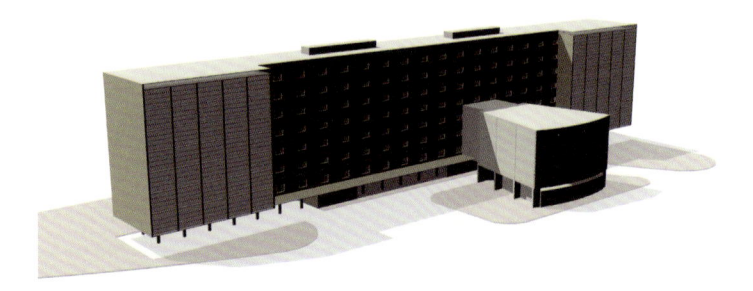

Outra contribuição significativa do mestre foi sua insistência em integrar a arquitetura a diversas manifestações plásticas, que timidamente já estavam presentes na Múmia[76]. A gigantesca estátua do *Homem Brasileiro* que presidia a esplanada sobre a baía na frente principal do edifício, constituiu-se em referente simbólico, visível em quase todas as perspectivas desenhadas por Niemeyer. Durante sua estadia no Rio, as visitas aos bairros populares, sua admiração pelas favelas e seus habitantes, as mulheres e os monumentos coloniais o fizeram descobrir cores, materiais e detalhes ornamentais que chamaram a sua atenção: elogiou os azulejos portugueses de cor azul da pequena igreja de Nossa Senhora da Glória, que desenhou em seus *Carnets*, e sugeriu que elementos similares fossem incluídos na base do ministério. Interessou-se também pela variedade de granitos locais, particularmente pelo gnaisse, utilizado nos batentes em pedra das residências tradicionais e usado nos meios-fios das calçadas; que naquela época era pouco valorizado pelos arquitetos cariocas. Em seus

Simulação do projeto do MES para o terreno de Santa Luzia, primeira versão do projeto, proposta de Le Corbusier percursos, desenhava as soluções espontâneas de cobertas, sistemas de proteção solar, revestimentos cerâmicos, relacionados com as suas preocupações climáticas e conforto ambiental. Não é por acaso que dentro da equipe, apesar de reconhecer o talento de Niemeyer – o seu principal colaborador – e de coincidir com Lúcio Costa nas formulações conceituais da arquitetura moderna, tivesse maior afinidade com Carlos Leão, talvez o mais regionalista e com vocação artística do grupo. A predileção fica clara quando Le Corbusier elogia a casa de sua mãe em Laranjeiras[77], cujos atributos vernaculares predominavam sobre a ortodoxia racionalista, demonstrando um distanciamento da estética das "caixas brancas", ainda hegemônica nos desenhos dos outros membros da equipe.

4. CASTELO: UMA SOLUÇÃO APRESSADA

No informe apresentado ao ministro em 10 de agosto de 1936, fundamentando o projeto da Avenida Beira-Mar, Le Corbusier escreveu: "Estou convencido de que o palácio, situado neste local, irá tornar-se alvo de admiração, pois a forma do terreno permite proporcioná-lo de acordo com as mais belas regras da arquitetura"[78]. No dia seguinte, Capanema lhe transmitiu o seu entusiasmo pela beleza do projeto, porém lhe informou que não garantia a obtenção daquela área, solicitando-lhe sua adaptação ao terreno de Castelo[79]. Em poucos dias, antes de sua partida definitiva no dia 15 de agosto, sem ter concluído o ciclo de palestras, fez os desenhos de várias plantas, algumas elevações e uma perspectiva do novo projeto[80]. O esquematismo e a indefinição sobre importantes detalhes funcionais e formais, sem dúvida, não lhe satisfaziam – decepcionou também os membros da equipe[81] –, por isso nunca se interessou em difundir essa alternativa, eclipsada pela brilhante solução final baseada nas sugestões de Oscar Niemeyer. O fato curioso e inconcebível diante da dimensão ética e criativa do mestre foi a apropriação e difusão do projeto da equipe brasileira como se fosse de sua autoria, com desenhos a mão realizados *a posteriori* sobre fotos da maquete que fora apresentada na Exposição do Estado Novo em 1938[82].

Simulação do projeto do MES para o terreno da Esplanada do Castelo, segunda versão do projeto, proposta de Le Corbusier

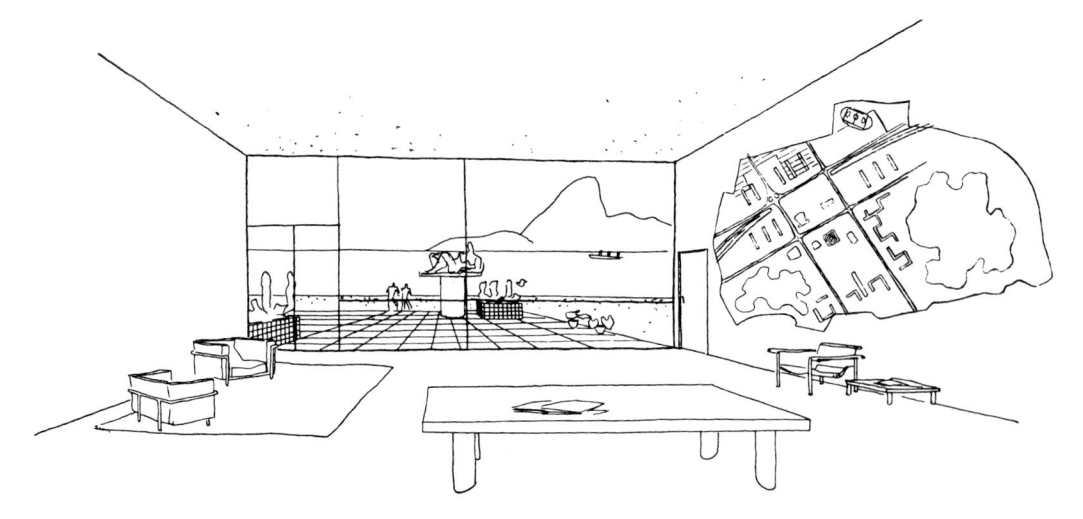

MES, projeto para o terreno de Santa Luzia, perspectiva do interior da sala do ministro, Rio de Janeiro, 1936, desenho de Oscar Niemeyer para projeto de Le Corbusier publicado no livro *Le Corbusier. Oeuvre Complète 1934-38*

Por conta da diminuição do terreno – o quarteirão do Castelo media 71m x 91m – e impossibilitado de superar a altura reguladora de dez andares, Le Corbusier teve que colocar o volume dos escritórios sobre a lateral do terreno no sentido mais longo, paralelo à Rua Graça Aranha, cuja proximidade com os edifícios construídos na calçada oposta criava uma *rue corridor* que ele tanto combatera. O salão de exposições e o teatro foram colocados perpendicularmente, quase no final do bloco, conformando uma planta em L, estando o bloco mais curto sobre a Rua Pedro Lessa com o objetivo de manter uma área do quarteirão livre para as cerimônias oficiais – presididas pela estátua do *Homem Brasileiro* – aberto à confluência das ruas Araújo Porto Alegre e da Imprensa. A generosidade da praça pública – que antecipa sua presença na solução definitiva – constitui a principal contribuição desse projeto; não somente por seu caráter funcional, mas principalmente pelo distanciamento necessário do MES do peso dos edifícios do Trabalho e Fazenda.

Embora os croquis sejam pouco explícitos, evidencia-se a intenção de conservar tanto a caracterização das funções básicas e sua expressão volumétrica – as formas puras que identificam o volume dos escritórios, o espaço intermediário do acesso e do salão de exposições e o volume trapezoidal do teatro – quanto às transparências do bloco principal de escritórios sobre pilotis, elaborado para a Avenida Beira-Mar. Enquanto este é quase cego na fachada oeste (Rua Graça Aranha), com a parede perfurada pelos orifícios que iluminam os corredores de circulação e a área de brise-soleil sobre os serviços; a superfície integral de vidro da fachada leste (que receberia uma dose considerável de sol) se debruça sobre a praça, separada do volume por uma fileira de palmeiras reais que marcam a direção dos visitantes à entrada principal. O caráter aéreo do espaço do vestíbulo e as suas diretrizes diagonais, criadas pela ampla escada de acesso ao salão de exposições que orientavam as visuais à baía e ao Pão de Açúcar, eram nesse caso, retificadas pela construção de eixos perpendiculares de acesso ao vestíbulo e teatro. Um desses eixos, proveniente da Rua Araújo Porto Alegre, definido como o acesso principal ao ministério, assumia uma rigidez clássica enfatizada pelas palmeiras reais que atravessam o vestíbulo; o outro, a partir da Rua Graça

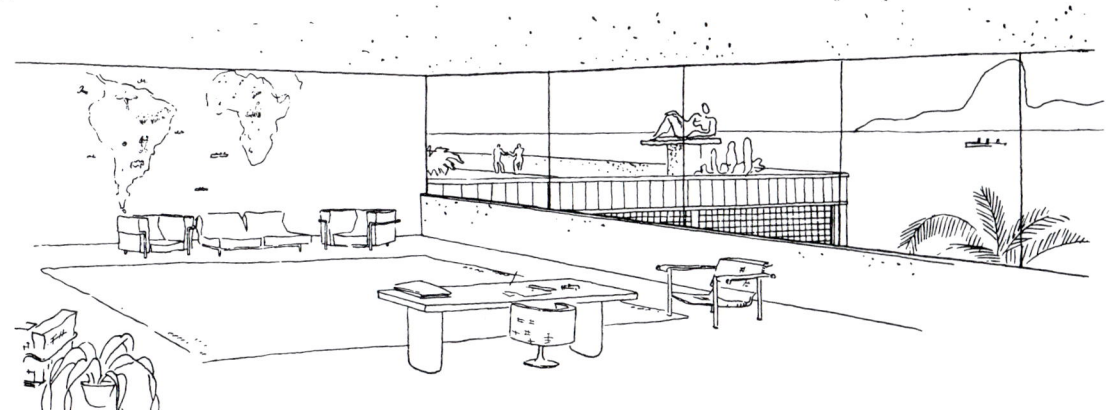

Aranha, atravessando o bloco de escritórios, permitia a comunicação com o salão de exposições e o teatro. Aqui, a escada de acesso ao teatro e ao salão de exposições, em sua geometria cartesiana, recebe o caráter monumental que o mestre havia criticado no projeto da Múmia. O vestíbulo de tamanho reduzido, totalmente envidraçado em ambas as fachadas (norte-sul) tinha colunas de altura dupla, que sustentavam a cobertura da caixa de vidro, estabelecendo uma transparência pouco aproveitada em sua comunicação com o entorno. Tampouco ficava explícito o espaço designado ao salão de exposições, função de significativa importância para Capanema.

Apesar de seus evidentes defeitos, constituía uma proposta antitética à Múmia, no que diz respeito à espacialidade e às transparências obtidas no terreno, demonstrando que era factível quebrar as simetrias precedentes e o caráter maciço do edifício. Embora não haja testemunhos explícitos, os desenhos do mestre careciam do elemento considerado necessário pelas indicações de Capanema e existente na justificação da Múmia elaborada por Costa: a monumentalidade indispensável que deveria simbolizar o "Ministério da Cultura Nacional"[83]. A esplanada aberta aos atos públicos e o *Homem Brasileiro* colossal não eram suficientes para conseguir tal efeito; o edifício requeria uma distinção própria ainda inexistente. Uma insinuação aparece no Castelo, ao estabelecer o percurso cerimonial do acesso principal, com duas fileiras de palmeiras reais paralelas ao edifício do ministério. Das sucessivas simbioses entre os diferentes projetos; da decantação das ideias de Le Corbusier, canibalizadas e fagocitadas por parte da equipe, irão amadurecer as novas soluções em busca da concretização da proposta definitiva do MES, síntese madura e inovadora[84]. Após o fim da Segunda Guerra Mundial, o mestre recebeu a visita da engenheira Carmen Portinho que lhe entregou as fotos da obra terminada: entre tristeza e amargura; logo com respeito e alegria, reconheceu a criatividade e originalidade do ministério, e o assumiu como criação própria[85].

MES, projeto para o terreno de Santa Luzia, perspectiva do interior da antessala do ministro, Rio de Janeiro, 1936, desenho de Oscar Niemeyer para projeto de Le Corbusier publicado no livro *Le Corbusier. Oeuvre Complète 1934-38*

PALAIS DU MINISTÈRE DE L'EDUCATION ET DE LA SANTÉ PUBLIQUE

1 – En date du 13 juillet, le Ministre m'a posé par écrit les questions suivantes:

"1) Est-ce que vous jugez le projet bon?

2) Est-ce que vous le jugez mauvais?

3) Dans ce cas, quelle orientation devrait suivre la commission pour présenter un bon projet?

4) Est-ce que vous jugez le projet raisonnable?

5) Dans ce cas, quels sont ses défauts et ses imperfections et quelles sont les solutions de remplacement que vous proposez, afin que ces défauts et ces imperfections soient corrigées, de telle sorte que le projet puisse être considéré bon?

J'ai commencé mon travail par l'examen du dossier complet des plans, coupes et façades. J'ai fait sur les plans quelques annotations. Je puis répondre de la façon suivante:

1) Est-ce que vous jugez le projet bon?

Le projet est établi sur les principes architectoniques que je défends depuis longtemps. Les auteurs ont apporté à l'application des théories modernes d'architecture un esprit très rationnel. Ceci a permis d'établir les plans d'un bâtiment qui me semble correspondre fort bien au programme donné.

a) Bonne orientation – les locaux par rapport au soleil.

b) Principe très sain de structure du bâtiment (ossature)

c) Eclairement, le meilleur de tous les locaux de travail.

d) Disposition judicieuse des circulations, verticales et horizontales.

e) Contiguïtée bien établies.

Bilhete de Le Corbusier ao engenheiro Marques Porto, Rio de Janeiro, 31 de julho de 1936

Primeira página do relatório de Le Corbusier sobre o projeto do MES, Rio de Janeiro, 10 de agosto de 1936

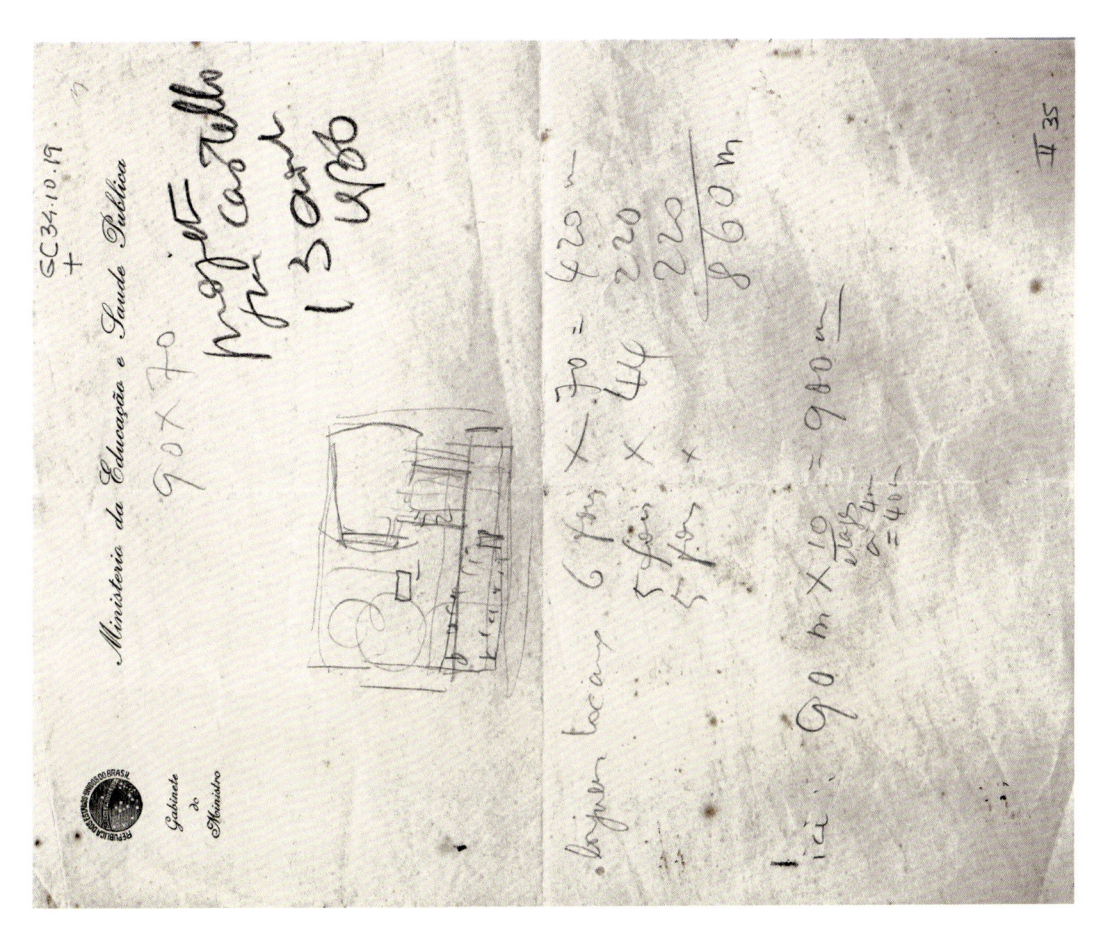

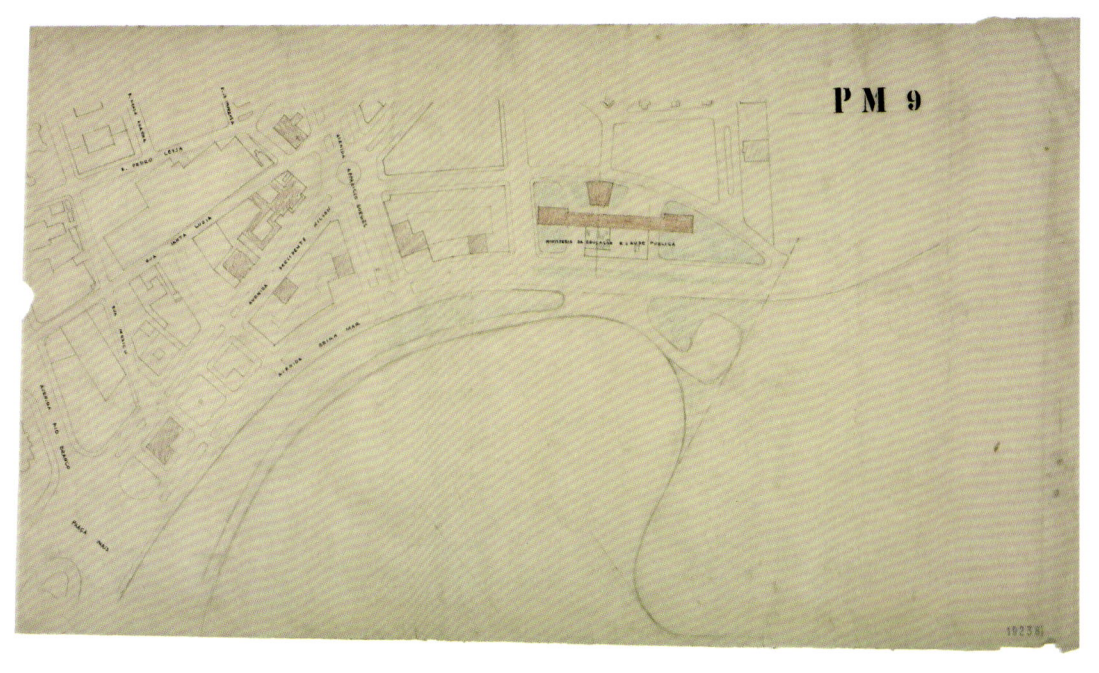

MES, projeto para Esplanada do Castelo, croqui e anotações feitos em papel timbrado do gabinete do ministro, Rio de Janeiro, 1936, Le Corbusier

MES, projeto para o terreno de Santa Luzia, implantação, Rio de Janeiro, 1936, Le Corbusier

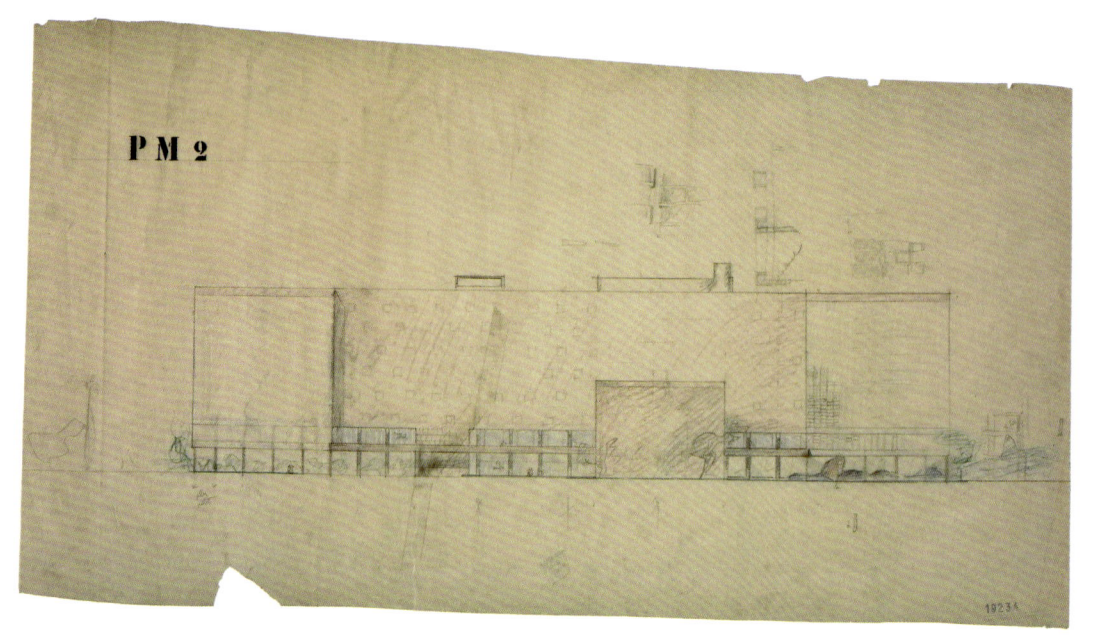

MES, projeto para o terreno de Santa Luzia, perspectivas do hall do segundo pavimento e térreo, Rio de Janeiro, 1936, Le Corbusier

MES, projeto para o terreno de Santa Luzia, elevação posterior, Rio de Janeiro, 1936, Le Corbusier

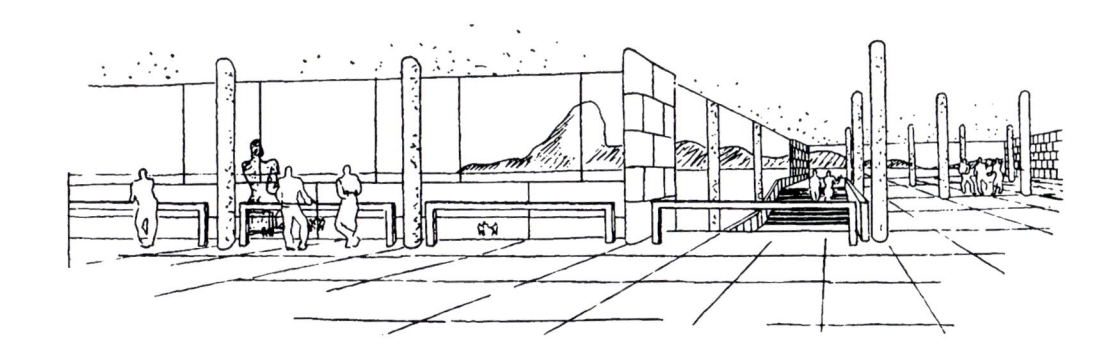

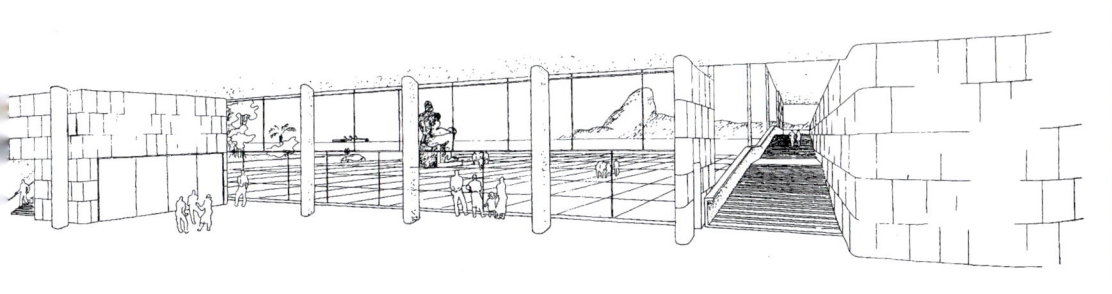

MES, projeto para o terreno de Santa Luzia, perspectivas do hall do segundo pavimento e térreo, Rio de Janeiro, 1936,

Le Corbusier, desenhos de Oscar Niemeyer publicados no livro *Le Corbusier. Oeuvre Complète 1934-38*

MES, projeto para o terreno de Santa Luzia, elevação principal, Rio de Janeiro, 1936, Le Corbusier

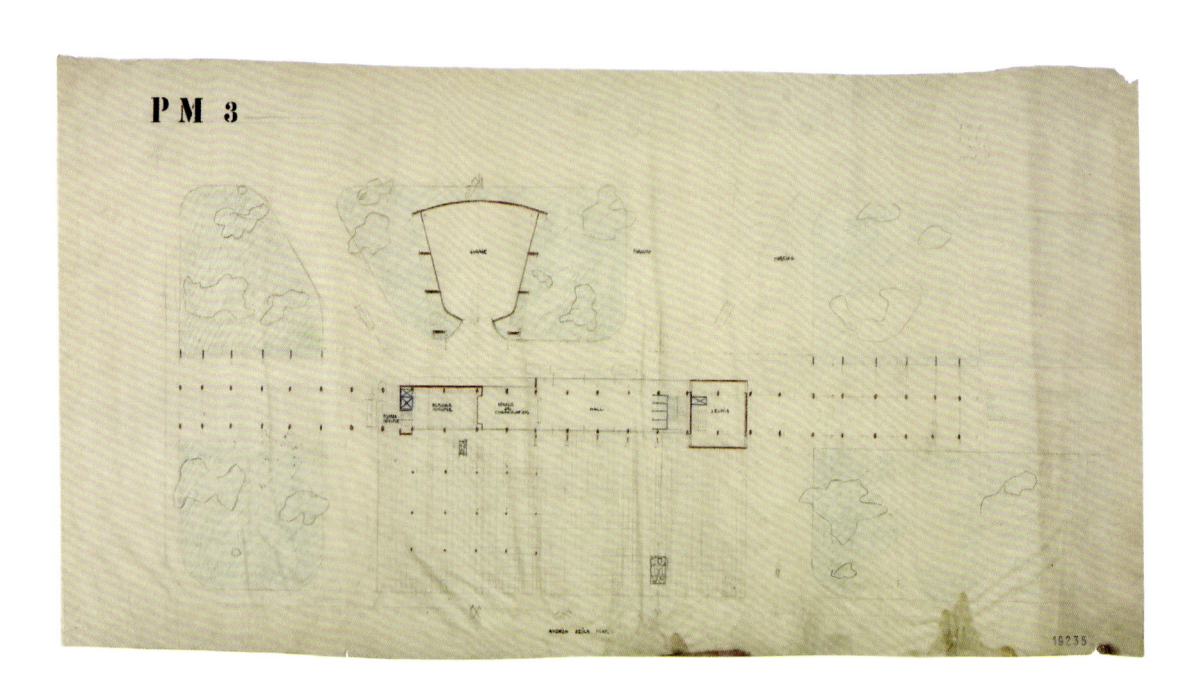

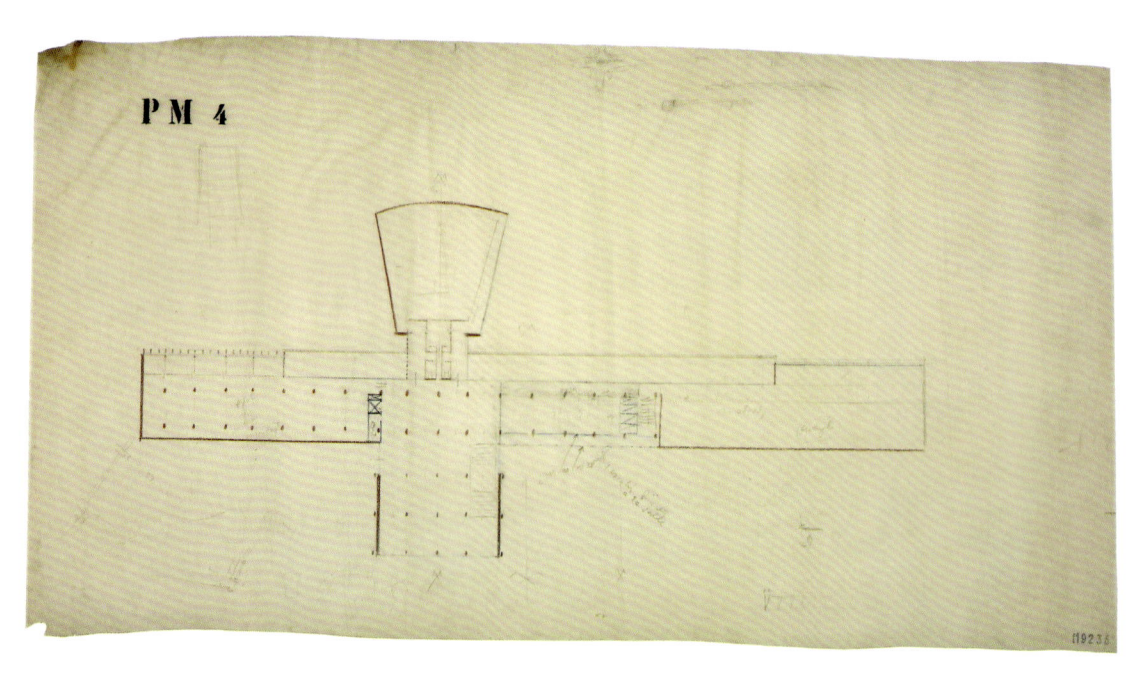

MES, projeto para o terreno de Santa Luzia, plantas do térreo e segundo pavimento, Rio de Janeiro, 1936, Le Corbusier

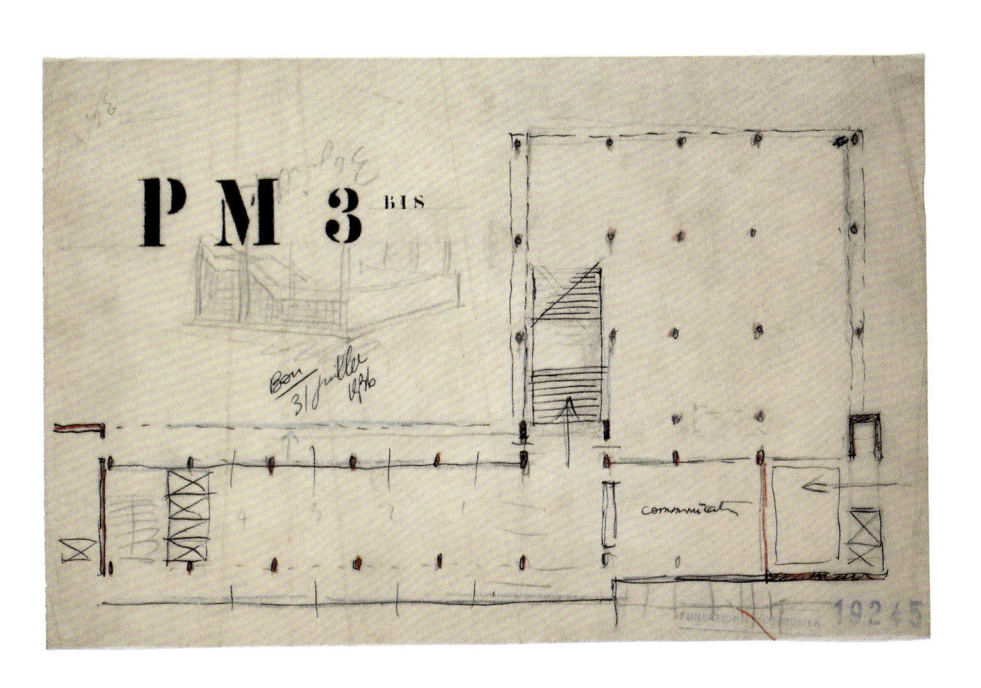

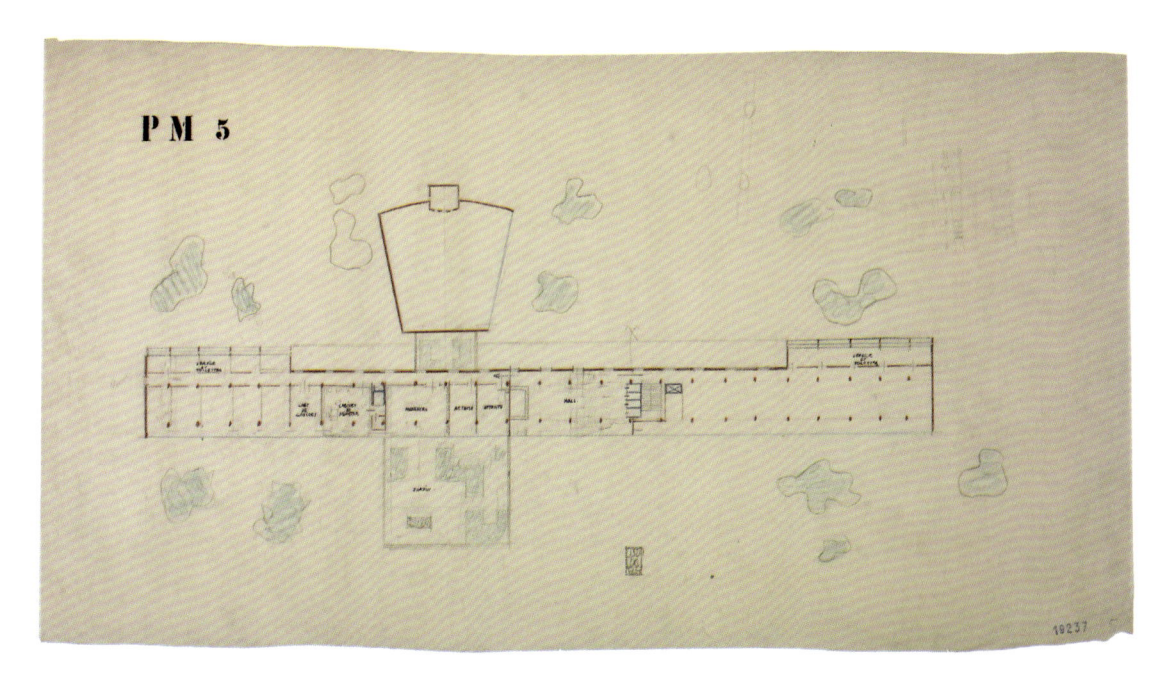

MES, projeto para o terreno de
Santa Luzia, plantas do pavimento
térreo (detalhe) e da sobreloja,
Rio de Janeiro, 1936, Le Corbusier

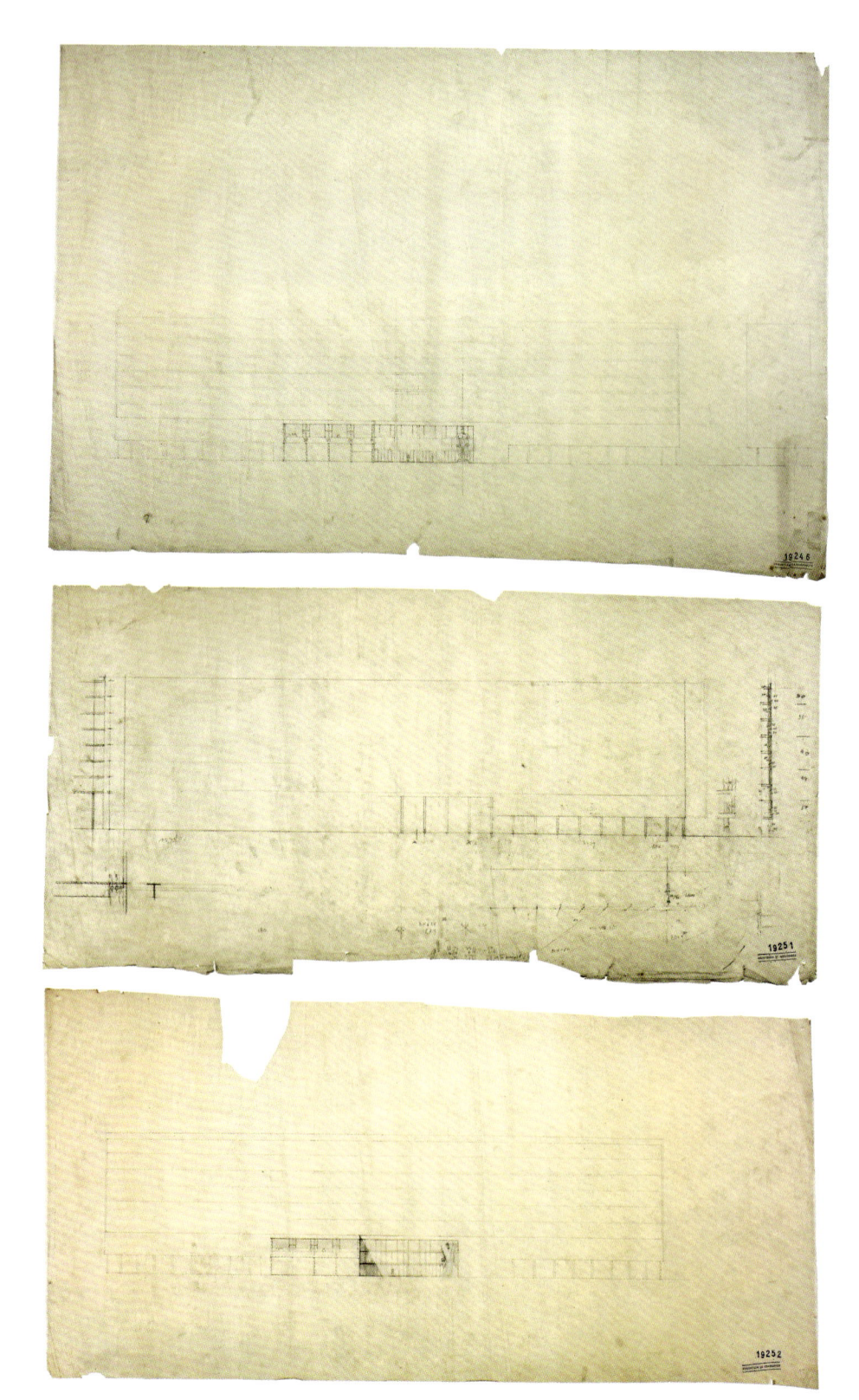

MES, projeto para o terreno de
Santa Luzia, desenhos de estudo
para as fachadas, Rio de Janeiro,
1936, Le Corbusier

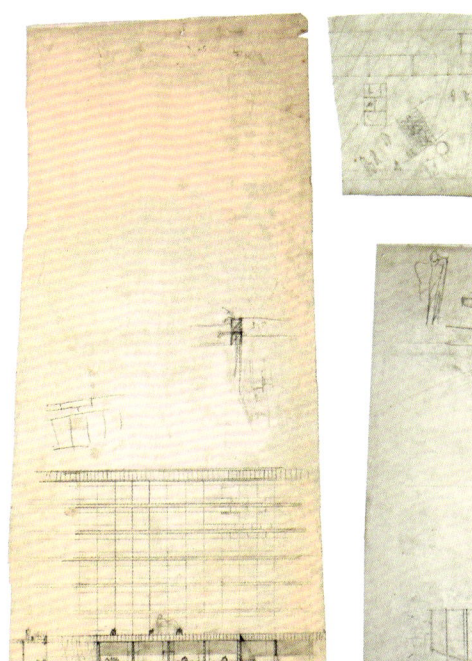

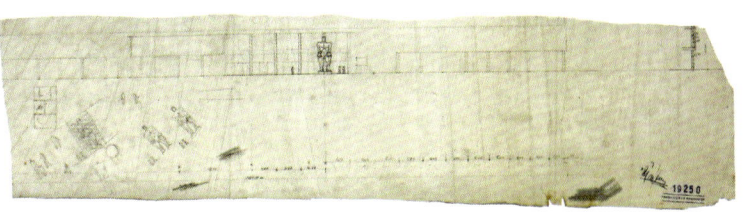

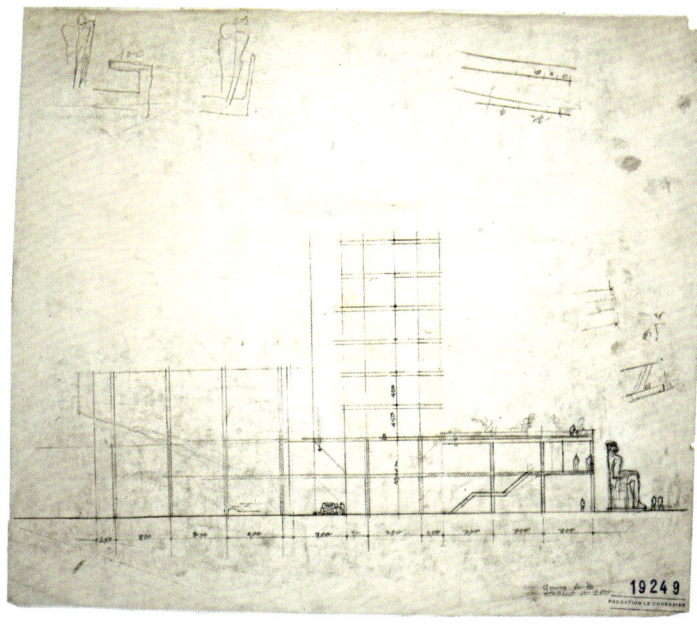

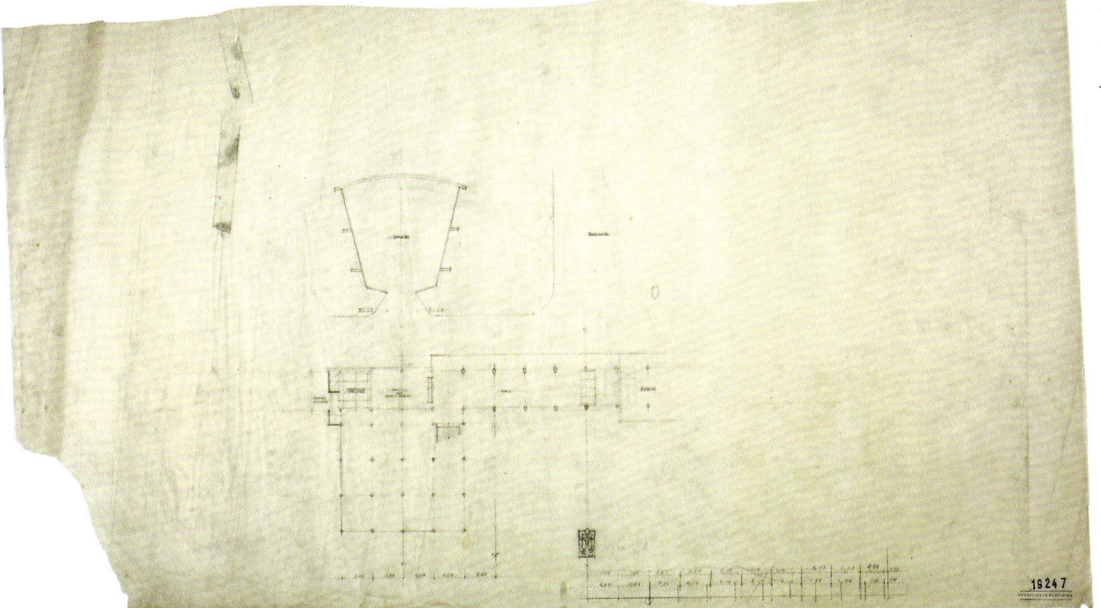

MES, projeto para o terreno de Santa Luzia, desenhos com detalhes da fachada, corte transversal e planta do subsolo, Rio de Janeiro, 1936, Le Corbusier

CAPÍTULO 7 – OS PROJETOS DO MES: PRAIA DE SANTA LUZIA E CASTELO

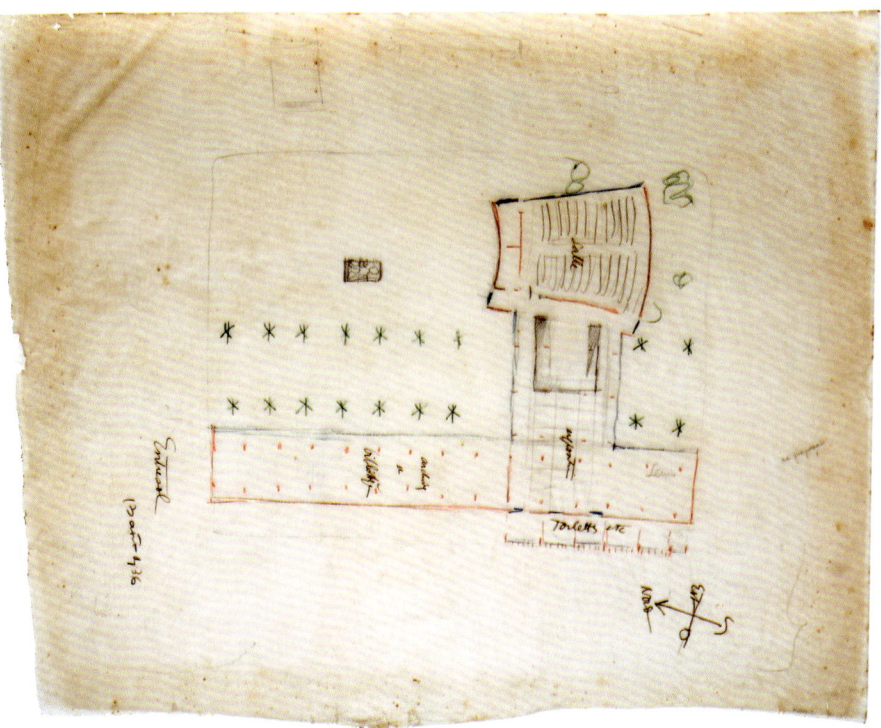

MES, projeto para Esplanada do
Castelo, plantas do térreo e
sobreloja, Rio de Janeiro, 1936,
Le Corbusier

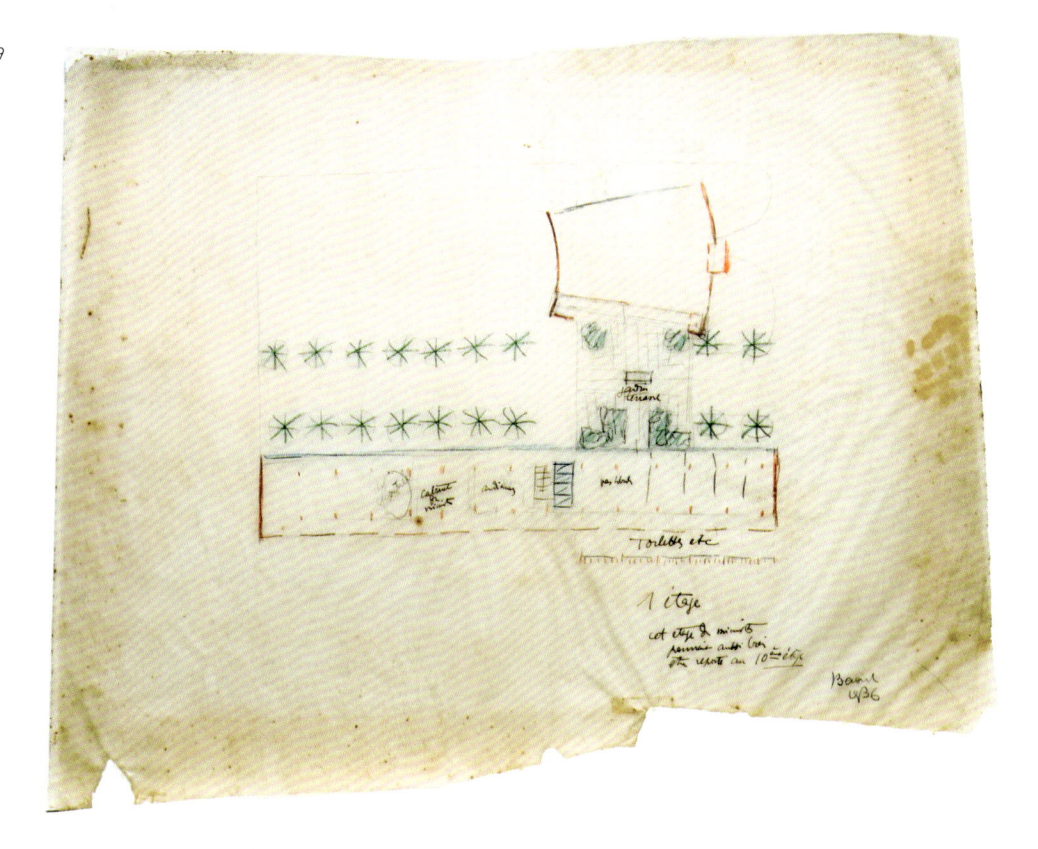

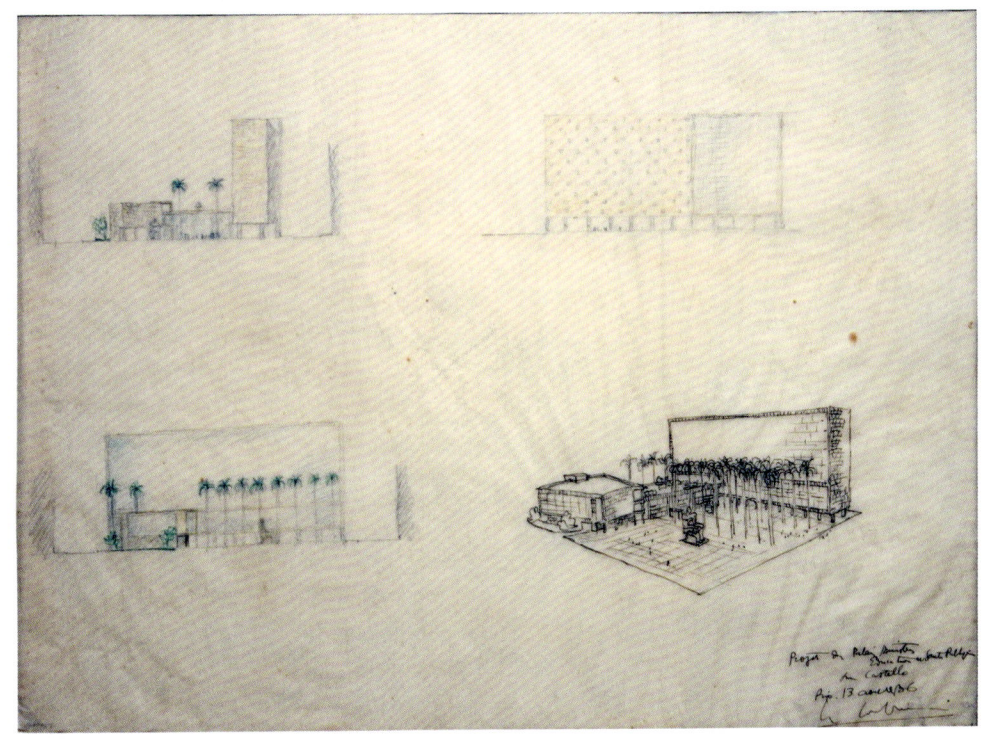

MES, projeto para Esplanada do Castelo, planta do primeiro pavimento e prancha com elevações e perspectiva da volumetria, Rio de Janeiro, 1936, Le Corbusier

NOTAS

1. CORBUSIER, Le. A arquitetura e as Belas Artes. O texto foi publicado na *Revista do Patrimônio Histórico e Artístico Nacional* em sua versão original francês e em português, com Lúcio Costa assinando uma breve introdução. Le Corbusier se preocupou com esta temática, pois seguramente recebeu o convite de Marcello Piacentini para participar no VI Congresso A. Volta em Roma (out. 1936) sobre o tema "Rapports de l´architecture et des arts figuratifs". Ver: GOLAN, Romy, Architecture et arts figuratifs au congrés A. Volta.
2. BENTON, Tim; COHEN, Jean-Louis (org.). *Le Corbusier Le Grand*, p. 252.
3. Chamam a atenção algumas afirmações inexatas do mestre, tanto literárias quanto gráficas. Em uma carta enviada de Hartford, Connecticut, EUA (1 out. 1936), afirma "acabo de passar dois meses no Rio de Janeiro onde elaborei as plantas do Palácio do Ministério da Educação, e, por outro lado, os planos de uma Cidade Universitária que se planeja construir". [No original em francês: "je viens de passer *deux mois* à Rio de Janeiro où j´ai fait les plans du Palais du Ministère de l´Education et, d´autre part, les plans d´une Cité Universitaire qu´on projette de construire". Arquivo FLC-ADAGP, Paris]. Alguns documentos locais também registram um tempo de permanência maior: LYRA, Cyro Corrêa. *Documenta Histórica dos Municípios do Estado do Rio de Janeiro*, p. 204. Curiosamente, essa viagem, que foi importante tanto para ele quanto para os arquitetos brasileiros, não aparece resenhada em nenhum grande volume recentemente publicado. Somente é documentada a viagem de 1929. Ver: BENTON, Tim; COHEN, Jean-Louis (org.). Op. cit.
4. "Un maestro che entusiasmava la gioventú com la sua exuberante forza creativa e dottrinaria". MOTTA, Flávio. Introduzione al Brasile, p. 66. O texto de Motta, publicado no número especial "Rapporto Brasile" da revista Zodiac, é acompanhado por outros de autoria de Bruno Alfieri, Giulia Veronese, Pietro Porcinai, Bruno Zevi, Oscar Niemeyer e Mário Barata.
5. O tema das palestras já foi tratado em diversos ensaios. Os textos integrais estão publicados em: BARDI, Pietro Maria. *Lembrança de Le Corbusier. Atenas, Itália, Brasil*. São Paulo, Nobel, 1984. Entretanto, Bardi se equivoca ao confundir a primeira palestra de 1929 com as seis de 1936. Os resumos dos conteúdos das ministradas em 1936 aparecem em: TSIOMIS, Yannis (org.). *Le Corbusier. Rio de Janeiro 1929-1936*. Com o apoio da Fundação Le Corbusier, foi publicada a versão integral das palestras: TSIOMIS, Yannis. *Le Corbusier. Conférences de Rio*.
6. O interesse de Le Corbusier pelas mulheres se manifestou no Rio de Janeiro durante suas saídas noturnas com Niemeyer e Carlos Leão, assim como a sua admiração pelas mulatas residentes nas favelas. Quanto a isso afirmou: "Nos aborrecemos à noite. Não há nada a fazer, a não ser as ruas do amor, com centenas e centenas de mulheres". [No original em francês: "On s´embête le soir. Il n´y a rien, sauf des rues d´amour, avec des centaines et des centaines de femmes". Carta a Marguerite Tjader-Harris, ago. 1936. Coleção C.C.A. (Montreal) DR 1984-1904].
7. WOGENSCKY, André; BESSET, Maurice; FRANCLIEU, Françoise de. *Le Corbusier. Carnets*. Volume 1 (1914-1948). O C12 contém a maioria dos desenhos realizados durante sua estadia no Rio de Janeiro.
8. Ver TSIOMIS, Yannis. Rio-Alger-Rio, 1929-1936. Transfers.
9. Projeto que se identificava com a busca de uma cultura "mundial" em prol do bem da humanidade, impulsionada pelo suíço Paul Otlet. Ver: CURTIS, William. *Le Corbusier. Ideas y formas*, p. 88; GOROVITZ, Matheus. *Os riscos do projeto. Contribuição à análise do juízo estético na arquitetura*; HARRIS, Elisabeth D. Op. cit., p. 100.
10. BILL, Max (org.). *Le Corbusier. Oeuvre Complète 1934-1938*. A pesquisadora Elisabeth D. Harris comete vários erros interpretativos em seu livro (Op. cit., p. 92). Ao afirmar que a perspectiva do projeto do Castelo fora publicada por Le Corbusier, confunde com a nova proposta realizada pela equipe depois da partida do mestre, que o próprio integrou como sua nos volumes sucessivos da *Oeuvre Complète*.
11 "De momento eu guardo a grama e a manada, as árvores centenárias e todas as vistas abertas incríveis da paisagem, e, no ar, em certo nível, sobre o chão horizontal em concreto vertido do alto dos pilotis que descem; ali, onde se encontram com a sua base, elevo os primas límpidos e puros dos edifícios utilitários: eu componho atmosfericamente". [No original em francês: "Pour l´instant je conserve l´herbe et les troupeaux, les arbres séculaires et toutes les échappées ravissantes du paysage, et, en l´air, à un niveau déterminé, sur un sol horizontal de béton juché au haut des pilotis que descendent; eux, là où ils trouvent leur base, j´élève les prismes limpides et purs d´édifices utilitaires; je compose atmosphériquement". VOGT, Adolf Max. *Le Corbusier, the Noble Savage. Towards an Archaelogy of Modernism*, p. 133].
12. CORBUSIER, Le. *Une petite maison. Les carnets de la recherche patiente*, p. 11.
13. É a mudança dos *objets types* aos *objets à réaction poétique*. INGERSOLL, Richard. Op. cit., p. 11.
14. A visão da paisagem referia-se a situações arquitetônicas, como a Acrópole de Atenas ou a falésia onde se encontra o monastério do Monte Athos: "Todo o Oriente me parece forjado com grandes golpes de símbolos...". GRESLERI, Giuliano (org.). *Viaggio in Oriente: gli inediti di C.E. Jeanneret – fotografo e scritore*, p. 271.
15. Sua paixão pelo aeroplano foi documentada no livro CORBUSIER, Le. *Aircraft*. Por outro lado, Fernando Pérez Oyarzún assinalou: "Poderia ser dito que, para ele, a América do Sul surge enquanto geografia e que a potencialidade da arquitetura que esta geografia lhe sugere é transmitida à força e ao lirismo com os quais a descreve e a canta". [No original em espanhol: "Se diría que Sudamérica se le aparece antes que nada como geografía y que la potencialidad de arquitectura que esta geografía le sugiere, se transmite a la fuerza y al lirismo con que

la describe y la canta". OYARZÚN, Fernando Pérez (org.). Op. cit., p. 40].

16. CORBUSIER, Le. *La Ville Radieuse. Éléments d'une doctrine d'urbanisme pour l'équipement de la civilisation machiniste*, p. 80.

17. No original em francês: "Ma tête est pleine encore de l'Amérique [...] il n'y avait nulle infiltration européenne dans cette masse puissante de sensations et de spectacles américains qui [...] s'étaient succédés, étagés, superposés en une pyramide dont Rio était le haut et le haut était couronné comme d'un feu d'artifice". CORBUSIER, Le. *Précisions sur un état présent de l'architecture et de l'urbanisme* (op. cit.), p. 1. Versão brasileira usada na citação: CORBUSIER, Le. *Precisões sobre um estado presente da arquitetura e do urbanismo* (op. cit.), p. 15. A sincera emoção sentida por Le Corbusier face à inusitada paisagem do Rio de Janeiro, que acumulava sucessões de "objets à reáction poétique", contrasta com a visão de Marinetti ao entrar na Baía de Guanabara, que expressa um conteúdo "machista" de um *kitsch demodée* e retórico, escrito com os clichês de um futurismo superado, ao dizer: "Evidentemente a baía do Rio de Janeiro está apaixonada pelo *Giulio Cesare*, esse promontório da Itália de cortante perfil imperial que se lança na península em busca de portos dignos de suas dimensões. A bela baía, certa de agradar e capaz de amar, oferece todas as curvas de suas praias e de suas montanhas e abre de par em par seus cais apertando geometricamente o transatlântico cada vez mais contra seu coração de tráfego ardente [...] com um reforço de estrelas tropicais agride amorosamente e possui as montanhas do Rio de Janeiro que fugiam de mim cenograficamente". Apud CALIL, Carlos Augusto. Op. cit., p. 327.

18. CORBUSIER, Le. *Precisões sobre um estado presente da arquitetura e do urbanismo* (op. cit.), p. 236. [No original francês: "frappant de mont et mont et tendant la main d'une baie à l'autre"]. E acrescenta Le Corbusier: "Tudo seria absorvido por esta paisagem violenta e sublime"; "os picos, o Pão de Açúcar, o Corcovado, a Gávea, o Gigante Deitado eram exaltados por esta impecável linha horizontal". CORBUSIER, Le. Corolário brasileiro... que também é uruguaio, p. 236 e 238, respectivamente.

19. CURTIS, William. *Le Corbusier. Ideas y formas* (op. cit.), p. 118; McLEOD, Mary. Le Corbusier and Algiers, p. 55.

20. TSIOMIS, Yannis. Paris-Rio... et retour. Le projet de paysage de Le Corbusier.

21. "É nesse momento em que é necessária a presença dos visionários [...] a busca de uma forma de autoridade capaz de estabelecer uma organização completa que garanta a execução efetiva de acordo com as necessidades coletivas (*Le parcellement du sol des villes*, CIAM Bruxelas, 1930). CORBUSIER, Le. L'Autorité devant les taches contemporaines (citação da republicação em 1971, p. 87).

22. Le Corbusier devia ter alguma esperança sobre uma possível intervenção urbana, pois tanto Costa quanto Reidy pertenciam à Comissão do Plano da Cidade. Reidy, em suas posteriores propostas para o Castelo e Santo Antônio desejou persistentemente conseguir obter a participação do mestre. SILVA, Lúcia Helena Pereira da. O Rio de Janeiro e a reforma urbana da gestão de Dodsworth (1937-1945): a atuação da Comissão do Plano da Cidade.

23. STUCKENBRUCK, Denise Cabral. Op. cit., p. 112.

24. McLEOD, Mary. Le rêve transi de Le Corbusier: L'Amérique 'catastrophe féerique'.

25. NIETZSCHE, Friedrich Wilhelm. Op. cit.

26. PAETZOLD, Heinz. The Philosophical Notion of the City.

27. COHEN, Jean-Louis. Le Corbusier's Nietzschean Metaphors; JENCKS, Charles. JENCKS, Charles. *Le Corbusier and the Continual Revolution in Architecture* (op. cit.), p. 354-355.

28. Embora o autor se refira ao Plano Obus, a análise também é válida para o Rio: "[a proposta] não se limita a um novo 'estatuto do terreno', que vencendo a anarquia paleo-capitalista da acumulação da riqueza da terra, disponibiliza a totalidade do solo para a reorganização unitária e orgânica do que se transformará num verdadeiro sistema urbano". TAFURI, Manfredo. *Progetto e utopia. Architettura e sviluppo capitalistico*, p. 117. Em palavras mais poéticas, Lúcio Costa diz a mesma coisa: "E que, impressionado pela beleza diferente da paisagem nativa e convencido de que o desenvolvimento iminente da cidade, comprimida entre o mar e a montanha, iria comprometer sem remédio o seu esplendor panorâmico [...] concebeu [...] uma ordenação arquitetônica monumental capaz de absorver no seu bojo a totalidade das inversões imobiliárias em perspectiva". COSTA, Lúcio. Muita construção, alguma arquitetura e um milagre (op. cit.), p. 158.

29. Segundo o historiador catalão Josep Quetglas, esses antagonismos duais perduram na vida ou obra do mestre, como princípios inseparáveis, antagônicos e complementares. QUETGLAS, Josep. Con el público en suspenso, p. 3.

30. "Le site entier se mettait á parler, sur eau, sur terre et dans l'air. Ce discours était un poème de géométrie humaine et d'immense fantaisie naturelle. L'oeil voyait quelque chose, deux choses: la nature et le produit du travail de l'homme. La ville s'annonçait par une ligne qui, seule, est capable de chanter avec le caprice véhément des monts: l'horizontale". CORBUSIER, Le. *Précisions sur un état présent de l'architecture et de l'urbanisme* (op. cit.), p. 245. [Na edição brasileira: "Tudo começava a falar, sobre as águas, a terra e o ar. Tudo falava de arquitetura. Esse discurso era um poema de geometria humana de imensa fantasia natural. O olho enxergava alguma coisa, duas coisas: a natureza e o produto do trabalho do homem. A cidade se anunciava por uma linha que somente ela é capaz de cantar com o caprichoveemente dos morros: a horizontal". CORBUSIER, Le. *Precisões sobre um estado presente da arquitetura e do urbanismo* (op. cit.), p. 238].

31. Giedion sugere que as iniciativas urbanísticas inglesas do século 18 em Bath, de alguma forma influenciaram a proposta da fita contínua de habitação: "Le Corbusier faz uso de arranha-céus que têm contornos 'orgânicos' dos *crescents* em Bath".

GIEDION, Sigfried. *Espaço, tempo e arquitetura. O desenvolvimento de uma nova tradição*, p. 181.

32. McLEOD, Mary. *L'appel de la méditerranée*.

33. "Lembro-me como nos solidarizávamos com a luta que intransigentemente mantinha na defesa de seus princípios, princípios que a incompreensão dos homens recusava, impedindo a realização de seus projetos admiráveis. Revoltava-nos essa barreira inqualificável que não permitia ao mundo civilizado possuir as mais belas obras de arquitetura". NIEMEYER, Oscar. *Arquiteto por nascimento*.

34. Ver CZAJKOWSKI, Jorge. *A arquitetura racionalista e a tradição brasileira*.

35. "Nada é transmissível, a não ser a nobreza do fruto do trabalho: o pensamento. Todo o restante desaparece: a imensa aquisição do indivíduo durante a sua vida. Tudo de dissolve; cada um tem que recomeçar: luta, esforço para se superar, conquista individual, apaixonada e, de certo modo, desinteressada". [Na versão em espanhol: "Nada es transmisible, salvo la nobleza del fruto del trabajo: el pensamiento. Todo lo demás desaparece: la inmensa adquisición del individuo durante su vida. Todo se disuelve; cada cual tiene que volver a empezarlo todo: lucha, esfuerzo para superarse, conquista individual, apasionada y, en cierto modo, desinteresada"]. CORBUSIER, Le. *Cuando las catedrales eran blancas* (op. cit.), p. 54. São ideias que coincidem com a imagem da modernidade elaborada por Berman. BERMAN, Marshall. *Tudo que é sólido desmancha no ar. A aventura da modernidade*.

36. Em carta para Le Corbusier, datada de 26 de junho de 1936, Lúcio Costa explica ao mestre como se portar diante do ministro: "Uma de suas tarefas junto ao ministro será dar-lhe sua opinião sobre o projeto do qual estou enviando fotos. Se ele desagrada, diga-nos sem cerimônia, mas, por favor, não diga secamente ao sr. Capanema: 'É feio... eles não me compreenderam' – pois aí nós estaríamos perdidos sem apelo, uma vez que os 'outros' já o condenaram e nós invocamos o seu testemunho". In LISSOVSKY, Mauricio; SÁ, Paulo Sergio Moraes de. Op. cit., p. 95.

37. LISSOVSKY, Maurício; SÁ, Paulo Sérgio Moraes de. Op. cit., p. 109. Entretanto, quando se criaram as contradições entre Costa e Le Corbusier, por conta da publicação da obra construída, atribuindo a si mesmo o projeto, o mestre escreveu: "constatei que as plantas do Ministério não convinham e que eram uma redução desfavorável do edifício do Centrosoyus em Moscou que projetei em 1928". Carta de Le Corbusier a P. M. Bardi (Paris, 28 nov. 1949). In SANTOS, Cecília Rodrigues dos; PEREIRA, Margareth Campos da Silva; PEREIRA, Romão Veriano da Silva; SILVA, Vasco Caldeira da. Op. cit., p. 201.

38. Referia-se às lâminas horizontais (em concreto), separadas entre si, que conformavam a malha da fachada do *Immeuble Locatif* (1933) em Argel. CORBUSIER, Le. *Le brise-soleil*.

39. No informe a Capanema, Le Corbusier escrevia: "ocupei-me de procurar um outro terreno suscetível de sediar o palácio projetado em condições suficientemente aceitáveis. Achei esse terreno... Respondo isto: proponho não corrigir o projeto, que é excelente, mas sim substituir o terreno, que é ruim". LISSOVSKY, Mauricio; SÁ, Paulo Sergio Moraes de. Op. cit., p. 110.

40. Citado em francês no original: "J'ai simplement ouvert les ailes de votre bâtiment". COSTA, Lúcio. *Relato pessoal*, p. 136.

41. A ideia do arranha-céu esteve presente nas propostas para Buenos Aires, tanto nos arranha-céus "cartesianos" localizados no Rio de la Plata, como no pedido a Victoria Ocampo para construir uma torre de apartamentos no bairro de Palermo. Ver: GUTIÉRREZ, Ramón. *Le Corbusier en Buenos Aires. Nuevas lecturas sobre el viaje de 1929*.

42. Não parece que Le Corbusier tivesse outros colaboradores além de Niemeyer, segundo o demonstra a sua queixa ao Ministro: "Estou com falta absoluta de desenhistas para levar adiante o estudo. Tratar-se-á de ver se este estudo tão minucioso não deverá ser prosseguido em Paris, com meu pessoal *treinado*(!)". Carta de Le Corbusier a Capanema, 31 jul. 1936. LISSOVSKY, Maurício; SÁ, Paulo Sérgio Moraes de. Op. cit., p. 106.

43. Ao criar a Comissão para o estudo do ensino universitário em 1935, o ministro afirmou: "ela deve primeiro definir o que deve ser a universidade. Deve depois conceituar a universidade, e em seguida projetar a construção universitária". SCHWARTZMAN, Simon; BOMENY, Helena Maria Bousquet; COSTA, Vanda Maria Ribeiro. Op. cit., p. 114.

44. MELLO JÚNIOR, Donato. *Um campus universitário para a cidade*.

45. Em parte relacionadas com as propostas de Anísio Teixeira: laicidade, gratuidade, obrigatoriedade, coeducação dos sexos, unidade, autonomia, descentralização da "função educacional". RECHDAN, Luís Henrique Junqueira de Almeida. Op. cit., p. 46.

46. Não existia uma inimizade pessoal entre Le Corbusier e Piacentini, mas uma contraposição de ideias e conceitos sobre arquitetura. Em 1934, durante a estadia do suíço em Roma, o italiano esteve sentado na primeira fileira do salão para escutar as conferências do mestre. E depois este o visitou no seu escritório em uma longa entrevista de uma tarde. E foi convidado por Piacentini aos eventos *Entretien International sur l'art* em 1934, e ao Congresso A. Volta em 1936. Ou seja, apesar das contradições estéticas e ideológicas, os dois profissionais se respeitavam mutuamente. Ver: DE SABBATA, Massimo. *Les arts contemporains et la realite. L'art et l'État*.

47. A equipe numerosa era composta por Lúcio Costa, Oscar Niemeyer, Affonso Reidy, Carlos Leão, Firmino Saldanha, José de Souza Reis, Jorge Moreira e Ângelo Bruhns. COSTA, Lúcio. *Universidade do Brasil. Memória descritiva do trabalho elaborado com demais membros do grupo brasileiro do CIAM*, p. 67.

48. Gorovitz critica o caráter "universalista" da solução de Le Corbusier, ressaltando o conteúdo "localista" do posterior projeto de Lúcio Costa. GOROVITZ, Matheus. *Os riscos do projeto. Contribuição à análise do juízo estético na arquitetura* (op. cit.), p. 58.

49. Em 1936, Le Corbusier escreve: "Visitei outro dia a Cidade Universitária de Roma. Está muito

bem, mas é bem pequena e, no fundo, não tem espírito moderno". Logo em 1938 propõe: "Não abandono a esperança que o senhor me chame para trabalhar nos planos da Cidade Universitária, ainda que o senhor me tenha dito que M. Piacentini tenha sido encarregado de fazer este trabalho". Finalmente em 1939, ao analisar as plantas de Piacentini diz: "Examinei estes planos com muito escrúpulo [...] devo declarar que são planos de arquitetura antiga, em oposição com o espírito que conduz o seu programa da Cidade Universitária". Apud TOGNON, Marcos. Op. cit., p. 23.

50. "Desejo colocar, no frontispício das conferências do Rio, o nome do Prefeito Passos, o grande prestidigitador. Passos fez do Rio uma cidade que é um milagre, um espetáculo admirável". CORBUSIER, Le. 1ª Conferência: Grandeza de visão na época dos grandes empreendimentos. In BARDI, Pietro Maria. *Lembrança de Le Corbusier. Atenas, Itália, Brasil* (op. cit.), p. 121.

51. A autora defende que ambos têm a raiz comum nas ideias de Hénard, porém enquanto Agache aplica os critérios comuns Beaux-Arts, Le Corbusier concebe uma nova imagem gerada pela paisagem do Rio, não adquirida em Paris. PEREIRA, Margareth da Silva. Paris-Rio: le passé américain et le goût du monument (op. cit.).

52. Carta de Le Corbusier a Lúcio Costa, 13 set. 1937. In SANTOS, Cecília Rodrigues dos; PEREIRA, Margareth Campos da Silva; PEREIRA, Romão Veriano da Silva; SILVA, Vasco Caldeira da. Op. cit., p. 199.

53. "A Academia também realizou o corte do boulevard Haussmann. Ela estabelece os planos do caminho triunfal em Paris, que desemboca em Étoile. Ela precisa de honras e troféus, esquece-se que Paris está cada vez mais anêmica, cortada pelas máquinas. Nessa cidade em perigo, preparamos os cortejos e triunfos. A tuberculose está nos bairros pobres. Para que servem tantos troféus? [...] Porém uma nova arquitetura nasceu. Expressão do espírito de nosso tempo. A vida prevalece". [No original em francês: "L'Académie a fait encore la percée du boulevard Haussmann. Elle établit les plans de la route triomphale à Paris, qui se terminera à l'Étoile. Elle a besoins d'honneurs et de trophées, elle oublie que Paris s'anémie tout les jours, brisée par la machine. Dans cette ville en plein danger, on prépare des cortèges et des triomphes. La tuberculose est dans les quartiers pauvres. Á quoi servent tant de trophées? [...] Mais une nouvelle architecture est née. Expression de l'esprit de notre temps. La vie est plus forte". Apud SANTOS, Paulo F. *Quatro séculos de arquitetura*, p. 101].

54. "Para Agache, a cidade – a cavidade – é o mais importante na metáfora. Para Le Corbusier, é a montanha – aquilo que se destaca – que conduz o olhar". TSIOMIS, Yannis. Da utopia e da realidade da paisagem (op. cit.), p. 17.

55. É preciso esclarecer que a visão de *tábula rasa* aplicada a Paris no Plano Voisin não se aplicava nesse caso, já que não se tratava de uma estrutura "arquitetônica" que se desejava substituir, mas de um componente natural característico do âmbito geográfico do Rio.

56. Neste sentido, Le Corbusier imaginou o uso da alta tecnologia na construção da cidade como forma de conservar a sua natureza original, ao invés de sacrificá-la ferozmente como ocorreu, tanto na concepção acadêmica quanto na impetuosa especulação que se desencadeou depois da Segunda Guerra Mundial. LIERNUR, Jorge Francisco. América Latina. Los espacios del 'otro', p. 278.

57. Ao projetar no outro terreno, e embora defendesse que estava partindo da Múmia, estava elaborando um projeto diferente, de sua própria responsabilidade, no qual se sabe que Niemeyer esteve encarregado dos desenhos e perspectivas. Portanto, fica a dúvida se é verídica a hipótese de trabalho de equipe sustentada por Elisabeth E. Harris a partir do testemunho de Ernani Vasconcellos (Op. cit., p. 81). A memória de Gustavo Capanema aponta para uma situação mais verossímil: "Quem o ajudava muito nos seus projetos, quem era o 'enfant-gâté' de Le Corbusier era Oscar Niemeyer. Como era o mais jovem e desenhava muito bem, Oscar Niemeyer passou a ser o 'sacristão' de Le Corbusier. Ele não fazia nada sem Oscar. O Oscar convertia as suas ideias logo em desenhos". CAPANEMA, Gustavo. Depoimento sobre o edifício do Ministério da Educação (op. cit.), p. 121.

58. MARTINS, Elisabete Rodrigues de Campos. A modernidade está nos jornais: Affonso Eduardo Reidy e o Museu de Arte Moderna.

59. BROOKS, H. Allen (org.). *The Le Corbusier Archive. Pavillon des Temps Nouveaux and Other Buildings and Projects, 1936-1937*, p. 64.

60. "O terreno do Castelo será trocado pelo da Avenida Beira-Mar. O preço do metro quadrado no Castelo é muito superior ao do outro. Como as superfícies são diferentes, isto se compensará. O terreno estará em seguida disponível. O senhor Porto está certo que o senhor não terá alguma dificuldade com a cidade". Carta de Le Corbusier a Gustavo Capanema (31 jul. 1936). In LISSOVSKY, Maurício; SÁ, Paulo Sérgio Moraes de. Op. cit., p. 106.

61. COMAS, Carlos Eduardo Dias. Le Corbusier: os riscos brasileiros de 1936.

62. O professor Paulo Jardim defendeu recentemente a tese de que o caráter monumental do ministério, com sua autonomia dentro da paisagem, está de acordo com os critérios paisagísticos de Camillo Sitte. MORAES, Paulo Jardim de. *Por uma 'Nova Arquitetura' no Brasil. Jorge Machado Moreira (1904-1992)*, p. 127.

63. Ideia expressada com clareza em pequeno croquis, identificado como "1936. Palais du Ministère de l'éducation nationale et de la santé publique à Rio de Janeiro". BOESIGER, Willy (org.). *Le Corbusier. Oeuvre Complète 1934-1938* (op. cit.), p. 78. Esse croquis e os que fez nos *Carnets*, desenhados a partir da baía olhando a cidade, demonstram a analogia com o transatlântico: o volume, à distância, parece um barco ancorado à margem da Baía da Guanabara.

64. No informe ao ministro, Le Corbusier escreveu: "Se o palácio for construído no Castelo, um dia a

opinião pública poderá criticar tal escolha. Se for erguido na praia de Santa Luzia, não só os cariocas, mas também os estrangeiros e turistas louvarão unanimemente uma solução que aproveita os esplendores naturais da cidade, que são precisamente objeto maior da admiração universal e foram até aqui descurados na construção da maior parte dos prédios, salvo pelo grande prefeito Passos, que ligou seu nome à glória mundial do Rio". Apud HARRIS, Elisabeth D. Op. cit., p. 83.

65. Ver COLOMINA, Beatriz. The Split Wall: Domestic Voyeurism.

66. "Je perçois que l'oeuvre que nous élevons n'est ni seule, ni isolée; que l'atmosphère alentour en constitue d'autres parois, d'autres sols, d'autres plafonds, que l'harmonie qui m'a arrêté net devant le rocher de Bretagne existe, peut exister partout ailleurs, toujours. L'oeuvre n'est plus faite seulement d'elle même: le dehors existe. [...] L'harmonie prend ses sources au loin, partout, en tout". CORBUSIER, Le. *Précisions sur un état présent de l'architecture et de l'urbanisme* (op. cit.), p. 78. Na edição brasileira: "Percebo que a obra que construímos não é nem só nem isolada; que a atmosfera em torno dela constitui outras paredes, outros solos, outros tetos, que a harmonia que me fez parar diante daquele rochedo na Bretanha [ou o Pão de Açúcar, R.S.] existe, pode existir em todos os lugares, sempre. [...] A harmonia busca suas fontes longe, em todos os lugares, em tudo". CORBUSIER, Le. *Precisões sobre um estado presente da arquitetura e do urbanismo*, p. 86.

67. "Não é um Brasil primitivo e rude que se evoca, é um Brasil altivo, cioso de suas riquezas já conquistadas e desejoso de guardá-las para os seus. É um Brasil que é história e geografia entrelaçadas, e que canta sua geografia tropical como natureza risonha e franca, paraíso passado, presente e futuro de clima ameno, onde interior e exterior podem se confundir, onde a terra é boa e os habitantes andam nus". COMAS, Carlos Eduardo Dias. Protótipo e monumento, um ministério, o Ministério, p. 101-102.

68. Idem, ibidem. Sobre a hegemonia do horizontal, Le Corbusier escreveu: "Le site entier se mettait à parler, sur eau, sur terre et dans l'air; il parlait architecture. Ce discours était un poème de géométrie humaine et d'immense fantaisie naturelle. L'œil voyait quelque chose, deux choses: la nature et le produit du travail de l'homme. La ville se annonçait par une ligne que, seule, est capable de chanter avec le caprice véhément des monts: l'horizontale". CORBUSIER, Le. *Précisions sur un état présent de l'architecture et de l'urbanisme* (op. cit.), p. 245. [Na edição brasileira: "Tudo começa a falar, sobre as águas, a terra, o ar. Tudo falava de arquitetura. Esse discurso era um poema de geometria humana e imensa fantasia natural. O olho enxergava algumas coisas, duas coisas: a natureza e o produto do trabalho do homem. A cidade se anunciava por uma linha que somente ela é capaz de cantar com o capricho veemente dos morros: a horizontal". CORBUSIER, Le. *Precisões sobre um estado presente da arquitetura e do urbanismo*, p. 238].

69. "Outro elemento de grande importância é que o estacionamento para automóveis pôde ser agora criado, o que não seria possível no terreno precedente". Informe de Le Corbusier a Capanema. In LISSOVSKY, Maurício; SÁ, Paulo Sérgio Moraes de. Op. cit., p. 112.

70. ROWE, Colin. *The Matematics of the Ideal Villa and other Essays*. Cambridge, The MIT Press, 1976. O autor, em conjunto com Robert Slutzky no ensaio "Transparency: Literal and Phenomenal", define a particularidade da transparência na obra do mestre.

71. Constituem os componentes canônicos presentes na Villa Savoye. OSINAGA, J. C. Sancho. *El sentido purista de Le Corbusier*, p. 83.

72. Vários ensaístas demonstram a importância da visão "fotográfica" de Le Corbusier, identificada pela janela em extensão, e os enquadramentos em perspectiva da paisagem, como acontece na Villa Savoye. HOLM, Lorens. Op. cit., p. 73.

73. COLQUHOUN, Alan. *Arquitectura moderna y cambio histórico. Ensayos 1962-1976* (op. cit.), p. 118.

74. Na palestra ministrada por Le Corbusier no Rio, em 10 de agosto de 1936, dedicada ao tema "A moradia como prolongamento dos serviços públicos", ele desenhou uma vista em perspectiva de uma moradia com a baía e o Pão de Açúcar ao fundo, igual ao esquema sequencial que representa a vista a partir do escritório do ministro: "Como é bela a natureza colocada à disposição do homem, sobretudo no Rio. [...] Eu vou colocar aqui uma boa poltrona, colocar dentro dela um habitante do Rio. [...] Eu vou instalar ladrilhos, e está realizado um passe de mágica. Mudei a moradia, trouxe o milagre que pode entrar nos corações de dia e noite. [...] Enquanto este [...] é um produto de urbanismo em três dimensões". Apud TSIOMIS, Yannis. Da utopia e da realidade da paisagem (op. cit.), p. 47. Ver também: MONTEYS, Xavier, El hombre que veía vastos horizontes. Le Corbusier, el paisaje y la Tierra.

75. O ciclo de 24 horas era composto por: oito horas de sono; meia hora de transporte; quatro horas de trabalho produtivo, participação necessária e suficiente na produção; meia hora de transporte; e onze horas de lazer cotidiano. LE CORBUSIER. *Cuando las catedrales eran blancas* (op. cit.), p. 241.

76. No texto escrito a bordo do Zeppelin, na viagem ao Rio, Le Corbusier refere-se à importância do uso da cor na arquitetura e a integração com as novas técnicas de comunicação: o cinema e a montagem fotográfica. CORBUSIER, Le. A arquitetura e as Belas Artes (op. cit.), p. 68.

77. CZAJKOVSKI, Jorge; SENDIK, Fernando (org.). *Guia da arquitetura moderna no Rio de Janeiro*, p. 62.

78. LISSOVSKY, Maurício; SÁ, Paulo Sérgio Moraes de. Op. cit., p. 113.

79. "A solução proposta para o palácio parece-me bela e justa. [...] Como não tenho nenhuma certeza da realização da troca do terreno, por razões de ordem burocrática e outras, e ainda para prevenir tudo, peço-lhe que exponha essas 'algumas modificações de detalhes' às quais o senhor se refere". LISSOVSKY, Maurício; SÁ, Paulo Sérgio Moraes de. Op. cit., p. 114.

80. Em carta para Pietro Maria Bardi, de 28 de novembro de 1949, Le Corbusier lembra que "no último momento, transformei esse projeto em vista do terreno anteriormente escolhido, fazendo os croquis de aplicação sobre este terreno (ocupação do solo inteiramente diferente, concentração dos escritórios numa só unidade vertical, – *aqui, evidentemente, Le Corbusier está pensando na solução final da equipe e não no que ele propôs! R.S.* – localização da sala de conferências, supressão dos pátios, solo quase que inteiramente livre para a circulação dos pedestres e o estacionamento dos automóveis. Criação dos 'brise-soleil' adaptados ao clima especial do Rio, uso de pilotis, etc...)". In SANTOS, Cecília Rodrigues dos; PEREIRA, Margareth Campos da Silva; PEREIRA, Romão Veriano da Silva; SILVA, Vasco Caldeira da. Op. cit., p. 201.

81. "Ele ainda tentou adaptar a sua concepção ao terreno original, surgindo então um impasse, porque sendo o lote mais estreito na desejada orientação sul não haveria como dispor, nessa orientação, a metragem total de piso requerida pelo programa, uma vez que então as autoridades da aeronáutica limitavam o gabarito a dez pavimentos. Teve assim que implantar o bloco no sentido norte-sul, com fachadas para leste e oeste, o que resultou numa composição algo contrafeita que não agradou nem a ele nem a nós". COSTA, Lúcio. Relato pessoal (op. cit.), p. 136.

82. As plantas e a perspectiva desenhadas para a solução no terreno da Esplanada do Castelo nunca foram incluídas nos volumes da *Oeuvre Complète (1934-1938 e 1938-1946)*. Nem aparecem na recopilação BROOKS, H. Allen (org.). *Buildings and Projects 1933-1937. The Le Corbusier Archive*, p. 59-71. Os originais desses desenhos estão no acervo do Museu Nacional de Belas Artes, doados pela viúva de Jorge Machado Moreira, Giuseppina Birra. Nos três volumes, são apresentados os desenhos do projeto para o terreno de Santa Luzia e logo são dados os créditos à solução final, uma perspectiva *a posteriori* a partir dos desenhos e plantas enviados por Lúcio Costa em 1937. Esta "falsificação" já aparece no volume da *Oeuvre Complète 1934-1938* (p. 81), ao assinalar na epígrafe da perspectiva do projeto da equipe brasileira: "Adaptação dos ajustes do projeto da página 78 sobre o terreno adotado em última hora [em Santa Luzia]". [No original em francês: "Adaptation sur le terrain adopté en dernière heure des aménagements du projet de la page 78"]. Trata-se de uma afirmação errônea, pois a proposta de *dernière heure* era a do mestre para o terreno do Castelo. Naquele momento, curiosamente, nem Costa, nem Niemeyer comentaram o deslize, talvez ainda eclipsados pela figura dominante de Le Corbusier. Entretanto, quando o mesmo desenho reapareceu com todas as plantas e fotos do edifício concluído no volume 1938-1946 (p. 80-90), Lúcio Costa sentiu-se obrigado a assinalar o fato a Le Corbusier, em carta do dia 27 de novembro de 1949: "P.S. O esboço feito *a posteriori* baseado nas fotos do edifício construído, e que você publica como se se tratasse de uma proposição original, nos causou, a todos, uma triste impressão". Apud SANTOS, Cecília Rodrigues dos; PEREIRA, Margareth Campos da Silva; PEREIRA, Romão Veriano da Silva; SILVA, Vasco Caldeira da. Op. cit., p. 199-200. Cabe a esses autores a elucidação das questões autorais referentes às versões do projeto. Outro detalhe que devemos esclarecer é que as plantas publicadas não são as definitivas do MES: no bloco baixo não aparece o último módulo e o pequeno bloco curvo acrescido em 1945, que permite o acesso direto do jardineiro ao terraço do Ministro. Também haviam sido eliminados os estacionamentos sob o terraço e sob o teatro.

83. Embora na Memória Descritiva não apareça explicitamente a definição da "monumentalidade", os termos estéticos que definem o projeto a incluem, ao dizer: "procuramos atender [...][aos] princípios permanentes de proporção, ritmo, simetria, comuns a toda verdadeira arquitetura. Daí resultou, sem esforço, um edifício de linhas severas, de aspecto sóbrio e digno, não em 'determinado estilo' – o que seria lamentável – mas 'com estilo' no melhor sentido da palavra". LISSOVSKY, Maurício; SÁ, Paulo Sérgio Moraes de. Op. cit., p. 67-68.

84. Concordamos com Pietro Maria Bardi sobre o valor "didático" da presença de Le Corbusier, ao dizer: "O 'risco' do Resolvedor resultou mais em ponto de partida que um anteprojeto a ser elaborado. A prevista horizontalidade foi adaptada às necessidades de verticalidade a fim de bem situar o prédio no terreno [...] a posição do Emendador foi mais didática que efetiva na elaboração do projeto". BARDI, Pietro Maria. *Lembrança de Le Corbusier. Atenas, Itália, Brasil* (op. cit.), p. 80.

85. Afirma Carmem Portinho: "Aconteceu que eu levava uma caixa de slides do Ministério, com vistas externas e internas. Os mostrei a Le Corbusier e isso lhe produz um efeito terrível. Ele não sabia que o Ministério estava terminado e que a obra tinha sido um sucesso. Sua reação foi muito violenta e me disse: 'Como esses jovens conseguiram fazer em um país como o Brasil algo que eu não consigo concretizar na Europa? Todos os meus projetos são frustrados, combatidos, ninguém realiza meus projetos, e esses jovens conseguem levar a cabo este edifício?' Logo alegrou-se. No final o entendeu como uma vitória própria". Apud SEGAWA, Hugo. Do ministério ao Modulor, p. 120.

sculpture   azulejos

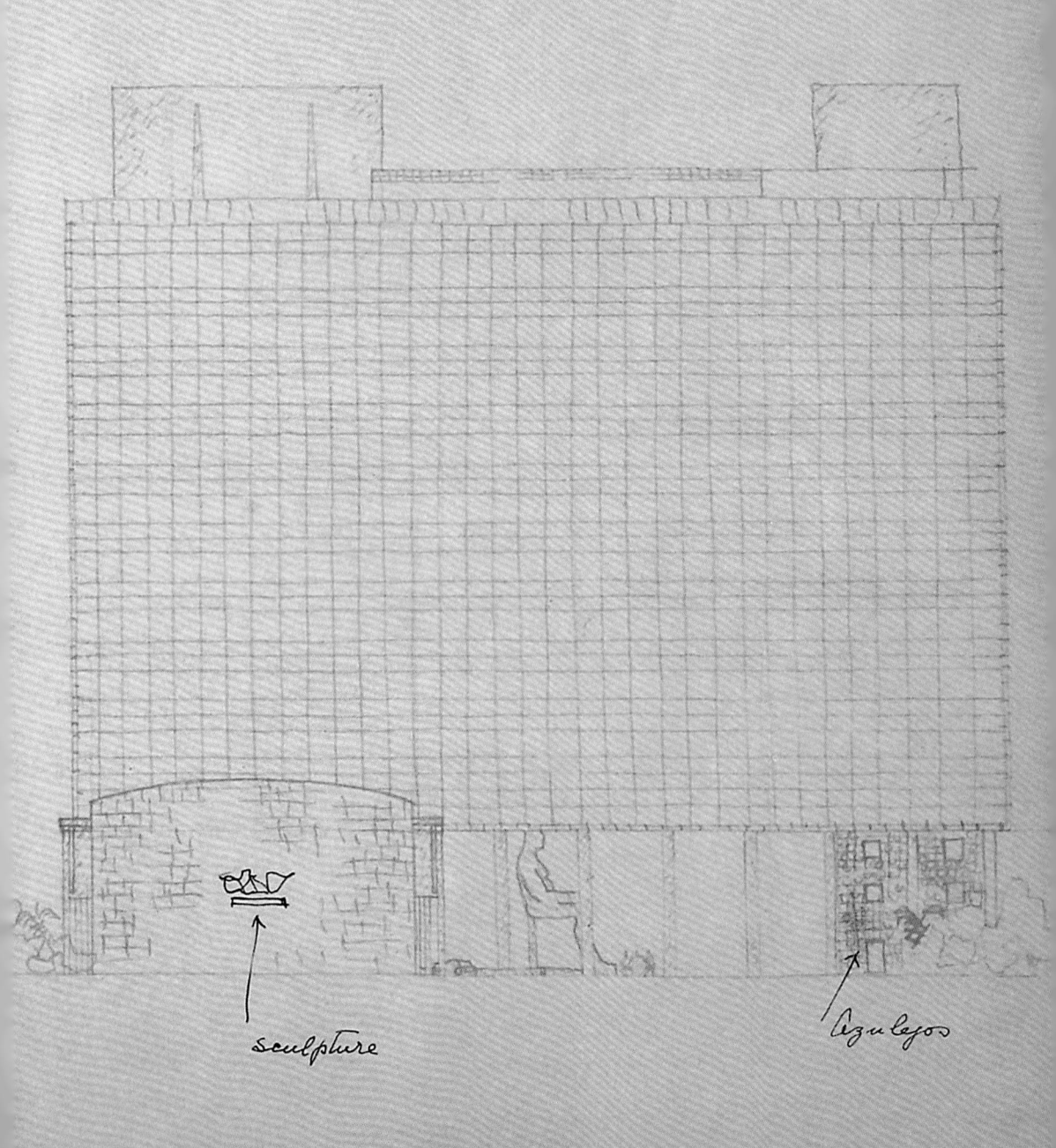

CAPÍTULO 8

VICISSITUDES DO PROJETO DEFINITIVO: A ANTROPOFAGIA DE OSCAR NIEMEYER

1. O REGRESSO DA "MÚMIA"

No dia 15 de agosto de 1936, Le Corbusier zarpou para a França a bordo do *Conte Biancamano*[1], após ministrar na noite anterior, no Instituto Nacional de Música, a sua última palestra "Os Congressos Internacionais de Arquitetura Moderna legislam sobre novas bases". Nela convocava as autoridades a fazer parte das decisões positivas no desenvolvimento futuro das cidades, afirmando que "é a autoridade a que pode transformar o sonho em realidade"[2]. Explicou a importância dos congressos do CIAM, e incitou ao apoio do lema básico da *Carta de Atenas*: "Pela causa do bem-estar público, mobilização do território nacional"[3]. Ou seja, propunha que os interesses coletivos prevalecessem sobre os individuais nos planos diretores urbanos. Ao final da palestra reafirmou a qualidade paisagística do Rio, cuja valorização seria conseguida por meio de uma fita contínua de habitação de seis quilômetros de comprimento, vinte metros de largura e quinze pavimentos, apoiada sobre pilotis a quarenta metros do solo, que permitiria manter os espaços livres da cidade; com uma via rápida elevada a cem metros de altura que integraria entre si os centros importantes da cidade[4]. Ao localizar a Cidade dos Negócios – La Cité des Affaires – integrava em um eixo a Cidade Universitária, o aeroporto e o futuro Ministério da Educação e Saúde (insistindo sobre a localização de Santa Luzia, apesar de ter realizado os esboços da solução no Castelo a pedido do ministro)[5]. Despedia-se com uma convocação entusiasta à participação da grande aventura urbanística e arquitetônica que permitiria estabelecer o marco generoso e altruísta da vida dos novos tempos.

Desde a sua partida até a apresentação do projeto definitivo do MES a Capanema em 5 de janeiro de 1937, criou-se um *interregnum* de vários meses, caracterizado por avanços e retrocessos nos debates sobre a validade da Múmia e por dificuldades em concretizar as propostas do mestre[6]. Primeiro, foi definitivamente rejeitada a alternativa da localização na Avenida Beira-Mar; segundo, a proposta elaborada rapidamente para o terreno do Castelo não era superior à Múmia em termos funcionais e de orientação, embora constituísse uma alternativa menos rígida enquanto estrutura compositiva e organização urbanística do terreno. Além dos aspectos negativos já citados,

Na página anterior, MES, projeto definitivo para a Esplanada do Castelo, elevação, Rio de Janeiro, 1936, projeto de Lúcio Costa, Oscar Niemeyer, Affonso Reidy, Jorge Moreira, Ernani Vasconcellos e Carlos Leão, consultoria de Le Corbusier

eram incorrigíveis a posição do edifício, debruçado sobre a Rua Graça Aranha, e a impossibilidade de conter dentro do volume de escritórios a superfície demandada para o ministério. Também carecia de um espaço adequado para as exposições previstas pelo ministro, que do seu escritório – assim como na Múmia – tinha vista para a Rua da Imprensa ao invés da paisagem da Baía de Guanabara[7]. Defeitos que foram indicados elegantemente por Lúcio Costa no seu primeiro texto sobre o desenvolvimento do projeto que finalmente seria executado[8].

Da interpretação de cartas e documentos surgem algumas conjeturas sobre o acontecido naqueles meses de agosto a dezembro de 1936. Nos informes apresentados por Le Corbusier, evidencia-se que, no projeto da Avenida Beira-Mar, realmente não existiu um trabalho em equipe com o grupo de arquitetos brasileiros, persistindo indefinições significativas. Se houve compartilhamento do processo projetual, por que o mestre deveria assumir a elaboração das plantas em Paris, se elas poderiam ser elaboradas no Rio? Por que os colegas cariocas renunciariam a uma parte de seus honorários para que Le Corbusier fosse retribuído pela nova tarefa[9]? Não tinha ele afirmado anteriormente que sua proposta era um simples desdobramento da Múmia, ou seja, do projeto original realizado por Costa e seu grupo?

Nos rápidos croquis da solução apresentada para o terreno do Castelo, surgia outra contradição. Por que realizar uma proposta diferente àquela elaborada por eles, se no informe apresentado a Capanema Le Corbusier escreveu: "devo convir que a solução preconizada pelos arquitetos era talvez a única que o terreno autorizava"[10]? Entretanto, diante da solicitação do ministro de realizar as possíveis modificações à Múmia para melhorar o projeto, o mestre desenvolveu uma alternativa radicalmente diferente e com graves deficiências. Se na elaboração tivesse contado com algum membro da equipe, com experiência no assunto, talvez tais falhas teriam sido evitadas[11]. Outra hipótese plausível consiste em imaginar que, por causa do esquematismo dos croquis realizados, essa solução nunca foi entregue a Capanema; ou talvez somente exposta brevemente assinalando as dificuldades que acarretariam colocá-la em prática. Por isso, reafirma-se a Múmia como projeto executável[12] a partir das mudan-

MES, edifício em construção sem o módulo complementar na sala de exposição, Rio de Janeiro, foto de 1944

ças sugeridas tanto pelo ministro quanto por seus assessores. Ali não apareciam indicações concretas de Le Corbusier que, ao conhecer essa decisão irremediável, acabou contradizendo sua opinião anterior sobre a validez do projeto realizado pela equipe. Em uma carta – com referências veladas – escreveu a Capanema que a sede do ministério tinha perdido a oportunidade de entrar para a história da arquitetura do Rio de Janeiro[13] ao abandonar o terreno da Avenida Beira-Mar. Ainda tinha esperanças de que o projeto da Cidade Universitária fosse realizado e o livro com o conteúdo das palestras ministradas no Rio fosse publicado, embora o tom da sua correspondência já demonstrasse a sensação de mais uma nova derrota no âmbito internacional[14].

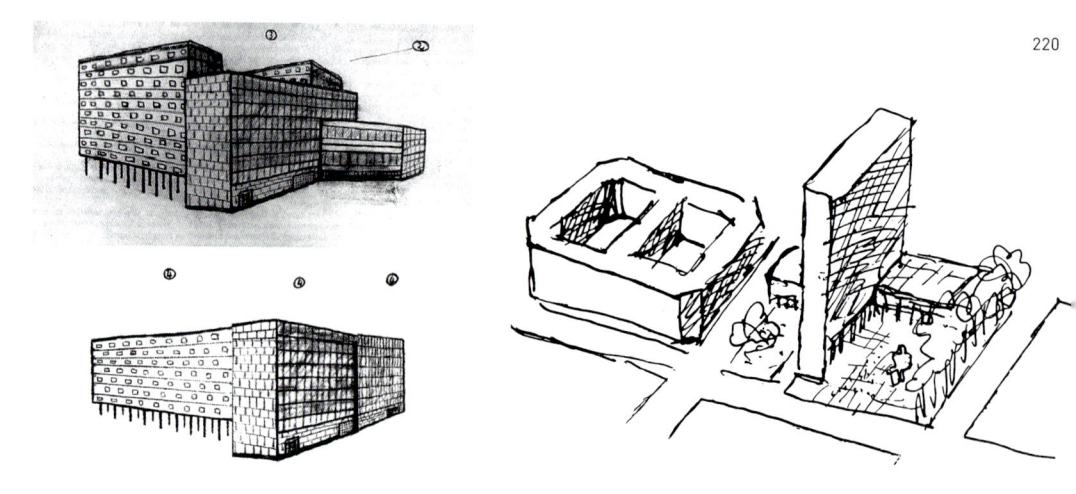

No mês de outubro, Capanema aprova definitivamente a Múmia com uma série de indicações às quais já fizemos referência[15]. Dois desenhos de sua autoria demonstram o seu interesse pelo projeto e o desejo de ilustrar aos arquitetos o caráter das modificações sugeridas. Entre elas, indica a maior altura dos volumes laterais até atingir os dez andares (em vez dos cinco propostos); a utilização de vidros opacos na fachada sul e a disposição assimétrica do bloco do salão de atos. Em uma nota posterior, refere-se à necessidade de assimilar as observações realizadas por Le Corbusier, porém também retrocede sobre algumas características essenciais do projeto: expressa suas dúvidas sobre o tamanho do salão de atos e a utilidade dos brise-soleils; propõe modificar as escadas principais; sugere a colocação de vigas (aparentes?) entre os pilotis do térreo. Podemos supor que entre outubro e dezembro a equipe dedicou-se a completar as plantas da Múmia, integrando as alterações solicitadas para iniciar a sua execução, já que em novembro daquele ano o Ministério da Fazenda havia autorizado o pagamento dos honorários profissionais e os trâmites administrativos para a licitação da estrutura de concreto armado. Chama a atenção o fato de Niemeyer ter insistido na afirmação de que fossem elaboradas as plantas do projeto de Le Corbusier, tese que não foi verificada por meio da existência de desenhos detalhados. Da solução do mestre para o Castelo, somente existem os seus croquis genéricos, cujos originais estão no Museu Nacional de Belas Artes no Rio de Janeiro[16]. Nem foi documentada com precisão a data em que Niemeyer apresentou a Costa uma nova solução[17], fazendo

MES, desenhos de Gustavo Capanema propondo modificações para o projeto da equipe brasileira

MES, Croqui de Le Corbusier estabelendo as distinções de ocupação do solo conforme o Plano Agache e o projeto definitivo, publicação no livro *Le Corbusier. Oeuvre Complète 1938-1946* com que a finalização das plantas de execução fosse suspensa e toda a equipe se debruçasse sobre o seu estudo e amadurecimento, apesar da existência de dúvidas por parte de Jorge Moreira sobre a conveniência de reiniciar os desenhos executivos do novo projeto[18]. No testemunho de Niemeyer, escrito nos anos 1970, ficam claras as mudanças radicais introduzidas no projeto, que não foram tão restritas como ele tentou demonstrar posteriormente. É verdade que a inspiração surgiu do projeto da Praia de Santa Luzia, em particular a leitura das famosas colunas de 10 metros de altura que já existiam no projeto de Le Corbusier, mas sua utilização transformou completamente a composição dos volumes funcionais do prédio.

2. A ANTROPOFAGIA DE NIEMEYER

É quase uma história mítica a descrição realizada por Niemeyer sobre a aceitação de sua proposta por Costa[19], que apoiou entusiasticamente o enterro da Múmia, comunicando imediatamente a Le Corbusier[20] esta decisão. Após trabalhar intensamente em dezembro de 1936, no início de janeiro estavam prontas as primeiras plantas para apresentá-las ao ministro. O informe elaborado pela equipe expressava as diferentes vantagens do novo projeto em relação aos anteriores e a aspiração dos arquitetos de honrar a confiança demonstrada pelo ministro: "Certos de melhor corresponder assim ao empenho invariavelmente demonstrado por V. Excia. de realizar uma obra tanto quanto possível perfeita, é-nos ainda grato consignar o aproveitamento nesta variante dos conselhos e da experiência que nos deixou Le Corbusier"[21]. É sempre importante reconhecer a paciência e a confiança depositada por Capanema em Lúcio Costa e seus colaboradores, e seu desejo de ter a todo custo uma solução de vanguarda, considerando as múltiplas dificuldades existentes na concretização do esquema definitivo.

Tendo em vista que as plantas da obra da Múmia estavam quase prontas, constituía um retrocesso na apresentação dos desenhos que acompanhavam o informe, ainda esquemáticos e genéricos, a ponto de dificultar a leitura da nova ideia[22]. Por outro lado, naqueles dias os ataques da imprensa e de intelectuais de direita eram

MES, ministro Gustavo Capanema colocando a pedra fundamental em solenidade de início das obras, Rio de Janeiro, foto de 1937

mais energéticos contra os princípios da arquitetura que se desejava materializar, uma tentativa de debilitar a posição política do ministro ao apoiar os artistas progressistas[23]. Apesar disso, no mês de março de 1937 foram finalizadas as primeiras plantas do edifício que possibilitaram a licitação pública para a estrutura de concreto armado, realizada sob a direção do engenheiro Emílio Baumgart[24]. No dia 24 de abril, Capanema colocou a pedra fundamental para dar início à construção que se efetivaria no mês de maio, enfatizando em seu discurso o caráter moderno da nova sede associado à sua eficiência e racionalidade, sem esquecer sua significação estética: "porque se vai plantar na bela cidade um grande monumento arquitetônico, cujo projeto se estudou, com consciência, pertinácia, minúcia e esmero"[25]. Entretanto, estava terminada somente uma etapa do *work in progress* do projeto do MES: as sucessivas modificações, intervenções, adições, tanto no edifício propriamente dito quanto nas áreas verdes projetadas por Burle Marx, e a inserção das obras de arte, foram completando-o até o dia de sua inauguração em 1945.

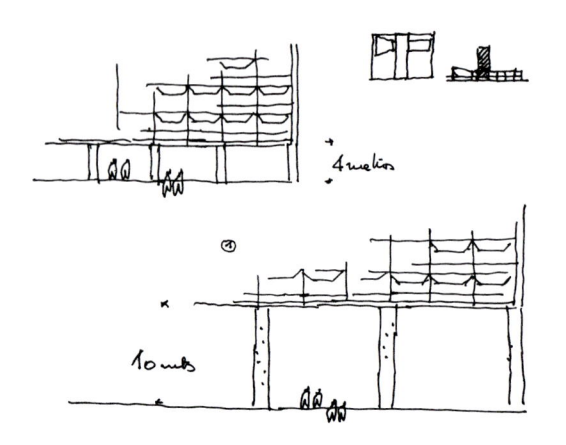

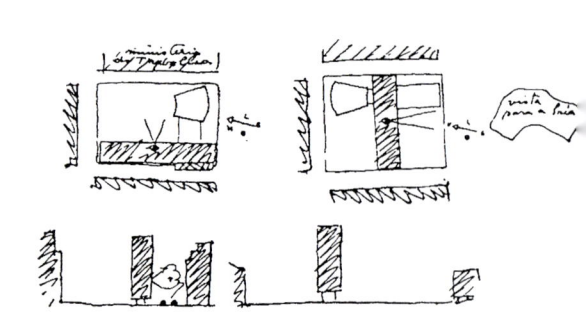

Oscar Niemeyer trabalhou um mês ao lado de Le Corbusier, interpretando as suas ideias e propostas nos desenhos do MES e da Cidade Universitária[26]. No projeto para a Praia de Santa Luzia, Le Corbusier elaborava os riscos das diferentes visões e perspectivas do edifício, que logo Niemeyer representava em forma detalhada nas imagens delineadas em detalhe, com os finos traços em preto e branco. Ao seu lado aprendeu uma metodologia de trabalho, o rigor da análise dos fatores funcionais, formais e espaciais do projeto, e a paixão inesgotável pela arquitetura. Porém, ainda mais importante foi sua capacidade de assimilar a perspicácia do mestre na leitura do entorno, a percepção dos valores paisagísticos e sua representação constante e contínua – quase em um ritmo cinematográfico – através de um sistema de traçados e linhas que transformavam a realidade observada, tangível, material e densa em um grafismo plástico e abstrato. Linearidade expressiva que caracterizou até nossos dias o modo de captar o mundo ao redor e a representação da arquitetura de Niemeyer, sempre concebida a partir de seus limites e perfis contínuos ou descontínuos[27]. Os princípios mais persistentes ao longo de sua obra foram a leveza, a

MES, croquis da mudança de altura dos pilotis, publicação no livro *Oscar Niemeyer*, da Almed, 1985

MES, croquis de comparação entre os projetos de Le Corbusier e da equipe brasileira para a Esplanada do Castelo, publicação no livro *Oscar Niemeyer*, da Mondadori, 1975

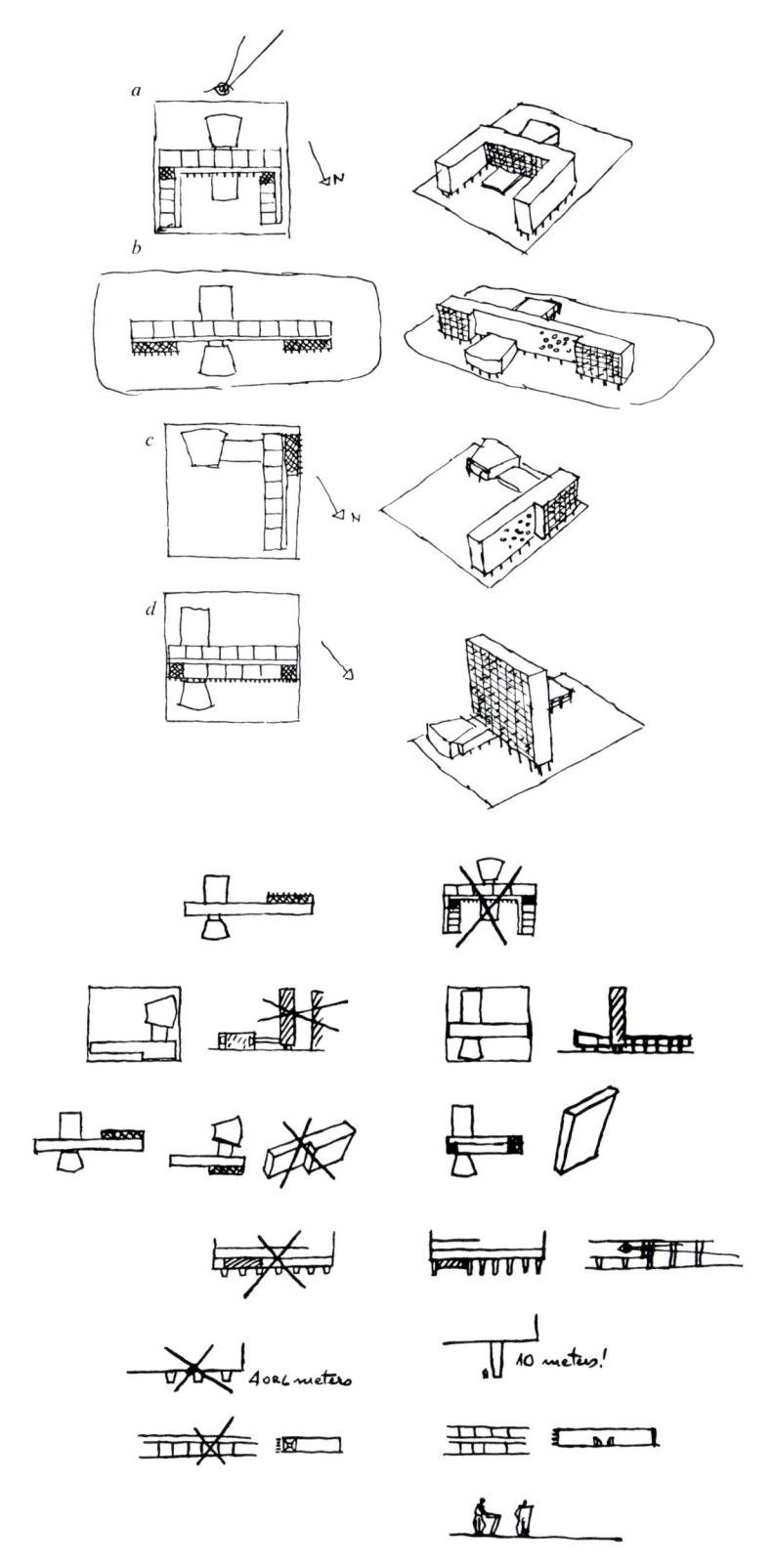

MES, esquema evolutivo dos
projetos, publicação no livro
Modern Architecture in Brazil, de
Henrique Mindlin, 1956

MES, esquema de prós e
contras das versões do
projeto, Oscar Niemeyer,
publicação no livro *The Work
of Oscar Niemeyer*, de Stamo
Papadaki, 1948

harmonia, a simplicidade, a graça, a sobriedade, a continuidade e a transparência de formas e espaços[28]. É neste sentido em que ocorre a metamorfose dos sucessivos projetos até a solução definitiva, cuja configuração acaba sendo uma síntese de cada uma das etapas anteriores – em um processo descontínuo de saltos qualitativos, segundo a teoria de Gaston Bachelard[29] – em busca de uma aplicação ortodoxa dos enunciados do movimento moderno.

O primeiro objetivo da nova proposta era manter a orientação norte-sul do bloco principal, presente nos projetos de Reidy, a Múmia e de Le Corbusier na Avenida Beira-Mar, que obtinham os máximos benefícios da orientação e da vista da Baía da Guanabara. O segundo consistia em preservar a integridade das formas puras e as geometrias simples associadas à caracterização das funções. Para consegui-lo, Niemeyer eliminou os volumes que continham os serviços e os sanitários, anexados por Le Corbusier ao bloco principal. O terceiro, procurava atingir o caráter aéreo dos edifícios modernos, contrários ao peso e compacidade clássicos, conseguido por meio do uso de pilotis. O quarto, buscava abandonar, como já estava proposto nos desenhos de Le Corbusier, o sistema rígido da simetria e a composição axial, bem como definir uma nova relação espacial com o contexto urbano baseada no livre relacionamento dos volumes[30].

Enquanto o mestre esteve limitado pelos regulamentos urbanos que impunham uma altura máxima de dez andares, a aprovação de uma mudança solicitada pela equipe nas exigências da Aeronáutica relativas aos edifícios próximos ao aeroporto permitiu atingir treze andares, que, em 1938, se transformaram nos quinze andares definitivos mais o terraço-jardim sobre a cobertura. Com a nova altura, o bloco principal de escritórios podia ser implantado na dimensão menor do terreno duplicando sua largura para conter todas as funções demandadas. Assim Niemeyer eliminou as alas da Múmia e concentrou verticalmente a extensão horizontal do bloco previsto por Le Corbusier na Avenida Beira-Mar. Isso possibilitou uma maior eficiência do sistema circulatório – vertical e horizontal – ao serem colocados escadas e elevadores nos lados extremos do edifício e substituindo os corredores precedentes ao

MES, projeto definitivo para a Esplanada do Castelo, perspectivas e elevações, Rio de Janeiro, 1936, Lúcio Costa, Oscar Niemeyer, Affonso Eduardo Reidy, Jorge Machado Moreira, Ernani Vasconcellos e Carlos Leão, consultoria de Le Corbusier (desenhos acervados na Fundação Le Corbusier, Paris)

longo das fachadas por um corredor central de conexão entre os escritórios que se distribuíam a norte e sul[31].

Uma decisão que definiu a originalidade do ministério foi a transformação dos pilotis da base de quatro metros de altura, presentes em todos os projeto anteriores, em colunas de dez metros, configurando um pórtico transparente – ou um "propileu", parafraseando Comas[32] – que atua como identificador da entrada principal e nexo de união entre as duas praças criadas nas duas frentes do edifício. Conseguiu-se assim elevar a lâmina e dar-lhe uma leveza expressiva por estar recuada em relação ao nível do pedestre; e ao mesmo tempo estabelecer a articulação entre os dois espaços equivalentes, definidos pelo piso de granito que conformam a área pública do ministério, eliminando a tradicional antinomia da frente e do verso, contida nas soluções clássicas. Ao unificar em um volume baixo contínuo o teatro e o salão de exposições, localizado ao longo da Rua da Imprensa, assimetricamente em relação àquele principal de escritórios, Niemeyer conserva a planta em T da solução da Avenida Beira-Mar, e também obtém uma solução mais limpa, ao separar o volume alto do baixo, evitando, assim, o encaixe entre os dois, que aparecia na proposta de Le Corbusier. Dessa forma, a melhora é tanto do ponto de vista volumétrico como estrutural, ao estabelecer um módulo de duas colunas finas, articulado com o sistema estrutural da lâmina no encontro identificado pelas circulações verticais do público. Também eliminou as protuberâncias no volume criado pelo mestre para conter as áreas de serviço, absorvendo-as no bloco alto, concentradas nas laterais cegas nos dois extremos do lado menor. Ficaram claramente definidas as áreas verdes do terraço-jardim ocupadas pelo restaurante, assim como a da cobertura do bloco baixo que configura o espaço lúdico, transição à paisagem externa, diante do escritório do ministro, agora claramente orientado à Baía da Guanabara. Por fim conseguiu, por meio do pórtico de colunas e da altura de quinze andares do volume principal, a imagem monumental do MES, inexistente até então, identificando-o como símbolo da renovação educativa do Brasil[33].

O processo antropofágico de Niemeyer teve um resultado positivo: não somente absorveu "o sagrado inimigo"[34] (nesse caso amigo), como sintetizou as ideias

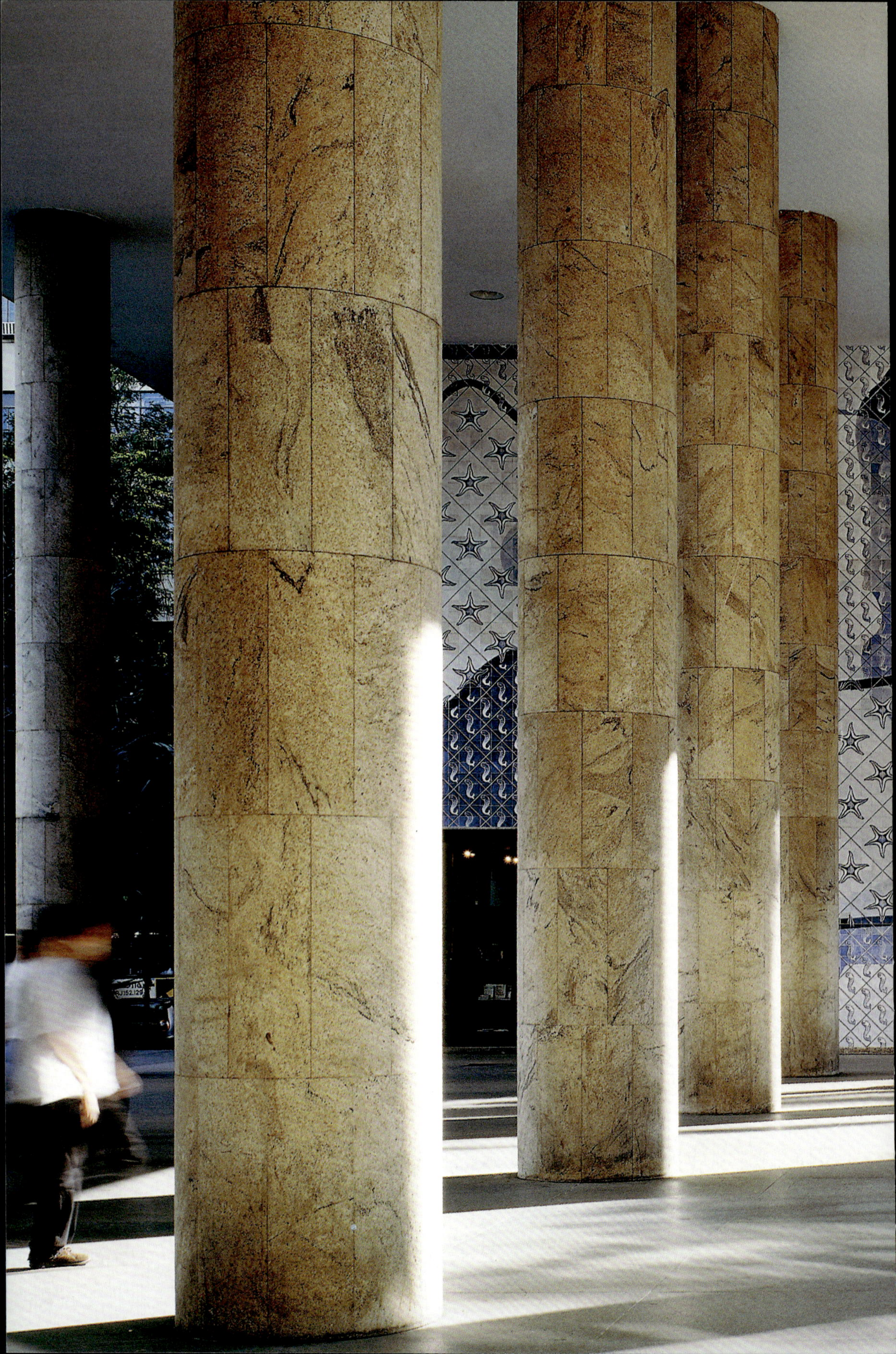

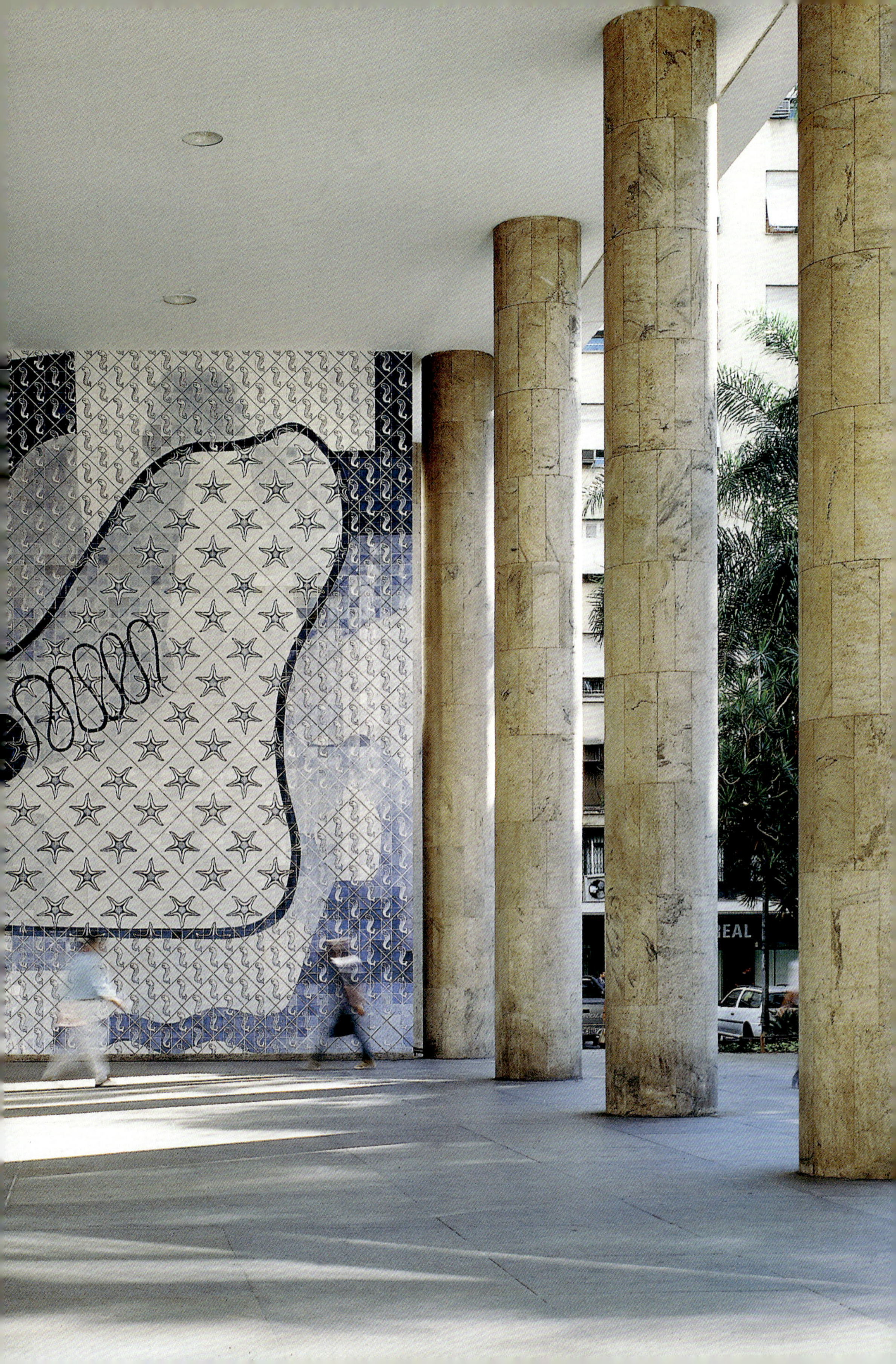

essenciais do mestre, superando as propostas formuladas no Rio de Janeiro. Na Avenida Beira-Mar, Le Corbusier tinha erguido o bloco principal sobre pilotis, havia possibilitado a transparência que permitia a passagem de automóveis e pedestres e as vistas extensas da baía; mas o espaço monumental com colunas de altura dupla estava restrito à articulação entre o vestíbulo e o salão de exposições, delimitado pelos vidros das duas fachadas. Esse esquema se repetiu no terreno da Esplanada do Castelo, embora comprimido entre o teatro e o bloco de escritórios. Niemeyer captou o sentido da dimensão criada pela esbelteza das colunas e, suprimindo os vidros, transformou o pórtico em base para o volume principal[35]. A outra solução inovadora foi a obtenção da transparência em ambas as fachadas do ministério. Nas propostas de Le Corbusier, a fachada de vidro era sempre limitada a uma das faces do volume: isso acontecia na *Cité de Refuge de l'Armée du Salut*, no Pavilhão Suíço de Paris, no Centrosoyus e nos projetos para o Rio. Ao duplicar a largura do paralelepípedo e colocar escritórios em suas duas faces, ambas acabaram tendo panos de vidro, estando a face norte protegida por brise-soleil. Aqui surge novamente o talento dos discípulos, seguidores do exemplo do mestre, que nunca definiu claramente o projeto dos brise-soleils nas áreas de serviço. Também não fora afortunada a concepção daqueles usados na Múmia. A solução atingida no MES foi inspirada diretamente nos brise-soleils usados no edifício de escritórios de Argel (1933) e nas casas Oued Ouchaia (1934)[36], que recobriam a fachada com lâminas horizontais de concreto dentro de uma grade, configurando uma malha superficial contínua, semelhante à de um muxarabi. Após definir todos os seus componentes essenciais, no início do mês de maio de 1937, foi iniciada a construção do ministério. Pouco depois, Lúcio Costa enviou a Paris as plantas e os desenhos para ter a opinião de Le Corbusier sobre a nova proposta, que foi aprovada com entusiasmo[37].

Antes de entrar na análise detalhada do MES, é importante resumir as variações sucessivas que aconteceram no projeto até a sua inauguração em 1945. Na primeira série de projetos elaborados em 1937, o bloco de escritórios tinha doze andares. Já em fevereiro de 1938, Jorge Moreira propõe ao superintendente encarregado

Na página anterior, MES, colunata e painel de azulejos no piso térreo, Rio de Janeiro, foto de 2001

Edifício de escritórios com balcões brise-soleil, Argel, 1939, Le Corbusier, publicação no livro *Le Corbusier. Oeuvre Complète 1938-1946*

pelas obras, Souza Aguiar, a necessidade de ampliar a capacidade do ministério formulada por Capanema, aumentando sua altura para quinze andares. Prevendo essa alternativa, o engenheiro Emílio Baumgart havia desenvolvido a estrutura de concreto armado e as fundações para suportar um peso maior, concluindo a estrutura no final daquele ano. Embora Cândido Portinari já tivesse sido contratado para realizar os murais internos e os revestimentos externos com os temas marinhos e formas geométricas livres, a concepção do conjunto manteve uma rigidez estrita com respeito à organização urbanística do espaço público dentro do quarteirão, como o demonstram as sucessivas linhas de palmeiras propostas para estabelecer os limites virtuais do terreno. Situação que foi transformada quando se concretizou o projeto das áreas verdes de Burle Marx em 1942. Portanto, não se verificou nas primeiras configurações planimétricas do MES a tese de Comas sobre a intenção dos arquitetos de negar a abordagem frontal e privilegiar as percepções diagonais do edifício, que somente teriam sido possíveis após a realização das formas livres dos canteiros ao longo das Ruas Araújo Porto Alegre e Graça Aranha[38].

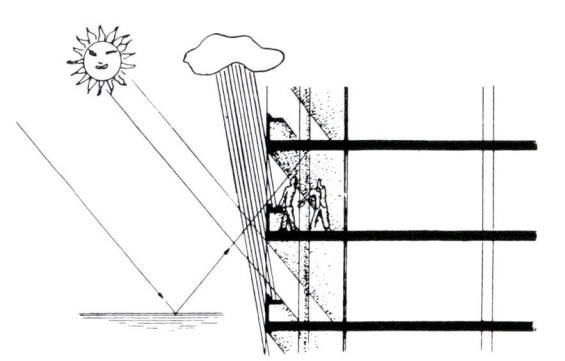

3. VARIANTES SOBRE O MESMO TEMA

Entre 1937 e 1945, foram feitas pelo menos quatro modificações no projeto da organização do espaço público do quarteirão do MES, relacionadas com a localização das palmeiras, a definição das duas praças secas, a circulação dos veículos, a localização da estátua do *Homem Brasileiro* de Celso Antônio e as conexões com a Rua Pedro Lessa. Nesse período, também foram definidos progressivamente o projeto das áreas verdes por Burle Marx iniciado em 1938; e a integração dos murais, pinturas e esculturas encomendadas a diferentes artistas nacionais e estrangeiros. No final de 1937 – supostamente por motivos de saúde –, Lúcio Costa apresenta sua renúncia como diretor da equipe, que Capanema aceita a contragosto. Oscar Niemeyer será até o final da obra o responsável pela orientação do grupo[39].

Da proposta original, se mantinha a influência das soluções dos projetos anterio-

Edifício de escritórios, corte, Argel, 1939, Le Corbusier, publicação no livro *Le Corbusier. Oeuvre Complète 1938-1946*

Cité de Refuge l'Armée du Salut, Paris, 1929, Le Corbusier, foto de 1992

res: a garagem dos veículos oficiais localizava-se sob o salão de atos, permanecia a rigidez dos vestíbulos do público e do ministro e a forma ortogonal da escada monumental de acesso ao salão de exposições. O espaço público voltado à Rua Pedro Lessa era o oposto do que havia sido proposto por Le Corbusier: enquanto ele valorizava a existência de uma única grande praça, dominada pela estátua do *Homem Brasileiro*, voltada às Ruas Araújo Porto Alegre e Imprensa, a equipe bloqueou o acesso principal dessas ruas colocando uma fileira de palmeiras circundando o edifício, deixando a comunicação livre somente com a Rua Pedro Lessa, em cujo espaço situava-se o Colosso de Memnon. Assim, o percurso dos automóveis oficiais da Rua da Imprensa à Rua Graça Aranha anulava a praça voltada aos acessos de pedestres principais, provenientes da Avenida Rio Branco, ao longo da Rua Araújo Porto Alegre. Predominava a ideia de um pátio interno – de *cour d'honneur* – alinhado às visuais do ministro sobre a Baía de Guanabara e delimitado pelo retângulo do piso de granito, enquanto as perspectivas dos visitantes do ministério eram totalmente tangenciais ao edifício por conta do bloqueio da Rua Araújo Porto Alegre.

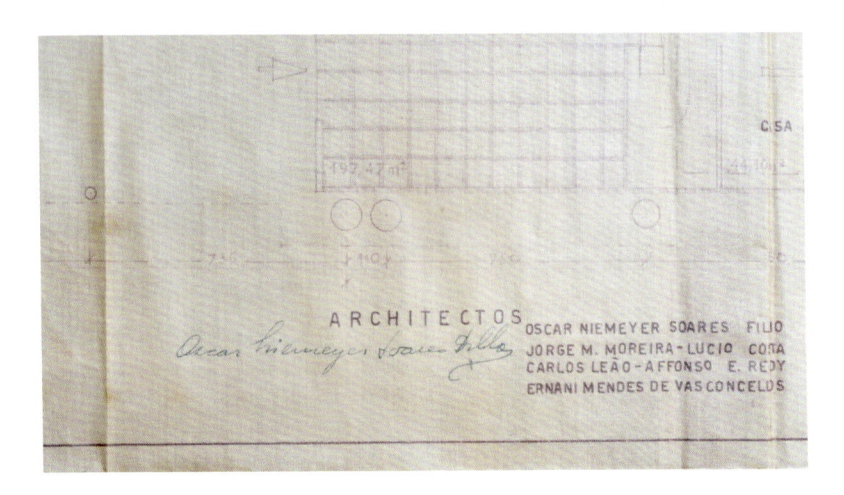

Na segunda versão, mais elaborada e visível através de uma maquete detalhada e das plantas – cujas fotos foram enviadas a Le Corbusier – os arquitetos conscientizaram-se sobre a importância das duas ruas principais que circundam o MES – Araújo Porto Alegre e Graça Aranha – e deslocaram as palmeiras que definiam a barreira visual, enfileiraram-nas ao longo da Rua Pedro Lessa, admitindo o caráter secundário dessa rua e, ao mesmo tempo, ocultando a série de edificações antigas que ainda existiam depois do desmonte do Morro do Castelo. O gigante de granito foi posicionado na Rua Graça Aranha e o retângulo do piso atravessava o pórtico e compreendia quase a totalidade da extensão do volume baixo, cuja continuidade não era interrompida pela circulação de veículos oficiais, que circulavam tanto pela Rua da Imprensa quanto entre os pilotis do volume baixo, num trajeto que se iniciava na Rua Pedro Lessa e acabava na Rua Araújo Porto Alegre, ladeando a parede do teatro. Outra inovação foi o uso do espaço sob o salão de exposições como estacionamento para os visitantes do ministério. Finalmente, a organização rígida do vestíbulo foi sua-

MES, prancha do projeto definitivo, detalhe da assinatura de Oscar Niemeyer Soares Filho, Rio de Janeiro, 1937

vizada com o balcão curvilíneo projetado por Niemeyer e com a presença da escada helicoidal de acesso ao teatro e ao salão de exposições.

Pequenas mudanças apareceram na maquete apresentada na Exposição do Estado Novo (1938): o piso de granito se estendia sobre a totalidade das duas praças até o limite das calçadas e o colosso do *Homem Brasileiro* estava novamente posicionado na Rua Pedro Lessa. Com o projeto de Burle Marx para os jardins, as formas livres dos canteiros se concentraram ao longo da Rua Graça Aranha e, entre 1943 e 1944, a Rua Pedro Lessa foi fechada após a demolição dos edifícios situados no quarteirão oposto ao MES. O espaço público disponível foi ampliado até a Rua Santa Luzia, supostamente para dar lugar ao estacionamento do ministério. Assim, Burle Marx ocupou uma parte desse espaço onde finalmente seria colocado, fora dos limites da praça seca, não o *Homem Brasileiro* de Celso Antônio, mas a estátua *Juventude brasileira*, realizada pelo escultor Bruno Giorgi. Finalmente, antes da inauguração em 1945, foi acrescido um módulo ao salão de exposições e um volume solto de formas sinuosas, aproveitando o fechamento da Rua Pedro Lessa, com o intuito de permitir acesso direto ao terraço-jardim do ministro para os trabalhos de manutenção das áreas verdes e a entrada de cenografias para atividades artísticas no salão de exposições. Finalmente, o processo de *work in progress* contribuiu lentamente para a solução arquitetônica definitiva do MES, caracterizada pelo equilíbrio obtido na relação de formas e volumes, com proporções quase perfeitas, esculturais, em que a tradicional imposição da monumentalidade foi absorvida pela escala humana do conjunto[39]. É importante, em seguida, analisar a participação de Burle Marx e Cândido Portinari, criadores de um sistema plástico de formas sinuosas – aspecto pouco aprofundado nos ensaios críticos precedentes – assim como as transformações ocorridas no espaço interno; como a integração do mobiliário e as obras de arte e os conteúdos conceituais do projeto arquitetônico que fizeram do projeto um ícone da modernidade latino-americana; modelo e protótipo do funcionamento administrativo de escala mundial.

MES, maquete apresentada na
Exposição do Estado Novo, 1938

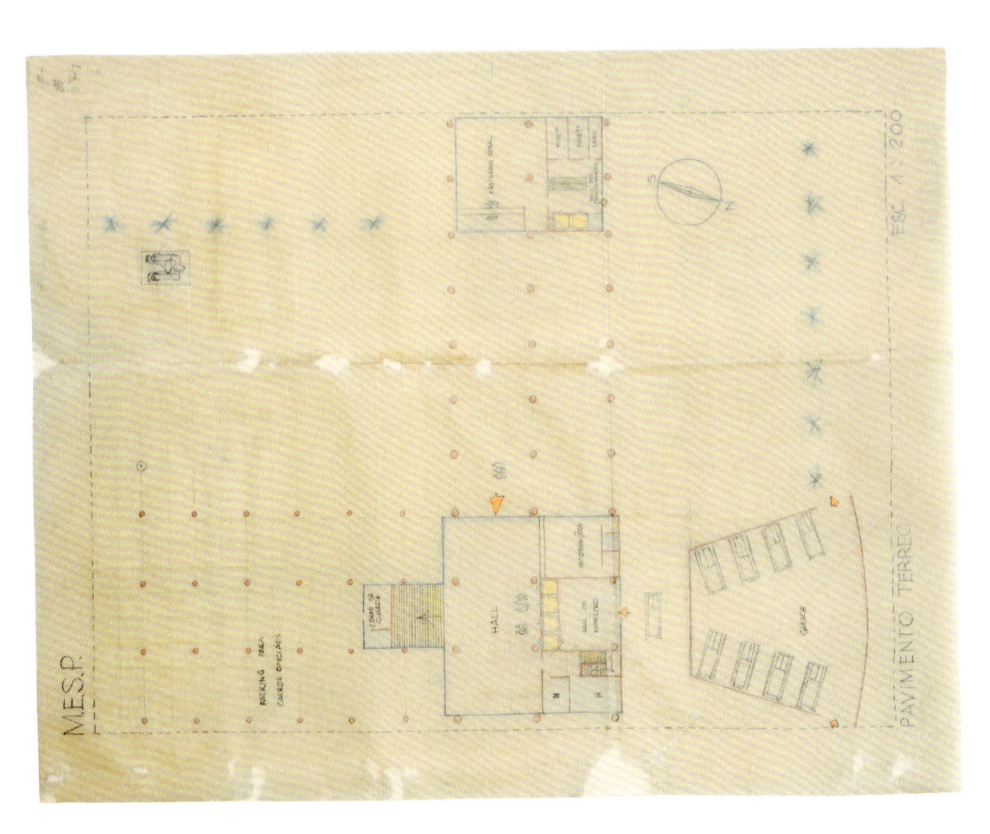

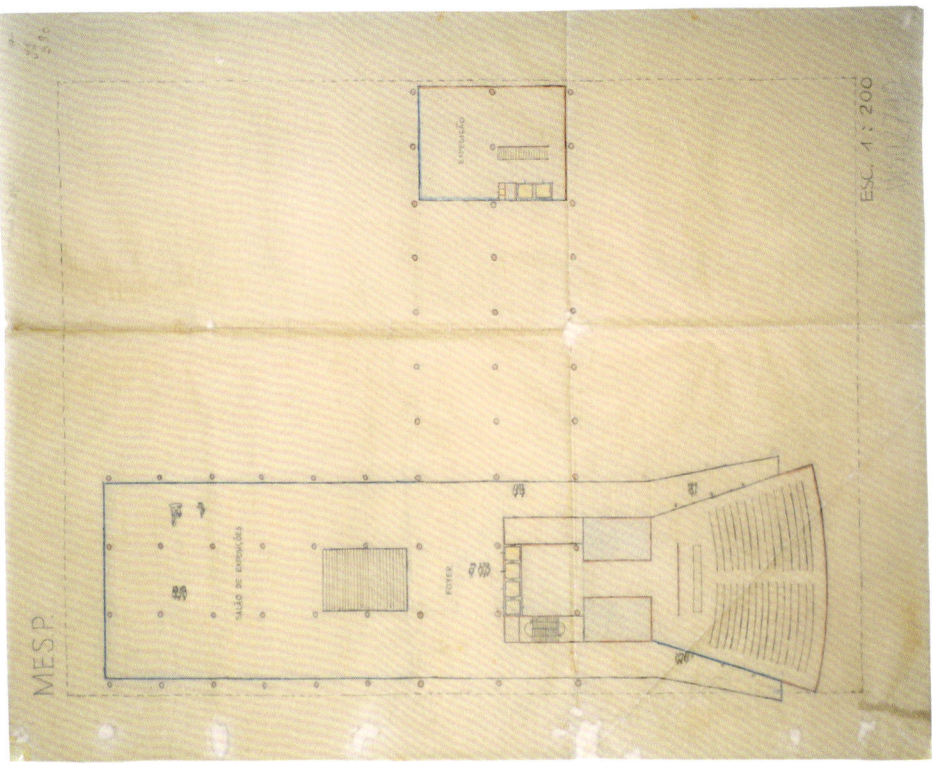

MES, projeto definitivo para a Esplanada do Castelo, versão preliminar das plantas do térreo e sobreloja, Rio de Janeiro, 1936, Lúcio Costa, Oscar Niemeyer, Affonso Eduardo Reidy, Jorge Machado Moreira, Ernani Vasconcellos e Carlos Leão, consultoria de Le Corbusier

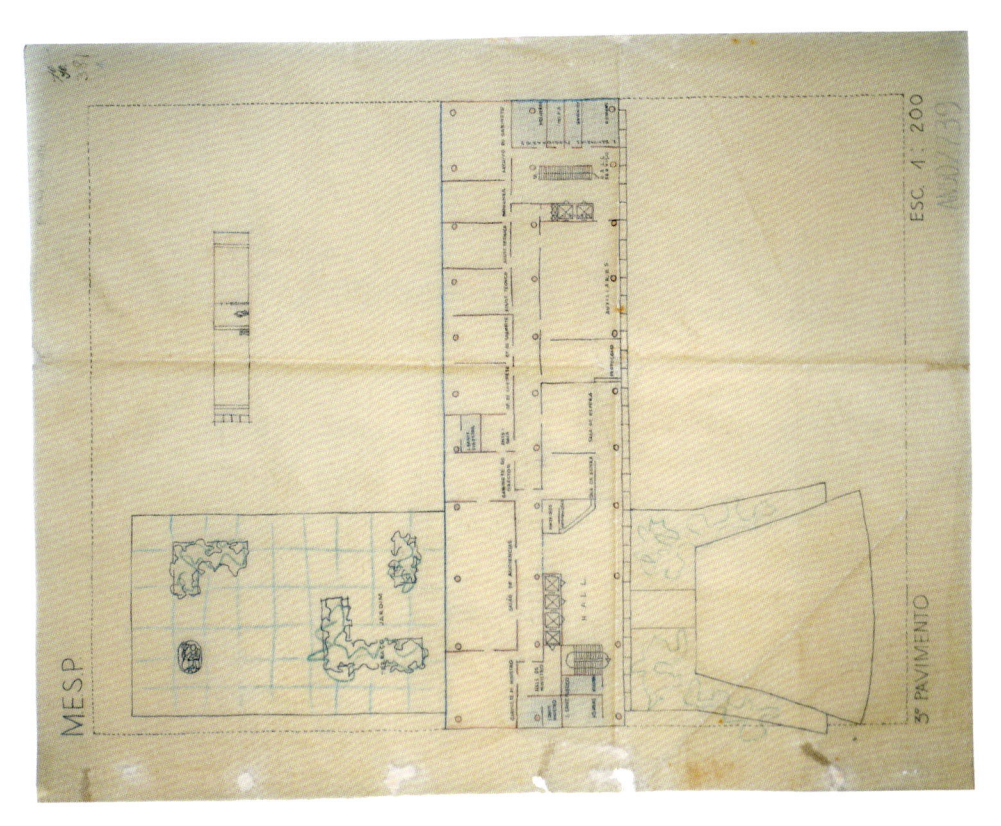

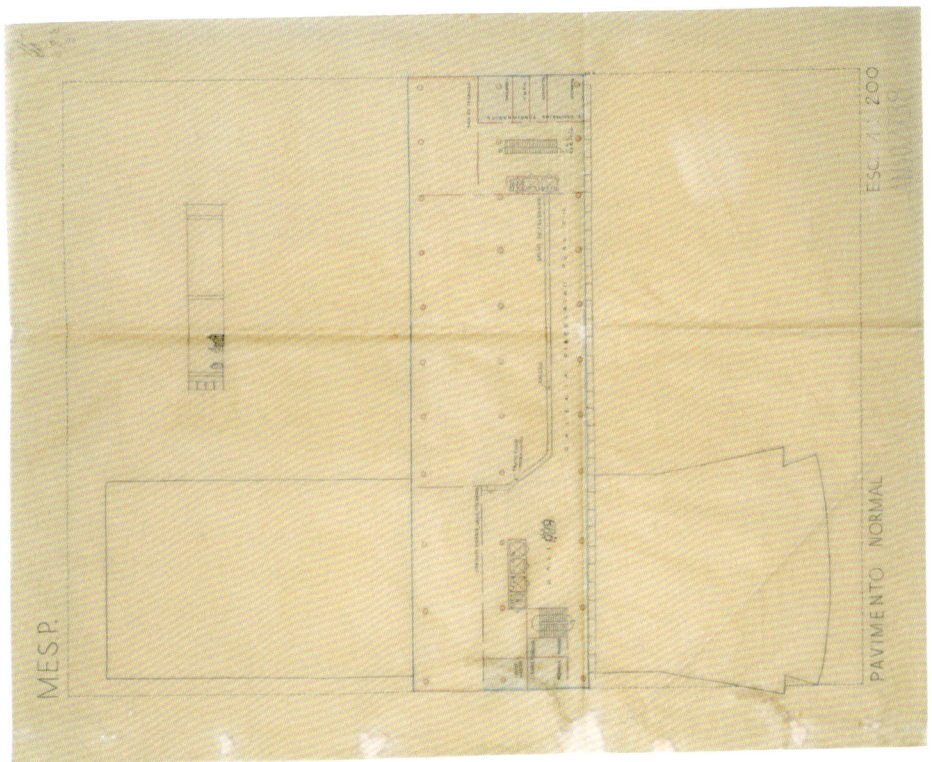

MES, projeto definitivo para a Esplanada do Castelo, versão preliminar das plantas do primeiro pavimento e do pavimento tipo, Rio de Janeiro, 1936, Lúcio Costa, Oscar Niemeyer, Affonso Eduardo Reidy, Jorge Machado Moreira, Ernani Vasconcellos e Carlos Leão, consultoria de Le Corbusier

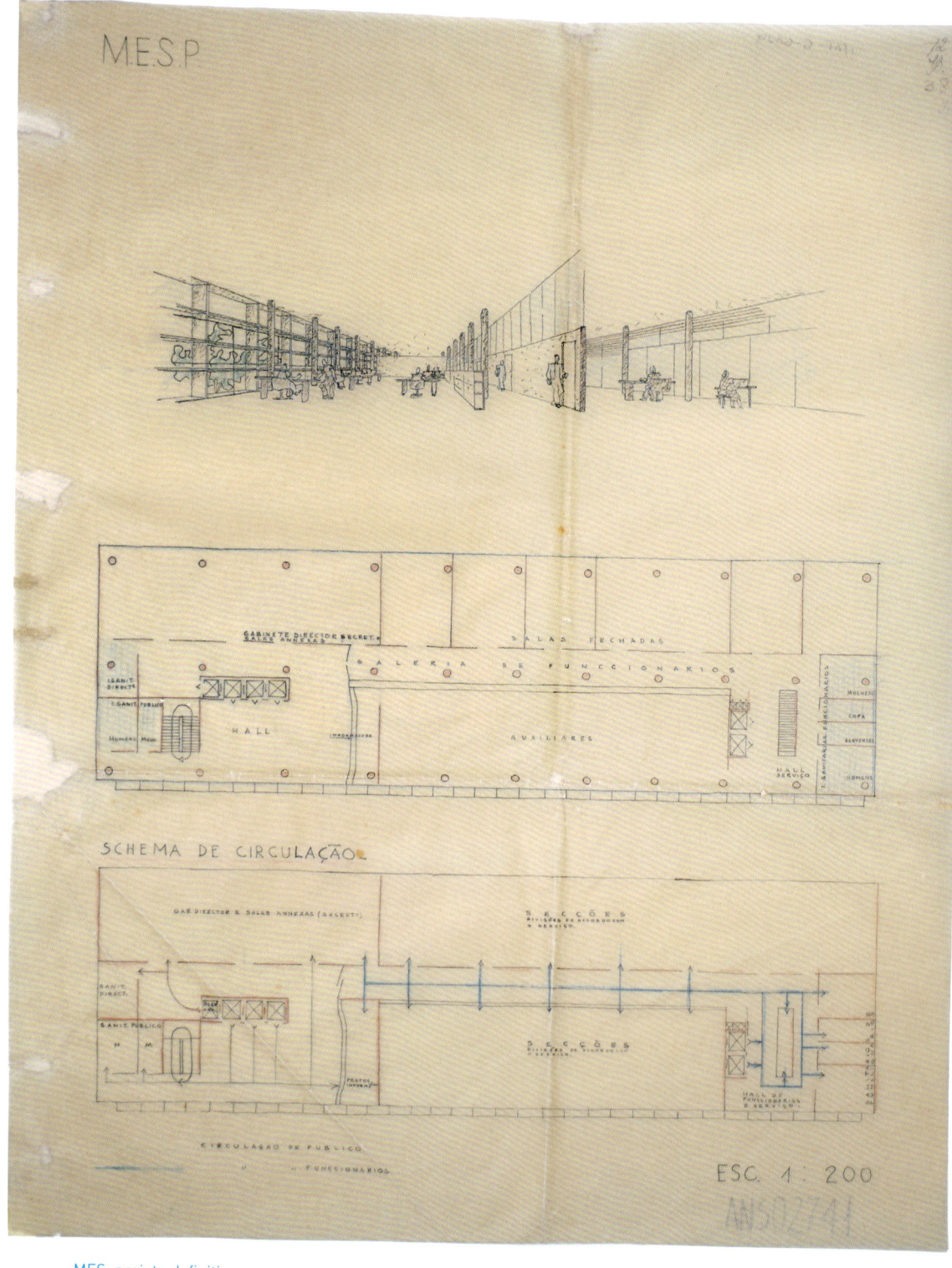

MES, projeto definitivo para a Esplanada do Castelo, perspectiva interna, plantas e perspectivas externas da versão preliminar, Rio de Janeiro, 1936, Lúcio Costa, Oscar Niemeyer, Affonso Eduardo Reidy, Jorge Machado Moreira, Ernani Vasconcellos e Carlos Leão, consultoria de Le Corbusier

CAPÍTULO 8 – VICISSITUDES DO PROJETO DEFINITIVO: A ANTROPOFAGIA DE OSCAR NIEMEYER

ARCHITECTOS

EDIFÍCIO CASTELLO · AV. NILO PEÇANHA N. 151 2° ANDAR · SALAS 9092 · TELEPHONE - 42-0630

Rio de Janeiro, 5 de Janeiro de 1937.

Exmo. Snr. Dr. Gustavo Capanema
M. D. Ministro da Educação e Saúde Publica.

Juntamente com os architectos Oscar Niemeyer Soares Filho, Ernani Mendes de Vasconcellos, Jorge Machado Moreira, Affonso Eduardo Reidy e Carlos Leão, apresento-lhe, nesta data, uma variante ao projecto por nós elaborado para a séde dessa Secretaria de Estado.

Este novo estudo, que reputamos vantajoso tanto sob o ponto de vista do urbanismo e architectura como funccional e economico, resultou da necessidade de se attender ao novo gabarito imposto pela prefeitura, - que compromette irremediavelmente o partido anteriormente adoptado - e, tambem, das determinações de v. excia. relativamente á creação de um amplo recinto especial, annexo ao edificio e de facil accesso - formando possivelmente conjuncto com o salão de conferencias -destinado ás exposições que deverão manter o publico permanentemente em contacto com as actividades do Ministerio, despertando-lhe assim de fórma objectiva e directa e de um modo geral o interesse pela propria saúde, educação e cultura.

Chamaremos ainda a attenção de v. excia. para as seguintes particularidades da nova solução: a) accesso e circulação independentes para publico e funccionarios; b) accesso directo dos directores geraes ao gabinete do ministro; c) accesso directo do gabinete do mi-

- 2 -

nistro á mesa, na sala de conferencias e ao salão de exposições; d) concentração de todos os serviços; e) facilidade de desenvolvimento futuro em altura sem prejuizo, antes com vantagem, para o aspecto do conjuncto.

Certos de melhor corresponder assim ao empenho invariavelmente demonstrado por v. excia. de realizar uma obra tanto quanto possivel perfeita, é-nos ainda grato consignar o aproveitamento nesta variante dos conselhos e da experiencia que nos deixou Le Corbusier.

Saudações attenciosas.

MES, carta de Lúcio Costa a Gustavo Capanema encaminhando nova versão do projeto da equipe brasileira, páginas 1 e 2, Rio de Janeiro, 5 de janeiro de 1937

Doc. 36

JORGE M. MOREIRA · LUCIO COSTA
CARLOS LEÃO · AFFONSO E. REIDY
ERNANI MENDES DE VASCONCELLOS
OSCAR NIEMEYER SOARES FILHO

ARCHITECTOS

EDIFICIO CASTELLO · AV. NILO PEÇANHA N. 151-9.º ANDAR · SALAS 901/2 · TELEPHONE · 42-0630

RECIBO
RS.146:000$000

Recebi do Sr. Dr. Eduardo Duarte de Sousa Aguiar, Superintendente do Serviço de Obras do M.E.S., a quantia de cento e quarenta e seis contos de réis (146:000$000), por conta dos honorários relativos ao projeto do edifício sede do Ministério da Educação e Saúde.

Sêlo 1$200

MES, recibo de honorários assinado por Lúcio Costa em nome da equipe de arquitetos, documento escrito em papel timbrado com os nomes Jorge M. Moreira, Lúcio Costa, Carlos Leão, Affonso E. Reidy, Ernani Mendes de Vasconcellos e Oscar Niemeyer Soares Filho, 29 de julho de 1939

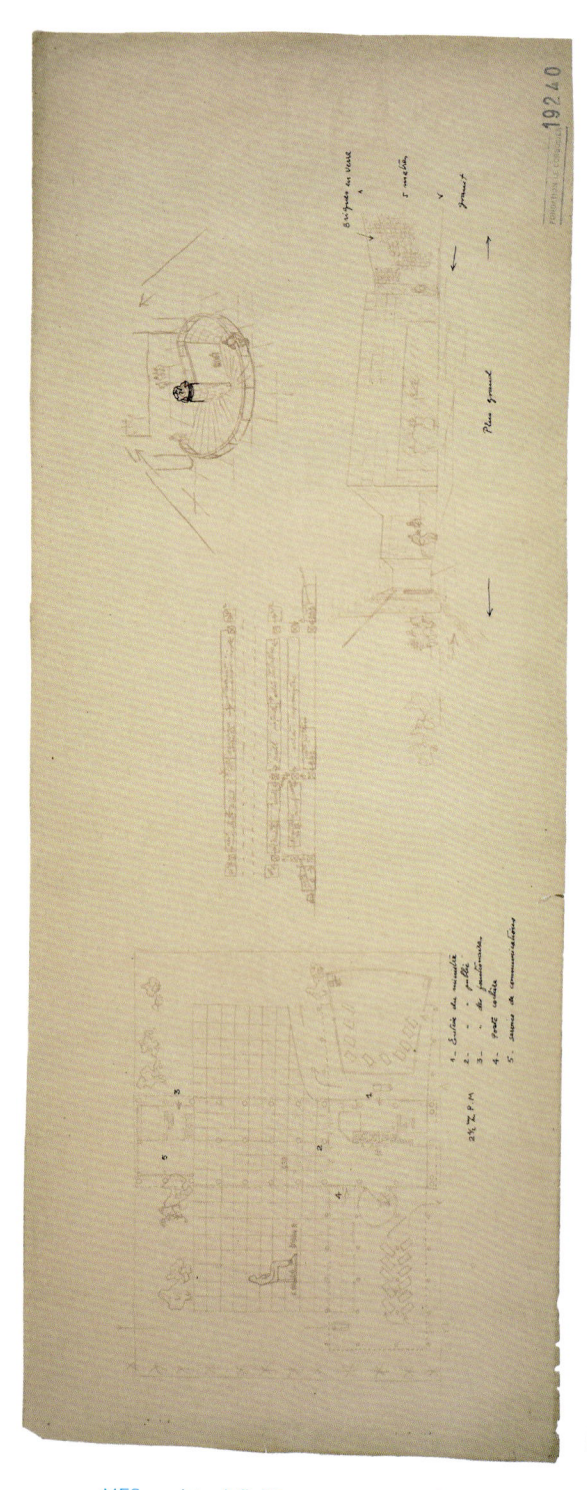

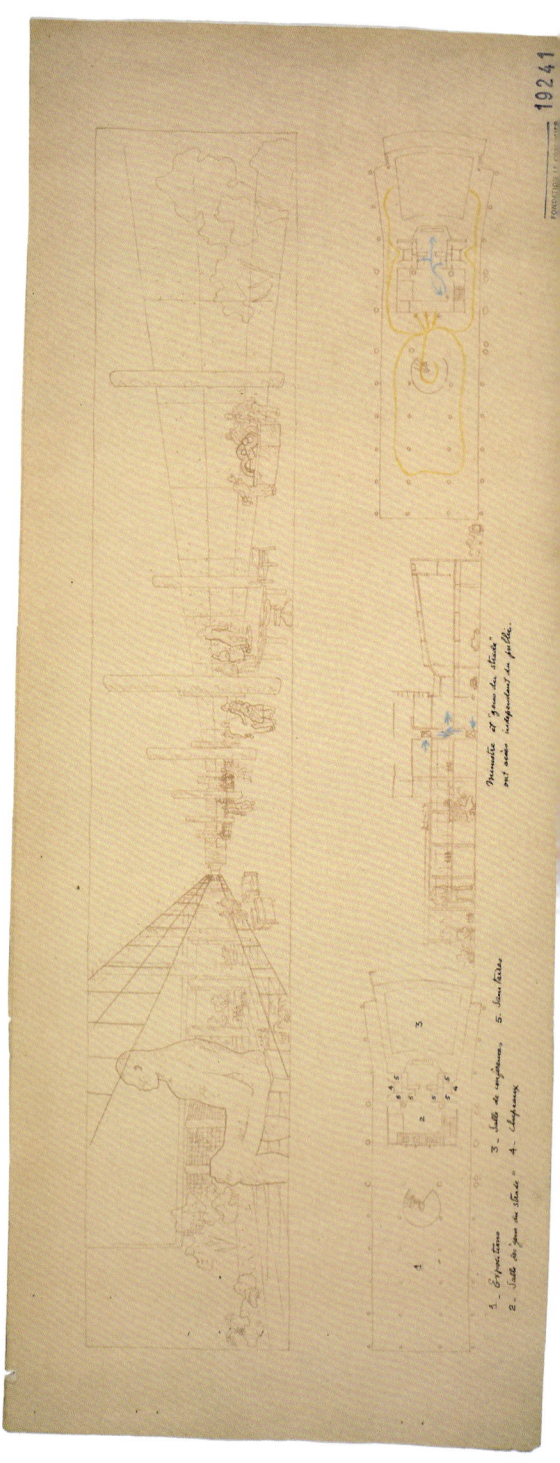

MES, projeto definitivo para a
Esplanada do Castelo,
desenhos da versão final, Rio
de Janeiro, 1936, Lúcio Costa,

Oscar Niemeyer, Affonso
Eduardo Reidy, Jorge Machado
Moreira, Ernani Vasconcellos e
Carlos Leão, consultoria de

Le Corbusier (desenhos
acervados na Fundação Le
Corbusier, Paris)

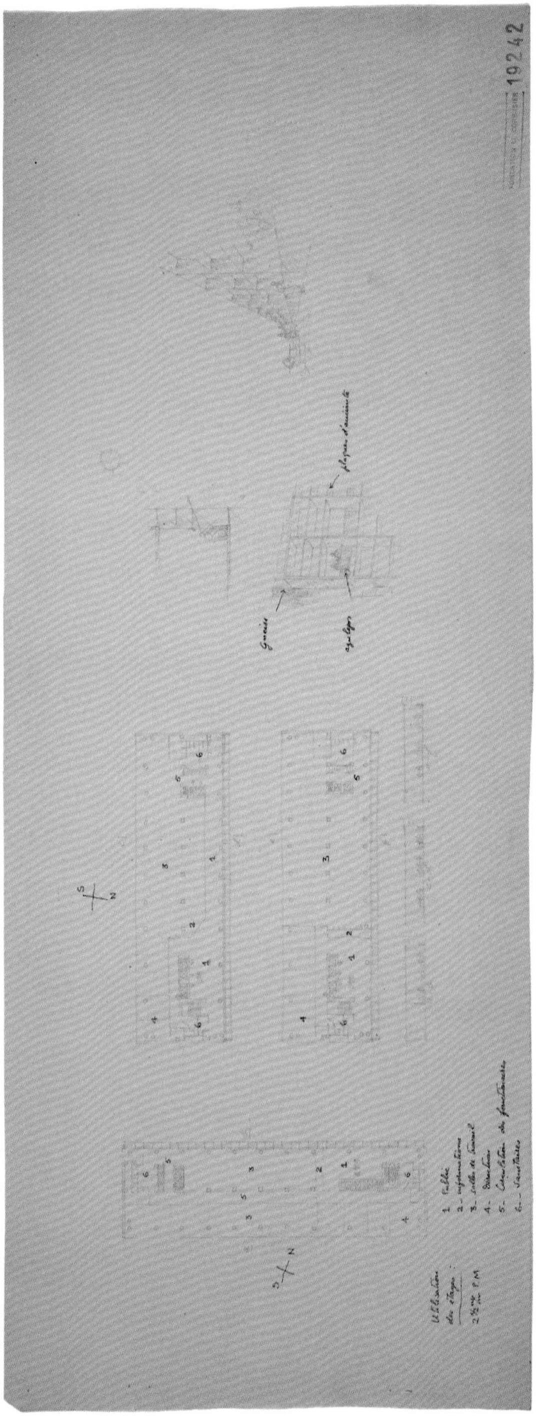
19242

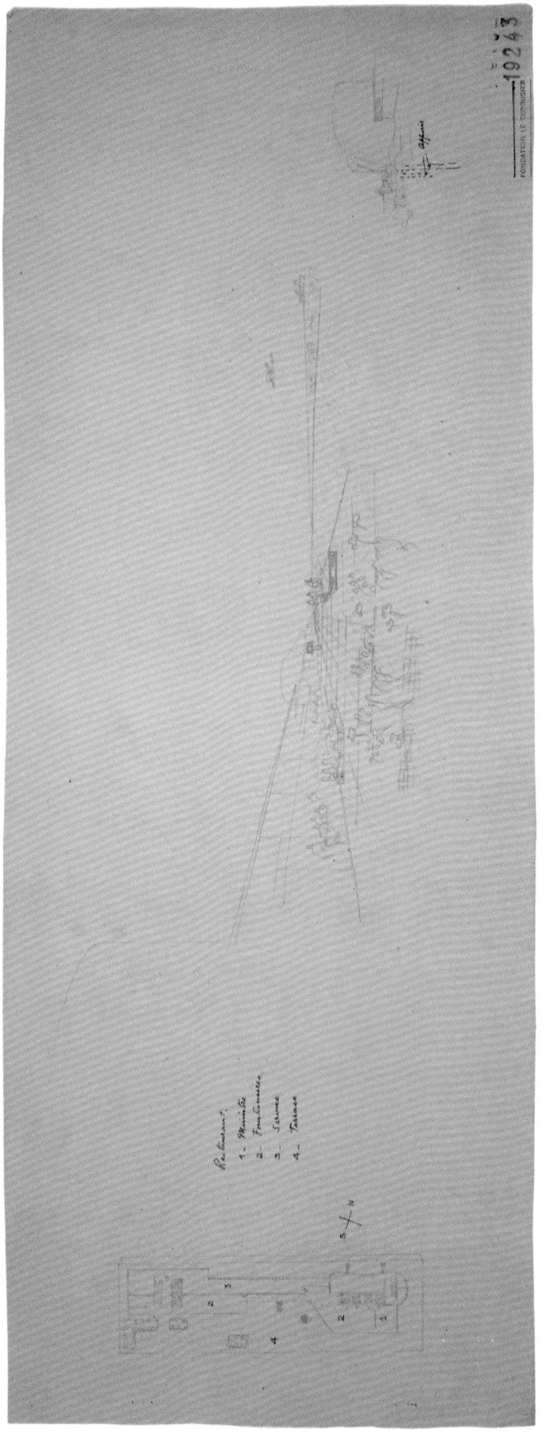
FONDATION LE CORBUSIER
19243

PROJECTO PARA O EDIFICIO DO MINISTERIO DA E

PAVIMENTO TERREO
ESCALA 1:400

PARKING

APPROVO
Capanema

VISTO

MES, projeto definitivo para a Esplanada do Castelo, prancha com planta do térreo aprovada por Gustavo Capanema, 1937

E SAUDE PUBLICA A SER CONSTRUIDO NA QUADRA F DA ESPLANADA DO CASTELLO

VESTIARIO DOS SERVENTES

SERVIÇO DE
COMMUNICAÇÕES

PORTICO

INFORAÇÕES SANIT.

HALL   HALL DO MINISTRO   GARAGE

CASA DE FORÇA   CASA DE MACHINAS

ARCHITECTOS OSCAR NIEMEYER SOARES FILHO
JORGE M. MOREIRA - LUCIO COSTA
CARLOS LEÃO - AFFONSO E. REIDY
ERNANI MENDES DE VASCONCELLOS

MESP 2

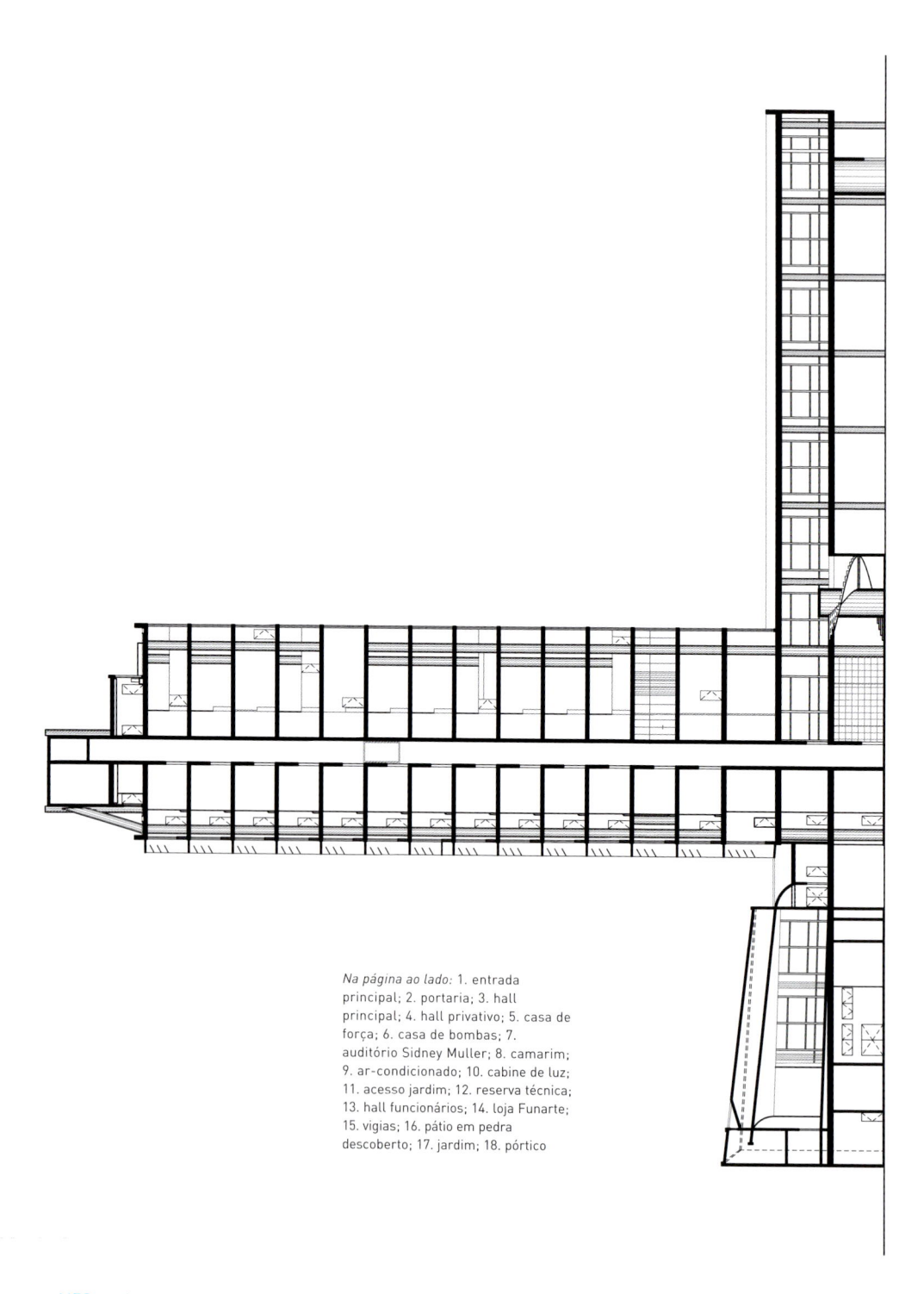

Na página ao lado: 1. entrada principal; 2. portaria; 3. hall principal; 4. hall privativo; 5. casa de força; 6. casa de bombas; 7. auditório Sidney Muller; 8. camarim; 9. ar-condicionado; 10. cabine de luz; 11. acesso jardim; 12. reserva técnica; 13. hall funcionários; 14. loja Funarte; 15. vigias; 16. pátio em pedra descoberto; 17. jardim; 18. pórtico

MES, projeto definitivo para a Esplanada do Castelo em redesenho atual, corte transversal do edifício construído, Rio de Janeiro, desenho de 2012

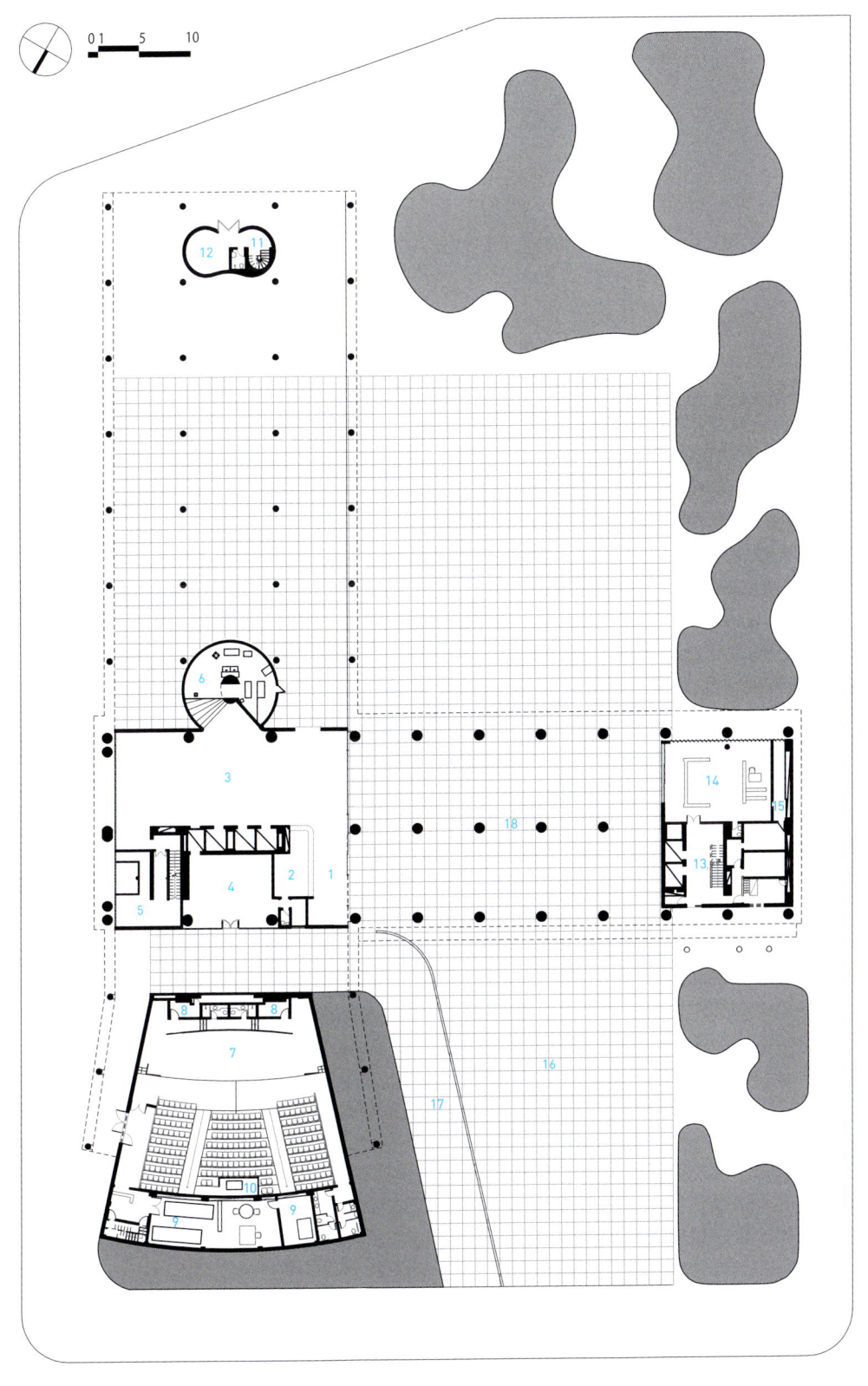

MES, projeto definitivo para
a Esplanada do Castelo, planta
do térreo do edifício construído,
Rio de Janeiro, desenho de 2012

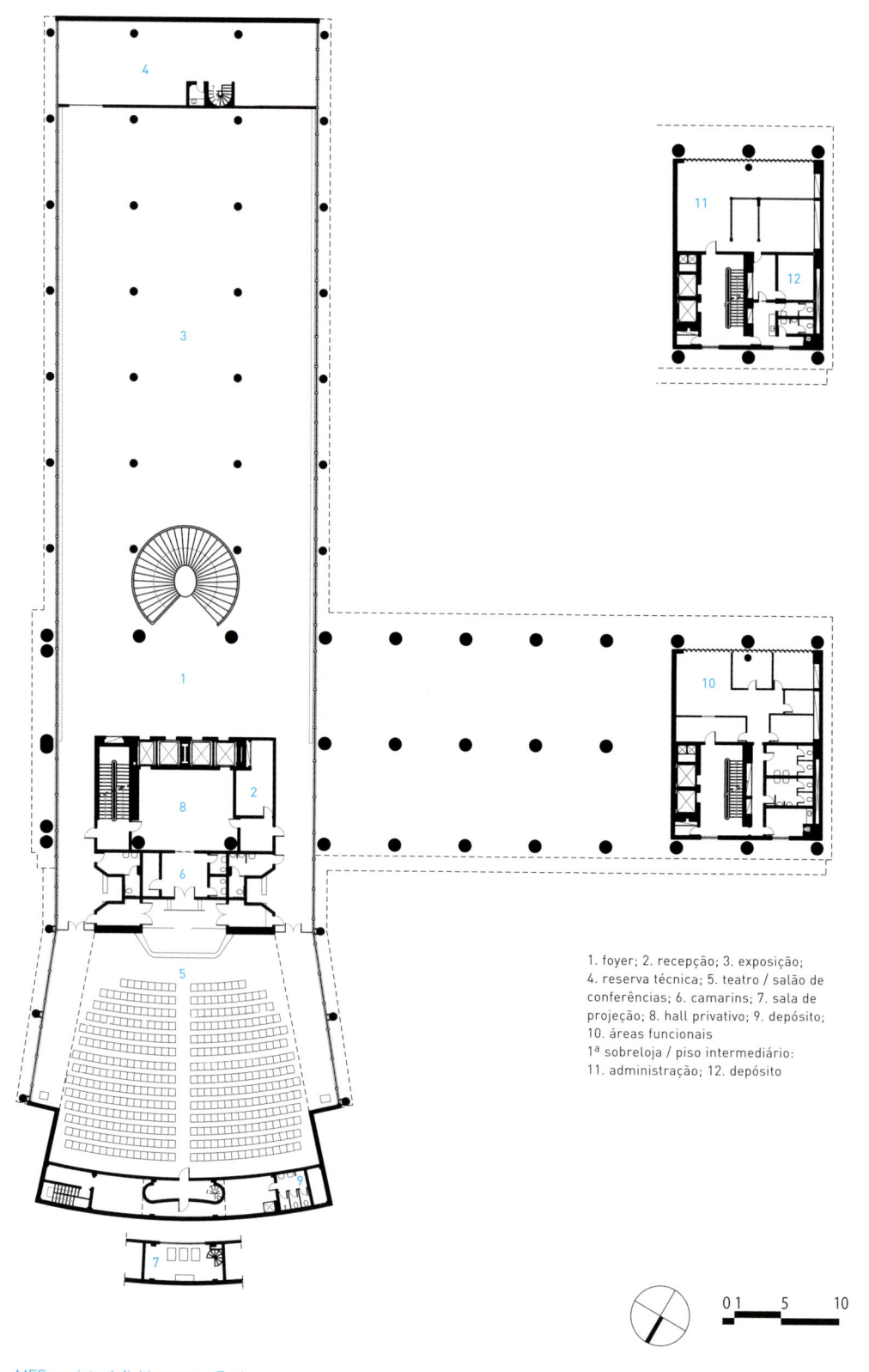

1. foyer; 2. recepção; 3. exposição; 4. reserva técnica; 5. teatro / salão de conferências; 6. camarins; 7. sala de projeção; 8. hall privativo; 9. depósito; 10. áreas funcionais
1ª sobreloja / piso intermediário:
11. administração; 12. depósito

MES, projeto definitivo para a Esplanada do Castelo, plantas da sobreloja e 1ª sobreloja do edifício construído, Rio de Janeiro, desenho de 2012

245

1. gabinete do ministro; 2. secretaria; 3. salão Portinari; 4. jardim externo do ministro; 5. sala ministério; 6. espaço Lucio Costa; 7. projeto resgate; 8. copa; 9. cozinha; 10. hall funcionário; 11. área exposição; 12. escultura de Aleijadinho; 13. recepção; 14. ar condicionado

CAPÍTULO 8 – VICISSITUDES DO PROJETO DEFINITIVO: A ANTROPOFAGIA DE OSCAR NIEMEYER

MES, projeto definitivo para a Esplanada do Castelo, planta do 1º pavimento do edifício construído, Rio de Janeiro, desenho de 2012

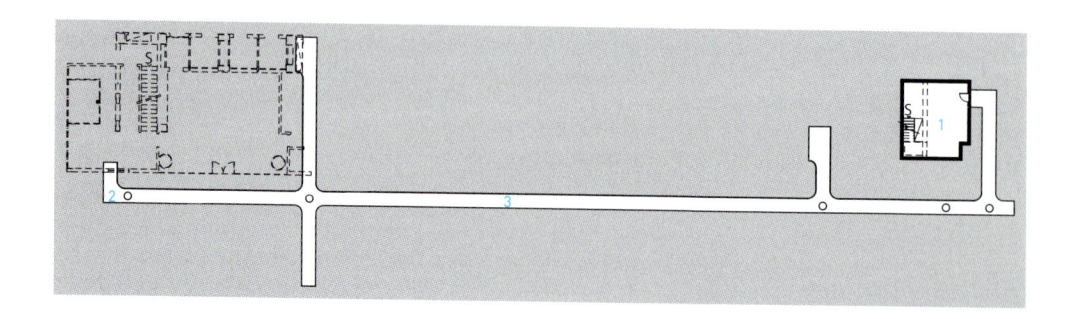

1. ar-condicionado; 2. casa de força;
3. calhas de elétrica

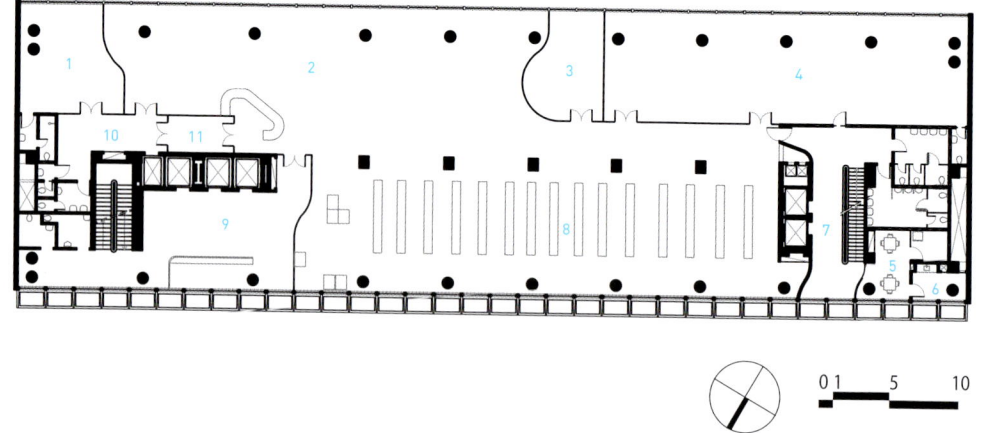

1. sala reunião; 2. leitura; 3. bec. chefia;
4. seção de tratamento bibliográfico; 5. copa;
6. cozinha; 7. hall funcionários; 8. arquivo;
9. hall público; 10. guarda volume;
11. hall privativo

MES, projeto definitivo para a Esplanada do Castelo, plantas do subsolo e do 4º pavimento do edifício construído, Rio de Janeiro, desenho de 2012

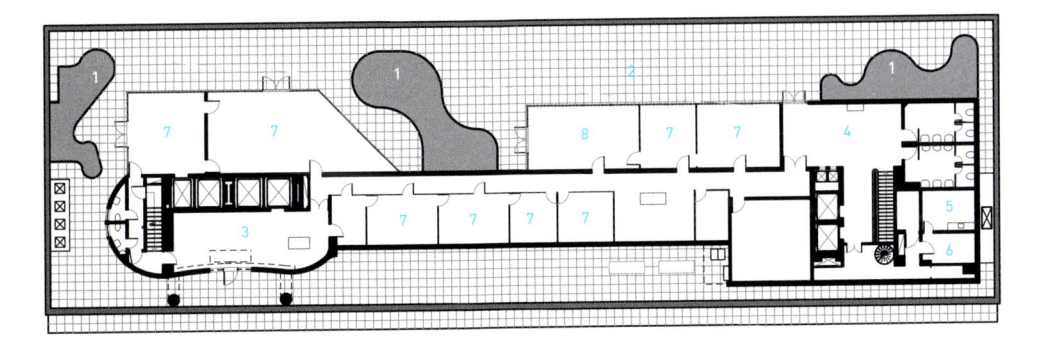

1. jardim; 2. terraço; 3. recepção;
4. hall funcionários; 5. cozinha; 6. copa;
7. sala; 8. sala reunião

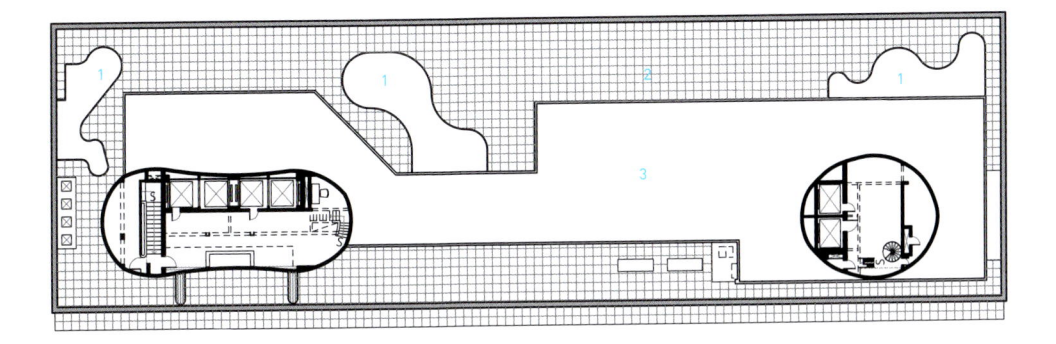

1. jardim; 2. terraço; 3. cobertura

MES, projeto definitivo para a Esplanada do Castelo, plantas do 16º pavimento e cobertura do edifício construído, Rio de Janeiro, desenho de 2012

NOTAS

1. Dentre os diversos erros factuais do livro da pesquisadora norte-americana Elisabeth Harris está a identificação do vapor *Lutetia* para a viagem de volta à França, que na verdade foi utilizado na viagem de 1929. HARRIS, Elisabeth D. Op. cit., p. 113.
2. No original em francês: "C'est l'autorité que peut transformer le rêve en realité". TSIOMIS, Yannis (org). *Le Corbusier. Conférences de Rio*, p. 160.
3. No original francês: "Por cause de salut public, mobilisation du territoire national". CORBUSIER, Le. Conférence de Monsieur Le Corbusier VI. Les Congrès Internationaux d'Architecture Moderne Légifèrent sur des Bases Nouvelles, p. 165.
4. Le Corbusier imaginava que a fita podia conter apartamentos para noventa mil habitantes, sem afetar a malha da cidade tradicional. LE CORBUSIER. *La Ville Radieuse. Éléments d'une doctrine d'urbanisme pour l'équipement de la civilisation machiniste*, p. 225.
5. "Aqui, conjuntos isolados medíocres, apenas habitados, que poderiam transformar-se numa zona de casas magníficas, pela valorização do solo, com edificações suficientemente fortes não para fazer exageradas, mas dar à comunidade vários benefícios e pôr à disposição dos habitantes do Rio possibilidades de habitação. Em seguida aqui há uma possível ligação com, de um lado, o aeroporto e, *de outro lado, o edifício do Ministério*". BARDI, Pietro Maria. *Lembrança de Le Corbusier. Atenas, Itália, Brasil* (op. cit.), p. 164. É importante lembrar que Bardi publica as palestras ministradas em 1936 como se fossem as anteriores de 1929.
6. Segundo o testemunho de Oscar, Lúcio Costa tinha orientado a equipe a adaptar o projeto de Le Corbusier para a Esplanada do Castelo. NIEMEYER, Oscar. *Oscar Niemeyer* (op. cit.), p. 21.
7. Ver nota 75 do capítulo 7.
8. COSTA, Lúcio; NIEMEYER, Oscar; REIDY, Afonso E., MOREIRA, Jorge M.; LEÃO, Carlos; VASCONCELLOS, Ernani M. Edifício do Ministério da Educação e Saúde. Segundo Comas, parece que Costa foi mais enfático em um documento reservado: "O próprio Lúcio rejeita o esquema corbusiano para o sítio do Castelo, criticando abertamente na memória final, a orientação desfavorável dos espaços de trabalho com perda da vista da baía, e a proximidade excessiva do bloco de escritórios com os edifícios alinhados nas quadras vizinhas". COMAS, Carlos Eduardo Dias. *Precisões brasileiras: sobre um estado passado da arquitetura e urbanismo modernos a partir dos projetos e obras de Lúcio Costa, Oscar Niemeyer, MMM Roberto, Affonso Reidy, Jorge Moreira & Cia., 1936-1945*, p. 129.
9. Em relatório ao ministério, datado de 10 de agosto de 1936, Le Corbusier explica: "Atendendo à solicitação da própria comissão dos arquitetos, considerei a possibilidade de estabelecer, por ocasião de meu retorno a Paris, o plano já mencionado de implantação dos pilotis, os cortes transversais da construção, os detalhes construtivos, grandeza e natureza do perfil dos pilotis, da cornija do prédio, dos entablamentos das janelas, da serralharia da fachada, do aparelhamento das pedras. Esses planos bastarão para conferir ao edifício proporções felizes e um perfil favorável. [...] Posso assumir o compromisso de fornecer tais planos com rapidez suficiente para que o canteiro de obras, iniciado a 1° de novembro, jamais se atrase. [...] No que concerne à minha retribuição nesse assunto, isto poderia ser garantido pelas atenções da comissão de arquitetos, que me retornaria uma parte de seus honorários". Apud LISSOVSKY, Maurício; SÁ, Paulo Sérgio Moraes de. Op. cit., p. 113.
10. Apud LISSOVSKY, Mauricio; SÁ, Paulo Sergio Moraes de. Op. cit., p. 109.
11. Em carta a Le Corbusier, de 11 de agosto de 1936, Gustavo Capanema propõe: "peço-lhe que exponha essas 'algumas modificações de detalhes' às quais o senhor se refere". Esta solicitação se baseia na afirmação contida no informe do mestre, ao dizer: "No caso de execução do referido projeto (a Múmia, R.S.), eu teria algumas alterações de detalhes a introduzir que, na verdade, constituem nuances. Essas nuances adquirem um grande valor no momento da execução". Apud LISSOVSKY, Maurício; SÁ, Paulo Sérgio Moraes de. Op. cit., p. 114.
12. Em carta a Le Corbusier, de 21 de outubro de 1936, Capanema decide: "Quanto ao edifício do ministério, ficou assentado que ele se fará no terreno anteriormente escolhido, o único, aliás, que seria possível utilizar sem perda de tempo. A solução que propôs, e que me parece muito interessante, exigiria retardamento da obra. Adotado, assim, o projeto de Lúcio Costa e de seus colegas, serão, entretanto, feitas as modificações que ele reclamava". Apud LISSOVSKY, Maurício; SÁ, Paulo Sérgio Moraes de. Op. cit., p. 127. Por isso é contraditória a seguinte afirmação de Niemeyer: "Afastado o projeto de Lúcio que lhe serviu de programa, Le Corbusier elaborou dois estudos: o primeiro, para um terreno ideal junto ao mar, o outro, para o local definitivamente escolhido no centro da cidade. *E foi este último o projeto que passou a ser desenvolvido pela equipe organizada por Lúcio, de que eu fazia parte*" (destaque, R.S.). NIEMEYER, Oscar. *As curvas do tempo. Memórias* (op. cit.), p. 91.
13. Em carta a Capanema, de 21 de novembro de 1936, Le Corbusier demonstra sua decepção: "Estou desolado em pensar que o palácio será construído sobre um terreno tão desfavorável e que as circunstâncias não lhe hajam permitido associar seu nome a uma obra que teria sido um elemento essencial da cidade do Rio de Janeiro e de sua paisagem". Apud LISSOVSKY, Maurício; SÁ, Paulo Sérgio Moraes de. Op. cit., p. 127.
14. Em carta a Nazareth Prado, de 5 de março de 1938, Le Corbusier faz um balanço de suas dificuldades em construir: "No fundo, porém, minha vida começa a se desviar completamente. Sou arquiteto e nada tenho construído há quatro anos. Faço planos para todo o mundo, mas as circunstâncias são sempre adversas". Apud HARRIS, Elisabeth D. Op. cit., p. 172.
15. Entretanto existe uma versão de Niemeyer que afirma que o grupo estava trabalhando sobre o pro-

jeto de Le Corbusier para o Castelo: "Não fosse ele (Lúcio Costa, R.S.), é bom lembrar, o que estaria construído seria o segundo projeto de Le Corbusier, e a fachada protegida com brises verticais, como as do ABI, como senti em alguns desenhos e croquis". NIEMEYER, Oscar. *As curvas do tempo. Memórias* (op. cit.), p. 92.

16. Creio ser contraditória a afirmação de Niemeyer, logo após mencionar a existência de dois projetos de Le Corbusier: "Para mim, o primeiro estudo era muito melhor. E, quando vi os desenhos do segundo projeto sendo concluídos, tentei, angustiado, uma ideia diferente tendo como base o seu primeiro projeto". NIEMEYER, Oscar. *As curvas do tempo. Memórias* (op. cit.), p. 91. Essa tese não se sustenta pelos seguintes motivos: a) não foram encontrados plantas ou desenhos que mostrem a elaboração do projeto de Le Corbusier; b) se tivessem trabalhado sobre este, Capanema não teria motivo para informar ao mestre que se desenvolveria o projeto de Costa; c) Costa, por outro lado, lhe havia escrito comunicando sobre os avanços das tarefas; d) se existissem detalhes realizados posteriormente à visita do mestre, as plantas teriam certamente aparecido na *Oeuvre Complète*. A pesquisadora Harris também afirmou: "Oscar Niemeyer acolhera de coração as ideias de Le Corbusier. *Durante o dia ele colaborava nas modificações da múmia*, mas à noite passava horas desenhando um novo projeto, onde entravam os pontos essenciais dos projetos de Le Corbusier". HARRIS, Elisabeth. Op. cit., p. 117.

17. Segundo Harris, a proposta de Niemeyer foi apresentada ao grupo em dezembro de 1936. HARRIS, Elisabeth. Op. cit., p. 117.

18. "Lembro que o Jorge Moreira não gostou da minha proposta. 'Lúcio', disse ele, 'o projeto está quase pronto. Tudo desenhado' (supostamente a Múmia, R.S.), mas o Lúcio manteve sua opinião, e a minha sugestão foi aprovada". NIEMEYER, Oscar. *As curvas do tempo. Memórias* (op. cit.), p. 92.

19. "Con quel pensiero nel mio subcosciente, scarabocchiai qualche schizzo per conto mio, cercando di avvicinarmi non al secondo studio di Le Corbusier, ma al primo, destinato a un luogo immaginario [...] Questi schizzi riprendevano l'idea dell architetto francese: lo stesso blocco parallelo al mare, lo stesso salone per le esposizioni e lo stesso auditorio. L'unica differenza era l'allungamento dei pilotis (da 4m a 10m), in modo che il salone per le esposizioni e l'auditorio, non rimanessero vincolati al primo piano, come aveva previsto Le Corbusier, ma incrociassero i pilotis – nel mezzanino – come uncorpo independente. [...] Carlos Leão vide gli schizzi e ne parló favorevolmente a Lúcio, il quale mi chiese di mostrarglieli. Ma io non avevo alcuna intenzione di influire sul progetto e, riuniti i disegni, li buttai dalla finestra. Lúcio li mandó a raccogliere, li esaminó e ritenendo che l'idea che proponevo fosse buona, fece sospendere i disegni in corso e adottó immediatamente i miei". [tradução para o português: "Com aquele pensamento no meu subconsciente, rabisquei alguns croquis por minha conta, procurando aproximar-me não ao segundo estudo de Le Corbusier, mas ao primeiro, destinado a um lugar fictício. [...] Estes croquis retomavam a ideia do arquiteto francês: o mesmo bloco paralelo ao mar, o mesmo salão para exposições e o mesmo auditório. A única diferença era o alongamento dos pilotis (de 4 m para 10 m), de modo que o salão para as exposições e o auditório não ficassem vinculados ao primeiro andar, como havia previsto Le Corbusier, mas que cruzassem os pilotis – no mezzanino – como um corpo independente. [...] Carlos Leão viu os croquis e falou sobre eles favoravelmente para Lúcio, o qual me pediu que lhe mostrasse. Mas eu não tinha nenhuma intenção de influir sobre o projeto e reuni os desenhos, jogando-os pela janela. Lúcio mandou que os recolhesse, examinou-os e, acreditando que a ideia que eu propunha era boa, mandou suspender os desenhos em curso e adotou imediatamente os meus". NIEMEYER, Oscar. *Oscar Niemeyer*, p. 21-22]. Em um livro recente sobre arquitetura brasileira, chama a atenção que, ao resumir a evolução do projeto do MES, não se faz referência alguma à intervenção de Niemeyer na definição da solução final. Somente se fala de "Costa and his time". DECKKER, Zilah Quezado. Op. cit., p. 40.

20. Lúcio Costa, emcarta para Le Corbusier datada de 31 de dezembro de 1936, diz: "A ideia de fazer a 'múmia' depois de termos visto as coisas tão bonitas que o senhor fez não nos anima: estamos propondo a ele (Capanema, R.S.) uma nova solução em um só bloco, como o senhor nos havia aconselhado – mas no sentido mais curto do terreno (S-S-E) e com o dobro de profundidade". Apud LISSOVSKY, Maurício; SÁ, Paulo Sérgio Moraes de. Op. cit., p. 128.

21. Lúcio Costa, em carta de 5 de janeiro de 1937, argumenta com Gustavo Capanema: "Este novo estudo, que reputamos vantajoso tanto sob o ponto de vista do urbanismo e arquitetura como funcional e econômico, resultou da necessidade de se atender ao novo gabarito imposto pela prefeitura – que compromete irremediavelmente o partido anteriormente adotado – e também, das determinações de V. Excia. relativamente à criação de um amplo recinto especial, anexo ao edifício e de fácil acesso – formando possivelmente conjunto com salão de conferências – destinado às exposições que deverão manter o público permanentemente em contato com as atividades do ministério, despertando-lhe assim de forma objetiva e direta e de um modo geral o interesse pela própria saúde, educação e cultura". Apud LISSOVSKY, Maurício; SÁ, Paulo Sérgio Moraes de. Op. cit., p. 130.

22. O engenheiro-arquiteto Souza Aguiar, superintendente do Ministério, tinha aprovado com elogios a Múmia, e, quando lhe foi solicitado julgar o novo projeto, escreve a Capanema em 14 de janeiro de 1937: "Os desenhos apresentados pelos arquitetos Lúcio Costa e outros não definem um projeto, nem mesmo um anteprojeto. [...] Parece, porém, ser lícito afirmar que o partido atual é melhor de que o do primeiro projeto: quanto à solução urbanística, quanto ao aspecto, quanto à simplicidade de composição, quanto à possibilidade de comunicações e às necessidades de serviço". Apud LISSOVSKY, Maurício; SÁ, Paulo Sérgio Moraes de. Op. cit., p. 133.

23. No jornal *A Ofensiva*, de 16 de janeiro de 1937, publicou-se um agressivo ataque contra "essas ideias de bolchevismo arquitetônico que os discípulos brasileiros do sr. Le Corbusier tentam inocular no espírito das nossas modernas gerações de construtores". Por outro lado, o conhecido artista plástico Pedro Correia de Araújo, envia uma carta ao ministro, datada de 25 de janeiro de 1937, comentando, entre outros temas que "O modernismo é índice de impotência, indica falta de arte [...] O protótipo atual modernista e bloco sobre pilotis, supressão de embasamento, de base: é bem significativo". Apud LISSOVSKY, Maurício; SÁ, Paulo Sérgio Moraes de. Op. cit., p. 133-134; 134. Por último, o paroxismo anticomunista motivou a afirmação de que a forma em planta do MES se parecia com a foice e o martelo soviéticos! Ver: CAVALCANTI, Lauro. *Moderno e brasileiro. A história de uma nova linguagem na arquitetura (1930-60)*, p. 44.

24. A empresa Santiago & Kiritchenko obtém a encomenda, porém logo, em abril, o Ministério da Fazenda não autoriza o investimento e a construção será realizada pelo Serviço de Obras do próprio MES. Registre-se aqui outro equívoco de Harris, que grafa o sobrenome de Emílio Baumgart como "Baumgarten". HARRIS, Elisabeth D. Op. cit., p. 142.

25. É interessante verificar a coincidência entre as ideias sustentadas por Capanema no ato da inauguração das obras do MES e os textos de Le Corbusier *Vers une architecture* e *L'art décoratif d'aujourd'hui* quando tratam das bases científicas e racionais que devem reger a organização do serviço público estatal (a arquitetura e o urbanismo, no caso do mestre), assumindo a experiência de Ford: "Essa racionalização baseada que é na experiência científica e nos progressos técnicos, já deu, como se sabe, resultados pasmosos na indústria. O caso Ford é um exemplo singular, mas sobremodo ilustrativo. No serviço público, que deve funcionar à maneira de uma fábrica, ainda não se fez, neste particular, a revolução necessária, de modo que, mesmo em países de cultura adiantada, a má burocracia é uma grande praga". Apud LISSOVSKY, Maurício; SÁ, Paulo Sérgio Moraes de. Op. cit., p. 150. Comas sintetiza o duplo significado do MES para Capanema: "O ministro exigia ao mesmo tempo um edifício de escritórios eficiente e uma representação monumental da nação que redescobria suas raízes e se construía nova pelo trabalho do Ministério: uma máquina para recordar". COMAS, Carlos Eduardo Dias. A máquina para recordar: Ministério da Educação no Rio de Janeiro, 1936/45.

26. "Ele gostava de Oscar porque ele às vezes o ajudava a fazer os desenhos, ajudava a fazer as figuras que aparecem nas perspectivas". COSTA, Lúcio. Presença de Le Corbusier (op. cit.), p. 152.

27. "A força imediata dos desenhos surge da sua extraordinária frontalidade. [...] suas linhas, como uma fita Moebius, desenham dentro e fora em um único movimento. A síntese entre forma, estrutura e imagem – razão da estranha familiaridade que suscitam as obras de Niemeyer – decorre essencialmente da potência desse contorno". TELLES, Sophia Silva. O desenho: forma & imagem, p. 95.

28. CHUVA, Márcia Regina Romero. *Sociogénese das práticas de preservação do patrimônio cultural no Brasil (anos 1930-1940)*, p. 363. A autora identifica estas categorias como representação da "estética modernista" aplicada nas avaliações dos monumentos feitas pelos funcionários do Sphan. Segundo Comas, a elas, especificamente em relação ao MES, acrescentam-se as categorias de "porosidade, extroversão, exuberância, ambivalência e expansividade", também presentes nas obras recentes de Niemeyer. COMAS, Carlos Eduardo Dias. Lúcio Costa e a revolução na arquitetura brasileira 30/39. De lenda(s e) Le Corbusier.

29. CATTANI, Airto. A evolução da arquitetura: contribuições da teoria de Bachelard.

30. LUIGI, Gilbert. *Oscar Niemeyer. Une esthétique de la fluidité*, p. 58.

31. A partir de 1935 – segundo Quetglas –, Le Corbusier, também começou a adotar o modelo de corredor central nos edifícios, que logo reafirma nas *Unités*. QUETGLAS, Josep. Con el público en suspenso (op. cit.).

32. COMAS, Carlos Eduardo. COMAS, Carlos Eduardo Dias. Protótipo e monumento, um ministério, o Ministério (op. cit.), p. 95.

33. Em 25 de agosto de 1939, a jornalista Sílvia Bittencourt publicou no jornal carioca *Correio da Manhã* o artigo "Colunas da educação" afirmando: "Que dizer, então, do símbolo que se vai erguer no campo o mais sagrado, o mais necessário para o bem da nação, o símbolo do próprio cérebro do Brasil: as colunas do Ministério da Educação? Ora, é preciso que o sr. ministro da Educação pense bem no valor dessas colunas básicas simbolizando o que elas sustentam: a Educação do Brasil".

34. "Antropofagia. Absorção do inimigo sacro. Para transformá-lo em totem. A humana aventura. A terrena finalidade". ANDRADE, Oswald de. Manifesto antropófago, p. 18.

35. "Certa vez, diante das altas colunas do MES, Lúcio comentou: 'Oscar, você disse que aquelas colunas tinham apenas quatro metros de altura, mas, na verdade, sempre tiveram 10 metros' [...] Realmente, todas as colunas externas do prédio tinham quatro metros de altura como eu dizia, mas aquelas que estavam atrás dos vidros do hall, me passaram despercebidas: tinham 10 metros! Tranquilo, compreendi a metamorfose. Quando deixei o hall livre dos vidros, com a praça a invadi-lo de lado a lado, dei àquelas colunas *allure* e as tornei muito mais importantes do que antes. Soltas, monumentais". NIEMEYER, Oscar. *As curvas do tempo. Memórias* (op. cit.), p. 103-104.

36. BOESIGER, Willy (org.). *Le Corbusier. Oeuvre Complète 1938-1946* (op. cit.), p. 110.

37. Em carta de 3 de julho de 1937, Lúcio Costa explica as mudanças para Le Corbusier: "E agora o prédio do Ministério, reconhecida a impossibilidade de construí-lo no magnífico terreno que você escolheu – pois seria necessário fazê-lo muito mais baixo e sem poder ampliá-lo no futuro, por causa de aeroporto, e reconhecido, por outro lado, que a 'mú-

mia' já estava bem morta – fizemos um novo projeto diretamente inspirado em seus estudos. Oscar, que após sua partida tornou-se a estrela do grupo, é o principal responsável por ele e aguarda, emocionado sem dúvida – como todos nós, de resto – o OK de Jeová". A aprovação de Le Corbusier vem na sua resposta a Lúcio Costa, em carta de 13 de setembro de 1937: "O seu edifício do Ministério de Educação e Saúde Pública parece-me excelente. Diria mesmo; animado de um espírito clarividente, consciente dos objetivos; servir e emocionar. Ele não tem esses hiatos ou barbarismos que frequentemente, aliás em outras obras modernas, mostram que não se sabe o que é harmonia. Ele está sendo construído? Sim? Então tanto melhor, e estou certo que será bonito. Será como uma pérola em meio ao lixo 'agá-chico'. Meus cumprimentos, meu 'OK' (como você reclamava)". Apud SANTOS, Cecília Rodrigues dos; PEREIRA, Margareth Campos da Silva; PEREIRA, Romão Veriano da Silva; SILVA, Vasco Caldeira da. Op. cit., p. 180; 199-200. Opinião que Le Corbusier logo reafirmou a Capanema, em carta de 30 de dezembro de 1937: "Recebi há algumas semanas os planos e as fotografias do ministério atualmente em construção. Continuo a lamentar o mau terreno em que ele se edifica, mas acredito que o espírito inovador que anima esta obra fará dela, assim mesmo, uma coisa excelente". Apud SILVA, Breno Carlos da. Gustavo Capanema: a construção das relações entre a *intelligentsia* nacional e o Estado no Brasil (1934-1945), p. 151.

38. COMAS, Carlos Eduardo Dias. A máquina para recordar: Ministério da Educação no Rio de Janeiro, 1936/45.

39. Em 21 de setembro de 1937, Lúcio Costa escreve a Gustavo Capanema: "Por motivo de saúde, interrompo temporariamente, a minha colaboração nos trabalhos da construção do edifício desse ministério. O serviço prossegue com os arquitetos Oscar Niemeyer, Afonso Reidy, Jorge Moreira e Carlos Leão (não aparece Ernani Vasconcellos, R.S.), autores do projeto no qual venho colaborando há mais de dois anos". É surpreendente essa decisão de Costa já que a obra era a mais importante de sua carreira profissional. Uma hipótese plausível – no momento em que se refugiou no Iphan recém-criado, e desenvolvendo o projeto do Museu das Missões no Rio Grande do Sul – seria que ele quis distanciar-se do sistema político de Vargas, diante dos graves fatos políticos que aconteceram naquele ano e que culminaram, dois meses após a sua renúncia em 10 de novembro de 1937, com o início da ditadura de Vargas, sob a denominação de "Estado Novo". Apud LISSOVSKY, Maurício; SÁ, Paulo Sérgio Moraes de. Op. cit., p. 151.

40. "É o jogo contrastante dos volumes – o corpo do edifício – e dos vazios que determina as formas desta nova monumentalidade de um conceito plástico próximo da escultura". [No original em francês: "C'est le jeu contrasté des masses – les corps du bâtiment – et des vides que détermine les formes de cette nouvelle monumentalité d'une conception plastique proche de la sculpture". LUIGI, Gilbert. Op. cit., p. 58].

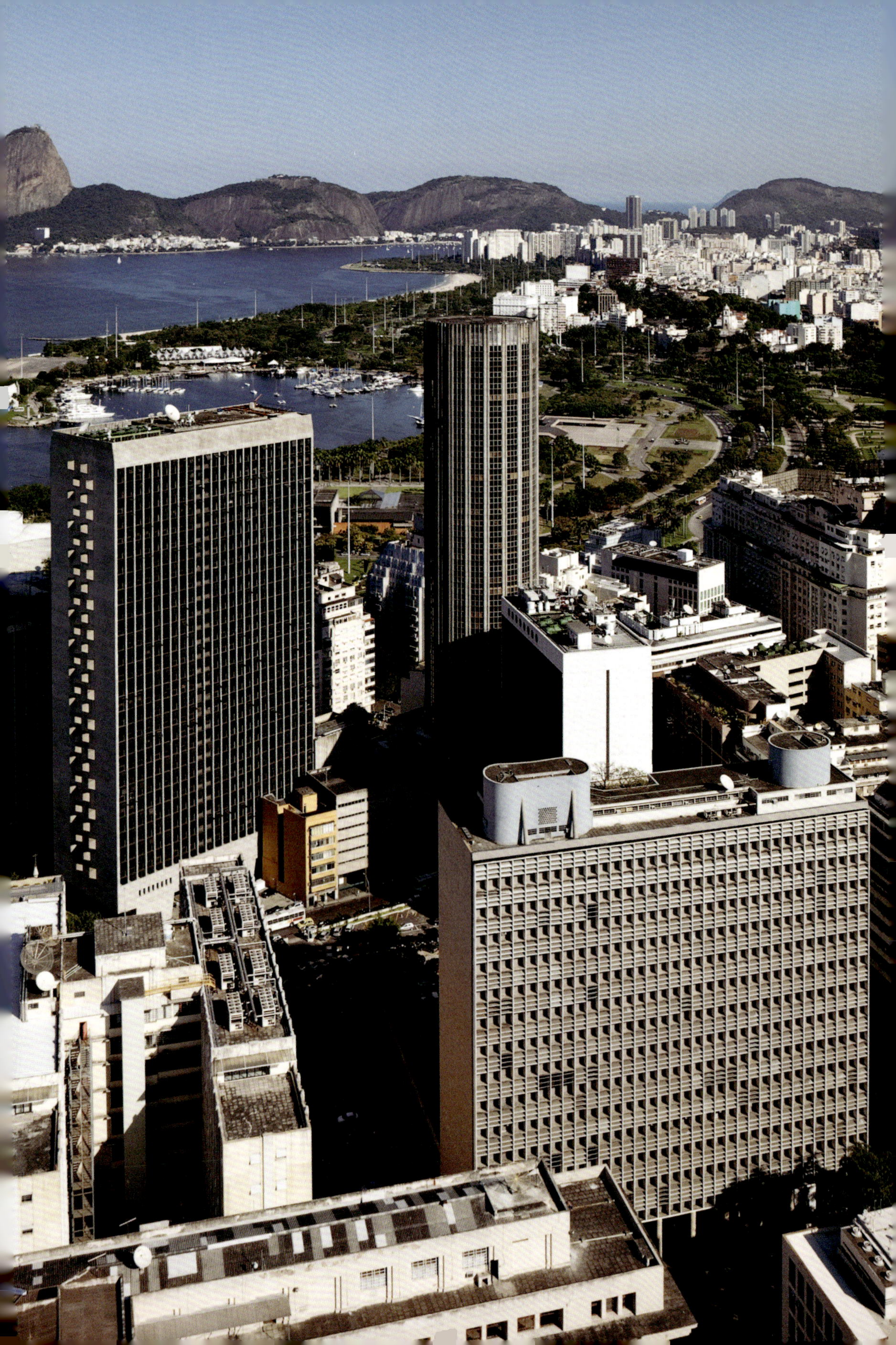

CAPÍTULO 9

EDIFÍCIO E CIDADE NO CENTRO DO RIO DE JANEIRO

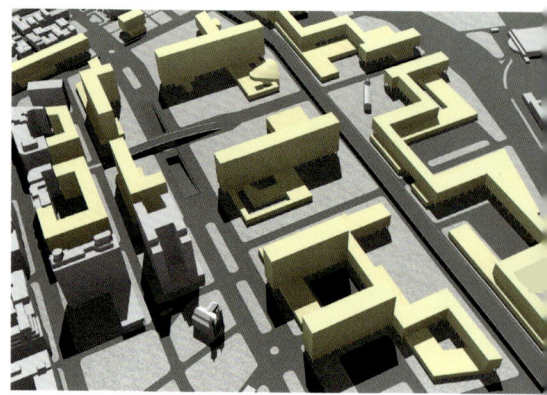

1. CONTEXTUALISMO URBANO DO MES

A inserção do MES na Esplanada do Castelo deve ser entendida como uma fissura, um divisor de águas no desenvolvimento da cidade[1]: marca a crise dos postulados acadêmicos e o início do projeto urbano identificado com as categorias estabelecidas pela *Carta de Atenas*[2] e o movimento moderno. Os projetos posteriores realizados por Affonso Reidy para a urbanização das áreas liberadas por conta do desmonte dos morros do Castelo e Santo Antônio e o conjunto paisagístico do Aterro do Flamengo constituíram uma continuidade indubitável dos conceitos sintetizados no ministério. Mantinha-se o sistema de blocos altos residenciais inseridos no espaço verde e os edifícios contínuos semelhantes às grelhas da Ville Radieuse[3]. O traçado do centro do Rio de Janeiro até a década de 1930 foi estabelecido em cinco etapas principais. Durante o período colonial, a fundação da cidade pelos portugueses aconteceu no alto do Morro do Castelo, cujas primeiras edificações distribuíram-se ao longo de um traçado de vias irregular. Logo desceram à área plana central delimitada por quatro morros – Castelo, Santo Antônio, São Bento e Conceição – criando uma malha semirregular e densa formada por quarteirões compactos e ruas estreitas às margens da Baía da Guanabara[4]. Da chegada do Rei de Portugal Dom João VI (1808), o estabelecimento sucessivo do Império e até a primeira década da República – no final do século 19 – ocorreu uma grande expansão na direção norte, caracterizada pela valorização dos espaços verdes, em busca de terrenos livres para o assentamento residencial da Corte, em São Cristovão, perto do palácio na Quinta de Boa Vista. O projeto preliminar do Campo de Santana sugerido por Grandjean de Montigny simboliza a terceira etapa e a mudança de escala estabelecida pelo novo tecido[5].

Com o início da República em 1889, a capital do país – ainda configurada como uma vila colonial – requeria profundas mudanças para adequá-la às novas exigências técnicas, infraestruturais, funcionais e simbólicas, que a nova burguesia carioca tomaria do modelo haussmaniano. O prefeito Francisco Pereira Passos (1903-1906), ao traçar a Avenida Central de 1800 metros de comprimento por 33 de largura, estabeleceu o ponto de partida da renovação infraestrutural, formal e espacial da cidade[6]. Este

Na página anterior, MES, atual Palácio Capanema, na Esplanada do Castelo, com Parque do Flamengo e Pão-de-Açúcar ao fundo, foto de 2008

Acima, simulações do projeto de urbanização de Affonso Eduardo Reidy para a Esplanada do Castelo, Rio de Janeiro

corte radical da malha original iniciou a quarta etapa de transformação caracterizada pelas medidas higienistas, a definição de um sistema viário moderno, a multiplicação das áreas verdes, a monumentalização dos edifícios públicos e o fachadismo historicista com as novas funções instaladas ao longo da via monumental. Diferentemente da *Avenida de Mayo* em Buenos Aires, que havia criado uma mudança estrutural no uso do solo, tanto na avenida quanto nos quarteirões adjacentes, com a integração da moradia no sistema multifuncional da área[7], no Rio de Janeiro estabeleceu-se um tapume linear que acolhia hotéis, escritórios, bancos e instituições públicas e privadas. Em parte, isso era por causa falta de espaço disponível por conta da presença de morros – a partir de então foram iniciados os cortes no Morro do Castelo[8] – que dificultavam o crescimento das novas edificações fora do eixo viário; por outro lado, por conta da estrutura irregular do traçado colonial, que dificultou a expropriação dos terrenos com formas e tamanhos muito diferentes, o que não permitia uma regularidade na composição volumétrica dos novos edifícios. A concentração das funções políticas e culturais aconteceu na Praça Floriano (Cinelândia), onde foram agrupados o Teatro Municipal, a Biblioteca Nacional, o Museu de Belas Artes, o Palácio Monroe (demolido em 1976), o Supremo Tribunal Federal e o Palácio Pedro Ernesto[9], acompanhados pelos primeiros edifícios de escritórios verticais, com cafés e cinematógrafos no térreo, surgidos no quarteirão Serrador durante a década de 1920[10].

A liberação de uma ampla superfície de território urbano com o desmonte do Morro do Castelo[11] possibilitou um crescimento planejado das futuras edificações. Essa ação agressiva do ponto de vista da transformação da natureza respondia ao desejo de apagar os rastros do passado associados à pobreza localizada nos morros do centro e a irregularidade do assentamento urbano, tão distantes do lema comtiano da bandeira nacional, "ordem e progresso". Em 1927, o prefeito Antônio Prado Júnior convidou o urbanista parisiense Donat-Alfred Agache para elaborar o plano diretor do Rio de Janeiro[12]. Esse projeto conforma a quinta etapa caracterizada pela proposta de uma nova estrutura compacta que substituiu a malha colonial, baseada em grandes avenidas e núcleos funcionais monumentais – centro de negócios, centro

Simulações do Plano Agache
para a Esplanada do Castelo,
Rio de Janeiro

administrativo, centro religioso, uma entrada cerimonial a partir da baía, a "Entrada do Brasil"[13] – e um sistema de quarteirões em bloco, com portais de dez metros de altura ao longo das vias principais e pátios internos de estacionamento. Embora o plano tenha sido paralisado com a ascensão do governo Vargas, os seus princípios compositivos subsistiram em uma área significativa da Esplanada do Castelo, entre a Avenida Nilo Peçanha, a baía, a Avenida Beira-Mar e a Avenida Rio Branco. A partir de 1930, essa seria a área privilegiada para a implantação dos novos ministérios do governo Vargas e a construção de edifícios modernos de escritórios[14].

Agache sonhou em criar na área da Esplanada do Castelo um conjunto monumental similar ao do centro de Paris com diagonais e *rond-points*; entretanto a proposta não saiu do papel. O espaço livre foi estruturado com uma quadrícula de quarteirões adequada às operações especulativas que haviam se formalizado na Avenida Rio Branco. O eixo principal das circulações ficou estabelecido na direção norte-sul, que compreendia as Avenidas Graça Aranha e Presidente Antônio Carlos. Nesse contexto, a Prefeitura do Distrito Federal entregou ao Ministério de Educação e Saúde em 1932 o quarteirão F – cuja escritura foi confirmada em 1935 –, delimitado pelas Ruas Araújo Porto Alegre, Graça Aranha, Imprensa e Pedro Lessa, que posteriormente tentou-se estender ao quarteirão triangular que chegava até a Rua Santa Luzia, que pertencia à outra instituição governamental, e logo cedida à Fundação Getúlio Vargas[15]. É interessante verificar como nos planos topográficos se apresentava a indicação estabelecida pelo Plano Agache para a ocupação do quarteirão, tanto com os volumes edificáveis quanto os pátios internos exigidos pela normativa urbanística.

Localizado no centro do antigo Morro do Castelo, onde havia sido construída a primeira igreja do Rio de Janeiro – a igreja de São Sebastião[16] – e ainda lembrada pela população humilde da cidade, o MES atingiu uma altura superior à do morro precedente com uma dupla significação simbólica: a primeira pela função do edifício; a segunda associada à memória histórica urbana. Se o compararmos com os terrenos destinados aos ministérios do Trabalho e Fazenda, urbanisticamente era

Simulações da região do Morro do Castelo, antes e após o desmonte sem dúvida o de menor importância, carecendo de um eixo viário dominante em uma de suas laterais – como a Avenida Presidente Antônio Carlos – e delimitado por ruas pequenas: Pedro Lessa, Imprensa e Debret. Por isso, tanto os projetos apresentados no concurso quanto a solução definitiva tinham se orientado às ruas principais, Araújo Porto Alegre e Graça Aranha. A primeira, porque constituía a circulação obrigatória a partir da Avenida Rio Branco, emoldurada pelo Museu de Belas Artes, a Biblioteca Nacional e logo o Palácio da Imprensa (ABI) – primeiro edifício público realizado pelos irmãos Roberto (1936) que iniciou o vocabulário moderno a partir dos princípios de Le Corbusier e situado a cem metros de distância do MES. A segunda, por conter o eixo monumental caracterizado pela sequência de edifícios acadêmicos, situados tanto na Avenida Rio Branco quanto na Avenida Presidente Antônio Carlos.

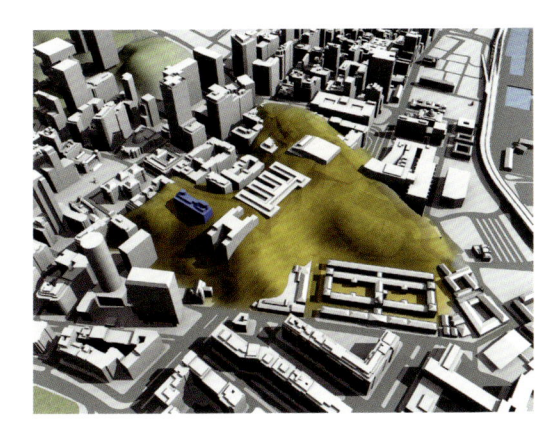

Na maioria dos projetos do concurso e depois na "múmia" – devido à rigidez dos regulamentos municipais – foi impossível desvincular-se radicalmente da estrutura compacta de Agache ao manter os blocos de escritórios alinhados às ruas existentes, sem definir um espaço público aberto significativo. A presença de pilotis nas duas alas do edifício não invalidava essa continuidade já que retomavam as galerias existentes e estabelecidas pelas normas de edificação. Le Corbusier foi o primeiro a esquecê-las e estabelecer um novo diálogo com a cidade: na proposta para o terreno da Esplanada do Castelo manteve a lâmina ao longo da Rua Graça Aranha, porém, ao compor o conjunto em L, definiu uma praça seca de grandes dimensões dominada pela estátua do *Homem Brasileiro*. Foi uma solução significativa que permitiu distanciar o MES dos exemplos acadêmicos dos ministérios da Fazenda e Trabalho, e, ao mesmo tempo, gerar um núcleo cerimonial para as três organizações estatais. O mestre e Lúcio Costa coincidiam na assimilação da herança clássica: foi resgatada a ideia de praça monumental, retomada da proposta de Grandjean de Montigny para o novo palácio imperial face à Baía de Guanabara[17].

Simulação da relação entre o edifício do MES e edifícios próximos com o Morro do Castelo, Rio de Janeiro

MES, escultura *Prometeu e o Abutre* no volume cego do salão de conferências, Rio de Janeiro, Jacques Lipschitz, foto de 2009

2. UMA NOVA PROPOSTA URBANA

Elaborada por Niemeyer, a solução definitiva da equipe mudou as regras do jogo da estrutura urbana, estabelecendo novas pautas associadas aos princípios do movimento moderno. Além de aplicar rigorosamente os cinco pontos corbusianos[18] evitou fazer concessões aos atributos monumentais acadêmicos, sem renunciar aos princípios clássicos que Costa considerava como de validez universal[19]. O MES definiu uma composição assimétrica sobre o terreno; valorizou o espaço público e a livre circulação do pedestre; estabeleceu uma nova articulação entre arquitetura e cidade através dos vazios e do projeto das áreas verdes[20]. Primeiramente, localizou a lâmina de quinze andares no meio do terreno, recuada a sessenta metros das ruas adjacentes[21], erguida a dez metros do chão, permitindo a fluidez da área pública de todo o quarteirão por desaparecer do âmbito do pedestre, suspensa sobre o pórtico monumental. Em segundo lugar, manteve-se a perspectiva e as visuais abertas a partir das ruas principais Araújo Porto Alegre e Graça Aranha, enquanto a localização do volume baixo sobre pilotis delimitava, em conjunto com o teatro, as visuais à Rua da Imprensa contrapondo o conjunto aberto ao peso do Ministério do Trabalho. Por último, ao colocar o plano curvo e cego do teatro sobre a Rua Araújo Porto Alegre, configurou um elemento opaco que fechava a visual da perspectiva a partir da Rua Debret. Com o olhar marcado pelo volume alto da Fazenda e repousado sobre o plano dinâmico de brise-soleil da lâmina, a parede curva servia como plano articulador entre a escultura realista do *Prometeu* de Lipschitz e o volume "abstrato", plástico e curvilíneo da caixa-d'água.

A percepção do MES ficou assim definida por quatro elementos essenciais: a lâmina alta e transparente apoiada no pórtico da base, elevada a dez metros do chão; o volume baixo do salão de exposições, prolongado até o teatro, que atravessava perpendicularmente por baixo da lâmina; o piso retangular de granito paraná e os jardins ameboides de Burle Marx. Apesar da implantação do bloco principal de escritórios obedecer aos critérios dominantes de orientação e insolação, também sugeria outros conteúdos conceituais. Primeiramente, pretendia deter a progressiva expansão em direção à baía dos blocos compactos agachianos através do plano virtual e semiopaco definido

MES ao lado do Ministério do Trabalho, Rio de Janeiro, foto de 2001

MES, jardim do ministro, com Igreja de Santa Luzia ao fundo, Rio de Janeiro, foto de 2012

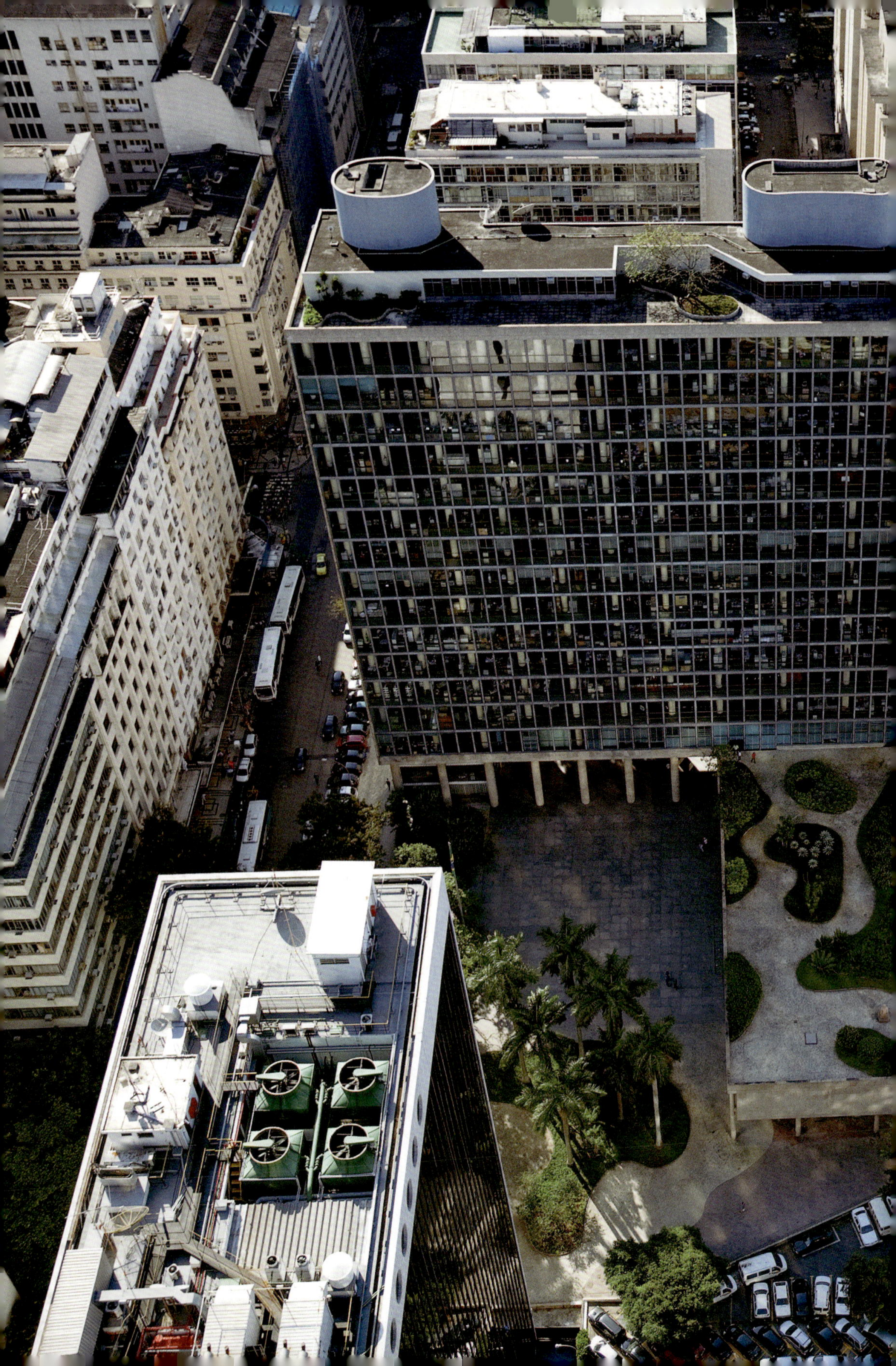

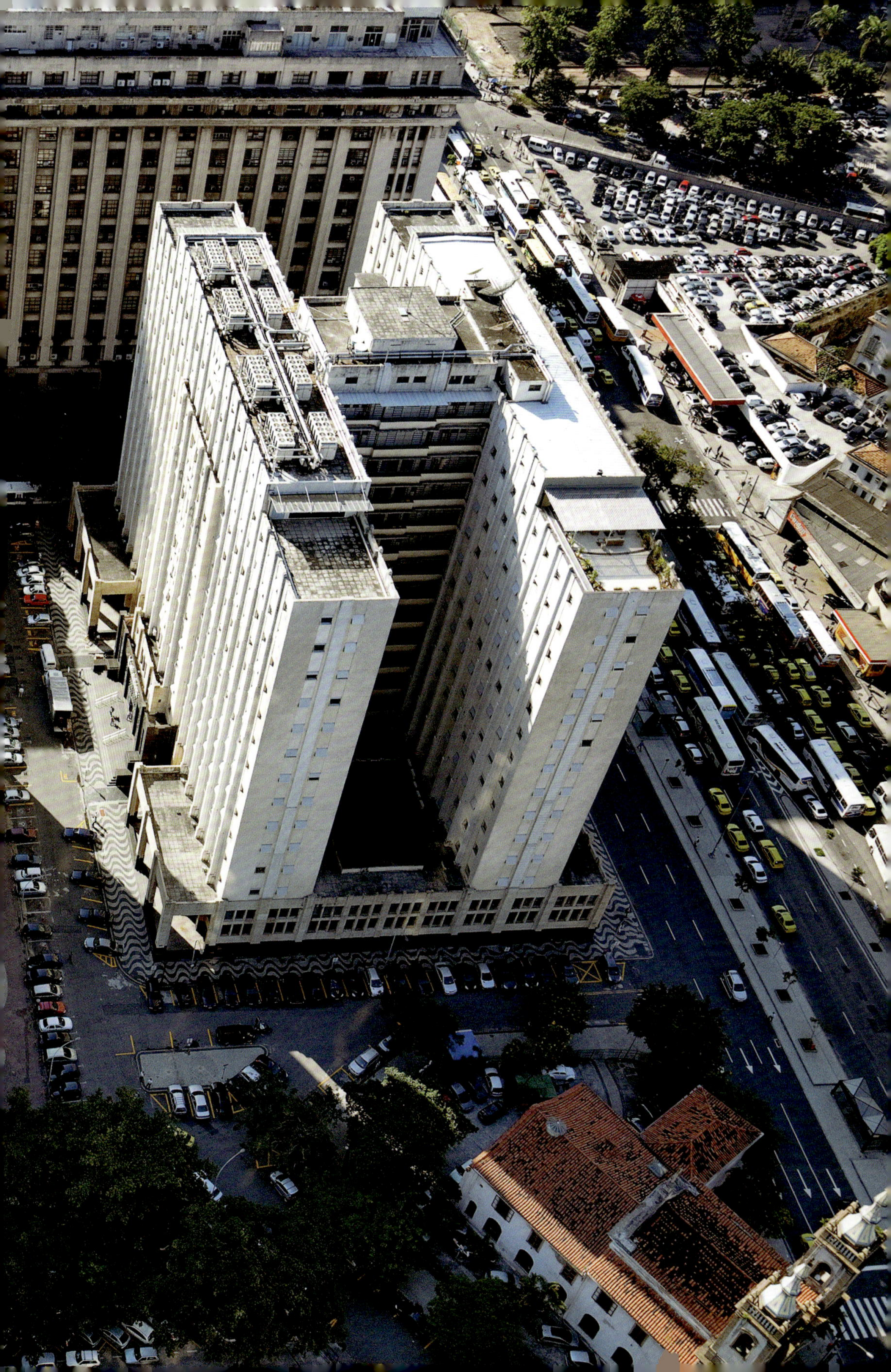

pelo brise-soleil, relacionando-se ao mesmo tempo com os novos traçados urbanos próximos à Avenida Beira-Mar. Não é por acaso que sua forma linear e plana estabelecera um diálogo com a configuração posterior das Avenidas Churchill e Roosevelt, cuja reverberação aconteceu no edifício do Instituto de Resseguros do Brasil, projetado pelos irmãos Roberto (1941)[22]. Em segundo lugar, pretendia evitar a competição volumétrica com os dois ministérios próximos, cujos volumes fechavam a perspectiva da Rua Araújo Porto Alegre: recuando em relação à rua cria-se uma pausa, uma dilatação do espaço que logo é delimitado pelos dois blocos compactos; em terceiro lugar, associar a desmaterialização e o reflexo da fachada de vidro com a paisagem da baía e as visuais provenientes das Avenidas Presidente Antônio Carlos e Beira-Mar[23]. O olhar do observador percorre a profundidade da superfície atmosférica da lâmina de vidro sobre a qual recorta-se a silhueta barroca das torres da antiga igreja de Santa Luzia[24], contrapondo a imagem abstrata da cruz com a caixa-d'água escultórica e curvilínea.

O plano horizontal do quarteirão conforma uma superfície contínua sem relevo, sem escadas monumentais ou plataformas, que facilitam a livre circulação dos pedestres. É insólita a solução conseguida, metáfora de um organismo estatal hipoteticamente democrático e aberto à participação popular, antagônica às escadarias, plataformas e colunatas monumentais dos ministérios da Fazenda e Trabalho, esses sim identificados com os princípios políticos da ditadura[25]. Embora o pórtico alto que sustenta o bloco principal estabeleça um filtro entre as duas praças abertas, a união entre as duas é conseguida por meio do piso retangular de granito que delimita a superfície de congregação social, sem uma direção ou eixo pré-determinados. Configura um plano virtual definidor da praça seca, cuja simetria de ambos os lados do pórtico compõe o equilíbrio estático, a pausa face à dinâmica criada pelos caminhos diagonais nos jardins de Burle Marx e do pequeno muro divisório entre a circulação de veículos e pedestres.

É importante observar que, no início, esse piso tinha uma pequena área restrita voltada à Rua Pedro Lessa, cujo espaço caracterizava-se pela presença da gigante escultura do *Homem Brasileiro*. Portanto, constituía um espaço estático e cerimonial

Na página anterior, MES, vista aérea, Rio de Janeiro, foto de 2008

MES, volume do salão de conferências ainda sem a escultura *Prometeu e o Abutre* de Lipschitz, Rio de Janeiro, foto de 1945

MES, escultura de granito cinza *Juventude Brasileira*, Rio de Janeiro, 1947, Bruno Giorgi, foto de c.1946

quase interno ao ministério. Nas soluções posteriores, foi sendo ampliado à maior parte do terreno até cobrir a área livre deixada pelos jardins de Burle Marx e o piso de pedra portuguesa, situados ao longo das Ruas Graça Aranha e Pedro Lessa. Também se perdeu a dimensão simbólico-comemorativa do espaço quando desapareceu a grande estátua, substituída pela leve escultura do casal de jovens integrada à área do jardim. Retomou, assim, o caráter de um espaço público dilatado com a função de assimilar a dinâmica cotidiana do homem da rua e, ao mesmo tempo, facilitar a experiência cívica popular de atos e celebrações[26]. Embora edifício e piso de granito conformem uma estrutura geométrica cartesiana, definida pelos limites das ruas adjacentes, o pedestre podia realizar a *promenade architecturale* caminhando livremente em diferentes direções, apesar dessa opção não ter sido concebida na mente dos projetistas[27].

3. OS JARDINS DE BURLE MARX

Após sua permanência em Recife, como diretor de parques e jardins (1934-1937), período em que toma contato com a tese do regionalismo e do tropicalismo de Gilberto Freyre[28], Burle Marx chega ao Rio de Janeiro com uma experiência direta da flora e vegetação tropical existente no Nordeste e na Amazônia. Assim, ele começa a utilizar plantas e flores de espécies desconhecidas até esse momento no desenho paisagista brasileiro[29]. A exuberância da natureza e a sua formação de pintor, influenciada pelas vanguardas europeias e locais, levou-o a renovar sua linguagem de organização tradicional dos jardins, ainda mantida nos exemplos de Recife. Daí surge o apoio formal e espacial ao movimento dinâmico e o nascimento dos percursos e visuais diagonais foram introduzidos no terreno do MES por Roberto Burle Marx (1909-1994) com os jardins do edifício projetados posteriormente à elaboração do projeto arquitetônico (1938)[30]. Estabelecia uma inovação estética cuja genealogia teve um longo e complexo processo de amadurecimento, longe de ser um lampejo de criação espontânea, como defendido por Pietro Maria Bardi[31]. No primeiro projeto elaborado em 1938, a solução era extremamente elementar[32]. Sem alterar a superfície do piso de granito, que chegava

MES, jardim do térreo e escultura *Juventude Brasileira*, Rio de Janeiro, Roberto Burle Marx e Bruno Giorgi

MES, jardim do terraço do ministro, Rio de Janeiro, Roberto Burle Marx

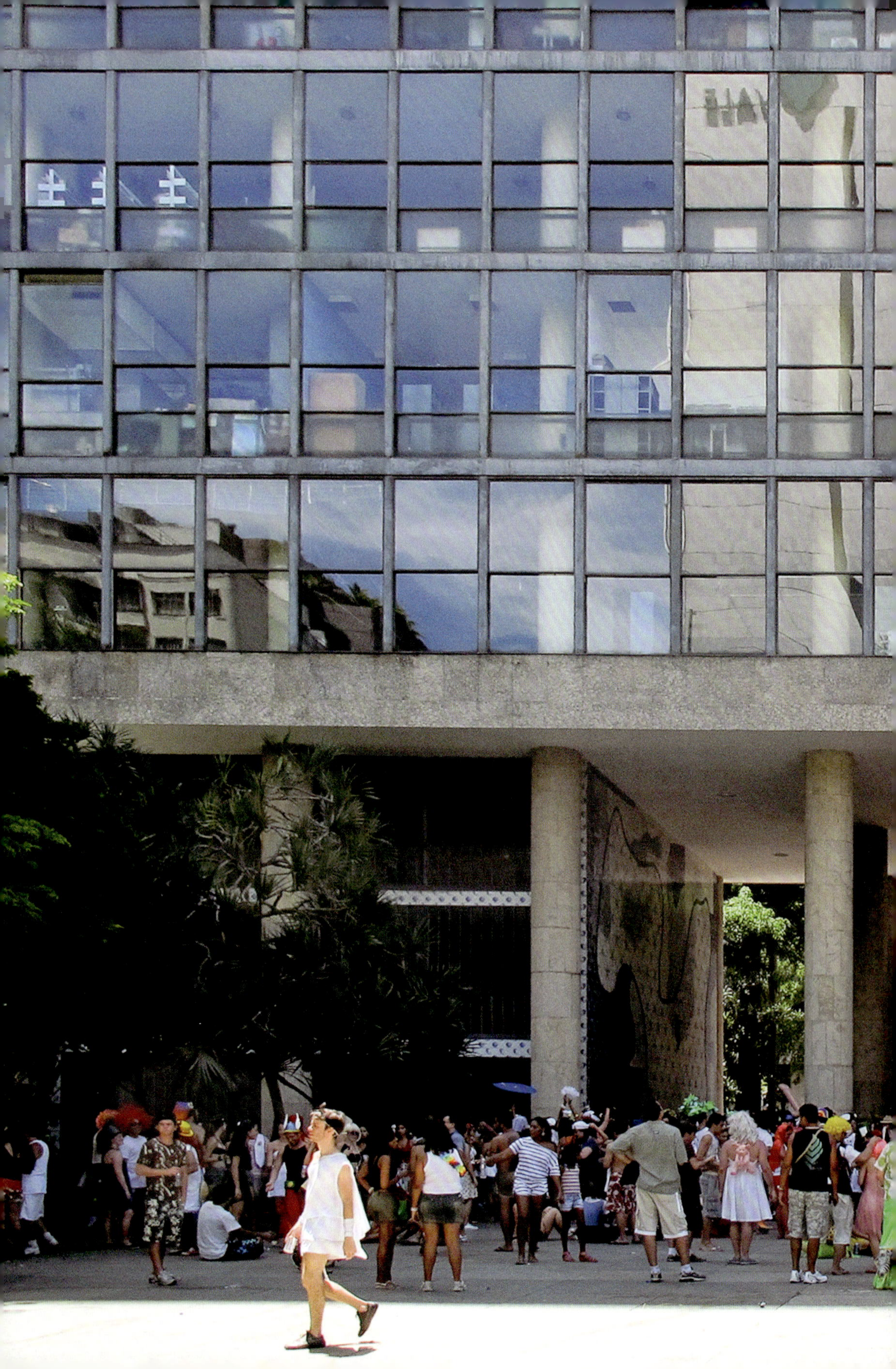

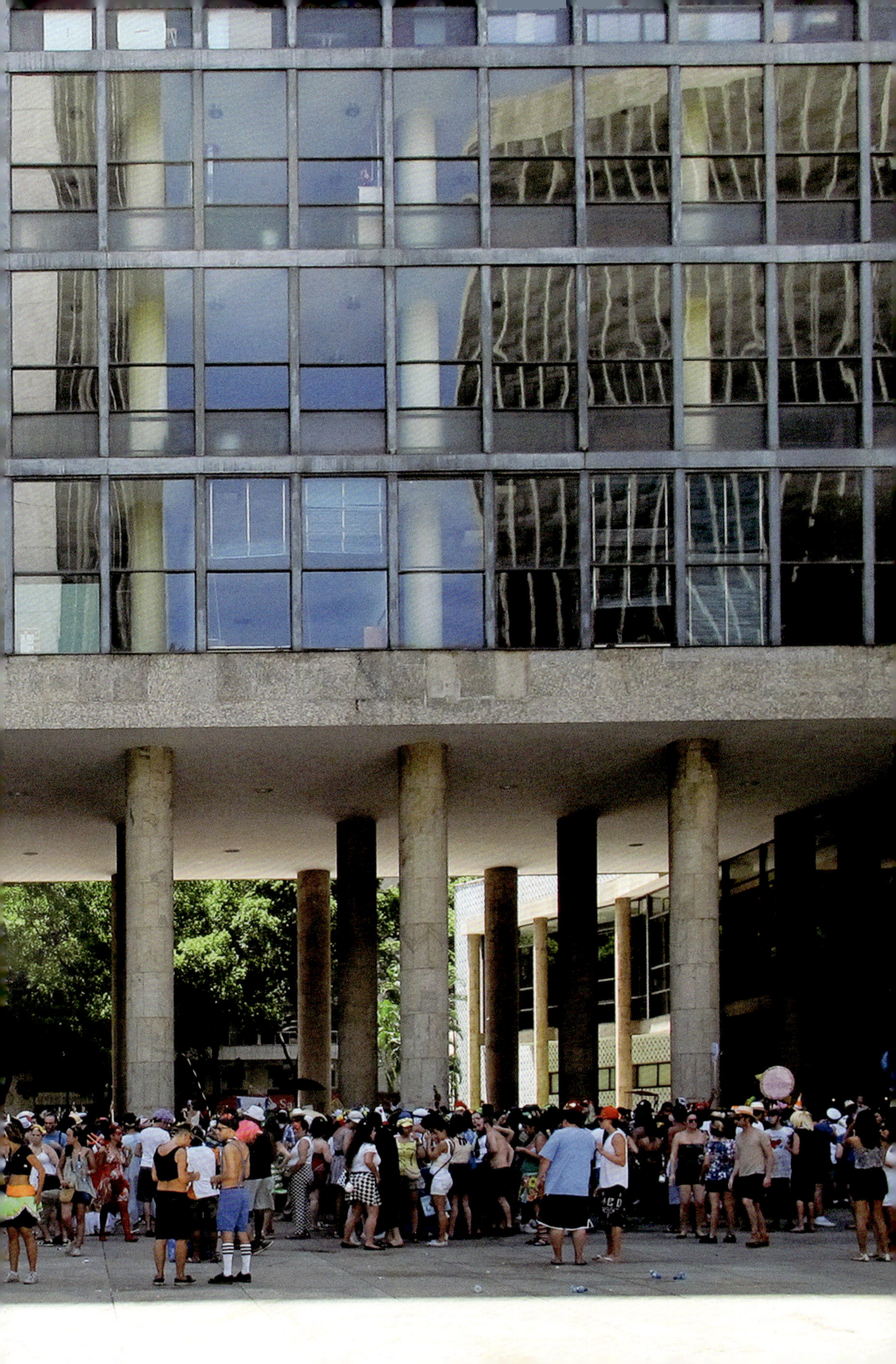

Na página anterior, MES, foliões brincando carnaval, Rio de Janeiro, foto de 2012

Acima, MES, mureta que segrega trânsito de automóveis, Rio de Janeiro, foto de 2012

MES, jardim do térreo e escultura *Juventude Brasileira*, Rio de Janeiro, Roberto Burle Marx e Bruno Giorgi, foto de 2009

até as calçadas das Ruas Graça Aranha e Araújo Porto Alegre, colocava em frente ao edifício três palmeiras e vegetação baixa entre a parede cega do teatro e o pequeno muro que delimitava a circulação dos veículos oficiais. Na parte posterior, um espelho d'água retangular com uma forma em L de vegetação constituía o plano de fundo da estátua do *Homem Brasileiro*. Também eram extremamente simples os canteiros retangulares colocados no terraço do ministro e o teto-jardim da cobertura do volume alto[33].

Ao assinar, em 1942, o contrato definitivo para a realização do projeto dos jardins, Burle Marx começa a elaborar o sistema das formas livres ameboides. Existem várias teorias sobre a origem das mesmas. Valerie Fraser defende a canibalização de Le Corbusier no momento em que Burle Marx absorve os desenhos ilustrativos da "lei do meandro" que apareceram nos livros *Précisions* e *La Ville Radieuse*, valorizando os fluxos sinuosos dos rios[34]. Por outro lado, Eloísa Santos – igualmente como Ana Elena Salvi quando se refere a Oscar Niemeyer – associa o universo curvilíneo à influência norte-americana do estilo *streamline* que dominou o design daquele país depois da crise de 1929. A estética curvilínea culminou na Feira Mundial de Nova York de 1939, na qual participaram Lúcio Costa e Oscar Niemeyer com o projeto do pavilhão brasileiro, cujos jardins de Thomas D. Price já continham uma forma sinuosa e uma vegetação tropical, caracterizada pela presença marcante da vitória-régia[35]. Por outro lado, entre os anos 1942 e 1944, enquanto elabora diversas alternativas para o paisagismo do MES, já havia experimentado as formas livres nos jardins do Instituto de Resseguros do Brasil (IRB), no terraço da Associação Brasileira de Imprensa – ABI, e na praça do Aeroporto Santos Dumont, todas obras dos irmãos Roberto. Posteriormente, participou com Oscar Niemeyer no projeto das áreas verdes do conjunto da Pampulha (1942)[36], acompanhando as sinuosidades da Casa do Baile e da igreja de São Francisco. E, finalmente, não há dúvida que tanto Niemeyer como Burle Marx foram influenciados pela pintura abstrata[37] e pelo surrealismo europeus, movimentos difundidos por Hans Arp e Joan Miró, entre outros.

Ao compor as formas livres das amebas verdes ao longo das Ruas Graça Aranha e Pedro Lessa, ele modificou radicalmente o acesso frontal prioritário pela Rua Araújo

MES, jardim do terraço do ministro com escultura *Mulher* ao fundo, Rio de Janeiro, Roberto Burle Marx e Adriana Janacópulos, foto de 2009

MES, terraço da cobertura e caixa d'água, Rio de Janeiro, foto de 2009

MES, jardim do terraço do ministro, Rio de Janeiro, Roberto Burle Marx, foto de 2001

Porto Alegre e definiu as alternativas múltiplas dos percursos que geraram o projeto curvilíneo dos canteiros, prevendo a formação das inevitáveis trilhas sobre a grama, criadas pelos pedestres, em busca do caminho mais fácil e direto[38]. Também contribuiu com uma visão heterodoxa e tridimensional do espaço, com referências às paisagens exuberantes das florestas e rios brasileiros[39], contraposta à rigidez cerimonial do piso retangular de granito[40]. A inovação consistiu em conceber o jardim não como um componente plano, reduzido à tradicional superfície do chão, mas projetado em diferentes níveis espaciais: o terraço do ministro sobre o volume baixo e o terraço-jardim da lâmina vertical[41].

Uma interpretação metafórica do significado dos jardins de Burle Marx estaria associada ao caráter familiar deles. Assim, a escala reduzida e a forma livre dos canteiros estão mais relacionadas com a dimensão de um jardim residencial que à distinção de um entorno ministerial. Isso responde ao clima de cordialidade patriarcal estabelecido pelo governo de Vargas: o governante representa o pai que rege a casa, que resume a imagem do Brasil[42]. E o ministério era concebido como a futura casa[43] saudável e ao mesmo tempo a escola da cultura nacional no Rio de Janeiro[44], simbolizando a fusão dos diferentes componentes raciais e sociais: paisagem e arquitetura conformavam o criptograma sincrético da mestiçagem, definido tanto por Sérgio Buarque de Holanda quanto por Gilberto Freyre[45]. Os jardins constituíram o interlúdio delicado entre a cidade dura e rigorosa, identificada pela movimentação dinâmica de pedestres e veículos[46] e o espaço de congregação social do ministério, incentivando um fluxo circulatório inexistente até então. Desse modo, ao se fortalecer o desenvolvimento urbano em direção à Avenida Beira-Mar com a multiplicação de edifícios de escritórios e a presença do aeroporto Santos Dumont, adquiriu maior importância a circulação entre a Rua Araújo Porto Alegre e a diagonal da Rua da Imprensa que dá acesso à igreja e a Rua Santa Luzia. Houve uma tentativa de aproveitar um terreno para a criação de uma garagem subterrânea, que seria coberta por um jardim de Burle Marx, após o fechamento da Rua Pedro Lessa, com o intuito de ampliar o espaço livre do terreno que deixara o Tribunal de Contas da Prefeitura do Distrito Federal (1943)[47].

MES, jardim do terraço do ministro e escultura *Mulher*, Rio de Janeiro, Roberto Burle Marx e Adriana Janacópulos, foto de 2009

Nos estudos desenvolvidos para o paisagismo do MES – particularmente nas análises de Comas – concentrou-se a atenção no sistema de amebas situado ao longo da Avenida Graça Aranha, já que elas criam um sistema poroso de acesso à praça seca, enquanto estabelecem uma barreira formal baseada na densidade da vegetação, paralela ao bloco sob o salão de exposições que define a composição em H do ministério. Assim, apesar da assimetria dos volumes, a área verde recompõe uma simetria clássica, cujos componentes volumétricos – real e virtual – emolduram o "propileus" do acesso principal. Entretanto, foi dada pouca atenção ao projeto de jardim público, situado entre a Rua Pedro Lessa e a Rua Santa Luzia, que deveria cobrir o estacionamento subterrâneo. Nas duas versões elaboradas, Burle Marx tentou criar um verdadeiro oásis tropical no centro do Rio de Janeiro. Na primeira proposta, ainda se deu importância à presença curvilínea da Rua Pedro Lessa, pois o salão de exposições ainda não havia sido ampliado, e isso permitiria criar um acesso para o jardineiro ao terraço do ministro e um espaço de armazenagem no mezanino. Nessa alternativa, valorizou-se a percepção da escultura da *Juventude brasileira* de Bruno Giorgi com um conjunto de palmeiras imperiais, visível tanto a partir do edifício quanto dos bancos da praça, emoldurados pelos painéis cromáticos de azulejos. Na versão posterior, desaparece a Rua Pedro Lessa e a primazia é dada ao verde sinuoso que circunda um grande espelho d'água colocado no centro da composição. Em ambas as soluções, o jardim sempre se propôs como pertencente ao terreno global do MES, privilegiando os acessos a partir da Avenida Graça Aranha e da Rua da Imprensa, fechando a conexão com a Rua Santa Luzia com o plantio de uma fileira compacta de palmeiras. Sem dúvida alguma, se esse projeto tivesse sido realizado e se não existisse o edifício da empresa Vale do Rio Doce, projetado por Oscar Niemeyer, a intervenção de Burle Marx teria expressado a sua plenitude – parafraseando Iñaki Ábalos – na articulação entre a estética pitoresca e a ideologia moderna, criando "um verdadeiro paisagismo contemporâneo, um encontro entre as novas noções plásticas e a incipiente cultura ecológica, que teve como resultado uma nova forma de conceber o espaço público"[48].

Ao fundo, MES em construção,
Rio de Janeiro, foto c.1940

MES, terraço da cobertura e caixa d'água, Rio de Janeiro, foto de c.1946

MES, volume do salão de conferências e fachada com brise-soleil, Rio de Janeiro, foto de c.1946

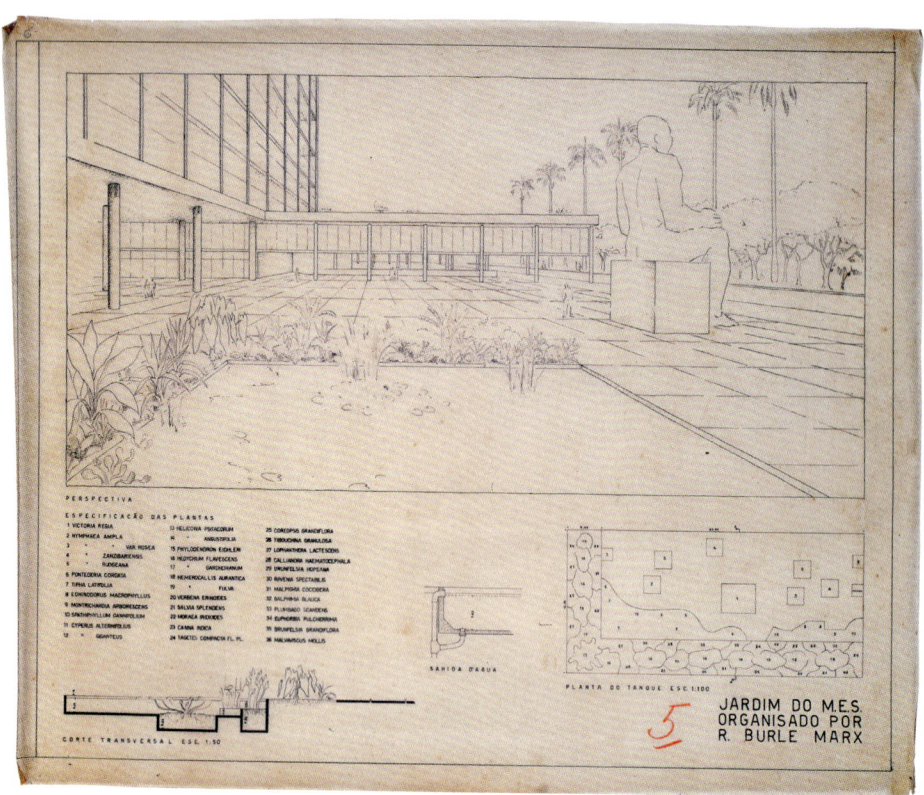

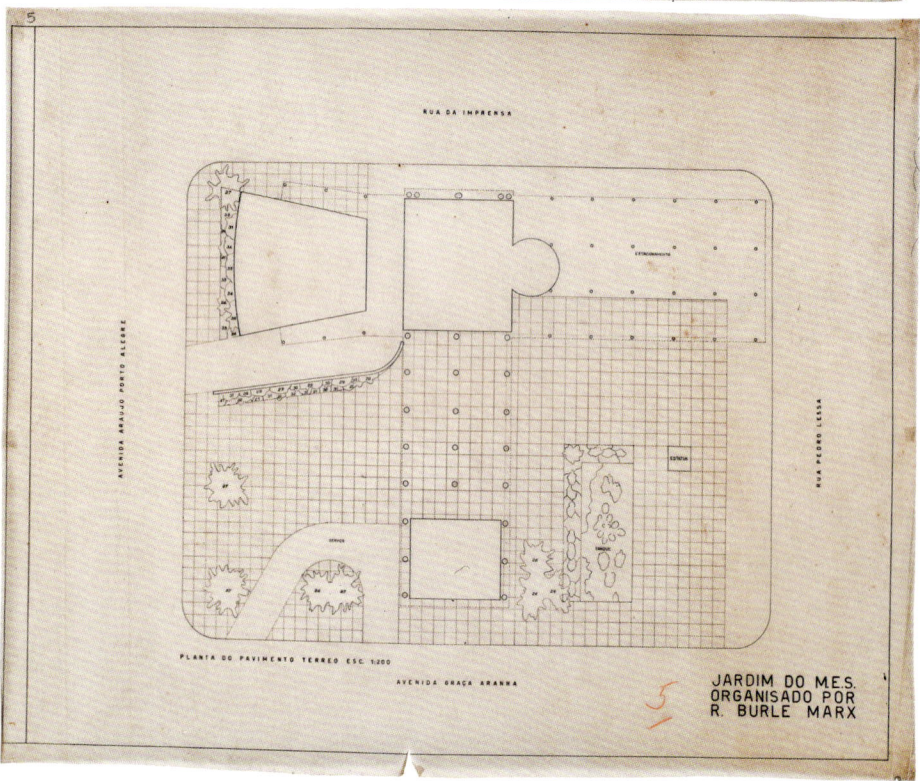

MES, desenhos da primeira
versão do jardim, Rio de Janeiro,
Roberto Burle Marx, 1938

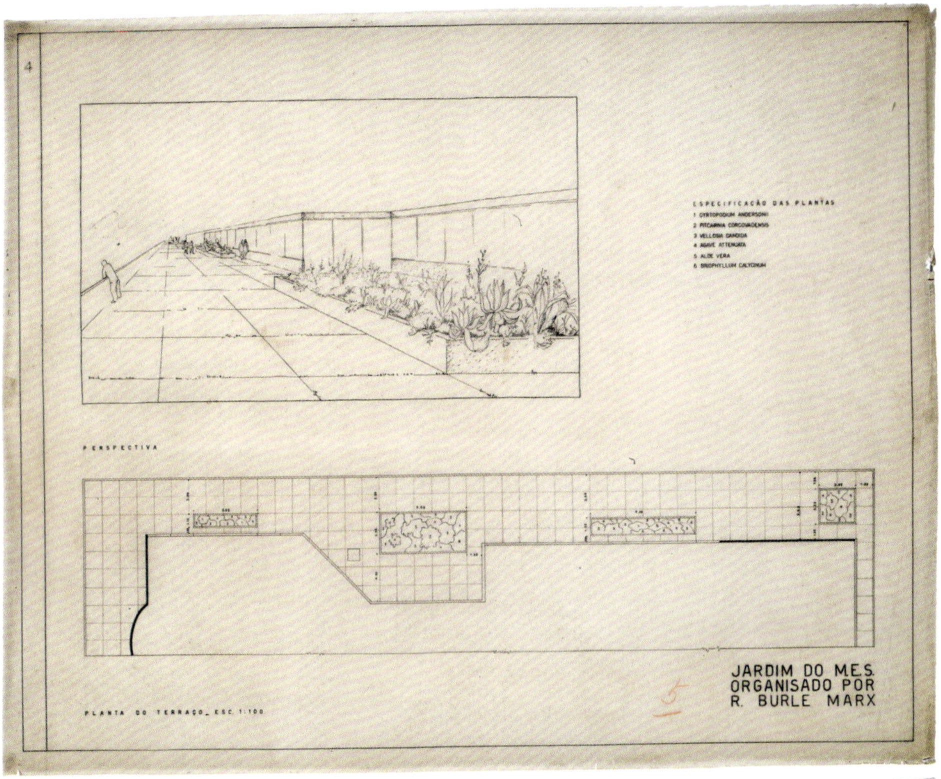
4
ESPECIFICAÇÃO DAS PLANTAS
1 CYRTOPODIUM ANDERSONII
2 PITCAIRNIA CORCOVADENSIS
3 VELLOSIA CANDIDA
4 AGAVE ATTENUATA
5 ALOE VERA
6 BRIOPHYLLUM CALYCINUM
PERSPECTIVA
PLANTA DO TERRAÇO_ESC. 1:100
JARDIM DO M.E.S.
ORGANISADO POR
R. BURLE MARX
5

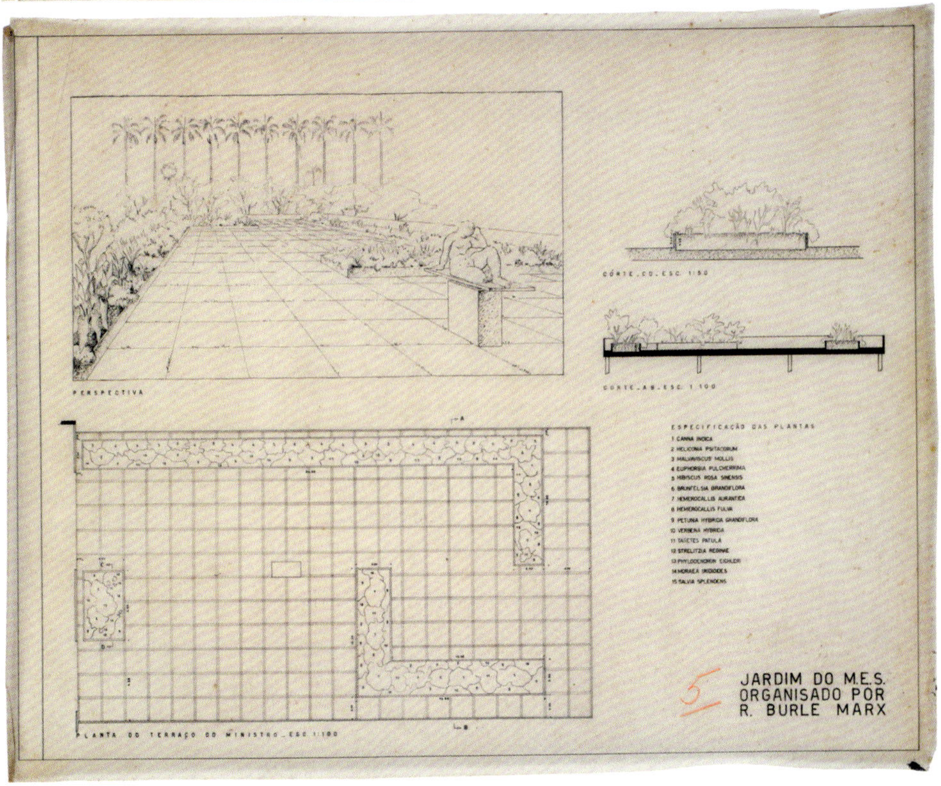
PERSPECTIVA
CORTE_CD_ESC. 1:50
CORTE_AB_ESC. 1:100
ESPECIFICAÇÃO DAS PLANTAS
1 CANNA INDICA
2 HELICONIA PSITACORUM
3 MALVAVISCUS MOLLIS
4 EUPHORBIA PULCHERRIMA
5 HIBISCUS ROSA SINENSIS
6 BRUNFELSIA GRANDIFLORA
7 HEMEROCALLIS AURANTICA
8 HEMEROCALLIS FULVA
9 PETUNIA HYBRIDA GRANDIFLORA
10 VERBENA HYBRIDA
11 TAGETES PATULA
12 STRELITZIA REGINAE
13 PHYLODENDRON EICHLERI
14 MORAEA IRIDIOIDES
15 SALVIA SPLENDENS
PLANTA DO TERRAÇO DO MINISTRO_ESC. 1:100
JARDIM DO M.E.S.
ORGANISADO POR
R. BURLE MARX
5

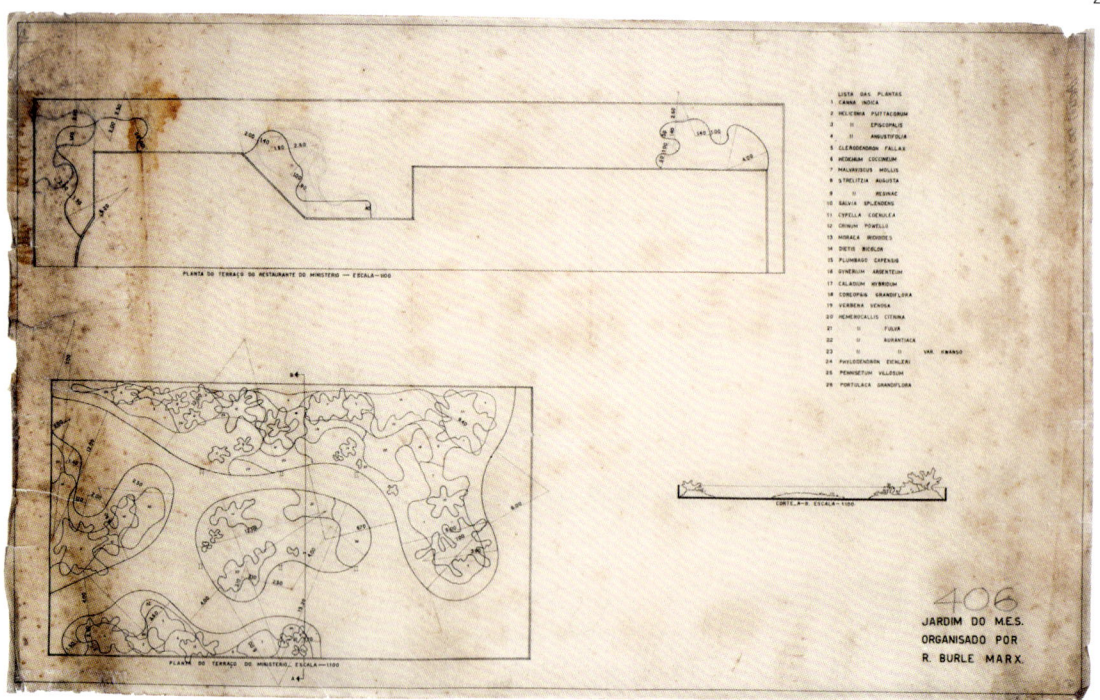

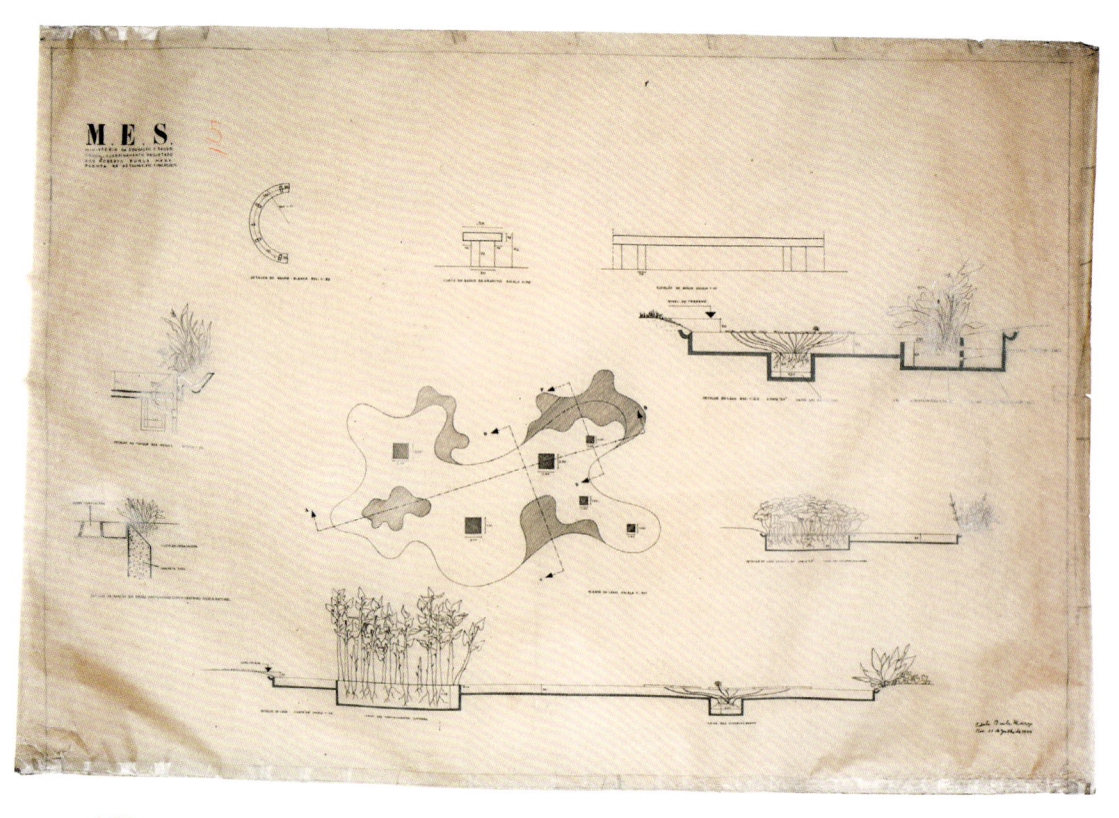

MES, segunda versão do jardim antes da ampliação da sala de exposições, Rio de Janeiro, Roberto Burle Marx, 1942-1944

MES, desenhos de jardim público não construído entre as Ruas Santa Luzia e Pedro Lessa, detalhes das caixas com plantas aquáticas, Rio de Janeiro, Roberto Burle Marx, desenho de 27 de julho de 1944

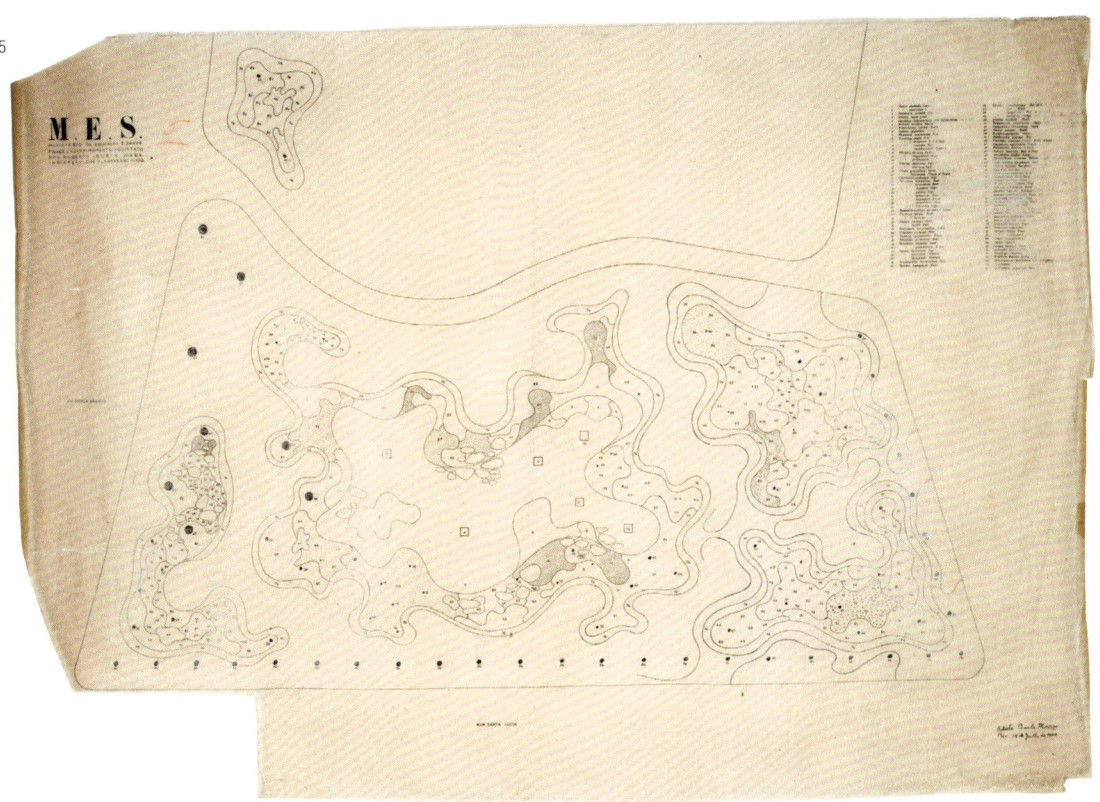

MES, planta de jardim público não construído, especificação da vegetação, Rio de Janeiro, Roberto Burle Marx, desenho de 18 de julho de 1944

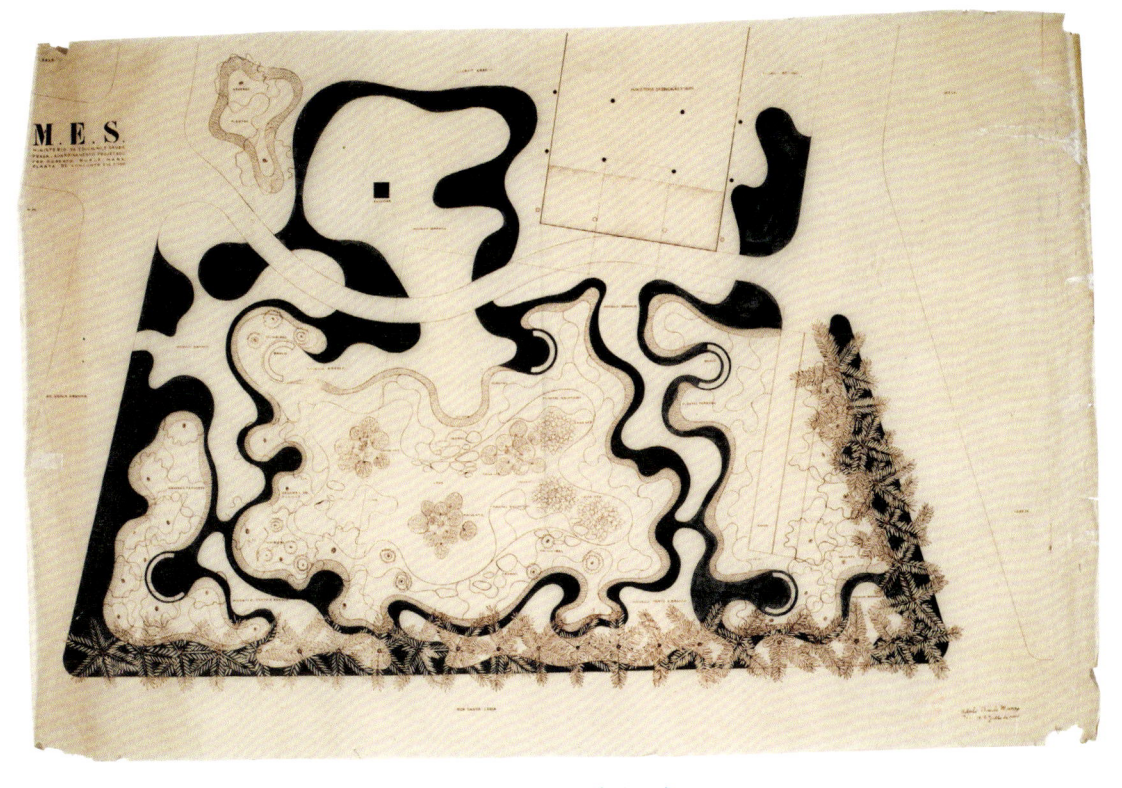

MES, planta de jardim público não construído, piso em mosaico português, Rio de Janeiro, Roberto Burle Marx, desenho de 19 de julho de 1944

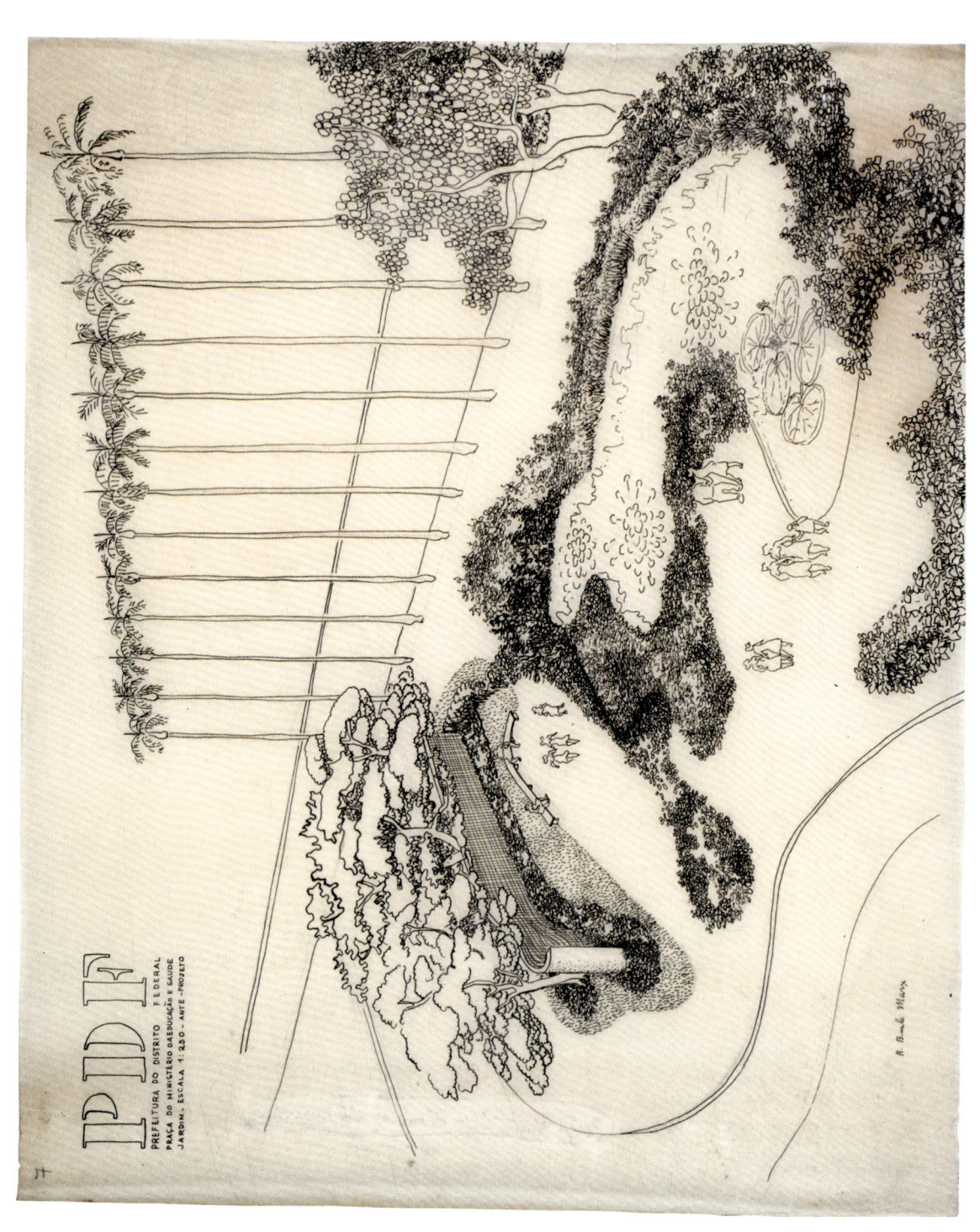

MES, prancha com perspectiva
de jardim público não construído,
Rio de Janeiro, desenho sem data

NOTAS

1. O autor privilegia a sua significação arquitetônica mais que a urbanística: "O Ministério pode ser pensado como um divisor de águas, não por seu caráter *iniciador*, mas por seu papel na cristalização de um modelo vitorioso". GORELIK, Adrián. *Das vanguardas a Brasília. Cultura urbana e arquitetura na América Latina*, p. 47.

2. No item 75 da versão publicada por Le Corbusier, temos o seguinte princípio: "A cidade deve assegurar, tanto no plano material como no espiritual, a liberdade individual e o benefício da ação coletiva". CORBUSIER, Le. *A Carta de Atenas*, p. 133.

3. BONDUKI, Nabil (org.) *Affonso Eduardo Reidy* (op. cit.), p. 118-125.

4. ABREU, Maurício de A. Abreu. Op. cit., p. 36.

5. PEREIRA, Margareth da Silva. Paris-Rio: le passé américain et le goût du monument (op. cit.).

6. BRENNA, Giovanna Rosso del. *O Rio de Janeiro de Pereira Passos. Uma cidade em questão* (op. cit.), p. 58; TORRES, Antônio. *Centro das nossas desatenções*, p. 45.

7. GUTIÉRREZ, Ramón. *Buenos Aires. Evolución histórica* (op. cit.), p. 120.

8. Em 1905, durante a administração de Pereira Passos é desmontada a parte próxima à Avenida Central. Em 1922, o prefeito Carlos Sampaio desmonta-o quase por completo. Desaparecem os últimos fragmentos, próximos ao MES durante a administração de Henrique Dodsworth em 1937. Ver: REBELO, Marques e BULHÕES, Antônio. Op. cit., p. 84.

9. PEIXOTO, Gustavo Rocha. O ecletismo e seus contemporâneos na arquitetura do Rio de Janeiro (op. cit.).

10. O empresário Francisco Serrador quis organizar na Praça Floriano (Cinelândia) o maior centro de entretenimento da América Latina, assim como promover a construção de torres de escritórios. Ver: LIMA, Evelyn Furquim Werneck. *Arquitetura do espetáculo. Teatros e cinemas na formação da Praça Tiradentes e da Cinelândia* (op. cit.), p. 258.

11. Foram demolidos 470 edifícios, sendo liberados 420 ha. para a celebração da Exposição Internacional do Centenário da Independência, e logo 230 ha. entre a Praia de Santa Luzia e a Ponta de Calabouço, utilizados para o futuro aeroporto. Ver: LESSA, Carlos. Op. cit., p. 240.

12. EVENSON, Norma. *Two Brazilian Capitals. Architecture and Urbanism in Rio de Janeiro and Brasília* (op. cit.), p. 40.

13. OLIVEIRA, Sonia Maria Queiroz de (org.). *Planos urbanos do Rio de Janeiro. Plano Agache*, p. 48. Ver também: PEREIRA, Margareth da Silva. Pensando a metrópole moderna: os planos de Agache e Le Corbusier para o Rio de Janeiro (op. cit.).

14. O vazio existente no Castelo é visível nas plantas publicadas no início da década de 1930. Ver: "Carte touristique de la ville de Rio de Janeiro, la capitale des États Unis du Brésil". CZAJKOWSKI, Jorge. (org.) *Do cosmógrafo ao satélite. Mapas da cidade do Rio de Janeiro* (op. cit.), p. 75.

15. LISSOVSKY, Maurício; SÁ, Paulo Sérgio Moraes de. Op. cit., p. xii.

16. "Ainda agora posso vê-lo / À luz da aurora imediata / Subindo, sempre subindo / Pelo morro do Castelo / Em demanda do mosteiro". MORAES, Vinícius de. O Morro do Castelo, p. 56.

17. PEREIRA, Margareth da Silva. Paris-Rio: le passé américain et le goût du monument (op. cit.), p. 143; COMAS, Carlos Eduardo Dias. Lúcio Costa e a revolução na arquitetura brasileira 30/39. De lenda(s e) Le Corbusier.

18. Na publicação da obra por Le Corbusier, ele reforça a presença de seus enunciados e o uso do brise-soleil: "Além da questão prática do brise-soleil e outros problemas que já haviam sido elaborados nos anos anteriores (pilotis, pano de vidro, estrutura independente, teto-jardim etc.)". [No original em francês: "En dehors de la question pratique du brise-soleil et des autres problèmes déjà mis au point dans les années antérieures (pilotis, pan de verre, ossature indépendente, toit-jardin, etc.)". Apud BOESIGER, Willy. *Le Corbusier. Oeuvre Complète 1938-1946*, p. 81].

19. As categorias citadas por Costa são: "*proporção* é o equilíbrio ou a equivalência no dimensionamento das partes; *comodulação* é o confronto harmônico das partes entre si e com relação ao todo; *modenatura* é o modo particular como é tratada plasticamente cada uma dessas partes". COSTA, Maria Elisa. *Com a palavra, Lúcio Costa*, p. 55.

20. Segundo Colin Rowe, esses são alguns dos atributos identificados com a modernidade. ROWE, Colin. *The Mathematics of the Ideal Villa and Other Essays*, p. 127.

21. COSTA, Lúcio; NIEMEYER, Oscar; REIDY, Afonso E., MOREIRA, Jorge M.; LEÃO, Carlos; VASCONCELLOS, Ernani M. Op. cit.

22. CZAJKOVSKI, Jorge; SENDIK, Fernando (org.). *Guia da arquitetura moderna no Rio de Janeiro* (op. cit.), p. 31.

23. Renzo Piano reafirma hoje o valor das qualidades que caracterizaram o MES: "em suma, a leveza é o instrumento, a transparência é o conteúdo da poética" [no original em francês: "en somme, la légèreté est l'instrument, la transparence est le contenu de la poétique"]. CASSIGOLI, Renzo, *Renzo Piano. La désobéissance de l'architecture. Conversation avec Renzo Cassigoli*, p. 134.

24. A igreja é considerada a primeira católica da cidade, e se supõe que na elementar construção de madeira de 1519, casou-se Fernão de Magalhães, pouco antes da sua longa viagem ao Pacífico. CARRAZZONI, Maria Elisa (org.). *Guia dos bens tombados. Rio de Janeiro*.

25. "Neste clima contraditório a ditadura se instala entre nós, mas, se no domínio político é a reação que domina, em certos setores isolados como a arquitetura, é a revolução que domina; então vemos produzir-se o que se chama às vezes de 'milagre' do Ministério da Educação". PEDROSA, Mário. A arquitetura moderna no Brasil, p. 257.

26. Scruton define uma série de princípios básicos da arquitetura, entre os quais aparece a relação do

edifício com o homem da rua e a criação de um âmbito público para acolher a experiência cívica. SCRUTON, Roger. Principios arquitectónicos en una edad de nihilismo, p. 93.

27. Considero que a presença dos caminhos diagonais estabelecidos pelos jardins de Burle Marx quebram o predomínio dos fluxos retilíneos cartesianos ou circulares como sugere Comas. Ver: COMAS, Carlos Eduardo Dias. Protótipo e monumento, um ministério, o Ministério (op. cit.).

28. FLORIANO, César. Roberto Burle Marx: jardins do Brasil, a sua mais pura tradução.

29. O botânico cita as mais de duzentas espécies utilizadas por Burle Marx nos desenhos de parques e jardins. ELIOVSON, Sima. *The Gardens of Roberto Burle Marx*.

30. OLIVEIRA, Ana Rosa de. Un paisaje y un jardín para el ministerio.

31. Bardi afirmou: "Suddenly, Roberto had the idea of introducing new modes that would be better suited to the dramatic nature of the tropic landscape". BARDI, Pietro Maria, *The Tropical Gardens of Burle Marx*, p. 14. Apud FRASER, Valerie. Cannibalizing Le Corbusier: The MES Gardens of Roberto Burle-Marx.

32. O esquema cartesiano dos canteiros, que mantinha a proposta inicial da equipe, somente foi superado nas transformações do projeto ocorridas entre 1942 e 1944. Ver DOURADO, Guilherme Mazza. *Modernidade verde. Jardins de Burle Marx*, p. 232.

33. SANTOS, Eloísa dos. *O paisagismo de Burle Marx e a diversidade da moderna arquitetura brasileira*, p. 119; CAVALCANTI, Lauro; DAHDAH, Farés el (org.). *Roberto Burle Marx 100 anos. A permanência do instável*, p. 53.

34. FRASER, Valérie. Op. cit., p. 180-193; Em entrevista, Burle Marx faz a seguinte referência ao jardim do MES: "En este jardín utilizo formas fluídas […]; ellas traen a la mente la configuración de los ríos brasileños, como si fueran vistos desde la ventana de un avión". [tradução para o português: "neste jardim uso formas fluidas […]; elas trazem à mente a configuração dos rios brasileiros, como se fossem vistos da janela de um avião". Apud OLIVEIRA, Ana Rosa de. Op. cit., p. 63]. E o tema fluvial também se relaciona com os navios e barcos, que identificavam tanto os escravos trazidos da África, como os índios da Amazônia, citados no poema "Raça" de Guilhermo de Almeida (1925), considerados elementos identificadores da brasilidade: "caravelas/ canoas/ barcos-escravos". Ver: PHILIPPOU, Styliane. *Oscar Niemeyer. Curves of Irreverence*, p. 69.

35. SALVI, Ana Elena. *Cidadelas da civilização: políticas norte-americanas no processo de urbanização brasileira com ênfase na metropolização paulistana dos anos 1950 a 1960*, p. 111.

36. MOTTA, Flávio L. *Roberto Burle Marx e a nova visão da paisagem*, p. 183.

37. Idem, ibidem, p. 25. Associação estética identificada por Lúcio Costa, ao afirmar que Burle Marx "soube renovar a arte da jardinagem, introduzindo-lhe na concepção, escolha e traçado os princípios da composição plástica erudita de sentido abstrato". COSTA, Lúcio. Muita construção, alguma arquitetura e um milagre (op. cit.), p. 170.

38. Mário Pedrosa é um dos críticos que com maior certeza definiu o significado do jardim de Burle Marx, ao dizer: "o jardim já não é mais passivo em face dos espaços e dos planos de construção arquitetônica propriamente dita. Sua função não é mais apenas cadenciar os ritmos das estruturas e dos espaços abertos, na relação exterior-interior. Tende antes a definir o espírito do lugar. Estruturando os espaços circundantes, procura o artista *criar um contra-ritmo* (destaque de R.S.) que ao mesmo tempo isola a unidade arquitetônica para que ela se defina e expanda, numa espécie de acentuação ou complementação de seu partido e de seu programa, e a integra num com o meio ambiente, o clima, a atmosfera, a luz, a natureza, enfim". PEDROSA, Mário. O paisagista Burle Marx, p. 287.

39. Comas descreve o significado metafórico dos jardins ao dizer: "Não é um Brasil primitivo e rude que se evoca, é um Brasil altivo, cioso de suas riquezas já conquistadas e desejoso de guardá-las para os seus. É um Brasil que é história e geografia entrelaçadas, e que canta sua geografia tropical como natureza risonha e franca, paraíso passado, presente e futuro de clima ameno, onde interior e exterior podem se confundir, onde a terra é boa e os habitantes andam nus". COMAS, Carlos Eduardo Dias. Protótipo e monumento, um ministério, o Ministério (op. cit.), p. 101-102.

40. Bruno Zevi fala da "humanización de la arquitectura a través de los jardines [...] que juegan el rol de compensadores psicológicos al destruir el rectángulo". Apud MONTERO, Marta Iris. Burle Marx. Paisajes líricos, p. 41.

41. OLIVEIRA, Ana Rosa de. Op. cit., p. 61.

42. "Pela aproximação do poder à cena doméstica, Vargas vira 'naturalmente' o pai do povo, o chefe dessa enorme família de brasileiros". OLIVEIRA, Lucia Maria Lippi. O intelectual do DIP: Lourival Fontes e o Estado Novo, p. 44.

43. O jornal carioca *Correio da Noite* intitulou "Casa do futuro" o artigo publicado no dia da inauguração do edifício, em 2 de outubro de 1945. In LISSOVSKY, Maurício; SÁ, Paulo Sérgio Moraes de. Op. cit., p. 208. É interessante verificar como o conceito de casa-país era generalizado naqueles anos: por exemplo, na imagem da "casa da alma alemã" identificada pelo pavilhão de Mies van der Rohe na Exposição Universal de Barcelona, em 1929. Cf. QUETGLAS, Josep. *Der Gläserne Schrecken. Imágenes del Pabellón de Alemania*, p. 31.

44. SIQUEIRA, Vera Beatriz. Burle Marx, p. 24.

45. LESSA, Carlos. Op. cit., p. 261.

46. Segundo o testemunho de Burle Marx, ele desejava criar um oásis de tranquilidade no meio da vertigem urbana: "il giardino nello spazio urbano di oggi, é un invito al convivio, al ricupero del tempo reale della naturalità delle cose, in opposizione alla velocità illusoria delle regole della società del consumo". Apud RIZZO, Giulio G. *Roberto Burle Marx. Il Giardino del Novecento*, p. 39.

47. Em ofício de 3 de novembro de 1943, dirigido a Luís Simões Lopes, Gustavo Capanema encaminha a questão: "Terceira Marca. Essa última marca

poderá ser um dos últimos dias do ano de 1944. Solicito a V. Excia. que, até então, seja feita a construção de um subterrâneo para garage, laboratório fotográfico, depósito de material, pequena oficina e arquivo de papéis velhos. Uma vez coberto o subterrâneo deverá ser concluído o jardim da praça fronteira ao edifício (lado sul). Com a inauguração desse subterrâneo e desse jardim, ficarão completamente terminados todos os trabalhos relativos à construção do edifício do Ministério da Educação e Saúde". Apud LISSOVSKY, Maurício; SÁ, Paulo Sérgio Moraes de. Op. cit., p. 182.

48. ÁBALOS, Iñaki. Le Corbusier pintoresco: el pintoresquismo en la modernidad.

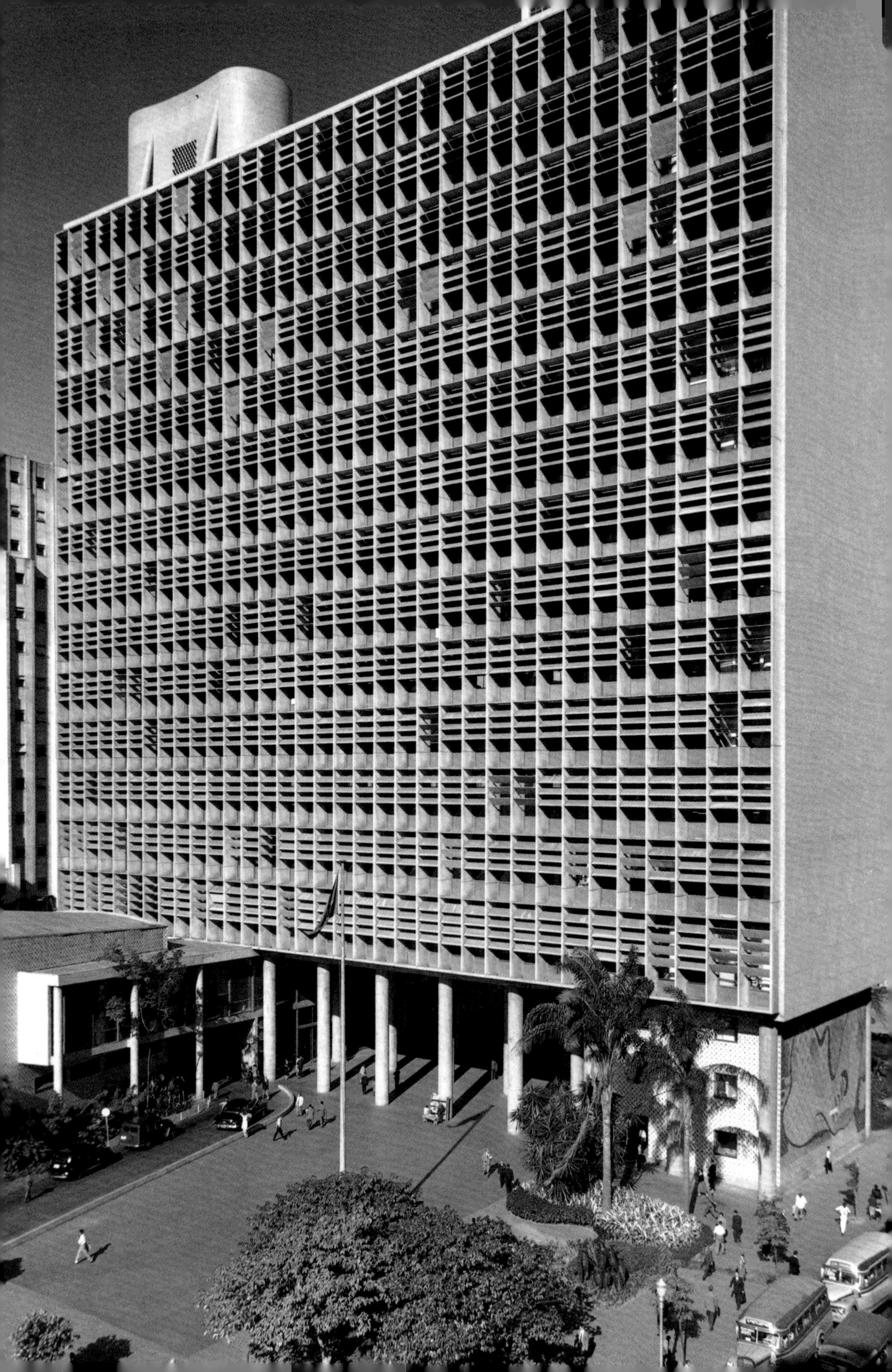

CAPÍTULO 10

A MONUMENTALIDADE TRANSGREDIDA

1. MONUMENTO E MONUMENTALIDADE

Em textos publicados logo após a Segunda Guerra Mundial, alguns críticos de arquitetura reconheceram a importância do MES no contexto da primeira modernidade brasileira e latino-americana: era consenso considerá-lo como o primeiro edifício de escritórios genuinamente moderno, no panorama mundial da década de 1940, construído no Rio de Janeiro[1]. Ao mesmo tempo, dado o seu caráter institucional – além de sua função primordial, acabou sendo também identificado de forma não oficial como "Ministério do Homem" ou "Ministério da Cultura Nacional"[2] – converteu-se em um monumento[3], um ícone, não somente arquitetônico, mas também – segundo as palavras de Lúcio Costa[4] – cultural, histórico e simbólico. Quais seriam os atributos que definiram a sua significação monumental, dentro do intenso debate ocorrido no século 20 sobre o valor e perpetuidade deste termo para o movimento moderno?

Alois Riegl (1858-1905), Ernesto N. Rogers (1909-1969) e Henri Lefèbvre (1901-1991), a partir de ângulos radicalmente distintos – o primeiro como crítico de arte, o segundo como arquiteto do movimento moderno e o terceiro como sociólogo marxista –, reconheceram a relação existente entre a história humana e a necessidade de recorrer à memória através dos monumentos, testemunhos concretos que registram os fatos e os acontecimentos marcantes de cada sociedade[5]. Entretanto, em período mais recente, diante da supremacia do virtual sobre o real e da rápida obsolescência de objetos e edifícios no que Koolhaas chama a "cultura da congestão"[6], surgiram noções contrastantes sobre o conceito de monumento. Aldo Rossi defenderia o argumento de que não existe uma cidade – ou, pelo menos, não poderia ser reconhecida como tal – se não há uma clara contraposição entre a massa de edifícios anônimos com aquela dos edifícios de exceção, que atingiriam a categoria de monumento[7]. Contudo, há uma larga tradição que aponta para o profundo significado humano atribuído ao monumento; o psicanalista Sigmund Freud, o crítico e historiador norte-americano Lewis Mumford, os filósofos franceses Gilles Deleuze e Félix Guattari e o arquiteto iconoclasta holandês Rem Koolhaas, consideram que, num mundo cada vez mais dinâmico e nômade, marcado pelo devir sensível, os ícones ou marcos arquite-

Na página anterior, MES, fachada nordeste com brises, Rio de Janeiro, foto de 1949

tônicos perenes não fariam mais sentido[8]. Proposição que a realidade parece negar: a existência dos menires na Bretanha[9], que tanto comoveram Le Corbusier ao descobrir ali o encontro poético entre a vertical e a horizontal[10], continua sendo relembrada e reproduzida. Reaparece, por exemplo, nos recentes gigantescos menires de vidro transparente construídos com a expectativa de se transformem nos monumento símbolo de Londres – a sede da empresa de seguros Swiss Re de Norman Foster (1997-2003)[11] – e de Barcelona – a torre Agbar de Jean Nouvel (2005) –, além das quatro torres periféricas de Madri, ícones urbanos do século 21[12].

Segundo uma interpretação comum e usual, um monumento poderia ser definido como uma edificação que se torna objeto preservado por conta de seu interesse histórico, científico, cultural ou paisagístico, ou, por outro lado, como uma edificação que se destina a transmitir à posteridade a memória de um fato ou pessoa notável. É uma qualificação que o senso comum muitas vezes irá confundir com a imagem de um edifício majestoso, suntuoso, notável, grandioso, esplêndido, magnífico, enorme, extraordinário. Entretanto, a definição de monumento, em termos arquitetônicos, como valor morfológico significante de uma obra determinada, não é um tema de projeto nem mesmo uma tipologia construtiva. Não se pode encomendar a construção de um monumento, não no sentido atribuído por Louis I. Khan: "Monumentalidade em arquitetura pode ser definida como uma qualidade, uma qualidade espiritual inerente à estrutura que transmite o sentido de sua eternidade, que não pode ser adicionado ou alterado [...] Monumentalidade é algo enigmático. Não pode ser intencionalmente criada"[13]. Um monumento não é um gênero de projeto e, principalmente, conforme a observação de Gregotti: "um monumento não é uma questão de monumentalidade"[14].

Na tradição da arquitetura ocidental estabeleceu-se uma diferença fundamental entre as proporções e qualidades de uma arquitetura representativa do poder, ou seja, aquela que tem a pretensão de se tornar monumento, e a dos edifícios domésticos. Desde a antiguidade, quando reis agiam como deuses e deuses eram vistos como reis, não somente templos e palácios eram construídos em escala grandiosa, como também as residências senhoriais acabavam por receber dimensões gigantescas e um trata-

Centrosoyus, Moscou, 1928, Le Corbusier, foto de 1989

Cidade Universitária de Roma, 1934, Marcelo Piacentini, foto de 2002

mento decorativo de acordo com a suposta importância de seus proprietários. A qualidade essencial de dominância que irá distinguir estes edifícios daqueles domésticos, na tradição da arquitetura, se traduzirá em monumentalidade, que, no entanto, não irá necessariamente transformar qualquer edificação em um monumento. A monumentalidade será o aspecto arquitetônico que, ao longo do tempo, sublinhará representações explícitas de poder e autoridade. A monumentalidade também será sempre o sinônimo do distanciamento entre o poder e a sociedade. A diferença entre o edifício público e o doméstico será mais marcante quanto maior for essa distância. Essa arquitetura, no passado, pretendia expressar um elogio ao esplendor de uma política econômica, de uma crença religiosa ou de um poder absoluto[15]. Era ritualística, comemorativa e almejava um status histórico *a posteriori*. Era a consequência de algum tipo de triunfo que almejava ser perpetuado. Afortunadamente muitos desses edifícios foram idealizados por artistas, e o tempo se encarregou de separar a boa arte da uma crença equivocada. Afinal, só o tempo, a significação simbólica das instituições, e algum valor artístico ou cultural que perdura na memória podem dar vida a um monumento[16].

De todo modo, a partir do século 18, uma grande escala monumental para palácios e edifícios públicos foi imposta no contexto urbano e rural – Versalhes constituiria seu principal paradigma – sendo, nesse caso, os atributos decorativos e simbólicos acentuados com uma predominante referência historicista. Do final do século 19 – quando a tradição clássica começava a perder importância – até meados do século 20, passa a ser comum uma arquitetura institucional, ligada à autoridade e que se pretendia monumental, mesclando e adulterando motivos arquitetônicos tomados de templos e palácios da antiguidade clássica e dos períodos renascentista, barroco e neoclássico. Expressava a monumentalidade representando ou reproduzindo fragmentos arquitetônicos do passado: grandes escadarias, cúpulas, arcadas, elementos escultóricos de grandes dimensões, elementos decorativos, pórticos, eixos e simetrias, desníveis acentuados, plataformas elevadas, volume exagerado etc. Esse modelo de classicismo adulterado, megalomaníaco, grandioso, mas ao mesmo tempo convencional, não escondia o seu objetivo propagandístico. Aparece tanto na arquitetura federal da democracia americana como nos artefatos das autocracias de esquerda ou de direita: na União Soviética estalinista, na Alemanha nazista ou na Itália fascista[17]. Ainda assim, no início do século 20 iriam surgir novas práticas que buscavam estabelecer outros princípios de projeto. Entre essas novas vanguardas, desenvolveu-se uma de orientação racionalista que se debruçava mais sobre as necessidades funcionais da sociedade que sobre as exigências estilísticas estabelecidas na estética clássica. Essa abordagem buscava uma nova relação entre a prática da arquitetura como arte e como provedora de abrigo para o homem. Um dos principais objetivos dessa arquitetura moderna foi o resgate da medida do homem, da escala do homem comum. Com sua abstração e pureza, buscava uma linguagem renovada para uma representação simbólica da política e do poder estabelecido[18]. Assim, de uma nova atitude projetual resultará um novo tipo de monumentalidade, expressa através de transparência, leveza, assimetria, fluidez, quebra de volumes – arranjos definidos por planos –, pureza formal e acessibilidade[19].

No entanto, enquanto os porta-vozes do movimento moderno não conseguiam materializar esses novos princípios estéticos nos grandes concursos para a construção de edifícios públicos – fracassaram no Palácio das Nações em Genebra (1927) e no Palácio dos Sovietes em Moscou (1931) –, multiplicaram-se os projetos monumentais na Itália e na Alemanha: Marcello Piacentini constrói a Cidade Universitária de Roma (1934) e realiza o plano geral da exposição EUR'42 (1937) com um traçado totalmente acadêmico; na Alemanha, Albert Speer projeta os edifícios de governo de Hitler e elabora o plano do centro de Berlim (1936)[20]. Também resultaram não menos convencionais os edifícios públicos construídos pela *Public Works Authority* (PWA) do governo de Roosevelt. Nem mesmo o conjunto do Rockfeller Center de Nova York (1929-1933) – apesar de sua relevância como um dos símbolos da modernidade arquitetônica norte-americana[21] – escapa dessa influência, com uma composição totalmente axial e simétrica. Por fim, as grandes exposições universais acabaram servindo como cenário para o confronto entre modernos e acadêmicos. Na Exposição de Paris (1937), o minúsculo Pavilhão *L'Esprit Nouveau* de Le Corbusier não con-

EUR'42, vista geral da exposição, Roma, 1937, Marcelo Piacentini, foto de 2002

Rockfeller Center, Nova York, 1929-1933, Raymond Hood e equipe, foto de 2010

seguiu se impor diante das duas massas opostas dos pavilhões da Alemanha e da URSS[22], e da axialidade formal do Palais Chaillot. Na Feira Mundial de Nova York (1939), poucas empresas locais – como o pavilhão da General Motors de Norman Bel Geddes – e os pavilhões do Brasil (Lúcio Costa e Oscar Niemeyer), Suécia (Sven Markelius), ou da Finlândia (Alvar Aalto) constituíram expressões minoritárias diante da primazia de uma reincidente monumentalidade convencional principalmente marcada pelos pavilhões da URSS e da Itália[23].

Apesar desses embates radicais, teóricos e arquitetos do movimento moderno não abriram mão da procura por uma expressão formal monumental distinta da acadêmica e identificada com novos valores formais e estéticos. Ou seja, a arquitetura dita moderna não deveria restringir o seu enfoque aos problemas menores ou àqueles estritamente classificados como funcionais, como fábricas, casas populares, escolas, hospitais etc. Ainda assim, princípios ditos universais como ordem, disciplina, tectônica e espírito de tempo continuaram sendo aplicados pelos mestres, entre eles Mies Van der Rohe[24], que os considerava perfeitamente válidos. Louis Kahn, por exemplo, dedicou páginas significativas para esclarecer o sentido de monumentalidade na arquitetura moderna[25] e demonstrar que surgia a necessidade de uma nova expressão para as instituições públicas[26].

Diante da perspectiva de futuras encomendas estatais decorrentes das destruições ocasionadas pela Segunda Guerra Mundial nos centros das grandes cidades europeias, Sigfried Giedion, Josep Lluís Sert e Fernand Léger formulariam os princípios de uma arquitetura institucional que definiriam os novos centros cívicos urbanos[27]. Esses princípios seriam caracterizados tanto por aspirações populares quanto por uma expressão renovada que resultaria dos atributos regionais de cada país e das possibilidades oferecidas pelas novas tecnologias de comunicação. O MES, que só foi conhecido internacionalmente a partir da publicação do livro de Philip L. Goodwin sobre a arquitetura brasileira[28], constituiria o primeiro exemplo construído adequado a esses preceitos; provocando assim o entusiasmo dos críticos pelas qualidades formais e espaciais do edifício.

2. A NOVA MONUMENTALIDADE DO MES

Por que Stamo Papadaki poderia afirmar, nos anos 1950, que o MES era o único edifício de sua época que solucionou a equação "arquitetura cívica = monumento"?[29] Por que Sigfried Giedion, secretário geral do CIAM, divulgou apaixonadamente a importância do ministério no panorama da arquitetura latino-americana?[30] Sem dúvida, não somente porque ele continha os postulados essenciais do movimento moderno, mas também porque demonstrava a existência de uma alternativa regional, identificada com as particularidades do lugar, do clima e da cultura local. Reforçava a ideia de que com o término da Segunda Guerra Mundial a inserção do terceiro mundo no conjunto das nações, com voz e voto, marcaria o fim da hegemonia eurocêntrica e desafiaria a uniformidade universal pretendida pelo *american way of life*. Entretanto, não era uma tarefa fácil libertar-se da cópia de modelos e convenções estabelecidos, de dogmas formais, de categorias ditas universais ou ancestrais advindas da arquitetura acadêmica – em particular da monumentalidade – e que, de alguma maneira, ainda continuam persistindo na atualidade.

Os elementos fundamentais que convencionalmente foram incluídos nessa categoria estética são: o tamanho do edifício e sua independência volumétrica contrastante com o entorno próximo; a forma maciça e compacta e a pregnância visual; as estruturas compositivas simétricas; a axialidade e o uso de códigos clássicos. O MES estava caracterizado no contexto pelo seu tamanho – naquele momento mais alto que quaisquer dos edifícios circundantes –, pela sua posição isolada sobre o terreno, com a planta em T, formada pelos dois volumes perpendiculares, fora do alinhamento de fachadas estabelecido pelas leis municipais. A criação de espaços livres na quadra permitia a perspectiva à distância das formas puras do conjunto, ressaltando sua significação monumental[31]. Ao mesmo tempo, seu arranjo formal negava as simetrias e referências clássicas convencionais. Não foi fácil chegar a uma solução definitiva. Lúcio Costa e sua equipe, bem como Le Corbusier, resistiram antes de romper com o princípio da axialidade: mantinha-se o espaço cerimonial que conduz o visitante à porta principal, indicada espacialmente pela presença de uma marquise, cobertura de abrigo ao acesso. Tanto a Múmia como os projetos do mestre para Santa Luzia e Castelo mantiveram o eixo de acesso com a marquise, o vestíbulo fechado e um salão interno de recepção a partir do qual os visitantes seriam encaminhados para as diferentes repartições. Esse esquema é percebido na axialidade e simetria de volumes que marcam o sistema de acesso principal e que também define a localização do auditório no projeto da Múmia, a primeira versão do edifício. Le Corbusier desloca o auditório assimetricamente em ambos os projetos – Santa Luzia e Castelo –, mas não elimina o vestíbulo fechado, nem o acesso axial: no primeiro, cria um sistema virtual de simetrias sobre uma praça seca para equilibrar com dimensões equidistantes o volume do salão de exposições e a estátua do *Homem Brasileiro*; no segundo, o renque de palmeiras enfileiradas desde a Rua Araújo Porto Alegre define o espaço cerimonial até a entrada principal. De fato, as duas soluções mantêm um sistema compositivo presente também nos projetos anteriores do Palácio das Nações em Genebra e do Centrosoyus em Moscou[32].

A inteligência da solução projetual de Niemeyer, ao sintetizar as alternativas levantadas por diferentes projetos anteriores – tanto da equipe de Lúcio Costa como de Le Corbusier –, consistiu em romper definitivamente com a axialidade, com o vestíbulo fechado e com a tradicional identificação da porta de acesso principal. Ao criar uma colunata monumental, que suporta a lâmina dos escritórios, e ao eliminar o vestíbulo demarcado pela marquise, estabeleceu uma nova e inédita espacialidade – que segundo Comas seria definida pelo conceito de porosidade[33] –, a qual privilegia mais uma articulação do edifício em relação ao entorno urbano que a definição de um espaço ritual relacionado exclusivamente com o vestíbulo de acesso ao edifício. Quase que inconscientemente, essa solução se distanciava dos modelos corbusianos originais e se aproximava da distribuição volumétrica elaborada por Hannes Meyer para o Palácio das Nações de Genebra[34]. Quando o volume mais baixo destinado ao auditório e ao salão de exposições é deslocado para a extremidade da lâmina que ladeia a Rua da Imprensa, desaparece totalmente a axialidade frontal, fazendo com que as vistas externas do ministério sejam percebidas em escorço, acentuando uma certa dramaticidade e dinâmica compositiva.

MES, colunata monumental e acesso ao hall principal, Rio de Janeiro, foto de 2001

MES, pilotis sob a sala de exposições, Rio de Janeiro, foto de 2009

CAPÍTULO 10 – A MONUMENTALIDADE TRANSGREDIDA

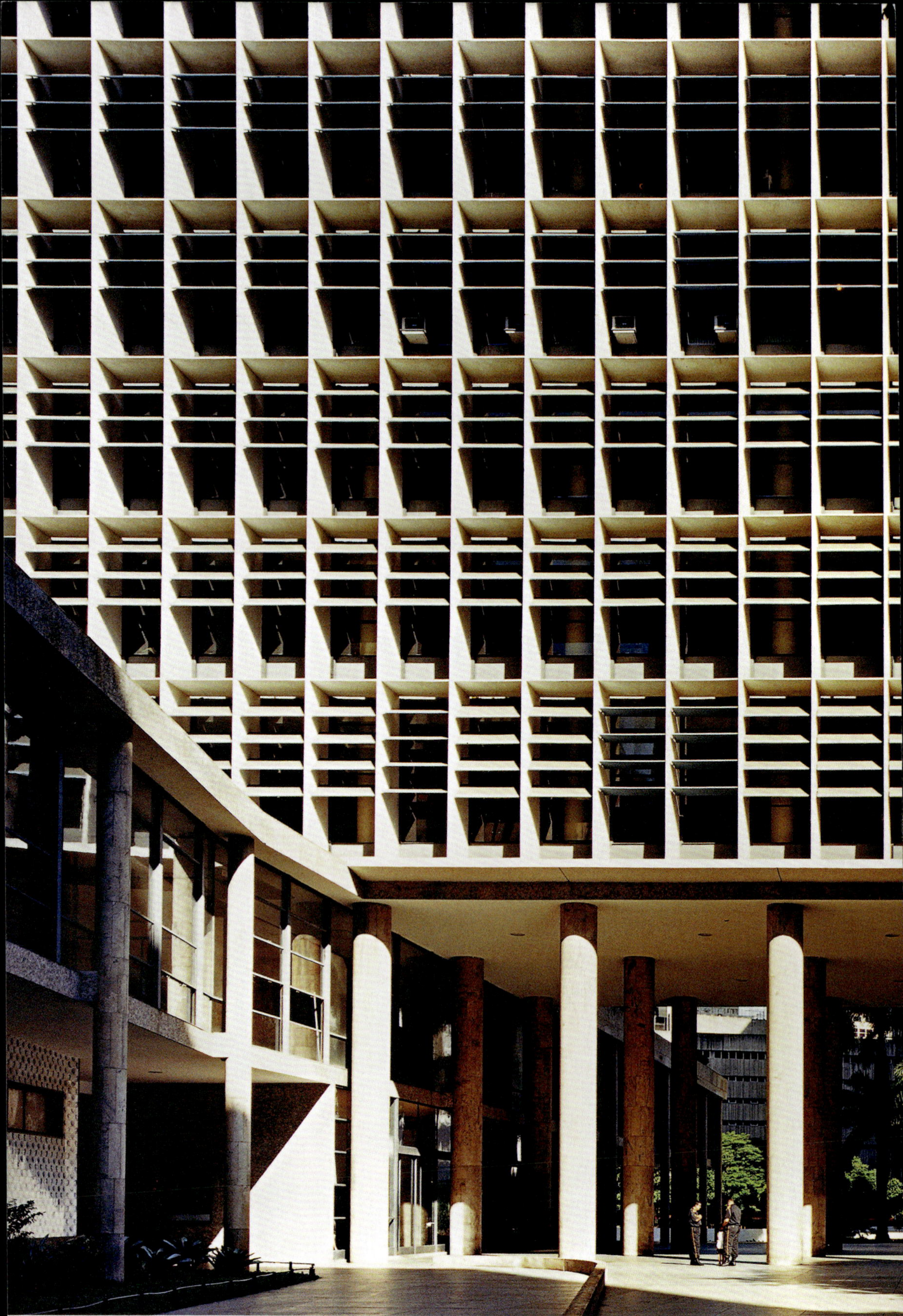

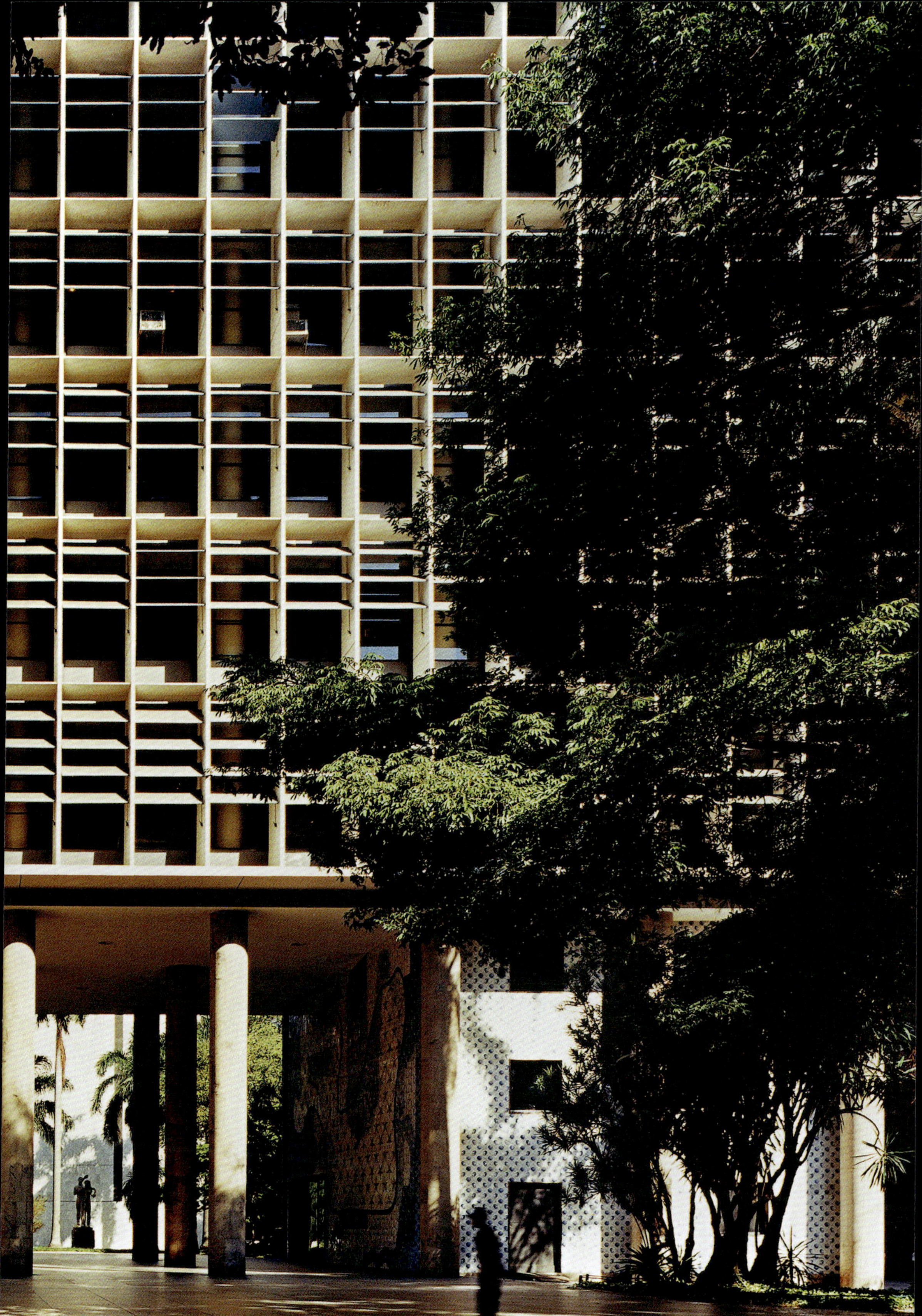

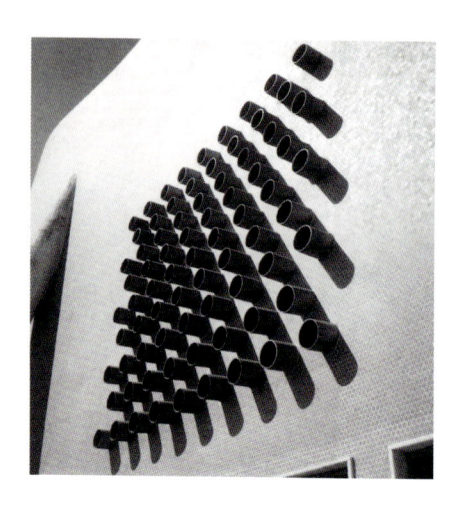

No entanto, a identificação institucional do edifício – parafraseando Louis Kahn – é alcançada por meio da nitidez formal dos diferentes componentes funcionais; pela altura da lâmina[35] – semiopaca na fachada do muxarabi, configurado pelos brise--soleils, e transparente na fachada marcada pelo pano de vidro –; pelo pórtico ou propileus monumental, constituído por quinze grossas colunas cilíndricas com dez metros de altura que parecem soltas no espaço; e pelas duas praças secas retangulares envolvidas por amebas verdes – projeto de Burle Marx – que estimulam a visão diagonal em perspectiva do conjunto. De acordo com Lúcio Costa, a conjunção desses elementos fez surgir um tipo novo de monumentalidade, que integraria também um componente bucólico[36]. Essa abordagem significaria assumir o conceito dentro dos princípios da cultura grega, que privilegiou a percepção humana à distância, com uma espacialidade filtrada pela imagem livre espontânea da natureza e da paisagem. Assim, as opções dinâmicas de percursos disponíveis aos usuários são mais importantes que imposições rígidas definidas por elementos arquitetônicos que induzem um tipo de monumentalidade urbana próxima àquela definida pela tradição romana[37].

Carlos Eduardo Comas, no seu estudo pioneiro sobre o MES, frequentemente citado, estabelece múltiplas analogias e metáforas sobre o significado da colunata. Relaciona o pórtico aos hipostilos egípcios, aos propileus gregos, às colunatas usadas tanto por Palladio, nas suas *villas* em Vicenza, como por Gabriel no *Grand-Trianon*, e, por último, já considerando uma abordagem regionalista, associa-o com a representação de palmeiras imperiais petrificadas, como que integradas a uma estrutura compositiva similar às existentes nas fazendas de café no vale do Paraíba[38]. Sem dúvida esta última seria a referência mais plausível, já que todos os exemplos clássicos possuem uma simetria bipolar e formalmente estabelecem uma relação biunívoca entre a colunata e sua percepção a partir de um eixo, tanto visual como de percurso.

A originalidade do MES consiste em sua estrutura compositiva assimétrica, baseada na alternância de elementos maciços e transparentes – por um lado, o pequeno bloco de acesso para funcionários; por outro, pelo volume do teatro, que se alternam com os alinhamentos visuais livres do pórtico e dos pilotis da sala de exposições – e

Na página anterior, MES, colunata monumental, Rio de Janeiro, foto de 2001

MES, volume da caixa d'água, Rio de Janeiro, foto de c.1946

MES, volume da caixa d'água,
Rio de Janeiro, foto de 2001

CAPÍTULO 10 – A MONUMENTALIDADE TRANSGREDIDA

na supressão do vestíbulo e da porta monumentais, elementos usuais da tradição acadêmica. O arranjo da colunata visa separar claramente a lâmina do chão – invertendo o esquema ancestral da massa construída apoiada diretamente ao rés-do-chão – e estabelecer a vinculação do edifício com as praças secas. Ou seja, é criado um intervalo, uma espécie de *intermezzo,* na circulação livre e democrática dos pedestres, o que, entendido em termos contemporâneos, se aproximaria ao *mall* envidraçado de um centro comercial[39]. O que suaviza a impressão monumental do pórtico é a assimetria dos dois volumes laterais, assim como a diagonal estabelecida pelo plano correspondente à parede do teatro, que se estende nas finas colunas de apoio da sala de exposições e na pequena mureta que separa a circulação de pedestres e de veículos que transitam sob a lâmina. Essas são as diretrizes visuais que insinuam o vestíbulo real de entrada, localizado na lateral da colunata, o que anula uma possível interpretação axial do edifício. Parafraseando Lúcio Costa, foi alcançado "o edifício público mais acolhedor do país, concebido em função do homem e à sua escala, sem embargo da intenção monumental que se impunha [...] [por] caminhos mais sutis"[40].

Esse diálogo entre homem, cultura, história, modernidade e monumentalidade constitui não só uma constante no pensamento de Lúcio Costa, mas também na concepção do ministro Gustavo Capanema, ao reconhecer na educação o instrumento básico para a gestação de uma cultura nacional renovada que fosse capaz de superar uma herança ancestral de atraso. Ou seja, para forjar o futuro[41], seria necessário integrar o passado. Como afirma Annateresa Fabris, o MES não foi um "milagre" dentro do governo de Getúlio Vargas, mas parte de um sistema complexo de fatores contraditórios, forjado na reflexão sobre "os caminhos da formação nacional ainda por completar"[42]. E na sua visão do futuro do Brasil, a arquitetura constituía a metáfora da nação, quando afirmou em 1934 que "estava em curso a reconstrução do edifício do Estado-nação brasileiro sobre fundamentos sólidos"[43]. Constitui o resultado de uma articulação dialética entre um conceito ativo de monumento, como representação de um passado vital, e uma noção de monumento moderno que poderia identificar um presente criativo. Enquanto os outros ministros recorriam a formas mortas de uma

MES, volume da exposição e fachada sudoeste envidraçada, Rio de Janeiro, foto de c.1946

MES, terraço com restaurante e volume da caixa d'água, Rio de Janeiro, foto de 2001

academia estrangeira para construir as novas sedes de seus ministérios, Capanema pretendeu construir a modernidade futura do Brasil sobre as bases das tradições autênticas da cultura popular, em todas as suas manifestações[44].

Ao criar em 1937 (no mesmo ano do projeto do MES) o Serviço do Patrimônio Histórico e Artístico Nacional – Sphan, dedicado à proteção e conservação do patrimônio histórico nacional, congregou os principais intelectuais da vanguarda local: Mário de Andrade, Rodrigo Melo Franco de Andrade, Lúcio Costa, Carlos Drummond de Andrade, Manuel Bandeira, Sílvio de Vasconcellos, Gilberto Freyre, Joaquim Cardozo e outros[45]. Os pesquisadores e avaliadores voltados para o resgate dos monumentos arquitetônicos não eram arqueólogos obsoletos ou historiadores conservadores[46], mas profissionais que "se dedicaram à invenção do tempo, da vida, dos homens presentes"[47]. Sendo assim, a sede do MES nunca poderia ser um monumento tradicional, expressão de velhos valores caducos ou de formas acadêmicos obsoletas. Representou o encontro entre a aspiração política de criar um Brasil novo, as propostas da vanguarda da alta cultura profissional e a herança reconhecida das manifestações populares: era a síntese alcançada entre os desejos de Capanema, a equipe de arquitetos, os jardins de Burle Marx e os murais de Cândido Portinari.

O MES acabou por estabelecer uma articulação entre academia e modernidade. O prédio se integrou na cidade agachiana, e a sua proposta urbanística pôs em xeque o quarteirão fechado de Agache, ainda aceito no prédio da ABI dos irmãos Roberto, e estabeleceu o ponto de partida da nova imagem urbana que começará a se desenvolver no Rio de Janeiro, baseada no modelo de Le Corbusier e do racionalismo europeu.

Affonso Reidy, como arquiteto da Prefeitura do Distrito Federal, foi o principal responsável pela difusão do modelo que se inicia no MES e continua nas urbanizações da Esplanada do Castelo, do Morro de Santo Antônio e finalmente do Aterro do Flamengo. Nos anos 1940 e 1950, o MES era um paradigma arquitetônico e urbanístico visível no *skyline* do Rio de Janeiro, com as suas formas abstratas na cobertura, que se assemelhavam a um navio, reconhecidas popularmente pela denominação do edifício como "Capanema-Maru"[48]. Era a referência da modernidade contra as formas acadêmicas dos

Edifício Lever House, Nova York, 1952, Gordon Bunshaft / Skidmore, Owings & Merril, foto de 2010

Edifício New York Times, Nova York, 2007, Renzo Piano, foto de 2010

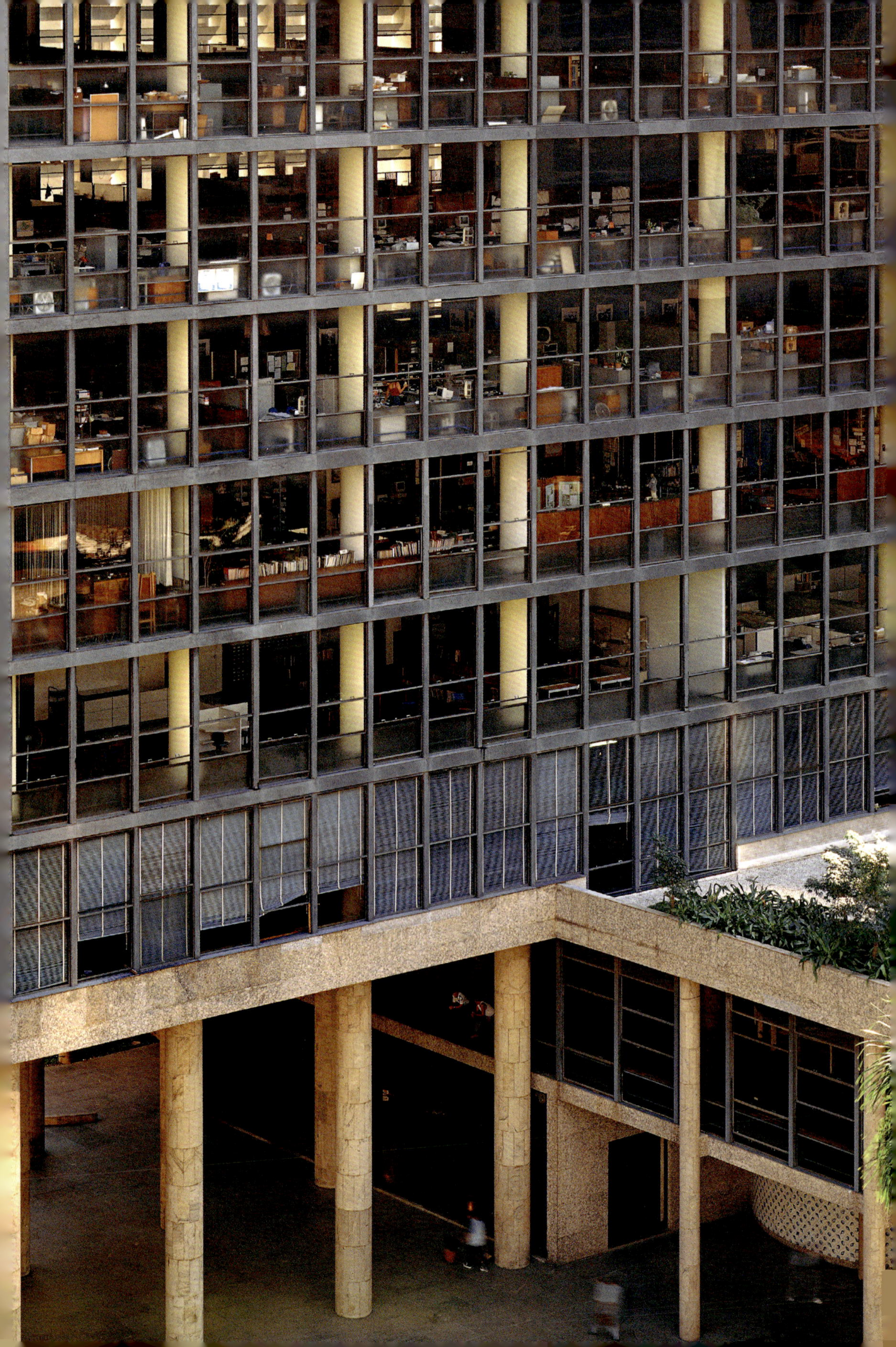

outros edifícios no Brasil e no exterior. A tese de Lúcio Costa, manifesta em 1939[49], de que o MES foi o primeiro prédio alto moderno de escritórios no mundo, com a tipologia de bloco isolado com pano de vidro (os exemplos de Le Corbusier – o Centrosoyus, o Palácio das Nações e o Armée de Salut – não se identificavam claramente com esta imagem) se contrapõe à importância atribuída à Lever House de Nova York, de Skidmore, Owings & Merril, edifício construído quinze anos depois e assumido nas análises críticas elaboradas no exterior como o tipo original que foi repetido no mundo inteiro[50].

Os conceitos arquitetônicos e urbanísticos que surgiram com o MES se desenvolveram ao longo de trinta anos num processo de amadurecimento da modernidade brasileira, que irá culminar em Brasília. O Palácio do Congresso – com as duas lâminas, o embasamento, a sua leveza, a relação com a natureza, a transparência e todos aqueles elementos que definiram a brasilidade identificada com a modernidade – se transforma em ícone nacional, símbolo arquitetônico que identifica o país no mundo. No depoimento feito em 1982, Gustavo Capanema, falando do MES, expressou: "Afinal, como disse o nosso querido Aloísio Magalhães, neste edifício nasceu Brasília"[51].

Não é por acaso que, no milênio que se inicia, o projeto de Renzo Piano para a sede do New York Times em Nova York, recentemente inaugurado (2007), propõe o resgate do esquema compositivo do MES, e sublima os tradicionais brises, transformados em uma leve tela de aço e elementos cerâmicos[52]. Isso ocorre após décadas de banalização dos valores da cultura arquitetônica representativa da modernidade e com o pós-modernismo, que retomava a monumentalidade tradicional, com presença hegemônica. A crítica frontal ao autoritarismo e à repressão leva à rejeição dos esquemas arquitetônicos associados com essas categorias. É a leveza e a transparência que se tornaram símbolos do poder democrático, evidenciado também na cúpula do Reichstag (1992) em Berlim, concebida por Sir Norman Foster, onde cidadãos comuns circulam dentro da cúpula e olham – e são olhados – pela assembleia representativa, como expressão da articulação entre povo e poder político; entre a comunidade e os seus representantes.

Na página à esquerda, MES, fachada sudoeste envidraçada, Rio de Janeiro, foto de 2001

Acima, cúpula do Reichstag, Berlim, 1999, Foster and Partners, foto de 2009

NOTAS

1. Entre outros, é possível citar Sigfried Giedion, James Maude Richards, Henry-Russell Hitchcock, Alberto Sartoris, Stamo Papadaki. Ver: DECKKER, Zilah Quezado. Op. cit., p. 164. O próprio Le Corbusier diz: "Poucos norte-americanos tinham ouvido falar sobre o novo Ministério da Educação no Rio, que é geralmente considerado por aqueles que o conhecem como o edifício mais belo de todo o hemisfério". [No original em francês: "Peu d'Américains du Nord ont jamais entendu parler du nouveau Ministère de l'Education à Rio qui est considéré généralement par ceux qui le connaissent, comme le plus bel édifice de l'hémisphère entier". Apud BOESIGER, Willy (org.). *Le Corbusier. Oeuvre Complète 1938-1946*, p. 81].
2. Ver nota 4 do capítulo 2.
3. O conceito de monumento era também aplicado para definir a dimensão extraordinária do governo de Vargas, segundo a definição do ministro Capanema. Na inauguração da sala "Getúlio Vargas" no Museu Histórico Nacional, em 17 de junho de 1945, o ministro afirmou: "a obra administrativa do presidente Getúlio Vargas tem as características da organicidade e da monumentalidade". LONDRES, Cecília. *A invenção do patrimônio e a memória nacional*, p. 85.
4. "Histórico, porque foi nele que se aplicou pela primeira vez, *em escala monumental* (destaque, R.S.), a adequação da arquitetura à nova tecnologia construtiva do concreto armado [...]. E simbólico porque, num país ainda social e tecnologicamente subdesenvolvido, foi construído com otimismo e fé no futuro, por arquitetos moços e inexperientes, enquanto o mundo se empenhava em autoflagelação". COSTA, Lúcio. *Registro de uma vivência* (op. cit.), p. 138. Esses atributos – monumental e simbólico – foram reconhecidos por Carlos Eduardo Dias Comas nos seus ensaios sobre o MES, ao encabeçá-los com os seguintes títulos: "Protótipo e monumento. Um Ministério, o Ministério" e "A máquina para recordar: Ministério da Educação no Rio de Janeiro, 1936/45".
5. RIEGL, Alois. *The Modern Cult of Monuments: Its Character and Its Origin*; ROGERS, Ernesto N. *Esperienza dell'Architettura*, p. 215; LEFÈBVRE, Henri. *The Reproduction of Space. The Monument* (extracts).
6. CORTÉS, Juan Antonio. *Delirio y más*.
7. ROSSI, Aldo. *L'architettura della città*, p. 144.
8. De acordo com Otília Arantes, Freud associava o *culto aos monumentos* com sintomas histéricos e a um estado patológico da personalidade. ARANTES, Otília. *O lugar da arquitetura depois dos modernos*, p. 139. Lewis Mumford, que se opunha à construção de edifícios públicos *monumentais* nos Estados Unidos, em seu artigo "The Death of the Monument", de 1937, escreveu que "a civilização hoje [...] deve seguir o exemplo dos nômades". [No original em inglês: "civilization today [...] must follow the example of the nomad". Apud MUMFORD, Eric. *The CIAM: Discourse on Urbanism – 1928-1960*, p. 150]. Deleuze e Guattari argumentam que na sua materialidade definitiva, o *monumento* transformaria em real o devir sensível, concretizando o corpo, a vida e o universo. DELEUZE, Gilles; GUATTARI, Felix. *Qu'est-ce que la philosophie?*, p. 168. Segundo Koolhaas, os atributos da *monumentalidade* – *strong, tough, brutal* – utilizados na modernidade seriam substituídos contemporaneamente por *crazy, wild* e *camp*. KOOLHAAS, Rem; MAU, Bruce. *S.M.L.XL*, p. 928.
9. Menir de *Chamf-Dolent*, erguido na planície da Bretanha. Ver: HARRIES, Karsten. *The Ethical Function of Architecture*, p. 131.
10. Le Corbusier afirma: "Entre l'horizon et mes yeux, un événement sensationnel s'est produit: une roche verticale, une pierre de granit est là débout, comme un menhir: sa verticale fait avec l'horizon de la mer un angle droit. Cristallisation, fixation du site. Ici est un lieu où l'homme s'arrête, parce qu'il y a symphonie totale, magnificence de rapports, noblesse. Le vertical fixe le sens de l'horizontal. L'un vit à cause de l'autre. Voilà des puissances de synthèse". CORBUSIER, Le. *Précisions sur un état présent de l'architecture et de l'urbanisme*, p. 76. [Na edição brasileira: "Entre o horizonte e meus olhos dá-se um acontecimento sensacional: uma rocha vertical, uma pedra de granito está de pé, como um menir. Sua vertical forma um ângulo reto com o horizonte do mar. Cristalização, fixação do lugar. Aqui é o lugar onde o homem se detém, pois nele existe sinfonia total, magnificiência de relações, nobreza. O vertical fixa o sentido do horizontal. Um vive por causa do outro. Aqui estão as potências da síntese". CORBUSIER, Le. *Precisões sobre um estado presente da arquitetura e do urbanismo*, p. 84].
11. BENEVOLO, Leonardo. *A arquitetura no novo milênio*, p. 148.
12. NOUVEL, Jean. Além da escala; ARAÚJO, Ramón. Vestidos de altura. Fachadas de rascacielos, la experiencia de Madrid.
13. No original em inglês: "Monumentality in architecture may be defined as a quality, a spiritual quality inherent in a structure which conveys the feeling of its eternity, that it cannot be added to or changed. [...] Monumentality is enigmatic. It cannot be intentionally created". KAHN, Louis. *Monumentality*, p. 48.
14. GREGOTTI, Vittorio. *Inside Architecture*, p. 61.
15. LEFÈBVRE, Henri. Op. cit. Lebbeus Woods, por sua vez, afirma: "O monumento oferece a cada membro da sociedade a imagem da sua pertinência ao coletivo e expressa poder e conhecimento". WOODS, Lebbeus. *Freespace and the Tyranny of Types*, p. 85.
16. "A arquitetura é a expressão das instituições do homem"; "A sua continuidade e permanência procura-se identificar com a eternidade do monumento". NORBERG-SCHULZ, Christian. *Il mondo dell'architettura. Saggi scelti*, p. 201.
17. Há um retorno aos paradigmas clássicos relacionados com o movimento neokantiano, caracterizados pela sua capacidade de conter significados contraditórios. Ver: COLQUHOUN, Alan. *Clasicismo e ideología*.
18. Ver: SERT, Josep Lluís; LÉGER, Fernand; GIEDION, Sigfried. Op. cit. Ver também o capítulo "CIAM 6, Bridgwater, England, 1947". In MUMFORD,

Eric. Op. cit., p. 168-178. Os monumentos passam a se identificar com as funções sociais integradas nos espaços públicos urbanos, que passaram a configurar a modernização do "coração da cidade", parafraseando o conhecido tema do Congresso do CIAM 8, de 1951, "The Heart of the City", ocorrido em Hoddesdon, Inglaterra. Ver capítulo "CIAM 8, Hoddesdon, England, 1951: The Heart of the City". In MUMFORD, Eric. Op. cit., p. 201-214.

19. Algumas destas categorias aparecem no texto programático de Lúcio Costa: COSTA, Lúcio. Razões da nova arquitetura (op. cit.).

20. TAFURI, Manfredo; DAL CO, Francesco. *Architettura contemporanea*, volume 2, p. 269.

21. É notável o contraste entre a imagem moderna dos edifícios altos e os desenhos estilo *Beaux-Arts* nas plantas do conjunto. Ver: STERN, Robert A. M.; GILMARTIN, Gregory; MELLINS, Thomas. Op. cit., p. 640.

22. O escritor cubano Alejo Carpentier comentou sobre sua visita à exposição: "O núcleo central da exposição está dominado por dois edifícios imponentes: o pavilhão da URSS e o pavilhão da Alemanha. [...] Um parece aguardar [Alemanha], enquanto o outro avança [URSS]". E sobre o da Itália: "há nele um verdadeiro esbanjamento de mármore e cerâmicas. Na sua entrada se ergue uma enorme estátua equestre de Mussolini, que aparece nu, arqueando o peito". [No original em espanhol: "El núcleo central de la exposición está dominado por dos moles imponentes: el pabellón de la URSS y el pabellón de Alemania. [...] El uno parece aguardar [Alemanha], el otro avanza [URSS]". E sobre o da Itália: "en él hay un verdadero derroche de mármoles y cerámicas. En su entrada se yergue una enorme estatua ecuestre de Mussolini que aparece desnudo, combando los pectorales". CARPENTIER, Alejo. La Exposición Internacional de Paris, p. 572].

23. STERN, Robert A. M.; GILMARTIN, Gregory; MELLINS, Thomas. Op. cit., p. 732.

24. "Nossos edifícios utilitários só poderão ser considerados obras de arquitetura quando forem portadores do espírito da época e satisfizerem as necessidades do momento atual". [Na versão em espanhol: "Nuestros edificios utilitarios sólo podrán considerarse obras de arquitectura cuando sean portadores del espíritu de la época y satisfagan las necesidades del momento". ROHE, Ludwig Mies van der. Arquitectura y voluntad de época!, p. 372].

25. KAHN, Louis. Monumentality (op. cit.).

26. "A arquitetura é a expressão das instituições do homem. [...] respondem seus desejos e aspirações [...] estão buscando expressões novas para instituições antigas". NORBERG-SCHULZ, Christian. Op. cit., p. 201-206.

27. Recebendo a encomenda da sociedade *American Abstract Artists*, os três profissionais escreveram um manifesto, em cujos conceitos sobre a arquitetura e urbanismo também reivindicavam uma integração com os artistas plásticos: "Monumentos são pontos de referência humanos que os homens criaram como símbolo de seus ideais, de seus objetivos, e de suas ações. Eles têm a intenção de perdurar muito além daquele período que os criou, e se constituem em legado para as gerações futuras. Assim, estabelecem uma conexão entre o passado e o futuro [...] um monumento, enquanto a integração entre o trabalho do planejador, do arquiteto, do pintor, do escultor e do paisagista, demanda uma colaboração estreita entre eles". [No original em inglês: "Monuments are human landmarks which men have created as symbols for their ideals, for their aims, and for their actions. They are intended to outlive the period which originated them, and constitute a heritage for future generations. As such, they form a link between the past and the future [...] a monument being the integration of the work of the planner, architect, painter, sculptor, and landscapist demands close collaboration between all of them". SERT, Josep Lluís; LÉGER, Fernand; GIEDION, Sigfried. Op. cit, p. 29-30].

28. GOODWIN, Philip L. *Brazil Builds: architecture new and old 1652-1942*.

29. PAPADAKI, Stamo. *The Work of Oscar Niemeyer*, p. 49.

30. Giedion o fez tanto na nova edição, de 1967, de *Space, Time and Architecture: the growth of a new tradition* (op. cit.), como já havia feito em *A Decade of New Architecture*, de 1951.

31. "espaço livre, utilizado com o objetivo racional e prático de banhar o edifício de luz, de ar e de sol o que proporcionou um ambiente à *monumentalidade* do projeto que é a verdadeira expressão do programa que raramente é conseguida pelos arquitetos contemporâneos". MINDLIN, Henrique E. *Arquitetura moderna no Brasil*, p. 218.

32. Em ambos os edifícios, como o demonstra graficamente Colin Rowe, aparecem claramente definidos o sistema axial e a marquise que indica a entrada principal. ROWE, Colin; SLUTZKY, Robert. Transparency: Literal and Phenomenal, p. 183.

33. COMAS, Carlos Eduardo Dias. Questões de base e situação: arquitetura moderna e edifícios de escritórios, Rio de Janeiro, 1936-45.

34. As articulações conseguidas entre a torre de escritórios, os volumes baixos e o grande teatro eram totalmente livres e assimétricas. As duas lâminas de vidro também preanunciam a solução em altura do MES. HAYS, K. Michael. *Modernism and Posthumanis Subject. The Architecture of Hannes Meyer and Ludwig Hilberseimer* (op. cit.), p. 162.

35. Este é um elemento importante, já que, com exceção da torre de escritórios de Mies na Friedrichstrasse (1921), a maioria dos edifícios de escritórios daqueles anos tinham uma composição horizontal. O tema da habitação, por outro lado, apresentou algumas soluções verticais, como as torres de La Muette de Beaudouin & Lods e as lâminas de Bergpolder e de Plaslaan em Rotterdam. Essa referência foi utilizada de má-fé por Marianno Filho nas suas críticas ao MES: "Eu estou certo de que Lúcio Costa teve o cuidado de não revelar ao esteta de Pitanguí, que o edifício acanhado do Ministério da Educação é um habilidoso decalque do edifício de apartamentos Bergpolder de Rotterdam (Holanda) de autoria dos arquitetos Brinkman e van der Vlugt e construí-

do há dez anos (1934). As colunas do pavimento térreo, as chaminés do Cap Arcona, o brise-soleil, os azulejos, e o granito polido, não conseguem dissimular o grau de parentesco entre o edifício carioca e o de Rotterdam, que lhe serviu de inspiração". MARIANNO FILHO, José. O incrível edifício do Ministério da Educação, p. 154.

36. "Se os arquitetos [...] poderão se exprimir em virtude de uma intenção superior que os anima em termos plásticos adequados, adquirindo sem esforço por sua co-modulação e natureza uma postura nobre e digna, capaz de conduzi-los a um novo sentido do *monumental* (destaque, R.S.); um *monumental que não exclui a graça* e a participação das árvores, das urzes e dos campos como complementos naturais [...] o que caracteriza a concepção moderna do urbanismo [...] é que ela abole o pitoresco incorporando *o bucólico ao monumental*, monumentalidade cuja presença não se limita mais, entretanto, aos programas onde se faz expressamente menção a ela, tais como os centros cívicos, por exemplo, mas que se estende também às estruturas onde sua manifestação está subentendida em virtude das dimensões e dos volumes em jogo e de suas formas plásticas particulares". COSTA, Lúcio. Imprevisto e importância da contribuição da arquitetura brasileira ao desenvolvimento atual da arquitetura contemporânea, p. 16.

37. É a percepção que teve André Malraux ao afirmar que a obra estabeleceu "a ressurreição do lirismo arquitetônico nascido com o mundo helênico". GUIMARAENS, Cêça de. *Paradoxos entrelaçados. As torres para o futuro e a tradição nacional* (op. cit.), p. 134.

38. "A relação entre o bloco e o auditório não é distinta da relação casa-grande e capela de alguma fazenda de café do Vale do Paraíba". COMAS, Carlos Eduardo Dias. Arquitetura moderna, estilo Corbu, pavilhão brasileiro, p. 217. Ao que se poderia acrescentar também a presença do espaço de secagem de café, cuja superfície retangular totalmente lisa, estabelecia quase uma espécie de "praça seca" produtiva. A referência procede de um comentário de Oscar Niemeyer: "me fez compreender melhor nossa velha arquitetura, as igrejas barrocas, as antigas casas de fazenda, a fazenda de Columbandê, a mais bonita, com o seu telhado esparramado, sua larga varanda, toda caiada de branco, simples e digna como eram aquelas velhas residências". NIEMEYER, Oscar. *Minha Arquitetura 1937-2004* (op. cit.), p. 13. Citada também em: COSTA, Lúcio. Anotações ao correr da lembrança, p. 503.

39. É totalmente infundada a critica de Napoleão Ferreira, ao afirmar que a colunata produz o efeito de diminuir e acanhar o indivíduo que a percorre: "fica evidente que semelhante travessia não acontecerá sem que o indivíduo dê conta de estar transpondo um espaço arquitetônico do poder. O corpo humano se vê diminuído perante os pilares em proposições titânicas. [...] O bloco principal, distanciado horizontalmente, suspenso sobre os dez metros dos pilotis, impõe a sensação de ser inatingível. [...] Dessa forma, o volume principal surge como uma torre indecifrável, contendo o enigma do poder". SILVA NETO, Napoleão Ferreira. Op. cit., p. 103.

40. Apud PEDROSA, Mário. Op. cit., p. 314.

41. MARTINS, Carlos Alberto Ferreira. Identidade nacional e Estado no projeto modernista. Modernidade, Estado e tradição (op. cit.).

42. FABRIS, Annateresa. *Fragmentos urbanos. Representações culturais* (op. cit.), p. 179.

43. VARGAS, Getúlio. Manifesto à Nação de Getúlio Vargas, jun. 1934. Apud RECHDAN, Luís. Op. cit., p. 72.

44. Sobre este tema, ver: MARTINS, Carlos Alberto Ferreira. *Arquitetura e Estado no Brasil. Elementos para uma investigação sobre a constituição do discurso moderno no Brasil: a obra de Lúcio Costa*.

45. FONSECA, Maria Cecília Londres. *O patrimônio em processo: trajetória da política federal de preservação no Brasil*, p. 105.

46. José Marianno Filho é o representante dessa posição ao opor-se a Gilberto Freyre no resgate da arquitetura popular dos mocambos e escravos. MARIANNO FILHO, José. Alimentando a confusão, p. 123.

47. CARPEAUX, Otto Maria. Fragmentos sobre Carlos Drummond de Andrade. É o caso de Carlos Drummond de Andrade, Lúcio Costa, Oscar Niemeyer, Alcides da Rocha Miranda, Joaquim Cardozo, Gilberto Freyre e Sérgio Buarque de Holanda.

48. Existe a curiosa coincidência que no espaço vazio da Esplanada do Castelo, com antecedência ao projeto do MES, tinha-se colocado um restaurante-cabaré provisório, construído em madeira com forma de navio. ERMAKOFF, George. Op. cit., p. 26.

49. Em 27 de outubro de 1939, respondendo ao ministro da Fazenda, que havia solicitado explicações ao ministro Capanema, Lúcio Costa faz as seguintes considerações: "Ainda não existe, com efeito, nem na Europa, nem na América ou no Oriente, nenhum edifício público com as características deste, agora em vias de conclusão"; "Trata-se, assim, de um empreendimento de repercussão internacional e que como tal terá o seu lugar na história da arquitetura contemporânea". COSTA, Lúcio. Esclarecimento, p. 133 e 134.

50. Em geral, desde os anos 1940, logo após a publicação do livro de Philip Goodwin, as histórias da arquitetura moderna citam a significação do MES. GOODWIN, Philip L. *Brazil Builds: architecture new and old 1652-1942* (op. cit.). É o caso, por exemplo, dos seguintes livros: RICHARDS, James Maude. *An Introduction to Modern Architecture*; GIEDION, Sigfried. *Space, Time and Architecture. The growth of a new tradition* (op. cit.); HITCHCOK, Henry-Russel. *Architecture, Nineteenth & Twentieth Centuries*; RAGON, Michel. *Histoire mondiale de l'architecture et de l'urbanisme modernes* (volumes 1 e 2); BENEVOLO, Leonardo. *Storia dell'architettura moderna*; SARTORIS, Alberto. *Encyclopédie de l'architecture nouvelle*. Por outro lado, muitos outros consideram a Lever House como o primeiro protótipo do prédio de escritórios: DORFLES, Gillo. *L'architettura moderna*, p. 88; e JENCKS, Charles. *Modern Movements in Architecture*, p. 41. Em janeiro de 1997, na exposição apresentada no MoMA de Nova York sobre o arquiteto Gordon Bunshaft, se

apresentava a Lever House como "o primeiro edifício no qual materiais modernos, construção moderna e funções modernas se combinaram sob um plano moderno". [No original em inglês: "the first building in which modern materials, modern construction and modern functions have been combined with a modern plan"].

51. CAPANEMA, Gustavo. Ministério de Educação e Saúde, p. 19.

52. STEPHENS, Suzanne. The New York Times Building. Também neste ano Piano recebeu o prêmio AIA Gold Medal.

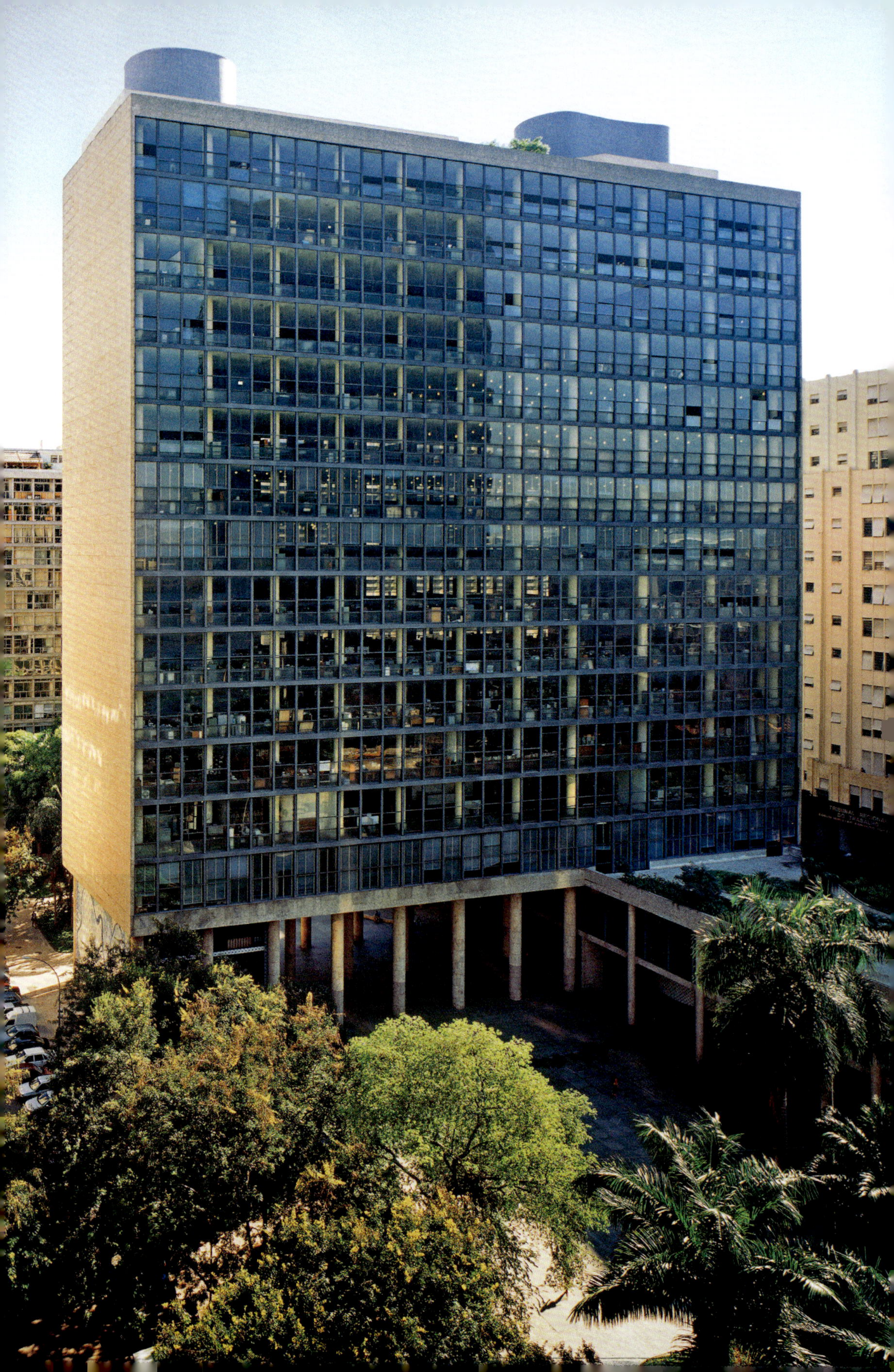

CAPÍTULO 11

LEVEZA, TRANSPARÊNCIA E FLUIDEZ: EXPRESSÕES DA MODERNIDADE

1. METÁFORAS CULTURAIS E ARQUITETÔNICAS

Poderíamos supor que leveza e monumentalidade são categorias antagônicas e excludentes, já que, através da história, os monumentos se caracterizaram por seus atributos pétreos e maciços. Entretanto, atingir a superação e anulação do peso da matéria sempre foi um desafio permanente para arquitetos e construtores. A esbelteza de alguns templos gregos, a expressão de leveza da cúpula do Panteão de Roma ou de Santa Maria dei Fiori, em Florença[1], a tentativa frustrada do coro da catedral gótica de Beauvais de superar a altura das igrejas precedentes, todos eles levaram a pedra e o tijolo ao limite de suas possibilidades. No século 19, com a aparição do ferro, o vidro e o concreto armado, foi possível construir edifícios monumentais leves, como o Crystal Palace de Joseph Paxton em Londres e os pavilhões transparentes das exposições internacionais de Paris – até hoje ainda surpreende a luminosidade da cobertura do Grand Palais. Logo em Chicago, o surgimento do edifício de escritórios esteve associado à combinação de fachadas de vidro e estruturas em aço, que transformaram os volumes pesados de tijolos em leves superfícies de vidro[2]. Entretanto, no início do século 20 houve uma dissociação entre as novas possibilidades tecnológicas e a imagem simbólica dos edifícios, identificada com a falsa tradição acadêmica – segundo Milan Kundera e Michel Foucault –, que representava a opressão das instituições estatais nos sistemas políticos do mundo ocidental. Então a leveza – segundo Italo Calvino – associou-se à modernidade, à liberdade e à construção de um futuro humano promissor[3]. Não é por acaso que os arquitetos construtivistas da vanguarda russa – Tatlin, Vesnin, Melnikov, Leonidov, Ladovsky, Chernikhov e outros – expressavam os novos valores da sociedade socialista com as formas quase etéreas dos edifícios de aço e vidro projetados nas décadas de 1920 e 1930[4]. A imagem de balanços arriscados aparece tanto na tribuna em aço para Lenin, projetada por El Lissitzky (1924), quanto naquela em concreto armado do estádio Vasco da Gama, a partir da qual Heitor Villa-Lobos regeu um canto orfeônico multitudinário (1940). Essa é uma associação metafórica entre Brasil e Rússia que já havia sido produzida em 1928 quando Paul Claudel presenciou a atuação do

Na página anterior, MES, fachada sudoeste envidraçada, Rio de Janeiro, foto de 2001

Acima, Grand Palais, Paris, 1900, foto de 1962

bailarino Nijinsky no Teatro Municipal, e percebeu a "vitória da respiração sobre o peso" consumando "a posse do corpo pelo espírito"[5], metáfora associada à "levitação" da matéria, uma busca existente no movimento moderno e particularmente na solução da sede do ministério[6].

O MES integrou-se nesse processo de reproposta dos atributos da monumentalidade através do uso de novas técnicas e da virtualidade das formas leves, associadas à luz, produzindo as transparências das cenografias frágeis, como aquelas sugeridas por Sert, Léger e Giedion[7]. Se isso foi aplicado no ministério quando se usou a grande fachada de vidro para emitir mensagens de luz comemorativas de eventos importantes – o V de vitória no fim da Segunda Guerra Mundial e a cruz na Semana Santa –, a leveza manifestou-se pela presença do pórtico transparente de colunas esbeltas que suportavam o volume principal do MES[8], caracterizado pela fachada contínua de vidro. Visualmente, o peso daquele prisma tão alto não toca o solo, tanto porque se separa deste através do sistema linear do pórtico que o sustenta, quanto porque perde consistência material dos volumes que se apoiam no chão por conta da leveza dos revestimentos em azulejo de Portinari[9]. A engenhosa invenção de Niemeyer ao criar o pórtico solto e transparente, eliminando as caixilharias e as superfícies envidraçadas que delimitavam o vestíbulo nas propostas de Le Corbusier, foi a culminação de um processo similar ocorrido na evolução do templo grego. Primeiramente, as colunas estavam no interior da nave (*naos*); logo, ao aliviar a percepção da caixa murada, as colunas foram transpostas ao exterior, dando origem ao modelo de templo períptero, sem que tivessem uma função estrutural específica. Esse painel tinha como objetivo relacionar o edifício com o espaço externo[10] e minimizar a presença da massa pétrea. Trata-se de uma metáfora da nave: as colunas representam os remos do barco, ou as asas de Ícaro, associadas a Samos, cidade onde surgiu este modelo definitivo de templo[11]. No ministério, o volume fica suspenso no ar, como se um par de asas o segurassem: é a reiteração do tema da leveza associada à ave e à flor que aparecem nos escritos de Costa, Niemeyer e do poeta Ferreira Gullar[12]. Além disso, a referência à nave é bastante direta, não somente pela leveza da lâmina suspensa

Desenho de Chernikov ilustrando capa do livro *Chernikov, Fantasy and Construction*, de Catherine Cooke, 1984

Tribuna de Lenin, desenho, El Lissitzky, 1920, Collectie Staats Tretjakov Galerie Moskou

Heitor Villa-Lobos no palanque regendo coral no estádio do Vasco da Gama, Rio de Janeiro, foto de c.1940

pelos pilotis como um barco flutuante[13], mas também pelo projeto das caixas d'água na cobertura, que se assemelham a chaminés de respiradouros dos transatlânticos: não era por acaso que um dos apelidos populares do MES era "Capanema-Maru", como vimos anteriormente.

Se alguns críticos estabelecem uma primeira associação do MES com a herança da arquitetura dos índios amazônicos que construíam as suas cabanas sobre leves pilotis[14], o tema da leveza está vinculado aos princípios estéticos puristas de Lúcio Costa e Oscar Niemeyer, em busca da representação espiritual do futuro cultural e educacional da juventude brasileira[15]. Por um lado, surge uma concepção plástica, etérea, leve, claramente inter-relacionada com as manifestações musicais e literárias, como expressou Vinícius de Moraes[16]. Por outro, reafirma-se o vínculo estabelecido por Le Corbusier em *Vers une architecture* com as formas de transatlânticos, aviões e automóveis, que naquela década tinham uma presença muito forte no Rio de Janeiro, identificados com a sua modernidade ativa, proveniente da movimentação turística e do caráter hedonista da capital, associado à vida ao ar livre[17]. Poderíamos questionar se as associações estéticas e naturalistas relacionadas aos conteúdos democráticos e libertários de leveza não seriam contraditórios com os objetivos ideológicos e as representações artísticas e arquitetônicas da ditadura de Vargas. Na verdade, a dinâmica dos governos brasileiros, ditatoriais ou não, nunca teve o peso cenográfico ou impositivo dos regimes similares na América Latina. Inclusive dentro dos cânones propagandísticos do culto à personalidade, se fizermos a comparação com Perón na Argentina, Trujillo na República Dominicana, ou Batista em Cuba, Vargas era uma figura moderada que se manifestava com certa modéstia, ambiguidade e recato[18]. Sem dúvida era um regime repressivo, mas ao mesmo tempo promovia a expressão livre da cultura popular: nesse período (1935) começaram os desfiles das Escolas de Samba no Rio de Janeiro, que se transformaram, juntamente com Carmem Miranda, na imagem representativa do Brasil no mundo.

Cartaz de publicidade da empresa aérea Pan América de viagens turísticas ao Rio de Janeiro, anos 1930

MES, fachada sudoeste com iluminação noturna em comemoração da Semana Santa, foto sem data

MES, fachada sudoeste com bloco da exposição em primeiro plano, Rio de Janeiro, foto de 2001

MES, cobertura com o terraço jardim, Rio de Janeiro, foto de c.1940

CAPÍTULO 11 - LEVEZA, TRANSPARÊNCIA E FLUIDEZ: EXPRESSÕES DA MODERNIDADE

2. TRANSPARÊNCIA: A VISIBILIDADE DO PODER

A leveza do MES está definida basicamente pela relação que se estabelece entre os dois sistemas de pilotis – o principal do bloco alto e o secundário do salão de exposições – e ambos os volumes básicos da composição. Por um lado a lâmina alta é suspensa pela sequência de colunas soltas, que se estendem até os blocos laterais, estes recuados em relação ao perímetro daquelas, no sistema bipolar da base; por outro, o salão de exposições está quase pendurado nas colunas finas que definem o suporte estrutural externo. A tentativa de eliminar a imagem de carga no trapézio do teatro que se apoia no solo é conseguida através dessa fileira de colunas que o "morde" por meio de uma faixa saliente envidraçada, permitindo a comunicação do salão de atos com a área externa. O bloco de escritórios, por sua vez, carece de qualquer elemento que se destaque formal, horizontal ou verticalmente. Com a fachada de vidro como uma superfície contínua e homogênea, sem qualquer marcação estrutural, e com a malha do muxarabi do sistema de brise-soleil da face oposta, anula-se a percepção dos andares ou o ritmo reiterativo estabelecido pelas janelas tradicionais. O conjunto constitui uma articulação de leves volumes puros desmaterializados, que atingem um equilíbrio plástico[19], cuja percepção monumental é conseguida por meio da escala, da visão à distância e do jogo de luzes e sombras.

Segundo Lúcio Costa, o edifício do MES foi o primeiro no Rio de Janeiro a aplicar, em uma lâmina vertical, a fachada inteiramente em vidro e os brise-soleils integrais, prenunciando a *curtain wall* dos anos 1950[20]. Na verdade, os exemplos protomodernos, como o edifício do Instituto Nacional de Serviço Social de Paulo Antunes Ribeiro (1933), alternavam as faixas horizontais de vidro e alvenaria, ou os panos de vidro se ocultavam atrás de uma densa superfície de brise-soleil fixos: é o caso da sede da ABI de Marcelo e Milton Roberto (1936). Portanto, a leveza e a transparência, atributos representativos da modernidade, apareceram em sua plenitude na sede do ministério. Aqui amadureceu uma trajetória estética e ideológica iniciada no começo do século 20, atingindo a sua maturidade linguística e metafórica na concretização desse ícone urbano.

MES, sala de exposições e colunas finas que definem o suporte estrutural externo, Rio de Janeiro

MES, volume do salão de conferências com suporte estrutural externo, Rio de Janeiro

Apesar de, no século 19, aparecerem timidamente algumas fachadas de vidro – na ondulante Maison du Peuple (1896) de Victor Horta em Bruxelas, ou nos grandes panos de vidro da Escola de Arte (1897) de Charles Rennie Mackintosh em Glasgow[21] –, foi nas duas primeiras décadas do século 20 que as superfícies transparentes proliferaram nos edifícios públicos. Entre os primeiros podemos citar, em Paris, a fachada do jornal *Le Parisien* (1904) de George Chedanne, a rosácea delicada da garagem da *rue de Ponthieu* (1905), de Auguste Perret[22], e a que pode ser considerada como a primeira expressão de um pano de vidro e aço integral: a fábrica de sapatos Fagus (1911), em Alfeld, de Walter Gropius. A partir de então, arquitetura e artes plásticas exploraram intensamente o tema da transparência, bem como as sobreposições, as interpenetrações e a simultaneidade das imagens que geram as superfícies de vidro[23]. As imagens difusas dos quadros cubistas de Juan Gris, as aquarelas sutis de Paul Klee, as montagens fotográficas de László Moholy-Nagy e as composições de Kurt Schwitters – realizadas nos exercícios docentes da Bauhaus – se articulam com a exaltação da luz no pavilhão de Bruno Taut na exposição do Werkbund em Colônia (1914) e com o desaparecimento da superfície opaca das fachadas nas prenunciadoras torres de escritórios da Friedrichstrasse (1921), assim como com a loja de departamentos Adam (1928) em Berlim, projetadas por Mies van der Rohe[24]. As paredes curvas da torre de Mies antecipavam as possibilidades reais e virtuais do vidro – utilizado como instrumento delimitador de espaços e gerador de reflexos, luzes e transparências – que se difundiram em alguns edifícios públicos na Alemanha antes da chegada do nazismo[25].

No final da década de 1920, a linguagem arquitetônica racionalista é depurada e os edifícios com fachadas de vidro se difundem na Europa, abrangendo uma gama programática ampla. Na URSS, as fantasias construtivistas assumem a transparência como princípio essencial a partir do projeto da sede do jornal Pravda (1923), de A. A. Vesnin, até o Centrosoyus, de Le Corbusier (1928), ambos em Moscou. O mestre se transforma no grande difusor do pano de vidro delicado, que utiliza na maioria de seus projetos: a Cité de Refuge de l'Armée du Salut (1929) e o Pavilhão Suíço (1930) na Cidade Universitária de Paris, e em edifícios residenciais como o construído na

Maison du Peuple, Bruxelas, 1896-1898 (demolida em 1965), Victor Horta, foto de 1962

Jornal Le Parisien, Paris, 1904, George Chedanne, foto de 1962

Porte Molitor (1933) e a Maison Clarté (1930) em Genebra, a sua primeira "pele frágil" com caixilharia metálica[26]. Entretanto, sem dúvida alguma, naqueles anos os paradigmas das fachadas totalmente transparentes foram a Maison de Verre – uma caixa translúcida transformada em caixa luminosa –, de Pierre Chareau e Bernard Bijvoet (1928)[27], e o Pavilhão da Alemanha, de Mies van der Rohe, na Exposição Internacional de Barcelona (1929), também chamado de "Palácio dos reflexos"[28]. No âmbito da arquitetura industrial, atingiram um destaque significativo as grandes superfícies envidraçadas de Boots (1930), em Beeston na Inglaterra, de E. Owen Williams, e a fábrica Van Nelle (1928) de J. A. Brinkman e L. C. van der Vlugt, em Rotterdam[29]. A transparência tinha se transformado em sinal obrigatório da modernidade, manifestando não somente a leveza conseguida por meio da estrutura independente e o desaparecimento dos muros externos maciços, mas também a articulação espacial entre o interior dos edifícios e o mundo circundante[30]. Além disso, a ideia das panos transparentes de vidro, que permitiam olhar ao interior do prédio e perceber a estrutura independente dos muros, era consonante com o desenvolvimento científico dos raios-X, descobertos por Wilhelm Conrad Röntgen em 1895 e que lhe conferiram o Prêmio Nobel da Física em 1901. Essa possibilidade de ver os ossos através do corpo sólido atraiu também o interesse de arquitetos como Mies van der Rohe e Le Corbusier, cuja problemática era a desaparição do muro sólido, a autonomia da estrutura linear de aço ou concreto, e a continuidade espacial entre o interior e o exterior. A esse relacionamento podemos também associar o MES, não somente em termos estéticos mas também funcionais, já que o tema da saúde pública esteve inserido na dinâmica da educação. Eram importantes as campanhas para evitar as doenças contagiosas, em particular a tuberculose, detectada através dos raios-X[31].

Além dos atributos estéticos citados, a transparência teve conotações ideológicas, utilizadas tanto pela esquerda como pela direita, representativas do epítome de uma moralidade social. Já foi citado o caráter antecipador do projeto de Hannes Meyer para o Palácio das Nações em Genebra e a sua proximidade à solução do MES em termos formais. Mas também existia, na proposta, um fundamento conceitual: não somente

Maison Clarté, vista geral do edifício e detalhe do caixilho Genebra, 1930, Le Corbusier, fotos de 1985

Pavilhão da Alemanha, Barcelona, 1929, Mies Van der Rohe, foto de 2004

a visão interna, mas também a percepção externa do que acontecia dentro do edifício, eliminadas as paredes que escondiam os segredos do que Meyer chamava de "diplomacia de corredor"[32]. Esse fundamento coincidia, ao mesmo tempo, com a tese de Walter Benjamin, que afirmava que "viver numa casa de vidro é uma virtude revolucionária por excelência"[33], ao questionar a intimidade reservada pequeno-burguesa e valorizando, em oposição, a habitação aberta e saudável, expressão de juventude e moralidade[34]. Essa tese também aparece, hipocritamente, na frase de Mussolini: "o fascismo é uma casa de vidro dentro da qual todos podemos olhar" – afirmação que Giuseppe Terragni, por pudor, não materializou na Casa del Fascio, protegida pelos filtros virtuais das paredes externas[35]. Em ambos os casos, tanto em escala internacional como nacional, procurava-se demonstrar uma atitude ética e moral hipotética dos organismos estatais, fossem democráticos ou totalitários; intenção que fracassou rotundamente no momento em que se identificou com o projeto acadêmico do Palácio das Nações ou dos ministérios monumentais dos países europeus: o resultado sinistro da "diplomacia de corredor" foi a Segunda Guerra Mundial. Dentro dessa articulação entre política e arquitetura também se localiza o MES – Palácio de Vidro da Guanabara –, como mencionado por Capanema e Roquette-Pinto nos discursos de inauguração, associando a transparência à inteligência de Vargas e à identidade clara, nítida e visível atingida entre o povo e o governo[36].

3. A LUMINOSIDADE DO VIDRO

A lâmina estreita de quinze andares, emoldurada por empenas cegas e contínuas, foi definida por duas superfícies lisas, sem saliências horizontais ou verticais: uma, caracterizada por um plano vibrante dos brise-soleils na orientação N-NO, e outra, oposta, voltada ao S-SE, inteiramente fechada com um pano de vidro. Essa imagem é bastante insólita, tendo em vista as tipologias arquitetônicas dos edifícios de escritórios ou administrativos no Rio de Janeiro – o Sulacap e o quarteirão do Castelo construído por Robert R. Prentice (edifícios Nilomex, Castello e Raldia), ou

Fábrica Van Nelle, Roterdam, 1925-1931, J. A. Brinkman e L. C. Van der Vlugt, foto de 2008

Casa del Fascio, Como, 1932, Giuseppe Terragni, foto de 1985

MES, fachada sudoeste
envidraçada, Rio de Janeiro, foto
de 2001

os escritórios das *Assicurazioni Generali di Trieste e Venezia* de Ângelo Bruhns, e os dois ministérios, da Fazenda e do Trabalho –, que tinham janelas tradicionais separadas por alvenaria, às vezes coincidindo com a malha estrutural. A acentuação da superfície lisa do volume, com o intuito de reforçar a sua leveza, foi conseguida reduzindo-se ao máximo a expressão das linhas, tanto horizontais quanto verticais, e fazendo desaparecer o conceito de parede externa[37]. Ao obter uma espessura mínima das lajes, graças à destreza do engenheiro Baumgart, e recuar da fachada a estrutura de suporte, os projetistas chegaram a uma caixilharia metálica contínua – quase uma *curtain wall* – de dimensões uniformes, evitando toda possível direcionalidade formal dominante. Por outro lado, o sistema complexo de abertura mecânica das folhas das janelas em guilhotina, com um sistema sofisticado de contrapeso de ferro embutido na caixilharia, ficou resolvido com uma espessura muito fina dos perfis metálicos de aço-carbono AISI-1010, de alta qualidade e resistência, que, na totalidade do prédio, somam 4.222,43 m^2 de esquadrias metálicas[38].

Cada janela é composta por três grandes folhas de vidro de seis milímetros de espessura importadas da Bélgica. A inferior menor é fixa, de vidro marchetado, e as outras duas são móveis, de vidro transparente, cobrindo a totalidade da fachada, com uma modulação de 4 metros de altura na planta tipo e 4,80 metros no andar do ministro; sendo 1,85 metro a altura do módulo horizontal e sucessivamente, 0,83; 1,73 e 1,81 metro os outros módulos. Com a abertura das duas folhas consegue-se a ventilação cruzada nos ambientes, descartando-se o uso de ar condicionado[39] e as propostas de ventilação mecânica que Le Corbusier tentou aplicar[40]. Embora a função das janelas tenha sido definida por Lúcio Costa, percebe-se a mão de Affonso Reidy e Jorge Moreira nos elaborados detalhes[41]. Não há dúvida quanto ao caráter inovador desse projeto de caixilharias metálicas, produzidas em São Paulo pela fábrica Fichet, de origem suíça, sem precedentes no Brasil[42]. É uma coincidência que o projeto do Immeuble Clarté de Le Corbusier em Genebra, composto por uma leve fachada em aço e vidro, também fosse promovido pelo empresário suíço Edmond Wanner, ligado à produção de estruturas metálicas[43].

MES, volume do salão de conferências com passagem pública para rua lateral, Rio de Janeiro, foto de 2009

Os grandes panos de vidro absorvem a luminosidade exterior que penetra no interior do edifício, criando uma luz difusa nos ambientes, graças à instalação de persianas industrializadas de madeira freijó, pintadas de azul – 476 unidades –, importadas dos Estados Unidos. Elas atenuam o brilho da luz, especialmente nos meses de verão, quando em algumas horas do dia os raios do sol entram no edifício, já que a lâmina alta tem uma variação de 18° em relação ao eixo norte-sul. Por isso, mesmo antes do início da construção, o ministro Capanema, por sugestão de Le Corbusier, havia proposto que fossem colocados vidros translúcidos ou opacos[44]. Entretanto, os arquitetos demonstraram que a grande superfície de vidro em ambos os lados era necessária por conta da profundidade dos locais de trabalho, de 7,5m e 8,7m. A superfície não é interrompida por divisórias fixas, porém dividida por meio de um sistema de móveis baixos, que tampouco deveriam aproximar-se da fachada de vidro, para não bloquear a sua transparência[45]. Não existem cômodos separados, mas uma planta livre, com um grande espaço contínuo, que é delimitado pelas duas extremidades do volume, onde se concentram as infraestruturas técnicas e o sistema de circulações verticais. O salão de exposições também é totalmente envidraçado, demonstrando a vontade dos arquitetos de acentuar ao máximo a transparência e leveza dos componentes arquitetônicos: a fachada de vidro do primeiro andar do volume horizontal se prolonga sobre as laterais do teatro, atenuando o peso do volume de sua configuração trapezoidal.

Essa solução original e inédita na paisagem urbana do centro do Rio de Janeiro causou espanto, estupor e perplexidade, num meio pouco propício a transformações arquitetônicas revolucionárias. E o imaginário estético local não estava ainda preparado para a mudança radical que significava ver o espetáculo do pano de vidro, que permitia perceber o espaço interior, ritmado pelo brilho das luminárias pontuais colocadas no teto de cada andar, em total antagonismo com a visualização dos prédios tradicionais. Nem os teóricos conservadores conseguiam "ler" a imagem do novo símbolo da modernidade brasileira[46]. Por isso surgiram fortes críticas na imprensa local, incitadas por José Marianno, eterno inimigo dos jovens porta-vozes do movimento moderno, encabeçados por Lúcio Costa[47]. Entretanto, a aparição de comen-

MES, persianas de madeira freijó
no Salão Portinari, 2º pavimento,
Rio de Janeiro, foto de 2009

MES, sala de exposições, Rio de Janeiro, foto sem data

tários favoráveis na imprensa internacional, à luz da exposição sobre a arquitetura brasileira no Museu de Arte Moderna de Nova York, em 1943, atenuou as críticas, que logo se transformaram em elogio. Também incidiu a campanha de difusão sobre a utilidade e significado do brise-soleil, assim como a aplicação do uso do vidro pelos arquitetos – particularmente Oscar Niemeyer[48] – e alguns críticos de arte, como Celso Kelly[49]. O ponto final foi colocado por Carlos Drummond de Andrade, porta-voz dos funcionários, logo após a inauguração do ministério, entusiasmado com as inesperadas condições físicas e ambientais criadas no edifício[50]. O MES deixava de ser uma caverna obscura de burocratas para transformar-se na infraestrutura administrativa eficiente da educação e da cultura nacional.

4. OS BRISE-SOLEILS PROTETORES

Se aceitarmos a diferença estabelecida por Rowe entre transparência literal e fenomênica, verificamos que essas duas categorias estão presentes nas duas fachadas do MES: enquanto a S-SE totalmente em vidro é literal, aquela N-NO protegida pelos brise-soleils móveis é fenomênica, ao estabelecer um sistema de variações de luz e de percepção no interior do edifício. O design dos brise-soleils é outra demonstração do *work in progress* da equipe no projeto. Porque a solução atingida, tanto técnica quanto esteticamente, foi uma contribuição madura e inovadora que sintetizou as experiências de Le Corbusier e a primeira alternativa proposta para a Múmia. O mestre, com exceção do projeto dos brise-soleils horizontais móveis das habitações populares em Barcelona (1933)[51], nos edifícios de Argel propunha a adoção de um sistema de caixotes de concreto armado para estabelecer uma malha contínua na fachada. Entretanto, nos projetos para o Rio de Janeiro, tanto ele como a equipe de Costa reduziam a presença dos brise-soleils a superfícies fragmentárias, protegendo as circulações ou áreas de serviço, e evitando colocar os escritórios na face ensolarada. Após definir a alternativa da lâmina alta com a orientação N-NO e S-SE, com escritórios em ambos os lados, a fachada que recebe raios de sol durante todo o ano

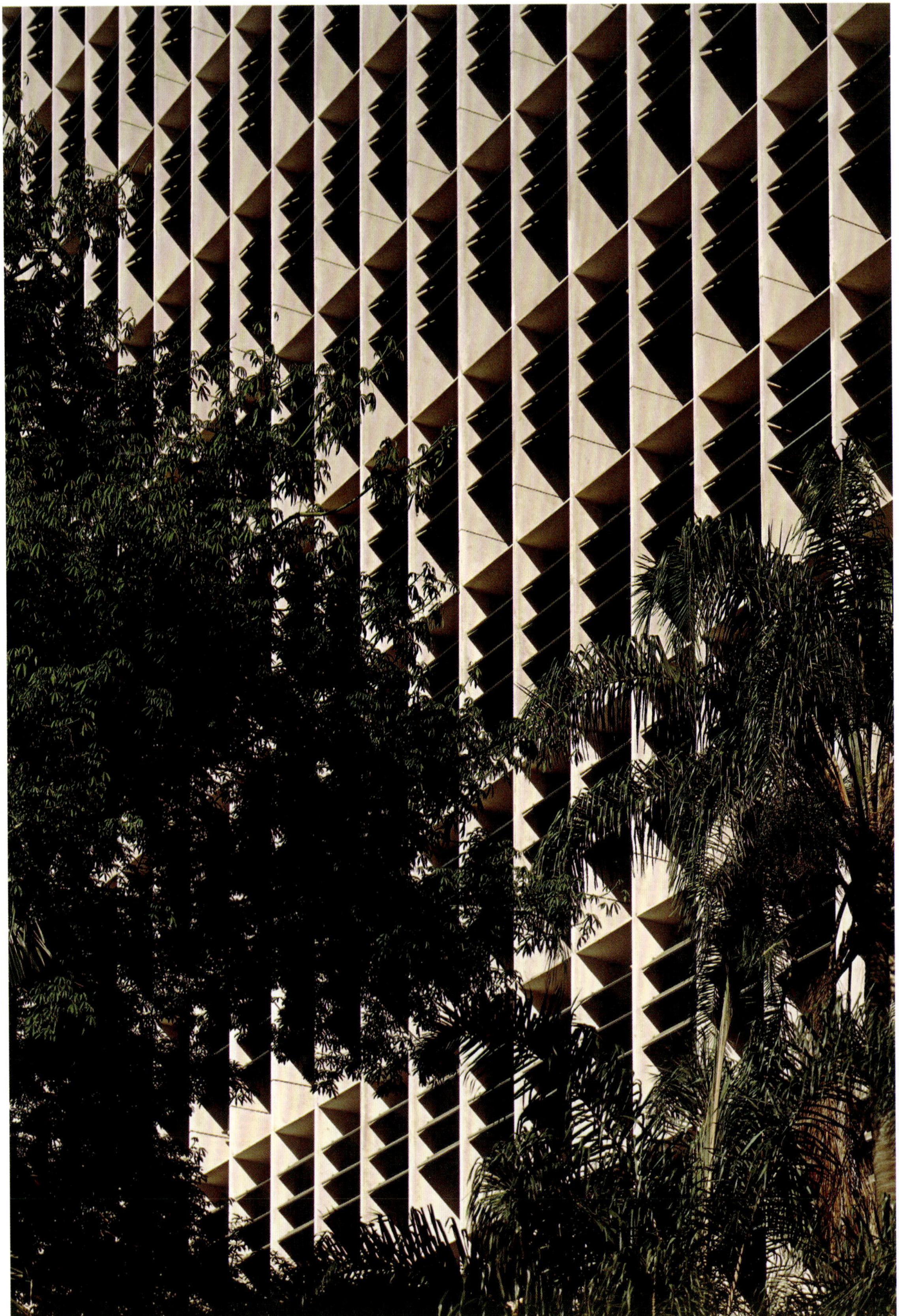

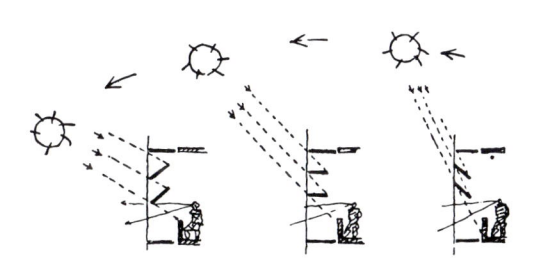

deveria ser protegida. O estudo realizado para definir o tipo de brise-soleil demonstrou que o sistema de lâminas verticais rígidas, usado na ABI pelos irmãos Roberto e por Niemeyer em sua recém construída Obra do Berço (1937)[52], não era apropriado, não somente porque não se adequava às inclinações variáveis dos raios solares nas diferentes estações do ano, mas também pela rigidez do isolamento térmico no interior do edifício[53], e ainda pela escassa visibilidade do entorno.

O sistema de brise-soleils formado por lâminas horizontais de concreto e fibrocimento foi instalado dentro de uma grelha de concreto armado de 5 metros por 2 metros, com uma profundidade de 1,30 metro, composta por painéis verticais e pestanas horizontais, a uma distância de 50 centímetros da fachada de vidro para permitir a saída e dispersão do ar quente concentrado no espaço das lâminas[54]. A movimentação era obtida a partir da altura definida por um parapeito interno, com um engenhoso sistema de acionamento por uma alavanca metálica que permitia três posições básicas do conjunto das três lâminas nos andares tipo, e as quatro no piso do ministro: horizontal, e 45° para cima ou para baixo[55]. O engenheiro elétrico Carlos Stroebel tinha inventado um sofisticado sistema de painéis sensíveis à luz solar, que acompanhavam o movimento do sol nas diferentes estações do ano, com a utilização de motores elétricos; mas a ideia não foi aplicada por conta do alto custo da proposta.

Assim, os brises facilitavam a proteção solar e a iluminação nas diferentes estações do ano, sem bloquear a visão ao exterior, permitindo, ao mesmo tempo, a passagem do ar e a ventilação cruzada dos escritórios, favorecida pelas diferenças de temperatura e pressão nas fachadas norte e sul, bem como da direção do vento dominante da entrada da Baía de Guanabara. Desse modo, foi criada uma malha contínua semitransparente, conformando um muxarabi vibrante variável e diferenciado, em constante transformação ao longo do ano, que ao mesmo tempo estabelecia situações de luz e de ambientes muito variadas no interior do edifício[56]. As placas dos brises estão pintadas da cor azul-céu – cor definida por Lúcio Costa e Oscar Niemeyer – para refletir a atmosfera do ambiente externo. Criou-se um sistema compensado de luminosidade entre a fachada ensolarada e fachada de vidro sombreada, cujas trans-

Na página à esquerda, MES, fachada nordeste com brise-soleil, Rio de Janeiro, foto de 2001

Acima, MES, esquema de funcionamento dos brises, publicação no livro *Brazil Builds*, de Philip Goodwin, 1943

MES, fachada nordeste com brise-soleil, Rio de Janeiro, foto sem data

parências criavam a continuidade espacial entre o exterior e o interior. Não somente ficava definida assim a monumentalidade do MES, mas também, a partir da lâmina, a imponência da paisagem do Rio de Janeiro podia ser gozada constantemente, princípio essencial proposto por Le Corbusier desde a sua chegada à capital.

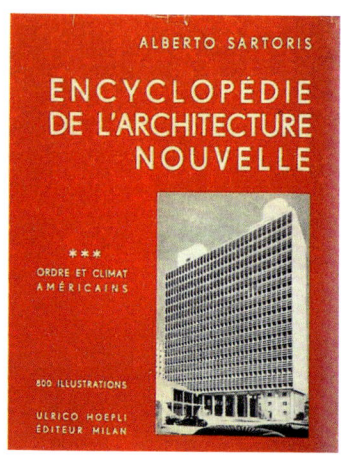

A preocupação com as condições climáticas transformaram o MES no primeiro edifício de escritórios tropical, segundo afirmara André Malraux[57]. E sua presença em livros e revistas dedicados à arquitetura moderna brasileira[58] sempre esteve relacionada com a imagem da fachada com brise-soleil, tanto na capa de *L'Architecture d'Aujourd'hui* quanto naquela do volume da *Encyclopédie de l'architecture Nouvelle, Ordre et climats américains,* do italiano Alberto Sartoris[59], na década de 1950, e recentemente em livros dedicados à arquitetura sustentável, que abordam a economia de energia pela ausência de ar condicionado em países de clima tropical[60]. O crítico inglês Reyner Banham, por sua vez, considerou os brises como "uma das invenções magistrais da arquitetura moderna"[61]. Entretanto, também houve vozes dissonantes – como o polêmico escultor e arquiteto suíço Max Bill – em relação ao partido arquitetônico da lâmina solta sobre o terreno, oposta ao sistema dos edifícios em bloco com o pátio interior, criado por Agache, e que fora aplicado no acadêmico Ministério da Fazenda[62]. Ainda persistem controvérsias entre os usuários sobre a conveniência da lâmina em relação ao pátio interior, no que diz respeito ao condicionamento climático: no MES os funcionários se queixam das dificuldades criadas pela ventilação cruzada, que não permite controlar a brisa interna e acaba incidindo negativamente sobre as mesas de trabalho dos funcionários, de onde voam papéis e documentos se as janelas ficam abertas.

5. FLUIDEZ: ESPAÇO E FUNÇÃO

Fluidez ou fluxo, rapidez ou velocidade e agilidade constituem características básicas do *Zeitgeist* da modernidade[63]. Com a revolução científica einsteiniana e a percepção cinética da realidade surgida a partir do impressionismo, a dinâmica do espaço-tempo transformou-se em um dos componentes básicos da pintura cubista e da

MES, vista interna do brise-soleil, Rio de Janeiro, foto de 2001

Fotografia do MES na capa do livro *Encyclopédie de l'Architecture Nouvelle*, de Alberto Santoris, 1948

arquitetura racionalista, segundo Sigfried Giedion e Bruno Zevi[64]. Os novos conceitos associados ao surgimento das comunicações móveis – a fotografia, o cinematógrafo, automóveis e aviões – incidiram sobre a importância dada à percepção dinâmica da obra, baseada no movimento do usuário dentro e fora do edifício[65]. Italo Calvino também assumiu a rapidez como um novo atributo do trabalho literário, associado não somente à dinâmica da vida urbana, mas também aos meios de informação de massa que exigem formas de expressão inéditas[66].

Desde o momento em que foram construídos edifícios complexos com espaços internos articulados entre si, a fluidez esteve presente tanto na dinâmica funcional como em sua percepção pelos usuários: por exemplo, na concatenação de ambientes geometricamente desiguais nas termas romanas. Sem dúvida, dentro da arquitetura acadêmica, o barroco atingiu o seu limite máximo em relação à continuidade dos espaços na organização das escadarias monumentais dos palácios, simbolizadas pelas gravuras das prisões imaginárias de Giambattista Piranesi. Através das manifestações pictóricas, a fluidez apresentou-se antecipadamente nas experimentações arquitetônicas associadas às possibilidades plásticas e espaciais das novas tecnologias: citemos no início do século 19, *O círculo de Lúcifer* de William Blake; *A tempestade* de Joseph M. William Turner e as curvas sinuosas do grafismo e a decoração *art nouveau*. Sua presença na modernidade começa com as fotos de Jules Marey (1887)[67]; nas visões parisienses de Robert Delaunay (*A torre vermelha*, 1911); o *O nu descendo a escada* de Marcel Duchamp (1911); as representações dinâmicas futuristas de Giacomo Balla, Umberto Boccioni e Luigi Russolo; e finalmente nas visões utópicas dos suprematistas russos: as composições geométricas livres de Kazimir Malevich (1915) e de El Lissitzky (1920)[68].

Na arquitetura do século 20, a fluidez apareceu mais identificada com as formas sinuosas que com a continuidade dos espaços: são uma exceção os interiores das residências de Victor Horta em Bruxelas. Nos casos do Parque Güell de Antoni Gaudí, em Barcelona (1900-1914), da torre de Einstein de Erich Mendelsohn, em Potsdam (1921), e do Goetheanum de Rudolph Steiner, em Basileia (1926), aproveitou-se a

Residência, interior, Bruxelas, Victor Horta, foto de 1962

Torre de Einstein, Potsdam, 1921, Erich Mendelsohn, foto de 2009 plasticidade do concreto armado (ou a fragilidade do tijolo) para conseguir um expressionismo quase escultórico. Porém, uma fluidez baseada na dinâmica dos fluxos circulatórios, na transparência e na complexidade espacial e formal aparecem nas imagens do futurista Antonio Sant'Elia[69] e nos projetos utópicos dos construtivistas russos. O ritmo ascendente da torre helicoidal e o movimento circular dos cilindros com espaços habitáveis do Monumento à Terceira Internacional, de Vladimir Tatlin (1919)[70] corresponderiam ao espaço pan-geométrico, fluido e rotatório, definido por El Lissitzky[71]. O edifício da Bauhaus em Dessau (1925), de Walter Gropius, e as interpretações fotográficas de Lázlo Moholy-Nagy constituem o paradigma arquitetônico do movimento moderno que resume as novas categorias: fluidez, leveza, transparência, visibilidade, exatidão, consistência e multiplicidade[72].

O MES deve seu sistema de articulações volumétricas e espaciais à Bauhaus, especialmente na divisão clara das circulações de pedestres e de veículos que penetravam no espaço "urbano" do edifício. Entretanto, a localização do ministério dentro do quarteirão no centro do Rio de Janeiro privilegiou a fluidez livre do movimento de pedestres. Como já analisamos no capítulo anterior, nas sucessivas propostas que anteciparam a solução definitiva, os automóveis circulavam no interior do quarteirão ao longo da Rua Araújo Porto Alegre e sob os pilotis do volume baixo, na Rua da Imprensa, em um espaço que era usado como estacionamento. Ao minimizar a presença do automóvel, somente limitada ao acesso do ministro, e ao eliminar a garagem sob o teatro, todo o nível da rua ficou definido pelos espaços verdes criados por Burle Marx e pela superfície de granito do espaço cerimonial, articulando as duas praças secas situadas entre os pilotis porosos que apoiam a lâmina vertical[73]. Ao eliminar a frontalidade do acesso ao ministério, situado lateralmente em relação à entrada principal, e definindo as diretrizes diagonais que estabelecem as amebas dos canteiros de Burle Marx, bem como a linha volumétrica da mureta que separa os veículos dos pedestres, as pessoas circulam livremente na *promenade architecturale* sem direções pré-concebidas, priorizando o movimento fluido sobre o terreno. A valorização do princípio dinâmico sobre o estático tem um

Bauhaus, vistas externas do edifício, Dessau, 1925, Walter Gropius, fotos de 2009

componente funcional e simbólico: o primeiro está definido pela total ausência de bancos nas praças – a única possibilidade "estática" improvisada reside na mureta que separa a circulação de pedestres do acesso de veículos do ministro, usado atualmente de forma espontânea pelo público – e o segundo está determinado pela posição dinâmica do casal da escultura *Juventude brasileira* de Bruno Giorgi, em movimento de avanço em direção ao ministério[74].

A articulação entre o teatro e o volume alto e baixo, que contém o salão de exposições, é produzida através do vestíbulo de entrada lateral e da escada helicoidal, que permite o acesso do público ao primeiro andar. Originalmente, nas primeiras versões do projeto, predominavam as estruturas formais cartesianas: tanto o balcão de atendimento de visitantes quanto a escada eram retilíneos e ortogonais. Logo, com a intervenção de Niemeyer – autor do balcão sinuoso e alguns móveis de diferentes escritórios como o carpete no piso do ministro –, as linhas curvas primaram. Sem dúvida, a intenção de quebrar o sistema cartesiano da planimetria do MES através de indicações curvilíneas ficou evidente em algumas insinuações quase subliminares: por exemplo, os planos cromáticos sinuosos do carpete colocado no espaço presidido pelo mural de Portinari – *Jogos infantis* –, que sem dúvida ecoava a influência de Burle Marx e tinha uma clara referência às curvas orgânicas dos rios da Amazônia[75]. O vestíbulo principal de acesso, longe de qualquer monumentalidade, constitui uma caixa de luz delimitada pelas portas de vidro da entrada e a parede do fundo formada por tijolos de vidro. Essa claridade atmosférica facilita a percepção imediata da ampla escada helicoidal em mármore que leva ao espaço superior – o conjunto de elevadores fica relegado a um segundo plano –, iluminado pelas duas fachadas transparentes em toda a extensão do salão de exposições. Rampas e escadas circulares, além de expressar a plasticidade do concreto armado, foram usadas por Le Corbusier para valorizar a fluidez da *promenade architecturale*: o protótipo da forma helicoidal aparece no exterior do estúdio de Amadée Ozenfant (1923-1924)[76]. O princípio básico consistia em anular as divisões horizontais e verticais de paredes e lajes. Tanto a rampa quanto a helicoide facilitavam a transição de um nível a outro em um processo circulatório

MES, mureta de segregação do trânsito de automóveis no piso térreo, Rio de Janeiro, foto de 2012

MES, escultura de granito cinza *Juventude Brasileira*, Rio de Janeiro, 1947, Bruno Giorgi, foto de 2009

MES, vistas do salão de
conferências, balcão e tapete
desenhados por Oscar Niemeyer,
Rio de Janeiro, foto de 2001

contínuo, plano (na rampa) ou rotatório (na escada helicoidal). A partir de então, essa forma contínua e curvilínea se transformou em signo da modernidade arquitetônica, atingindo uma grande difusão na América Latina: no México, o paradigma é o estúdio de Diego Rivera, projetado por Juan O'Gorman (1930)[77]; no Brasil, aparece na maioria dos projetos dos concursos realizados pelos irmãos Roberto, Carlos Leão, Affonso Reidy, Oscar Niemeyer e Jorge Machado Moreira. As duas escadas helicoidais mais esbeltas encontram-se na Estação Terminal de Hidroaviões de Atílio Corrêa Lima (1938)[78] e no Museu de Arte Moderna de Affonso Reidy (1953)[79].

O principal atributo que identifica a fluidez circulatória e espacial do MES reside na redução ao mínimo dos lugares fechados e introvertidos, estabelecendo compartimentos fechados dentro do edifício, coincidindo com os novos princípios da organização moderna de trabalho administrativo que Capanema pretendia instaurar no MES[80]. O público, que tem acesso tanto aos escritórios quanto às atividades culturais do bloco baixo, está constantemente envolvido por espaços contínuos e visuais ininterruptos ao exterior. Isso gera não somente uma identificação específica do espaço definido pela diferença da paisagem percebida, mas também a existência de uma fluidez do ar e da luz: o ar circula de fachada a fachada no interior de cada andar, e a luz artificial e natural se complementam nos ambientes. Por outro lado, no volume baixo, a articulação entre o salão de exposições e o teatro é produzida através de uma galeria que envolve o bloco de elevadores e de serviços, delimitada pela fachada totalmente envidraçada, cujo plano penetra até quase a totalidade dos limites laterais do teatro. Desse modo, não há cortes bruscos nem interrupções nas circulações. Público, direção e funcionários sobem por essas três colunas de elevadores estritamente definidos, localizados nos dois extremos do bloco alto. Se compararmos essa planta com as soluções precedentes, verificamos a forma compacta rigorosa da solução que reduziu a presença de corredores, distanciando-os das fachadas, alternativa que Le Corbusier não conseguiu aplicar no Centrosoyus de Moscou.

Embora no início houvesse uma proposta onde o público circularia ao longo da fachada norte, protegida pelos brise-soleils, finalmente decidiu-se criar um vestíbulo

MES, painel de tijolos de vidro e busto de Getúlio Vargas no hall principal, Rio de Janeiro, foto de 2009

MES, escada helicoidal chegando no hall da sala de exposição, Rio de Janeiro, foto de 2001

de acesso diante dos elevadores – o máximo aproveitamento dos espaços é conseguido por meio do uso de duas portas opostas na caixa de elevadores que fazem com que o acesso da planta térrea seja feito pelo lado oposto em relação aos vestíbulos superiores –, bem como um único corredor central que comunica os escritórios entre si, usado tanto pelo público quanto pelos funcionários. Essa solução, que era característica de todos os edifícios de escritórios construídos no Rio de Janeiro, tinha uma inovação radical: os departamentos estavam separados entre si por divisórias baixas (2,20 metros de altura) e móveis que não atingiam o teto, ao invés das tradicionais paredes de alvenaria que coincidiam com os módulos estruturais. Tratava-se de uma experiência local que assumia o modelo norte-americano de espaços contínuos, dos escritórios Larkin (1906) à empresa Johnson Wax (1936) de Frank Lloyd Wright[81], e as propostas de Le Corbusier para o Centrosoyus, o projeto da Avenida Beira-Mar e os posteriores edifícios de escritórios projetados em Argel[82]. Portanto, a planta livre permitia a organização diferenciada dos espaços dos departamentos do ministério; a altura baixa das divisórias conformava um espaço fluido e contínuo, onde somente podiam ser identificados os escritórios dos diretores, empilhados sobre a área da planta que coincidia com o escritório do ministro, estando todos comunicados entre si por meio de um elevador reservado à direção[83].

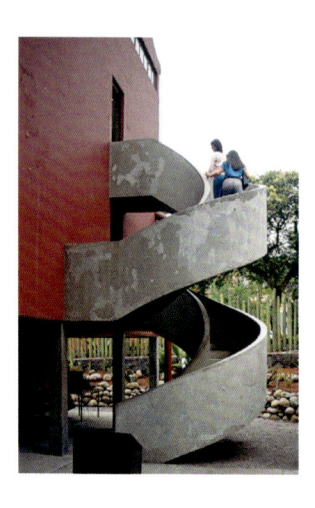

A metáfora elaborada por Le Corbusier e Frederick Kiesler, do edifício como um corpo saudável, cujas circulações correspondiam à fluidez e ao bom funcionamento dos sistemas sanguíneo, nervoso e digestivo[84], aplica-se também ao MES. A clareza do sistema distributivo das funções estava associada à transparência reiterativa que conectava o exterior com o interior, e a presença constante da natureza, em seus diferentes graus. Ou seja, não se criou o espaço de trabalho anônimo e indiferente que caracterizou a tipologia dos escritórios norte-americanos a partir da década de 1950, satirizado pelo cineasta Jacques Tati em *Playtime*[85]. No térreo, cidade e espaço verde são articulados pelo sistema ameboide criado por Burle Marx, que se repete no terraço particular do ministro. Assim como o espaço dos pedestres, este flui sob a sombra do pórtico; o escritório do ministro se debruça sobre a conjunção

Estúdio de Diego Rivera, escada helicoidal, Cidade do México, 1930, Juan O' Gorman, foto de 2010

Museu de Arte Moderna, escada helicoidal, Rio de Janeiro, 1953, Affonso Reidy, foto de 2012

de esculturas e vegetação, simbiose da cultura e paisagem tropicais brasileiras. Após o interlúdio da funcionalidade dos catorze andares de escritórios, o reencontro com a natureza se produz no terraço-jardim. Ali se fecha o ciclo da fluidez espacial, na interação lúdica durante a pausa do almoço – do ministro, diretores e funcionários – com os morros do Rio de Janeiro e a Baía da Guanabara. Ar, luz e vegetação restabelecem as alegrias essenciais que a vida diária demanda, segundo a fórmula do mestre, que atenuam a alienação do trabalho[86].

MES, circulação central e divisórias dos escritórios do pavimento tipo, Rio de Janeiro, foto de 2009

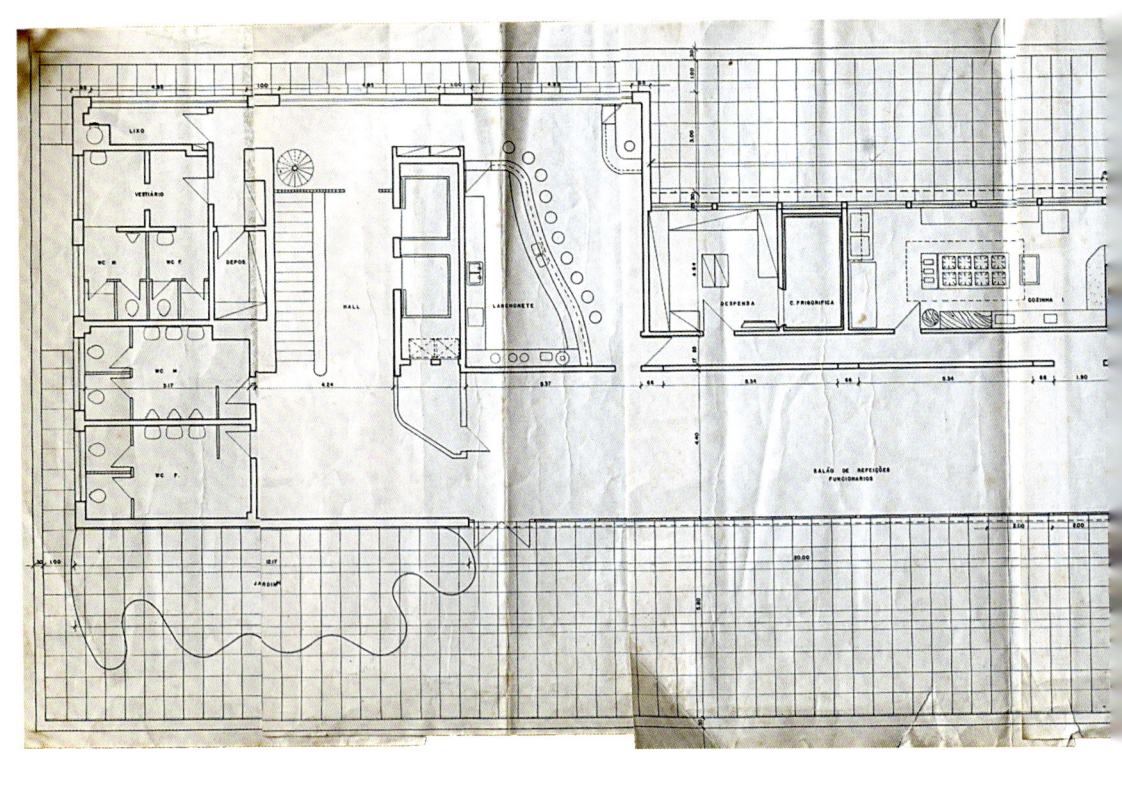

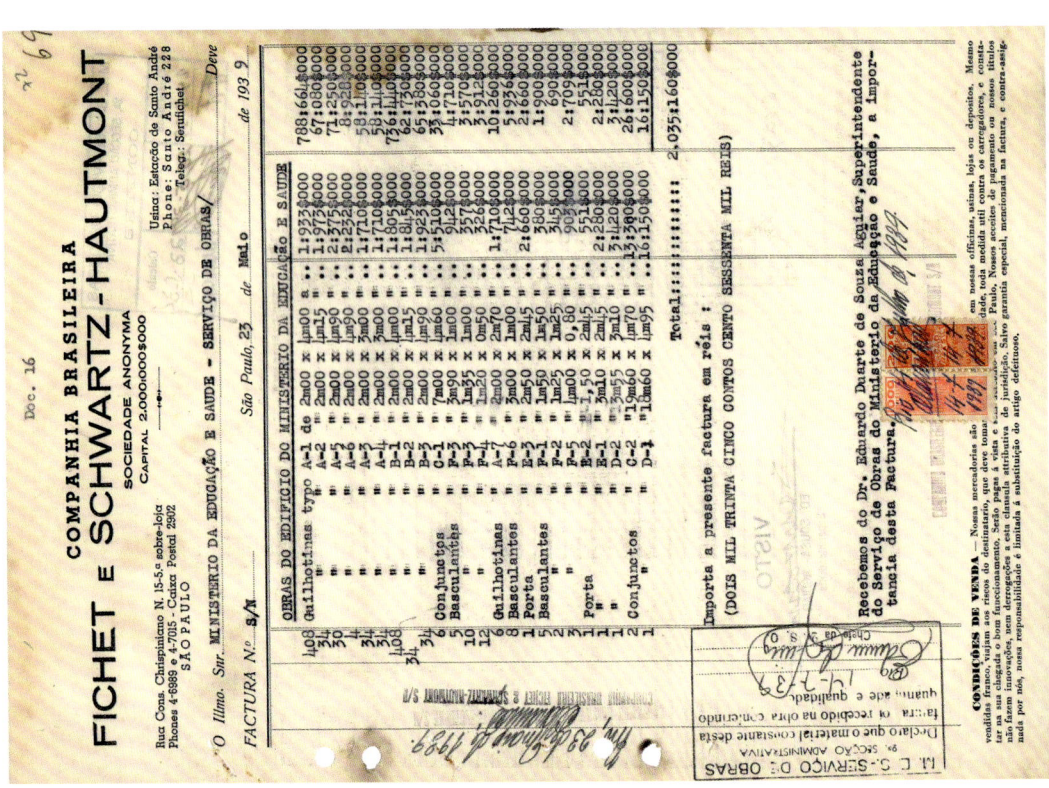

Acima, MES, planta do pavimento de cobertura, Rio de Janeiro

Abaixo, MES, frente e verso de fatura de esquadrias, 23 de maio de 1939

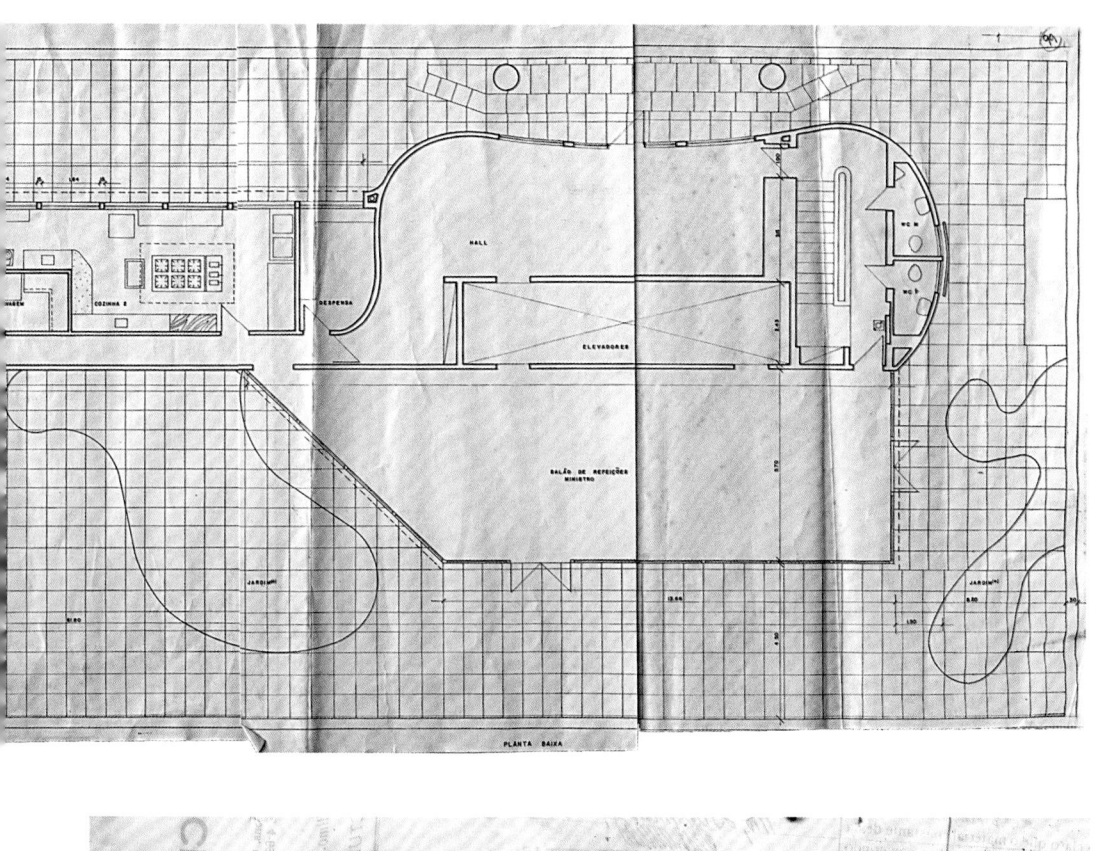

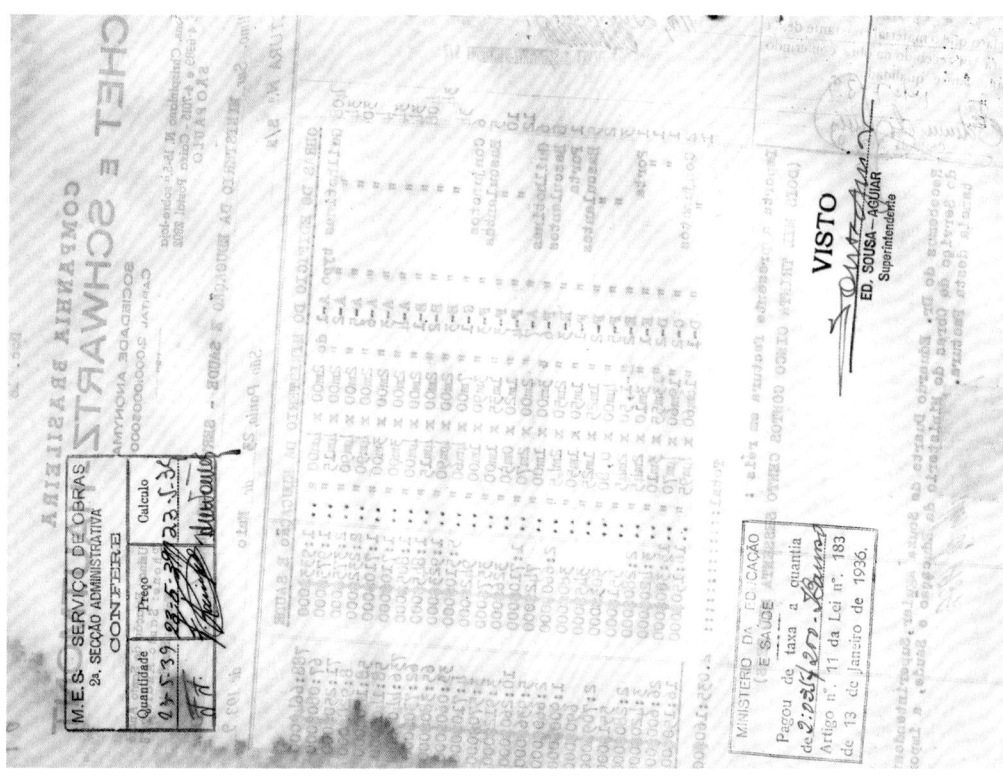

CAPÍTULO 11 – LEVEZA, TRANSPARÊNCIA E FLUIDEZ: EXPRESSÕES DA MODERNIDADE

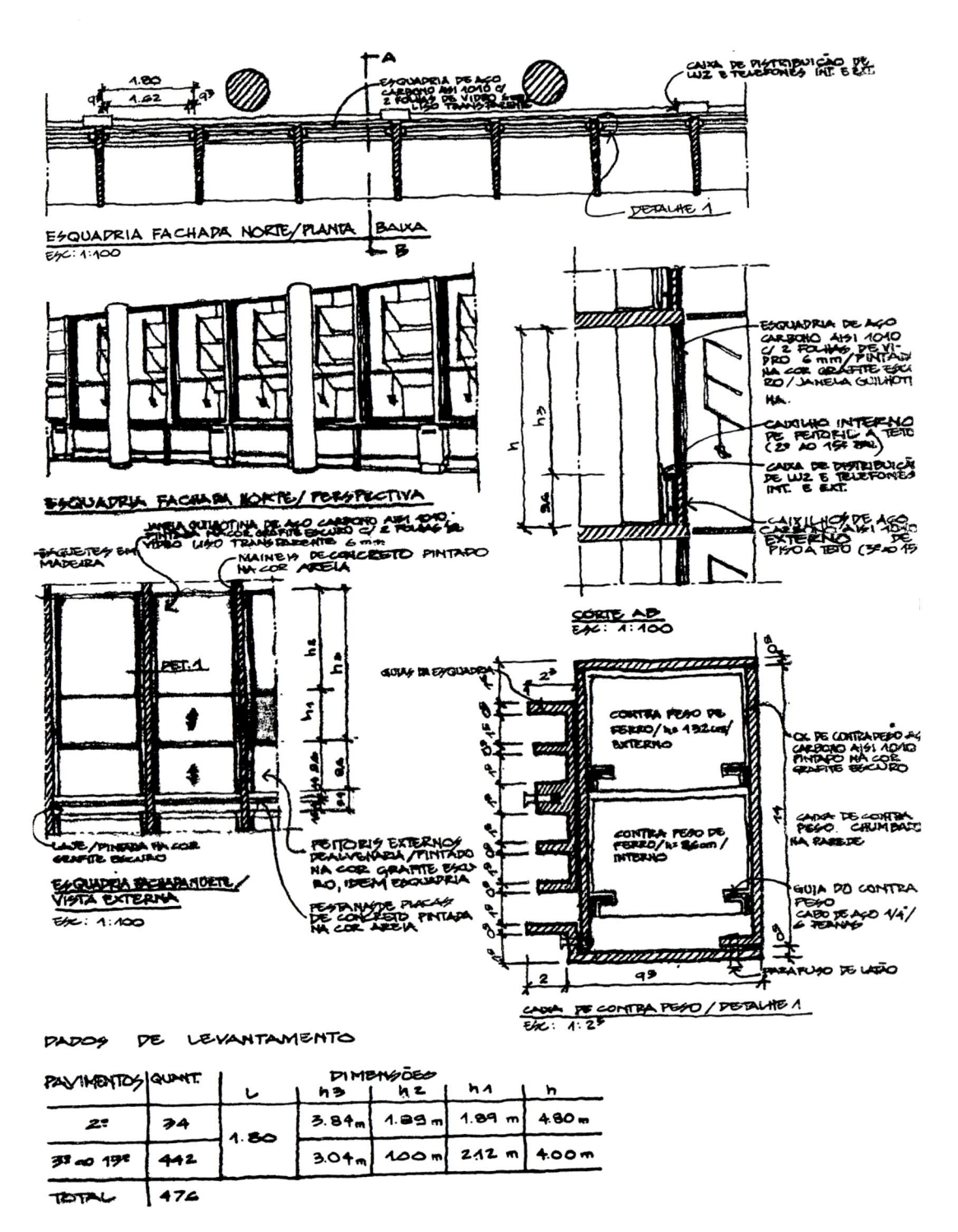

MES, desenhos de detalhes das esquadrias

GUIA — BAGUETES DE MADEIRA

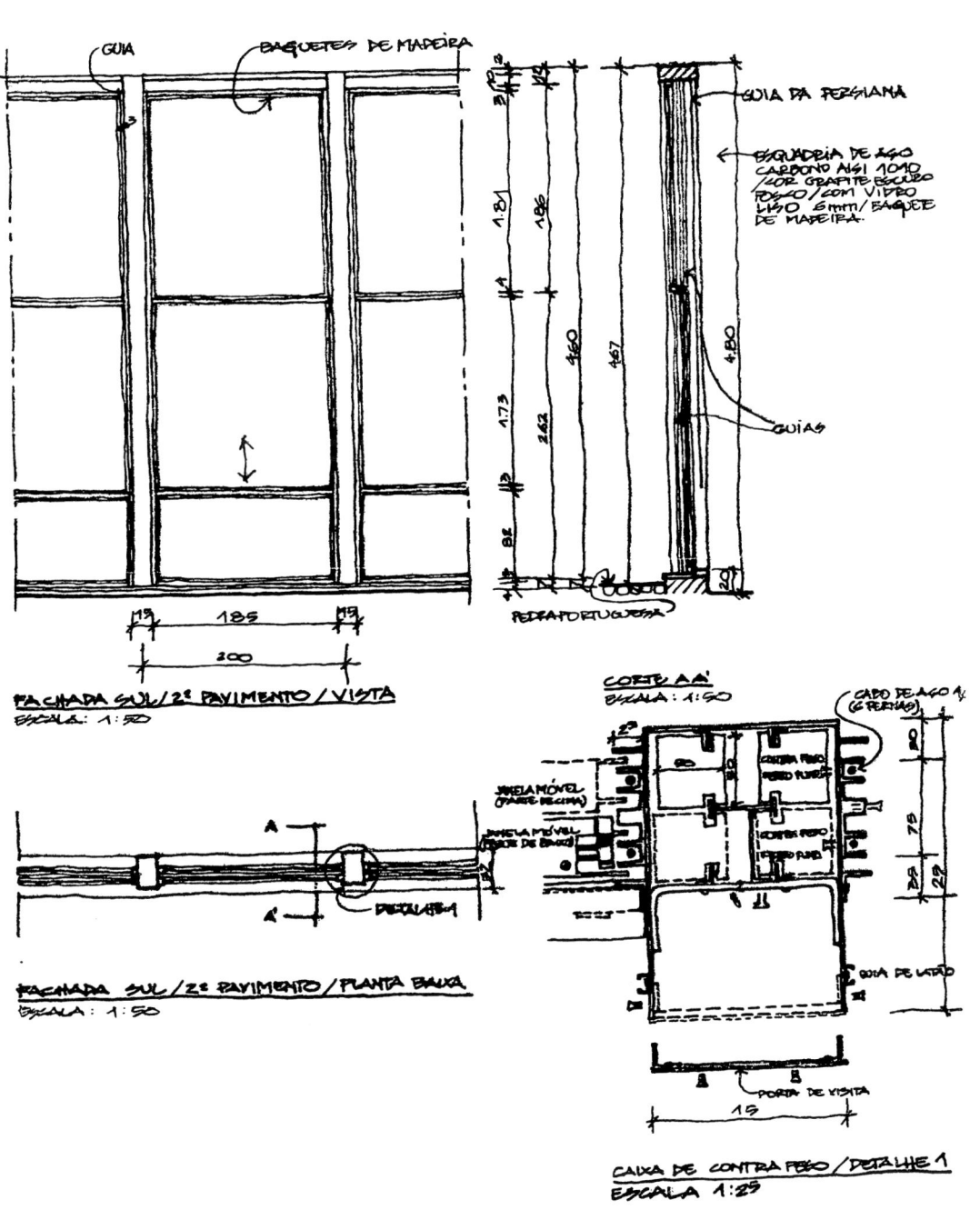

GUIA DA PERSIANA

ESQUADRIA DE AÇO CARBONO AISI 1010 /COR GRAFITE ESCURO FOSCO/ COM VIDRO LISO 6mm / BAGUETE DE MADEIRA

GUIAS

PEDRA PORTUGUESA

FACHADA SUL / 2º PAVIMENTO / VISTA
ESCALA: 1:50

CORTE AA'
ESCALA: 1:50

JANELA MÓVEL (PARTE DE CIMA)
JANELA MÓVEL (PARTE DE BAIXO)

CABO DE AÇO (6 PERNAS)

CONTRA PESO / PESO FUNDIDO

GUIA DE LATÃO

PORTA DE VISTA

FACHADA SUL / 2º PAVIMENTO / PLANTA BAIXA
ESCALA: 1:50

CAIXA DE CONTRA PESO / DETALHE 1
ESCALA 1:25

QUANTIDADE — 4 VÃOS

BRISE-SOLEIL / PLANTA BAIXA
ESCALA: 1:100

PLACAS DE FIBRO CIMENTO
PLACAS FIXAS DE CONCRETO ARMADO

BRISE-SOLEIL / PERSPECTIVA

BRISE-SOLEIL MÓ(CAIXILHO DE AÇO CARBONO AISI 10 COM PLACAS DE F CIMENTO)

ALAVANCA DE M DOS BRISE-SOLE

PLACAS FIXAS DE CONCRETO ARM

CORTE AB
ESCALA: 1:100

LÂMINA DO BRISE-SOLEIL / VISTA
ESCALA: 1:25

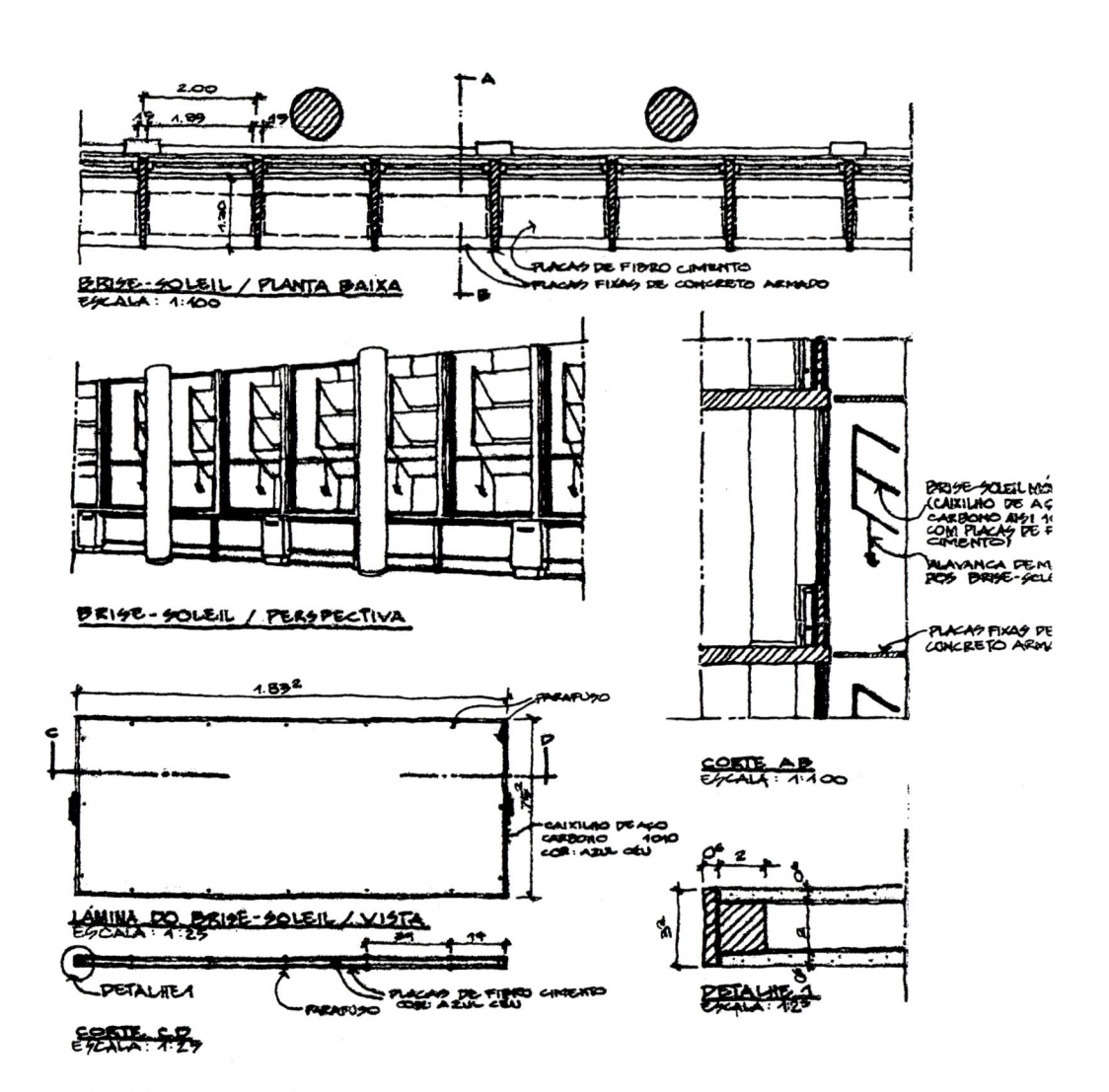

PARAFUSO
CAIXILHO DE AÇO CARBONO 1010 COR: AZUL CÉU

DETALHE 1
PARAFUSO
PLACAS DE FIBRO CIMENTO COR: AZUL CÉU

DETALHE 2
ESCALA: 1:25

CORTE CD
ESCALA: 1:25

DADOS DE LEVANTAMENTO

PAVIMENTO	BRISE-SOLEIL	LÂMINA			PLACAS			
	QUANT.	LAM./BRISE	QUANT.	DIMENSÕES	PLACA/LÂMINA	PLACA/BRISE	QUANT.	DIMENSÕES
2º	34	4	136	183² x 79²	2	8	272	1820 x 740 x 6
3º ao 15º	442	3	1326		2	6	2652	
TOTAL	476	—	1462		—	—	2924	

MES, desenhos de detalhes do brise-soleil

NOTAS

1. O construtor da catedral (1284) quis levar a pedra ao limite de sua tensão, ao construir pilares com 45 metros de altura (!). KOSTOF, Spiro. *A History of Architecture. Settings and Rituals*, p. 341.
2. PEVSNER, Nikolaus. *Historia de las tipologías arquitectónicas*, p. 264.
3. "Cada vez que o reino do humano me parece condenado ao peso, digo para mim mesmo que à maneira de Perseu (*com suas sandálias aladas*, comentário R.S.) eu deveria voar para outro espaço". [Na versão em espanhol: "En este momento en que el reino de lo humano me parece condenado a la pesadez, pienso que debería volar como Perseo a otro espacio". CALVINO, Ítalo. *Seis propuestas para el próximo milênio*, p. 23].
4. Lembremos da espiral da Terceira Internacional de Tatlin (que tentou voar com o seu Letatlin) ou o Instituto Lenin de Leonidov. Ver: MILNER, John. *Vladimir Tatlin and the Russian Avant-Garde*, p. 217; SEGRE, Roberto. *Historia de la arquitectura y del urbanismo. Países desarrollados, siglos XIX y XX* (op. cit.), p. 423.
5. CALIL, Carlos Augusto. Op. cit., p. 329.
6. Apud VOGT, Adolf Max. Le Corbusier, marqué par la fièvre lacustre. O autor afirma que a síndrome da levitação constitui um *leitmotiv* do Movimento Moderno, até hoje pouco formulado.
7. No texto "Nine Points on Monumentality", eles previram as possibilidades inerentes ao uso das novas tecnologias gráficas e de iluminação em montagens efêmeras, que permitirão criar novos centros de vida (monumentos), imaginando que durante a noite cores e formas serão projetadas sobre grandes superfícies edificadas. SERT, Josep Lluís; LÉGER, Fernand; GIEDION, Sigfried. Op. cit. Nos dias atuais, seriam as montagens de Christo, como o empacotamento monumental do Reichstag em Berlim. HUYSSEN, Andreas. *Seduzidos pela memória*, p. 62.
8. É o resultado da substituição da "monumentalidade" pela "tecnologia", que permite a leveza, ao desaparecer a imagem de peso na construção, segundo a equação estabelecida por Hans Schmidt. MARTÍ, Carles; MONTEYS, Xavier. Op. cit.
9. "O revestimento de azulejos no pavimento térreo e o sentido fluido adotado na composição dos grandes painéis têm a função muito clara de amortecer a densidade das paredes a fim de tirar-lhes qualquer impressão de suporte, pois o bloco superior não se apoia nelas, mas nas colunas". COSTA, Lúcio. Desencontro, p. 202.
10. "Cualquier edificio clásico quiere alcanzar una paradoja: demostrar, al mismo tiempo, la solidez de su apoyo en un suelo natural preexistente y la determinación del espacio a su alrededor a partir de su presencia". QUETGLAS, Josep. *El horror cristalizado. Imágenes del Pabellón de Alemania de Mies van der Rohe*, p. 51.
11. Segundo afirmou Vincent Scully: "O pátio tinha a intenção de articular, penetrar e estender o envelope externo do edifício para que ele se transformasse em um verdadeiro elemento intermediário". [No original em inglês: "The peristyle was intended to articulate, penetrate, and extend the exterior envelope of the building so that it should became a true mid-space element". Apud McEWEN, Indra Kagis. *Socrates' Ancestor. An Essay on Architectural Beginnings*, p. 98].
12. Na carta que Lúcio Costa envia a Capanema no dia da inauguração do MES (3 out. 1945), refere-se ao edifício em relação à sua "limpidez cristalina, tão linda e pura flor – flor de espírito". Apud SCHWARTZMAN, Simon; BOMENY, Helena Maria Bousquet; COSTA, Vanda Maria Ribeiro. Op. cit., p. 372. Gullar, em 1976, ao referir-se a Niemeyer, escreve: "Oscar depositou para sempre, uma ave e uma flor (ele não faz de pedra nossas casas: faz de asa)". GULLAR, Ferreira. Lição de Arquitetura, p. 9.
13. COLQUHOUN, Alan. *Arquitectura moderna y cambio histórico. Ensayos 1962-1976* (op. cit.), p. 123.
14. CARDOZO, Joaquim. As casas sobre palafitas do Amazonas, p. 43.
15. Identificação que também foi expressa pelo intelectual Anísio Teixeira, ao definir o MES como "a eloquência daquelas formas, a singela esbelteza daquela juventude, a eficiência nervosa daquele organismo". TEIXEIRA, Anísio. Um presságio de progresso, p. 209.
16. Vinícius de Moraes, como já citado anteriormente, inicia seu poema "Azul e branco" dedicado ao MES, com a seguinte estrofe: "Massas geométricas / Em pautas de música / Plástica e silêncio / Do espaço criado / Concha e cavalo-marinho". MORAES, Vinícius de. Azul e branco (op. cit.), p. 113.
17. Segundo Carlos Lessa, a cidade do Rio de Janeiro, "fascinada, elegeu o veículo motorizado como emblema de modernidade, priorizou sua expansão pela cidade e facilitou sua circulação desinibida". LESSA, Carlos. Op. cit., p. 237.
18. "O centro do equilíbrio – igualmente afastado dos extremismos – não se situa na democracia, nem no liberalismo". FAORO, Raymundo. Op. cit., p. 705.
19. "A arquitetura pura é um cristal; quando é pura como um cristal; mágica, fechada, exclusiva, autônoma, não contaminada, não corrompida, absoluta, definitiva como um cristal". [No original em italiano: "L'architettura pura é un cristallo; quando é pura come un cristallo, magica, chiusa, esclusiva, autonoma, incontaminata, incorrota, assoluta, definitiva, come un cristallo"]. PONTI, Gio. *Amate l'Architettura*, p. 39.
20. "Foi nele que se aplicou pela primeira vez, em escala monumental, a fachada totalmente envidraçada, o 'pan de verre'; as experiências anteriores haviam sido todas em edificações de menor porte". COSTA, Lúcio. Relato pessoal (op. cit.), p. 138.
21. Ver: SEGRE, Roberto. *Historia de la arquitectura y del urbanismo. Países desarrollados, siglos XIX y XX* (op. cit.), p. 47; CURTIS, William. *La arquitectura moderna desde 1900*, p. 30.
22. TAFURI, Manfredo; DAL CO, Francesco. Op. cit., volume 1, p. 96.
23. São os atributos definidos por Rowe e Slutzky. ROWE, Colin; SLUTZKY, Robert. Op. cit.

24. ARGAN, Giulio Carlo. *Arte moderna. Do iluminismo aos movimentos contemporâneos*, p 249-250; NEUMEYER, Fritz. Op. cit., p. 39.

25. ZUKOWSKY, John (org.). *The Many Faces of Modern Architecture. Building in Germany between the World Wars*. É interessante constatar que não somente os arquitetos "famosos" realizavam obras com uma linguagem avançada, mas também projetistas menos conhecidos, responsáveis pela construção de edifícios públicos urbanos.

26. ÁBALOS, Iñaki; HERREROS, Juan. *La piel frágil*.

27. FRAMPTON, Kenneth. *La Maison de Verre: Pierre Chareau & Bernard Bijvoet*, p. 27.

28. MARSÁ, Ángel; MARSILLACH, Luis. *La montaña iluminada*, p. 15.

29. Segundo o teósofo e filósofo holandês Cees van der Leeuw, "a luz e a transparência eram mais importantes que os simples temas da produção". Apud REICHLIN, Bruno. *From Produt to Process. The Van Nelle Factories in Rotterdam. Brinkman & Van der Vlugt, 1928-1931*, p. 45.

30. Em 1928, Sigfried Giedion em *Bauen in Frankreich* (referindo-se a Le Corbusier) relacionou a modernidade ao mito da transparência: "O ar se torna um fator constitutivo [...] Há somente um único espaço indivisível. A separação entre o interior e o exterior se desmonta". Na versão em inglês: "The air becomes a constitutive factor! [...] There is only a single, indivisible space. The separation between interior and exterior fall". Apud VIDLER, Anthony. *The Architectural Uncanny. Essays in the Modern Unhomely*, p. 77].

31. COLOMINA, Beatriz. *La domesticidad en guerra*, p. 153.

32. McLEOD, Mary. *La era de Reagan. Del postmoderno a la deconstrucción*.

33. Na versão em inglês: "To live in a glass house is a revolutionary virtue par excellence". Apud HAYS, K. Michael. Op. cit., p. 165. O texto de Benjamin foi escrito no mesmo ano do concurso do Palácio das Nações (1926-1927). Para Benjamin e Meyer o vidro era um material sem aura, frio, sóbrio, inimigo dos segredos, inimigo da propriedade.

34. COLOMINA, Beatriz. *The Medical Body in Modern Architecture*.

35. FOSTER, Kurt W. *Edificios como archivos y secretos del saber*. Segundo Foster, o fascismo não convidava a entrar numa casa aberta, porém oferecia um espetáculo, cuja "transparência" era dubitativa, segundo afirmara Terragni numa carta a Pietro Maria Bardi: "Pena que a Casa del Fascio não possa se apresentar completa como o Sacrário: faltam os cristais e o bloco puro de cristal. Ironia da sorte: fazemos a propaganda do vidro e é justamente o vidro que nos traz atribulações". Apud TENTORI, Francesco. *P. M. Bardi*, p. 149.

36. Na inauguração do edifício do MES, Capanema afirmou em seu discurso: "se a criação do Ministério da Educação e Saúde resultou de vossa sabedoria política, a construção deste 'palácio de vidro', em que ele vai funcionar é um sinal de vossa livre e altíssima inteligência". Em seu discurso, Roquette-Pinto acrescentou: "Mas o que sei – porque é a mesma evidência – é que *este* palácio de vidro tão escandalosamente grandioso, sem sombras, sugere algo de profundo, claro, forte e decisivo. [...] Palácio de Cristal de Guanabara. [...] Ar e luz. A elevação espiritual começa quando o indivíduo tem consciencia do seu destino". Apud LISSOVSKY, Mauricio; SÁ, Paulo Sergio Moraes de. Op. cit., p. 209 e 212, respectivamente.

37. O arquiteto e crítico inglês Arthur Korn escreveu nos anos 1930: "uma mudança ocorreu nesse âmbito, comparando ao passado, representa algo absolutamente novo: a 'destruição' do tradicional muro externo [...] não é mais uma questão sobre o muro e a janela [...] o muro é a própria janela [...] a janela é o próprio muro". [No original em inglês: "a change has come about that, compared to the past, represents something absolutely new: the 'destruction' of the traditional external wall [...] it is not longer a question of wall and window [...] the wall is the window itself [...] the window is the wall itself"]; "Não a partir de um ponto de vista cultural esteticizante, mas cultural geral. A Resistência Firme ao Formalismo e Determinismo de Mies: Uma Reivindicação do Critério de Valores em Arquitetura". [No original em inglês: "Not from an aestheticizing, but from a general cultural point of view. Mies's Steady Resistence to Formalism and Determinism: A Plea for Value-Criteria in Architecture". OECHSLIN, Werner. 'Not from an aestheticizing, but from a general cultural point of view'. Mies's Steady Resistence to Formalism and Determinism: A Plea for Value-Criteria in Architecture, p. 36].

38. É importante destacar que a complexa caixilharia metálica e a janela de guilhotina foram também usadas em outros edifícios de escritórios que se construíram paralelamente ao MES, por exemplo, nos edifícios Nilomex, Castello e Raldia, projetados pelo arquiteto Robert R. Prentice. Ver: PRENTICE, Robert R. *O conjunto dos três edifícios*.

39. O ar condicionado que já estava difundido no Rio de Janeiro por iniciativa da empresa norte-americana Carrier, foi usado no MES exclusivamente no segundo andar, onde estavam os escritórios do ministro e seus assessores. Por conta disso, este andar tem uma altura maior que os restantes, para acolher os condutos, ocultos dentro do forro.

40. Tanto no Centrosoyus de Moscou (1928) quanto na *Cité de Refuge de l'Armée du Salut* em Paris (1929), Le Corbusier tentou aplicar os princípios dos *murs neutralisants* e a *aération ponctuelle* que conformariam um sistema de refrigeração e aquecimento, definido como *usines à air exacte*. Ambas as experiências fracassaram, e o mestre se dedicou a experimentar os brise-soleil nos projetos para países de clima quente. Ver: PAWLEY, Martin. *Le Corbusier*, p. 14; EVANS, John Martin; SCHILLER, Silvia de. *The friendly city, the sun and Le Corbusier. Form, function and bioclimatic response*.

41. Nas obras projetadas contemporaneamente, ou pouco depois, por ambos os arquitetos, percebe-se o estudo detalhado das caixilharias tanto nos projetos de pequenos escritórios da Prefeitura do Distrito Federal quanto nas residências de Machado Moreira.

42. Explica Lúcio Costa: "Aquela caixilharia impecável, tão bonita, não é? Foi difícil, mas a fachada envidraçada foi feita pela Fichet, de São Paulo. Nós a convocamos, vieram aqui ao escritório e estudaram conosco aqueles painéis bastante grandes. A caixilharia é muito bonita, muito boa aquela estrutura toda. E nós, naquele exagero de novos clientes, eu me lembro que insisti muito em querer fazer – como o país é quente e o ar-condicionado na época não era uma coisa assim generalizada, era uma coisa incipiente ainda – uma ventilação cruzada, que todos aqueles painéis grandes fossem móveis. Poderíamos ter feito uma parte fixa e outra parte móvel, só por economia, mas não, tem contrapeso para todos aqueles painéis, são todos móveis, de modo que querendo deixar só em cima pode. Um trabalho impecável, muito bem elaborado". Apud SEGAWA, Hugo. Ministério, da participação de Baumgart à revelação de Niemeyer, p. 160. Esse testemunho de Costa nos lembra a relação de Le Corbusier com o industrial suíço Wanner, primeiro produtor das caixilharias metálicas corrediças, aplicadas por ele na *Maison Clarté* em Genebra (1930-1932). SUMI, Christian. Il progetto Wanner, p. 39.

43. ALAZARD, Jules; HEBERT, Jean-Pierre. *De la fenêtre au pan de verre dans l'oeuvre de Le Corbusier*.

44. Apreciação de Gustavo Capanema enviada a Lúcio Costa (19 out. 1936): "As paredes do lado sul do edifício devem ser feitas em parte por vidros não transparentes. Foi uma sugestão que me fez o sr. Le Corbusier, à vista de observação, que lhe fiz, sobre o inconveniente da iluminação excessiva. Os elementos fixos dessas paredes poderão ser constituídos por vidros translúcidos ou, melhor ainda, opacos". Apud ALMODÓVAR MELENDO, José Manuel. Da janela horizontal ao brise-soleil de Le Corbusier: análise ambiental da solução proposta para o Ministério da Educação de Rio de Janeiro.

45. O MES não escapou do fenômeno usual nos edifícios com pano de vidro, no qual os usuários encostam os móveis à fachada – o exemplo atual (2007) mais evidente é o caos visual existente nas fachadas das torres puristas da Biblioteca Nacional da França de Dominique Perrault – como o demonstrou a precoce preocupação do ministro Capanema no ano de 1944: ordem de serviço de Gustavo Capanema a Bittencourt de Sá (08/12/1944): "Peço-lhe que recomende ao Serviço da Administração da Sede que não permita a colocação de embrulhos, pacotes etc, nas faces de vidro do lado sul do edifício. O aspecto exterior é mau". Apud LISSOVSKY, Maurício; SÁ, Paulo Sergio Moraes de. Op. cit., p. 192.

46. SCOFFIER, Richard. Os quatro conceitos fundamentais da arquitetura contemporânea, p. 165.

47. No artigo "Pode ser tudo menos tropical", publicado na *Folha Carioca* em 26 de julho de 1944, Marianno referiu-se de forma irônica às fachadas do MES: "janelões de 'onze varas' protegidos por *brise-soleil*, jamais se poderão enquadrar num gênero de arquitetura 'tropical'. [...] as colunas destinadas a suportar o caixotão envidraçado onde funcionam as dependências do ministério. [...] Esses degenerados não compreendem que a arquitetura é feita para atender às necessidades do povo, e não para provocar interjeições de espanto". Apud. LISSOVSKY, Maurício; SÁ, Paulo Sérgio Moraes de. Op. cit., p. 198-199.

48. "A fachada de vidro veio concretizar uma velha preocupação do arquiteto: a integração de sua arquitetura no mundo exterior. E a preocupação que sentimos, antes mesmo do advento da estrutura independente, com as aberturas externas se aproximando, criando grandes conjuntos envidraçados". CORONA, Eduardo. *Oscar Niemeyer: uma lição de arquitetura*, p. 43.

49. KELLY, Celso. Para que tanto vidro? *A Noite*, Rio de Janeiro, Seção de Artes e Letras, 03 jul. 1944. Apud. LISSOVSKY, Maurício; SÁ, Paulo Sérgio Moraes de. Op. cit., p. 195.

50. Carlos Drummond de Andrade, no jornal *Diário* de 22 de abril de 1944, diz: "Dias de adaptação à luz intensa, natural, que substitui as lâmpadas acesas durante o dia; as divisões baixas de madeira em lugar de paredes, os móveis padronizados (antes, obedeciam à fantasia dos diretores ou ao acaso dos fornecimentos). Novos hábitos são ensaiados. Da falta de conforto durante anos devemos passar a condições ideais de trabalho". Apud CAVALCANTI, Lauro (org.). *Quando o Brasil era moderno. Guia de arquitetura 1928-1960* (op. cit.), p. 372.

51. CORBUSIER, Le. Le brise-soleil (op. cit.).

52. COSTA, Lúcio; NIEMEYER, Oscar; REIDY, Afonso E., MOREIRA, Jorge M.; LEÃO, Carlos; VASCONCELLOS, Ernani M. Op. cit.

53. Os estudos realizados foram apenas sobre a incidência solar, e o crítico Francisco Liernur comete um equívoco ao dizer: "Fue también el primero en el que se aplicaron y desarrollaron la gran escala las *teorías sobre la energía solar*". LIERNUR, Jorge Francisco. América Latina. Los espacios del 'otro' (op. cit.), p. 291.

54. Sem sombra de dúvidas, as experiências realizadas por Marcelo e Milton Roberto na ABI foram acumuladas no MES. Eles haviam deixado dois metros de distância entre a caixilharia de madeira e o vidro da fachada em relação à superfície externa dos brise-soleils, com o intuito de deixar um "colchão" de ar que evitava a entrada de calor aos escritórios. ROBERTO, Marcelo; ROBERTO, Milton. O Palácio da Imprensa.

55. O controle da intensidade de luz nos escritórios, como a objetiva de uma câmera fotográfica, foi proposto por Costa em uma entrevista: "A fachada, depois de pronta, já estava aberta. Por que não usar a mesma técnica da objetiva fotográfica? Você gradua, dosa a intensidade da luz. Esse clima todo, de novas possibilidades de criar, marcou muito". SABBAG, Haifa. Op. cit, p. 18.

56. No artigo "Arquitetos novidadeiros", publicado no jornal *Folha Carioca* (Rio de Janeiro, 5 jul. 1944), novamente José Marianno Filho critica os brise-soleil: "aplicam dispositivos arquitetônicos da Holanda e da Suécia às habitações do Brasil. Se o inimigo a combater é o sol, não se compreende que o arquiteto use o vidro para combatê-lo e depois o brise-soleil para lutar com o vidro". Apud LISSOVSKY, Maurício; SÁ, Paulo Sérgio Moraes de. Op. cit., p. 196.

57. Escreveu André Malraux: "O prédio do MEC significou a reconquista do arranha-céu pelo sol". Apud GUIMARAENS, Cêça de. *Paradoxos entrelaçados. As torres para o futuro e a tradição nacional* (op. cit.), p. 133.

58. Quase todos os principais críticos de arquitetura que escrevem no pós Segunda Guerra se referem aos brise-soleil do MES: Bruno Zevi, Sigfried Giedion, Henry-Russel Hitchcock, Nikolaus Pevsner, Michel Ragon, Gillo Dorfles, entre outros. Ver: TINEM, Nelci. *O alvo do olhar estrangeiro. O Brasil na historiografia da arquitetura moderna*.

59. Um detalhe da fachada dos brise-soleil apareceu na capa do primeiro número dedicado ao Brasil da revista *L'Architecture d'Aujourd'hui*, n. 13/14, Paris, setembro de 1947. Nela é publicado um artigo do mestre dedicado à história dos brise-soleils e, segundo Nelci Tinem, "Le Corbusier não deixa de constatar a existência de um novo tipo de edifício de escritórios criado pelos arquitetos brasileiros". TINEM, Nelci. *Arquitetura Moderna Brasileira: a imagem como texto*.

60. LAUBER, Wolfgang, *Tropical Architecture. Sustainable and Human Building in Africa, Latin America and South-East Asia*; GLANCEY, Jonathan. *20th Century Architecture. The Structures that Shaped the Century*; FORTY, Adrian; ANDREOLI, Elisabetta (org.). *Arquitetura moderna brasileira*.

61. BANHAM, Reyner. *La arquitectura del entorno bien climatizado*, p. 172.

62. Max Bill, em entrevista a Flávio D'Aquino, publicada originalmente na revista carioca *Manchete*, em setembro de 1953, afirma: "Quanto ao Edifício do Ministério da Educação, não me agradou de todo. Falta-lhe sentido e proporção humana; ante aquela massa imensa, o pedestre sente-se esmagado. Não concordo, tão pouco, com o partido adotado no projeto, que preferiu condenar o pátio interno construindo o prédio sobre pilotis. O pátio interno seria mais adaptável ao clima, criaria correntes de ar ascendente que produziriam melhor ventilação refrescando o ambiente. Sob o aspecto funcional prefiro o Ministério de Fazenda, embora sob os demais aspectos ele não exista para mim". Apud D'AQUINO, Flávio. *Max Bill censura os arquitetos brasileiros* (entrevista), p. 252.

63. "Essas são razões para considerar 'fluidez' ou 'liquidez' como metáforas adequadas quando queremos captar a natureza da presente fase, *nova* de muitas maneiras, na história da modernidade". BAUMAN, Zygmunt. *Modernidade líquida*, p. 9.

64. GIEDION, Sigfrid. *Espaço, tempo e arquitetura. O desenvolvimento de uma nova tradição* (op. cit.); ZEVI, Bruno. *Saber ver a arquitetura*.

65. "A boa arquitetura 'se caminha' e 'se percorre' tanto por dentro como por fora. A arquitetura é viva". [Na versão em espanhol: "La buena arquitectura 'se camina' y se 'recorre' tanto adentro como afuera. Es la arquitectura viva". CORBUSIER, Le. *Mensaje a los estudiantes de arquitectura*, p. 33].

66. "Rapidez de estilo e de pensamento significa sobretudo agilidade, mobilidade, desenvoltura". [Na versão espanhola: "Rapidez de estilo y de pensamiento quiere decir sobre todo agilidad, movilidad, desenvoltura". CALVINO, Ítalo. *Seis propuestas para el próximo milênio* (op. cit.), p. 58].

67. ARGAN, Giulio Carlo. *Arte moderna. Do iluminismo aos movimentos contemporâneos* (op. cit.), p. 80.

68. SALLES, Evandro (org.). *Gráfica utópica. Arte gráfica russa. 1904-1942*, p. 49.

69. Kwinter cita Reyner Banham, que afirma ter sido Sant'Elia o primeiro arquiteto moderno a criar o hábito de pensar em termos de circulação e não de vistas. KWINTER, Sanford. *Architetures of Time. Towards a Theory of the Event in Modernist Culture*, p. 93.

70. TAFURI, Manfredo e DAL CO, Francesco. Op. cit., volume 1, p. 171.

71. VIDLER, Anthony. *Espacio, tiempo y movimiento*.

72. CARSALADE, Flávio de Lemos. *Arquitectura: interfaces*.

73. COMAS, Carlos Eduardo Dias. *Le Corbusier: os riscos brasileiros de 1936* (op. cit.).

74. "As figuras representadas estão como que marchando para diante, sugerindo o caminho de encontro dos dois emblemas". KNAUSS, Paulo. *O homem brasileiro possível. Monumento da Juventude brasileira*, p. 43.

75. PHILIPPOU, Styliane. *Oscar Niemeyer. Curves of Irreverence*, p. 69.

76. RAGOT, Gilles; DION, Mathilde. *Le Corbusier en France. Projets et réalisations*, p. 57.

77. BURIAN, Edward R. *La arquitectura de Juan O'Gorman. Dicotomía y deriva*.

78. MINDLIN, Henrique. *Arquitetura moderna no Brasil* (op. cit.), p. 246. É provável que além do exemplo de Le Corbusier estivesse inspirada na rampa da piscina dos pinguins do Zoológico de Londres, projetada por Berthold Lubetkin em 1933-34. Ver: ALLAN, John. *Berthold Lubetkind: creatividad y continuidad* (op. cit.), p. 10.

79. BONDUKI, Nabil (org.) *Affonso Eduardo Reidy* (op. cit.), p. 173.

80. Capanema estava seriamente interessado em transformar os hábitos administrativos tradicionais dos organismos governamentais, herdados da República Velha. Por isso inspirou-se no modelo norte-americano. Solicitou ao diplomata brasileiro Fernando Lobo que lhe enviasse um informe sobre as suas visitas aos escritórios estatais de Washington: "Mobiliário novo, standard, colocado nas salas de acordo com desenho prévio [...]; só os diretores gerais deverão possuir gabinete próprio [...]. Todas as outras salas deverão ser abertas, apenas com as colunas de suporte. As seções [...] deverão ser separadas apenas por balcões baixos. Essas grandes salas abertas podendo servir para qualquer dos grandes serviços administrativos ou técnicos". E logo ao colocar a pedra fundamental do MES, no dia 24 de abril de 1937, Capanema afirmou: "Racionalização do serviço público. Vai-se introduzindo nele, pouco a pouco, mas firmemente, uma organização nova, que visa dar-lhe simplicidade, rapidez, economia, exatidão". LISSOVSKY, Maurício; SÁ, Paulo Sérgio Moraes de. Op. cit., p. 13 e 149, respectivamente.

81. Embora o primeiro edifício de escritórios com espaços contínuos fosse o da empresa Larkin, de Buffalo (1906), projetado por Frank Lloyd Wright,

considera-se o edifício para a Philadelphia Saving Fund Society, de William Lescaze, de 1931-1932, o pioneiro na utilização de divisórias desmontáveis, que quiçá já fosse conhecido no Brasil. HINE, Thomas. Intrigas de oficinas. La vida interior de la cultura corporativa.

82. Nas perspectivas desenhadas por Le Corbusier para o Centrosoyus (1928), o projeto de Santa Luzia (1936) e a torre da *Cité d'Affaires* em Argel (1939); sempre aparece uma fachada de vidro com vistas ao exterior e uma divisória de madeira formada por um móvel contínuo que não alcança o forro. Ver: BOESIGER, Willy (org.). *Le Corbusier. Oeuvre Complète 1938-1946* (op. cit.), p. 112.

83. Conforme pode se observar no "Edital de Concorrência pública para o concurso e projetos do edifício do Ministério da Educação e Saúde Pública", datado de 20 de abril de 1935 e da responsabilidade do superintendente de Obras e Transporte Eduardo Duarte de Souza Aguiar, a identificação dos espaços separados dos diretores de departamentos respondia a uma das exigências estabelecidas pelo programa do concurso do MES. Ver: LISSOVSKY, Maurício; SÁ, Paulo Sérgio Moraes de. Op. cit., p. 4-6.

84. "A qualidade da circulação interna será a virtude biológica da obra, organização do corpo construído, conectado na verdade à razão de ser do edifício". CORBUSIER, Le. Nome do texto (op. cit.), p. 33. Ver também: COLOMINA, Beatriz. The Medical Body in Modern Architecture (op. cit.).

85. Em uma entrevista à revista *Les Cahiers du Cinéma*, datada de 1979, Jacques Tati comenta seu filme *Playtime*: "Há gente prisioneira na arquitetura moderna porque os arquitetos as obrigam a circular de uma maneira determinada, sempre em linha reta [...] primeiro pedi aos atores que seguissem linhas retas; nunca circunferências nem semicircunferências, mas que todos deveriam seguir as linhas retas da arquitetura moderna. E tudo construído assim, sempre com ângulos retos nestes escritórios-labirinto com seus compartimentos". Apud LÓPEZ, Jorge Gorostiza. *Cine y arquitectura*.

86. O intelectual paulista Fernando de Azevedo escreveu, em 06 de dezembro de 1942, uma carta emotiva a Capanema, referindo-se a estas qualidades do MES: "Tudo desliza, nos tetos como pelas paredes, sem que se oponha, para quebrar a continuidade da superfície, um acidente ou um ressalto. O que se vê, de qualquer ângulo de observação, é realmente um prazer para os olhos que aí parecem fazer uma cura de repouso. Nesse conjunto harmonioso, em que se fundem os elementos paisagístico e arquitetônico, o olhar perdido e absorto do homem, no meio das coisas inquietas e hostis, tende a concentrar-se para dominar de um e de outro lado, do sul e do norte, as florestas, as montanhas, a baía e a cidade, rasgadas à sua contemplação, como se fossem repartidas por dois estupendos anfiteatros". In LISSOVSKY, Maurício; SÁ, Paulo Sérgio Moraes de. Op. cit., p. 177.

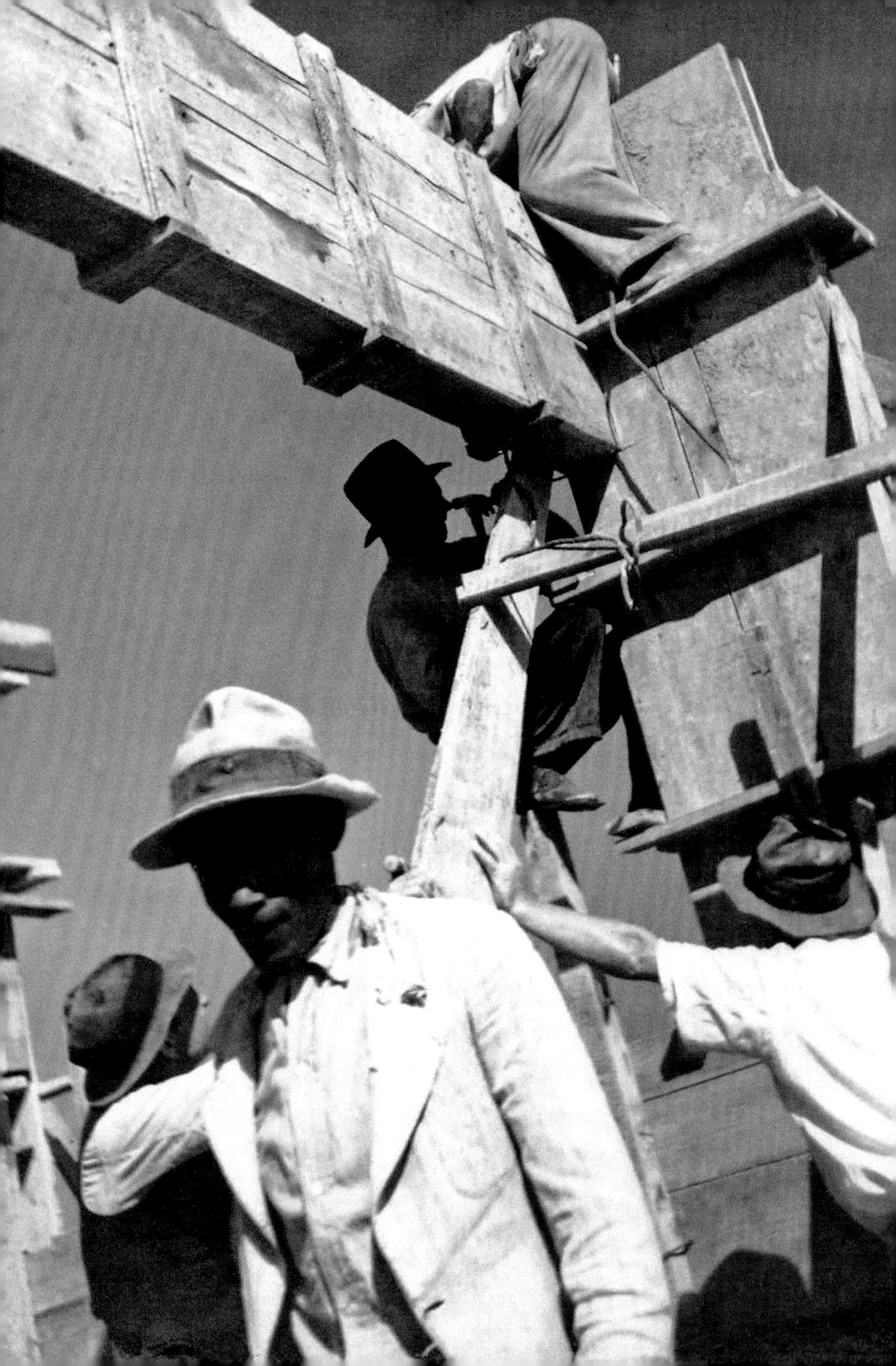

CAPÍTULO 12

EQUIPAMENTO, TECTÔNICA E MATERIALIDADE

1. VARIAÇÕES TIPOLÓGICAS E FORMAIS

Desde os anos 1930 insistiu-se em definir o MES como o primeiro protótipo mundial de edifício moderno de escritórios para países de clima tropical. Assim foi denominado, em 1943, por Philip Goodwin, no antológico livro *Brazil Builds*; na revista *Architectural Forum,* em sua edição de fevereiro do mesmo ano; e recentemente pelo historiador argentino Francisco Liernur[1]. É importante verificar se os arquitetos queriam construir um edifício de escritórios ou a sede simbólica de um ministério. Segundo Carlos Eduardo Comas, o processo começou pela busca de atributos monumentais representativos do ministério; e, posteriormente, converteu-se no protótipo de um eficiente – tal qual uma máquina – edifício de escritórios[2]. É lícito afirmar que os arquitetos complementaram a identificação estética tradicional da monumentalidade do palácio como expressão do Estado, do Poder ou da Autoridade, com o rigor, a clareza e a expressão da função administrativa. Disso resulta a sua contemporaneidade significativa, porque – parafraseando Rem Koolhaas – consegue unir a expressão monumental à máxima eficácia, ao adaptar-se à "mudança que é a vida"[3].

Historicamente, o palácio teve sempre conotações simbólicas específicas[4], o que não aconteceu com os edifícios de escritórios surgidos em Chicago, como resposta estritamente funcional à necessidade de espaços livres em edifícios verticalizados para abrigar a criação frenética de empregos das novas atividades financeiras e administrativas. No final do século 19, os primeiros arranha-céus da Escola de Chicago se afastavam do sistema compositivo e ornamental da *École des Beaux Arts*, que logo se impôs também a essa tipologia de edifícios[5]. Le Corbusier, em seus escritos, associou o palácio à ideia de moradia, ao referir-se ao Palácio das Nações – o ministro Capanema, no discurso pronunciado na ocasião da pedra fundamental do MES, também o identificou como "uma casa de trabalho"[6] –; entretanto, o ministério, enquanto edifício público, estava obrigatoriamente relacionado ao conceito de monumento. Dessa forma, havia a transposição dos atributos simbólicos que identificavam o Estado à acepção semântica de palácio. Por isso, grande parte das referências ao MES assumiu esse termo, como é possível perceber pelas referências

Na página anterior, MES, processo construtivo, Rio de Janeiro, foto c.1939

Acima, capa do livro *Brazil Builds: architecture new and old, 1652-1942*, de Philip L. Goodwin, 1943

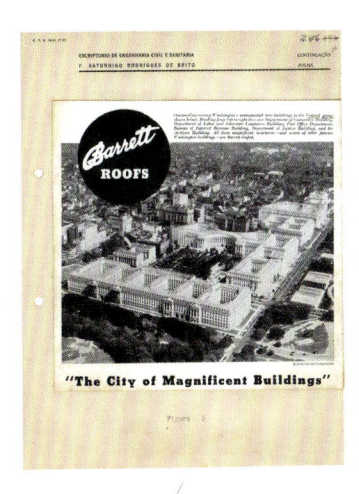

MES, fotografia dos edifícios monumentais de Washington ilustrando parecer de Saturnino de Brito sobre o primeiro projeto da equipe brasileira, 4 de junho de 1936

de Le Corbusier ao "palácio do Ministério da Educação Nacional"; de Carlos Lessa ao "palácio da educação"[7], de Capanema ao "palácio de vidro" ou "palácio Cairu"; e de Roquette-Pinto ao "palácio de cristal da Guanabara"[8].

Desde a fundação de Washington por Pierre Charles L'Enfant (1792), os edifícios públicos nas Américas se vestiram com a roupagem neoclássica e historicista, assumindo um caráter monumental, determinado não somente pelos atributos estilísticos, mas também pela composição das densas massas volumétricas. Essas características se prolongaram do século 19 até a Segunda Guerra Mundial. As duas décadas – entre 1920 e 1940 – que correspondiam ao surgimento do movimento moderno foram intensamente marcadas pela construção de edifícios estatais monumentais, na Europa, Estados Unidos e América Latina. Não é por acaso que o engenheiro Saturnino R. de Brito Filho, ao emitir seu parecer sobre a Múmia, afirmasse que "quanto à arquitetura, obedece uma tendência que se acha em minoria na arte contemporânea"[9]. A derrota de Le Corbusier e dos projetos "racionalistas" no concurso do Palácio das Nações de Genebra (1927), bem como a construção do nefasto pastiche acadêmico de Nénot e Flegenheimer, demonstraram a hegemonia internacional dos regimes autoritários, tanto de esquerda quanto de direita. Essa orientação se impôs, inclusive, no governo democrático de Roosevelt nos Estados Unidos, que disseminou em todo o território escritórios federais monumentais: em 1934, Freedlander & Hausle construíram o Bronx County Building; e em 1933-35, Cross & Cross, Pennington, Lewis & Mills construíram o Federal Building, com volumes maciços e fechados, ambos em Nova York[10].

Talvez hoje, no início do século 21, não sejamos capazes de perceber a dimensão da importância atingida pela arquitetura acadêmica e monumental naqueles anos, apoiada e evocada pelos regimes fortes europeus, por sua vez adotada como modelo nos países da América Latina. Assim, em 1937, no momento em que foi projetado e construído o MES, o projeto do Palais Chaillot de Jacques Carlu, Louis Boileau e Léon Azéma[11] presidia a Exposição Mundial de Paris; e o quase desconhecido arquiteto Ernst Sagebiel concretizava para Hitler, em Berlim, dois dos maiores edifícios da

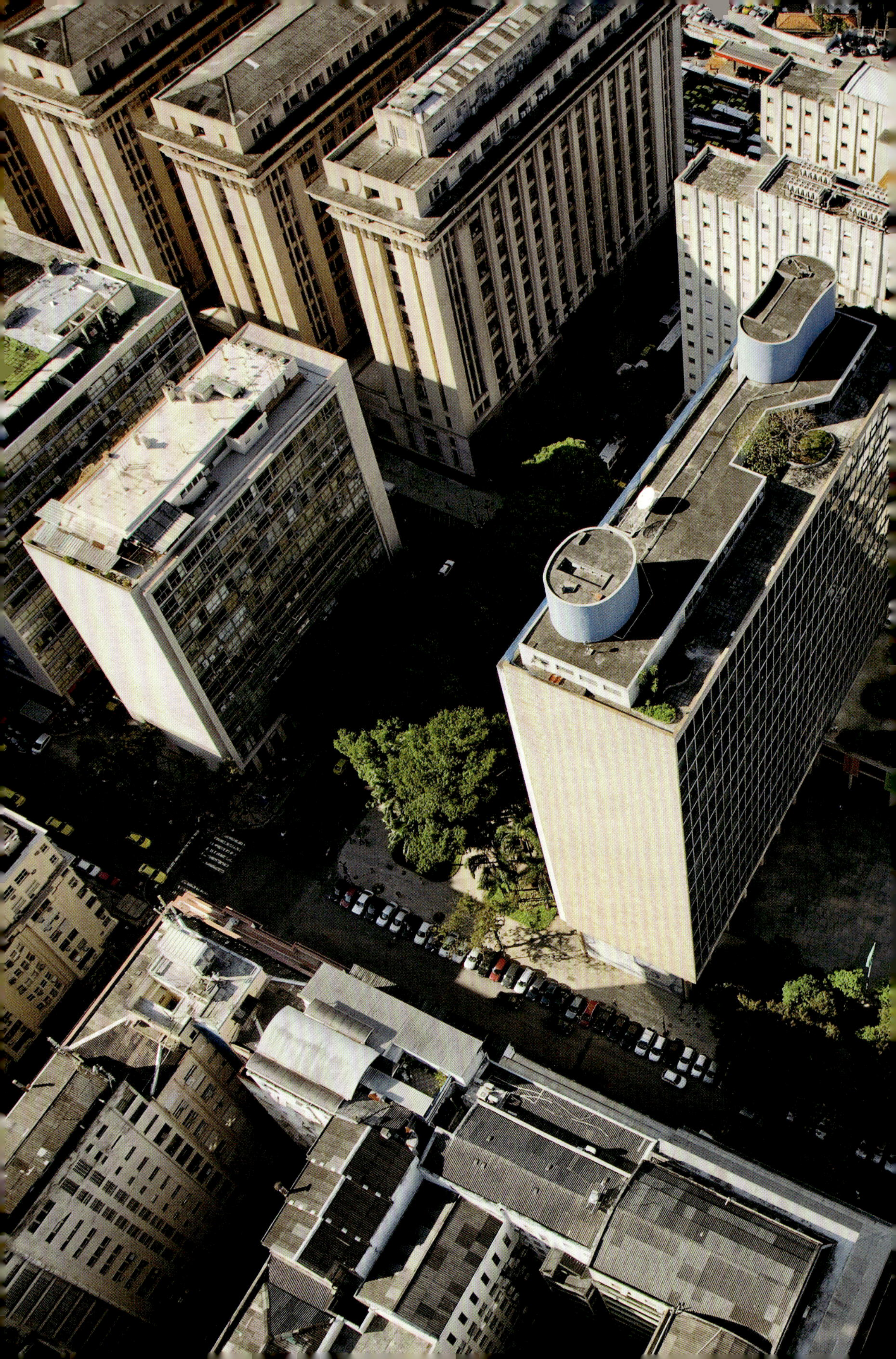

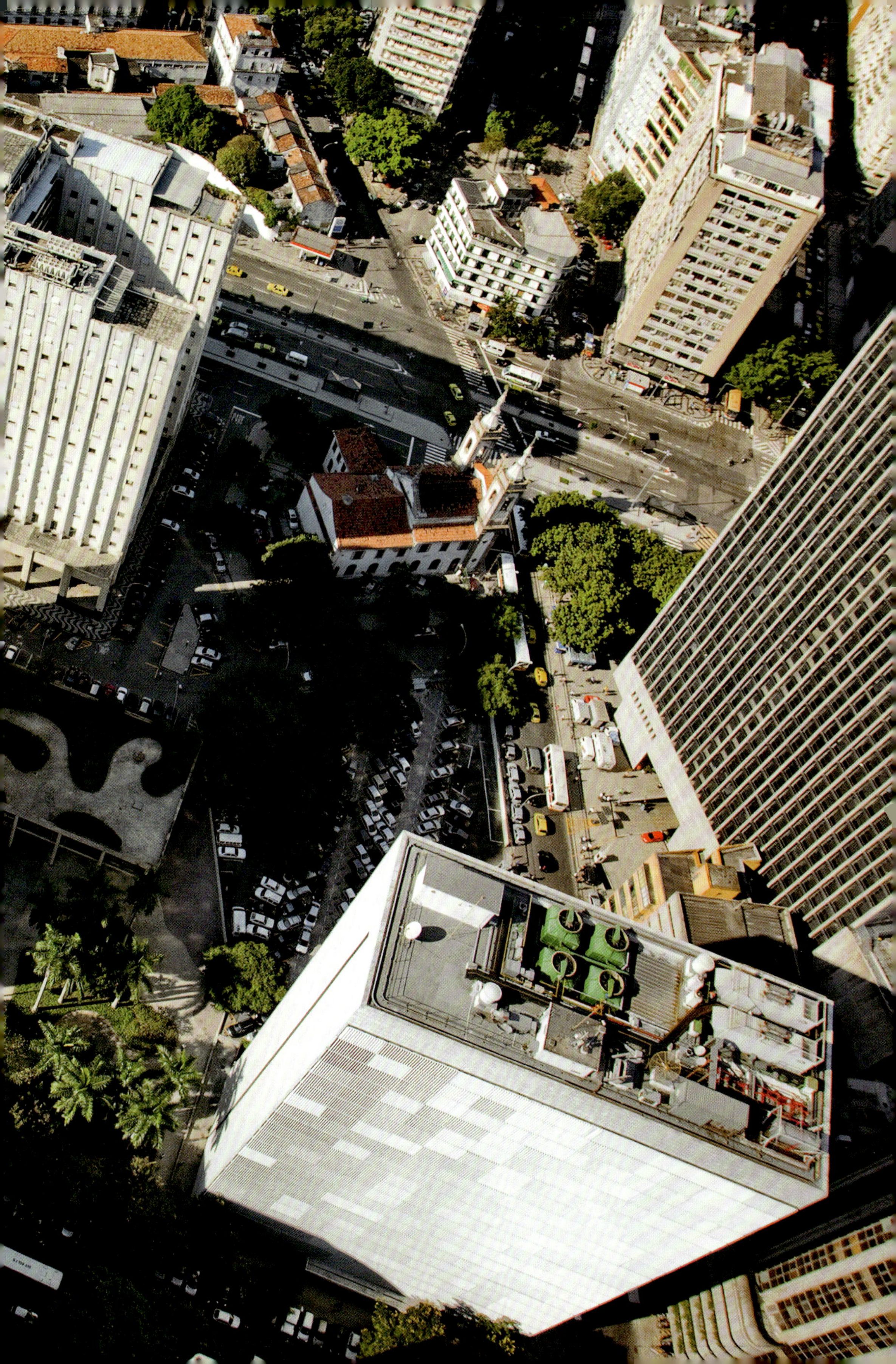

Europa: o Ministério do Ar – Detlev-Rohwedder-Haus – com dois mil cômodos, e o aeroporto de Tempelhof[12]. É compreensível a fascinação exercida por essas obras entre os governantes latino-americanos. Além dos exemplos cariocas promovidos por Getúlio Vargas – os ministérios da Fazenda, Trabalho e Exército –, em Buenos Aires a Plaza de Mayo converte seu passado colonial em novo marco monumental: Alejandro Bustillo projetou o acadêmico Banco de la Nación (1938) diante do maciço Ministério da Fazenda (1936). Ao mesmo tempo, não longe dali, o Ministério da Guerra retomava as mansardas francesas (1938) e a Faculdade de Direito (1938) repetia ostentosamente a colunata do Parthenon[13], logo clonada nos anos 1950 pela Fundação Eva Perón. Na Colômbia, o projeto do Edifício de Ministérios de Bogotá (1940) foi encomendado aos Estados Unidos, resultando em um volume compacto, usando os códigos do "Monumental Moderno"[14]. No Chile, o novo Centro Cívico (1936), ao redor do palácio presidencial La Moneda, no centro, também foi concebido com esses termos formais[15]. Não é por acaso, portanto, que o suíço Max Bill, ex-aluno da Bauhaus e em visita ao Brasil, não se escandalizasse diante do academicismo do Ministério da Fazenda do Rio de Janeiro, e que o considerasse mais eficiente, do ponto de vista funcional, do que o próprio MES[16].

Apesar do considerável número de edifícios realizados pelos mestres do movimento moderno no período entreguerras, a aceitação dos novos códigos não transcendia a autonomia do edifício isolado. Ou seja, não era assimilada a proposta de uma cidade moderna, como propunham Le Corbusier, os membros do CIAM e os urbanistas russos, já que a imagem urbana vigente era ainda assumida do modelo parisiense haussmaniano. Por isso, a presença na América Latina dos urbanistas europeus – Bouvard, Agache, Forestier, Brunner e Rotival – respondia à necessidade de "modernizar" as capitais da região, porém sempre dentro dos cânones acadêmicos. A cidade funcionava a partir de quarteirões em bloco, com edifícios compactos – embora com funções diferentes –, e fachadas decoradas com elementos clássicos. A esses princípios tampouco escapavam os arranha-céus de Nova York, apesar das imagens fantásticas elaboradas por Hugh Ferris e o projeto revolucionário do

Na página anterior, MES ao lado dos Ministérios da Fazenda e do Trabalho, e da Igreja de Santa Luzia, Rio de Janeiro, foto de 2008

Acima, edifício de escritórios *A Noite*, Avenida Cetral, Rio de Janeiro, 1929, Joseph Gire e Elisiário da Cunha Bahiana, foto de 2006

Edifício Novo Mundo, Rio de Janeiro, 1934, Ricardo Wriedt, foto de 2006

Rockfeller Center, que, com sua composição livre de blocos altos dentro do quarteirão, propunha uma organização mais racional e harmônica do *business center*.

Isso se refletiu nos edifícios de escritórios construídos no Rio de Janeiro entre 1920 e 1940, nos três núcleos básicos: a Praça Cinelândia, a Avenida Central e a Esplanada do Castelo. Por iniciativa do empresário Francisco Serrador, escritórios e cinematógrafos se concentraram nas ruas estreitas em torno da Praça Marechal Floriano – conformando uma pequena Wall Street –, em blocos de doze andares e fachadas ecléticas. Embora com um projeto acadêmico, respondiam a tecnologias estruturais e equipamentos avançados, projetados por arquitetos e engenheiros de prestígio: Emílio Baumgart – logo calculista do MES –, Ricardo Wriedt, Alessandro Baldassini, Arnaldo Gladosh e Luís Fossati[17]. Em 1929, Joseph Gire e Elisiário da Cunha Bahiana construíram o primeiro edifício com forma de lâmina vertical da cidade, com estrutura em concreto armado – o edifício de escritórios A Noite, de 22 andares, num dos extremos da Avenida Central –; e, a partir do esquema planimétrico estabelecido por Agache para a Esplanada do Castelo, desenvolveu-se nessa nova área da cidade um conjunto de edifícios de escritórios. Entre os mais significativos, citemos o exemplo *art déco* do edifício Novo Mundo de Ricardo Wriedt (1934); os de Robert R. Prentice – Standard Oil (1936), Nilomex, Castello, Raldia e Sulacap (1937) –, a sede da *Assicurazioni Generali di Trieste e Venezia* (1938) de Ângelo Bruhns e o edifício Almirante Barroso (1939) de Gusmão, Dourado & Baldassini. Com um denso e rebuscado ornamento, o edifício Mayapan (1940), de Mário Freire[18], encerra a década de 1930.

Em geral, a tipologia formal e funcional era definida por um embasamento de granito ou de mármore e galerias com pórticos, um vestíbulo de acesso com elementos decorativos *art déco*, corredores escuros e salas de escritórios em sequência linear, voltados tanto para a rua quanto para os pátios internos. Dentro desses cânones, foi construído em São Paulo o edifício Conde Matarazzo (1937-1939), considerado o edifício de escritórios mais moderno do Brasil por conta de suas infraestruturas técnicas e funcionais[19]. Em planta, eram concentradas as circulações verticais e os serviços

Edifício Standard Oil, Rio de Janeiro, 1936, Robert Prentice, foto de 2006

Edifício Conde Matarazzo (à direita), atual prefeitura, São Paulo, 1937-1939, Marcello Piacentini, foto de 2010

sanitários para facilitar a distribuição homogênea dos escritórios. A estrutura era integrada aos muros de tijolos, e as fachadas eram compactas, com janelas pequenas e persianas retráteis, assim como se fazia nos edifícios de habitação. Em alguns casos, a verticalidade era acentuada por meio de pilastras salientes e volumes escalonados, imitando os modelos *déco* de Nova York. Do ponto de vista técnico, eram edifícios avançados em termos de instalações elétricas, caixilharia metálica e equipamentos de ar condicionado incipientes, similares aos dos homólogos norte-americanos, já conhecidos pelos arquitetos brasileiros durante as viagens aos Estados Unidos. Foi o caso de Mário dos Santos Maia, que se especializou sobre essa tipologia, autor do Tribunal Regional do Trabalho, talvez o exemplo mais semelhante ao monumental moderno que caracterizou as obras do governo de Roosevelt.

Embora a origem do edifício funcional de escritórios remonte às primeiras realizações da Escola de Chicago, a roupagem eclética que imperou nos Estados Unidos a partir da *Columbian Exposition* de 1893 fez com que os arquitetos europeus tomassem a dianteira na elaboração da nova linguagem, despojada de ornamentos e baseada nas possibilidades expressivas do aço e do vidro. As fantasias urbanas dos italianos Sant'Elia (1914) e Virgilio Marchi (1924)[20]; os projetos apresentados ao concurso do Chicago Tribune (1922) – entre os quais de destacou a proposta de Walter Gropius –; os desenhos de Mies van der Rohe para o arranha-céu de vidro (1920) e o bloco horizontal para a Alexanderplatz de Berlim – com estrutura em concreto armado (1928) – estabeleceram o tipo essencial do edifício de escritórios[21]. Nos Estados Unidos, o PSFS (Philadelphia Saving Fund Society), de 1931, de William Lescaze, foi um dos primeiros exemplos modernos, com janelas em extensão e divisórias internas leves e desmontáveis[22], seguido pelo McGraw Hill (1931) em Nova York, de Raymond Hood, Godley & Fouilhoux.

Certamente alguns desses exemplos eram conhecidos no Brasil – especialmente no ambiente da vanguarda carioca, tanto entre estudantes de arquitetura quanto profissionais –, mas o que causou um forte impacto foram as obras de Erich Mendelsohn – lembremos o projeto apresentado por Affonso Reidy no concurso do

Cidade futurista, 1924, Virgilio Marchi, publicação no livro *Architettura futurista*, de Virgilio Marchi

MES – e de Le Corbusier. O primeiro tinha assumido, em seus edifícios de lojas de departamentos e de escritórios, as fachadas curvas com faixas contínuas de vidro como linguagem essencial: as lojas C.A. Herpich em Berlim (1924-25); Schocken em Stuttgart (1926-28) e em Chemnitz (1928-29); e os escritórios Columbushaus em Berlim (1931-32)[23]. Este último era particularmente significativo por conta de sua planta modulada em L, o sistema estrutural situado ao longo do corredor interno e a concentração nos extremos dos núcleos das circulações verticais e serviços. Seu caráter paradigmático foi assumido por Ernst Neufert, que o colocou como um dos tipos básicos de edifício de escritórios[24] em seu conhecido manual, ainda utilizado hoje nas escolas de arquitetura.

A visita de Le Corbusier em 1929, quando ele começava a construir em Moscou o Centrosoyus (sede da União Central das Cooperativas de Consumo[25]), permitiu o estudo detalhado dessa obra – difundida por Álvaro Vital Brazil[26] – que acabou incidindo sobre os projetos que se apresentaram ao concurso do MES – basicamente na proposta de Jorge Machado Moreira e Ernani Vasconcellos –, sendo essa tipologia assumida pelo primeiro projeto da equipe carioca, realizado em 1936, antes da chegada do mestre. Esse edifício continha todos os ingredientes básicos que um edifício público demandava: a entrada monumental, a planta livre, a estrutura modulada, diferentes sistemas de circulação horizontal e vertical, infraestruturas de serviços, salas de reunião e teatro, estacionamentos etc. Tanto as experiências de Mendelsohn quanto as de Le Corbusier foram integradas nos dois exemplos que precederam o MES: o edifício-sede do Instituto de Pensão e Aposentadoria dos Servidores do Estado – Ipase, de Paulo Antunes Ribeiro (1933), e a Associação Brasileira de Imprensa – ABI, de Marcelo e Milton Roberto (1935). A identificação da modernidade com as janelas em extensão nas fachadas também foi assimilada por alguns arquitetos conservadores: o projeto de Arquimedes Memória, ganhador do concurso, tinha faixas de janelas contínuas horizontais e verticais.

Edifício McGraw Hill, Nova York, 1931, Raymond Hood, Goodley & Fouilhoux, foto de 1982

Sede do Ipase, Rio de Janeiro, 1933, Paulo Antunes Ribeiro, foto de 2009

2. FUNÇÕES FLEXÍVEIS E CIRCULAÇÕES FLUIDAS

A evolução ocorrida desde as primeiras propostas submetidas ao concurso até a evolução do projeto final – já analisada nos capítulos anteriores –, demonstrou o processo de transformação semântica dos atributos de palácio, monumento e edifício de escritórios. A ideia inicial do ministério surgiu do modelo em bloco sobre o quarteirão, adaptando-se não somente à estrutura urbana agachiana, mas à identificação da monumentalidade com os volumes pesados e introvertidos que delimitavam a *cour d'honneur*. Logo, as propostas modernas começaram a recuar as massas dos edifícios em relação às ruas circundantes, porém ainda articuladas em blocos compactos e semifechados. Estes continham as complexas hierarquias implícitas na estrutura administrativa do ministério, baseadas na importância outorgada à presença do público, e o isolamento de diferentes setores funcionais por meio de corredores labirínticos. Por isso se concretizavam vestíbulos inibidores em mármore, inúmeros filtros nos acessos aos diretores da burocracia estatal e os complexos sistemas de escadas e elevadores[27]. Como fora então possível resumir, numa composição de grande nitidez e simplicidade, aquela intrincada organização do ministério, sem renunciar aos atributos simbólicos da função, e sem convertê-lo num simples edifício de escritórios?

A destreza dos arquitetos foi evidenciada por uma proposta inédita, que integrou a complexa organização hierárquica do ministério com a distribuição funcional simples do edifício de escritórios. Ao se estabelecer com clareza a identificação de cada um dos atores do projeto – público, funcionários, diretores e ministro – em uma expressão volumétrica e formal sintética, se atingiu uma solução equilibrada, tanto da eficiência exigida à função administrativa quanto dos atributos simbólicos associados à representação do Estado. Esse fato é ainda mais surpreendente se considerarmos a essência reacionária e conservadora que predominava no entorno político e social de Getúlio Vargas, no qual a ambiguidade mantida por Capanema ao longo da sua gestão e o apoio à vanguarda artística e arquitetônica constituíam uma exceção isolada.

Ao analisar a organização funcional do MES, é importante considerar que o projeto definitivo só foi possível graças à liberação dos entraves legislativos; impostos pela

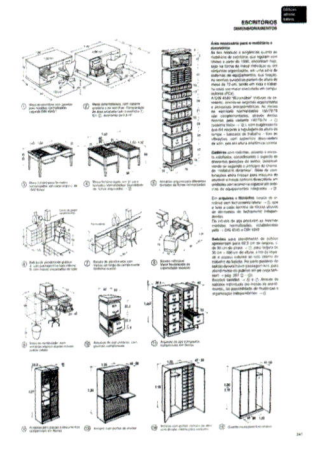

Prefeitura e pelo Ministério da Aeronáutica, eles estabeleciam o limite máximo de oito andares de altura para os edifícios na Esplanada do Castelo. Uma vez autorizada a transgressão do sistema de quarteirão em bloco estabelecido por Agache, e superado o nível estabelecido para o bloco principal no novo projeto – primeiramente de 12 e logo de 16 andares –, foi mais fácil integrar num volume único todas as repartições exigidas pelo programa funcional do ministério. Podemos supor o desgosto de Le Corbusier ao conhecer o projeto definitivo – que desde a Cidade para Três Milhões de Habitantes (1922) tinha concebido soluções verticais de edifícios de escritórios – com uma solução horizontal que, enquanto funcionava no terreno da Avenida Beira-Mar, não era factível no espaço reduzido da Esplanada do Castelo. Ele poderia ter imaginado a proposta de Niemeyer, e por isso assimilou rapidamente o projeto final, a ponto de integrá-lo como próprio no volume de sua *Oeuvre Complète 1934-1938*[28].

O que diferencia o típico edifício de escritórios da estrutura funcional de um ministério são as hierarquias estabelecidas pelos níveis de direção piramidal e sua representação espacial, situação que não existem com tanta evidência no sistema administrativo das empresas. A equipe dirigida por Lúcio Costa, com base nas sugestões criativas de Niemeyer, definiu com grande clareza os sistemas circulatórios do público, dos funcionários e do ministro, assim como a nítida identificação das principais atividades, públicas e privadas. Em geral, nos ministérios, os trâmites pessoais ficam envoltos pelas trevas do esoterismo burocrático, condicionadas pela dimensão opressiva e dominante do espaço e dos materiais nobres e sombrios. Isso foi evitado no MES. Para apresentar as gestões administrativas gerais, não era necessário entrar no edifício, pois a abertura de expedientes era realizada no balcão do volume cúbico menor, no nível da rua, situado sob a colunata do pórtico, ao lado da Avenida Graça Aranha. A única entrada do edifício, que permitia subir aos escritórios das diferentes repartições do bloco alto, não supunha a presença massiva do público; por isso o número restrito de três elevadores para a circulação geral. Entretanto, o ministro queria comunicar-se com a comunidade através das atividades artísticas, culturais e as exposições, que evidenciavam a importância da educação como instrumento de

Dimensionamento de escritórios em página do livro *Arte de projetar em arquitetura*, de Peter Neufert e Mittmann Graf

MES, biblioteca popular no quarto pavimento, Rio de Janeiro, fotos de 2009

transformação da sociedade e sua cultura. A criação do volume baixo, perpendicular ao principal, definiu com clareza esse objetivo, contendo o teatro e o grande salão de exposições, com acesso através da escada helicoidal que domina o vestíbulo. Ao estabelecer fachadas contínuas de vidro de laje a laje, e ao prolongá-las ao salão de conferências – que na tipologia tradicional sempre supõe um local hermeticamente fechado –, é evidente a intenção de perceber o movimento dos visitantes a partir da rua, indicando que a presença do público no edifício era parte da vida social urbana, de maneira a acentuar a visibilidade das funções.

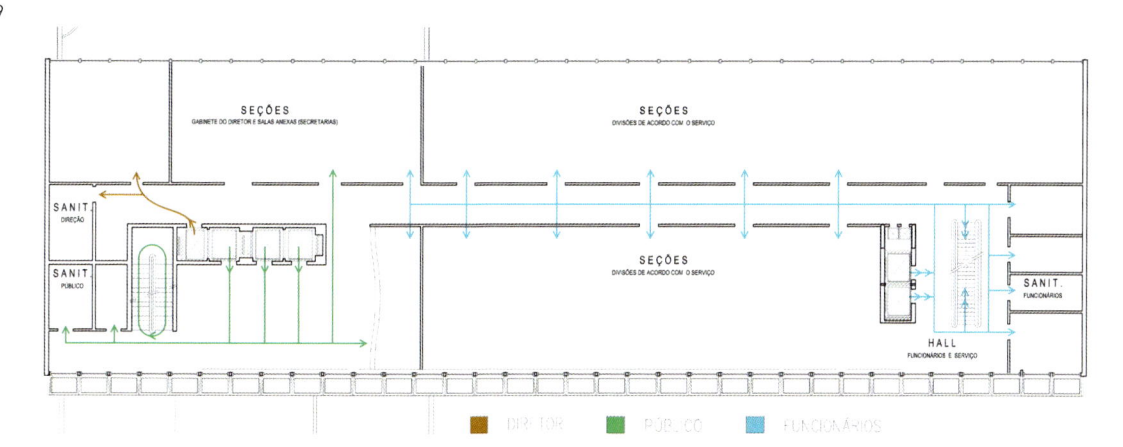

Outra demonstração do desejo de minimizar a presença do público na lâmina foi a mudança da proposta original dos arquitetos de separar, em cada um dos andares, a circulação dos funcionários da do público: o público o fazia ao longo da fachada dos brise-soleil, enquanto os funcionários o faziam pelo corredor interno[29]. Descartada essa opção, ao colocar um balcão de atendimento junto à saída dos elevadores, os visitantes, caso fosse necessário, circulavam pelo corredor interno. Outra evidência dessa alternativa foi a eliminação dos sanitários públicos em cada andar, sendo mantidos somente aqueles do quarto andar na biblioteca popular do ministério, que tinha uma grande afluência de alunos e professores. Um fator significativo da *glasnost* que dominava a política do ministro foi a manutenção do contato visual do público com a cidade: os visitantes, ao sair do elevador, não se encontravam dentro de um vestíbulo sombrio, mas diante das janelas da fachada de brise-soleil.

As circulações verticais do ministro, da direção do escalão superior e dos funcionários foram situadas nos extremos opostos do bloco alto, com o objetivo de concentrar os elevadores, as escadas e as instalações dos serviços sanitários[30]. O acesso do ministro a partir da rua estava situado num pequeno vestíbulo de costas para a entrada principal do público, separado pelo bloco principal de elevadores. Essa localização coincidia com a presença do edifício baixo, permitindo assim que o escritório do ministro se voltasse ao terraço-jardim, que, em termos compositivos, definia visualmente a hierarquia desse local. Ao mesmo tempo, todos os escritórios dos chefes de departamento foram localizados em uma coluna vertical, comunicados

MES, esquema das circulações
do pavimento tipo, Rio de Janeiro

MES, simulação do pavimento tipo, Rio de Janeiro

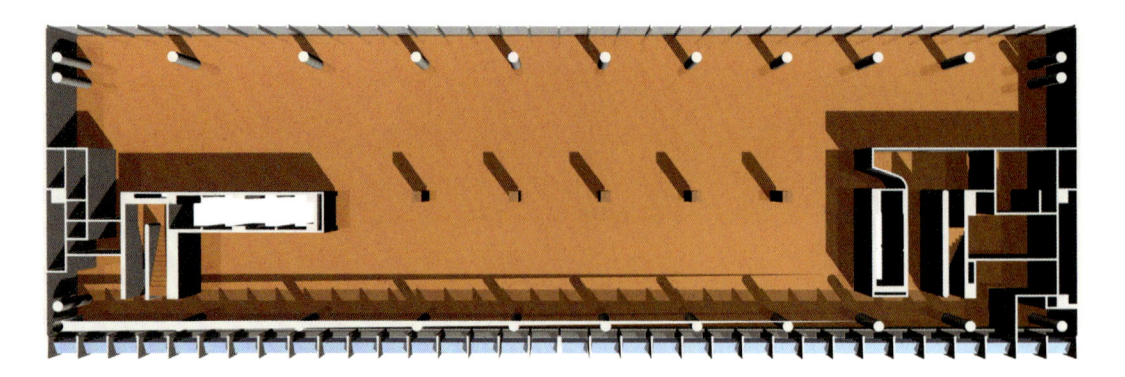

entre si e com o ministro por meio do elevador privativo. Essa alternância em planta, nas posições do público e do privado, era possível graças ao uso de elevadores com duas portas opostas, projetados pela empresa Atlas e instalados por Pirie, Villares & Cia., com uma solução até então pouco usada[31].

Verificou-se, porém, que os três elevadores para o público – havia um privativo para a diretoria e o ministro, e dois no bloco oposto dos funcionários – eram insuficientes para a movimentação de pessoas que o ministério acolheu. Além da ideia inicial de que o público não teria um acesso livre à lâmina, é provável que o cálculo dos elevadores tenha sido elaborado para uma altura de dez ou doze andares, e não para dezesseis, já que, quando se decidiu aumentar a altura do edifício, as caixas de concreto dos elevadores já estavam construídas. Isso é evidente se comparamos os elevadores do MES com aqueles de outros prédios de escritórios da mesma época. O núcleo dos funcionários, situado no volume baixo ao lado da Avenida Graça Aranha, que também acolhia o escritório de documentação pública, continha os sanitários, a área de convivência dos funcionários em cada andar e a escada de serviço. Nesse extremo, oposto ao dos diretores principais, havia um pequeno sanitário privativo, usado pelos chefes secundários. No projeto original foi esquecido o acesso direto ao jardim do ministro para os trabalhos de manutenção; e, em 1944, foi acrescido um módulo ao salão de exposições, com o pequeno volume curvilíneo que contém a escada para a circulação do jardineiro e um depósito para os atos, exposições e atividades artísticas.

Em seu conjunto, era estabelecido um sistema de fluxos circulatórios de hierarquia e intensidade diferentes, que se iniciava com o acesso dos automóveis do ministro e dos diretores, circulando lentamente sob o teatro, onde se encontrava a garagem dos carros oficiais. Enquanto o vestíbulo de entrada do ministro era totalmente ascético e privativo, o público, proveniente da rua, identificava facilmente a entrada principal do ministério situado no volume baixo, cuja fachada de vidro era conectada com o pórtico. Ali existia a alternativa de acesso aos elevadores para subir ao bloco principal ou entrar no salão de exposições pela escada helicoidal. A hierarquia do espaço não estava determinada pelo tamanho ou decoração do local, mas pela luminosidade produzida pela parede de tijolos de vidro, elemento usado para representar a desmaterialização da parede, tanto por Le Corbusier, no Pavilhão Suíço, quanto por Pierre Chareau, na Maison de Verre (1928-1932)[32], ambos em Paris. A presença dos elevadores era minimizada pelo revestimento escuro de madeira, que definia uma parede neutra, facilitando assim a valorização do dinamismo ascendente da escada helicoidal de mármore, iluminada a partir do salão de exposições[33]. O movimento por meio dos elevadores e das duas escadas – a principal, localizada na ala do público, e a secundária, mais inclinada, na zona dos funcionários – configuravam um sistema de sístole e diástole, de dilatação e compressão da intensidade de público circulando por eles. Era iniciado por uma expansão no térreo e no mezanino do salão de exposições; compressão no andar do ministro, de acesso reservado e de altura maior que os restantes. Logo, há um fluxo limitado de visitantes e funcionários ao longo da lâmina, que se expande circunstancialmente no quarto andar, onde se situa a biblioteca popular, para terminar com a dilatação do terraço-jardim, que acolhia o refeitório do ministro e dos funcionários, reunidos diante da vista espetacular da baía de Guanabara. Ou seja, havia uma simetria no fluxo intenso de pessoas no nível da rua e na cobertura do edifício, do térreo ao terraço-jardim. Assim como as formas livres das amebas dos jardins de Burle Marx promoviam a livre circulação na praça do ministério, sua reaparição na área do refeitório significava o valor integrador, visual e social dos atributos naturais e paisagísticos, face aos rituais rígidos estabelecidos pela dinâmica funcional do sistema administrativo estatal.

Com exceção do livro de Elisabeth D. Harris[34], que cita parcialmente as peças projetadas por Niemeyer, deu-se pouca importância ao mobiliário do MES, enfatizando seus componentes estruturais, arquitetônicos e paisagísticos. Entretanto, a configuração dos espaços internos foi determinada pelos princípios conceituais que regeram o equipamento dos escritórios, das salas do ministro às áreas de trabalho dos funcionários. Desde o primeiro concurso, em 1935, Capanema tinha como principal preocupação a organização eficiente da estrutura funcional do ministério. Por

MES, fachada de acesso aos elevadores e divisórias em madeira, pavimento tipo, Rio de Janeiro, fotos de 2012 e 2009

MES, poltrona, escrivaninha e
mesa, design de mobiliário de
Oscar Niemeyer, Rio de Janeiro

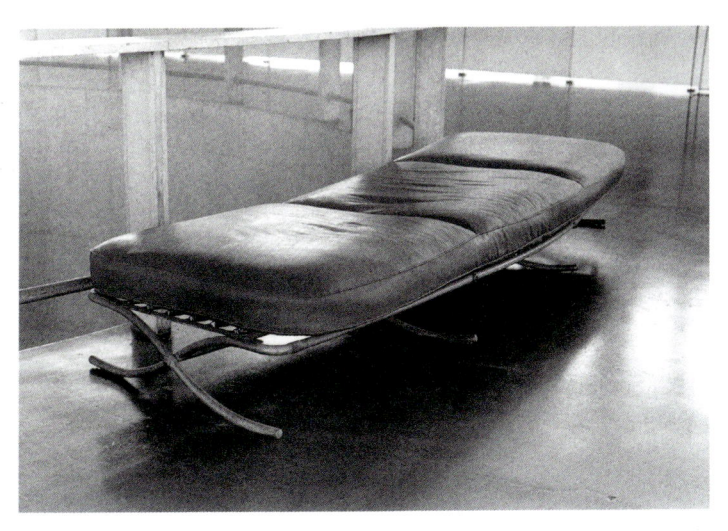

MES, poltrona, poltronas, design de mobiliário de Oscar Niemeyer, Rio de Janeiro, foto colorida de 2009

CAPÍTULO 12 - EQUIPAMENTO, TECTÔNICA E MATERIALIDADE

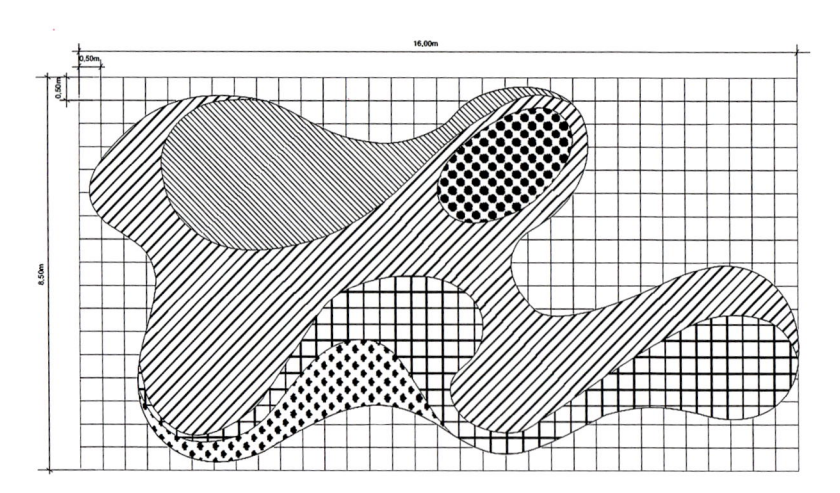

isso solicitou a Fernando Lobo, encarregado de Negócios da Embaixada do Brasil em Washington, que lhe enviasse informações sobre as características do sistema administrativo federal norte-americano[35]. Sem dúvidas, desde o começo do século, os Estados Unidos se situavam na vanguarda da produção de mobiliário indispensável para o funcionamento eficiente das atividades administrativas. Em 1903, Frank Lloyd Wright projeta o edifício e todo o mobiliário dos escritórios Larkin, em Buffalo, Nova York[36] – um dos primeiros exemplos de aplicação da iluminação zenital no ambiente de trabalho – e, em 1913, publica-se o catálogo *The American Office*, que apresentava os modelos existentes no mercado, particularmente no que diz respeito a móveis metálicos padronizados padrão[37]. O predomínio da tipificação e organização modular do espaço chamou a atenção de Le Corbusier, que difundiu na Europa (1925) a produção de arquivos, mesas e escrivaninhas Ronéo, logo utilizados em algumas instituições bancárias, como o Midland Bank de Londres[38]. Apesar da significativa inserção desse sistema de equipamento nas diferentes tipologias de layout do manual de Neufert (1936)[39], o design de móveis modulares na Bauhaus estava mais relacionado à habitação mínima que com o tema de escritórios. Nesse sentido, a vanguarda russa e a escola de Vkhutemas deram maior importância ao espaço coletivo de trabalho, ao priorizar a atividade estatal sobre a iniciativa privada, conseguindo soluções engenhosas para móveis polifuncionais[40].

Em 1943, no momento em que se aproximava a conclusão das obras do ministério, Capanema encarregou a Niemeyer o design de mobiliário de algumas áreas representativamente importantes[41], que sem dúvida assimilava a experiência já realizada na sede da Associação Brasileira de Imprensa, de Marcelo e Milton Roberto[42]. Embora Harris tenha enfatizado a liberdade formal do design curvilíneo de Oscar[43], certamente influenciado pelas amebas dos jardins de Burle Marx – os balcões dos vestíbulos da entrada principal e do salão de espera do ministro, as lixeiras, a escrivaninha do ministro e a mesa do salão de reuniões com os apoios ora curvos ora retilíneos –, considero mais significativa, em termos de presença formal e espacial, a organização e equipamentos dos escritórios-tipo do MES. É importante notar o ambiente

MES, redesenho a partir de original de Oscar Niemeyer para o tapete de lã no hall do gabinete do ministro, Rio de Janeiro

de trabalho humanizado, criado em todo o edifício, ao usar a madeira como material predominante, tanto no mobiliário como no revestimento de algumas paredes internas. Enquanto a caixa arquitetônica ficou definida pela estrutura em concreto armado, pelas fachadas de brises de fibrocimento e de caixilharias de vidro e aço, e pelos os forros brancos; o tratamento interno com móveis e divisórias de madeira – de sucupira nas plantas-tipo, e de pau marfim no salão de exposições e no escritório do ministro – e o piso de linóleo escuro atenuavam a frieza dos elementos construtivos e a intensidade da luz natural. Também a madeira, em oposição aos móveis metálicos rígidos norte-americanos, definia um ambiente caseiro e intimista, que permitia superar o ambiente tradicional anônimo e burocrático das instituições estatais[44].

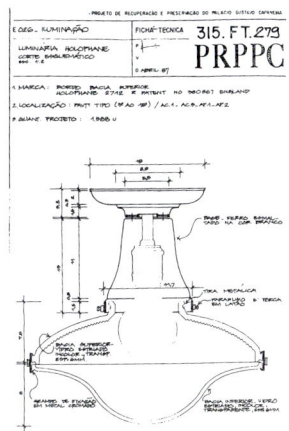

A organização definitiva do mobiliário na planta-tipo resultou num processo de elaboração do layout. Na primeira proposta do novo projeto sugerido por Niemeyer, o público ainda circulava ao longo da fachada dos brise-soleils e o corredor dos funcionários separava duas áreas nitidamente definidas: os escritórios fechados dos funcionários, com paredes divisórias e vidro na parte superior, e o espaço contínuo dos auxiliares, em contato com o público. Posteriormente foi eliminado o acesso geral externo, ampliando o tamanho do corredor interno a 2,90 metros, definido por dois módulos contínuos de armários de madeira de dois metros de altura, sem divisórias fixas, com exceção da parede curva de vidro no quarto andar, que isolava a área da biblioteca. Essa distribuição dos armários-paredes ao longo do corredor – em uma das alas estavam localizados no intercolúnio – acabou obrigando a substituição dos pilares de seção redonda, constantes em todo o edifício, por pilares de seção quadrada.

Assim era assimilada a alternativa da planta livre de Le Corbusier, que aparece nos croquis do interior do Centrosoyus em Moscou, no projeto de Santa Luzia, e na torre de escritórios de Argel[45]. Foram projetados sistemas de armários que dividiam os espaços de trabalho; arquivos baixos, que também continham mesas dobráveis, e escrivaninhas individuais para os funcionários, articulados entre si nas diferentes soluções de layout. Nenhuma divisória superava os dois metros de altura, isolando os cubículos dos diretores com painéis de vidro opaco, apoiados sobre os arquivos

MES, luminária em uso do modelo inglês Holophane, Rio de Janeiro, foto de 2009

MES, desenho de restauro da luminária do modelo inglês Holophane, Rio de Janeiro, abril de 1987

MES, construção, Rio de Janeiro

divisórios. Apesar de Le Corbusier e Neufert, em muitas ocasiões, terem projetado móveis embutidos nas fachadas dos edifícios, coincidindo com a linha opaca sob as janelas em extensão, no MES nenhum móvel foi colocado rente aos panos de vidro de ambas as fachadas. No caso da fachada sudoeste, isto ocorria porque a caixilharia de vidro se estendia de laje a laje, e o espaço livre entre colunas e fachada era usado para a circulação dos trabalhadores; por outro lado, na fachada nordeste, com o brise-soleil, a proximidade das colunas não permitia a existência de armários baixos contínuos. A inexistência de paredes internas permitiu infringir levemente os regulamentos sobre as dimensões dos espaços de escritórios, estabelecidos no Código de Obras (Decreto n. 6000), aprovado em 1937[46]. Nele eram aceitos cômodos com até 7,50 metros de profundidade, com um pé-direito de 3 metros, enquanto no MES, a área de trabalho correspondente aos brise-soleils tinha 8,70 metros[47], justificado pela intensa luminosidade proveniente do pano de vidro e o pé-direito de quatro metros nos escritórios, maior que os três metros usuais. É importante lembrar também que, naquela época, na maioria dos edifícios administrativos, as janelas tinham um tamanho reduzido, por conta da predominância dos muros de carga externos.

Enquanto era fácil produzir os componentes modulares de madeira – considerando que desde o período colonial o Brasil tinha amadurecido uma tradição artesanal sólida em marcenaria –, não existiam condições similares em relação aos móveis metálicos. Essa foi a razão pela qual o design de poltronas, cadeiras, bancos, mesas e cinzeiros, realizados por Niemeyer[48], não assimilou as soluções atingidas na Europa por Le Corbusier, Mies van der Rohe ou Marcel Breuer, na produção de móveis tubulares de aço. As estruturas metálicas do mobiliário, com formas inspiradas nos modelos dos mestres – particularmente as linhas cruzadas da cadeira Barcelona de Mies –, acabaram se aproximando do design típico e mais primário de Raymond Loewy, Lee Simonson e Walter Dorwin Teague, para escritórios, trens e aviões[49]. Também se evidencia a influência do mobiliário do International Casino de Nova York (1937), de Donald Deskey, que certamente foi visto por Lúcio Costa e Oscar Niemeyer em sua visita à metrópole, durante a construção do pavilhão brasileiro na Feira Mundial de 1939. Foram produzidas cadeiras e mesas padrão para os escritórios gerais, poltronas acolchoadas em couro para os diretores e um conjunto de móveis especiais de qualidade melhor – tanto em material quanto na elaboração de detalhes – para o escritório e as salas de reunião do ministro. Ainda havia o tapete de lã com desenhos sinuosos e com cores beges, verdes, azuis, desenhado por Niemeyer, e as 1588 luminárias do modelo inglês Holophane – conformadas por uma base de ferro esmaltado de cor branca e duas bacias de vidro estriado incolor e transparente – de produção industrial, importado pela empresa General Electric. Todo esse equipamento, ainda hoje em perfeito estado de conservação, trouxe uma expressão coerente e unitária ao edifício, representando não somente a eficiência administrativa, mas também a busca de uma nova estética que identificara a visão de futuro de Capanema. Sem dúvida, o MES foi o canteiro experimental da linguagem "ambiental" inerente ao sistema administrativo do Estado brasileiro, que culminou na aplicação reiterada do desenho moderno no conjunto ministerial de Brasília.

3. A POÉTICA DO CONCRETO ARMADO

Em geral, os ensaios escritos sobre o MES não aprofundaram detalhadamente a significação da estrutura em concreto armado[50], em suas múltiplas "dobras" e sutilezas, pouco mais que apontando a solução da laje plana, sem vigas internas. Projetada pelo talentoso engenheiro Emílio Baumgart (1890-1943) – calculista de inúmeras estruturas de pontes e edifícios em todo o país, e professor da cadeira de "Sistemas e detalhes de construção" na ENBA –, suas inovações estruturais foram elogiadas não somente a nível nacional, mas também nos Estados Unidos. A drástica redução da espessura das lajes em concreto armado do MES, bem como o engenhoso sistema de cogumelo invertido e o projeto estrutural do pavilhão do Brasil na Feira Mundial de Nova York (1939), chamaram a atenção dos especialistas norte-americanos, que viajaram ao Brasil para conhecer de perto a tecnologia usada e propor a mudança nas normas estruturais vigentes em seu próprio país[51].

Ministerio de Educação em construção.
22.7.1938
Rio

Ministerio de Educação em construcção.
Rio. 15.7.1938.

MES, desenhos da construção,
Gèza Heller, 1938

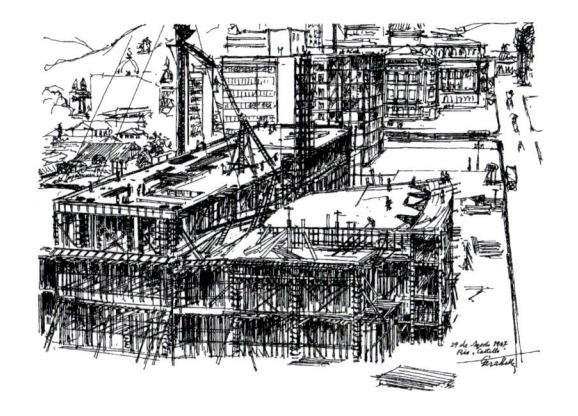

Conceber a estrutura como um "esqueleto", visualmente identificado através da "pele" do edifício, foi uma das premissas estabelecidas por Lúcio Costa no primeiro projeto da Múmia, seguindo os princípios canônicos de Le Corbusier, elaborados com o sistema Dom-ino em 1914. A inovação estabelecida pelo sistema modulado de colunas livres – que na realidade já existia nas estruturas metálicas do século 19 – consistia no uso de uma laje plana sem vigas e balanços em ambos extremos. Criava-se, assim, o teto plano contínuo, sem interrupções, assumido como um "sexto plano", que facilitava a transparência e a flexibilidade interna e a autonomia das fachadas[52]. Por outro lado, os elementos estruturais não condicionavam obrigatoriamente a forma do edifício, como foi demonstrado por Lúcio Costa no informe técnico do primeiro projeto do MES[53]. Porém, tendo em vista as características da função, não era suficiente o uso de um sistema modular simples, unitário, seguindo os cânones da rígida repetição de apoios, adotado por Mies van der Rohe na maioria de seus projetos. O esqueleto deveria assumir uma imagem tectônica – definida por Borbein como "a arte da articulação"[54] – na definição da expressividade estrutural dos diferentes corpos que compunham o ministério, e ao mesmo tempo ressaltar a sua monumentalidade, como representação de seu caráter institucional[55]. A visualização da estrutura no embasamento e no salão de exposições, logo diluída no volume alto, evidenciava a técnica construtiva do *typos* e ao mesmo tempo a reafirmação da solidez representada pelos *propileus* que emolduravam o acesso principal e apoiavam o volume alto, identificando-se com a expressão tectônica do edifício. Por isso, o talento de Baumgart não residiu somente no desenho do sistema *pilzdecken* de cogumelo invertido, como também nas sutilezas atingidas no conjunto estrutural do MES, e em sua adaptabilidade ao processo construtivo da obra, que constituiu um verdadeiro *work in progress*[56].

A insistência sobre a originalidade da laje com o cogumelo de suporte invertido reside em facilitar as instalações elétricas e telefônicas ao longo de todo o edifício, com um acabamento leve que permitia modificações sem obras construtivas complexas[57]. Le Corbusier projetou a estrutura Dom-ino com vigas de concreto alternadas com tijolos cerâmicos ocos, produzidos industrialmente, que em seu conjunto

MES, desenho do início da construção, Gèza Heller, 1937

formavam a laje plana[58]. Esse sistema se difundiu internacionalmente e era conhecido no Brasil: a laje plana da ABI, com o seu balanço perimetral, tinhas as mesmas características[59], constituindo um sistema rígido, já que as instalações deveriam ser embutidas na estrutura de concreto armado. O uso da coluna cogumelo e da laje plana foram técnicas usadas essencialmente em edifícios industriais: devemos lembrar da fábrica Boots de Sir Evan Owen Williams em Beeston, Inglaterra (1930-1932), e a fábrica de tabaco, café e chá, Van Nelle de J. A. Brinkman e L. C. van der Vlugt em Rotterdam, Holanda (1928-1931)[60].

Baumgart, que já tinha experimentado a construção de lajes finas na sede do jornal A Noite (1928), definiu a espessura básica da laje entre 10 e 20 centímetros, de acordo com sua posição no edifício e seu valor estrutural. Para chegar a espessuras variáveis entre 30 e 50 centímetros, usou um enchimento leve de cimento e escória, onde se colocavam as instalações elétricas e de telefone. Ao redor das colunas, uma malha densa de aço de 4.80 metros de lado e 10 centímetros de altura, embutida na espessura total da laje, conformava o cogumelo invertido de apoio superior. Porém, o que ainda não foi mencionado até agora é o processo integral de projeto da estrutura no volume alto, concebida como uma caixa integral resistente. Existiam dois problemas sérios a resolver: a) a resistência aos esforços tangenciais do vento; b) o apoio do bloco principal sobre os pilotis monumentais, sem que nenhum muro vertical chegasse ao chão (com exceção das caixas dos elevadores). A resistência do vento nas duas paredes cegas laterais foi solucionada com colunas duplas em toda a altura do edifício, colocadas nos módulos perimetrais, a 1,3 metro de distância entre si, e a localização das caixas de escada e elevadores, cujos invólucros contínuos em concreto armado, do térreo até o terraço-jardim, acompanham o sistema de resistência do edifício. A transmissão dos esforços de compressão no solo, através do pórtico, é baixa por conta das duas primeiras lajes – de 50 e 40 centímetros de espessura, correspondendo ao andar do ministro, com pé-direito maior (4,85 metros) – como duas vigas horizontais estendidas, que, com as paredes laterais externas definidas pelo reforço no extremo da laje de cada andar, conformavam uma espécie de viga

MES, fases da construção,
Rio de Janeiro

"tridimensional" gigantesca. O contraventamento inferior do bloco era realizado pelo salão de exposições, cujas lajes, perpendiculares à torre, também tinham uma espessura de 50 centímetros[61].

A análise da estrutura nos projetos anteriores, tanto da equipe como a de Le Corbusier – a Múmia, a Esplanada do Castelo, e a Avenida Beira-Mar –, demonstra que, devido à espessura reduzida dos blocos, repetia-se um módulo constante de duas colunas com grandes balanços laterais, dentro de uma malha ortogonal regular. Devido à maior largura do volume alto na proposta definitiva (21,5 metros), Baumgart projetou uma estrutura de dois módulos, com três colunas na torre e três módulos de quatro colunas no bloco do salão de exposições. O engenheiro teve que resolver três problemas: a) definir uma modulação no edifício principal que contemplasse a presença do corredor central – evitando o erro da Múmia, com a presença das colunas no espaço do corredor; b) estabelecer, sem esforço, o encontro entre os dois volumes, o alto e o baixo; c) outorgar uma excepcionalidade à estrutura do salão de exposições e sua articulação com o teatro. Todos esses desafios foram afrontados de forma magistral.

A modulação longitudinal em ambos os blocos mantém um ritmo constante e rigoroso: 6 metros no alto e 7 metros no baixo. Entretanto, no momento em que os dois volumes se sobrepõem, o módulo assume a dimensão de 8 metros, que não se percebe no salão de exposições porque o módulo coincide com a parede da caixa de elevadores, estando as outras colunas embutidas nas instalações do teatro. No sentido transversal, percebe-se o minucioso estudo das proporções e do vínculo entre a estrutura e a forma arquitetônica. A existência do corredor definido pelas leves divisórias de madeira transformou as colunas do módulo central em pilares quadrados e o intercolúnio assumiu dimensões diferentes: a fileira de suportes, correspondentes à fachada noroeste dos brise-soleils, foi colocada rente a elas, e o módulo resultante foi de 8,35 metros. Em seguida, o módulo toma outra dimensão, 8,95 metros, porém somado aos 2 metros de balanço que separa as colunas do pano de vidro. Dessa forma, o corredor de 2,90 metros consegue manter proporções equilibradas entre as duas zonas de escritórios. Podemos então supor que o recuo das

MES, colunas duplas do volume principal, Rio de Janeiro, foto de 2012

MES, cachorro (mísula) de engaste das colunas na laje da sala de exposição, Rio de Janeiro, foto de 2009

colunas do plano da fachada de vidro fosse fruto do interesse dos arquitetos de que a estrutura não ficasse marcadamente evidenciada a partir da visualização externa do edifício, diluindo-as por trás do pano de vidro.

No salão de exposições, ao contrário, as colunas mantêm uma modulação homogênea e se projetam ao perímetro da laje, unidas entre si com uma peça de união, que resiste ao esforço cortante, chamada de "cachorro"[62]. Enquanto o "desaparecimento" da estrutura acontece somente no volume alto, esta é ressaltada sob ele, acompanhando, com o ritmo da perspectiva em fuga das colunas do ritmo baixo, a percepção do pórtico principal do edifício. Também é muito sutil a articulação no térreo entre as colunas do pórtico, de 70 centímetros de espessura, e as do salão de exposições, de 60 centímetros, estando as maiores recuadas em relação à linha de fachada, produzindo uma alteração perceptiva que por intuição separa visualmente os dois sistemas modulares. Em último lugar, o acompanhamento estrutural da articulação do salão de exposições com o volume do teatro é muito elegante. As colunas mais finas (50 centímetros) acompanham a fachada de vidro, quase perdendo sua significação de sustentação diante do peso do volume maciço trapezoidal, cujo peso é reduzido por conta das superfícies de vidro laterais.

Essa descrição dos elementos estruturais – quiçá excessivamente detalhada – rebate as acusações usuais de simplismo e elementaridade da arquitetura moderna face à hipotética elaboração dos edifícios clássicos. O MES constitui um exemplo palpável de elaboração complexa e intensa dos elementos formais, espaciais e estruturais, que fazem desse edifício uma obra-prima da arquitetura moderna brasileira e latino-americana. O projeto da estrutura possui o caráter orgânico do esqueleto, não tendo como única função o apoio do edifício. Metaforicamente, podemos assumir o pórtico monumental como os troncos de uma árvore, e as colunas internas como os seus galhos. As variações em dimensão e módulos, adaptados a cada caso específico de distribuição espacial, são a clara evidência de sua existência, não como um simples sistema abstrato e geométrico, mas relacionado aos usuários, suas funções e percepções. Um exemplo dessa afirmação é a diferença de altura entre os andares: tendo o

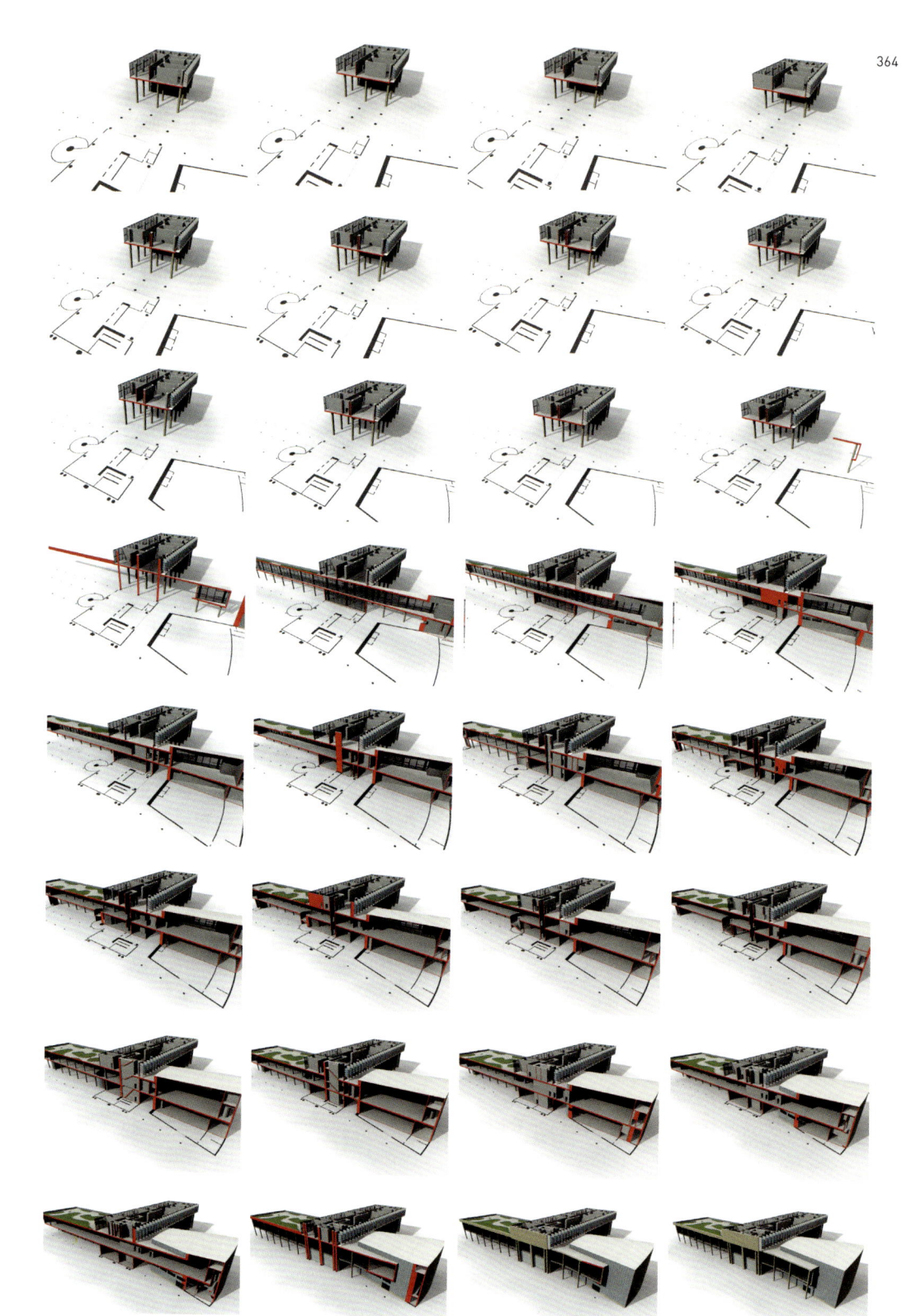

MES, simulação de volumetria
em corte do sistema estrutural

pórtico com quase 10 metros, este é sucedido pelo andar do ministro com 4,85 metros, e o seguinte com 4,15 metros, logo mantendo a altura constante de 4 metros, que no andar 15 é reduzida a 3,95 metros e, no terraço-jardim, a 2,95 metros. Sem negar os fundamentos funcionais destas proporções, existe indubitavelmente uma intenção estética similar às regras que condicionavam as proporções do templo grego.

O antagonismo existente entre a solução estrutural do volume alto, com o pórtico que se dilui verticalmente nas fileiras de colunas internas, quase imaginadas através da fachada contínua de vidro, e os apoios externos do salão de exposições, suspenso pelas finas colunas, demonstra a busca do contraste formal entre os dois volumes. O alto, suspenso no ar, se identificava com as categorias de leveza e transparência, enquanto o baixo, com suas colunas externas, conformava um fechamento visual predominante – e ao mesmo tempo transparente – à praça seca, e separava o conjunto dos edifícios monumentais circundantes. Era pouco comum essa simbiose entre o engenheiro e a equipe de arquitetos, assim como sua perfeita identificação com as buscas estéticas dos projetistas. Citemos ainda, para demonstrar a sensibilidade estética de Baumgart, a coluna central elíptica, localizada atrás da parede de vidro do vestíbulo principal, e as duas colunas inclinadas que colaboram com o apoio do volume plástico da caixa d'água.

4. EQUIPAMENTOS E MATERIAIS

A racionalidade da distribuição em planta e a concentração dos serviços nos extremos do bloco alto permitiram uma eficiência significativa das infraestruturas técnicas. A caixa dos elevadores, as caixas das escadas e os serviços sanitários formavam uma bateria integrada, facilitando o sistema de águas residuais, abastecimento de água, gás e eletricidade. Essa concentração do encanamento vertical – quase não havia encanamentos horizontais fora dos dois núcleos das extremidades – possibilitou um sistema de registros dos *shafts* que, diante de qualquer rompimento, facilitava a reparação dos encanamentos do núcleo técnico e evitava qualquer tipo

MES, elevador de documentos e túnel de instalações no subsolo, Rio de Janeiro, fotos de 2012

de obra de alvenaria. A totalidade dos condutos foi incorporada aos dois grandes dutos verticais – *shafts* – junto às empenas cegas laterais, acessíveis pelo interior do edifício com dimensões diferenciadas: o *shaft* na empena oeste, na Avenida Graça Aranha, tinha a dimensão de 6 metros por 1,20 metro; e o *shaft* na empena leste, na Rua da Imprensa, era de 5 metros por 1,10 metro. Essa diferença de tamanho era motivada pela maior concentração de banheiros e das copas na área de serviço dos funcionários. Esses *shafts* tinham janelas de controle em todos os andares, o que permitia a verificação das tubulações das 18 colunas montantes, com um total de 1.062 metros de extensão. O sistema de distribuição da água coincide com as torres dos elevadores. A instalação foi projetada pelo engenheiro Saturnino de Brito e realizada pela empresa Araújo & Abreu. Também estava incluído o sistema de transporte de documentos provenientes da recepção no térreo. Já nos anos 1940, os tubos pneumáticos, que caracterizavam os edifícios de escritórios nas primeiras décadas do século 20, tinham caído em desuso e assim foram instalados dois monta--cargas anexos aos elevadores dos funcionários, que eram acessíveis em cada andar a partir do corredor central. Na cobertura, os dois volumes escultóricos – o primeiro cilíndrico e o segundo ameboide – continham as caixas d'água e os motores dos elevadores, situadas no eixo da caixa dos elevadores.

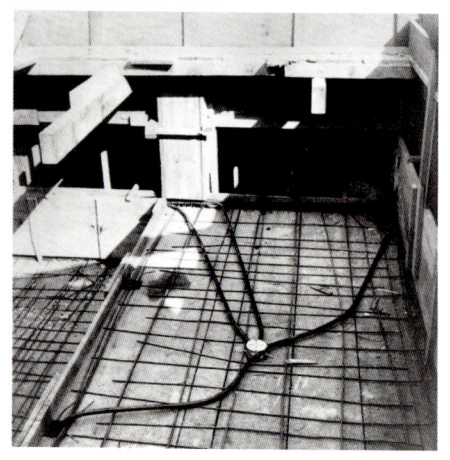

Um fato pouco comum em um edifício desse porte era a falta de um porão. A entrada de eletricidade, água e gás estava concentrada num extremo próximo à Rua da Imprensa, e o controle das maquinarias era feito por um túnel de 65 metros de extensão, com 1,20 metro de largura e 1,60 metro de altura, suficiente para a passagem de uma pessoa, ao longo do volume principal. Logo, uma parte da maquinaria das bombas d'água se localizava no volume cilíndrico do térreo, situado sob a escada helicoidal. Capanema reiteradamente solicitou que fosse construído um subterrâneo com garagem, depósito de materiais, laboratório fotográfico e arquivo de documentos antigos, mas este nunca foi construído[63]. A instalação elétrica também foi concebida com originalidade pelo engenheiro Carlos Stroebel[64]. Devido à planta livre e à inexistência de paredes fixas na área de escritórios, o encanamento de gás, eletricidade,

MES, tomadas da instalação elétrica, Rio de Janeiro, foto de 2012

MES, instalação elétrica durante a construção, Rio de Janeiro

MES, caixa de distribuição
elétrica, Rio de Janeiro, foto de
2009

CAPÍTULO 12 – EQUIPAMENTO, TECTÔNICA E MATERIALIDADE

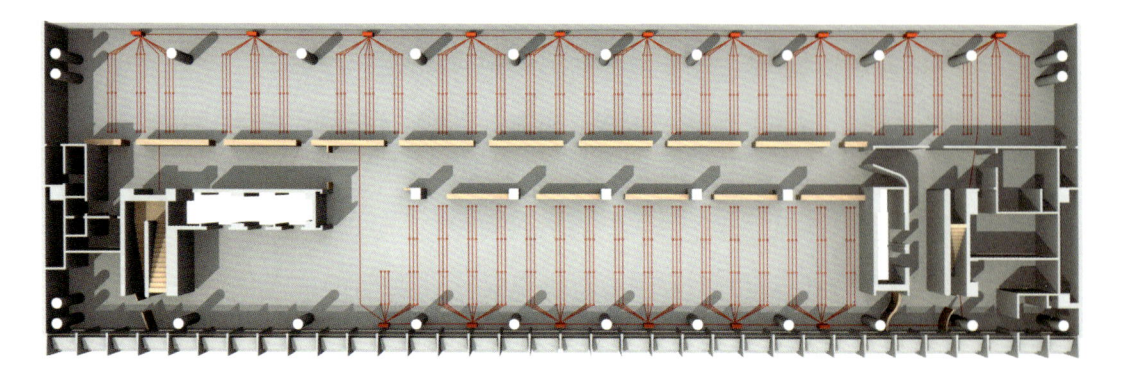

telefone e interfone subiam verticalmente por duas colunas paralelas às caixas de escadas e se distribuíam pelo piso numa malha homogênea de 2 metros por 2 metros, facilitando o acesso de cada mesa de trabalho às três tomadas situadas no piso.

A distribuição de energia pelo edifício constituía um sistema totalmente original, superposto, como no corpo humano, à ossatura física do edifício[65]. Como não era oportuno e provavelmente perigoso fazer a distribuição pelo corredor central nos móveis de madeira, foi inventada uma solução engenhosa de alimentação em toda a extensão das duas fachadas, por meio de caixas metálicas, a poucos centímetros do fechamento externo e distando entre si os seis metros de distância do intercolúnio. Estas eram intercomunicadas através de corrimões metálicos, que corriam ao longo de toda a extensão da fachada, cuja forma oca permitia embutir todas as três linhas de conexão. Cada caixa metálica distribuía as alimentações às tomadas correspondentes ao seu módulo. Esse sistema de regularidade ortogonal era repetido no teto, com as luminárias inglesas Holophane, que geravam pontualmente a homogeneidade da luz artificial em todos os escritórios. De noite, vista do exterior, através da fachada de vidro, é interessante a imagem da malha de pontos de luz, identificando as plantas livres de todos os andares do MES.

O tempo excessivo de duração da construção do MES – de 24 de abril de 1937, quando a pedra fundamental foi colocada, até sua inauguração oficial, em 3 de outubro de 1945 – comparativamente com outros edifícios do governo – os ministérios do Trabalho, Fazenda e Exército – suscitou duras críticas da imprensa local, particularmente a partir das posições conservadoras e reacionárias, tanto contra a linguagem da arquitetura moderna quanto à autonomia artística e ideológica de Capanema[66]. Uma das principais acusações era de que pretendia realizar uma obra suntuosa com materiais e componentes importados; revestimentos desnecessários e excessivas obras de arte[67], ocasionando um investimento que superava os recursos originalmente designados e que se contrapunha aos postulados racionalistas do movimento moderno[68]; afirmação reiterada posteriormente por alguns pesquisadores recentes[69], que, já naquela ocasião, fora negada por Capanema[70].

MES, simulação do plano para as tomadas de eletricidade

Na realidade, considerando o limitado desenvolvimento da indústria da construção no Brasil antes da Segunda Guerra Mundial – como ocorria em todos os países da América Latina –, era normal que fossem importados materiais, equipamentos e acabamentos que não existiam localmente, especialmente tratando de uma obra atípica, ou seja, uma exceção aos cânones estéticos e da produção artesanal vigente, condicionada durante décadas aos acabamentos, detalhes e equipamentos identificados com os códigos clássicos. Toda a obra grossa foi realizada com materiais locais, com exceção do aço, que era importado. Tanto a instalação complexa dos brise-soleils, realizados em cimento-amianto, como os elementos em concreto armado que os emolduram, e os mecanismos metálicos de acionamento foram elaborados no Rio de Janeiro[71]. Ainda mais complicada foi a caixilharia do pano de vidro, produzida em São Paulo pela empresa Fichet, sendo a primeira dessa dimensão realizada no país. Por conta do tamanho dos vidros – os panos principais tinham 2 X 1,80 metros –, estes foram importados da Bélgica[72]. As persianas venezianas, provenientes dos Estados Unidos – assim como o equipamento sanitário – começavam a ser introduzidos no Brasil, como se vê nos anúncios publicitários dos anos 1940, associados à imagem moderna das casas que apareciam nos filmes de Hollywood. O piso de linóleo, muito popularizado naquele momento por conta da facilidade de colocação com rolos, de sua resistência e de sua capacidade de absorver ruído, era importado da Alemanha[73]. Nos dois vestíbulos principais, o piso é de mármore amarelo português. Nos espaços interiores, além das paredes pintadas de branco, predomina o uso da madeira. No salão de reuniões do ministro, foram utilizados painéis em lambris de peroba rosa. No vestíbulo principal, o revestimento é de lambris de sucupira e de mármore de Lioz; a mesma madeira aparece no vestíbulo dos funcionários. Os pilares centrais do salão de exposições e as paredes da caixa dos elevadores são revestidos com peroba rosa. E no pavimento tipo, a madeira utilizada é a sucupira.

Finalmente, todos os revestimentos exteriores do edifício eram locais, tanto as placas de pedra gnaisse (pedra-de-galho), extraídas do Morro da Viúva – usado por sugestão de Le Corbusier, já que Costa havia escolhido o "arenito de Ipanema", que

MES, piso com pedra portuguesa, Rio de Janeiro, foto de 2002

MES, piso com granito e pedra portuguesa, Rio de Janeiro, foto de 2002

provinha de São Paulo[74] –, quanto os granitos dos pisos, colocados pela Sociedade Marmórea Brasileira. Esses revestimentos garantiam a durabilidade do edifício no tempo, e permitiam uma maior resistência à chuva, sol e poluição ambiental. No térreo, nas duas praças foi colocado um lajeado de granito cinza-tijuca; e nas calçadas o piso de pedra portuguesa.

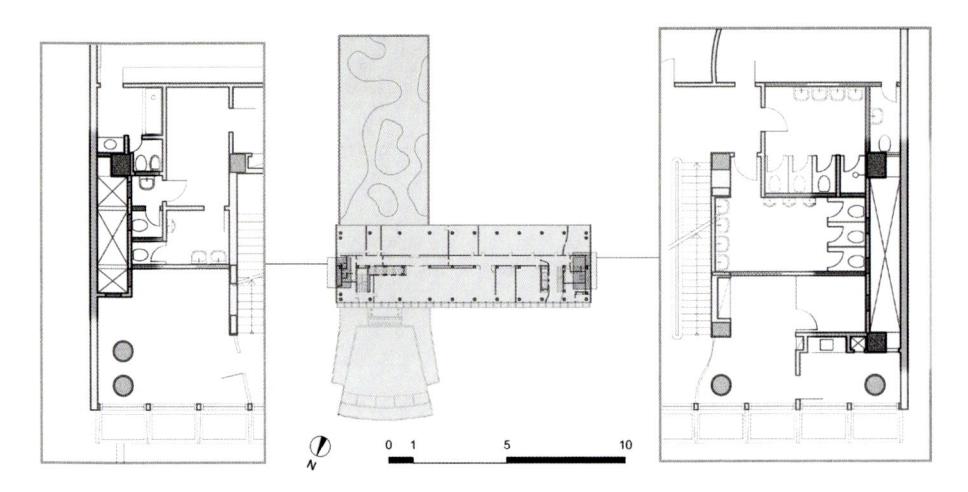

Esta leitura realista do MES intenta demonstrar as dificuldades concretas e as soluções criativas atingidas, não somente no aspecto formal, espacial e estético, porém no esforço e no caminho percorrido contra o vento e a maré para que as formas modernas não representassem somente uma mudança cosmética em respeito ao sistema acadêmico dominante, mas uma mudança radical nos elementos materiais constitutivos do novo edifício. A originalidade da estrutura, as soluções funcionais e os materiais utilizados, em seu conjunto, eternizaram em sua realidade física as metáforas e os significados simbólicos inerentes à sua forma arquitetônica, suas articulações urbanísticas e seus valores plásticos. Apesar de perder sua função essencial, a partir da transferência dos ministérios a Brasília em 1960, e perder sua significação social e urbana – hoje dificilmente a população reconhece a existência do "Palácio Capanema" –, a qualidade material da construção – apesar do descuido, abandono e falta de manutenção – impediu que o edifício se transformasse numa "ruína modernista", como é definido por Beatriz Jaguaribe[75], numa visão pessimista e derrotista. Sem dúvida, é indispensável dar-lhe um novo conteúdo que devolva a vida a seus espaços, já que, no novo século 21, a sua forma continua desafiadora e representativa dos valores estéticos, funcionais e culturais do movimento moderno, que ainda – apesar das pós-modernidades e minimalismos – não sucumbiram.

MES, esquema dos shafts do segundo pavimento: à esquerda, *shaft* da empena leste, 5m X 1m; à direita, *shaft* da empena oeste, 6m X 1,20m

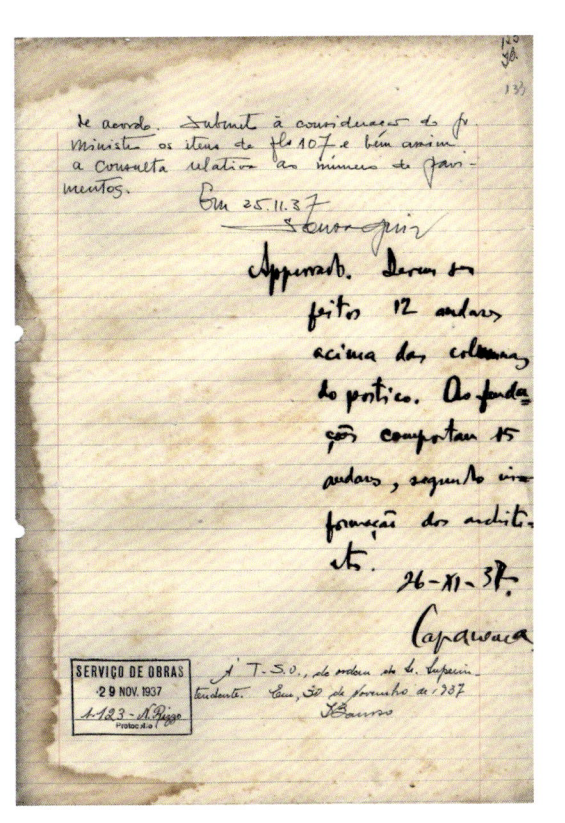

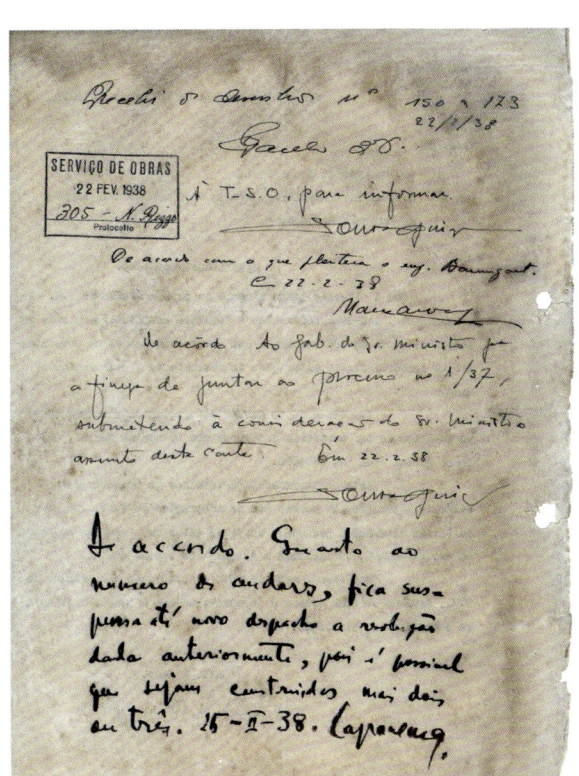

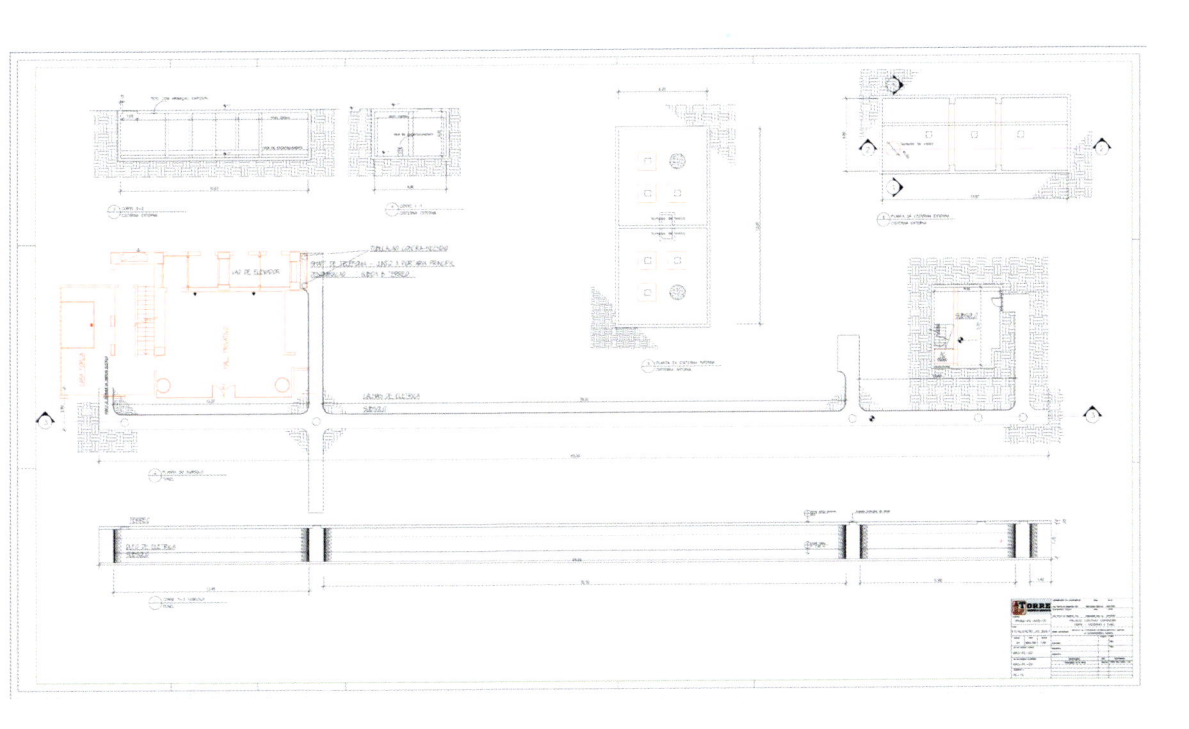

Acima, à esquerda, MES, documento assinado por Gustavo Capanema aprovando a construção de 12 andares, 26 de novembro de 1937

Acima, à direita, MES, documento assinado por Capanema prevendo a construção de mais pavimentos, 25 de fevereiro de 1938

Abaixo, MES, atualização do "as built" do subsolo realizado pela Torre Arquitetos Associados, março de 2009

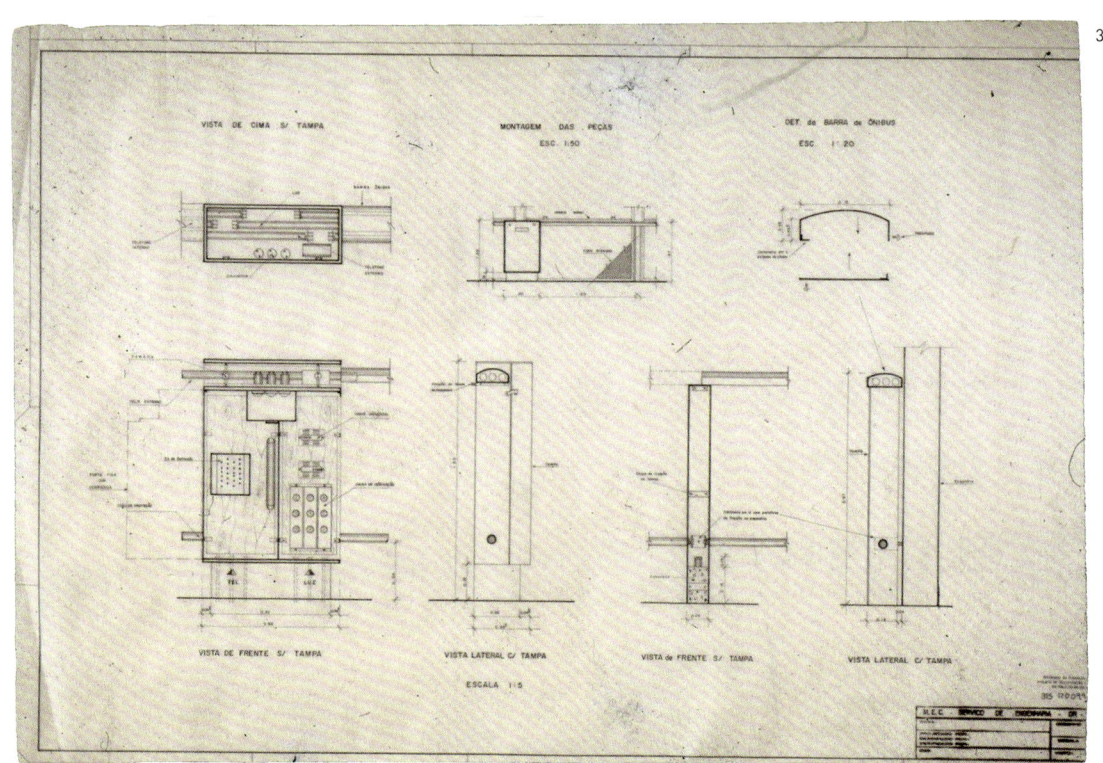

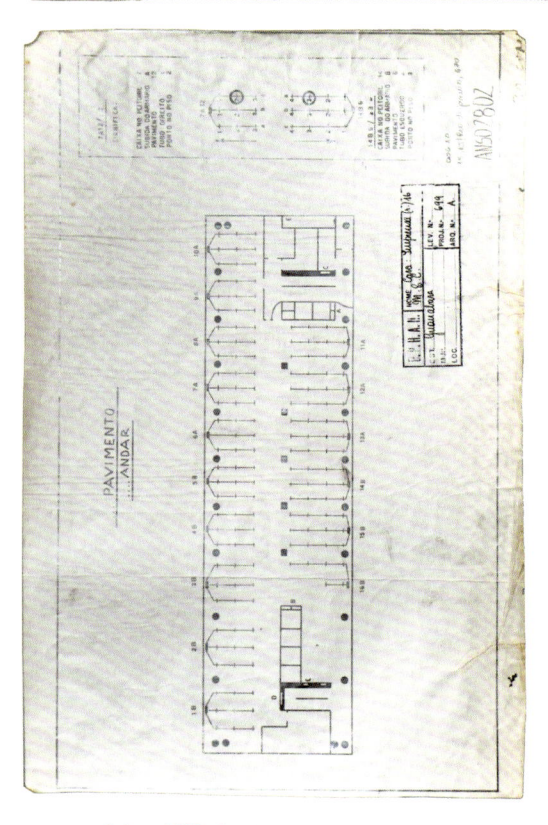

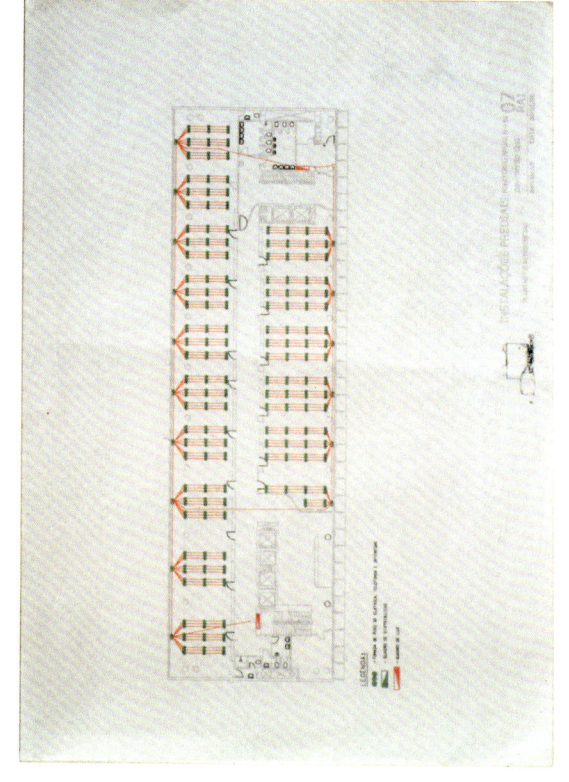

Acima, MES, detalhamento da caixa de distribuição elétrica

Abaixo, à esquerda, MES, prancha com plano de distribuição das tomadas de eletricidade

Abaixo, à direita, MES, pranchas com plano de manutenção das tomadas de eletricidade, 1998

Escritorio Baumgart

Rio de Janeiro, 21 de Fevereiro de 1938

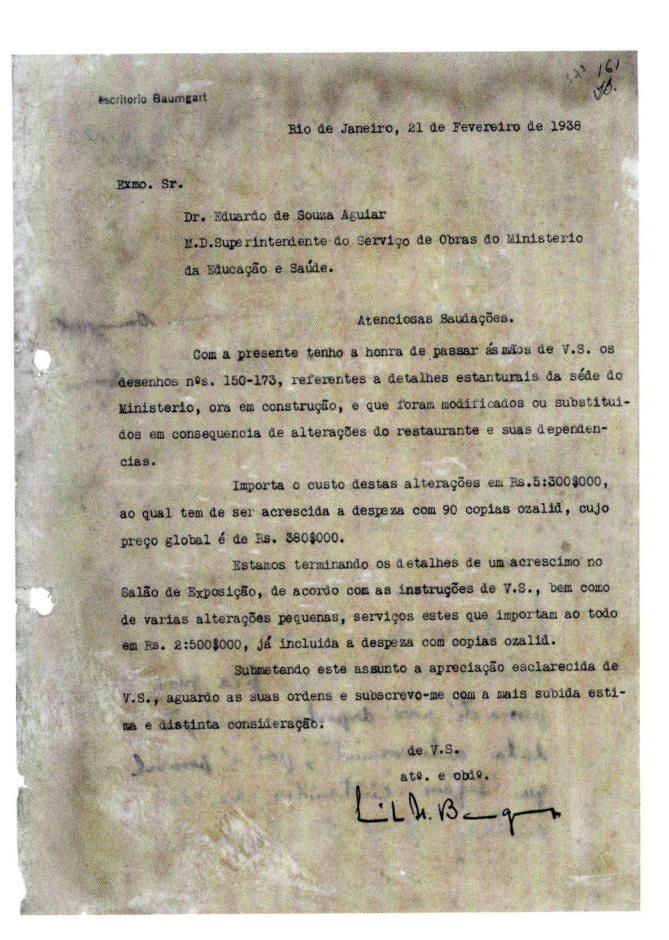

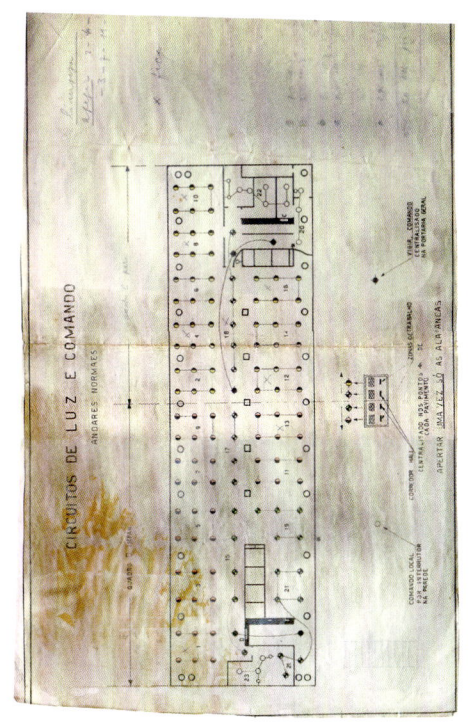

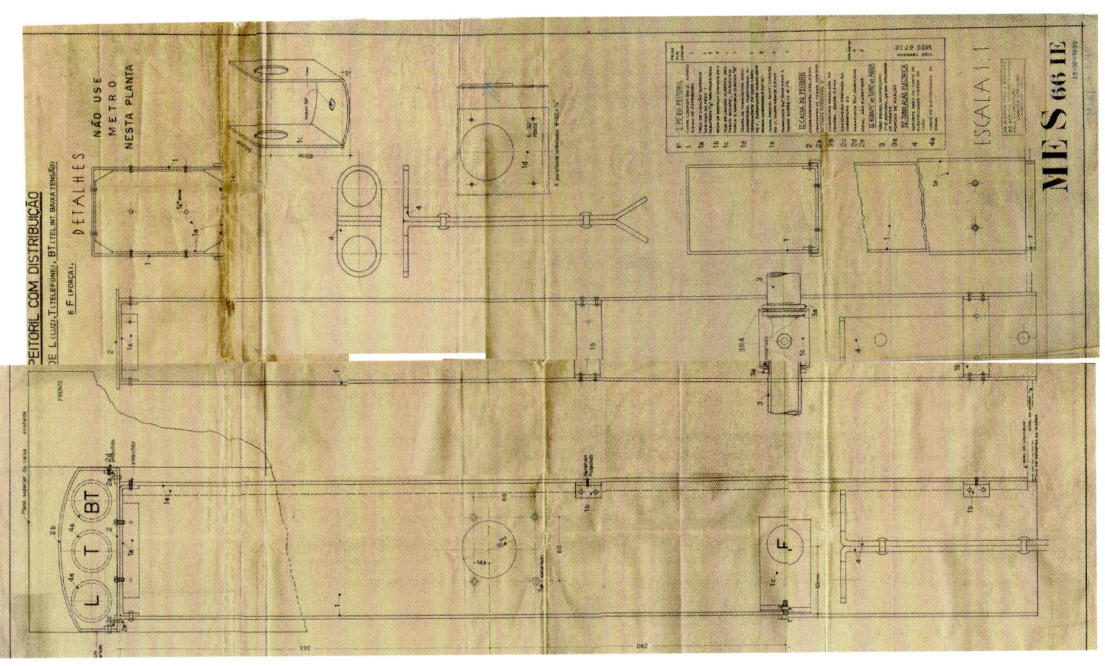

Exmo. Sr.
Dr. Eduardo de Souza Aguiar
M.D.Superintendente do Serviço de Obras do Ministerio
da Educação e Saúde.

Atenciosas Saudações.

Com a presente tenho a honra de passar ás mãos de V.S. os desenhos nºs. 150-173, referentes a detalhes estanturais da séde do Ministerio, ora em construção, e que foram modificados ou substituidos em consequencia de alterações do restaurante e suas dependencias.

Importa o custo destas alterações em Rs.5:300$000, ao qual tem de ser acrescida a despeza com 90 copias ozalid, cujo preço global é de Rs. 380$000.

Estamos terminando os detalhes de um acrescimo no Salão de Exposição, de acordo com as instruções de V.S., bem como de varias alterações pequenas, serviços estes que importam ao todo em Rs. 2:500$000, já incluida a despeza com copias ozalid.

Submetendo este assunto a apreciação esclarecida de V.S., aguardo as suas ordens e subscrevo-me com a mais subida estima e distinta consideração:

de V.S.
atº. e obiº.

MES, carta de Emílio Baumgart a Eduardo Duarte de Souza Aguiar sobre modificações e honorários, Rio de Janeiro, 21 de fevereiro de 1938

MES, plano circuitos de luz e comando do andar tipo

MES, detalhamento do peitoril com distribuição elétrica, 25 de outubro de 1939 (anotação em lápis azul: "Modif. 4-3-40"]

NOTAS

1. GOODWIN, Philip L. *Brazil Builds: architecture new and old 1652-1942* (op. cit.), p. 106-107; LISSOVSKY, Maurício; SÁ, Paulo Sérgio Moraes de. *Colunas da Educação. A construção do Ministério de Educação e Saúde*, p. 174; "O Ministério foi o primeiro edifício de escritórios em forma de lâmina vertical que logo se transformaria em cânon". [No original em espanhol: "El Ministerio fue el primer edificio de oficinas en forma de placa vertical que después se convertiría en canónico". LIERNUR, Jorge Francisco. América Latina. Los espacios del 'otro' (op. cit.), p. 291].
2. COMAS, Carlos Eduardo Dias. Protótipo e monumento, um ministério, o Ministério (op. cit.).
3. Coincide com o MES a afirmação: "ser um monumento – uma condição que sugere permanência, solidez e serenidade –, e ao mesmo tempo acolher, com a máxima eficácia, essa 'mudança que é a vida', algo que é, por definição, antimonumental". [No original em espanhol: "la de ser un monumento – una condición que sugiere permanencia, solidez y serenidad –, y al mismo tiempo la de albergar, con la máxima eficacia, ese 'cambio que es la vida', algo que es, por definición, antimonumental". CORTÉS, Juan Antonio. Delirio y más. I. Las lecciones del rascacielo, p. 12].
4. Segundo Le Corbusier, o historicismo do século 19 lhe outorgou conotações negativas, ao dizer: "fixer un sens honnête a un terme qui ne signifie plus pour nous, que mensonge, prétention, vanité, gaspillage et profonde imbecillité. Ce terme s'enonce: palais". CORBUSIER, Le. *Précisions sur un état présent de l'architecture et de l'urbanisme* (op. cit.), p. 157. Na edição brasileira: "fixar um sentido honesto a um termo que, para nós, significa apenas mentira, pretensão, vaidade, desperdício e profunda imbecilidade. Este termo assim se enuncia: *Palácio*". CORBUSIER, Le. *Precisões sobre um estado presente da arquitetura e do urbanismo* (op. cit.), p. 159.
5. "Holabird & Roche (no Tacoma Building, 1887-1889) reduzem a tipologia do arranha-céu à sua vocação primária: aparecer na cidade como puro signo, produto de relações econômicas, de transformações produtivas e sociais 'objetivas', ao qual a arquitetura recusa sobrepôr mensagens subjetivas". TAFURI, Manfredo; DAL CO, Francesco. Op. cit., volume 1, p. 58.
6. LISSOVSKY, Maurício; SÁ, Paulo Sérgio Moraes de. Op. cit., p. 149. No jornal carioca *Correio da Noite*, de 02 out. 1945, é definido como a *casa do futuro* e *casa de amanhã*. Idem, ibidem, p. 208.
7. LESSA, Carlos. Op. cit., p. 276.
8. Idem, ibidem, p. 209-211.
9. Idem, ibidem, p. 68-84. Parecer emitido em 4 de junho de 1936.
10. STERN, Robert A. M.; GILMARTIN, Gregory; MELLINS, Thomas. Op. cit., p. 101.
11. As duas alas simétricas dos blocos pesados elípticos que se debruçavam sobre o Sena, no eixo com a Torre Eiffel, dialogando com os pavilhões da URSS e da Alemanha Nazista na Exposição Universal de 1937, foram posteriormente unidas por um pórtico de colunas lisas e altas, similares às do MES, mas de signo inverso. Ver: COHEN, Jean-Louis; EVENO, Claude. *Une cité à Chaillot. Avant-première*.
12. RAGON, Michel. *Histoire mondiale de l'architecture et de l'urbanisme modernes* (op. cit.), volume 1, p. 112; COBBERS, Arnt. *Architecture in Berlin*, p. 138.
13. LIERNUR, Jorge Francisco. *Arquitectura en la Argentina del siglo XX. La construcción de la modernidad*, p. 195; GUTIÉRREZ, Ramón. *Arquitectura y urbanismo en Iberoamérica*, p. 575.
14. ARANGO, Silvia. *Historia de la Arquitectura en Colombia*, p. 191.
15. ELIASH, Humberto; MORENO, Manuel. *Arquitectura y modernidad en Chile 1925-1965. Una realidad múltiple*.
16. Max Bill deu esta e outras controversas declarações em entrevista à revista carioca *Manchete*, n. 60, 13 jun. 1953. BILL, Max. Max Bill, o inteligente iconoclasta, p. 252.
17. LIMA, Evelyn Furquim Werneck. *Arquitetura do espetáculo. Teatros e cinemas na formação da Praça Tiradentes e da Cinelândia* (op. cit.), p. 256.
18. CZAJKOWSKI, Jorge; CONDE, Luiz Paulo; ALMADA, Mauro (org.). Op. cit., p. 35-40.
19. O projeto, contemporâneo ao MES, era totalmente acadêmico e tradicional em sua volumetria compacta e distribuição interna, estando todos os escritórios organizados ao redor de um pequeno pátio interno. TOGNON, Marcos. Op. cit., p. 179.
20. MARCHI, Virgilio. *Architettura Futurista*.
21. HILBERSEIMER, Ludwig. *La arquitectura de la gran ciudad*, p. 62-68.
22. HINE, Thomas. Op. cit.
23. ZEVI, Bruno. *Arquitetura e judaísmo: Mendelsohn*, p. 191.
24. NEUFERT, Ernst. *Arte de proyectar en arquitectura*, p. 255.
25. COHEN, Jean-Louis. *Le Corbusier et la mystique de l'URSS. Théories et projets pour Moscou 1928-1936* (op. cit.), p. 87.
26. BRAZIL, Álvaro Vital. Op. cit.
27. Essas exigências estavam presentes no "Edital de Concorrência pública para o concurso e projetos do edifício do Ministério da Educação e Saúde Pública", apresentado em 20 de abril de 1935 pelo Eng. Eduardo Duarte de Souza Aguiar, superintendente de Obras e Transportes, ao solicitar um "grande hall na entrada principal e escadaria principal; galerias gerais de circulação" etc. Apud LISSOVSKY, Maurício; SÁ, Paulo Sérgio Moraes de. Op. cit., p. 4-6.
28. BILL, Max (org.). *Le Corbusier. Oeuvre Complète 1934-1938* (op. cit.), p. 81.
29. COSTA, Lúcio; NIEMEYER, Oscar; REIDY, Affonso E.; MOREIRA, Jorge M.; LEÃO, Carlos; VASCONCELLOS, Ernani M. Op. cit.
30. Na carta do dia 24 de agosto de 1935, enviada a Capanema por Fernando Lobo, encarregado de negócios do Brasil nos Estados Unidos, relatando sua visita ao Departamento de Estado em Washington, recomendava que "só os diretores gerais deverão possuir gabinete próprio, com sala de trabalho, sala

para auxiliares, sala de espera, instalações sanitárias completas". Apud LISSOVSKY, Maurício; SÁ, Paulo Sérgio Moraes de. Op. cit., p. 12-14.

31. Essa solução foi usada no edifício de apartamentos Highpoint Two em North Hill, Highgate, Londres (1937-38) de Berthold Lubetkin. ALLAN, John. Berthold Lubetkin. Creatividad y continuidad (op. cit.).

32. KHAN, Hasan-Uddin. *Arquitectura modernista de 1925 a 1965* (op. cit.), p. 42.

33. O tema da escada helicoidal aparece como ícone da modernidade na maioria dos projetos locais realizados naqueles anos pelos arquitetos da vanguarda carioca. É provável que fossem conhecidas as experiências em concreto armado realizadas por Auguste Perret, tanto no seu escritório quanto no *Musée des Travaux Publics*, ambos em Paris (1936). Ver: COHEN, Jean-Louis; ABRAM, Joseph; LAMBERT, Guy. *Enciclopédie Perret*. Como informação curiosa, nas tipologias de escada do manual de Neufert (1936), não aparece o modelo helicoidal.

34. HARRIS, Elisabeth D. Op. cit., p. 165.

35. Fernando Lobo, em carta a Gustavo Capanema datada de 24 de agosto de 1935, diz o seguinte: "Mobiliário novo, standard, colocado nas salas de acordo com desenho prévio [...] Só os diretores gerais deverão possuir gabinete próprio [...] Todas as outras salas deverão ser abertas, apenas com as colunas de suporte [...] deverão ser separadas por balcões baixos [...]. Essas grandes salas abertas, podendo servir para qualquer dos grandes serviços administrativos ou técnicos". Apud LISSOVSKY, Maurício; SÁ, Paulo Sérgio Moraes de. Op. cit., p. 12-14.

36. MANSON, Grant Carpenter. *Frank Lloyd Wright. The first golden age*, p. 154; ALBRECHT, Donald; BROIKOS, Chrysanthe. El rostro de los negocios. La oficina americana a lo largo del siglo XX; McCARTER, Robert. *Frank Lloyd Wright*, p. 71-75.

37. CANTACUZANO, Sherban. People in Offices, p. 235. Ver também: GIEDION, Sigfried. *Mechanization Takes Command*, p. 400.

38. CORBUSIER, Le. *L'art décoratif d'aujourd'hui*, p. 69; HESKETT, John. *Industrial Design*, p. 76.

39. NEUFERT, Ernst. Op. cit., p. 247-251. Aqui aparecem todas as combinações possíveis de móveis, arquivos, cadeiras, balcões, com medidas que seguiam as normas DIN, surgidas na Alemanha para regularizar os produtos industriais.

40. LODDER, Christina. The Vkhutemas and the Bauhaus. A Creative Dialogue.

41. Em ofício de 03 de novembro de 1943 sobre a instalação dos funcionários na nova sede, Capanema determina: "Encomendar a construção de todo o mobiliário especial (para o restaurante, o salão de conferências, a sala do conferencista, o Conselho Nacional de Educação, a biblioteca e o gabinete do ministro) [...] Encomendar a fabricação dos tapetes de cores e dimensões especiais". Apud LISSOVSKY, Maurício; SÁ, Paulo Sérgio Moraes de. Op. cit., p. 180.

42. "Os irmãos Marcelo e Milton Roberto, autores do projeto da ABI (1936), também foram os designers do mobiliário: "Desenho do mobiliário, luminárias e objetos dos principias ambientes – sala presidencial, salão do Conselho, sala de estar e lazer para os associados e auditório – também foram idealizados pelos arquitetos". BRITO, Alfredo. MMM Roberto. O espírito carioca na arquitetura (op. cit.)., p. 69.

43. HARRIS, Elisabeth D. Op. cit., p. 166.

44. Matéria da revista carioca *Globo*, de 23 de setembro de 1944, diz: "As salas 'sabiamente arejadas' – para usar ainda uma expressão de Carlos Drummond de Andrade – onde o trabalho deve ser delicioso; a vista magnífica, que se estende para todos os lados; as perfeitas instalações, e mobiliário e a luz; tudo isso torna-o confortável e higiênico, como um convite ao trabalho, um convite que o pobre funcionário agora aceita sem resmungar. E quem sabe, até, se esse ambiente sadio não seria capaz de estimular o funcionário, tornando-o mais atencioso, mais bem-humorado, mais amigo das partes? E desse modo ele talvez desemperre a burocracia, servindo o público com mais amor e boa vontade, dando andamento aos processos que se arrastam como lesmas pelas repartições". Apud LISSOVSKY, Maurício; SÁ, Paulo Sérgio Moraes de. Op. cit., p. 200.

45. COHEN, Jean-Louis. Op. cit., p. 105.

46. MELLO JÚNIOR, Donato. *Rio de Janeiro: planos, plantas e aparências*, p. 194.

47. SZILARD, Adalberto. Folhas de informação. Escritórios.

48. Autoria ratificada por Capanema, ao solicitar: "É necessário colocar, junto à porta de cada elevador, cinzeiros grandes, a serem feitos na conformidade de desenhos fornecidos pelo arquiteto Oscar Niemeyer". Apud LISSOVSKY, Maurício; SÁ, Paulo Sérgio Moraes de. Op. cit., p. 192.

49. Alguns destes móveis, desenhados em 1934, foram difundidos na *Contemporary American Industrial Arts Exposition* no *Metropolitan Museum* de Nova York. GREIF, Martin. *Depression Modern. The Thirties Style in America*, p. 65.

50. O melhor detalhamento sobre a estrutura do MES aparece em HARRIS, Elisabeth D. Op. cit. p. 141.

51. Ver: MARTINS, Carlos Alberto Ferreira. 'Há algo de irracional...'. Notas sobre a historiografia da arquitetura brasileira. O difusor do estudo das experiências brasileiras foi Arthur J. Boase, chefe do Departamento de Cálculo da *Portland Cement Association*, e membro da comissão de normas do *American Concrete Institute,* que publicou o artigo "South American Building Codes", na revista *Engeneering News Record* de abril de 1945. Ver também: VASCONCELLOS, Augusto Carlos. *O concreto no Brasil*, p. 32; TELLES, Pedro Carlos da Silva. *História da Engenharia no Brasil. Século 20*, p. 492.

52. CORRES, Elena. Proyecto Dom-ino: el sistema estructural.

53. No Memorial Descritivo, Lúcio Costa afirma: "A nova técnica construtiva vem, na verdade, ao encontro daquela imposição de programa, pois o seu princípio fundamental é a independência entre 'ossatura', isto é – aquilo que suporta – e 'parede', ou seja – aquilo que serve, apenas, de vedação: funções que sempre constituíram nos antigos sistemas um todo indivisível, não se podendo suprimir a segunda sem comprometer a primeira [...] os suportes foram

transferidos do alinhamento das fachadas para o interior do edifício [...] sendo assim as fachadas 'livres' da estrutura, em cujos pilares internos se concentra todo o esforço [...] as paredes divisórias – compostas de matérias leves e à prova de ruído, ou formando *casiers* utilizáveis de ambos os lados do espaço dividido". Apud LISSOVSKY, Maurício; SÁ, Paulo Sérgio Moraes de. Op. cit., p. 61.

54. "Que esse termo eventualmente aspire a uma estética mais do que a uma categoria tecnológica foi sublinhado por Adolf Heinrich Borbein em seu estudo filológico: a tectônica se converte em arte de junções". [No original em inglês: "That the term would eventually aspire to an aesthetic rather than a technological category has been remarked on by Adolf Heinrich Borbein in his 1982 philological study: Tectonics becomes the art of joinings". FRAMPTON, Kenneth. *Studies in Tectonic Culture: The Poetics of Construction in Nineteenth and Twentieth Century Architecture*, p. 4]. Sobre o significado metafórico da estrutura ver: FORTY, Adrian. *Words and Buildings. A Vocabulary of Modern Architecture*, p. 276-285.

55. A preocupação com a nova linguagem surgida a partir do uso das estruturas independentes e as fachadas de vidro era uma constante entre os profissionais dos anos 1920: "[se produz] uma mudança total no aspecto estático do edifício, de modo que, usando balanços e ao mesmo tempo lâminas de vidro que envolvem os andares desenvolve-se uma nova arquitetura, de pouco peso e que parece flutuar". [Na versão em espanhol: "[se produce] un cambio total en el aspecto estático del edificio, de modo que, empleando voladizos y usando, al mismo tiempo, láminas de cristal que ocupen plantas enteras, se desarrolla una nueva arquitectura, de poco peso y que parece flotar". HILBERSEIMER, Ludwig. *La arquitectura de la gran ciudad*. Gustavo Gili, Barcelona, 1999, p. 101].

56. Refere-se ao longo e complexo processo de construção – com as sucessivas mudanças das empresas construtoras, a modificação da altura do andar do ministro, o aumento de 12 para 15 andares em 1938 e a ampliação de um módulo no salão de exposições em 1944 – detalhadamente documentado na obra. LISSOVSKY, Maurício; SÁ, Paulo Sérgio Moraes de. Op. cit., p. 144.

57. Lúcio Costa, no Memorial Descritivo, diz: "Tudo recomendou a adoção de um sistema de lajes duplas solidárias com as vigas e nervuras de forma a permitir – em todos os compartimentos – teto liso e contínuo, sem os inconvenientes das vigas aparentes do processo usual que tanto dificultam o acabamento perfeito das divisões internas; quinto, finalmente, a instalação, no próprio piso, de uma rede contínua de tomadas para telefones, luz, sinais ou campainhas com afastamento mínimo conveniente". Apud LISSOVSKY, Maurício; SÁ, Paulo Sérgio Moraes de. Op. cit., p. 61. Esse tipo de laje, definido por Costa no projeto da Múmia, era anterior à inovação de Baumgart.

58. BOESIGER, Willy; STORONOV, Oscar (org.). *Le Corbusier et Pierre Jeanneret – Oeuvre Complète 1910-1929*.

59. ROBERTO, Marcelo; ROBERTO, Milton. O Palácio da Imprensa (op. cit.).

60. O engenheiro Jan Gerko Wiebenga (1886-1974), calculou as lajes sem viga extremamente finas para a sua época. KHAN, Hasan-Uddin. *Arquitectura modernista de 1925 a 1965* (op. cit.), p. 57; REICHLIN, Bruno. Op. cit.

61. Em 2002, a equipe de pesquisa do MES entrevistou o engenheiro German Jermann (então com mais de noventa anos), colaborador direto de Baumgart e que depois do seu falecimento em 1943 abriu a empresa de cálculo SEEBLA, com os engenheiros do escritório do mestre. Jermann foi também um reconhecido calculista de estruturas, autor do balanço expressivo do Jockey Club de Guanabara na Ilha do Governador (hoje Clube Português), projetado por Hélio Modesto (1961). Em seu testemunho ratificou o caráter inovador das soluções estruturais de Baumgart, que alteravam as normas vigentes para o projeto de estruturas em concreto armado.

62. Conforme o calculista Joaquim Cardozo, em artigo publicado na revista *Módulo*, Rio de Janeiro, v. 2, n. 10, ago. 1958, p. 3-6. CARDOZO, Joaquim. Forma estática, forma estética.

63. O Ministro Capanema solicitou a construção de um porão em 1943 e 1944. No edital do concurso se propunha a existência de uma garagem subterrânea. Ver: LISSOVSKY, Maurício; SÁ, Paulo Sérgio Moraes de. Op. cit., p. 180.

64. HARRIS, Elisabeth D. Op. cit., p. 151.

65. FERNÁNDEZ-GALIANO, Luis. *El fuego y la memoria. Sobre arquitectura y energía*, p. 23.

66. O jornal carioca *O Radical* publica em 2 de março de 1941 a matéria "Obras de Santa Engracia. O edifício mais complicado do Brasil", que critica: "Enfim, quando o edifício começou não havia o Ministério do Trabalho, que já é velho; nem a ABI, nem os industriários, nem nada. Tudo andou, nestes cinco anos. O edifício em ossatura ficou assim mesmo. [...] Não se sabe por que delírio de grandeza, estão inutilizando uma enorme área de terreno caríssimo, estendendo, de um lado, um auditório que poderia ficar no corpo do próprio edifício: exemplo da própria ABI. De outro lado, há uma puxada, toda envidraçada, uma vez que o sr. Ministro tem a paixão de vidro, colorida ou não. Para que todo aquele luxo, todo aquele desperdício de terra?". Apud LISSOVSKY, Maurício; SÁ, Paulo Sérgio Moraes de. Op. cit., p. 166.

67. "O incrível edifício do Ministério da Educação [...] os painéis de granito polido – espécie de aduelas – que revestem as colunas do MES exercem uma função simplesmente decorativa como os azulejos que emplastam uma das paredes laterais". MARIANNO FILHO, José. O incrível edifício do Ministério da Educação (op. cit.), p. 154.

68. Em 23 de março de 1944, com uma visão extremista, o escritor Mário de Andrade criticou, no jornal paulista *Folha da Manhã*, a presença de revestimentos no MES, assumindo os postulados da "linha dura" do racionalismo europeu: "O tempo e o dinheirão enormes que se desperdiçaram no Ministério da Educação é um erro de arquitetura. É um defeito arquitetônico que ficará sempre 'afeando' o admirá-

vel edifício". ANDRADE, Mário de. Brazil Builds (op. cit.), p. 180.

69. Harris foi o primeiro autor a insistir sobre o excesso de materiais importados: HARRIS, Elisabeth D.Op. cit., p. 152; a inglesa Fraser retoma sua afirmação: FRASER, Valerie. *Building the New World, Studies in the Modern Architecture of Latin America, 1930-1960*, p. 7. Também Elvan Silva considera que a monumentalidade do MES provinha de sua "opulência"!: "Foi necessária a autoridade de Capanema para neutralizar as críticas que se faziam à obra, dado o alto custo representado pela inovação"; "A monumentalidade da arquitetura de vanguarda brasileira estabeleceu um padrão, o da opulência, como sinônimo de excelência". SILVA, Elvan. A vanguarda incômoda: a resistência ao moderno na arquitetura brasileira, p. 92 e 93.

70. Em carta a Cândido Campos, de 29 de junho de 1942, Gustavo Capanema afirma: "O edifício foi construído com o mais rigoroso espírito de economia, e nada há nele de suntuário e luxuoso. Tudo ali é singelo, pois se trata de uma casa que só tem a pretensão de ser útil. Que se apronte concretamente a dependência ou o pormenor em que se verifique luxo ou suntuosidade". LISSOVSKY, Maurício; SÁ, Paulo Sérgio Moraes de. Op. cit., p. 168-169.

71. PEIXOTO, Marta. Sistema de proteção de fachada na escola carioca de 1935 a 1955.

72. Ver nota 42 do capítulo 11.

73. O ministro Gustavo Capanema se preocupava com a preservação correta do piso de linóleo, como se pode ver na sua ordem de serviço a Bittencourt de Sá, de 31 de outubro de 1944: "Verifico que as pontas de cigarro vão arruinando o piso de linóleo do nosso edifício. Urge tomar providências. Em primeiro lugar é preciso fabricar imediatamente grande número de cinzeiros, para serem colocados em diversos pontos de cada pavimento". Apud LISSOVSKY, Maurício; SÁ, Paulo Sérgio Moraes de. Op. cit., p. 192.

74. COSTA, Lúcio. Presença de Le Corbusier (op. cit.), p. 146.

75. "Destroços de gesso, placas quebradas de brise-soleil, azulejos descascados e crescimento de ervas daninhas eram parte do repertório dos sinais de decadência que até recentemente encobriam o Palácio Gustavo Capanema, antes o símbolo privilegiado da arquitetura modernista no Rio de Janeiro"; "o campus desfuncionalizado do Fundão e a decadência do antigo MES são ruínas alegóricas do colapso modernista. A recuperação material desses edifícios demonstra o quão urgente é a tarefa de promoção de suas funções. Uma função moderna, incompatível com o próprio processo de envelhecimento". JAGUARIBE, Beatriz. Op. cit., p. 131.

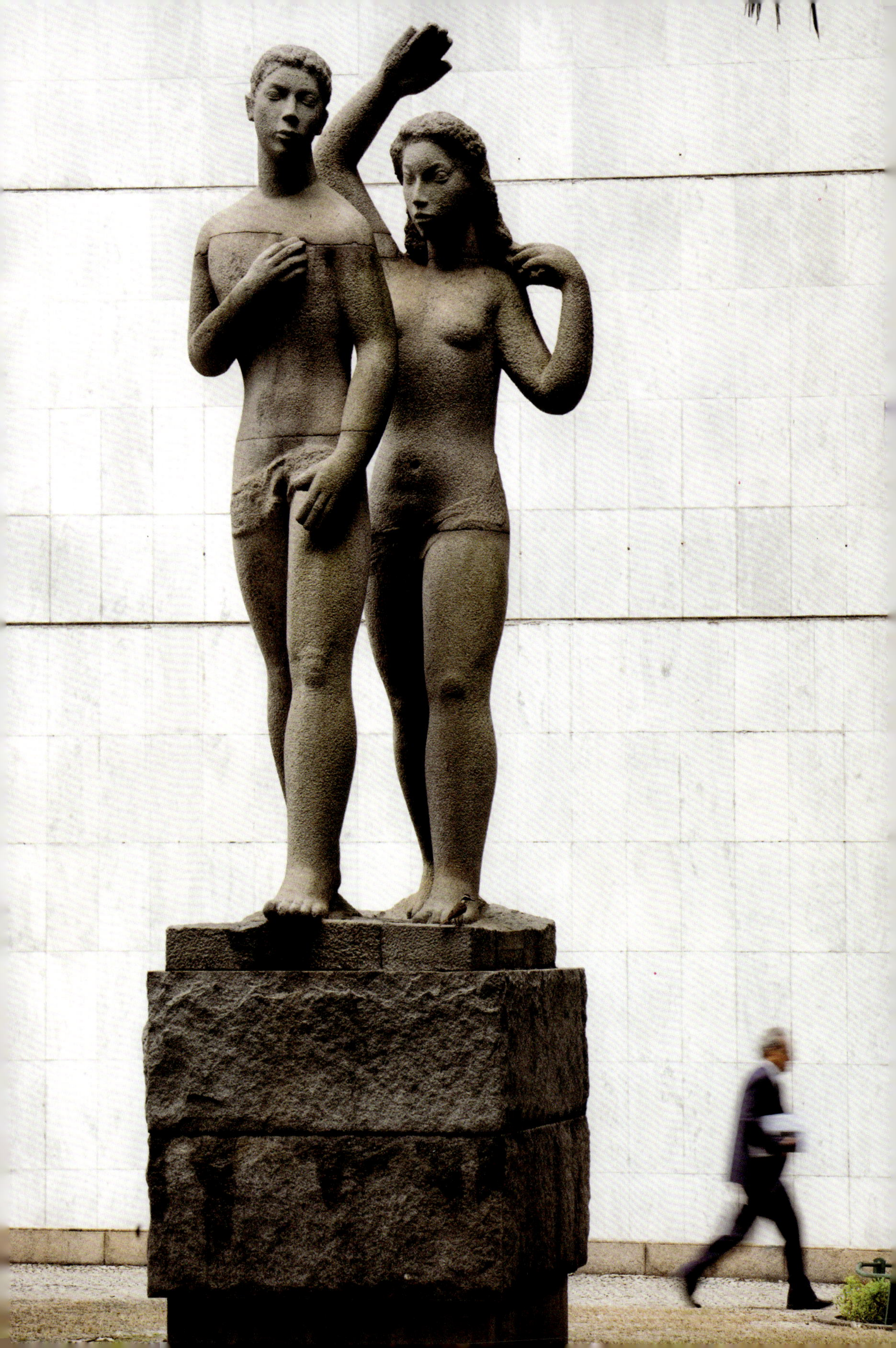

CAPÍTULO 13

UNIDADE DAS ARTES MAIORES: CLÁSSICOS E MODERNOS

1. O MES: SÍNTESE DAS ARTES MAIORES

Desde que começou a difusão do edifício do MES no início da década de 1940 – através do *Brazil Builds*[1], publicado pelo MoMA de Nova York – até os ensaios mais recentes – como o de Carlos Eduardo Comas (2004)[2] – enfatizou-se a interpretação livre dos cinco pontos de Le Corbusier, a composição inovadora do conjunto e sua adequação ao clima tropical[3], mas não foi dada importância especial ao vínculo entre arquitetura e artes plásticas na sede do ministério. Essa visão de cunho purista proveio da linha dura do movimento moderno europeu, que refutava na obra arquitetônica as contaminações artísticas herdadas da tradição *Beaux-Arts*, e privilegiava os componentes técnicos e funcionais sobre os estéticos, determinados essencialmente pelo seu conteúdo social. O grupo de arquitetos que promoveram essa tendência foram os críticos ácidos do esteticismo supostamente burguês de Le Corbusier[4], entre os quais de destacou Max Bill, ao questionar os componentes decorativos do MES em sua visita ao Brasil nos anos 1950[5]. Critério antitético com o pensamento da vanguarda carioca e dos dirigentes políticos e culturais do governo de Getúlio Vargas[6].

Foi uma constante desde a antiguidade a integração entre arquitetura, pintura e escultura, compondo a trilogia das Artes Maiores na tradição clássica. Vitrúvio em *De Architectura*, ao aprofundar sobre os aspectos científicos da arquitetura – que ele dividia em edificação, gnômica e mecânica[7] – não escreveu sobre as Belas Artes, embora definisse as ordens gregas como atributos básicos para atingir a perfeição e a beleza. Entretanto, na Grécia e em Roma não havia templos, basílicas ou teatros sem a presença de pinturas e esculturas dentro do sistema estético do edifício. No renascimento, Leon Battista Alberti – em seus tratados *De Re Aedificatoria Libri Decem, De Pictura, De Statua*[8] – estabeleceu a especificidade de cada uma delas; enquanto em seus estudos teóricos, Leonardo da Vinci privilegiou os aspectos técnicos de suas pesquisas ambientais, em função de seus objetivos estéticos. Tanto Rafael quanto Michelangelo nunca diferenciaram em seus projetos as três manifestações artísticas que dominavam com destreza, como demonstrado por Michelangelo no projeto da Biblioteca Laurenziana em Florença. Esse princípio de integração regeu

Na página anterior, escultura de granito cinza *Juventude Brasileira*, Rio de Janeiro, 1947, Bruno Giorgi, foto de 2009

o ensino acadêmico da arquitetura a partir do século 18 – na *British Royal Academy* e na *École des Beaux-Arts* – e inclusive foi aceito pelos antiacadêmicos, como foi o caso de John Ruskin, que escreveu: "aquele que não for um grande escultor e um grande pintor não pode ser um arquiteto"[9].

No século 19 houve um questionamento sobre o vínculo entre arquitetura e artes plásticas no momento em que, pela imitação, deformou-se a mensagem estética, ao perder-se a autenticidade criadora existente nos períodos anteriores. Se as catedrais góticas, a Basílica de São Pedro e o Palácio de Versalhes representaram o nível artístico mais alto atingido em seu momento histórico, a cópia de modelos assumidos dos estilos do passado e a repetição dos temas acadêmicos se contrapunham tanto à capacidade expressiva das novas técnicas construtivas quanto à experimentação iniciada pelos artistas plásticos na segunda metade do século 19. Essa crise se prolongou até meados do século 20, com o persistente academicismo do Palácio das Nações em Genebra (1927) – projetado por Nénot, Broggi, Flegenheimer, Vago e Lefèvre em estilo eclético e decorado por Josep Maria Sert (pai de Josep Lluís Sert), no salão do conselho, com figuras realistas monumentais[10] – e com a obstinada aplicação do método de ensino Beaux-Arts[11]. Nesse contexto, era uma exceção a busca pela integração entre arte e técnica, desenvolvida por Louis Sullivan[12] em Chicago e Antoni Gaudí em Barcelona, ambos mantendo-se dentro dos cânones da tradição figurativa e ornamental historicista.

A renovação da linguagem artística ocorrida no início do século 20, impulsionada pelas transformações científicas e tecnológicas que identificaram o mundo moderno, produziu a ruptura definitiva com a academia e o surgimento da abstração na pintura e na escultura. Assim foi superada a antítese entre uma imagem arquitetônica definida pelos componentes técnico-construtivos distantes dos estilos clássicos e o realismo figurativo das manifestações artísticas. Novamente houve uma integração coerente entre as Artes Maiores, reafirmada pelos pioneiros do movimento moderno: Boccioni assumia a tectônica como essência da escultura futurista; J.J.P. Oud (1921) imaginava a integração orgânica das artes quando se referia à arquitetura moderna;

Edifício Carson, Pirie, Scott and Company, fachada, Chicago, 1899, Louis Sullivan, foto de 1985

Casa Batlló, Barcelona, 1904-1906, Antonio Gaudí, foto de 2000

e assim também pensava Walter Gropius (1935), ao enunciar os objetivos da Bauhaus: "Nossa última meta é a obra de arte complexa, porém indivisível, o grande edifício, no qual a grande linha divisória entre elementos monumentais e decorativos terá desaparecido para sempre"[13]. Essa tese foi desenvolvida pelos arquitetos do movimento construtivista russo, Perret, Wright e Le Corbusier, que em algumas de suas obras integraram as artes plásticas – inclusive assumindo elementos figurativos – como sistema de comunicação estética e ideológica.

Se por um lado a mensagem artística da arquitetura na antiguidade e na idade média tentou atingir a beleza divina com diferentes recursos estéticos, por outro, desde o renascimento, emoldurou a vida sofisticada e mundana das elites dominantes. Logo, à medida que a arquitetura assimilou funções sociais de massa, procurando transmitir uma mensagem ideológica relacionada com a cultura popular, sua comunicação silenciosa apoiou-se nos meios da figuração pictórica e escultórica, como aconteceu nas catedrais medievais e igrejas barrocas. No século 19, a primazia da mensagem ideológica passou da Igreja ao Estado nacional, cujo fortalecimento baseou-se no sentimento patriótico e nacionalista da população dos países que competiam pelo domínio político e econômico mundial. Surgiram então as cenas pictóricas bélicas nos grandes salões dos edifícios públicos e as esculturas dos próceres foram implantadas nas praças das cidades[14].

Com o desenvolvimento financeiro e industrial e o acelerado crescimento demográfico, no início do século 20 tornou-se necessário associar as mensagens arquitetônicas à significação cultural e social dos avanços tecnológicos, bem como à expressão dos valores estabelecidos pela política nos regimes democráticos ou autoritários. A metrópole conformou, por um lado, o cenário da glorificação da orientação do Estado – de esquerda, como nas revoluções mexicana e russa; de direita, como nos regimes fascista e nazista na Itália e Alemanha – e, por outro, o mito da grande indústria e do capital financeiro associados ao progresso humano. Esse tema era hegemônico nas grandes exposições universais realizadas na Europa e nos Estados Unidos – entre as mais significativas, em busca da integração das artes, estiveram

Bauhaus, interior com móveis, Dessau, 1935, Walter Groupis, foto de 2009

Rockfeller Center, decoração do espaço público do edifício, Nova York, 1929-1933, foto de 2010

as de Paris de 1925 e 1937[15] e a de Nova York de 1939 – e era recorrente também, ao final dos anos 1920, nos vestíbulos dos arranha-céus de Nova York. Não foi por acaso então que Raymond Hood, arquiteto do Rockefeller Center, tenha viajado à Europa em 1932 com o intuito de convidar os artistas de maior prestígio da vanguarda pictórica para decorar os espaços públicos do conjunto arquitetônico[16], e que o ministro Gustavo Capanema tenha explicado ao presidente Getúlio Vargas a presença necessária das belas artes no edifício do MES[17].

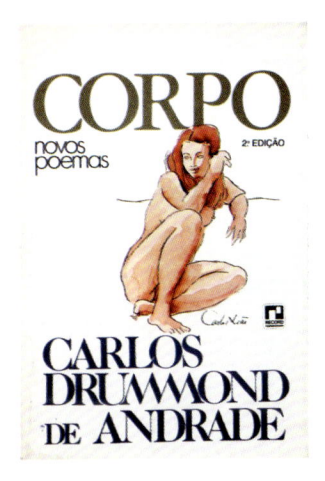

Os arquitetos cariocas formados na Escola Nacional de Belas Artes mantiveram um intenso vínculo com os artistas plásticos; tanto os tradicionalistas quanto aqueles que participaram da renovação dos valores estéticos a partir das mudanças radicais instauradas por Lúcio Costa ao assumir a direção da ENBA em 1930, com 28 anos de idade. Antes que a reação acadêmica lhe impusesse a sua renúncia e voltasse a tomar o poder na escola, Costa conseguiu organizar em 1931 a 38ª Exposição Geral de Belas Artes, também denominada "Salão Revolucionário" – pela primeira vez sem prêmios nem júri –, cuja transcendência no Rio de Janeiro foi similar àquela da Semana de Arte Moderna de 1922 celebrada em São Paulo[18]. Ali houve a desejada integração entre as artes, por conta da abertura da exposição a diferentes correntes da vanguarda local, assim como a jovens arquitetos identificados com os códigos do movimento moderno[19]. Essa interação, à qual se somaram historiadores, literatos e músicos, foi fortalecida no Instituto de Artes da Universidade do Distrito Federal, criado em 1935 por Anísio Teixeira, então secretário de educação da Prefeitura do Rio de Janeiro, apoiado pelo prefeito Pedro Ernesto Batista. Ali deveriam ensinar Lúcio Costa, Carlos Leão, Celso Kelly, Mário de Andrade, Cândido Portinari, Celso Antônio, Alberto da Veiga Guignard, Gilberto Freyre, Heitor Villa-Lobos, entre outros[20]. Entretanto, teve curta duração – a UDF foi fechada por Capanema em 1939 –, por concentrar os principais intelectuais de esquerda em um momento de perseguição ideológica aos movimentos progressistas, depois da instauração do Estado Novo por Vargas em 1937.

Por outro lado, a inserção das artes plásticas no MES esteve relacionada à participação de alguns dos membros da equipe na dinâmica artística e cultural carioca.

Capa do livro *Corpo novos poemas*, de Carlos Drummond de Andrade, com ilustração de Carlos Leão

Lúcio Costa, talvez um dos que menos adentrou na expressão pictórica, nunca deixou de desenhar com desembaraço as paisagens relacionadas às suas obras e viagens de estudo. Oscar Niemeyer, de sua graduação até o presente, manteve uma constante produção literária, gráfica, escultórica e de design de móveis[21]. Carlos Leão foi o mais próximo das atividades artísticas, relacionado intimamente com o poeta Vinícius de Moraes, dedicando-se exclusivamente à pintura e ao desenho no final de sua vida[22]. Outros arquitetos atingiram certo prestígio local através de suas obras pictóricas: Alcides da Rocha Miranda, Géza Heller[23] e Eugênio de Proença Sigaud, cujos quadros representavam o estrondo da construção moderna no contexto urbano. Esses vínculos perduraram na década de 1940 enquanto as manifestações vanguardistas eram reprimidas na ENBA. Os estudantes rebeldes montaram em 1942 e 1943 a Exposição dos Dissidentes no recém-inaugurado edifício da Associação Brasileira de Imprensa, apoiados pelo Instituto de Arquitetos do Brasil e alguns de seus membros: Maurício Roberto, Francisco Bolonha, Eduardo Corona, Alcides da Rocha Miranda, Oscar Niemeyer e Firmino Saldanha. Ou seja, como afirmou Lúcio Costa, o ambiente intelectual e político do Rio de Janeiro, identificado com a vanguarda cultural, apoiava a ideia da integração das artes, cuja expressão madura atingiu seu ápice no edifício do ministério.

2. DISCURSO ARTÍSTICO E DISCURSO IDEOLÓGICO

A sede do MES expressa um profundo paradoxo: constitui a representação formal e espacial de um sistema de valores identificado com a cultura democrática, quando sua imagem definitiva e sua concretização material se realizaram no seio de uma ditadura. Símbolo do Estado Novo autoritário, de orientação fascista e antissemita[24], o edifício foi conformado por arquitetos e membros da vanguarda artística nacional e internacional com tendências políticas de esquerda. Como se explica essa contradição? Seria antitética a presença de uma linguagem realista no sistema pictórico e escultórico do MES, com os códigos canônicos abstratos de uma arquitetura representativa do movimento

MES, desenho da escultura
Juventude Brasileira na praça
do térreo, Rio de Janeiro,
Oscar Niemeyer

moderno? É legítimo identificar o MES com a ideologia dominante no governo de Getúlio Vargas, ou seria uma exceção, determinada pela vontade do ministro Gustavo Capanema? Se o sistema educacional brasileiro era assumido do modelo fascista italiano, por que o edifício estatal que simbolizava um sistema de valores baseado na obediência à autoridade, disciplina militar e acatamento de uma ideologia pré-estabelecida representava o contrário? As artes plásticas integradas à arquitetura estabeleciam um discurso autônomo, ou respondiam aos fundamentos ideológicos do sistema? As contradições políticas, sociais, econômicas e culturais existentes na década de 1930 no mundo, na América Latina e no Brasil podem explicar essas incógnitas.

O processo acelerado de industrialização dos países europeus e dos Estados Unidos, o aumento da população mundial e a participação das massas na vida política dos Estados radicalizou as tensões sociais, econômicas e políticas do sistema capitalista, tanto dentro de cada nação quanto em escala internacional. Elas começaram na Primeira Guerra Mundial, se agravaram na Crise de 1929 e atingiram o seu auge na Segunda Guerra Mundial. A partir de então, democracias, revoluções e ditaduras se sobrepuseram persistentemente: as revoluções mexicana e russa, o governo democrático de Roosevelt nos Estados Unidos – que, entretanto, não questionava as ditaduras existentes no hemisfério – o de Lázaro Cárdenas no México e a incipiente República Espanhola. Surgiram os governos totalitários europeus – Mussolini na Itália, Hitler na Alemanha, Franco na Espanha, Salazar em Portugal – e seu reflexo na América Latina, que começou em 1925 com o regime autoritário de Gerardo Machado em Cuba e prosseguiu nos anos 1930, com o golpe militar do general José Félix Uriburu na Argentina e as ditaduras de Leónidas Trujillo na República Dominicana e Getúlio Vargas no Brasil. No entanto, tanto as democracias quanto os regimes fortes apelavam à participação ativa das massas, particularmente os trabalhadores industriais – e em alguns casos a classe média, como na Itália – submetidos a condições de vida precárias desde o fim do século 19. Manifestou-se assim a dualidade do "homem-massa"[25] – conceito explorado pela esquerda e direita – e a exaltação da vontade individual nas versões antagônicas de Nietzsche e Freud.

MES, Getúlio Vargas e comitiva
observando a escultura *Mulher
Reclinada*, Rio de Janeiro,
Celso Antônio

MES, Le Corbusier e acompanhantes observando a escultura Mulher Reclinada, Rio de Janeiro, de Celso Antônio

Esse turbilhão de acontecimentos associados à modernidade exercerá uma significativa influência nas manifestações artísticas. Embora a abstração tenha surgido tanto de uma nova interpretação da realidade associada às mudanças materiais produzidas pela tecnologia industrial – cubismo, purismo, neoplasticismo – quanto da negação ao drama social e político vivido na Rússia czarista – sintetizada no suprematista *Quadrado branco sobre fundo branco* (1918), de Kazimir Malevich (1878-1935) –, o vínculo com a realidade objetiva angustiante constituiu uma das linguagens artísticas predominantes na primeira metade do século 20. Porém essa leitura das contradições do mundo real teve dois caminhos divergentes: a persistência dos modelos acadêmicos, estereotipados e manipulados pela conversão da arte em propaganda política – ocorrida na Itália, na Alemanha e no realismo socialista imposto por Stalin na URSS – e a linguagem libertária baseada nas transformações estéticas produzidas pelos movimentos da vanguarda europeia: o fauvismo, o expressionismo, o futurismo, o surrealismo, o dadaísmo, entre outros[26]. Tendências inovadoras que foram rapidamente assimiladas pelos jovens artistas latino-americanos e reelaboradas "antropofagicamente" – parafraseando Oswald de Andrade[27] – em busca de uma nova interpretação da realidade local. Embora na maioria dos países do hemisfério tenham surgido autores e movimentos expressivos, foi no México e no Brasil que a vanguarda pictórica foi reconhecida além de suas fronteiras, ao ser difundida e promovida precocemente nos Estados Unidos: podemos citar, entre outros, os muralistas mexicanos David Alfaro Siqueiros, Diego Rivera, e José Clemente Orozco, e os pintores brasileiros Tarsila do Amaral, Emiliano Di Cavalcanti e Cândido Portinari.

Que objetivo aproximou artistas de regimes políticos tão diferentes? Por que ambos os países – México e Brasil – coincidiram nos conteúdos de suas manifestações plásticas? Em primeiro lugar – e isso aconteceu em toda a América Latina – os temas de conteúdo social e a preocupação com os estratos mais necessitados da população constituíram uma constante – em uma etapa de modernização e urbanização dos países da região – que explicitava as contradições existentes. Em segundo lugar, foram descobertas as próprias raízes e as identidades nacionais: nas culturas asteca e maia, no México, assim como no passado indígena e na herança dos povos africanos que formaram a mão de obra agrícola durante séculos, particularmente no Nordeste do Brasil. Em terceiro lugar, houve o desenvolvimento da interação entre o cosmopolitismo das elites urbanas e os estudos etnológicos, antropológicos e sociológicos, tanto a partir de uma ótica científica – as pesquisas de Claude Lévi-Strauss, Roger Bastide, Mário de Andrade e Gilberto Freyre – quanto na busca de associações artísticas e imagens inéditas assumidas de ritos e mitos ancestrais latino-americanos, impulsionadas pelos surrealistas André Breton e Benjamin Péret[28].

A partir da fusão entre a personalidade do artista, a exteriorização dos problemas sociais e as pesquisas sobre o passado cultural, nasceram as diferentes linguagens expressivas regionalistas que caracterizaram a arte mexicana e a arte brasileira na década de 1930[29]. Apesar da identificação de critérios existentes nas declarações artísticas da vanguarda – o "Manifesto Pau-Brasil" de Oswald de Andrade (1924) e "Tres llamamientos de orientación actual a los pintores y escultores de la nueva generación americana" de David Alfaro Siqueiros (1921)[30] – as orientações estéticas tiveram resultados diversificados. No México, as pinturas murais de Siqueiros, Rivera e Orozco constituíam um grito de denúncia contra a dominação colonial da Espanha e a submissão da população indígena, mantida durante a opressão burguesa do Estado republicano; por outro lado, se depositava a esperança na Revolução, apoiada pelas transformações sociais, econômicas e tecnológicas que abririam o caminho em direção ao "futuro luminoso", inspirado na dinâmica política e social da recém-criada União Soviética. As mensagens pictóricas foram colocadas em grandes murais situados no interior dos edifícios públicos, ou no exterior de construções novas para atingir a máxima comunicação com o povo. Por essa razão Diego Rivera, ao pintar o seu mural elaborado no Rockefeller Center, incluiu a figura de Lenin entre as personalidades gestoras do Novo Mundo, presença que determinou a sua destruição por ordem de Nelson Rockefeller[31].

Não era essa a dinâmica social e artística existente no Brasil. A Semana de Arte Moderna de 1922 em São Paulo determinou o ponto de partida da vanguarda e a luta contra o academicismo local. Apesar dos conteúdos sociais proclamados, foi um movimento de elite, tanto social quanto artística, como escreveu Mário de Andrade nos anos 1940[32]. Os pintores e escultores que tentaram revolucionar os códigos plásticos eram apoiados pela oligarquia cafeeira paulista, detentores do poder na República Velha. Com a Revolução de 30 de Getúlio Vargas, a relação direta com o povo – embora fosse um abstrato povo em verbo[33]–, a adoção de leis corporativistas que favorecessem os trabalhadores e a modernização estrutural e produtiva foram os principais objetivos do governo[34]. Ainda que tenha mantido certo aspecto democrático até 1937, o autogolpe e a criação do Estado Novo o converteu em uma ditadura que perdurou até 1945. Entretanto, nos quinze anos de governo, nunca perdeu o apoio de intelectuais progressistas, inclusive pertencentes às tendências políticas de esquerda. Como se explica essa contradição? Porque Vargas não impôs uma linha estética das artes plásticas a serviço do Estado – apesar de assumir elementos repressivos do modelo fascista de Mussolini e identificar-se com a arte clássica –, mas permitiu a livre expressão sempre que não fossem formulados enunciados contra o governo, conseguindo a coexistência de tendências opostas, tanto da acadêmica quanto da vanguarda cultural.

A ideologia dominante difundiu-se mais pelo rádio, pela música e pelo esporte – a organização dos "cantos orfeônicos" por Heitor Villa-Lobos – que através de imagens figurativas na escala da cidade. Segundo Mário Pedrosa, na escala urbana, a arquitetura teve um papel mais importante que a presença de murais propagandísticos[35]. A atitude de Vargas face à cultura foi ambígua e sua ideologia essencialmente pragmática, baseada na defesa de sua liderança pessoal: quando a oposição se organizou, acabou reprimindo tanto a extrema esquerda quanto a direita[36]. Coexistiram ministros artisticamente incultos, que apoiaram a construção de sedes acadêmicas – Artur de Souza Costa da Fazenda; Salgado Filho do Trabalho; Eurico Gaspar Dutra de Guerra – com a figura solitária de Gustavo Capanema, Ministro da Educação e Saúde[37], que apoiava artistas e arquitetos renovadores, em busca de uma linguagem expressiva do novo Brasil. Sua figura foi comparada ao seu homólogo mexicano José Vasconcelos, promotor na década de 1920 do movimento pictórico muralista e da refutação ao academicismo arquitetônico cosmopolita, apoiando em seu país a expressão do Estado através do movimento neocolonial, associado às suas próprias tradições culturais[38].

A substituição da República Velha pela Revolução de 30 não produziu um corte radical na vida artística carioca. Desde 1925, ano da publicação, no *Correio da Manhã*, do texto pioneiro de Gregori Warchavchik sobre a arquitetura moderna[39], seguiram-se as visitas e exposições de artistas de vanguarda, internacionais e locais. Em 1926 o escritor Graça Aranha apresentou Tommaso Marinetti, líder futurista italiano que foi vaiado pelo público carioca; e o Palace Hotel, na Avenida Rio Branco, acolheu em seus salões a vida artística do Rio de Janeiro. Ali se celebraram as exposições de Lasar Segall, Tarsila do Amaral, Ismael Nery e do jovem e pouco conhecido Cândido Portinari (1929). Ao mesmo tempo chegou da Alemanha uma coleção de objetos do *Deutsche Werkbund* (1929), e de Paris da *Grande Exposition d'Art Moderne*, com obras de 55 artistas, entre os quais Braque, Dufy, Léger, Picasso, Miró, Vlaminck, Lhote e Foujita (1930)[40]. Pouco tempo depois, entretanto, a inauguração do IV Congresso Pan-americano de Arquitetos, organizado por José Marianno, aclamou a reação neocolonial, marginalizando as apresentações de Gregori Warchavchik e Flávio de Carvalho, representantes da vanguarda arquitetônica.

O processo de sístole e diástole entre academia e vanguarda perdurou ao longo da história dos anos 1930. O Salão Revolucionário de 1931 – considerado por Rodrigo Melo Franco de Andrade como mais importante que a Semana de Arte Moderna de 1922[41] – consolidou a imagem dos artistas modernistas, porém nesse mesmo ano os conservadores voltaram ao poder na ENBA, liderados pelo arquiteto Arquimedes Memória – logo marginalizado no concurso para a sede do MES em 1935, apesar de ter recebido o primeiro prêmio. A presença de Frank Lloyd Wright no Rio de Janeiro, membro do júri no Concurso do Farol de Colombo para a cidade de Santo Domingo, República Dominicana, seguramente permitiu que profissionais e estudantes entrassem em contato com o mestre. Ao mesmo tempo foi possível

Projeto do Farol de Colombo, República Dominicana, 1931, Konstantin Melnikov, publicação no livro *Concurso para el Faro a la Memoria de Cristóbal Colón*, de Albert Kelsey, 1931

conhecer os projetos que seriam julgados, entre eles alguns pertencentes ao movimento construtivista russo, destacando-se a ampulheta abstrata de Konstantin Melnikov[42]. Também teve certa reverberação local o Salão de Arquitetura Tropical (1933), pela presença dos jovens arquitetos modernistas. A criação do Núcleo Bernardelli (1931) agrupou a vanguarda moderada – José Pancetti, Milton Dacosta, Quirino Campofiorito, Eugênio de Proença Sigaud, Édson Mota e outros – contra o academicismo, muito preocupados com temas de conteúdo social, motivado também pela origem humilde de seus membros[43].

Ou seja, apesar da atitude anticomunista de Vargas – evidenciada na deportação de Olga Benário, esposa de Carlos Prestes, à Alemanha nazista em 1936, falecida posteriormente em um campo de concentração[44] – manifestações artísticas muito tímidas de esquerda ainda estavam presentes: em 1935 surgiu a revista *Movimento*, publicada pelo Clube da Cultura Moderna, que difundia as experiências soviéticas e os textos de intelectuais progressistas como Aníbal Machado e Mário Pedrosa. Dentro dessa ambiguidade política e cultural teve um papel importante a pressão do governo de Roosevelt para afastar Vargas de sua afinidade com o fascismo e nazismo. Embora em 1941 o presidente tenha cumprimentado Hitler por seu aniversário, em 1942 o Brasil finalmente declara a guerra aos países do Eixo – Alemanha, Itália e Japão – e envia tropas à Europa para que se integrem às forças aliadas que lutavam na Itália. A política de boa vizinhança de Roosevelt – que criou o *Public Works of Art Program (PWAP)* – incidiu na valorização da arte e arquitetura modernas brasileiras através do contato com o Museu de Arte Moderna (MoMA) de Nova York, cujo mentor, Nelson Rockefeller, diretor do *Office of the Coordinator of Inter-American Affairs*, participava ativamente nas relações culturais com a América Latina[45]. Não é por acaso que Portinari foi o artista convidado na primeira exposição pessoal de um artista sul-americano organizada pelo MoMA de Nova York em 1940[46] – tanto pela importância estratégica do Brasil, quanto pelo equilíbrio estabelecido entre posição política de esquerda e representação pictórica menos agressiva que aquela desenvolvida pelos muralistas mexicanos.

3. UMA MONUMENTALIDADE DILUÍDA: O *HOMEM BRASILEIRO*

Desde a antiguidade, os grandes edifícios públicos foram emoldurados pela escultura monumental. Deuses, imperadores, reis e tiranos aspiraram à memória eterna, não somente por conta das edificações realizadas, mas também pelas próprias efígies realistas em bronze ou mármore. Embora os governos autoritários do século 20 estivessem propensos à multiplicação de estátuas – particularmente na URSS e no mundo socialista do Oriente e Ocidente – o surgimento da arte abstrata levou à crise do realismo escultórico desde as primeiras décadas do século passado. Os monumentos de Walter Gropius aos caídos da Primeira Guerra Mundial (1920); de Mies van der Rohe aos dirigentes comunistas alemães Karl Liebnecht e Rosa Luxemburgo (1926); e a tumba de Lenin na Praça Vermelha em Moscou de A. Schussev (1930) não tinham uma representação figurativa; no entanto Mies van der Rohe colocou a escultura feminina de George Kolbe no ascético Pavilhão de Barcelona (1929); Le Corbusier reproduziu a imagem corpórea dos Dioscuros da Basílica de San Marco na fachada principal do projeto do Palácio das Nações em Genebra (1927)[47], e reafirmou a utilização de uma imagem realista no projeto de monumento ao dirigente comunista francês Vaillant-Couturier em Paris (1937). No Brasil, apesar da difusão das obras europeias de Brancusi, Boccioni, Archipenko, Pevsner, Zadkine, Arp, Calder, Laurens, é somente depois da Segunda Guerra Mundial – sem dúvida Victor Brecheret foi uma exceção nos anos 1920 – que a imagem abstrata predomina sobre a realista, já que entre os artistas locais persistia a influência dos mestres franceses: Rodin, Maillol, Despiau e Bourdelle. As composições volumétricas surrealistas de Maria Martins e as geometrias complexas de Bruno Giorgi em Brasília serão posteriores.

Por isso não surpreendia a proposta de Capanema de localizar na praça diante do MES uma gigantesca estátua *Homem Brasileiro*, que identificasse a sede como "ministério do homem"[48]. Sua significação fez com que a obra fosse, dentro do conjunto das obras artísticas previstas para a sede do MES, aquela à qual o ministro dedicou maior atenção. Entretanto, a ideia original do colosso sentado surgiu da proposta de Le Corbusier, que desde o projeto da Praia de Santa Luzia (1936) tinha

MES, escultura *Homem Brasileiro*, modelo da obra não realizada e maquete de sua inserção na praça do térreo, Rio de Janeiro, Celso Antônio

colocado a estátua de onze metros de altura na esplanada sobre a baía. Le Corbusier admirava as esculturas de Celso Antônio, cujos volumes arredondados das figuras femininas coincidiam com os desenhos e pinturas elaborados naqueles anos pelo arquiteto suíço[49], alegrando-se da contratação do artista para a realização do *Homem Brasileiro*[50]. Por que esta presença de uma escultura monumental figurativa no projeto de Le Corbusier? Por que um gigante sentado? Em termos compositivos, tanto no projeto da Avenida Beira-Mar quanto na Esplanada do Castelo, a figura atuava como um elemento plástico de afirmação do lugar, referência visual da existência da praça seca e contraposição volumétrica vertical aos planos horizontais das fachadas, articulando a precisão matemática da arquitetura com a exatidão geométrica de sua localização no espaço[51]. Além disso, no terreno do Castelo, constituía um "pino" de rotação que afastava o MES dos dois volumes pesados dos ministérios do Trabalho e Fazenda. Em termos figurativos, a referência ao Egito estava relacionada ao interesse existente na cultura europeia dos anos 1930 pelas civilizações primitivas africanas, também impulsionado pela Exposição *déco* de 1925. Dessa forma, o homem sentado – em uma carta Roquette-Pinto sugere a Capanema que estivesse em pé, marchando – seria uma metáfora da verdade[52] associada ao *Pensador* de Rodin. Assim o homem brasileiro do futuro não devia ser o musculoso atleta de físico impecável que corria ao futuro promissor – hoje em dia seria Arnold Schwarzenegger, menos significativo ideologicamente, porém com o poder político real e sempre à direita – tão presente tanto na imagem publicitária norte-americana das academias Pitman quanto nos jovens Balilla na Itália, na Juventude Hitleriana na Alemanha e na Juventude Comunista na URSS; com uma visão mais realista, devia associar-se à imagem complexa e cinza do homem comum, meditando sobre o amanhã incerto e indecifrável[53].

A significação da estátua presente nos projetos de Le Corbusier, e também apoiada por Capanema, não persistiu nas sucessivas soluções da equipe brasileira. No primeiro – a Múmia – aparecem duas esculturas: a primeira, de uma figura masculina magra em pé, localizada no reduzido espaço da *cour d'honneur* da entrada principal;

MES, busto em mármore branco de Getúlio Vargas, vestíbulo principal do acesso do público, Rio de Janeiro, 1945, Celso Antônio, foto de 2009

e a segunda, apoiada na parede curva do teatro, sem que lhe fosse dada maior relevância nas perspectivas do edifício. Uma vez elaborada a proposta definitiva com a intervenção de Oscar Niemeyer, a estátua nunca foi mantida na frente da entrada principal – como tinha sugerido Capanema – porém deslocada em diversas posições na parte posterior do MES, voltada à Rua Pedro Lessa, logo desaparecida junto com a escultura. Evidentemente, foram esquecidas as relações matemáticas entre a escultura e o edifício, enunciadas por Le Corbusier.

Por que em pouco mais de um ano foi volatilizado – parafraseando Marshall Berman[54] – o entusiasmo do ministro em colocar um *Homem Brasileiro* colossal na porta do MES? Podemos supor que o modelo do titã egípcio sentado em um trono estivesse relacionado com o super-homem de Nietzsche, autor admirado por Vargas[55], mas que em sua associação ao nazismo deveria constituir uma referência fugaz. Também influenciaram as teorias racistas dos alemães para demonstrar a superioridade ariana – a partir do criminólogo italiano Cesare Lombroso – assumidas nas buscas do tipo humano brasileiro. Capanema consultou o historiador e sociólogo Oliveira Viana e o médico Rocha Vaz para definir as características fisionômicas da escultura, representativas do homem novo que se desejava formar. Tarefa difícil em um país multirracial com fluxos migratórios persistentes e miscigenações múltiplas, no qual os traços diferentes impediam unificar o caboclo do Amazonas, o sertanejo do Nordeste, o jeca de São Paulo e Minas Gerais, o peão do Mato Grosso e o vaqueiro do Rio Grande do Sul. Também havia as colônias italiana, alemã ou japonesa, que estiveram presentes no país ao longo de várias gerações, relacionando-se com outros grupos sociais. Mestiçagem defendida tanto por Gilberto Freyre como por Lúcio Costa, na definição do ancestral: "assumir e respeitar o nosso lastro original, luso-afro-nativo"[56].

Além do fracasso dessas pesquisas houve o aspecto pouco atraente do modelo criado por Celso Antônio[57], que desagradou o ministro, ainda identificado com a imagem de um futuro homem brasileiro mais branco que mestiço. Nomeou então uma comissão para julgar a obra, à qual o escultor se opôs, iniciando um conflito com as autoridades, que finalmente organizaram um concurso para obter a nova proposta

MES, busto em mármore travertino de Gonçalves Dias, salão de conferências, 2ª sobreloja, Rio de Janeiro, 1945, Bruno Giorgi, foto de 2009

MES, busto em mármore travertino de Castro Alves, salão de conferências, 2ª sobreloja, Rio de Janeiro, 1945, Bruno Giorgi, foto de 2009

MES, busto em bronze de Gustavo Capanema, sala 207 do 2º pavimento, Rio de Janeiro, 1950, Celso Antônio, foto de 2009

em 1938[58]. Desconfiado dos resultados do concurso, Capanema, por intermédio de Mário de Andrade, estabeleceu contatos com os escultores Victor Brecheret – que não se interessou particularmente pelo tema por ter começado o trabalho executivo do *Monumento às Bandeiras* em São Paulo (1936) – e Ernesto de Fiori, autor de uma proposta rígida, desprovido de valor plástico. Essas foram tentativas frustradas que acabaram com a aspiração de eternizar a imagem do homem brasileiro. Podemos supor que o círculo de intelectuais relacionados a Capanema – Carlos Drummond de Andrade, Mário de Andrade, Roquette Pinto, Manuel Bandeira, Rodrigo Melo Franco de Andrade – não apoiassem uma representação racista, em um período da história em que o tema servia de pretexto para a Alemanha na sua tentativa de dominar o mundo e eliminar do mapa as chamadas "raças inferiores", que sem dúvida incluiriam também grande parte da população do Brasil. Essa posição alemã era compartilhada pelo movimento integralista de extrema direita, apoiado pelas teorias autoritárias e racistas de Alberto Torres, Oliveira Viana, Azevedo Amaral e Plínio Salgado, que combatiam a linha política de Vargas[59]. Interrompido este projeto, a imagem escultórica de uma metáfora do MES foi posteriormente associada ao tema da juventude, substituindo a busca das raízes do homem brasileiro pela imagem de seu porvir, em concordância com a ideologia dominante.

4. ARTISTAS NACIONAIS E ESTRANGEIROS

Ao fazer referência à presença de obras de arte no ministério, e apesar das críticas agressivas recebidas por Capanema pela imprensa local por conta do longo processo construtivo, foi um fato positivo a demora na inauguração da sede. A situação política do mundo não era a mesma em 1937 – ano em que poderia ter sido inaugurado o edifício, exatamente como aconteceu com os outros ministérios – que em 1942, data em que começaram a ser encomendadas as esculturas. Além disso, se desenvolvia uma guerra que nessa data estava sendo visivelmente perdida pelas forças do Eixo, com a entrada dos Estados Unidos no conflito e a derrota dos exércitos nazistas

MES, busto em bronze de Mário de Andrade, sala 207 do 2º pavimento, Rio de Janeiro, 1950, Celso Antônio, foto de 2009

MES, busto em mármore travertino de Machado de Assis, Salão Portinari no 2º pavimento, Rio de Janeiro, 1945, Bruno Giorgi, foto de 2009

MES, busto em mármore travertino de José de Alencar, Salão Portinari no 2º pavimento, Rio de Janeiro, 1945, Bruno Giorgi, foto de 2009

pelos russos na decisiva batalha de Stalingrado⁶⁰. No Brasil surgiram novos conceitos estéticos na arquitetura – nessa data Niemeyer já estava construindo os edifícios da Pampulha (1940), iniciando o uso de seu repertório de formas livres curvilíneas – e critérios mais abertos foram manifestados por parte do ministro para a definição dos componentes artísticos integrados à sede do MES. É importante notar que nunca foram solicitadas imagens publicitárias do regime ou temas com referências políticas diretas no exterior do edifício e nas áreas de afluência do público, tais como o salão de exposições e o teatro. Esse princípio foi evidenciado no caráter modesto e realista – sem exaltação nem mistificação alguma da personalidade – do busto de Getúlio Vargas que Celso Antônio esculpiu em 1945 – quase no final de seu mandato presidencial – colocado no vestíbulo principal de acesso. O *low profile* da imagem esteve também determinado por sua localização na frente da parede curva de vidro estrutural, cujo resplendor ofuscava a visão nítida da escultura.

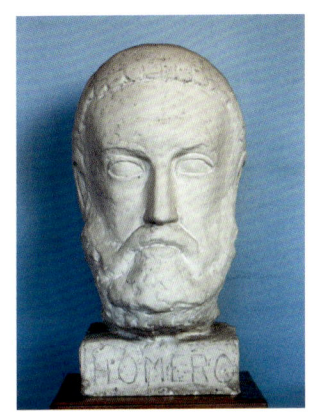

Assim como aconteceu nos regimes fortes de esquerda e de direita, a mobilização da juventude constituía um dos pilares do sistema. Vargas tinha afirmado: "É na juventude que deposito a minha esperança; é para ela que apelo"⁶¹. Com o estabelecimento do Estado Novo, a educação dos adolescentes vinculou-se à segurança nacional para garantir sua formação a partir dos preceitos de disciplina, hierarquia, cooperação, solidariedade, intrepidez, aperfeiçoamento físico⁶². Para isso se propôs a criação de um organismo paramilitar – a Organização Nacional da Juventude – sob a tutela do conservador ministro da Justiça Francisco Campos. Felizmente Capanema e Eurico Dutra, ministro da Guerra, se opuseram a essa iniciativa e finalmente, em 1940, as atividades regulamentadas se limitaram a incentivar a participação esportiva nas escolas e fomentar o culto à Pátria⁶³. Quando em 1942 se decidiu criar o concurso para a escultura *Juventude brasileira*, os critérios de avaliação – derivados da visão estética de Mário de Andrade – não eram os que predominavam em 1937, data em que se teria assumido a imagem de jovens atléticos e entusiastas, presentes tanto nas pinturas de Picasso quanto na representação dos trabalhadores kolkozianos de Vera Mukhina no pavilhão da URSS na Exposição de Paris de 1937⁶⁴.

MES, Busto em mármore travertino de Camões, Salão Portinari, 2º pavimento, Rio de Janeiro, 1945, Bruno Giorgi, foto de 2009

MES, Busto em gesso de Virgílio, plenário Deolindo Couto, 5º pavimento, Rio de Janeiro, 1943, Bruno Giorgi, foto de 2009

MES, Busto em gesso de Homero, plenário Deolindo Couto, 5º pavimento, Rio de Janeiro, 1944, Bruno Giorgi, foto de 2009

Apresentaram-se no concurso Augusto Zamoiski, Adriana Janacópulos e Bruno Giorgi, escultor brasileiro que estudou na França e Itália e havia sido expulso deste país em 1935 por conta de sua participação em atividades contra o regime de Mussolini. Enquanto os modelos dos outros participantes tinham uma dureza realista socialista, a imagem dos jovens criada por Giorgi conformava, apesar de sua realização em pedra, uma volumetria fluida etérea e transparente, com uma expressão de felicidade e alegria – parafraseando Mário de Andrade – totalmente distante da escala monumental. A escultura foi colocada em 1947, depois do regime de Vargas, na parte posterior do jardim de Burle Marx, na área da Rua Pedro Lessa, que fora eliminada para expandir as áreas verdes. Então, o ato de caminhar na direção da sede do MES indicava um andar pausado, sem pressa, quase de um *flâneur* urbano cujo cumprimento, supostamente, não teria sido inspirado no tradicional fascista, mas no gesto do modulor de Le Corbusier. Escultura que, apesar de seu caráter figurativo, prenunciava o caminho de Giorgi em direção à abstração.

A mulher era outro tema manipulado pelos regimes ditatoriais. A liberdade e autonomia de ação do sexo frágil, ocorridas na segunda metade do século 20, não existiam nas décadas de 1930 e 1940. Sua significação dentro da sociedade provinha da beleza e saúde física do estereótipo branco – ariano ou latino – que lhe permitissem fundar e manter unida a célula familiar e dar a luz a inúmeros filhos para a continuidade da raça branca[65]. Ao contrário, no Rio de Janeiro hedonista, a visão da mulher saudável estava mais próxima das mulatas de Emiliano Di Cavalcanti e do conceito de sociedade mestiça elaborado por Gilberto Freyre e Mário de Andrade. Inicialmente, Capanema em seu escritório também integraria a imagem feminina que desejava resgatar através da justiça salomônica, ao solicitar a Portinari que pintasse a famosa disputa entre as duas mulheres, seguramente em termos clássicos. Porém acabou prevalecendo a temática local e popular: além de constituir um tema recorrente na pintura da época, o erotismo feminino esteve constantemente presente nos desenhos de negras e mulatas nos morros da cidade, reproduzidos nos cadernos de desenhos de Le Corbusier, e naqueles realizados por Oscar Niemeyer e Carlos Leão, arquitetos boêmios do MES[66].

MES, Gustavo Capanema colocando a pedra fundamental da escultura *Juventude Brasileira*, Rio de Janeiro, 1944, Bruno Giorgi

MES, escultura *Mulher Reclinada*, estudo em bronze, Rio de Janeiro, Celso Antônio, foto de 2009

MES, escultura de granito cinza *Mulher Reclinada*, local original, Rio de Janeiro, 1940, Celso Antônio, foto c.1946

MES, escultura *Mulher Reclinada*, local atual na escada helicoidal da sala de exposição, Rio de Janeiro, 1940, Celso Antônio, foto de 2001

Por isso as múltiplas esculturas de belas jovens brasileiras colocadas no MES demonstraram que a visão de Capanema estava distante de uma concepção propagandística ou estereotipada da mulher, preocupando-se essencialmente com o seu valor artístico. Celso Antônio produziu três estátuas poéticas: a *Mulher reclinada*, colocada no terraço-jardim do ministro; a *Mãe*, sobre a escada helicoidal de acesso ao salão de exposições; e *Mulher de cócoras*, também chamada de *A índia*, situada no escritório do presidente do Iphan, Rodrigo Melo Franco de Andrade. Configuravam figuras voluptuosas com seus volumes curvos contínuos, expressando a felicidade de uma juventude saudável, associada aos traços comuns da mestiçagem do povo brasileiro[67]. Teve um resultado ainda mais estilizado a escultura em terracota de uma *Jovem em pé*, realizada por Bruno Giorgi, situada no vestíbulo de acesso ao elevador privativo do ministro. Finalmente, a figura solene – quase realista socialista – da *Mulher*, de Adriana Janacópulos, situada no terraço-jardim do ministro, se distinguia das obras restantes por conta de sua rigidez e anonimato[68], aproximando-se a uma visão ainda influenciada pela tradição figurativa europeia, que a identificava com as esculturas propostas por Ernesto de Fiori, nunca aprovadas por Lúcio Costa e Capanema[69].

Um dos objetivos essenciais da definição da arquitetura do MES era atingir o conceito de leveza. Os dois volumes principais do edifício, ao serem sustentados sobre pilotis, pareciam desprovidos de peso, como se levitassem. O único elemento apoiado sobre o solo era o teatro trapezoidal, revestido de azulejos nas laterais para anular a apreensão da sua forma maciça. A parede cega curva do lado maior do trapézio, que marcava o fim da Rua Debret, era tratada como um fino pano de granito. Os arquitetos e Capanema decidiram colocar uma escultura que atenuasse a dureza e frieza da parede curva. Em 1938, o ministro sugeriu desenvolver o tema de uma vitória – supostamente aquela do governo Vargas com a implantação do Estado Novo, já que ainda não havia começado a Segunda Guerra Mundial – imagem assumida do modelo grego da *Vitória de Samotrácia*, do museu do Louvre de Paris. Para isso, foram convidados escultores locais de prestígio como Celso Antônio, Bruno Giorgi

Escultura *Mãe*, originalmente no MES, atualmente na Praia de Botafogo, Rio de Janeiro, Celso Antônio, foto de 2005

MES, escultura de granito cinza *Mulher de Cócoras*, ou *A Índia*, sala 801 do 8º pavimento, Rio de Janeiro, Celso Antônio, foto de 2009

e Victor Brecheret, cujas propostas não satisfizeram a Capanema⁷⁰. Giorgi elaborou uma gigantesca figura humana acorrentada ao muro – ali já estava presente a ideia de *Prometeu*, que logo seria concretizada por Lipchitz – e as alternativas apresentadas por Brecheret, tanto de figuras humanas como de um friso horizontal em alto-relevo, em toda a extensão da parede de granito, careciam da força e tensão plástica que era requerida para um elemento escultórico voltado à dinâmica urbana, em contato com os pedestres que circulavam na Rua Araújo Porto Alegre.

Diante do fracasso dessas iniciativas, a definição da escultura foi postergada até 1942. É procedente indagar-se como surgiu a proposta de convidar Jacques Lipchitz (1891-1973), escultor judeu polonês que emigrou a Nova York depois da invasão da França pelos nazistas: sua escolha não era contraditória com a ideologia dominante do mesmo regime que havia sacrificado Olga Benário em 1936? Na realidade, a balança ideológica, na qual predominava o fascismo, havia-se inclinado a favor dos ideais democráticos associados aos Estados Unidos. Naquele mesmo ano, Roosevelt tinha visitado o Brasil. Em 1935, o quadro *Café* de Portinari obteve um prêmio importante da Carnegie Foundation de Pittsburgh. A partir de então, os vínculos artísticos e culturais entre as duas nações se estreitaram: Walt Disney e Orson Welles visitaram o Brasil; em 1939, Lúcio Costa e Oscar Niemeyer se instalaram seis meses em Nova York para construir o Pavilhão da Feira Mundial, e Carmem Miranda começou a atuar em Hollywood; em 1940 foi realizada a exposição individual de Portinari no MoMA; em 1942, Philip Goodwin, enviado pelo MoMA, percorreu o país para reunir o material da exposição sobre a arquitetura brasileira. Ou seja, por um lado existiam contatos diretos entre Capanema, Nelson Rockefeller e o diretor do MoMA, Alfred H. Barr – que valorizavam a obra de Lipchitz –, colaborando também o embaixador Carlos Martins Pereira e Souza e sua esposa, a escultora surrealista Maria Martins (1900-1973), identificados com a vanguarda artística internacional⁷¹. Por outro, o escultor polonês era um dos mais prestigiosos da Escola de Paris⁷², amigo íntimo de Le Corbusier, que lhe projetou uma casa em Boulogne sur Seine (1925), e em 1929 o levou a Moscou para colocar duas esculturas no Centrosoyus. Sem dúvida, o mestre

MES, escultura de concreto travertino *Jovem em Pé*, vestíbulo privativo do ministro, Rio de Janeiro, 1945, Bruno Giorgi, foto de 2009

MES, escultura de granito vermelho *Mulher*, jardim do ministro, Rio de Janeiro, 1945, Adriana Janacópulos, foto de 2009

Na página seguinte, MES, volume curvo de acesso ao jardim revestido por painel de azulejos, Rio de Janeiro, 1946, Paulo Rossi, foto de 2009

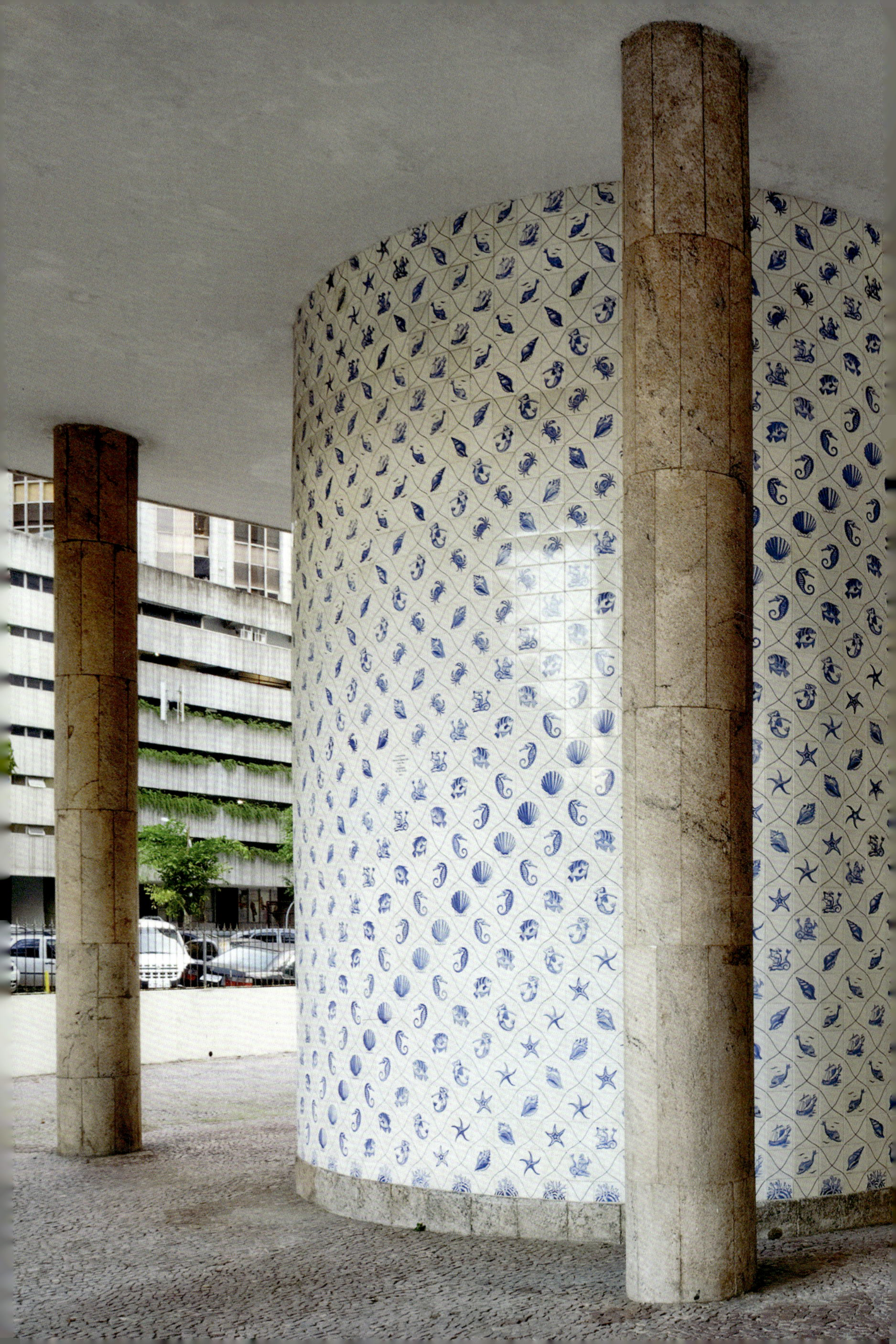

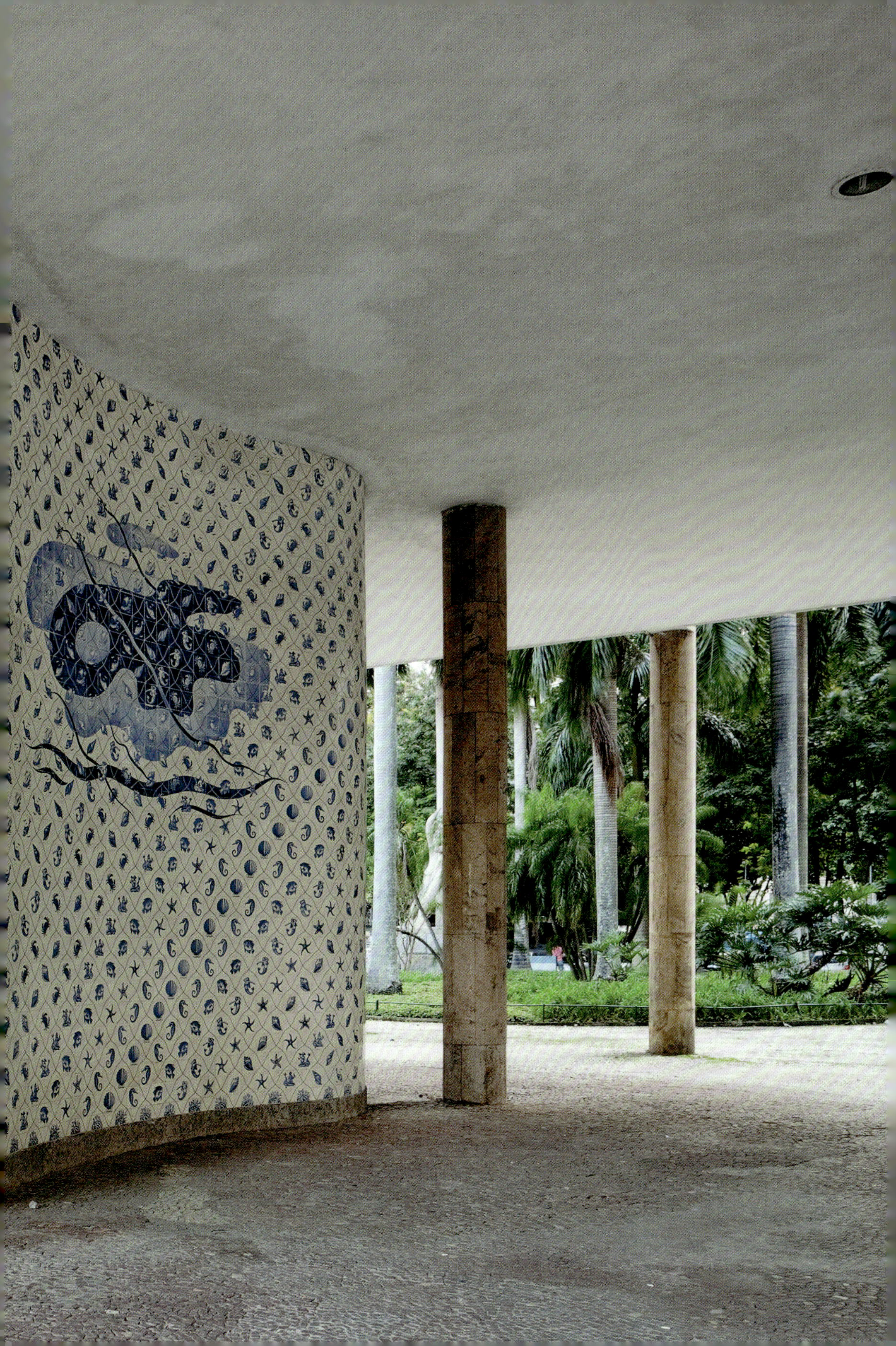

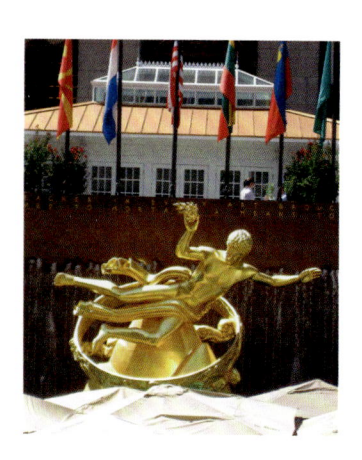

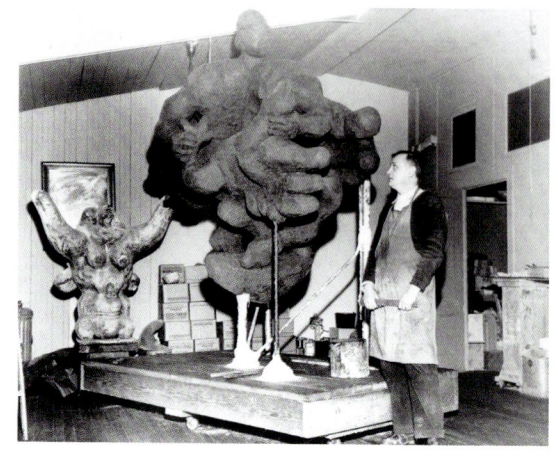

comentou sobre sua importância com Costa e Niemeyer, que teriam conhecido as obras do artista durante sua estadia em Nova York em 1938[73].

Os historiadores divergem sobre quem sugeriu o nome de Lipchitz a Capanema: Lissovsky e Moraes de Sá citam Lúcio Costa, o próprio Capanema se refere a Niemeyer, e Quezado Deccker menciona Goodwin[74]. Na realidade, todos coincidiram na escolha, sob a tutela e recomendação de Le Corbusier. A substituição do tema da Vitória de Samotrácia pela do Prometeu lutando contra o abutre foi sugestão de Lipchitz. Desde 1929 ele vinha trabalhando sobre o tema, quiçá antecipando-se à escultura dourada banal do Prometeu, carente de dramaticidade, realizada por Paul Manship, colocada na praça do Rockefeller Center de Nova York (1932)[75]. O conteúdo da tragédia de Ésquilo – *Prometeu acorrentado* – foi associada por Lipschitz à angústia decorrente da ascensão do fascismo na Europa. Sua primeira versão da imagem escultórica do Titã estrangulando o abutre foi colocada no Palácio dos Descobrimentos da Exposição Universal de Paris de 1937, logo transladada em 1938 aos Campos Elíseos e destruída por vândalos fascistas e antissemitas[76]. Lipschitz emigrou para os Estados Unidos em 1941, e seguiu trabalhando no tema, enviando a Capanema alguns esboços da estátua. Este aprovou o conteúdo ideológico da imagem do Prometeu vencedor na sua luta com o abutre, metáfora do homem republicano que derrotaria o fascismo[77] – representado pelo barrete frígio na cabeça da figura humana – cujo significado também podia ser interpretado de forma ambígua, como a vitória de Vargas sobre seus adversários políticos.

Não cabe aqui descrever as transformações da escultura, finalmente instalada no muro em 1945. Devido à sua complexidade e tamanho, em 1944 foi enviado um modelo em gesso com um terço das dimensões previstas, de acordo com a escala do pano de granito. Devido às dificuldades técnicas e à demora que a situação implicava, além da intuição de Capanema acerca do fim tanto de seu mandato quanto do governo Vargas, Capanema decidiu colocar a figura em bronze com o mesmo tamanho do modelo em gesso. Isso causou irritação em Lipchitz, que negou a autoria do *Prometeu* carioca nas publicações de sua obra[78]. Deve-se reconhecer que o artista

Escultura *Prometeu*, Rockfeller Center, 1932, Nova York, Paul Manship

Jacques Lipchitz no seu ateliê com modelo da escultura *Prometeu e o Abutre*

Charge ironizando a escultura *Prometeu e o Abutre*, de Jacques Liptchitz

estava certo: a escultura é pequena, se perde na dimensão do muro e é pouco legível na escala urbana, fato reconhecido pelo ministro e Lúcio Costa[79]. No entanto, é a obra esteticamente mais avançada entre as esculturas do ministério. Nela, a simplicidade das decomposições cubistas dos arlequins dos anos 1920 se transformou em um "paroxismo barroco"[80] expressionista. A figura de Prometeu e o abutre estão fundidos em uma continuidade volumétrica e plástica, com um ritmo que é definido pela variação da luz, que ao longo do dia altera a percepção dos protagonistas e sua sombra marcada sobre o muro. O drama é percebido não somente pelo tom escuro do bronze, mas também pela tensão dinâmica do acontecimento transcendente, exteriorizado pela deformação volumétrica do corpo de Prometeu no gesto definitivo de estrangular o abutre. Uma vez instalada, desencadeou uma grande polêmica na imprensa, com poucos artigos favoráveis – de Quirino Campofiorito e Agostinho Olavo – e uma infinidade contra a obra, definida como "monstro antediluviano", "urubu", "pesadelo", "escultura teratológica", que inclusive motivou um protesto oficial da Sociedade Brasileira de Belas Artes, que questionou a contratação de um artista estrangeiro ao declarar que "existe uma verdadeira guerra de extermínio contra o artista brasileiro"[81].

5. REALISMO E ABSTRAÇÃO: AS PINTURAS DE PORTINARI

É surpreendente verificar a pouca importância dada até hoje à unidade existente nas obras realizadas por Portinari no ministério. Os críticos valorizam independentemente os painéis do *Ciclo econômico*, o mural sobre as *Cenas da infância*; mas marginalizam tanto os painéis abstratos do escritório do ministro quanto os murais em azulejos no embasamento, referindo-se tangencialmente ao vínculo do artista com a obra arquitetônica[82]. Uma visão restrita, já que Portinari, ao colaborar com Lúcio Costa, Oscar Niemeyer e Burle Marx no MES, no Pavilhão do Brasil na Feira de Nova York (1939)[83], na capela de São Francisco de Assis em Pampulha (1940) e no Banco Boa Vista no Rio de Janeiro (1948), desenvolveu uma sensibilidade especial pela linguagem abstrata da arquitetura e pela busca da integração com sua obra pictórica.

MES, volume do salão de conferências ainda sem a escultura *Prometeu e o Abutre*, Rio de Janeiro, foto de c.1946

MES, escultura *Prometeu e o Abutre*, salão de conferências, Rio de Janeiro, 1946, Jacques Lipchitz, foto de c.1946

MES, mural de têmpera *Escola de Canto*, salão de conferências, Rio de Janeiro, 1945, Cândido Portinari

MES, mural de têmpera *Coro*, salão de conferências, Rio de Janeiro, 1945, Cândido Portinari

Essa atitude diferia completamente daquela tomada pelos muralistas mexicanos – Rivera, Siqueiros, Orozco – que desenvolveram seus temas e composições plásticas independentemente da forma e do espaço que ocupavam, tanto no Palácio de Belas Artes como, posteriormente, na cidade universitária da Universidade Autônoma do México – UNAM, na cidade do México[84]. Coincidimos, portanto, com a afirmação de Mário Pedrosa sobre a distância formal e conceitual existente entre os murais de Portinari e aqueles realizados pelos artistas mexicanos[85].

Podemos reconhecer Portinari principalmente como um pintor realista? Seria correto afirmar que foi um artista tradicionalista, cuja obra não constituiu um avanço conceitual em relação ao modernismo da fase heroica paulista, estando subordinada aos requerimentos estéticos e ideológicos da ditadura de Vargas?[86] Seria criticável, tendo em vista sua posição política de esquerda, a realização de exposições e obras nos Estados Unidos? Embora tenha feito diversos retratos de personalidades cariocas, suas experiências plásticas nos murais e a busca por um equilíbrio entre a tradição clássica e a abstrata devem ser consideradas como a contribuição mais importante de sua carreira. Cabe assinalar que suas manifestações realistas orgânicas – parafraseando Mário Pedrosa – de conteúdo popular nunca foram manipuladas pela demagogia política e ideológica tanto do realismo socialista como da direita, tão em voga nos anos 1930. Seus objetivos, ao documentar a vida real dos trabalhadores brasileiros, foram mais pictóricos que ideológicos, mais expressivos que interpretativos.

Os doze painéis do *Ciclo da vida econômica do Brasil*, representativos, segundo Mário de Andrade, de uma funcionalidade nacional – Cana de açúcar, Tabaco, Algodão, Pau-Brasil, Erva-mate, Borracha, Café, Cacau, Ferro, Gado Bovino, Ouro e Carnaúba – foram realizados entre 1938 e 1944. Eles configuram um friso alto, colocados acima do revestimento de madeira que cobre a parte inferior das paredes do salão de reuniões do ministro, iluminados pela luz natural proveniente da parede de vidro voltada ao terraço-jardim. Cada cena é uma unidade em si, e o caráter estático das figuras volumétricas de camponeses e trabalhadores inseridos em um espaço natural, ao mesmo tempo irreal como numa atmosfera cubista, evita a existência de

Capela de São Francisco
de Assis, painéis de azulejos,
Belo Horizonte, 1940,
Cândido Portinari

MES, afrescos da série *Ciclos Econômicos do Brasil*, Salão Portinari no 2º pavimento, Rio de Janeiro, 1936-1944, Cândido Portinari, foto de 2009

MES, mural de têmpera *Jogos Infantis*, Salão de espera do no 2º pavimento, Rio de Janeiro, 1945, Cândido Portinari, foto de 2009

MES, pintura *Os Quatro elementos – A água*, sala 207 do 2º pavimento, Rio de Janeiro, 1943, Cândido Portinari

MES, pintura *Os Quatro elementos – O ar*, sala do ministro no 2º pavimento, Rio de Janeiro, 1943, Cândido Portinari

MES, pintura *Os Quatro elementos – A terra*, sala 215 do 2º pavimento, Rio de Janeiro, 1943, Cândido Portinari

MES, pintura *Os Quatro elementos – O fogo*, sala 214 do 2º pavimento, Rio de Janeiro, 1943, Cândido Portinari

tensões na apreensão do conjunto, também unificado por um cromatismo de baixa intensidade, sem contrastes agudos ou dissonâncias. É importante notar que a temática estava relacionada mais com as raízes do país – fundadas basicamente no trabalho manual agrícola – do que com uma visão cosmopolita urbana, associada ao desenvolvimento industrial incipiente naqueles anos[87]. Assim, evitou-se todo discurso triunfalista e utópico baseado na tecnologia e na ciência, como era usual tanto no discurso de Diego Rivera como nos murais norte-americanos pintados nos edifícios públicos e propagados nas exposições internacionais.

A influência da etapa cubista de Picasso em Portinari – alguns críticos estabeleceram associações com *Guernica*[88] – apareceu com mais força no grande mural – 14 metros de comprimento por 5 metros de altura – do salão de espera do ministro, dedicado às *Cenas infantis*[89]. Pelo tamanho e luminosidade do espaço, o artista optou por uma composição fragmentada das diferentes atividades que identificam a infância, nas quais fundia realismo e abstração em uma organização dinâmica, estruturada por elementos diagonais, que acompanhavam o movimento dos visitantes no local. Finalmente, no teatro, em ambos os lados do palco, foram representadas a primeira missa no Brasil, realizada no momento da chegada dos colonizadores – divergente do primeiro grande quadro de conteúdo histórico de Vítor Meirelles (1860)[90] –, e os jovens participantes dos *Cantos orfeônicos* organizados por Villa-Lobos, obra realizada *in fresco*, uma técnica que não tinha sido utilizada no Brasil até esse momento. A multiplicidade de figuras que se sobrepõem nos painéis define uma perspectiva com profundidade que acompanha as visuais axiais dos espectadores em direção ao palco. Em suma, cada pintura atingiu uma articulação harmônica com o espaço que a acolhia, demonstrando a sensibilidade de Portinari com o contexto arquitetônico circundante.

Embora Capanema tivesse solicitado uma pintura figurativa para seu escritório – o juízo do Rei Salomão – Portinari optou por quatro painéis abstratos, representativos dos elementos do Universo: água, fogo, terra e ar (1944-1945), colocados nos escritórios de funcionários de cargos elevados. Aqui aparece a abstração total, prenunciada em alguns dos painéis de azulejos: cada um está identificado por um sistema livre

Cidade Universitária da UNAM, mural da Faculdade de Medicina, Cidade do México, 1953, Francisco Eppens, foto de 2010

MES, murais de têmpera *Escola de Canto* e *Coro*, salão de conferências, Rio de Janeiro, 1945, Cândido Portinari, foto de 2009

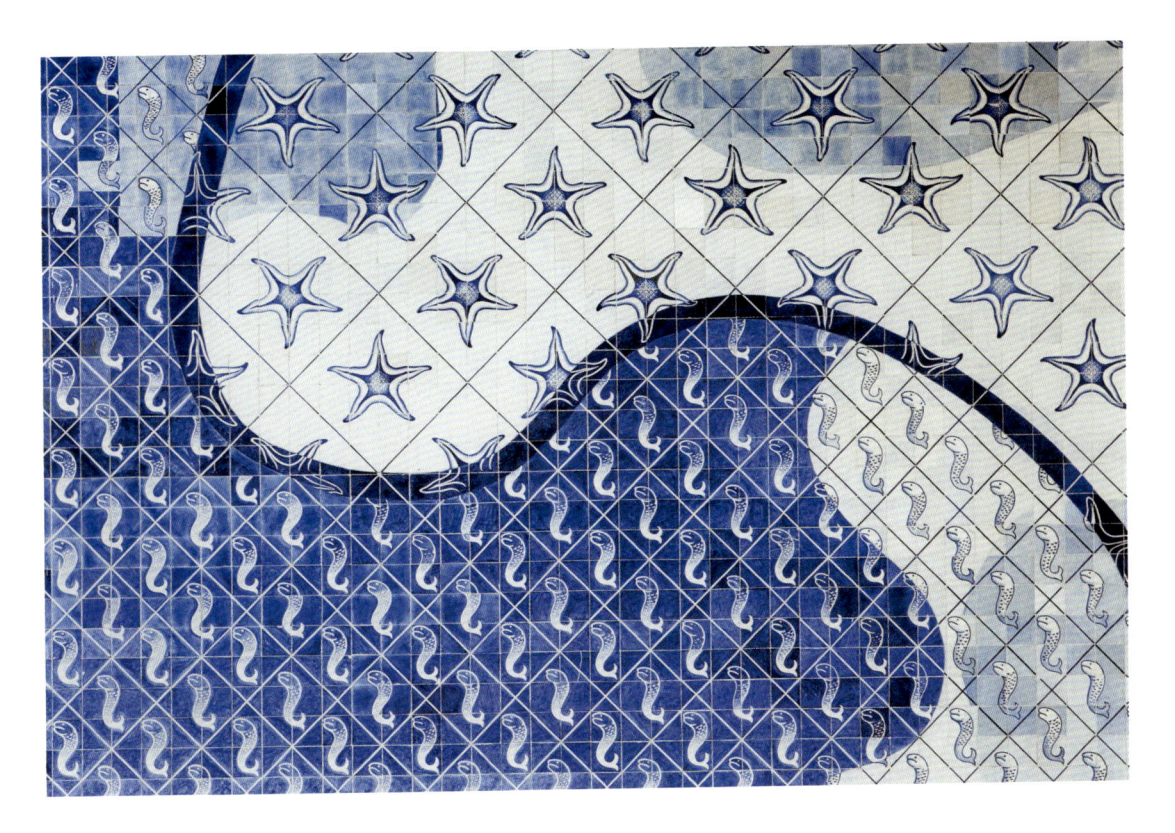

MES, painel de azulejos com temas marinhos no bloco dos funcionários, Rio de Janeiro, 1941-1945, Cândido Portinari, fotos de 2009

MES, detalhe do painel de azulejos do volume curvo de acesso ao jardim, Rio de Janeiro, 1946, Paulo Rossi, foto de 2009

de figuras curvilíneas – parece evidente o vínculo com Arp, Miró e os mecanismos automáticos da pintura surrealista – e por diferentes gamas cromáticas. A ausência de pinturas figurativas de conteúdo político em seu escritório, respeitando o ambiente purista do edifício, revelava o ascetismo ideológico de Capanema e sua identificação com o mundo artístico. Essa foi a atitude que Terragni não conseguiu estabelecer na Casa del Fascio, em Como – apesar das composições abstratas de Mario Radice –, pois a efígie do Duce sempre deveria aparecer nos espaços do edifício[91]. Finalmente, a mentalidade do ministro e seu desejo de converter o MES em um centro de cultura artística contemporânea foram demonstrados na intenção de adquirir obras de pintores da vanguarda moderna: Braque, Picasso, Chagall, Miró, Derain, Matisse, Rouault, Léger; e de encarregar a realização de grandes painéis a Masson, Léger e Chagall. Essa solicitação fora realizada através de Alfred H. Barr, direto do MoMA, que finalmente não se concretizou por conta do alto custo das obras. Foram então solicitadas pinturas e esculturas a outros artistas locais, tais como Pancetti, Guignard, Veloso e Peçanha[92].

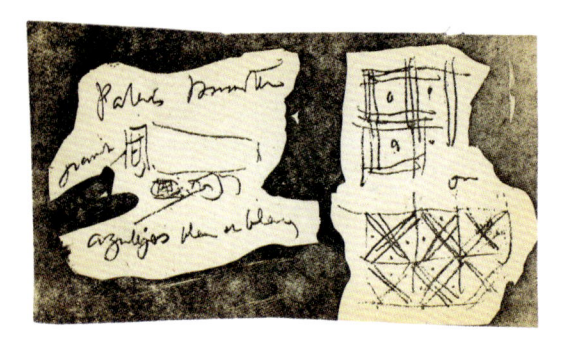

6. ORNAMENTO NÃO É CRIME: OS PAINÉIS DE AZULEJOS

Se o conjunto de pinturas e esculturas foram episódios isolados, o revestimento de azulejos das paredes do embasamento constituiu a síntese da integração das artes com a arquitetura[93]. Sua existência, promovida enfaticamente por Le Corbusier[94] – entusiasmado com os painéis da igreja de Nossa Senhora da Glória do Outeiro[95] e com a arquitetura carioca neoclássica, ambos verificados durante os seus percursos pelo Rio de Janeiro[96] – assume uma significação definida pelos seguintes fatores: a) estabelecem o nexo com a tradição construtiva e decorativa de origem portuguesa, que se difundiu em algumas cidades coloniais, como no caso de São Luís no século 18; b) geram um sistema cromático nas fachadas dos edifícios, ao mesmo tempo protegendo-as da umidade e da chuva; c) dão leveza aos muros maciços, outorgando-lhe independência do sistema arquitetônico do edifício que se baseava nos volumes puros sobre pilotis; d) estabelecem uma imagem complexa da obra arqui-

MES, croquis especificando o uso de azulejos, Le Corbusier

Igreja de Nossa Senhora da Glória do Outeiro, painel de azulejos, Rio de Janeiro, 1735-1740, Mestre Valentim de Almeida, foto de 2006

tetônica, superando códigos puristas de ascendência europeia; e) associam o MES à paisagem carioca através da utilização dos temas marinhos; f) integram formas geométricas sinuosas e livres, relacionando-se com o sistema verde dos canteiros ameboides elaborados por Burle Marx.

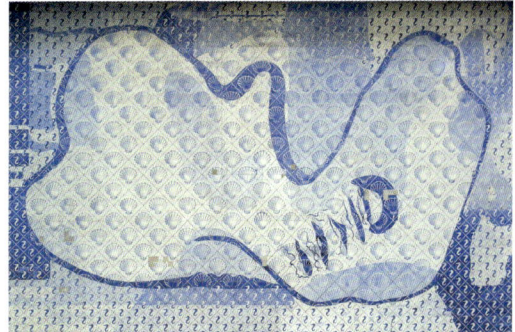

A visão reducionista de Max Bill, ao não compreender o significado estético e cultural dos azulejos[97], e a crítica inexplicável de Mário de Andrade aos componentes "decorativos" do MES[98], se afastavam da evolução do pensamento arquitetônico e das obras realizadas por alguns dos membros da equipe, em particular Lúcio Costa e Oscar Niemeyer. Se analisarmos o *work in progress* do MES, a definição dos desenhos dos azulejos e os jardins de Burle Marx – as formas ameboides realizadas em 1942 – elaborados entre 1938 e 1943, podemos observar a coincidência entre os caminhos percorridos por Lúcio Costa e Oscar Niemeyer em busca da integração dos elementos tradicionais na arquitetura moderna brasileira, experiência comum aos membros da equipe que se integram ao Iphan em 1937[99]. No caso do primeiro, a pesquisa estética foi aplicada no Museu das Missões (1937), na série de residências – Hungria Machado e Saavedra (1942) –, culminando no Park Hotel em São Clemente, Nova Friburgo (1944)[100]. Por sua vez, Niemeyer, desde o projeto da casa de Oswald de Andrade (1936), já tinha começado a usar o muro de pedra rústico, o teto abobadado e o mural figurativo. A liberação de sua linguagem – depois da experiência com Costa no Pavilhão do Brasil na Feira de Nova York (1939) – ocorre em Pampulha (1940), onde aparecem as formas livres curvas; na fachada da residência de Kubitschek (1942), com a aplicação de materiais naturais; e no projeto do Grande Hotel de Ouro Preto (1940), com os azulejos e as referências históricas[101]. Ou seja, o purismo arquitetônico do vocabulário racionalista europeu havia sido regionalizado na linguagem da vanguarda brasileira, cujo ponto de partida foi o MES.

É correto afirmar que o azulejo aplicado nos volumes do embasamento, ao invés de afetar a pureza do sistema plástico e compositivo do edifício, reafirmou, através da aplicação dos conceitos de diversidade, contradição e complexidade[102], o seu valor estético canônico. Conseguiu-se assim diferenciar a leveza dos volumes principais

MES, painel de azulejos do volume curvo da escada helicoidal, Rio de Janeiro, 1941, Cândido Portinari, foto de 2009

MES, painel de azulejos no bloco dos funcionários, parede da Rua Graça Aranha, Rio de Janeiro, 1941-1945, Cândido Portinari, foto de 2006

daqueles secundários definidos pelas funções anexas: o teatro e a área de serviço. Ou seja, invertia-se o sistema de composição clássico, tanto na expressão física do peso do edifício – a tradicional expressão de peso nos muros de pedra rústica dos palácios renascentistas –, quanto na primazia da "decoração" sobre os atributos tectônicos – o propileu que define a entrada principal – no momento em que observador percebe os azulejos em primeiro plano. A escolha dos temas marinhos – que Schopenhauer chama de "hidráulica artística", ou seja, a presença da água que dilui a matéria sólida[103] – baseados em componentes unitários simples e repetitivos – peixes, estrelas-do-mar, cavalos-marinhos, conchas e caracóis – permitiu que Portinari criasse malhas sobre as superfícies, com texturas e variáveis de acordo com a predominância de uma figura ou outra, perceptíveis como formas reais em plano próximo ou como um tecido à distância. Assim o artista conseguiu a contraposição entre o sistema cartesiano, abstrato e estático do edifício, com uma estrutura figurativa composta por um traçado homogêneo de diagonais dinâmicas. As cores – o branco de fundo e o azul das figuras, trabalhados magistralmente pelo artista Paulo Rossi-Osir – atuam como fundo quase neutro dos planos das fachadas e vidro, emoldurados pelas linhas de granito das colunas e das cornijas.

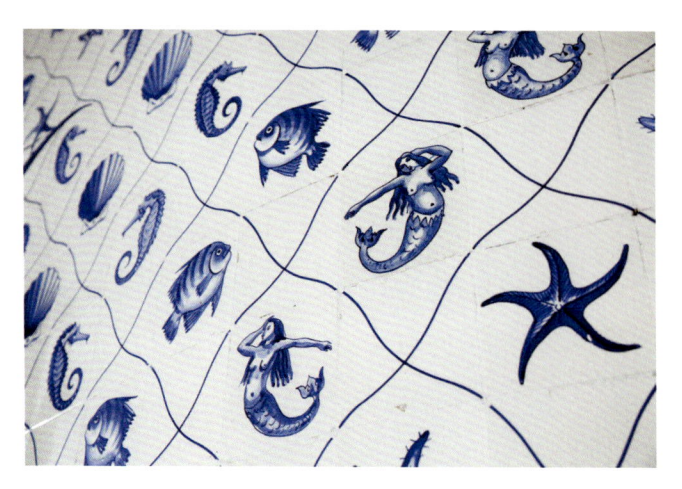

Entretanto, Portinari chega ao clímax estético nas composições abstratas dos grandes painéis, em especial naquele situado sob o pórtico em frente à entrada principal e no que se encosta ao pano vertical de granito da Rua Graça Aranha. Essas linhas sinuosas se movem livremente numa sinfonia em azul e branco trabalhada em diferentes registros cromáticos, que sob a influência de Hans Arp estabelecem a conjunção quase surrealista com os jardins de Burle Marx, e se contrapõem à racionalidade estrutural e compositiva do edifício. Entre os diferentes arquitetos e artistas plásticos que trabalharam dentro e fora do MES, quais seriam suas influências recíprocas? Como já explicamos, a transformação da linguagem de Niemeyer em Pampulha, conhecida por Portinari a partir de sua participação na Capela de São Francisco de Assis, teria atuado como catalisador da liberdade expressiva dos painéis. Por sua vez, existiu uma relação com Burle Marx na execução dos desenhos

MES, painel de azulejos com temas marinhos, Rio de Janeiro, 1941-1945, Cândido Portinari, foto de 2009

MES, quina de encontro de painéis de azulejos no bloco dos funcionários, Rio de Janeiro, 1941-1945, Cândido Portinari, foto de 2012

MES, painéis de azulejos com temas marinhos no bloco dos funcionários, Rio de Janeiro, 1941-1945, Cândido Portinari, fotos de 2009 e 2012

nos muros, com os quais também colaboraram Alcides da Rocha Miranda, Aldary Toledo e Rubem Cassa[104]. Sem dúvida alguma, os azulejos humanizaram o vocabulário abstrato da arquitetura, resgatando não somente uma tradição local que havia sido perdida, mas também, com seu brilho e brancura adaptados ao clima, reafirmavam a luminosidade tropical diante dos sombrios edifícios acadêmicos do centro urbano[105]. Permitiram o surgimento de um diálogo natural com o pedestre que, ao atravessar em diagonal o espaço da colunata, se encontrava em um oásis vegetal e marinho – para Burle Marx, a inspiração provinha dos meandros dos rios da Amazônia[106]; para Portinari, foi a fauna da baía de Guanabara – cuja sensualidade era antagônica ao rigor da racionalidade arquitetônica. A obra conjunta de Portinari e Burle Marx atenuava a escala monumental do propileu e dava cotidianidade às praças cerimoniais[107]. A reiteração de peixes, conchas, búzios, corais, caranguejos, estrelas de mar e cavalos marinhos, alternados nas superfícies do embasamento, criavam uma vibração ótica que absorvia a figura individual em uma textura visual contínua.

A poética do espaço – parafraseando Bruno Zevi – foi alcançada através da síntese das artes, que promoveu a desintegração da matéria – esta identificada na solidez do edifício – e sua pulverização perceptiva, primeiramente com o sistema de pilotis, e logo com as metáforas plásticas, que fundiam terra, água e céu sob o volume suspenso do edifício[108]. Experiência inédita na arquitetura carioca – precedida pelo barroco mineiro do século 18, com a fusão das esculturas no espaço arquitetônico da obra de Antônio Francisco Lisboa, o Aleijadinho, cujos profetas no adro da igreja Nosso Senhor do Bom Jesus de Matosinhos em Congonhas emolduraram a relação dinâmica com a paisagem[109] – que iniciava o vínculo entre razão e sentimento desenvolvido na arquitetura brasileira do período heroico e emocionalmente transcrito em termos poéticos por Vinícius de Moraes. É um fato surpreendente que esse conjunto de inovações fosse materializado na sede de um ministério, cuja estrutura tipológica esteve sempre associada ao caráter monumental e rigor funcional exigidos por uma organização administrativa e ao escasso espaço concedido à expressão plástica e à emotiva liberdade criadora. Dois fatores foram determinantes na definição dos novos

Capela de São Francisco
de Assis, painéis de azulejos,
Belo Horizonte, 1940,
Cândido Portinari

códigos: a progressiva desagregação dos conteúdos ideológicos originais, fundados em um regime político autoritário; e o interesse *real* de Capanema em estabelecer uma relação próxima com a sociedade civil, através de sua presença física no contexto definido pelo MES, reafirmando o conceito integral da educação, intimamente associada com a arte e a cultura. A partir dessas premissas, assimiladas ou intuídas por arquitetos e artistas, a essência burocrática do ministério foi minimizada, sendo fortalecida sua capacidade de congregação da comunidade em um âmbito caracterizado pela alegria de viver artisticamente, expressão histórica representativa da sociedade brasileira. O MES, com sua etérea materialidade construtiva, e configurando um espaço urbano, simbólico e metafórico, abriu assim um caminho a novas buscas expressivas da cultura arquitetônica carioca, que culminariam em Brasília.

MES, mural de têmpera *Jogos Infantis*, salão de espera do no 2º pavimento, Rio de Janeiro, 1945, Cândido Portinari

Na página seguinte, MES, painel de azulejos no bloco de funcionários no interior do pórtico, Cândido Portinari, Rio de Janeiro, foto de 2001

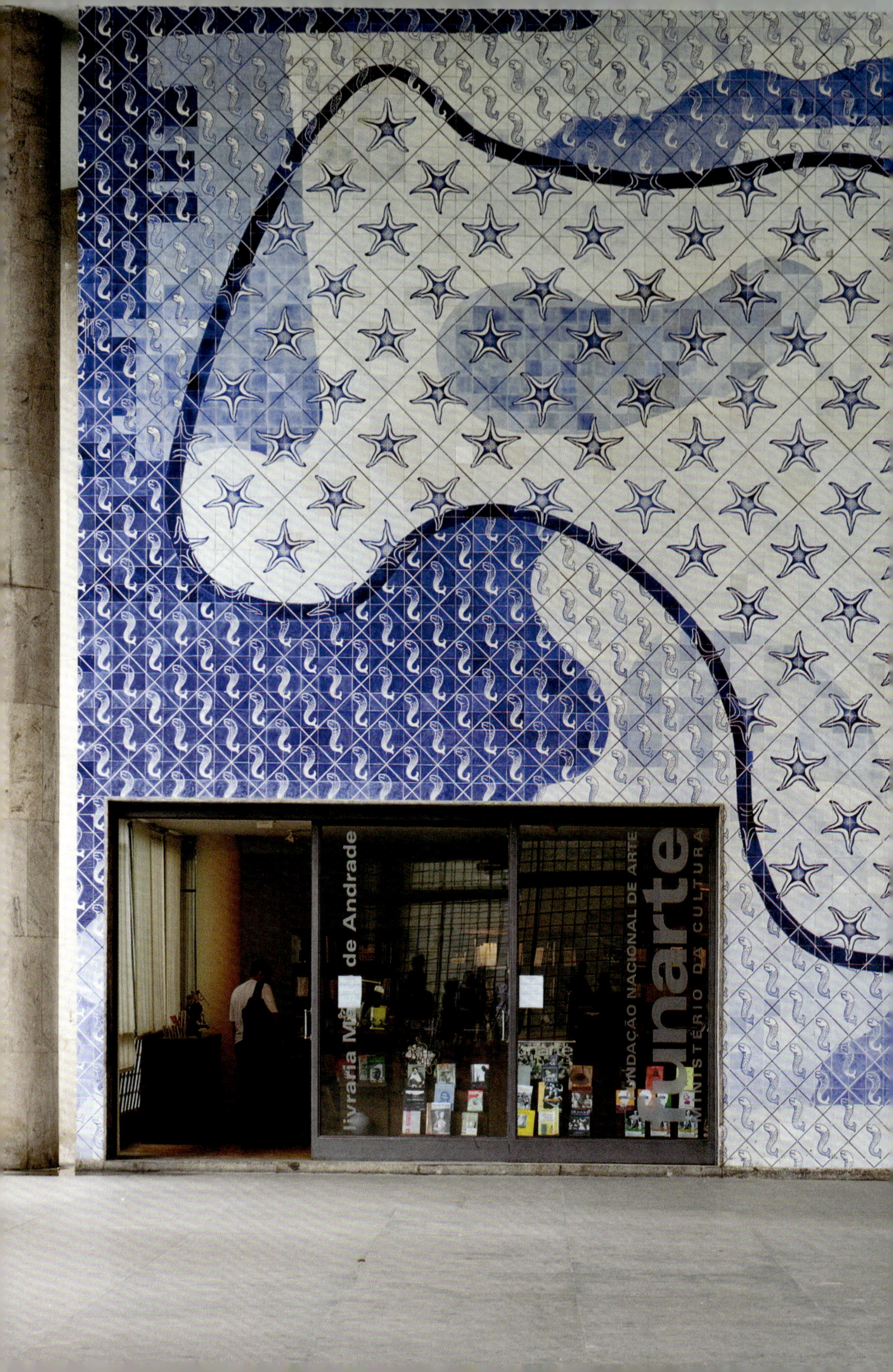
de Andrade
NACIONAL DE ARTE

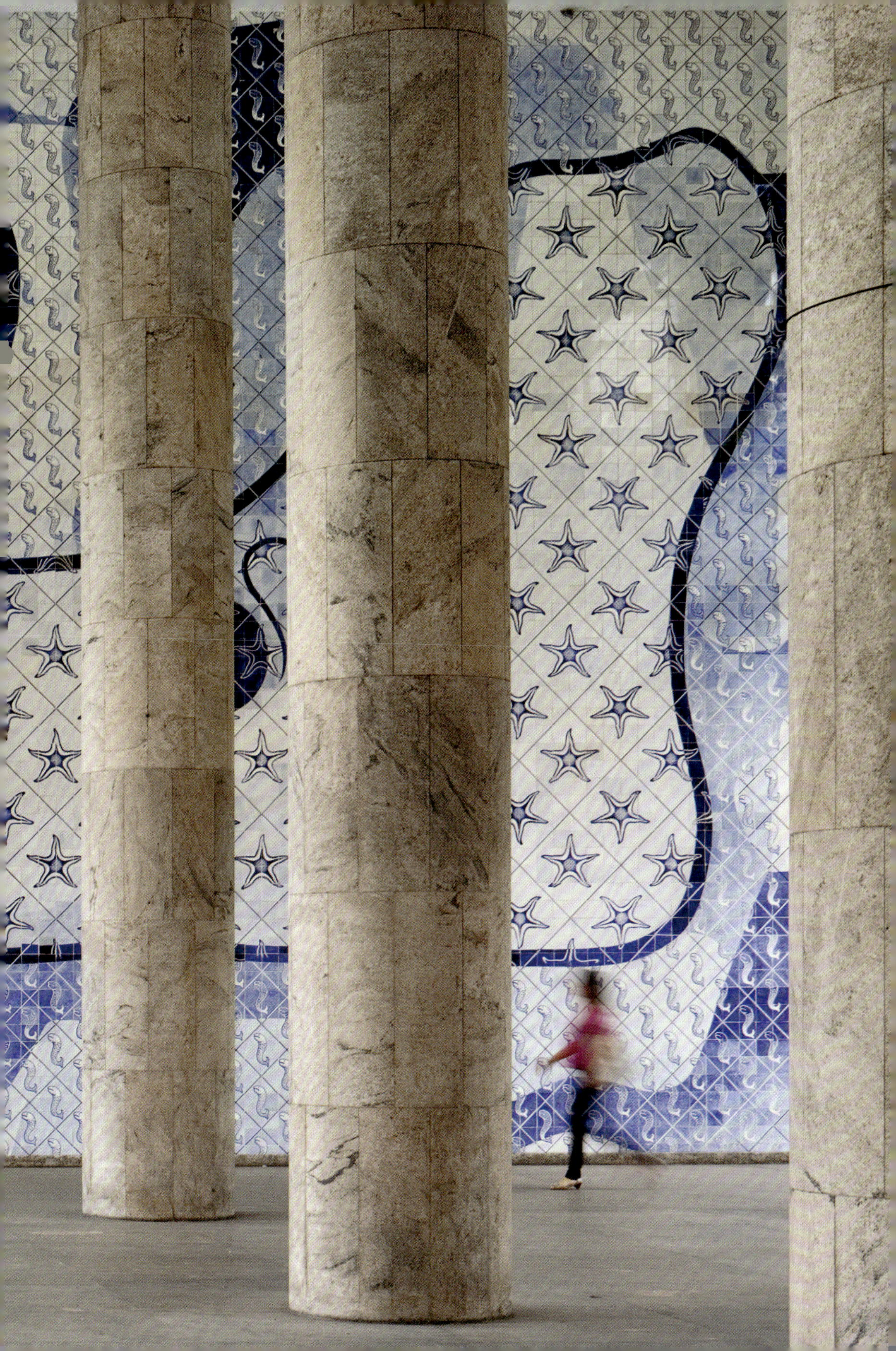

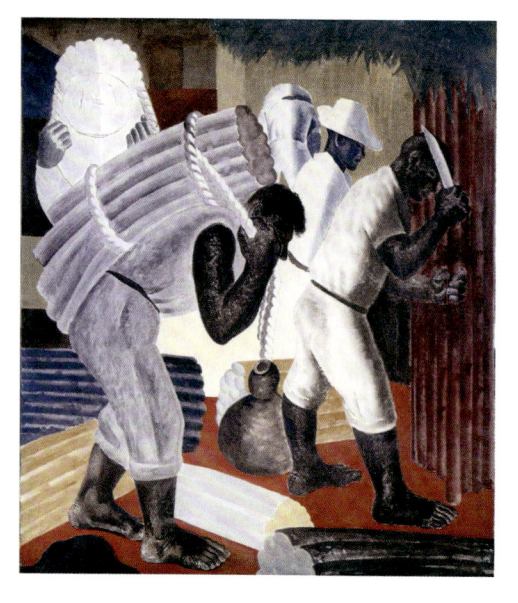

MES, painéis *Ciclo Econômico – Algodão*, *Café*, *Cana*, *Ferro*, Rio de Janeiro, 1938, Cândido Portinari

MES, painéis *Ciclo Econômico – Cacau, Garimpo, Gado, Pau-Brasil*, Rio de Janeiro, 1938, Cândido Portinari

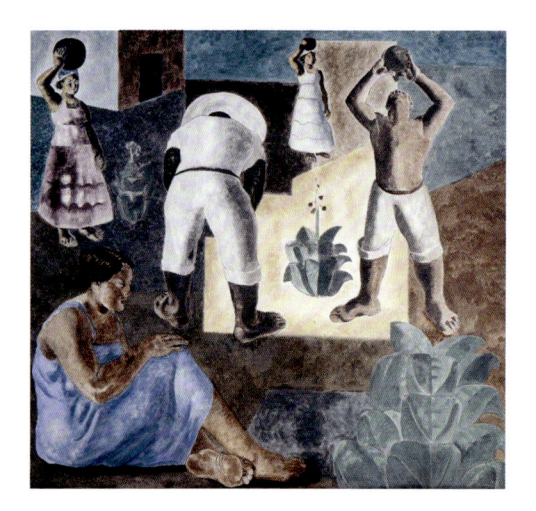

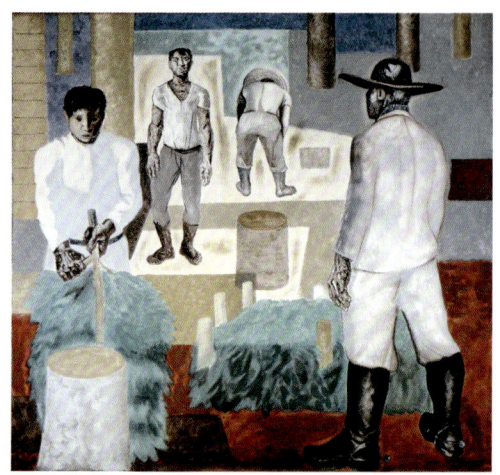

MES, painéis *Ciclo Econômico – Fumo, Erva-Mate, Borracha, Carnaúba*, Rio de Janeiro, 1938 e 1944 (último), Cândido Portinari

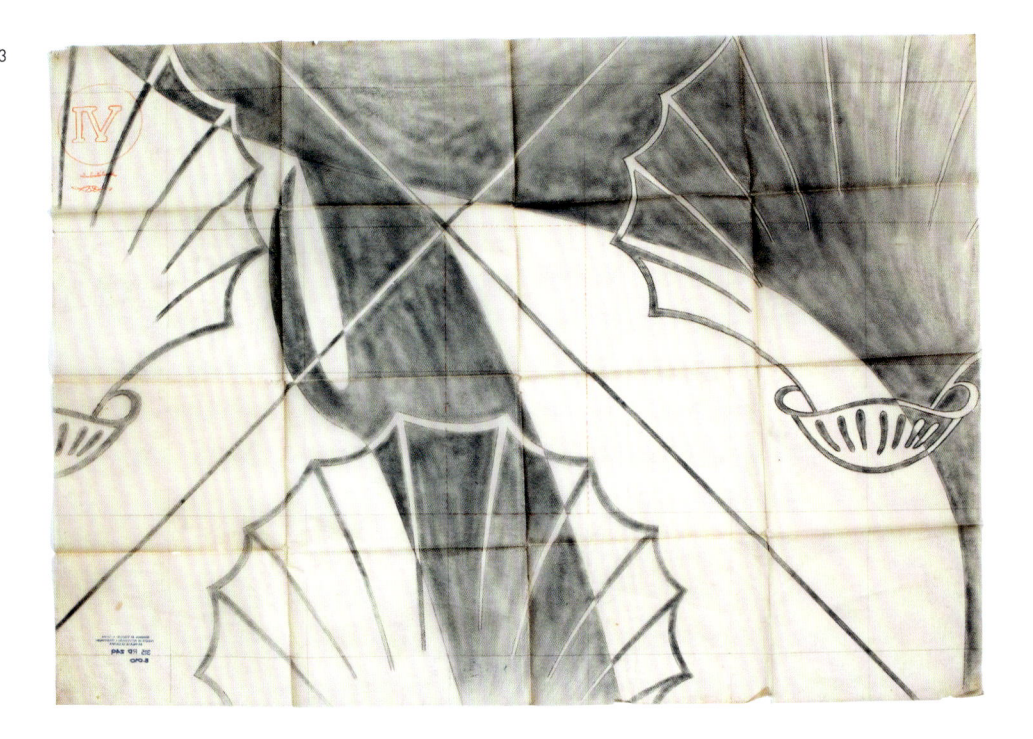

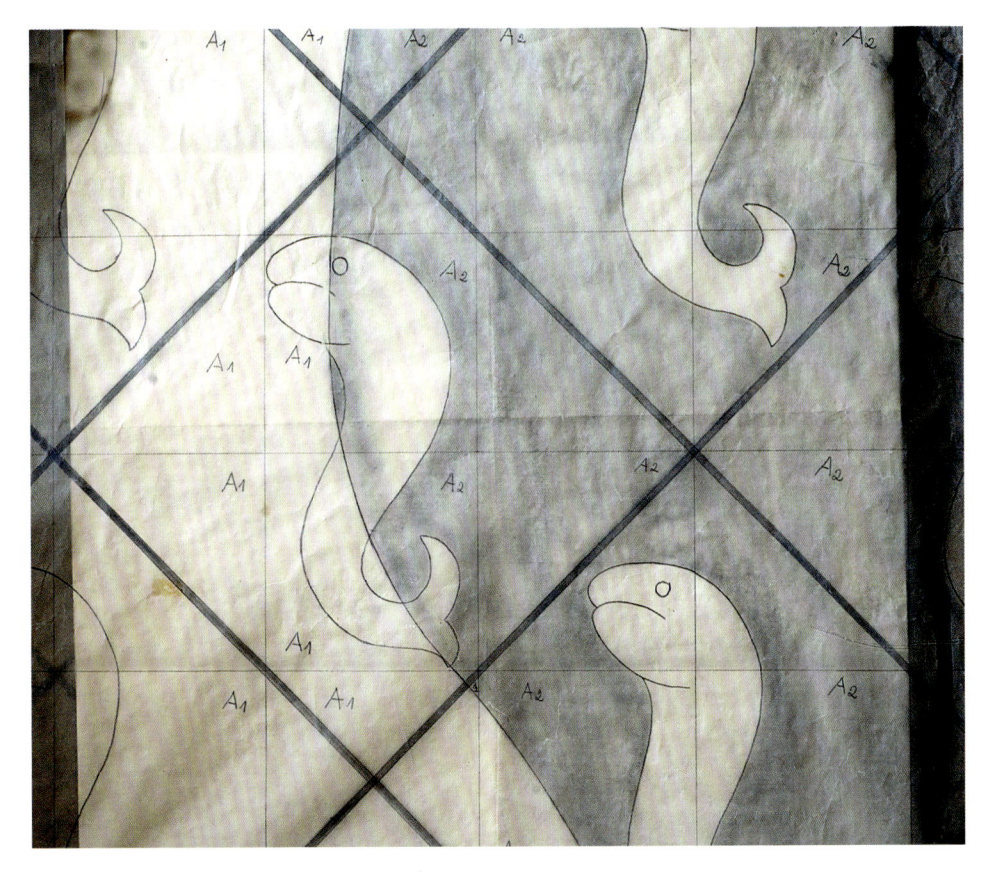

MES, desenhos originais dos painéis de azulejo, Rio de Janeiro, Cândido Portinari

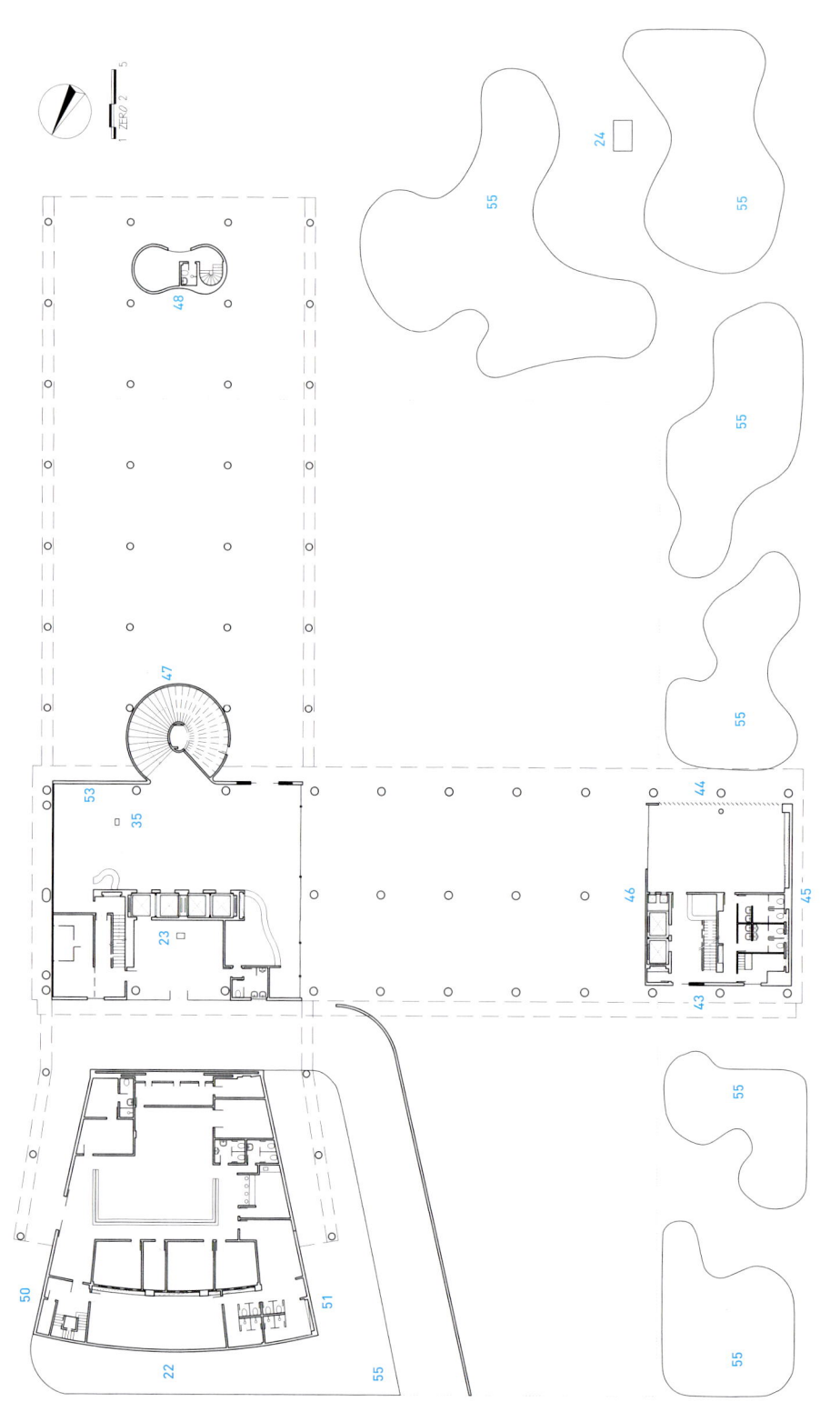

MES, obras de arte, pavimento térreo, Rio de Janeiro

22. Estátua *Prometeu e o Abutre*, Jacques Lipchitz; 23. Estátua *Jovem em Pé*, 1945, Bruno Giorgi; 24. Estátua *Juventude Brasileira*, 1947, Bruno Giorgi; 35. Busto de Getúlio Vargas, 1945, Celso Antônio; 43, 44, 45, 46. Painéis de azulejo, 1941-1945, Cândido Portinari; 47. Painel de azulejo, 1941, Cândido Portinari; 48. Painel de azulejo, 1946, Paulo Rossi; 50, 51. Painéis de azulejo, 1941, Cândido Portinari; 53. Placa da inscrição inaugural; 55. Sete canteiros curvilíneos (1390m²), 1945, Roberto Burle Marx

425

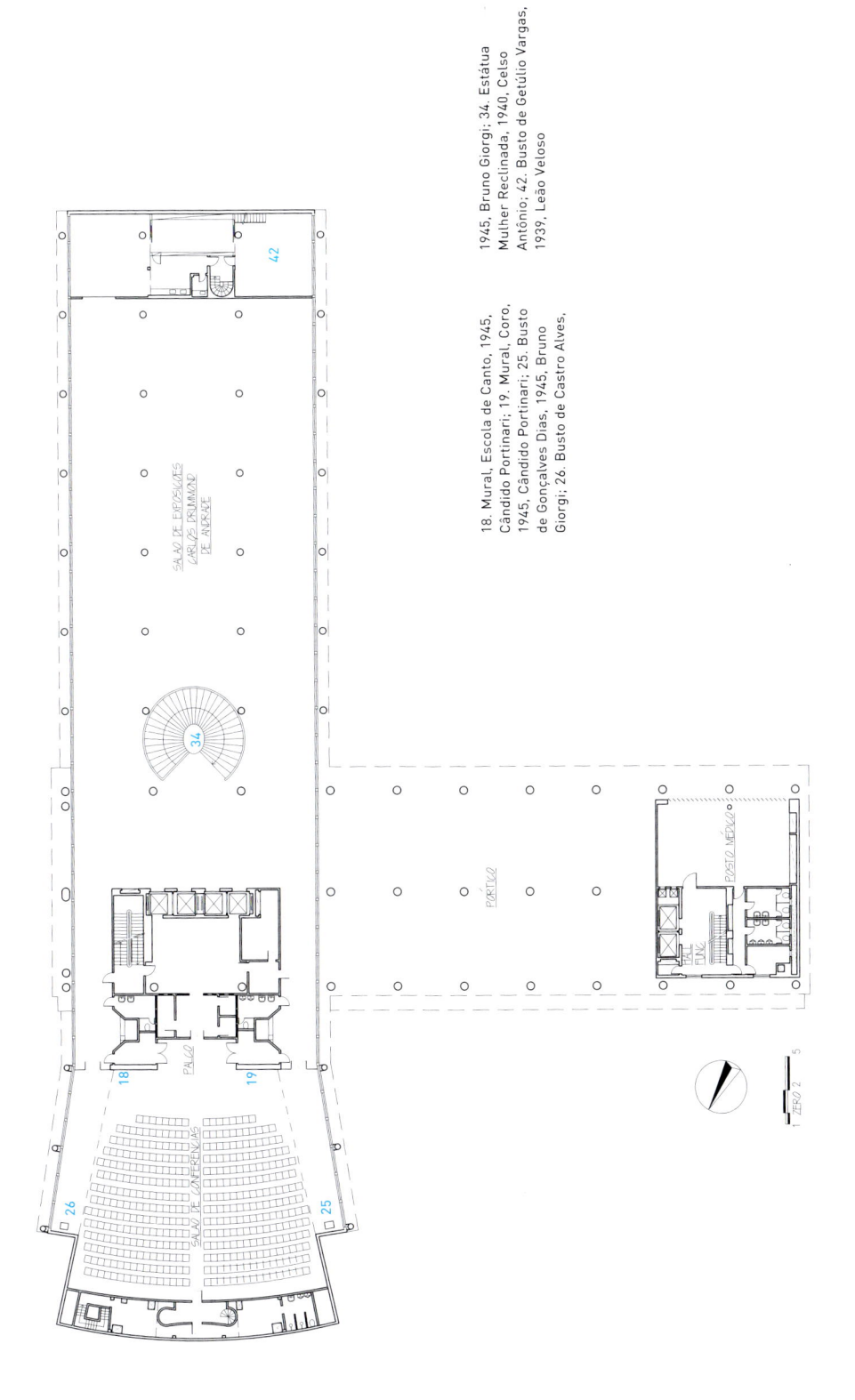

18. Mural, Escola de Canto, 1945, Cândido Portinari; 19. Mural, Coro, 1945, Cândido Portinari; 25. Busto de Gonçalves Dias, 1945, Bruno Giorgi; 26. Busto de Castro Alves, 1945, Bruno Giorgi; 34. Estátua Mulher Reclinada, 1940, Celso Antônio; 42. Busto de Getúlio Vargas, 1939, Leão Veloso

CAPÍTULO 13 - UNIDADE DAS ARTES MAIORES: CLÁSSICOS E MODERNOS

MES, obras de arte, segunda sobreloja, Rio de Janeiro

1. Corte de Pau-Brasil; 2. Colheita da Cana de Açúcar; 3. Criação do Gado; 4. Garimpagem de Ouro; 5. Colheita do Fumo; 6. Colheita do Algodão; 7. Colheita da Erva-Mate; 8. Colheita do Café; 9. Colheita do Cacau; 10. Fundição do Ferro; 11. Extração da Borracha; 12. Exploração da Carnaúba (1 a 12, afrescos da série Ciclos Econômicos do Brasil, 1936-1944, Cândido Portinari); 13. Pintura Quatro Elementos – Fogo, 1943, Cândido Portinari; 14. Pintura Quatro Elementos – Água, 1943, Cândido Portinari; 15. Pintura Quatro Elementos – Ar, 1943, Cândido Portinari; 16. Pintura Quatro Elementos – Terra, 1943, Cândido Portinari; 17. Mural Jogos Infantis, 1945, Cândido Portinari; 20. Pintura Oficinas, José Pancetti; 21. Pintura As Gêmeas, 1940, Alberto da Veiga Guignard; 27. Busto de Oswaldo Cruz, 1945, Bruno Giorgi; 28. Busto de Machado de Assis, 1945, Bruno Giorgi; 29. Busto de Ruy Barbosa, 1945, Bruno Giorgi; 30. Busto de José de Alencar, 1945, Bruno Giorgi;

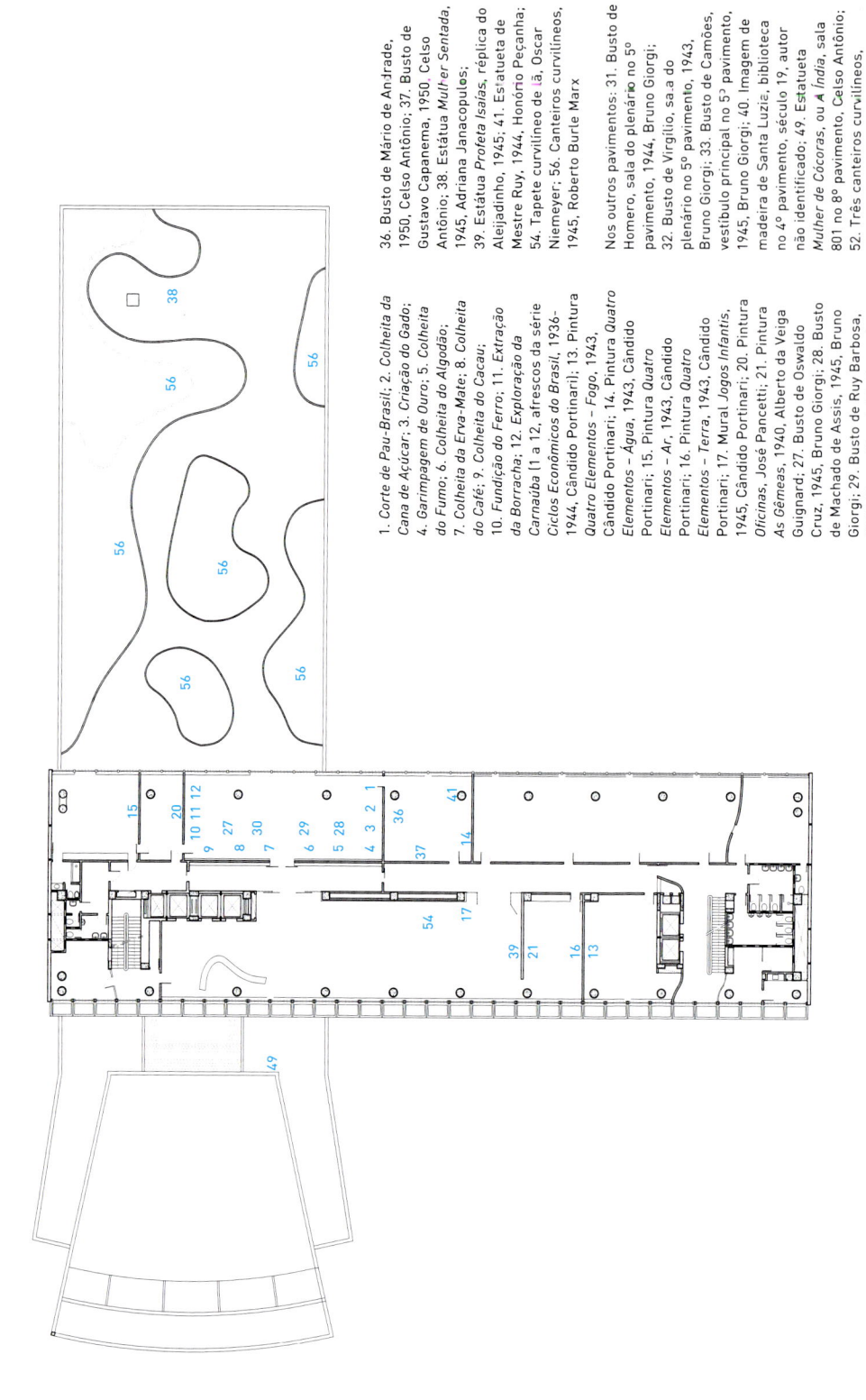

36. Busto de Mário de Andrade, 1950, Celso Antônio; 37. Busto de Gustavo Capanema, 1950. Celso Antônio; 38. Estátua Mulher Sentada, 1945, Adriana Janacopules; 39. Estátua Profeta Isaías, réplica do Aleijadinho, 1945; 41. Estatueta de Mestre Ruy, 1944, Honório Peçanha; 54. Tapete curvilíneo de lã, Oscar Niemeyer; 56. Canteiros curvilíneos, 1945, Roberto Burle Marx

Nos outros pavimentos: 31. Busto de Homero, sala do plenário no 5º pavimento, 1944, Bruno Giorgi; 32. Busto de Virgílio, sa.a do plenário no 5º pavimento, 1943, Bruno Giorgi; 33. Busto de Camões, vestíbulo principal no 5º pavimento, 1945, Bruno Giorgi; 40. Imagem de madeira de Santa Luzia, biblioteca no 4º pavimento, século 19, autor não identificado; 49. Estatueta Mulher de Cócoras, ou A Índia, sala 801 no 8º pavimento, Celso Antônio; 52. Três canteiros curvilíneos, terraço-jardim no 16º pavimento, Roberto Burle Marx

MES, obras de arte, segundo pavimento, Rio de Janeiro

NOTAS

1. GOODWIN, Philip L. Brazil Builds: architecture new and old 1652-1942 (op. cit.).
2. Na breve referência ao MES, Comas assume esse vínculo e faz alusão à tradição histórica do monumento "decorado", ao dizer: "o azulejo em painel resgata a tradição construtiva nacional e racional e enriquece, como no passado, a obra extraordinária". COMAS, Carlos Eduardo Dias. Moderna (1930 a 1960), p. 192.
3. RECAMÁN, Luiz. Forma sem utopia, p. 108-139; ALMODÓVAR MELENDO, José Manuel. Op. cit.; LIMA, Taís. A iluminação natural na modelagem do espaço: o prédio do MEC no Rio de Janeiro.
4. Podemos lembrar das críticas agressivas do arquiteto marxista tcheco Karel Teige a Le Corbusier, e a posição rígida de Mart Stam, Ernst May, Hannes Meyer, Hans Shmidt, Paul Artaria e outros, muito vinculados à vanguarda russa. Ver: MARTÍ, Carles; MONTEYS, Xavier. La línea dura. El ala radical del racionalismo.
5. Max Bill afirmou: "Sou contra a pintura mural na arquitetura moderna". BILL, Max. Max Bill, o inteligente iconoclasta (op. cit.), p. 252.
6. No discurso de inauguração da Faculdade Nacional de Arquitetura proferido no dia 6 de setembro de 1945, Gustavo Capanema, então Ministro da Educação, afirmou: "A arquitetura tem sofrido, desde muitos anos, a influência de duas concepções prejudiciais e deformadoras, que chegaram não raro a comprometer a integridade e a pureza dessa grande arte, dessa verdadeira rainha de todas as artes. Por um lado, criou-se a doutrina da arquitetura funcional, ideia que, levada às suas últimas consequências, acabaria por eliminar o essencial da arquitetura, que é o seu princípio artístico". Apud LISSOVSKY, Maurício; SÁ, Paulo Sérgio Moraes de. Op. cit., p. 206.
7. VITRÚVIO POLIÃO, Marco. Da arquitetura, p. 57.
8. As artes plásticas são associadas à metáfora da retórica antiga, onde o ornamento do discurso se compara à roupa que veste o corpo nu, ou mais exatamente à carne que constitui por si o corpo vivo ao redor dos ossos mortos. EVERS, Bern; THOENES, Christof. Teoría de la arquitectura. Del renacimiento a la actualidad, p. 24.
9. John Ruskin, apêndice das Edinburgh Lectures (1854). Apud COLLINS, Peter. Los ideales de la arquitectura moderna. Su evolución – 1750-1950, p. 277.
10. FRAMPTON, Kenneth. Historia critica de la arquitectura moderna, p. 214.
11. A integração acadêmica entre arquitetura e artes plásticas se manteve no Brasil até 1945, data em que se cria a Faculdade Nacional de Arquitetura, desmembrada da Escola Nacional de Belas Artes. Ver: LISSOVSKY, Maurício; SÁ, Paulo Sérgio Moraes de. Op. cit., p. 205-206. No discurso de inauguração da Faculdade, o Ministro da Educação, Gustavo Capanema, referindo-se ao historicismo imperante afirmou: "A verdadeira arquitetura, a grande arte de Eupalinos e Miguel Ângelo, não suportará jamais essas deformações". Idem, ibidem, p. 206.
12. Ver SEGRE, Roberto. Louis H. Sullivan.
13. GROPIUS, Walter. The New Architecture and the Bauhaus. Apud COLLINS, Peter. Op. cit., p. 279.
14. A escultura urbana atingiu seu auge em escala regional nos Estados Unidos com os gigantescos bustos de Washington, Lincoln, Jefferson e Theodore Roosevelt esculpidos na pedra do monte Rushmore em Dakota do Sul (1931-1941). No momento em que a América Latina assume o modelo europeu de Estado republicano, em todas as capitais do Hemisfério proliferaram, até algumas décadas do século 20, as estátuas de militares e políticos nacionais. Ver: VIÑUALES, Rodrigo Gutiérrez. Monumento conmemorativo y espacio público en Iberoamérica.
15. O Palácio do Ar apresentava as abstrações dinâmicas de Robert e Sonia Delaunay, enquanto o Palácio Ferroviário expunha o mural "Le Transport de Forces" de Fernand Léger. WILSON, Sarah. 1937. Problèmes de la peinture en marge de l'exposition internationale.
16. O objetivo da viagem era contratar Pablo Picasso (que não os recebeu), Henri Matisse, Diego Rivera, Frank Brangwyn, Josep Maria Sert etc. Os temas propostos para os murais eram: "Homo Faber", "Man the builder", e "Man at the crossroad". "Olhando com incerteza, mas com esperança e uma grande visão na escolha do caminho a tomar em direção a um futuro melhor". [No original em inglês: "Looking with uncertainly but with hope and high vision to the choosing of a course heading to a new better future". STERN, Robert A. M.; GILMARTIN, Gregory; MELLINS, Thomas. Op. cit., p. 651].
17. Em carta ao presidente Getúlio Vargas, datada de 14 de junho de 1937, o ministro Capanema afirma: "As grandes épocas da arte mostraram como a arquitetura, a escultura e a pintura se reuniram, para a composição de uma mesma obra". Apud LISSOVSKY, Maurício; SÁ, Paulo Sérgio Moraes de. Op. cit., p. 224.
18. A comissão organizadora era formada por Lúcio Costa, Manuel Bandeira, Anita Malfatti, Celso Antônio e Cândido Portinari, que acabava de retornar de sua viagem à Europa. PONTUAL, Roberto. Entre dois séculos. Arte brasileira do século XX na coleção Gilberto Chateaubriand (op. cit.), p. 87.
19. No prefácio do livro de Lucia Gouvêa Vieira sobre o Salão de 1931, Lúcio Costa escreve: "Todo esse meu sofrido e malogrado esforço visando a reintegração das artes, tanto na Escola como no Salão, teve, afinal, o seu *aboutissement* cinco anos depois, na elaboração do projeto e efetiva construção do edifício-sede do Ministério de Educação e Saúde. A sua pureza arquitetônica é a expressão materializada do impossível sonho dos anos 30 e 31". COSTA, Lúcio. Prefácio. In VIEIRA, Lucia Gouvêa. Op. cit., p. 9.
20. MORAIS, Frederico. Cronologia das artes plásticas no Rio de Janeiro – 1816-1994, p. 154; MICELI, Sérgio. Op. cit., p. 212.
21. "Poesia, texto, desenho, escultura, mobiliário". NIEMEYER, Oscar. Minha Arquitetura 1937-2004 (op. cit.), p. 321.
22. Em conferência, pronunciada em 1935 durante a Mostra de Arte Social, o crítico Aníbal Machado afirmou: "Carlos Leão, um dos artistas mais dotados da

sua geração, um repentista no traço movimentado e vivo [...] não tem direito, por esse mesmo talento, ao retraimento em que se esconde". AMARAL, Aracy A. Arte para quê? A preocupação social na arte brasileira 1930-1970 (op. cit.), p. 50.

23. O arquiteto e pintor Géza Heller desenhou a evolução do Rio de Janeiro nos anos trinta e quarenta, e elaborou significativas imagens do processo de construção do MES. Ver: HELLER, Sylvia (org.). Géza Heller. Um "carioca" sonhador.

24. Em carta a Le Corbusier, de 24 de outubro de 1937, Lúcio Costa escreve: "Mas deixemos de sonhar com esse belo país imaginário e procuremos considerar este 1937 – caótico e angustiado, cego pela desconfiança, pelo ódio e pelo medo – o melhor dos mundos possíveis; e este querido Brasil – transformado da noite para o dia em uma espécie de klu-klux-klan 'católico-fascista', onde a polícia mete na prisão aqueles que têm a audácia de pensar livremente". LISSOVSKY, Maurício; SÁ, Paulo Sérgio Moraes de. Op. cit., p. 139.

25. Em 1930 o filósofo espanhol José Ortega y Gasset publica o seu difundido livro La rebelión de las masas.

26. ARGAN, Giulio Carlo. Arte Moderna. Do Iluminismo aos movimentos contemporâneos (op. cit.), p. 227.

27. PONTUAL, Roberto. Entre dois séculos. Arte brasileira do século XX na Coleção Gilberto Chateaubriand (op. cit.), p. 59.

28. Tanto Breton como Péret estiveram na América Latina em busca de lendas primitivas associadas à arte e à religião indígenas. Péret, sem dúvidas, influenciou a cultura artística carioca durante sua estadia nos anos 1930, antes que fosse expulso pelo governo de Vargas, acusado de agitador trotskista. Em 1942, escreveu Antologia de mitos, lendas e contos populares da América, baseado em suas pesquisas sobre o Brasil e o México. Ver: PUJADE, Jean. Liminar.

29. HERRERA, Bernal. El regionalismo hispanoamericano: coordenadas culturales y literarias.

30. RAMÍREZ, Mari Carmen. Utopias regressivas? Radicalismo vanguardista em Siqueiros e Oswald.

31. O mural, logo reproduzido no Palácio de Belas Artes no México, foi substituído por Man's Conquests pintado por Josep Maria Sert, que já tinha decorado o Salão do Conselho do Palácio das Nações em Genebra. STERN, Robert A. M.; GILMARTIN, Gregory; MELLINS, Thomas. Op. cit., p. 652.

32. "O movimento modernista era nitidamente aristocrático. Pelo seu caráter de jogo arriscado, pelo seu espírito aventureiro ao extremo, pelo seu internacionalismo modernista, pelo seu nacionalismo embrabecido, pela sua gratuidade antipopular, pelo seu dogmatismo prepotente, era uma aristocracia do espírito". ANDRADE, Mário de. O movimento modernista (op. cit.), p. 236.

33. Vargas iniciava seus discursos no rádio com a evocação "Trabalhadores do Brasil". COUTINHO, Wilson. Op. cit.

34. OLIVEIRA, Lucia Maria Lippi. O intelectual do DIP: Lourival Fontes e o Estado Novo (op. cit.), p. 41.

35. Ao relacionar a arte mexicana à brasileira, Pedrosa escreveu que no México "o muro foi conquistado pela pintura", enquanto no Brasil "é a arquitetura que precedeu o mural". PEDROSA, Mário. A arquitetura moderna no Brasil, p. 258.

36. Em 1935, Vargas sufocou a revolta comunista e fechou a Aliança Nacional Libertadora, partido de Júlio Prestes. Em 1938, reprimiu o movimento integralista liderado por Plínio Salgado.

37. CAVALCANTI, Lauro. As preocupações do belo (op. cit.), p. 141.

38. VIGATÁ, Antonio E. Méndez. Op. cit.

39. O manifesto de Gregori Warchavchik foi originalmente publicado no jornal italiano paulistano Il Piccolo, em 14 de junho de 1925, com o título "Futurismo?", e republicado no mesmo ano, no dia 1 de novembro, no jornal carioca Correio da Manhã. WARCHAVCHIK, Gregori. Acerca da arquitetura moderna.

40. LIMA, Lúcia de Meira. Op. cit.

41. É uma afirmação coletada por Paulo Santos. PESSÔA, José. Lúcio Costa. Documentos de Trabalho (op. cit.), p. 280.

42. Adriana Irigoyen se refere a um "obscuro concurso", fazendo alusão ao conflito que existia entre os arquitetos acadêmicos anfitriões do concurso – Arquimedes Memória e Adolfo Morales de los Ríos Filho – os estudantes da ENBA em greve por conta do afastamento de Lúcio Costa e o apoio recebido de Wright, o que impediu uma divulgação "oficial" tanto dos resultados do concurso quanto das conferências do mestre. IRIGOYEN, Adriana. Op. cit., p. 36.

43. Embora as pinturas não se referissem à arquitetura, nos quadros de Eugênio Sigaud aparece o tema da construção em concreto armado, e os acidentes de trabalho dos operários nos edifícios modernos. MORAIS, Frederico. Núcleo Bernardelli: arte brasileira nos anos 30 e 40, p. 46. Também Milton Dacosta, em sua Vista do bairro de Santa Teresa, pinta nitidamente à distância a silhueta do MES (Idem, ibidem, p. 65).

44. MORAIS, Fernando. Olga.

45. TOTA, Antonio Pedro. Op. cit.

46. LIERNUR, Jorge Francisco. The south american way. O milagre brasileiro, os Estados Unidos e a Segunda Guerra Mundial – 1939-1943.

47. É interessante verificar como Le Corbusier imaginava a monumentalidade da entrada principal do Palácio, com a presença de um conjunto escultórico situado sobre um pedestal alto, que sem dúvida tinha uma significação mítica, ao integrar o homem, o cavalo, a águia e o leão, todos símbolos de força e masculinidade. VOGT, Adolf Max. Le Corbusier, the Noble Savage. Towards and Archaelogy of Modernism (op. cit.), p. 171.

48. Em carta a Getúlio Vargas, de 14 de junho de 1937, Gustavo Capanema escreveu: "A principal delas (as esculturas, RS) será a estátua do homem, do homem brasileiro. Porque este símbolo? Justamente porque o Ministério de Educação e Saúde se destina a preparar, a compor, a afeiçoar o homem do Brasil. Ele é verdadeiramente o 'ministério do homem'[...] Esta estátua do homem brasileiro será um bloco de

granito. O homem estará sentado num soco. Será nu, como o Penseur de Rodin. Mas o seu aspecto será o da calma, do domínio, da afirmação. A estátua terá cerca de 11 metros de altura, dos quais apenas 3 ou 4 decímetros será reservados ao pedestal. Isto quer dizer que quase todo o bloco de granito será a figura do homem, cujas plantas quase tocarão o chão. A concepção, parece-me, é grandiosa. Há, na obra planejada, qualquer coisa de parecido com os colossos de Memnon, em Tebas, ou com as estátuas do templo de Amon, em Karnak. O escultor, dos mais notáveis do nosso país, Celso Antônio, fará trabalho esmerado e sério. A estátua ficará localizada numa grande área, em frente do edifício. O edifício e a estátua se completarão, de maneira exata e necessária". Apud LISSOVSKY, Maurício; SÁ, Paulo Sérgio Moraes de. Op. cit., p. 224-225.

49. BERGOT, Françoise. Expresión graphique et picturale; INGERSOLL, Richard. Op. cit., p. 11. Ambos os autores se referem ao interesse de Le Corbusier pela representação figurativa de corpos femininos, volumétricos e monumentais, associados em parte à influência exercida pela pintura de Fernand Léger, com o qual ele manteve uma relação de amizade.

50. Em carta a Gustavo Capanema, de 30 de dezembro de 1937, Le Corbusier manifesta sua aprovação: "PS. [...] Estou feliz também por saber que o grande escultor Celso Antônio estuda a figura monumental que será colocada diante do edifício". Apud LISSOVSKY, Maurício; SÁ, Paulo Sérgio Moraes de. Op. cit., p. 140

51. "A arquitetura que é matemática imanente, em sua substância e em sua seiva, possui possui a radiação que projetam as funções das curvas e das retas. Em torno do edifício, dentro do edifício, há lugares precisos – lugares matemáticos que integram o conjunto e que constituem tribunas onde a voz de um discurso encontrará seu eco em derredor. Tais são os lugares da estatuária. [...] Lugares porta-vozes, porta-palavras, alto-falantes". [No original em francês: "L'architecture qui est mathématique immanente, dans sa substance et dans sa pâte, possède le rayonnement qui projettent les fonctions des courbes et des droites. Autour de l'édifice, dedans l'édifice, il est des lieux précis, – lieux mathématiques, qui intègrent l'ensemble et qui sont des tribunes où la voix d'un discours trouvera son écho tout autour. Tels sont les lieux de la statuaire. [...] Lieux porte-voix, porte-paroles, haut-parleurs". CORBUSIER, Le. A arquitetura e as Belas Artes (op. cit.), p. 65.

52. A dimensão simbólica da figura no espaço territorial assumida por Le Corbusier coincide com a visão de Heidegger sobre a significação da escultura, ao dizer: "A escultura é a 'concretização da verdade', na medida em que é a instância do verdadeiro espaço". [Na versão em inglês: "Sculpture is the 'setting-into-work of truth' insofar as it is the occurence of authentic space". Apud VATTIMO, Gianni. Ornament/Monument, p. 157].

53. LUCAN, Jacques. Le Corbusier, p. 267. No Centre d'Esthétique Contemporaine, projetado em 1936 para a Exposição Internacional de Paris, o vestíbulo central continha uma grande figura humana sentada. Na verdade, apesar das tensões políticas e sociais que se viviam naqueles anos, Le Corbusier também era otimista, ao aguardar com esperança a chegada de uma nova civilização, a aurora dos tempos novos. Por isso a figura nua representava a busca de "seu homem 'nu', seu homem instintivo, individual, coletivo e cósmico - lá, onde ele se exprime no grande debate homem e natureza, homem e destino". [No original em francês: "son homme 'nu', son homme instinctif, individuel, collectif et cosmique, là où il s'est exprimé dans le grand débat homme et nature, homme et destin". CORBUSIER, Le. A arquitetura e as Belas Artes (op. cit.), p. 55-56].

54. BERMAN, Marshall. Op. cit.

55. NIETO, José Ramírez. El discurso Vargas Capanema y la arquitectura moderna en Brasil, p. 34.

56. COSTA, Lúcio. Opção, recomendações e recado, p. 382.

57. Analisando a trajetória do artista verifica-se que dominava magistralmente a representação escultórica da figura feminina, em uma escala reduzida, porém não soube afrontar o tamanho gigante do "Homem Brasileiro".

58. Existe a versão de uma visita do ministro ao ateliê de Celso Antônio para ver o modelo em gesso da escultura, e que, ao retirar o pano que a cobria, ela desmoronou e se transformou em cacos, motivo pelo qual Capanema teria desistido de seguir adiante com o projeto. Arte no Brasil, p. 711.

59. SILVA NETO, Napoleão Ferreira. Op. cit., p. 26.

60. HASTINGS, Max. Inferno. O mundo em guerra, 1939-1945, p. 335.

61. KNAUSS, Paulo. Op. cit., p. 29-44.

62. BOMENY, Helena Maria Bousquet. Três decretos e um ministério: a propósito da educação no Estado Novo.

63. SCHWARTZMAN, Simon; BOMENY, Helena Maria Bousquet; COSTA, Vanda Maria Ribeiro. Op. cit., p. 150.

64. SEGRE, Roberto. Historia de la arquitectura y del urbanismo. Países desarrollados, siglos XIX y XX (op. cit.), p. 453.

65. Na Itália de Mussolini, a tipologia da mulher era a seguinte: "A mulher fascista deve ser fisicamente sã para que possa visar a ser mãe de filhos sãos segundo as 'regras da vida' indicadas pelo Duce no memorável discurso aos médicos. Devem ser eliminados os desenhos de figuras emagrecidas e masculinizadas que representam o tipo de mulher estéril da decadente civilização ocidental". ECO, Umberto. História da beleza, p. 372.

66. MARTINS, Elisabete Rodrigues de Campos. O ex-aluno Carlos Leão.

67. Por uma injusta e arbitrária determinação de Oscar Niemeyer, no período em que o escritório de projeto de Brasília havia se instalado no salão de exposições do MES (1957), a Mãe de Celso Antônio foi retirada do edifício e colocada numa praça anônima no bairro de Botafogo. Em seu lugar, sobre a escada, foi colocada a Jovem reclinada, originalmente posicionada no terraço-jardim.

68. "Mulher padrão, sem os requintes de fim de raça,

nem os amaneirados de salões mundanos". FABRIS, Annateresa. Fragmentos urbanos: representações culturais (op. cit.), p. 173.

69. Jollos se refere à carta aberta escrita por Ernesto de Fiori publicada em Neue Zürcher Zeitung, de Zurique, em 1918, contra a exposição dos artistas abstratos reunidos no grupo "Die Neue Kunst", do qual participava Hans Arp, que exercerá uma influência significativa no MES. JOLLOS, Waldemar. Arte tedesca fra le due guerre, p. 61.

70. CAPANEMA, Gustavo. Depoimento sobre o edifício do Ministério da Educação (op. cit.).

71. Maria Martins expôs suas obras em Washington (1941) e teve uma delas adquirida pelo MoMA de Nova York. Estava inserida no grupo da vanguarda pictórica nova-iorquina e foi amante de Marcel Duchamp.

72. Em um momento tão precoce, o escritor cubano Alejo Carpentier elaborava elogios ao escultor: "As obras nos dão lições de ritmo maravilhosas [...]. A luz parece ter sido feita para servi-las, de tal modo como brinca suavemente com seus planos e arestas, revelando-nos o poder de expressão que contêm. Seus músicos, acrobatas e arlequins, construídos em bronze, pedra ou terracota estão cheios de alegria e malícia". [No original em espanhol: "Las obras nos dan maravillosas lecciones de ritmo [...]. La luz parece haber sido hecha para servirlas, a tal punto juega gratamente con sus planos y aristas, revelándonos el poder de expresión que encierran. Sus músicos, acróbatas o arlequines, construidas en bronce, piedra o terracota están llenos de alegría y malicia". CARPENTIER, Alejo. El arte de Jacques Lipchitz, p. 167].

73. A obra de Lipchitz era conhecida nos círculos artísticos e arquitetônicos paulistas na década de 1930. Uma escultura foi colocada na sala da Casa Modernista de Gregori Warchavchik, aberta ao público em 1930. AMARAL, Aracy (org.). Modernidade. Arte brasileira do século 20, p. 261.

74. "Ele imediatamente se envolveu nas discussões sobre a escultura para o auditório do edifício do Ministério. A ideia aparentemente é a de uma Vitória de Samotrácia atualizada. Ele usou essa oportunidade para promover Jacques Lipchitz, atuando como um intermediário entre Capanema e Lipchitz, enviando a Lipchitz fotos dos muros e detalhes". [No original em inglês: "He immediately became involved in the discussions about the sculpture for the auditorium of the Ministry Buliding. The idea is apparently a Victory of Samothrace up to date. He used the opportunity to promote Jacques Lipchitz, acting as an intermediary between Capanema and Lipchitz, and sending Lipchitz photos of the wall and details". DECKKER, Zilah Quezado. Op. cit., p. 118].

75. STERN, Robert A. M.; GILMARTIN, Gregory; MELLINS, Thomas. Op. cit., p. 650.

76. BARATA, Mario. O ressentimento de Lipchitz.

77. Texto supostamente escrito por Capanema em setembro de 1945: "Prometeu é um ente mitológico. É o deus do fogo, criador da raça humana, personificação do gênio do homem. Era um titã. [...] Prometeu foi por excelência o inventor, o autor primeiro de toda a civilização. [...] Prometeu representa assim a criação, a concepção. [...] o homem e o abutre representam a dança mística e ambos parecem ter cumprido um rito sagrado. [...] Assim, este Prometeu triunfa contra o abutre, nesta era de vitória, sob o sol resplandecente do Brasil". Apud LISSOVSKY, Maurício; SÁ, Paulo Sérgio Moraes de. Op. cit., p. 293-294.

78. Ver: LEAL, Brigitte (org.) Jacques Lipchitz, p. 184. Em outra ocasião, Lipchitz escreve: "O Prometeu, que significava tantas coisas para mim – especialmente a vitória da luz sobre as trevas; da educação sobre a ignorância – era tão importante, e o fato da versão temporária de Paris ter sido destruída após a exposição; tudo isso tinha um significado tão grande no meu espírito que essa redução estúpida de escala no Brasil foi uma tragédia horrível. [...] O Prometeu do muro do Ministério da Educação deveria ter tido seis metros de altura". [No original em francês: "Le Prométhée, qui signifiait tant de choses pour moi – notamment la victoire de la lumière sur les ténèbres; de l'éducation sur l'ignorance – était si important, et le fait que la version temporaire de Paris ait été détruite après l'exposition; toutes ces choses avaient une signification tellement immense dans mon esprit que cette stupide réduction d'échelle au Brésil fut une horrible tragédie. [...] Le Prométhée du mur du Ministère de l'Éducation aurait dû faire environ six mètres de hauteur". LIPCHITZ, Jacques; ARNASON, H. Harvard. My Life in Sculpture].

79. Nos anos 1960, Capanema fez parte de uma Comissão dedicada à conservação do edifício da qual participavam Oscar Niemeyer, Lúcio Costa e Rodrigo Melo Franco de Andrade. A opinião generalizada era que deveria ser refeita a escultura do tamanho previsto, mas faltavam os recursos para fazê-lo. CAPANEMA, Gustavo. Depoimento sobre o edifício do Ministério da Educação (op. cit.).

80. ZANINI, Walter. Tendências da escultura moderna, p. 108.

81. LISSOVSKY, Maurício; SÁ, Paulo Sérgio Moraes de. Op. cit., p. 287-288.

82. Ver estas três obras: Arte no Brasil, p. 717-724; Cândido Portinari 1903-1962: pinturas e desenhos; CALLADO, Antonio. Retrato de Portinari.

83. PORTINARI, João Cândido. War and Peace. Portinari, p. 173.

84. GORTÁZAR, Fernando González. La integración plástica en el trabajo de Mario Pani.

85. "Não foi o conhecimento dos murais de Rivera ou de seus êmulos do México que provocou no pintor brasileiro a ideia ou a vontade de fazer também pintura mural. Muita gente estranha à sua obra poderá pensar que o muralismo de Portinari foi apenas um eco retardado do formidável movimento mexicano. Não o foi". PEDROSA, Mário. Portinari. De Brodósqui aos murais de Washington, p. 12.

86. Oswald de Andrade escreveu: "O modernismo saído da fase heroica – Segall, Anita Malfatti, Tarsila – tinha que amolecer. Coube a Portinari esse destino que arfa de espasmos as narinas de seus dilatados capangas. Não foi só a Escola de Belas-Artes que

venceu. O coronel também". Apud COUTINHO, Wilson. Op. cit., p. 149.

87. Em 1941 surge a Companhia Siderúrgica Nacional – CSN em Volta Redonda; em 1942 a Companhia Vale do Rio Doce e a Fábrica Nacional dos Motores (FNM), com o apoio econômico dos Estados Unidos. KORNIS, Mônica Almeida; LAMARÃO, Sérgio. Contextualização histórica.

88. Lúcio Costa minimiza a significação de Guernica neste mural de Portinari: "Diante deste magnífico mural de Portinari, geralmente considerado 'subproduto' de Guernica, permito-me retificar: sim, surgiu de fato, no rastro da sua trágica sombra, mas como o seu oposto. [...] Este mural é o 'anti-Guernica', [...] Num caso a demência, o horror, a brutalidade, a mutilação, a matança. [...] no outro, o seu reverso, a graça dos 'Jogos Infantis', belo e plástico embalo de puro amor. Trata-se pois, de um deliberado e consciente confronto". COSTA, Lúcio. Ministério da Educação e Saúde, p. 128.

89. Em carta a Portinari, datada de 07 de dezembro de 1942, Capanema define o conteúdo de cada mural, que logo foram alterados. As Cenas infantis estavam designadas para a parede cega ao fundo do salão de exposições; na sala de espera, solicitava um mural sobre a energia nacional e as expressões da vida popular – "gaúcho, sertanejo, jangadeiro" –, e lhe recomenda a leitura de Os Sertões, de Euclides da Cunha, para inspirar-se nas personagens das diferentes regiões do país. Ver: LISSOVSKY, Maurício; SÁ, Paulo Sérgio Moraes de. Op. cit., p. 363-364.

90. O artista pintou uma enorme representação da Primeira Missa no Brasil. Ver: CADORIN, Mônica de Almeida. A pintura histórica de Victor Meirelles.

91. EISENMAN, Peter. Giuseppe Terragni: Transformations, Decompositions, Critiques, p. 138.

92. Segundo o levantamento realizado pela Comissão Projeto de Recuperação e Restauração do Palácio da Cultura, considera-se que o ministério possui 57 obras de arte, algumas delas acrescidas posteriormente como os bustos de Oswaldo Cruz, Machado de Assis, José de Alencar, Rui Barbosa e outros, realizados por Bruno Giorgi. MELLO JÚNIOR, Donato. Rio de Janeiro: planos, plantas e aparências (op. cit.), p. 237.

93. ZILIO, Carlos. A querela do Brasil, p. 110.

94. No livro Le Corbusier e o Brasil aparece reproduzida a página do Carnet C12-736, com o croqui do mestre indicando no edifício do MES o uso do revestimento em granito e a presença de azulejos azuis e brancos. SANTOS, Cecília Rodrigues dos; PEREIRA, Margareth Campos da Silva; PEREIRA, Romão Veriano da Silva; SILVA, Vasco Caldeira da. Op. cit., p. 167.

95. Certamente Le Corbusier percebeu a função das superfícies de azulejos, tirando o peso do muro branco em relação à linearidade da estrutura em pedra. Ver: ALVIM, Sandra. Arquitetura religiosa colonial no Rio de Janeiro. Revestimentos, retábulos e talha, p. 37-39.

96. Costa aponta o entusiasmo de Le Corbusier, tanto pelos marcos de pedra gnaisse das residências neoclássicas, quanto pelo refinamento dos revestimentos em azulejos. Costa afirmou: "Um prédio de linhas neoclássicas mas com esses revestimentos, adquiria uma certa graça e se entrosava na paisagem". COSTA, Lúcio. Presença de Le Corbusier (op. cit.), p. 147.

97. Costa cita as declarações de Max Bill à revista Manchete (13/06/1953): "Os azulejos quebram a harmonia do conjunto, são inúteis e, como tal, não deveriam ter sido colocados". COSTA, Lúcio. Sôbre Arquitetura, p. 252.

98. "O tempo e o dinheirão enormes que se esperdiçaram no Ministério da Educação é um erro de arquitetura. É um defeito arquitetônico que ficará sempre 'afeando' o admirável edifício". ANDRADE, Mário de. Brazil Builds, p. 180. Ver também: COSTA, Francisco. Un admirable edificio y su error de arquitectura. O autor se refere à relação com o movimento paulista em torno da revista Klaxon, no qual se valorizavam os elementos "modernos" funcionais associados à máquina, como a velocidade, a energia e a economia.

99. Da equipe do MES, formaram parte do Iphan Lúcio Costa, Oscar Niemeyer e Carlos Leão. GUIMARÃES, Cêça de. Lúcio Costa. Um certo arquiteto em incerto e secular roteiro (op. cit.), p. 46.

100. WISNIK, Guilherme. Op. cit., p. 60-61.

101. BOTEY, Josep Maria. Op. cit.

102. VENTURI, Robert. Complexidade e contradição em arquitetura, p. 1. O MES antecipa algumas das categorias que Venturi desenvolverá em sua tese dos anos 1960, tais como os componentes híbridos, ambíguos e redundantes.

103. SCHOPENHAUER, Arthur. O mundo como vontade e representação, p. 227.

104. ZANINI, Walter. História geral da arte no Brasil, p. 591.

105. "No edifício do MES do Rio de Janeiro foram colocados os primeiros azulejos que marcam essa revivescência de uma arte até bem pouco quase abandonada". CARDOZO, Joaquim. Azulejos no Brasil: alguns exemplos de antigas e modernas aplicações na arquitetura, p.106.

106. OLIVEIRA, Ana Rosa de. Op. cit.

107. Ainda continua vigente essa experiência naturista: "só se você está indo em direção às conchas e peixes do MEC, ali onde sopra entre os pilotis um vento que vem da baía, areja o pulmão de salinidade benigna e até hoje fica surpreso de passar". SANTOS, Joaquim Ferreira dos. Ambulatorial.

108. Zílio aponta para esta pulverização do espaço, dizendo: "No mergulho, na alegre sensualidade das águas, surge a imensidão do espaço". ZÍLIO, Carlos. Op. cit., p. 111.

109. COSTA, Lúcio. Antônio Francisco Lisboa, o 'Aleijadinho'.

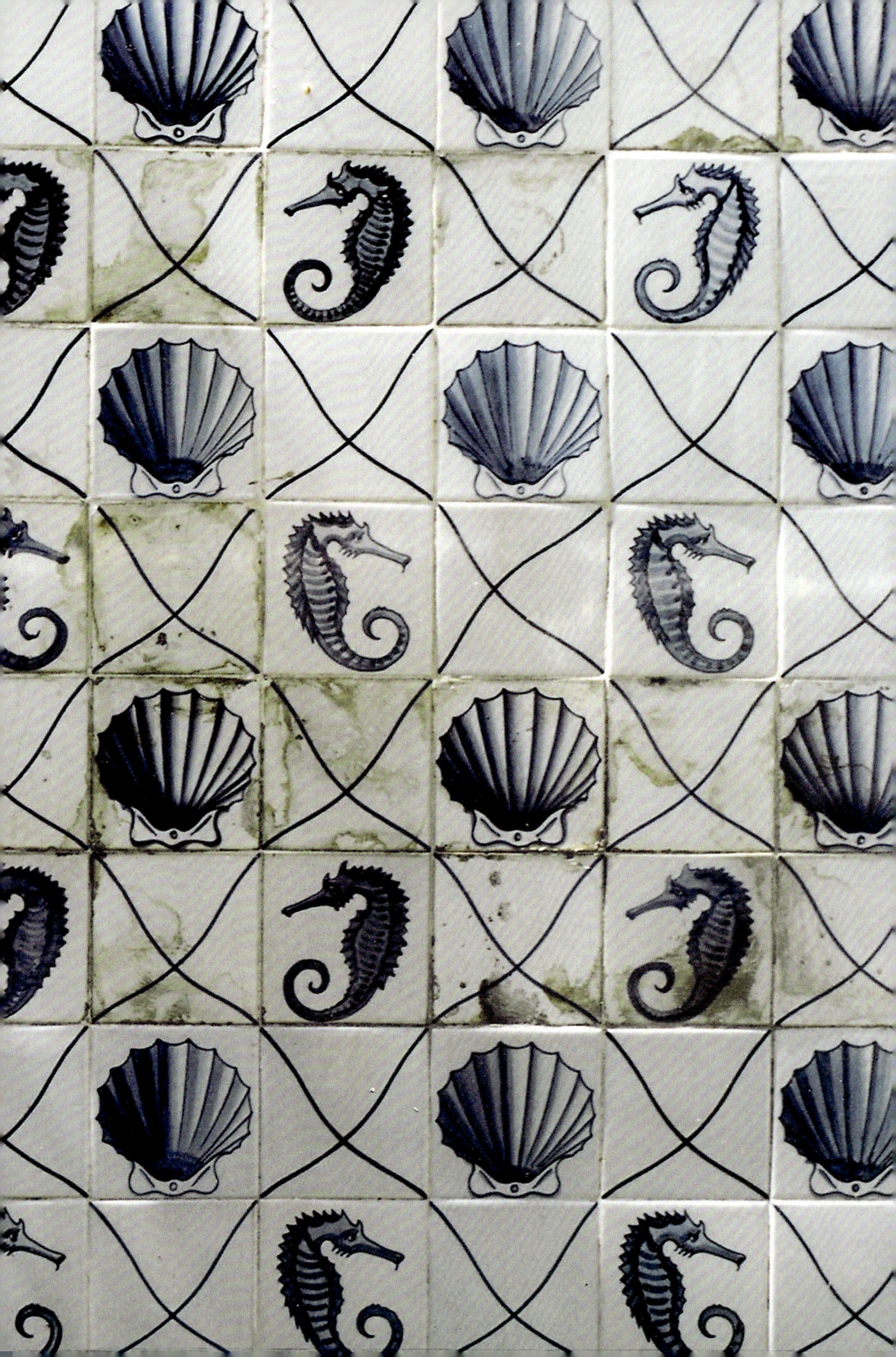

CAPÍTULO 14

UMA DIFÍCIL SOBREVIVÊNCIA

1. A LENTA DIALÉTICA ENTRE ESPAÇOS E FUNÇÕES

Quando se define o MES como um *work in progress* da arquitetura carioca, não se explica somente o lento e complexo processo do projeto, mas também o lento e vagaroso desenvolvimento da construção do prédio e a ocupação definitiva da sede do ministério pelos funcionários. Uma vez inaugurado, em outubro de 1945, iniciou-se um processo de sucessivas mudanças e transformações que, se não alteraram sua configuração original, suscitaram as dificuldades que, neste mais de meio século de vida útil, ocorreriam na conservação do edifício. Isso aconteceu não somente pelo desgaste físico normal dos elementos arquitetônicos, mas também pelas transformações administrativas que alteraram a homogeneidade da dinâmica interna, originalmente prevista na organização estabelecida pelo Ministério da Educação e Saúde, definida por Capanema em 1937. As maiores alterações aconteceram, primeiramente, com a criação em 1953 do Ministério da Saúde independente do novo Ministério da Educação e Cultura. Segundo, em 1960, com a saída das estruturas administrativas federais do Rio de Janeiro para Brasília – a nova Capital Federal – quando o MES passaria a ser chamado Palácio da Cultura. E, finalmente, quando em 1985 se separam as funções da educação e cultura, criando-se os dois ministérios autônomos – Ministério da Educação e Ministério da Cultura – vão compartilhar o edifício, que recebeu a denominação de Palácio Gustavo Capanema, em uma parceria nem sempre harmônica e bem resolvida.

Desde a colocação da pedra fundamental por Capanema em 1937, o processo de construção foi particularmente lento, se comparado com os edifícios contemporâneos, tais como o Ministério da Fazenda e o Ministério do Trabalho. Por um lado, o período da Segunda Guerra Mundial provocou dificuldades econômicas internas; por outro, o comércio internacional, em particular com a Europa, sofreu restrições, e alguns componentes importados previstos no MES demoraram em chegar ao seu destino. Por isso, no final de 1943, Capanema pressiona os funcionários responsáveis pela construção e acabamento do edifício para que este fosse *inteiramente concluído* em abril de 1944[1]. Assim, elabora um documento que estabelece três etapas – que chama de *marcas* – cujo cronograma estabelecia o desejo de que a sede do ministério fosse finalizada "até

Na página anterior, MES, painel de azulejos degradado, Rio de Janeiro, foto de c.1987

MES, Biblioteca Pública Euclides
da Cunha, quarto pavimento,
Rio de Janeiro, fotos da época
da inauguração e de 2009

o fim do ano de 1944"[2]. Na realidade, teve-se que aguardar até outubro de 1945. O que impressiona no detalhamento das marcas é o grau de participação do ministro nas obras a serem desenvolvidas no MES, tanto nas intervenções arquitetônicas importantes – o prolongamento do salão de exposições e a garagem subterrânea sob os jardins de Burle Marx no lado sul do terreno – quanto nos acabamentos, limpeza, materiais, pinturas, mobiliário (projetado por Niemeyer), instalação da biblioteca no quarto andar e localização específica das obras de arte. Praticamente até a data da inauguração da sede todas as providências se concretizaram, com exceção da construção da garagem subterrânea. A equipe de arquitetos, preocupada com a salvaguarda desse monumento da modernidade carioca, por meio da iniciativa de Alcides da Rocha Miranda e com o apoio de Rodrigo Melo Franco de Andrade[3], pressionou o Iphan para que se fizesse o tombamento do MES, que veio a ser declarado Patrimônio Nacional em 1948.

Entre 1945 e 1960 não houve mudanças significativas no interior do edifício, que alterassem o caráter das formas e espaços. Em geral, foram desenvolvidas alterações funcionais, que não descaracterizaram a imagem do prédio. Em 1961, com os ajustes organizativos, quando a sede do ministério foi transferida para Brasília, a presença do público nos departamentos espalhados nos diferentes andares diminuiu, e os sanitários foram eliminados em todos os andares do edifício, com exceção da Biblioteca Pública Euclides da Cunha, situada no quarto pavimento, que conservou no vestíbulo dos elevadores os banheiros para o público. Posteriormente, em 1986, foi desativado o restaurante do ministro e a cantina dos funcionários, situados na cobertura do 16º andar, e o espaço passou a ser usado, em primeiro lugar, como depósito de materiais inutilizáveis, assim como se abandonou a conservação das áreas verdes exteriores. Com o processo de restauro levado a cabo nos anos 1980, o local tornou-se escritório do gabinete do delegado regional do Ministério da Educação, uma vez que os ministérios da Cultura e da Educação haviam sido desmembrados. Assim, um delegado ficava no segundo andar – local do gabinete do ministro – e o outro no 16º andar, local com vista privilegiada para a baía de Guanabara.

Nas mais de seis décadas de existência da sede do MES, foram desenvolvidas inúmeras tarefas para manter o prédio em boas condições físicas e funcionais, em particular após a mudança das estruturas centrais de Estado para Brasília, quando a sede do MES perdeu a sua função original. Em 1960, o Decreto n. 48.400 alterou a sua denominação para Palácio da Cultura, definindo o seu uso como centro de atividades culturais e sede dos órgãos do então Ministério da Educação e Cultura. Ficou evidente que o esvaziamento das estruturas organizativas do ministério, e a ocupação da sede por diferentes instituições da educação e da cultura, não favoreceram uma dinâmica coerente para sua manutenção, devido, em alguns casos, a interesses contrastantes dos funcionários dos diversos departamentos dos órgãos estatais. Já no período da ditadura militar, o ministro da Cultura estabeleceu critérios normativos para disciplinar a utilização dos locais que tinham sido liberados por conta da mudança dos departamentos para a sede em Brasília. No entanto, personalidades relevantes da cultura brasileira se interessaram pela salvaguarda desse importante monumento da modernidade carioca, e se esforçaram em conseguir recursos para os indispensáveis trabalhos de manutenção.

Em 1963, foi constituída uma comissão formada por Gustavo Capanema, Péricles Pinho, Lúcio Costa, Oscar Niemeyer e Rodrigo Melo Franco de Andrade para elaborar um plano de utilização e conservação permanente do edifício. Lúcio Costa, chefe de Divisão de Estudos e Tombamentos do Sphan, localizado no edifício, supervisionou as principais intervenções realizadas, assim como orientou os serviços de manutenção, que foram desenvolvidos pelo Departamento de Obras do Ministério, até o final da década de 1970. Vários elementos do edifício sofreram intervenções nesse período, entre os quais as esquadrias da fachada sul, os painéis de azulejaria, os jardins, os revestimentos internos, as pavimentações; mas, infelizmente, nem todas as intervenções foram desenvolvidas com a qualidade necessária, e nos anos 1980 o estado de conservação do edifício estava bastante precário, com problemas que afetavam sua integridade, não só no que dizia respeito à sua imagem, como era o caso dos painéis de azulejaria, mas também quanto ao seu funcionamento, com a obsolescência das instalações técnicas – problemas que impunham uma abordagem sistemática sobre sua preservação.

Em uma reunião da Unesco na Austrália em 1981, por conta da participação do secretário da Cultura Aloísio Magalhães – que iria posteriormente assumir o cargo de presidente do Grupo Executivo do Projeto de Recuperação e Preservação do Palácio da Cultura (1981-1987) –, tiveram início as propostas para que o MES pudesse ser considerado Patrimônio Cultural da Humanidade. Em 1985, a também conhecida intelectual Heloisa Lustosa elaborou um programa de revitalização do prédio, baseado na realização de programas de integração das artes plásticas, da arquitetura, da literatura e da música, em atividades que difundissem não só as realizações brasileiras, mas ao mesmo tempo as manifestações da cultura universal.

O interesse e a preocupação pela salvaguarda do MES culminaram com a criação, em 1994, da Sociedade de Amigos do Palácio Gustavo Capanema (SAPGC), que contou com a participação dos mais destacados intelectuais, artistas e arquitetos do Rio de Janeiro. A equipe fundadora estava formada por Oscar Niemeyer, Lúcio Costa, Roberto Burle Marx, Ferreira Gullar, Glauco Campello, Luiz Roberto do Nascimento e Silva, José Aparecido de Oliveira, Antônio Houaiss, Darcy Ribeiro, Ítalo Campofiorito, Gustavo Affonso Capanema, Augusto da Silva Telles, Maria Elisa Costa e outras dezenas de membros. Cabe ressaltar a importância que teve a presença dos dois principais protagonistas do projeto do MES, bem como do grupo de discípulos que estavam dispostos a defender a integridade e a salvaguarda do edifício, juntamente com seu acervo artístico e cultural. Imediatamente a Sociedade elaborou um projeto detalhado de restauro que foi desenvolvido ao longo dos anos 1990.

2. AS INTERVENÇÕES DOS ANOS 1980

A década de 1980 pode ser considerada como um período de grande efervescência em torno à questão da preservação do patrimônio cultural. Nesse cenário, surge uma tentativa precursora no panorama nacional e internacional de definição de parâmetros, critérios e métodos de intervenção para a preservação de um monumento da arquitetura moderna. Em 1981, para concretizar a necessidade de salvaguardar o prédio do MES, o ministro da Educação e Cultura da ditadura militar, General Rubem Ludwig, criou o Grupo Executivo do Projeto de Recuperação e Preservação do Palácio da Cultura (PRPPC), integrado pelo presidente, Dr. Aloísio Sérgio Magalhães, secretário da Cultura; Irapoan Cavalcanti de Lyra, subsecretário do Patrimônio Histórico e Artístico Nacional; Pery Porto, delegado do MEC no Rio de Janeiro e Rubens de Castro Albuquerque, diretor-geral do Departamento de Administração do MEC. Posteriormente, o engenheiro Augusto Guimarães Filho, funcionário da Fundação Nacional Pró-Memória, foi convidado a exercer as funções de coordenador do grupo técnico, que ficaria encarregado de promover as medidas para a recuperação e preservação do Palácio da Cultura.

Ao assumir o cargo, Guimarães ratificou a importância do monumento como marco definitivo, não só brasileiro como internacional, da poderosa vertente da arquitetura contemporânea que nasce com Le Corbusier[4]. Por isso houve, na proposta de recuperação do monumento, naquele momento, maior respeito pelo projeto e pela construção original, aceitando-se as marcas do tempo, resistindo-se ao impulso de uma modernização do edifício pelo emprego de materiais novos ou diferentes daqueles originalmente especificados. Ao mesmo tempo, buscou-se resolver os problemas práticos e funcionais que afetavam os usuários do edifício, enquanto dinâmica diferente do seu uso original como ministério, até a criação da nova capital. O grupo técnico elaborou um projeto de restauro para ser desenvolvido em quatro anos (1981-1985), com a possibilidade de estender o prazo até 1987. O PRPPC se manteve até 1991, data da aposentadoria do coordenador, Augusto Guimarães Filho.

Na proposta elaborada pelo grupo executivo foi definida a conveniência de se agrupar os estudos, e consequentemente as obras, em dois blocos, de acordo com o seu âmbito, externo ou interno, entendendo-se como espaço externo as fachadas, pilotis, jardins etc., bem como sua ambiência. A responsabilidade executiva das obras foi assumida pelo engenheiro Ivo Bonardi, do Núcleo de Execução e Fiscalização das Obras (NEF) da Delegacia do MEC no Rio de Janeiro, e pelo arquiteto Sérgio Porto da 6ª Diretoria Regional – Subsecretaria do Patrimônio Histórico e Artístico Nacional. O

MES, fachada nordeste com os brises degradados, Rio de Janeiro, foto de c.1987

Legenda do mapa

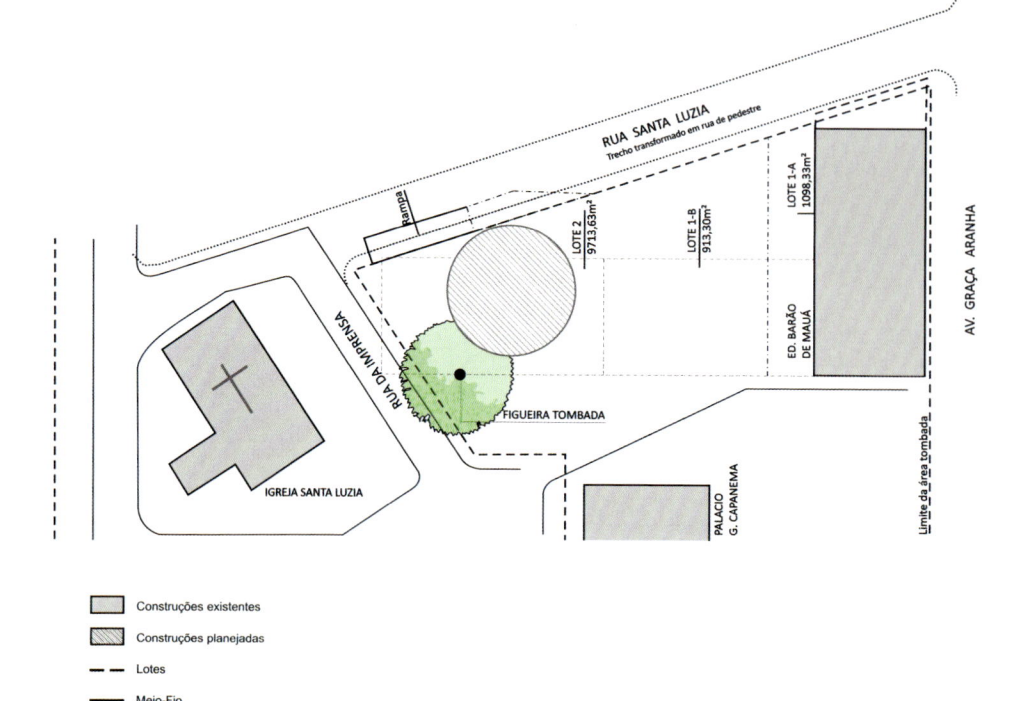

- Construções existentes
- Construções planejadas
- Lotes
- Meio-Fio
- Meio-Fio Suprimido
- Torre
- Limite Subsolo

Elementos identificados no mapa:
- RUA SANTA LUZIA — Trecho transformado em rua de pedestre
- RUA DA IMPRENSA
- AV. GRAÇA ARANHA
- LOTE 2 — 9713,63m²
- LOTE 1-B — 913,30m²
- LOTE 1-A — 1098,33m²
- ED. BARÃO DE MAUÁ
- IGREJA SANTA LUZIA
- PALÁCIO G. CAPANEMA
- FIGUEIRA TOMBADA
- Rampa
- Limite da área tombada

Escala: 0 — 10 — 20 — 30

Localização da figueira tombada no terreno, entre a Igreja de Santa Luzia e o edifício Barão de Mauá

Figueira tombada, foto de 2012

programa imediato estabelecido visava obter resultados concretos até 1987, ano em que se comemorava o quinquagésimo aniversário do início da construção do MES, desejando-se que o edifício estivesse "dignamente restaurado" nesse momento, em particular "a restauração do aspecto exterior do monumento recompondo assim a sua imagem há longo tempo comprometida"[5]. Para assegurar a fidelidade das obras que iriam ser realizadas, foram contatados os autores da obra para conceder uma indispensável colaboração com a verificação das iniciativas propostas. Por conta desse cuidado, foram consultados Lúcio Costa, Oscar Niemeyer, Carlos Leão, Jorge Moreira e Ernani Vasconcelos.

De fato, o relacionamento mais importante foi com Burle Marx. Com o transcurso dos anos, os jardins do MES estavam totalmente desfigurados, e uma concorrência pública havia sido prevista para efetivar-se a recuperação das áreas verdes. Lúcio Costa rejeitou essa alternativa, demonstrando que os jardins deveriam ser considerados como uma obra de arte, e caberia ao próprio autor desenvolver essa tarefa, segundo suas palavras: "Foi esse artista, finalmente, quem reabilitou o emprego das espécies tropicais, não mais com intuito apenas exótico, mas no sentido civilizado, isto é, como elementos plásticos eruditos de composição. Ora, sendo a composição paisagística, por definição, obra de arte em contínuo processo de desenvolvimento ou deformação, há de requerer, naturalmente, assistência periódica do próprio artista responsável, a fim de contê-la dentro dos limites da configuração originariamente idealizada, e isto não somente por uma questão de senso comum, como pelo direito decorrente da propriedade artística que lhe cabe"[6]. Assim, o grupo executivo, sensibilizado pela opinião do arquiteto Lúcio Costa – e por entender que a dispensa de licitação, no caso, se enquadrava no que a legislação previa –, autorizou a Comissão a entrar em entendimento com o paisagista Burle Marx para estabelecer as bases da sua participação nos trabalhos de restauração dos jardins.

Os primeiros canteiros a serem restaurados foram aqueles do rés-do-chão. A primeira medida foi procurar as suas características formais e a composição da massa vegetal original, segundo o testemunho de Burle Marx. Ao longo dos anos, os jardins

MES, recuperação das formas curvas do desenho original, Rio de Janeiro, 1982, Roberto Burle Marx, foto de 2009

MES, situação atual do jardim no térreo restaurado, Rio de Janeiro, 1981-1985, Roberto Burle Marx, foto de 2012

tinham sido desfigurados por intrusões de mudas estranhas ao projeto de Burle Marx. Ele identificou as espécies vegetais remanescentes da execução original, entre elas a palmeira imperial, gerivá, pau-brasil, extremosa, vácua, yucca gigante e jequitibá vermelho. Ao mesmo tempo se mantiveram aquelas espécies que foram adicionadas e que não comprometiam a legibilidade do jardim. Para a revitalização das plantas, elas foram removidas, colocadas em viveiros, e depois da restauração das muretas originais, da execução do novo sistema de irrigação – tendo em vista que o original já não funcionava mais devido à deterioração da tubulação original – e da adubação da terra, as espécies foram replantadas. Um programa de manutenção foi estabelecido de modo a acompanhar o desenvolvimento das plantas. A restauração dos canteiros do rés-do-chão se desenvolveu entre 1981 e 1985. Em 1982 foi concluído o projeto para a restauração dos jardins do segundo pavimento, que, após a realização da impermeabilização de todo o terraço, foram executados seguindo o mesmo critério observado na restauração dos jardins do rés-do-chão. Na cobertura do 16º andar, os canteiros originais também estavam deformados e perderam o desenho original das formas curvas, propostas por Burle Marx.

Cabe ressaltar a seriedade do trabalho desenvolvido pela equipe do PRPPC e coordenado pelo engenheiro Augusto Guimarães Filho, não somente nas suas intervenções técnicas no edifício, mas na elaboração de uma análise geral da política que devia ser aplicada nas obras de recuperação e restauro, assim como na elaboração de uma detalhada e criteriosa documentação sobre o edifício e os bens móveis. Desse modo, foi concretizada, em primeiro lugar, uma avaliação da importância histórica e artística do MES: características do edifício (arquitetura, mobiliário, paisagismo, instalação predial, codificação dos trabalhos dos autores e colaboradores principais do projeto), análise dos locais de atividades, grau de conforto, condições de segurança, regime de administração; a seguir, uma análise das condições reais existentes nos anos 1980 (construção civil, elevadores, jardins, instalações prediais, mobiliário, objetos de arte, ambiência, suas alterações e deficiências), bem como a avaliação das obras em andamento e o inventário das alterações que ocorreram no edifício ao longo do tempo.

MES, vistas situação atual
do jardim no térreo restaurado,
Rio de Janeiro, 1981-1985,
Roberto Burle Marx, foto de 2012

Quando o trabalho de conservação começou, o edifício estava em uso por aproximadamente cinquenta anos. As suas principais características originais estavam preservadas, registrando no entanto o desgaste natural causado pelo tempo e pelas deficiências de manutenção. Sua inexistência causou o colapso das suas instalações, o que é normal em edifícios desse porte: o sistema elétrico com sobrecarga, instalações hidrossanitárias deficientes, abastecimento de água comprometido pela obsolescência das bombas de recalque, elevadores fora de funcionamento. O principal problema em relação à estrutura do edifício concentrava-se nas lajes dos terraços-jardins, tanto no 15º e 16º pavimentos, quanto no salão de exposições, em decorrência da falência da impermeabilização. Nos pavimentos superiores, esses problemas comprometeram a estabilidade da estrutura, devido à infiltração prolongada de água da chuva que produziu a oxidação das ferragens que ficaram expostas, resultando no concreto desagregado. Esses danos foram solucionados com a remoção da ferragem danificada e da argamassa de revestimento nas áreas identificadas. Finalmente aconteceu a restituição da seção estrutural da ferragem com peças novas soldadas às existentes; aplicação de primer e resina epóxica para aderência da nova camada de cimento; recomposição do emboço e reboco das áreas tratadas.

Para o programa geral dos trabalhos de restauração foi elaborada uma discriminação dos serviços e obras, que se organizaram em pacotes especializados compreendendo os elementos estruturais e infraestruturais, assim como o tratamento geral do prédio e do equipamento interno dos locais. Além das atividades previstas no plano de trabalho original, o PRPPC desenvolveu também estudos de procedimentos técnicos para restaurar elementos arquitetônicos e detalhes originais deteriorados. Os projetos de restauração tiveram como diretriz preservar ao máximo as características originais, adotando os mesmos detalhes e materiais de modo a não comprometer seu aspecto plástico-formal e manter as condições necessárias de uso. O objeto arquitetônico foi considerado como um documento, cujos detalhes e soluções consistiam em informações únicas sobre o estado da arte na época de sua construção, sobre o que merecia ser preservado, mesmo dos elementos que careciam da eficiência

MES, bombas de recalque com problemas de manutenção, Rio de Janeiro, foto de c.1987

MES, danos causados por infiltração na cobertura, Rio de Janeiro, foto de c.1987

necessária. Entre esses elementos podemos destacar os brise-soleil da fachada norte, as persianas em madeira da fachada sul, os tijolos de vidro no vestíbulo de entrada e as luminárias dos pavimentos. Cada um desses componentes foi objeto de estudo detalhado, a partir do qual os procedimentos técnicos para sua restauração, bem como as recomendações para sua preservação, foram definidos.

A compreensão da importância arquitetônica e cultural do MES foi assumida com energia não só pelos Ministérios da Cultura e da Educação, como também pelo Instituto do Patrimônio Histórico e Artístico Nacional – Iphan, já que, tratando-se de um monumento tombado, este último é o principal responsável pela sua salvaguarda. Por esse motivo, foi definida sua especificidade cultural, considerando que foi projetado para as atividades administrativas do antigo Ministério da Educação e Saúde Pública, contendo ainda espaços específicos destinados às funções culturais. O seu tombamento, conferindo-lhe o caráter de monumento, recomenda que sua ocupação se desenvolva observando a função para a qual foi projetado, evitando outras que possam acarretar adaptações indesejáveis.

A utilização do Palácio da Cultura, quer como sede de atividades permanentes quer como sede de eventos transitórios, é sujeita, acima de tudo, à sua preservação, entendida como resguardo da sua integridade e de seu aspecto. O fato mais importante é que o edifício, por ser considerado um monumento, e sendo tratado como o marco inicial da arquitetura contemporânea brasileira e de novas técnicas construtivas, é visitado constantemente por estudantes, artistas, arquitetos e profissionais nacionais e estrangeiros, o que, por si só, determina a necessidade do edifício se apresentar sempre corretamente ocupado e apto à visitação. Além disso, considerando-se sua significação cultural no contexto da arquitetura e do urbanismo do Rio de Janeiro, deve abrigar atividades e eventos compatíveis com a sua grande importância.

Para a organização funcional, o edifício foi dividido em áreas de trabalho administrativo e espaços culturais; estes últimos seriam aqueles que tivessem essa finalidade específica ou possuíssem obras de arte e pormenores arquitetônicos de significação, e foram divididos em área cultural exclusiva e área cultural associada

MES, painel de azulejos restaurado do volume curvo de acesso ao jardim, Rio de Janeiro, 1946, Paulo Rossi, foto de 2009

à área de trabalho. As áreas específicas de trabalho compreendem os pavimentos: 6º, 7º, 9º, 10º, 11º, 12º, 13º, 14º, 15º. As áreas culturais estão distribuídas nos outros pavimentos. No rés-do-chão, temos os pátios, o pórtico, os pilotis, os jardins, o hall principal e o hall do ministro. Na segunda sobreloja estão situados o salão de conferências, o salão de exposições e os serviços a eles integrados. O segundo pavimento abriga o Salão Portinari, a Sala Museu de Niemeyer, o salão de espera e o terraço da sala do ministro. No terceiro pavimento, o salão de leitura e arquivos do arquivo sonoro da Biblioteca Nacional. No quarto pavimento, os salões de leitura e a sala de cursos da Biblioteca Euclides da Cunha. No quinto pavimento, a sala do plenário e o hall. No oitavo pavimento, a Biblioteca Noronha Santos e a Divisão de Registro e Documentação do Iphan. Posteriormente, a Biblioteca passou ao nono andar. No 16º pavimento, o terraço com os jardins de Burle Marx. Posteriormente, nessa classificação, o sétimo andar foi incluído, com a nova sala de conferência criada nos anos 1990. Essa organização funcional do prédio permitiu a organização da sua vida interna, assim como o fluxo de visitantes nas áreas consideradas de interesse cultural.

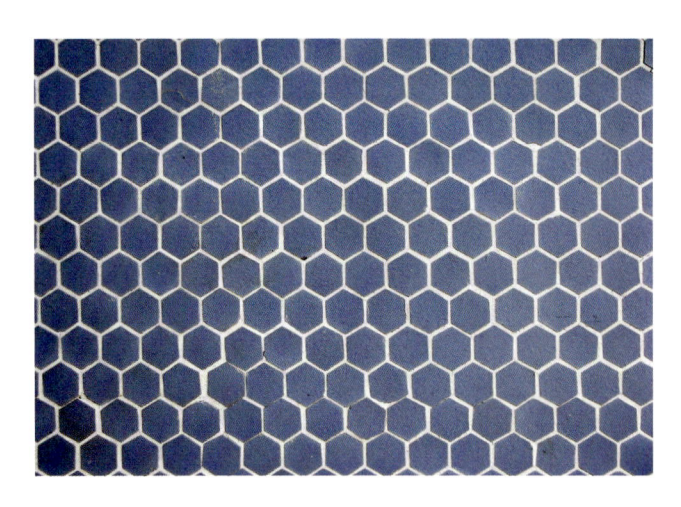

3. AS INTERVENÇÕES DOS ANOS 1990

Com a formação da Sociedade de Amigos do Palácio Gustavo Capanema (SAPGC) em 1994, presidida por importantes autoridades cariocas e nacionais, entre as quais se destacam os dois principais autores do MES, Lúcio Costa e Oscar Niemeyer – neste mesmo ano Roberto Burle Marx havia falecido –, e com Oscar Niemeyer sendo nomeado presidente do Conselho Curador, Glauco de Oliveira Campello, o vice-presidente, e Ítalo Campofiorito, o diretor executivo, deu-se um novo impulso às obras de restauração e conservação do edifício[7]. Foi estabelecido um convênio entre o Ministério da Cultura e a Petrobrás, que devia financiar uma parte significativa das novas obras, com o apoio da Lei Rouanet de incentivo à cultura. Esse convênio se estabelecia visando a recuperação plena das características históricas e artísticas do MES e o aperfeiçoamento e ampliação dos serviços que presta à comunidade cultural do Rio

MES, detalhe do revestimento do volume da caixa d'água na cobertura após restauro, foto de 2012

de Janeiro e do Brasil, incluindo o prédio principal e seus jardins, com o apoio técnico e institucional da SAPGC.

No documento básico do convênio foram definidas as responsabilidades de cada uma das instituições participantes. O Ministério da Cultura deveria supervisionar a elaboração do projeto de restauração, estabelecendo a definição da programação dos trabalhos, colocando ainda à disposição todos os dados e informações de que dispusesse sobre a edificação. À Petrobras caberia prover os recursos financeiros de forma a atender a demanda correspondente ao escopo dos trabalhos e aos cronogramas físico-financeiros – de acordo com o modelo previsto pela Lei Rouanet para o mecenato e também pelo Fundo Nacional de Cultura através do Programa de Incremento da Visitação de Museus – e acompanhar a aplicação dos recursos alocados para o custeio da elaboração dos projetos e para a realização das obras de recuperação e restauro. A SAPGC deveria se colocar à disposição dessa nova iniciativa de trabalho, oferecendo a colaboração dos membros e dirigentes da Sociedade, em particular para elaboração dos projetos especiais, assim como selecionando e contatando os consultores especializados que assistiriam a equipe técnica do Ministério na elaboração do projeto de conservação.

Finalmente, em 1996, o Iphan firmou o convênio envolvendo o MinC, o MEC, a Petrobrás e a SAPGC, considerando um valor total de 10 milhões de reais para o desenvolvimento do projeto de restauração. Para tanto, foi organizada uma unidade executora do convênio, dotada de administração própria que lhe assegurasse o custeio das ações e a contratação de *experts* nas diversas especialidades para elaboração dos levantamentos, especificações, projetos, contratação de sua execução e fiscalização do desempenho adequado. Em 2000, com a retirada da destinação correspondente à modernização dos elevadores, o montante final foi reduzido para 5 milhões de reais[8]. As obras ficaram sob a responsabilidade do coordenador do Setor Técnico do Palácio Capanema, da 6ª Coordenadoria Regional do Iphan, Paulo Eduardo Vidal Leite Ribeiro, com a colaboração de Luciano Pereira Lopes, Luiz Carlos de Oliveira Boeckel, Oscar Henrique Liberal de Brito e Cunha, Matina Byrro e Renzo Augusto de Nóbrega; o

MES, azulejos com motivo do fundo do mar, para ajuste do painel com o barramento de gnaisse, volume curvo de acesso ao jardim, Rio de Janeiro, 1946, Paulo Rossi, fotos de 2012

gerenciamento da obra ficou a cargo de Osvaldo Cintra. As intervenções iniciadas em 1997 com o início da liberação das verbas da Petrobrás tiveram como prioridade devolver a segurança ao prédio, modernizar as instalações prediais, liberar para uso as áreas de acesso público, além de estabelecer a certificação necessária para os materiais de revestimento e definir o uso original das funções concebidas para os diferentes locais do prédio, de modo a manter o sentido essencial da concepção elaborada pelos projetistas. Por último, era preciso dar continuidade à restauração de elementos artísticos.

Executadas no biênio 1997-98, essas obras podem ser resumidas da seguinte forma: obras civis externas – recuperação dos revestimentos das fachadas, esquadrias externas, sistema de brise-soleil, impermeabilização da cobertura e pavimentações externas –, instalações prediais, tais como a remodelação da instalação elétrica, desobstrução de tubulações de telefonia e informática, instalação de sistema de detecção de incêndios, substituição integral das redes de água fria, água potável, esgoto e de hidrantes de combate a incêndio; restauração e adaptação do Salão de Conferências e do Salão de Exposições; e restauração de todos os painéis de azulejos de Portinari[9].

Nesse sentido, o restauro dos espaços originalmente projetados para uso público foi privilegiado – tanto o Salão de Conferências, com capacidade para 400 lugares, reversível para apresentações de música de câmara e projeções de cinema, como o Salão de Exposições – e adaptou-se para serem abertos ao público alguns espaços originalmente pouco acessíveis ao visitante comum. Nesse caso se enquadra o segundo pavimento, antigo gabinete do ministro do Estado, que possui como atrativos o hall nobre, onde está localizado um grande afresco de Cândido Portinari, *Jogos infantis*, o Salão Portinari, com suas paredes revestidas de belas pinturas murais representando os *Ciclos econômicos* e, ainda, o espaço da exposição organizada por Oscar Niemeyer e detalhada por Gláucio Campello denominada "1937-1945. A construção do moderno".

Nesse período, a garagem para os carros do ministério foi transformada em depósito e escritórios da antiga pagadoria e, posteriormente, em uma pequena sala de teatro para a Funarte, com capacidade para 250 pessoas. Situado no térreo próximo à Avenida Graça Aranha, o volume correspondente à área de acesso dos funcionários,

MES, detalhe de painel de azulejos no térreo, foto de 2012

utilizado até então para a recepção dos processos apresentados pelo público, foi transformado na livraria da Funarte, onde a Companhia Nacional do Material Escolar passa a vender suas edições dirigidas às escolas públicas. Finalmente, as maiores modificações durante os anos 1990 foram: a transformação da sala do plenário no sétimo andar em um salão de conferências equipado com uma moderna infraestrutura de imagem e som, para atividades culturais e artísticas; e a criação do Espaço Oscar Niemeyer, no *piano nobile* do segundo andar, ocupado anteriormente pelo ministro da Educação e Saúde. No extremo oposto às salas privativas do ministro, em uma área já desocupada pelos funcionários que o acompanhavam, sob a iniciativa de Ferreira Gullar foram criados dois ambientes: um espaço cultural – com uma exposição permanente que resume a evolução dos projetos do MES, com maquetes de alguns dos principais edifícios projetados pelo mestre – e uma pequena sala para conferências, com o objetivo de informar o visitante sobre o período histórico e cultural do final da década de 1930 e as questões que envolveram o projeto do prédio e a criação do Iphan[10].

No térreo, a antiga garagem do edifício foi completamente remodelada para abrigar uma moderna sala de espetáculos para música popular brasileira com capacidade para 250 lugares. Acompanhando o interesse pelos espaços de uso público, também se desenvolveu uma análise da ocupação do prédio ao longo desses anos para atingir a proposta de um padrão de ocupação para os pavimentos-tipo, inclusive com relação ao layout dos ambientes e do mobiliário a ser adotado. Quanto ao mobiliário, foi previsto o uso prioritário do mobiliário original, projetado pela equipe dirigida por Lúcio Costa, nos locais de atendimento ao público de todos os pavimentos visitáveis.

Não cabe aqui detalhar exaustivamente o acúmulo de trabalhos de restauração desenvolvidos entre os anos 1997 e 2000, contidos no Parecer Técnico Conclusivo que o responsável das obras, arquiteto Paulo Eduardo Vidal Leite Ribeiro, apresentou ao Diretor da 6ª SR/Iphan, cargo ocupado na ocasião por arquiteto José Belmonte Pessoa. No entanto, cabe ressaltar algumas intervenções significativas. Uma das tarefas mais complexas foi o restauro da azulejaria de Cândido Portinari, um dos pontos altos do acervo artístico do prédio. Dos sete painéis de azulejos do

MES, revestimento granito gnaisse pichado sendo restaurado, Rio de Janeiro, foto de c.1987

MES, esquadrias metálicas degradadas da fachada sudoeste, Rio de Janeiro, foto de c.1987

prédio, seis são de autoria de Portinari, dois deles – situados nas fachadas do hall de funcionários – considerados mais importantes: um voltado para a Avenida Graça Aranha e o outro, sob o pilotis, voltado para o hall principal. O painel da caixa da escada secundária é de autoria de Paulo Rossi, cuja firma, Osirarte, executou todos os azulejos. À época, Mário Zanini, Roberto Blanco, Hilda Weber e Alfredo Volpi, entre outros, trabalhavam na Osirarte pintando azulejos.

Quando a equipe técnica iniciou seus trabalhos, os painéis apresentavam sérios problemas: grandes falhas por desprendimento e queda de azulejos; deturpações nas composições, provocadas por intervenções errôneas e sem critério; preenchimento de falhas com argamassa; áreas de azulejos com fixação precária. Foi necessária a realização de um trabalho cuidadoso de identificação e mapeamento das intervenções, comparação entre as composições originais e as existentes, produção de novos azulejos seguindo os padrões, cores e tonalidades originais e, por fim, a remoção cuidadosa das argamassas ou azulejos que adulteravam a composição e instalação de réplicas dos originais. Essas réplicas foram produzidas pela empresa Oficina Cerâmica Terra, de Belo Horizonte, que apresentou o padrão de qualidade exigido para reprodução artesanal das peças faltantes, viabilizando assim a restauração.

Uma grande importância foi outorgada à imagem externa do edifício, tanto em relação aos materiais utilizados, quanto ao funcionamento dos elementos básicos: os brise-soleils e as esquadrias metálicas. Todas as fachadas cegas do edifício estão revestidas com placas de granito gnaisse, extraído do Morro da Viúva. A primeira medida foi verificar o sistema de fixação das placas, sendo as peças soltas refixadas com chumbadores de aço e as partes faltantes completadas com placas de gnaisse cortadas de peças de cantaria de demolição, pois as pedreiras dessa rocha já não são mais exploradas. Um dos trabalhos mais cuidadosos foi executado nas muretas do guarda-corpo do terraço jardim existente no segundo pavimento do prédio. Essas muretas apresentavam uma série de trincas nas placas de gnaisse de revestimento externo e também um desaprumo significativo. A causa dos danos era desconhecida e não se tinha conhecimento se o processo de desaprumo estava estabilizado.

MES, vistas da fachada nordeste com brise-soleil em processo de restauro, Rio de Janeiro, fotos de c.1987

Para determinar as causas das trincas foi utilizada uma sofisticada metodologia: levantamento gráfico preciso da geometria da mureta, incluindo fissuras, deslocamentos e desaprumos em todo o perímetro; medições com instrumento de precisão – alongômetro – dos deslocamentos diários e prospecções para verificação da armadura da laje, entre outros testes. Após a análise dos dados obtidos, concluiu-se que não havia risco eminente de ruína da mureta. Optou-se, portanto, por não executar qualquer estrutura de reforço, sendo realizada a refixação das placas de gnaisse, mantendo as trincas funcionando como juntas de dilatação e recuperando visualmente o revestimento com uma argamassa especial.

As esquadrias metálicas têm uma particular significação no MES, já que elas foram pioneiras no Brasil e na América Latina, constituindo a primeira fachada integral de grande porte em um prédio de escritórios, antecedendo o surgimento da *curtain wall* nos Estados Unidos, depois da Segunda Guerra. Elas são constituídas por caixilhos de aço carbono AISI 1010, com pintura de esmalte sintético acetinado na cor grafite escuro, sendo em sua maior parte do tipo guilhotina com sistema de contrapesos, para possibilitar a movimentação dos grandes panos de vidro. Além da recuperação completa das esquadrias metálicas externas, que, por suas dimensões, sofreram desgastes de uso e ação das intempéries ao longo dos anos, fez-se também a instalação de testeiras metálicas na fachada sul, nas faixas correspondentes às lajes dos pavimentos. Essas faixas eram originalmente arrematadas com argamassa e pintadas na cor grafite para confundirem-se com a esquadria metálica; no entanto, como a argamassa pintada se deteriorava mais rapidamente que a esquadrias metálicas, a fachada sul acabava por apresentar uma marcação horizontal não prevista no projeto original. Além de resolver esse problema estético, as testeiras metálicas impedem a infiltração de águas pluviais nos encontros das esquadrias com as lajes, ficando o resultado final aceitável e aprimorando a solução construtiva do projeto original.

Os brise-soleils são um dos principais elementos que identificam a originalidade do Ministério, considerado o primeiro prédio tropical de escritórios. Embora Le Corbusier tivesse elaborado projetos com brise-soleil, nunca se havia construído uma fachada desse porte; muito menos com um sistema de placas móveis, adequado ao movimento solar e à proteção interior da entrada de luz. Os brise-soleils da fachada norte são constituídos por chapas planas de cimento amianto fixadas em um quadro metálico. Os brises estão dispostos em lâminas paralelas e possuem movimento rotativo em torno do eixo horizontal, feito através do acionamento manual de uma alavanca que regula a posição em relação à incidência dos raios solares, protegendo o interior do prédio nas diferentes estações do ano.

A falta de manutenção do sistema, que durante cinquenta anos recebeu apenas pinturas superficiais, facilitou a ação da intempérie sobre as peças metálicas, causando a oxidação destas e o fissuramento e queda de diversas chapas de cimento amianto. Devido ao grande volume de recursos necessários para a restauração de todo o sistema, a equipe técnica optou por realizar a restauração do segundo pavimento como protótipo. Foram testados diversos produtos e soluções, até a determinação da técnica mais apropriada e seus custos. A solução adotada exigiu: a numeração e remoção de todos os elementos; desmontagem dos componentes; lixamento das peças metálicas oxidadas; troca de peças comprometidas; aplicação de produto antioxidante no quadro metálico; recuperação e substituição das chapas de cimento amianto; pintura e remontagem do conjunto conforme a posição original. Verificadas as soluções mais pertinentes, foram desmontadas todas as peças da fachada norte, para a sua total restauração.

A fachada norte também está identificada pelos mainéis – malha reticulada que constitui a estrutura de elementos verticais de concreto armado – que suportam os brise-soleils. Durante a etapa de pesquisas – graças à análise granulométrica da composição do traço – foi encontrada a especificação original usada na execução do revestimento dos elementos fixos do brise-soleil. Essa especificação evidenciou que os painéis deviam ser revestidos com uma argamassa aparente feita de cimento branco e areia Alba. Os testes realizados para verificar a construção dos painéis demonstraram que a especificação original não foi seguida, sendo o cimento branco substituído pela cal hidratada e, como agregado, usou-se a dolomita-areia Alba, proveniente de uma determinada jazida de dolomita explorada na época. Estruturalmente os painéis

MES, volume do salão de conferências com revestimentos em azulejos e gnaisse restaurados, foto de 2009 não apresentavam qualquer sinal de avarias que comprometessem sua estabilidade. No entanto, em seu revestimento foram encontrados problemas generalizados de deterioração, além das três camadas de tinta que o recobriam. A primeira cor empregada foi o marfim, posteriormente substituído por cinza claro ou branco gelo.

A deterioração dos painéis originou-se com a perda de impermeabilidade do revestimento causada pelo fissuramento do reboco que, por sua vez, pode ter sido causada pela dilatação diferenciada entre o suporte e o revestimento ou até mesmo por choque térmico causado por insolação contínua e chuva repentina. A infiltração de água no emboço, menos estável por apresentar saibro em sua composição, deteriorou a argamassa e provocou a expulsão do reboco. Assim, a recuperação do revestimento foi executada com as seguintes medidas: remoção da camada pictórica por processo mecânico; remoção cuidadosa de toda a argamassa deteriorada e das intervenções que se destacassem do acabamento original; consolidação do revestimento original com a finalidade de selar as fissuras existentes; recomposição das lacunas de revestimento com uma argamassa de cal hidratada e dolomita com uma granulometria similar à original; limpeza final de todo o revestimento e aplicação de produto hidrofugante Acquela da Otto Baumgart.

Outro dos temas essenciais do trabalho de restauração foi a verificação do estado da estrutura de concreto armado. Para detalhar a análise dos componentes estruturais, foram adquiridas as 225 plantas estruturais do prédio, cópia dos originais pertencentes ao escritório de engenharia SEEBLA de Belo Horizonte, que ficou com o arquivo do engenheiro Emílio Baumgart, responsável pelo cálculo estrutural do prédio. Essa documentação foi fundamental para avaliar a situação detalhada do sistema estrutural, em particular as fissuras e a corrosão que o prédio apresentava. Outro elemento, que não tinha sido considerado até o momento, foi a instalação do ar condicionado no segundo andar do ministro, no auditório e nos plenários do quinto e sétimo andares. Um ponto que não teve a possibilidade de ser solucionado foi o sistema de circulações verticais, já que até o momento não foram modernizados os elevadores, cuja capacidade não corresponde à dinâmica atual de uso do edifício.

MES, revestimentos de madeira
restaurados no Salão Portinari,
Rio de Janeiro, foto de 2009

Nos espaços interiores, além do mobiliário original, o revestimento de madeira que predomina nos espaços públicos de todos os andares tem importância fundamental. São painéis executados em chapas de madeira compensada de sucupira – e de pau marfim no segundo pavimento – que revestem as paredes no hall de elevadores de público e funcionários, as paredes e armários da sala do ministro, o Salão Portinari e a Sala de Assessores, as colunas do Salão de Exposições, as colunas quadradas dos pavimentos-tipo, bem como as divisórias de 1,80 metro que delimitam as áreas de trabalho nos pavimentos-tipo. Para obter uma solução homogênea no resgate dos revestimentos de madeira foi realizada a raspagem e o lixamento de toda a superfície para a remoção de manchas, ceras e vernizes antigos. A estrutura de suporte em madeira foi reparada e imunizada. As chapas compensadas danificadas foram substituídas por outras nas mesmas dimensões e acabamentos.

Todo o revestimento de madeira foi imunizado e sobre ele aplicado um selador incolor, além de cera traçada – cera de carnaúba, virgem e parafina –, até se obter um acabamento acetinado uniforme. Finalmente, sobre a cera foi aplicada uma fina película de verniz de goma laca incolor importada, para manter o brilho e aumentar a durabilidade do acabamento. No que concerne aos locais de uso público, às circulações e aos locais de trabalho dos pavimentos-tipo, tendo em vista as condições deterioradas do piso original de linóleo, este foi substituído por carpetes de diversas qualidades e cores. O linóleo ainda é fabricado em alguns países de Europa, e havia sido proposta a substituição do material original; infelizmente, esta solução não pôde ser concretizada na sua totalidade.

Além do detalhado trabalho de restauração desenvolvido pela equipe técnica durante a presidência de Glauco Campelo à frente do Iphan, a equipe elaborou um *Manual de conservação do Palácio Gustavo Capanema*, disponibilizando as normas, informações e procedimentos técnicos aos usuários do Palácio, no intuito de contribuir com soluções dignas para os diversos problemas comuns no uso cotidiano. Tinha também como objetivo informar e orientar os responsáveis pelas instituições que ocupam as dependências do Palácio Gustavo Capanema sobre as soluções adotadas pelo setor técnico do PGC/Iphan, no que tange à padronização e normalização das intervenções no prédio, uma vez que o mesmo é tombado pelo Iphan. As soluções recomendadas no manual são, em sua grande maioria, relacionadas a serviços de conservação, portanto ao adotar as especificações propostas, as instituições estarão colaborando para a preservação do prédio e diminuindo a necessidade de novas obras de restauração.

O trabalho desenvolvido pelo setor técnico da unidade executora teve como meta viabilizar a recuperação completa do prédio. No manual estão identificados os aspectos físicos e conceituais que continuamente colocam em risco a conservação do bem. A equipe técnica se fundamentou no princípio de que a preservação do Palácio Gustavo Capanema deve levar em conta sua importância no contexto arquitetônico, pelo fato de ser um imóvel tombado, avaliando os aspectos positivos e negativos que se estabeleceram ao longo do seu uso.

Dessa maneira, o objetivo proposto é viabilizar o uso efetivo da edificação, preparando seus espaços para as novas formas de funcionamento que vêm sendo criadas. Considera-se que a principal tarefa consiste em compatibilizar a preservação dos elementos definidores do edifício com as novas necessidades que um edifício em pleno funcionamento exige. Com a adoção do *Manual de conservação* como parâmetro de referência das intenções de recuperação e manutenção, poderão ser criadas as condições reais para a preservação do Palácio Gustavo Capanema para as gerações futuras da sociedade brasileira. Com esse objetivo, o Iphan, desde o ano 2010, está tomando as providências necessárias para apresentar a candidatura do MES à Unesco, visando incluí-lo na lista dos edifícios que fazem parte do Patrimônio Cultural da Humanidade. De um lado, tem sido elaborada a fundamentação teórica sobre a significação e transcendência cultural e arquitetônica do edifício; de outro, estão se concretizando novas obras para sua conservação e para sua adaptação a funções diversificadas, já que o Ministério da Educação resolveu abandonar áreas que ocupava no MES e estão previstas que nelas se desenvolvam atividades de ensino e cultura em colaboração com a Unesco.

Proposta de tombamento:
Edifício-sede do Ministério da Educação

Sr. Diretor da D.E.T.:

Nos termos do art. 9, II, a, do Regimento aprovado pelo Decreto nº 20.303, de 2 de janeiro de 1946, tenho a honra de propor o tombamento, como monumento de arquitetura civil, do edifício-sede do Ministério da Educação e Saúde, à rua da Imprensa, nº 16, no Distrito Federal, com a área complementar, integrante da mesma construção.

Justifica-se a medida proposta, pelo fato de tratar-se da primeira edificação monumental, destinada a sede de serviços públicos, planejada e executada no mundo, em estrita obediência aos princípios da moderna arquitetura. Esse caráter de edifício marco de uma nova fase da evolução da arquitetura lhe vem sendo reconhecido pelos críticos e especialistas mais autorizados da Europa e da América, tal como do conhecimento público, através das publicações técnicas. A obra em questão reveste-se, assim, da maior importância, do ponto de vista artístico e histórico, sendo de toda conveniência colocá-la sob a proteção do Decreto-lei nº 25, de 30 de novembro de 1937, que classifica e manda conservar e proteger o patrimônio de arte do país.

Em 3 de março de 1948

Alcides Rocha Miranda
Chefe da S.A.

De acordo. À consideração do Sr. Diretor Geral.
Em 8-III-48. Lúcio C[osta]

Proposta do tombamento do MES, documento assinado por Alcides da Rocha Miranda e Lúcio Costa e retificado por Rodrigo Melo Franco de Andrade no verso, Rio de Janeiro, 3 de março de 1948

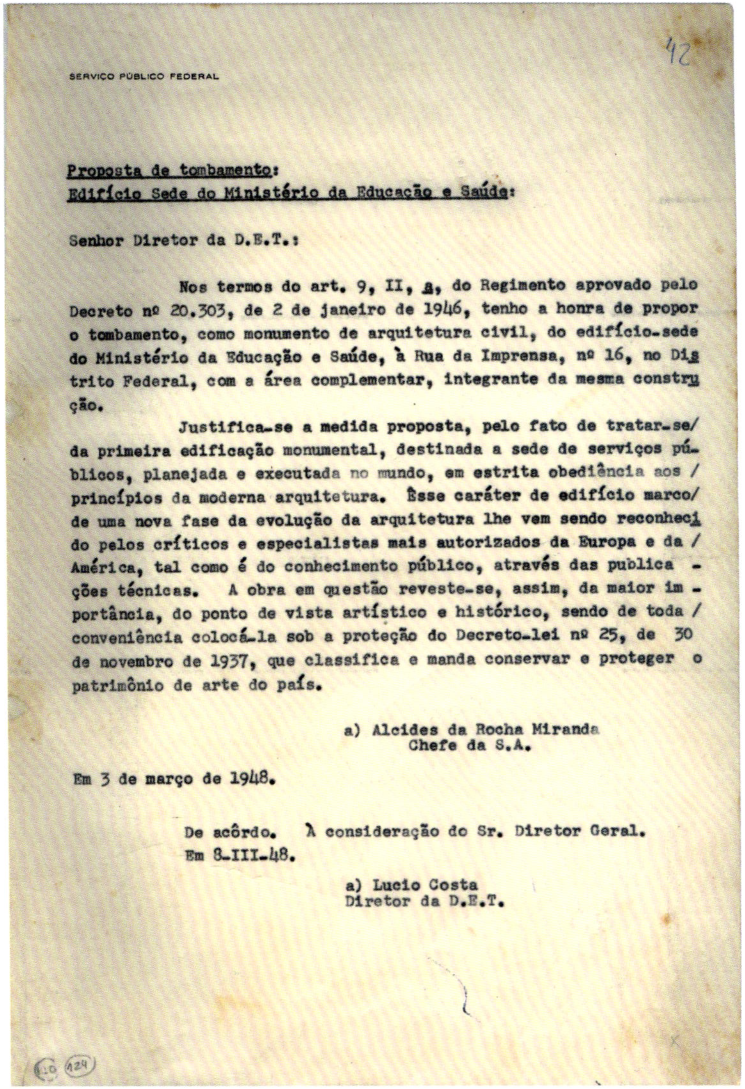

MINISTÉRIO DA EDUCAÇÃO E SAÚDE

Em 9 de março de 1948.

Do Diretor Geral do P.H.A.N.
Ao Sr. Ministro da Educação e Saúde.
Assunto: tombamento do edifício-sede do Ministério da Educação e Saúde

Notificação nº 544

Senhor Ministro:

Tenho a honra de levar ao conhecimento de V. Excia., para os fins estabelecidos no Decreto-lei nº 25 de 30 de novembro de 1937, que foi determinada a inscrição, no Livro do Tombo das Belas Artes, a que se refere o art. 4º, nº 3, do citado decreto-lei da seguinte obra de arquitetura civil, pertencente ao Domínio da União, e da serventia do Ministério da Educação e Saúde, nesta Capital:

Casa à rua da Imprensa, nº 16 (edifício-sede do Ministério da Educação e Saúde), com toda a área de terreno situada entre as ruas da Imprensa e de Santa Luzia, a avenida Graça Aranha e a rua Araújo Pôrto-Alegre, necessária à preservação de sua perspectiva monumental.

Rogando a V. Excia. se digne de acusar recebimento à presente notificação e de anuir ao tombamento de que a mesma é objeto, apresento-lhe neste ensejo os protestos de minha estima e distinta consideração.

Rodrigo M. F. de Andrade
Diretor Geral

A S. Excia.
Dr. Clemente Mariani Bittencourt
Ministro de Estado da Educação e Saúde.

375-T

JPN.

SERVIÇO PÚBLICO FEDERAL

Proposta de tombamento:
Edifício Sede do Ministério da Educação e Saúde:

Senhor Diretor da D.E.T.:

Nos termos do art. 9, II, g, do Regimento aprovado pelo Decreto nº 20.303, de 2 de janeiro de 1946, tenho a honra de propor o tombamento, como monumento de arquitetura civil, do edifício-sede do Ministério da Educação e Saúde, à Rua da Imprensa, nº 16, no Distrito Federal, com a área complementar, integrante da mesma construção.

Justifica-se a medida proposta, pelo fato de tratar-se da primeira edificação monumental, destinada a sede de serviços públicos, planejada e executada no mundo, em estrita obediência aos princípios da moderna arquitetura. Esse caráter de edifício marco de uma nova fase de evolução da arquitetura lhe vem sendo reconhecido pelos críticos e especialistas mais autorizados da Europa e da América, tal como é do conhecimento público, através das publicações técnicas. A obra em questão reveste-se, assim, da maior importância, do ponto de vista artístico e histórico, sendo de toda conveniência colocá-la sob a proteção do Decreto-lei nº 25, de 30 de novembro de 1937, que classifica e manda conservar e proteger o patrimônio de arte do país.

Em 3 de março de 1948.

a) Alcides da Rocha Miranda
Chefe da S.A.

De acôrdo.
Em 8.III.48.

a) Lucio Costa
Diretor da D.E.T.

À consideração do Sr. Diretor Geral.

Proposta do tombamento do MES, rascunho com mesmo texto sem assinaturas, Rio de Janeiro, 3 de março de 1948

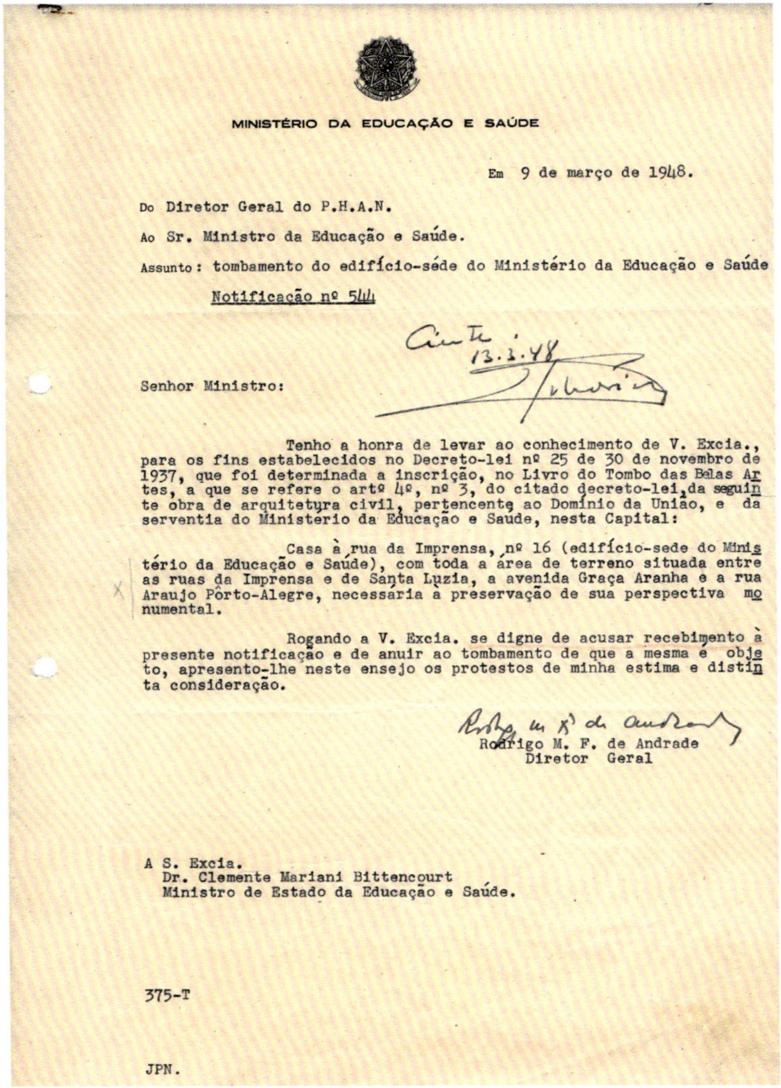

Proposta do tombamento do MES, documento do diretor geral Rodrigo Melo Franco de Andrade ao ministro da educação e saúde

Clemente Mariani Bittencourt, solicitando a anuência da decisão, Rio de Janeiro, 9 de março de 1948

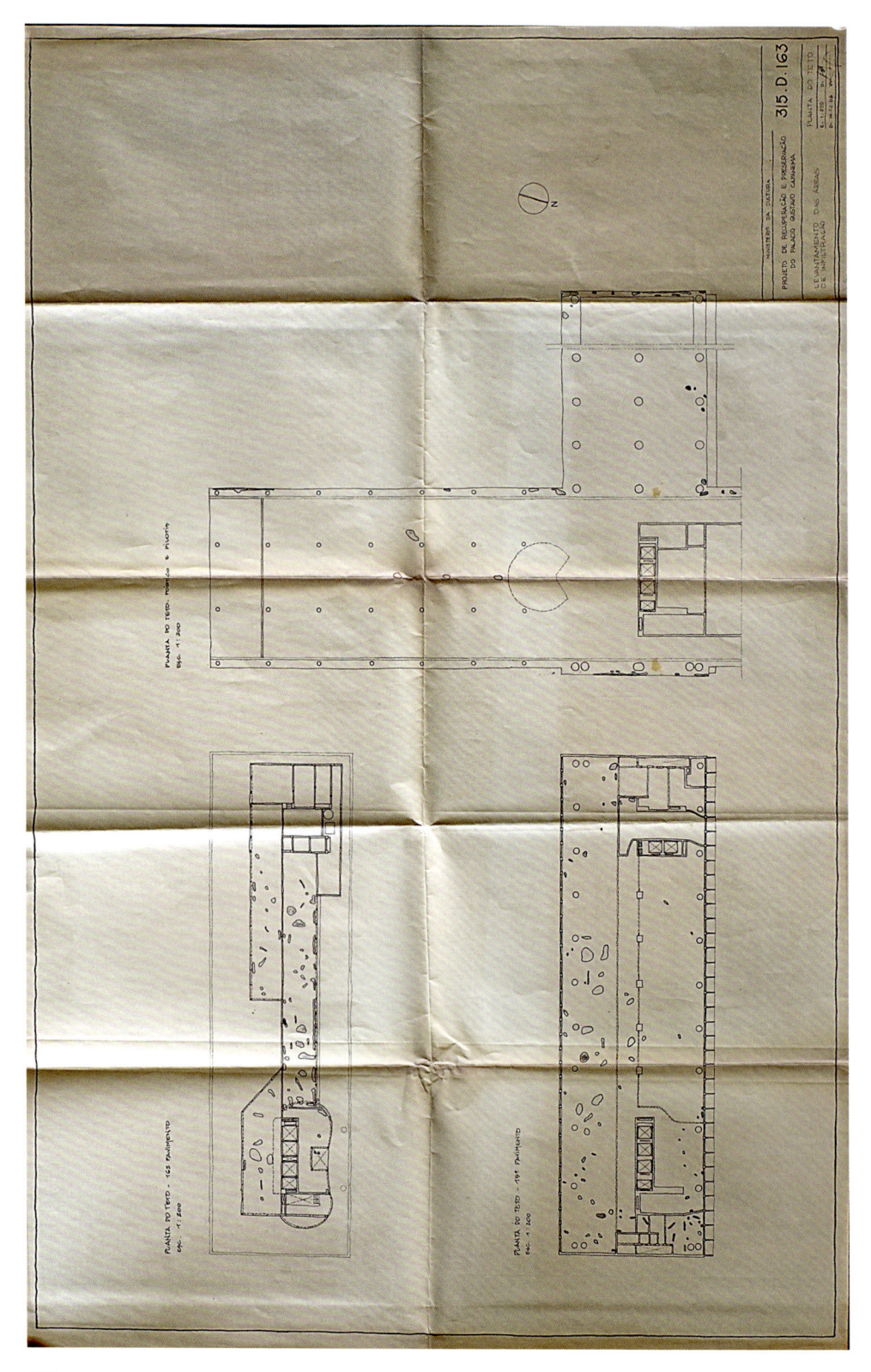

MES, projeto de recuperação e preservação com levantamento das áreas de infiltração, Rio de Janeiro, 14 de fevereiro de 1986

NOTAS

1. Ofício de Gustavo Capanema a Luís Simões Lopes, presidente do Departamento de Administração do Serviço Público, de 03 de novembro de 1943. LISSOVSKY, Maurício; MORAES DE SÁ, Paulo Sérgio. Op. cit., p. 180.
2. Idem, ibidem, p. 182.
3. CARVALHO, Claudia Suely Rodrigues de. *Preservação da arquitetura moderna: edifícios de escritórios no Rio de Janeiro construídos entre 1930-1960*, p. 175.
4. No discurso de posse o engenheiro Augusto Guimarães Filho afirmou: "Sua integridade [a do monumento] é a condição dominante, impondo-se sobre todas as outras, conferindo-lhe até caráter restritivo a ocupações e usos por ventura adequados a outros locais. Tombado o edifício, ficam fixados os espaços arquitetônicos, em todas as suas características: vazios, superfícies, cores, até seu despojamento, quando é o caso. Para que não se veja uma ênfase desmedida nos aspectos formais do edifício, em prejuízo da funcionalidade, devo dizer que tenho o bom senso bastante para saber que o monumento inscrito no Livro de Tombo sob o n. 315 não é uma escultura, é um edifício vivo que há quarenta anos presta bons serviços à administração pública". Apud Idem, ibidem, p. 221.
5. Afirmação de Sérgio Porto em documento levantado e posteriormente não encontrado. Transcrição de ficha de anotações do autor.
6. Pareceres de Lúcio Costa, datados de 17 de junho de 1948 e 05 de junho de 1954, emitidos quando era diretor da Divisão de Estudos e Tombamentos da Dphan. Relatório da Comissão de Coordenação do Projeto de Recuperação e Preservação do Palácio da Cultura, Ministério da Educação e Cultura, Rio de Janeiro, 09 de dezembro de 1981. Acervo Iphan.
7. Proposta Preliminar de Restauração. Palácio Gustavo Capanema. Sociedade de Amigos do Palácio Gustavo Capanema. Convênio MINC, Petrobrás, SAPGC, Lei Rouanet, Rio de Janeiro, 1994. Este documento contém a proposta de intervenção, os estatutos e a Ata da Assembleia Geral de Constituição.
8. As dificuldades econômicas, criadas pela redução do orçamento inicial previsto, aparecem citadas no Ofício n. 034/2000, de Paulo Eduardo Vidal Leite Ribeiro, Arquiteto da 6ª. SR/Iphan, ao Sr. Avelino José de Magalhães, subsecretário de Assuntos Administrativos do MEC-Adjunto. Rio de Janeiro, 10 jul. 2000.
9. RIBEIRO, Paulo Eduardo Vidal Leite. Palácio Gustavo Capanema. Processo de restauração e revitalização.
10. Na criação do Espaço Oscar Niemeyer em 1994, participaram o Ministério da Cultura, a Fundação Nacional de Arte – Funarte e o Iphan, com o apoio da Fundação Oscar Niemeyer. Foram apresentadas dezessete maquetes das principais obras projetadas e construídas pelo mestre.

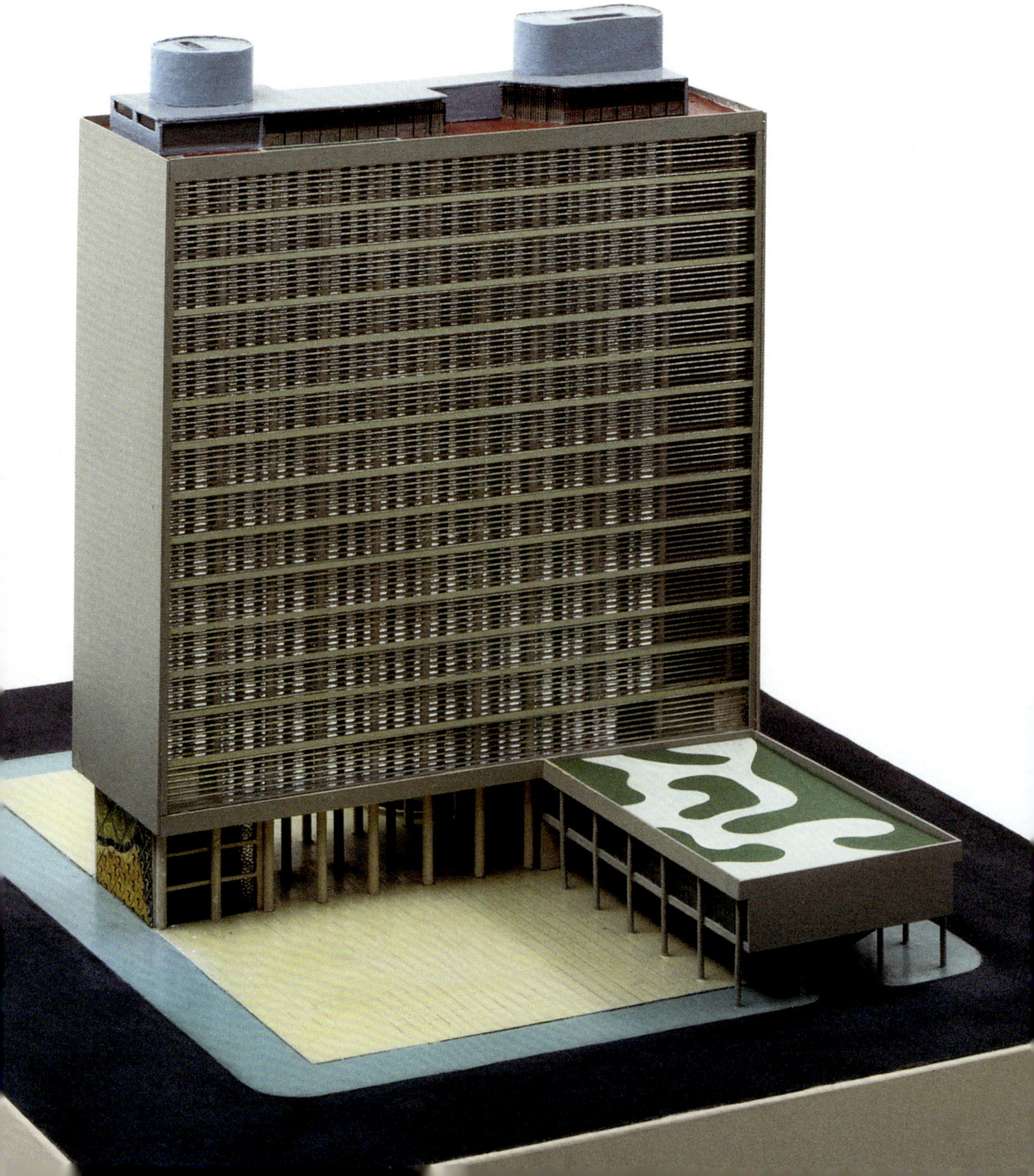

CAPÍTULO 15

A SIGNIFICAÇÃO DO MES COMO MODELO ARQUITETÔNICO E URBANÍSTICO

1. A MONUMENTALIDADE PERDIDA NO CONTEXTO URBANO

Passaram pouco mais de oito anos desde a cerimônia de colocação da pedra fundamental do MES – 24 de abril de 1937 – até sua inauguração, novamente presidida por Gustavo Capanema e celebrada diante da presença de Getúlio Vargas, no dia 3 de outubro de 1945, aniversário da Revolução de 1930. Alguns dias depois, no dia 29 daquele mês, um golpe militar pôs fim à ditadura do Estado Novo. Nessa época, já tinham sido superadas as críticas negativas do prédio, e, com o reconhecimento internacional, elas se transformaram em elogios[1]. Dos personagens que apoiaram com convicção essa obra controversa e participaram do seu ponto de partida, haviam perdurado somente o ministro Capanema e o antropólogo Roquette-Pinto, que pronunciaram discursos emotivos no ato inaugural[2]. O que chama a atenção nas fotografias difundidas pela imprensa sobre esse acontecimento é a ausência dos arquitetos do MES na cerimônia. Fechava-se ali um longo e complexo processo, iniciado em abril de 1935, com a publicação da convocatória do concurso para a construção da nova sede do Ministério de Educação e Saúde. Entretanto, o ícone da modernidade arquitetônica brasileira, elogiado em todo o mundo por sua inédita originalidade, estaria submetido, todavia, a transformações do entorno, que lentamente iriam ofuscar sua distinção e autonomia monumental no contexto urbano.

A localização do volume alto no centro do terreno tinha permitido a criação de duas praças semissecas, recuando-o em relação ao alinhamento dos quarteirões circundantes, o que facilitava o estabelecimento de uma perspectiva para visualizar a distinção monumental do ministério. Rodeado pelos dois volumes dos Ministérios do Trabalho e da Fazenda, no eixo da Rua Araújo Porto Alegre, que conformavam uma muralha compacta definida pela normativa agachiana, o MES criava o limite neutro – pode-se dizer moderno, pela presença do Instituto Nacional de Serviço Social de Paulo Antunes Ribeiro (1933)[3] –, ao longo da Avenida Graça Aranha. O espaço mais livre era aquele para o qual se voltava a fachada do pano de vidro, cuja transparência permitia – como queriam Lúcio Costa e Le Corbusier – ter a vista da baía de Guanabara, somente interrompida nos dez primeiros andares por conta dos

Na página anterior, MES, maquete de plástico e madeira, 43,2 X 40,6 X 50,8cm, acervo do MoMA de Nova York

MES, Gustavo Capanema, Getúlio Vargas e acompanhantes na inauguração do edifício, Rio de Janeiro, 3 de outubro de 1945

edifícios de escritórios construídos ao longo da Avenida Presidente Wilson[4]. Após a demolição dos últimos restos de edificações antigas do Morro do Castelo, situadas entre as Ruas Pedro Lessa e Santa Luzia, surgiu um espaço livre delimitado pela rua diagonal em direção à igreja barroca de Santa Luzia, e face às edificações dos anos 1920 que circundavam o pequeno pavilhão francês da Exposição do Centenário da Independência (1922), mimese do *Petit Trianon* de Versalhes[5]. Existiam dois problemas que poriam em risco o futuro desses espaços: por um lado, o terreno citado não pertencia ao Ministério, mas à Fundação Getúlio Vargas; por outro, a precariedade de algumas construções do quarteirão lindeiro era um presságio da sua substituição por edifícios de escritórios modernos.

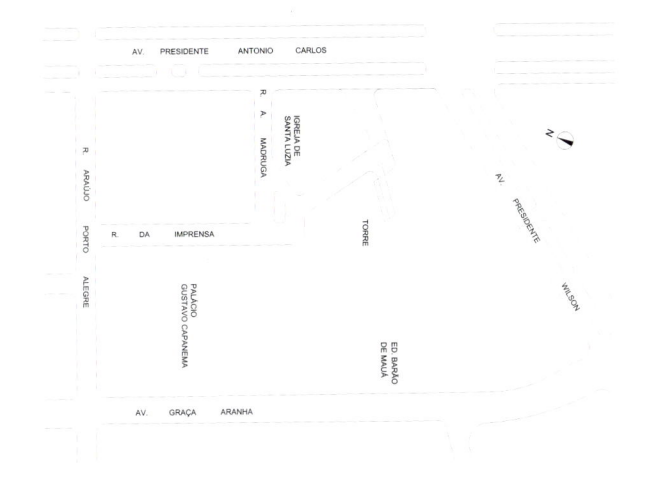

Os jovens profissionais da vanguarda arquitetônica carioca – Lúcio Costa, Alcides da Rocha Miranda, Carlos Leão, Joaquim Cardozo e outros –, integrados ao recém-inaugurado Serviço do Patrimônio Histórico e Artístico Nacional (Sphan, 1937), sob a direção de Rodrigo Melo Franco de Andrade, além de proteger os edifícios do período colonial, consideraram também como patrimônio os exemplos notáveis do movimento moderno, antecipando em várias décadas a ação internacional desenvolvida pelo Docomomo a partir dos anos 1980[6]. Lúcio Costa propôs, em 1947, o tombamento da igreja de São Francisco de Assis na Pampulha, realizada por Oscar Niemeyer em 1942[7]; e Alcides da Rocha Miranda o fez com o MES em 1948[8]. A proteção do monumento, para os técnicos do Iphan, não estava limitada ao edifício isoladamente, mas também ao contexto circundante – ao qual Rodrigo Melo Franco denominava "fronteiras" ou "entorno"[9]. Por isso, Franco se preocupou com o uso dos terrenos situados à frente do MES, nos quais sugeriu a colocação de uma praça pública de acordo com o projeto realizado por Burle Marx; tal solicitação nunca seria atendida, apesar das sucessivas ideias elaboradas até os anos 1980[10]. Essa aspiração se identificava com a perspectiva proposta pelo governo municipal do Distrito Federal – a Secretaria Geral de Viação, Trabalho e Obras Públicas –, de acordo com o projeto de Affonso Reidy para a Esplanada do Castelo, elaborado em 1937. Nela, Reidy liberava totalmente os quarteirões compreendidos entre a Rua Graça Aranha, a igreja de Santa Luzia e a Avenida

MES, projeto de extensão da praça até a Avenida Presidente Wilson

Presidente Wilson, então concebidos como áreas verdes[11]. Por sua vez, Costa realizou uma série de esquemas de composição urbana sobre a altura e a configuração dos edifícios – igualmente não materializados – que poderiam ser construídos nas redondezas do MES, para conservar sua identidade monumental dentro daquela paisagem.

Oscar Niemeyer realizou a primeira intervenção no terreno livre integrado à praça seca do MES, após eliminar a continuação da Rua Pedro Lessa[12]. Em 1948, com o aumento das atividades culturais promovidas pelo ministério, ele projetou um teatro próximo ao volume baixo do salão de exposições. As formas curvas surgidas na igreja de São Francisco de Assis perderam a leveza e a transparência das abóbadas sinuosas, ao serem definidas por nervuras proeminentes de pórticos curvos e retilíneos que apoiavam a cobertura em concreto armado. Essa expressão plástica orgânica e barroca, quase biomórfica – que poderia ser considerada como um dos primeiros exemplos brutalistas do mestre –, contrastava radicalmente com a nitidez apolínea do MES[13]. Felizmente, o teatro expressionista não foi construído. A intervenção posterior, realizada entre os pilotis do volume baixo, foi mais humilde. Entre os anos 1952 e 1957, o Museu de Arte Moderna organizou ali as suas exposições, em um espaço de 500 m^2 delimitado por painéis curvilíneos de madeira que se estendia à Rua da Imprensa, projetado por Niemeyer. Para marcar sua presença efêmera, seu exterior foi pintado de amarelo com um ritmo de pontos pretos que ressoavam com o ritmo gráfico dos azulejos de Portinari. O interior, totalmente cego, tinha um acesso por uma porta voltada à Rua da Imprensa, e as paredes cobertas com cortinas. Até a finalização da nova sede, projetada por Affonso Reidy no Aterro (1953), o embasamento do ministério foi um turbilhão de mostras e exposições dos artistas de vanguarda[14]. Na realidade, essa vocação artística do MES havia começado em 1943 – anteriormente à sua inauguração –, com a exposição *Brazil Builds* em sua versão em português, que logo circulou por outras cidades brasileiras[15]. Em 1944 se apresentou no salão de exposições uma mostra dos principais edifícios públicos construídos pelo governo Vargas[16]. Posteriormente, em 1946 e 1947, Pietro Maria Bardi e Lina Bo, ao chegarem ao Brasil, entusiasmados com a arquitetura do MES, organizaram duas exposições

MES, simulação da ocupação
dos pilotis da sala de exposição
pelo Museu de Arte Moderna,
Rio de Janeiro, 1952-1957

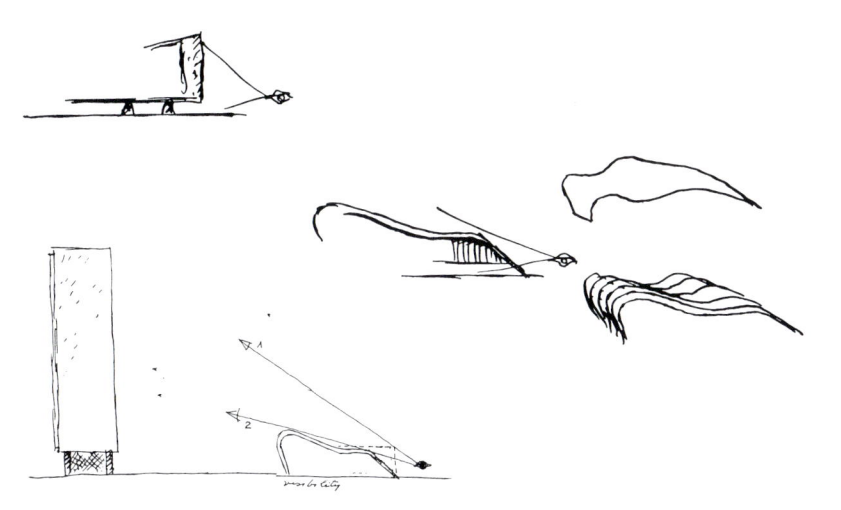

Projeto de teatro na frente do MES, croquis e perspectiva, Rio de Janeiro, 1948, Oscar Niemeyer, publicação no livro *The Work of Oscar Niemeyer*, de Stamo Papadaki

MES, ocupação dos pilotis da sala de exposição pelo Museu de Arte Moderna, vistas externa e interna, Rio de Janeiro, 1952-1957

MES, ocupação dos pilotis da sala de exposição pelo MAM, abertura de exposição não identificada, Rio de Janeiro, 1952-1957

MES, ocupação dos pilotis da sala de exposição pelo MAM, exposição de Alexander Calder, Rio de Janeiro, 1952-1957,

publicação no livro *Calder no Brasil*, de Roberta Saraiva

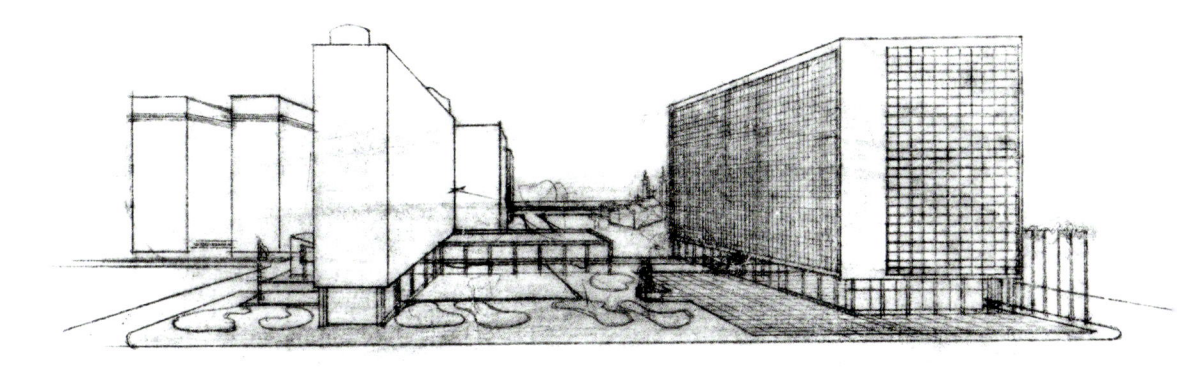

sobre a pintura italiana dos séculos 13 ao 18, e outra sobre a pintura moderna, antes de se radicarem em São Paulo[17]. No ano seguinte, em 1948, Alexander Calder – outro apaixonado pelo edifício – apresenta os seus móbiles com o título *Pode-se tocar*[18]. A exposição foi realizada por iniciativa de Henrique Mindlin e com o apoio do recém--criado MAM e do Instituto de Arquitetos do Brasil – IAB, e que contou com a participação, na montagem, de Mário Pedrosa, Oscar Niemeyer e Roberto Burle Marx.

Por sua vez, Jorge Machado Moreira, outro membro da equipe original do MES, realizou várias propostas para a sede da Fundação Getúlio Vargas (1945-1952), que ocuparia o terreno livre. Mais identificado que Niemeyer com o traçado cartesiano do ministério, Machado implantava um volume paralelo ao bloco alto existente, integrando uma praça seca ascética à livre composição das amebas de Burle Marx. Entretanto, em uma proposta posterior, ele prolongava as formas sinuosas na área do novo edifício, que, para se diferenciar do MES, foi tratado como um bloco puro e cego sobre pilotis de 18 andares, com fachadas homogêneas, caracterizadas por uma retícula densa de brise-soleil, que contrastava tanto com a transparência da fachada sul como com a malha aberta da fachada norte do ministério. Dessa forma, o vínculo estava baseado na repetição de um volume similar, porém muito diferente enquanto imagem perceptiva da forma[19].

Quando Oscar Niemeyer projeta a nova sede da Fundação Getúlio Vargas em Botafogo (1955), o terreno fica em mãos do governo federal, dando início a uma operação burocrática imobiliária – parafraseando Ceça Guimaraens – com o intuito de ocupar ao máximo esse vazio urbano e transgredir a normativa do Iphan que sugeria a persistência de um espaço aberto que favorecesse a percepção à distância da monumentalidade do MES. Não há dúvida que interesses circunstanciais dos políticos de turno – inclusive até do então presidente Kubitschek – e pressões econômicas ocultas, exercidas sobre Rodrigo Melo Franco de Andrade e Lúcio Costa, motivaram as alterações profundas às quais sucumbiu o contexto urbano. Em 1960, Oscar Niemeyer projetou o bloco de escritórios Barão de Mauá – logo ocupado pela empresa estatal Vale do Rio Doce – como uma lâmina maciça de vidro com vinte andares, sem

Sede da Fundação Getúlio Vargas, estudo de implantação ao lado do MES, Jorge Machado Moreira, 1945-1952

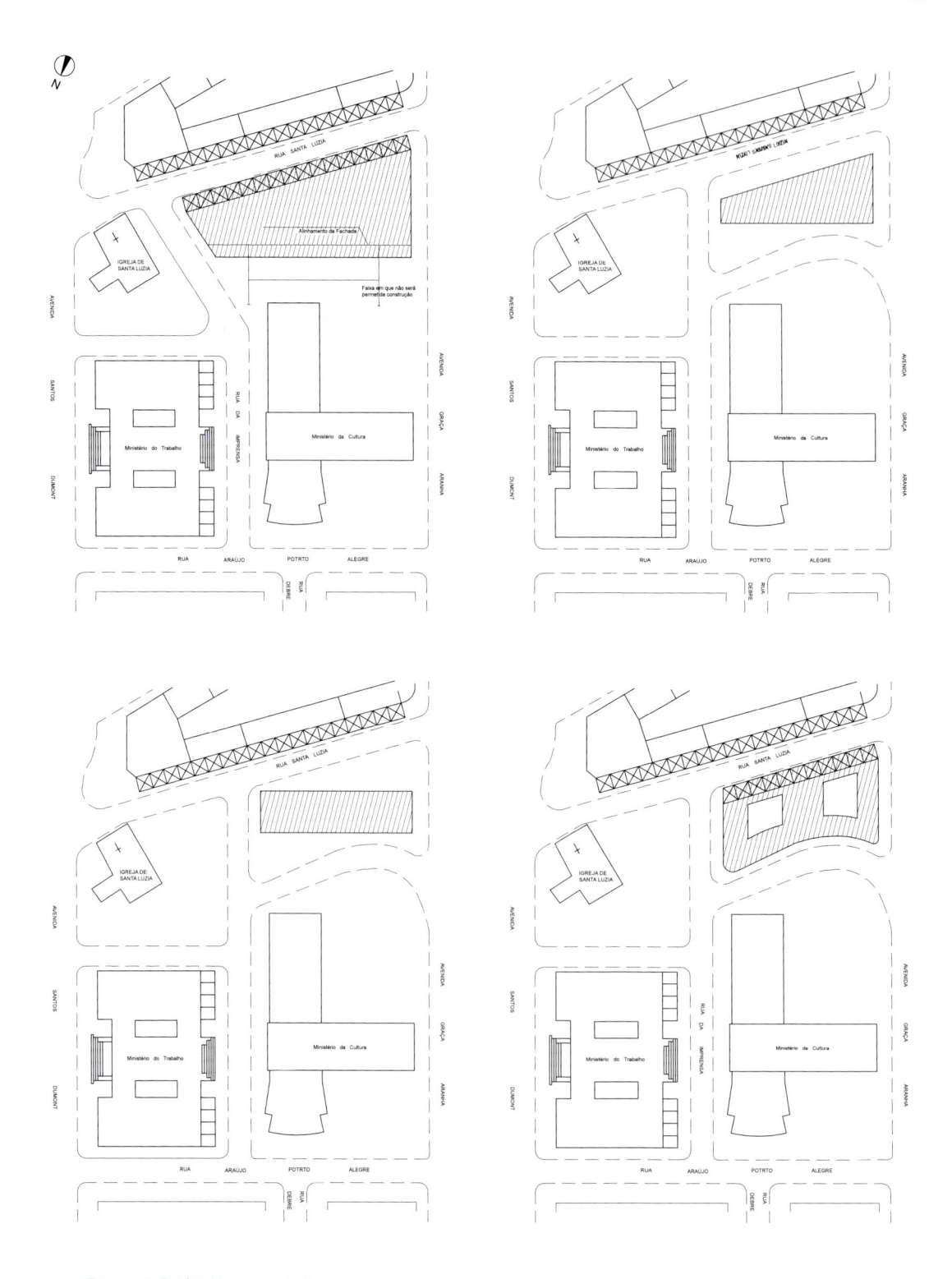

Fundação Getúlio Vargas, estudos de implantação de projeto não construído, 1945-1952, Rio de Janeiro, Jorge Machado Moreira

pilotis, perpendicular ao bloco alto do MES e implantado no limite da calçada da Rua Graça Aranha. Niemeyer, ao tratar com termos miesianos a imagem do volume alto, tentou minimizar sua presença competitiva com o monumento. Entretanto, um grave incêndio, ocorrido em 1981, fez com que Niemeyer modificasse as fachadas, colocando brises de alumínio e fechando as empenas laterais com revestimento de pedra[20]. No início dos anos 1970, na frente do bloco alto, na Rua Araújo Porto Alegre, foi construído o edifício Aliança da Bahia, com catorze andares, projetado pelo Escritório Técnico Ramos de Azevedo, com pilastras pesadas nos quatro ângulos do paralelepípedo e uma fachada neutra, cuja imagem maciça estabeleceu uma tela de fundo, que destoava da leveza do MES. Houve uma sutil operação urbano-arquitetônica com a quebra do quarteirão compacto agachiano, definindo uma lâmina geometricamente pura, conseguida com a criação da pequena Rua Anfilófio de Carvalho.

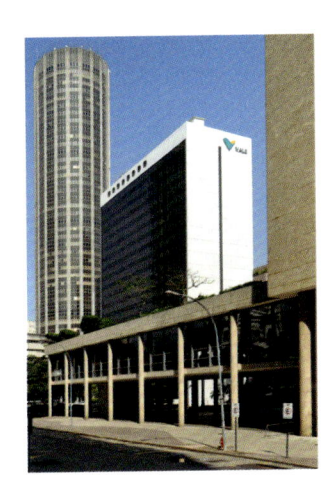

Na década dos anos 1970, durante o governo da ditadura militar, a aspiração de atingir o "Brasil Grande" e a ilusão do "milagre econômico" motivaram um furor construtivo na cidade do Rio de Janeiro. Apesar da mudança do governo federal a Brasília, instituições financeiras, governamentais e privadas continuaram estabelecendo as suas sedes na antiga capital, sob a pressão da entrada do capital estrangeiro e a forte influência dos modelos arquitetônicos norte-americanos, identificados com o International Style. É a década da ruptura da escala mantida no centro da cidade, passando de uma média de vinte andares de altura para trinta ou quarenta, tanto nas proximidades do MES, quanto ao longo da tradicional Avenida Rio Branco, e também no vazio da Esplanada de Santo Antônio. Entre outros edifícios nesses terrenos, citemos: as sedes do BNH, de Haroldo Cardoso de Souza e Rogério Marques de Oliveira (1968); o BNDES, de Alfred Willer e equipe (1974); a torre negra de 42 andares do Centro Cândido Mendes, de Harry Cole (1977-78), situada nada menos que em frente à histórica Praça XV; o controverso edifício Linneo de Paula Machado (1972-76), localizado na Rio Branco com seus 33 andares, tocando o Museu Nacional de Belas Artes, projeto do escritório de Arthur Lício Pontual e Davino Pontual[21]. Inserções fora de escala, aprovadas pelo Iphan sem dúvida por conta das pressões já citadas, mas também devido à aversão de alguns

Edifício Barão de Mauá, sede da Vale, Rio de Janeiro, 1960, Oscar Niemeyer, foto de 2012

Edifício Linneo de Paula Machado, Rio de Janeiro, 1972-1976, Arthur Lício Pontual e Davino Pontual, foto de 2012

Palácio Austregésilo de Athayde, Igreja de Santa Luzia; ao fundo, torre circular do Clube da Aeronáutica, 1975, Fernando Abreu, foto de 2012

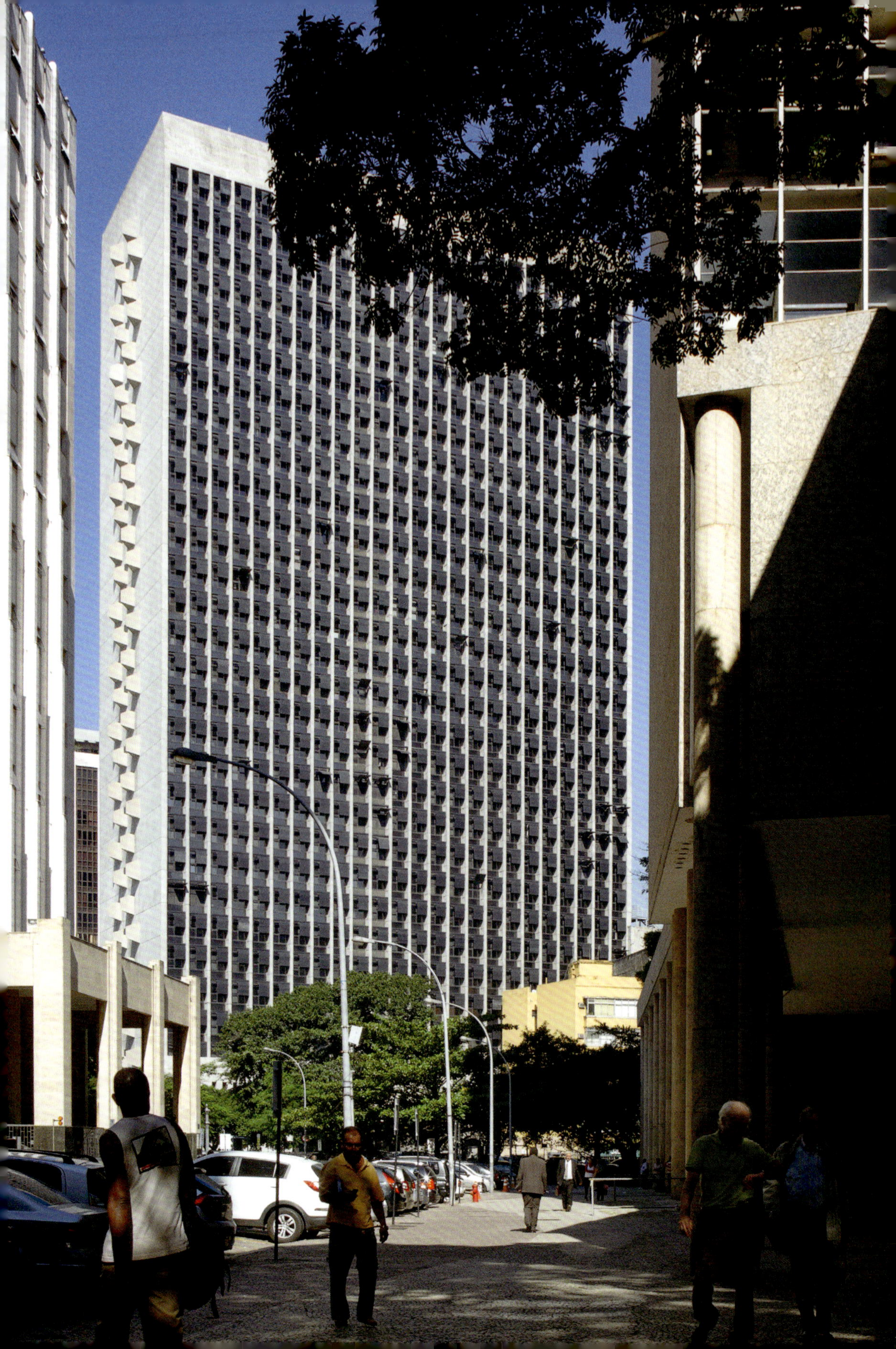

de seus funcionários – em particular Lúcio Costa – pela arquitetura acadêmica do início do século. É importante lembrar que, em 1976, ele aprovou a demolição do histórico Palácio Monroe, situado no extremo da Avenida Rio Branco, construído originalmente como pavilhão do Brasil na Exposição Internacional de Saint Louis (1904), projeto de Francisco Marcelino de Souza Aguiar, um dos principais ícones da República Velha[22].

O MES não estava imune a essas deformações urbanas, e Lúcio Costa propôs, como funcionário do Iphan, o projeto de uma torre circular de estacionamentos e, por iniciativa da Secretaria de Planejamento Urbano (SMU), uma lâmina de escritórios rente ao ministério, duplicando o edifício Barão de Mauá dentro do terreno livre contíguo, iniciativas tomadas pelos governos municipais dos prefeitos Negrão de Lima e Júlio Coutinho[23]. Embora estes não tenham sido levados a cabo, o entorno do ministério foi afetado pela construção de duas torres de grande altura: o palácio Austregésilo de Ataíde, com trinta andares, promovido pela Academia Brasileira de Letras e projetado pelo escritório de Márcio e Maurício Roberto (1972) – este último, contraditoriamente membro do Conselho Assessor do Iphan em 1994 – e a torre circular do Clube da Aeronáutica com 45 andares, projetada por Fernando Abreu. Com esses e outros edifícios construídos na década de 1990, desapareceram as poéticas vistas da baía de Guanabara, tão elogiadas pelo poeta Drummond de Andrade. O MES, ao perder sua iconicidade social com a transferência da sede do Ministério de Educação a Brasília, ficou submerso como uma "pura flor" – parafraseando Lúcio Costa[24] – no entorno duro e anônimo de edifícios de aço e vidro: a cultura sucumbiu diante do capital especulativo e sua representação arquitetônica.

2. O PRESTÍGIO DO MODELO

Poucos exemplos da arquitetura moderna latino-americana atingiram uma difusão similar àquela da sede do MES. Embora o tema do edifício de escritórios tenha sido amadurecido no seu berço original – em termos funcionais e formais, nos Estados Unidos – e tenha atingido, na Europa, algumas premonições formais com os projetos

Na página à esquerda, Palácio Austregésilo de Athayde, Rio de Janeiro, 1972, Márcio e Maurício Roberto, foto de 2012

Acima, Edifício Aliança da Bahia, Rio de Janeiro, 1970, Escritório Técnico Ramos Azevedo, foto de 2012

de Mendelsohn e Mies van der Rohe, a síntese obtida no projeto brasileiro resumia não somente essas experiências, mas também lhes acrescia o ingrediente regionalista, atraente em um momento histórico – a finalização da Segunda Guerra Mundial – no qual era nítido o esgotamento do purismo abstrato das "caixas brancas" que identificavam o movimento moderno. Entretanto, essa herança marcou mais a proliferação dos modelos do International Style aplicados no mundo pela arquitetura corporativa – disso resultou a adoção do modelo abstrato da Lever House[25] – que as variações sobre as tipologias do edifício de escritórios, propostas no MES. Mies van der Rohe era mais facilmente passível de reprodução e generalização que as propostas de Lúcio Costa e Oscar Niemeyer.

Sem dúvidas, o que surpreendeu os críticos de arquitetura no mundo não foi a forma inovadora do edifício – existiam antecedentes de blocos puros e transparentes na Holanda, Alemanha e França –, mas o fato de que a tipologia formal e funcional antiacadêmica fosse utilizada para uma função governamental[26]. Isso somente havia ocorrido na Rússia revolucionária com o surgimento em Moscou de construções modernas como sedes de organismos estatais, sendo o Centrosoyus de Le Corbusier o paradigma essencial[27] – tudo isso, antes da chegada de Stalin ao poder. Embora a Casa del Fascio em Como, de Giuseppe Terragni, pudesse ser assumida como um exemplo moderno, o sabor clássico e monumental a afastava do novo repertório da modernidade, baseado na leveza e transparência[28]. Se na Europa existiam esses antecedentes, nada similar acontecia no Hemisfério Ocidental – dos Estados Unidos à Argentina – pelo fato de todos os edifícios estatais construídos até a Segunda Guerra Mundial estarem associados à tradição clássica, inclusive nas realizações de governos progressistas, como o *New Deal* de Roosevelt ou a revolução mexicana. Portanto, era surpreendente que um governo ditatorial, identificado com o fascismo italiano em sua estrutura organizativa e iniciativas populistas, impulsor de monumentos clássicos para as sedes de alguns de seus ministérios, acabasse permitindo a materialização de um projeto de vanguarda, de forma que a monumentalidade identificadora da função pública fosse reinterpretada com uma abordagem moderna. Outro aspecto

MES, simulação do edifício no contexto urbano atual

de originalidade residia em sua polifuncionalidade: ao invés do tradicional escritório público, essencialmente burocrático, as atividades culturais assumiam uma importância significativa na forma do edifício.

Os livros já citados de Maurício Lissovsky e Paulo Sérgio Moraes de Sá, e de Zilah Quezado Deckker, referiram-se detalhadamente às diferentes versões interpretativas da significação do MES, tanto favoráveis quanto críticas. Por isso, somente resumiremos algumas das opiniões mais destacáveis, publicadas a partir do início do projeto em 1936. Foram poucos os questionamentos à obra e seus protagonistas, basicamente manifestados no Rio de Janeiro pela batalha campal onde se afrontavam acadêmicos e jovens arquitetos. Em particular, dois personagens – Arquimedes Memória e José Marianno –, ressentidos estética e politicamente[29], desencadearam uma campanha da imprensa contra o suposto comunismo de Le Corbusier e seus jovens discípulos, e contra o abandono do neocolonial como estilo nacional brasileiro[30]. José Marianno escreveu uma série de artigos em 1944, nos jornais cariocas e paulistas, perto da finalização da obra, atacando tanto os arquitetos quanto a expressão funcionalista do ministério[31]. Também surgiram comentários de menor importância sobre a duração inusitada da construção – em comparação com a rapidez atingida nos ministérios vizinhos, do Trabalho e da Fazenda – e sobre seus atributos estéticos, que o identificaram com a imagem de um barco japonês[32].

Por outro lado, poucos comentários negativos provinham do exterior. Em duas ocasiões, em 1953 e em 1960, na Bienal de São Paulo e nos eventos que coincidiam com a inauguração de Brasília, foram convidados arquitetos e críticos europeus que manifestaram suas dúvidas sobre o caminho a seguir pela arquitetura brasileira e a validez da nova capital: Bruno Zevi, Tomas Maldonado, Walter Gropius, Ernesto N. Rogers, Max Bill, entre outros. As posições críticas refletiam as contradições existentes na cultura arquitetônica europeia do pós-guerra. Por um lado, Max Bill pretendia continuar a linha da Bauhaus, interrompida bruscamente pelo nazismo, a estética purista do racionalismo. Tomás Maldonado, impulsor do projeto baseado em fundamentações "científicas", questionava todo tipo de liberdade emotiva e o fato de que se

Simulação de aproveitamento do terreno remanescente do MES, anos 1970, Lúcio Costa devia assumir as condições técnicas e sociais relacionadas às novas técnicas e processos produtivos. Rogers e Zevi, participantes do movimento orgânico e do realismo italiano, valorizavam a herança histórica e popular como essência para a elaboração de uma linguagem nacional que substituísse o predominante International Style de ascendência norte-americana[33]. Para eles, como para historiadores posteriores como Benevolo, Manfredo Tafuri e Francesco dal Co, eram incompreensíveis as exuberantes liberdades surrealistas, formais e espaciais de Niemeyer, que dominavam o panorama arquitetônico brasileiro dos anos 1950 e 1960[34]. Entretanto, Max Bill foi um dos visitantes europeus que criticou especificamente o ministério em uma interpretação ambígua divulgada pela imprensa durante sua visita à Bienal de São Paulo em 1953. Ali valorizava tanto o Ministério da Fazenda quanto o conjunto habitacional de Pedregulho, de Affonso Reidy, que, segundo Lúcio Costa na resposta a Bill[35], era devedor em grande parte aos atributos da Pampulha, criticada por Bill por não levar em conta a função social. E Walter Gropius, que devia sentir-se mais próximo dos princípios estéticos presentes no MES, tampouco foi elogioso nas sua apreciação: "O edifício do Ministério estava muito sujo e tinha alguns vazamentos"[36]. Mais entusiasta foi Bernard Rudofsky, que citou a obra em construção na revista italiana *Casabella*[37], após visitar o Rio de Janeiro em 1939.

Desde a construção da estrutura do bloco alto, marcando a silhueta na paisagem do centro urbano, já começavam a ser publicados textos que elogiavam o futuro ministério. Após a apresentação da maquete do edifício na Exposição do Estado Novo (1938-1939), a jornalista Sílvia Bittencourt escreveu um texto emotivo, elogiando o pórtico de colunas do ministério[38]. Diante das críticas recebidas, Lúcio Costa escreveu uma carta ao ministro da Fazenda, que se opunha à liberação de verba para a continuação das obras, explicando-lhe a transcendência nacional e internacional do edifício[39]. O poeta e músico Vinícius de Moraes emocionou-se diante da imagem leve e transparente da estrutura – "E com uma indignação quem sabe prematura / Fez erigir do chão / Os ritmos da superestrutura / De Lúcio, Niemeyer e Leão"[40] – e, em 1942, compôs o poema *Azul e branco*, em homenagem ao edifício e a seus constru-

Capa do livro *Colunas da educação*, de Mauricio Lissovsky e Paulo Sergio Moraes de Sá, 1996

tores e arquitetos[41]. Entretanto, até 1942, predominaram na imprensa local as críticas à lentidão das obras e os hipotéticos gastos supérfluos que isso causava.

A atenção internacional sobre a arquitetura brasileira havia começado em 1929, com a visita de Le Corbusier – logo repetida em 1936 – e os contatos com profissionais europeus convidados a trabalhar ou ministrar palestras no Rio de Janeiro e São Paulo, caso de Donat-Alfred Agache, Gregori Warchavchik, Bernard Rudofsky, Auguste Perret, Marcello Piacentini, Alberto Sartoris, Alexander Buddeus, Lucjan Korngold, Giancarlo Palanti, Adolf Franz Heep, Lina Bo Bardi, Daniele Calabi, Delfim Amorim e outros[42]. Com os profissionais norte-americanos existiu pouco contato: basicamente com Paul Lester Wiener (1895-1967), encarregado do projeto do interior do Pavilhão do Brasil na Feira Mundial de Nova York de 1939, projetado por Costa e Niemeyer, e também com o arquiteto do Rockefeller Center, Wallace K. Harrison[43]. Wiener tinha uma relação muito próxima com Nelson Rockefeller, que foi o encarregado pelo presidente Roosevelt de atender as relações com a América Latina – era coordenador do Office of Inter American Affairs (CIAA) –, em particular com o Brasil, para neutralizar o flerte de Vargas com os países do Eixo. Integrado no escritório de planejamento Sert, Wiener e Schulz, que recebeu o apoio do governo norte-americano para colaborar com os projetos urbanos na América do Sul, ele viajou em 1941 ao Rio de Janeiro, junto com o espanhol Josep Lluís Sert, no intuito de iniciar os estudos da Cidade dos Motores para os trabalhadores da Fábrica dos Motores que seria construída naquele momento na Baixada Fluminense, periferia da capital. A aproximação entre os dois países foi intensificada por meio das relações culturais: por um lado, Carmem Miranda se mudou para os Estados Unidos e atuou em filmes de Hollywood; Walt Disney integrou o Zé Carioca entre os já conhecidos personagens Pato Donald e Mickey, e Orson Welles (1915-1985) chegou em 1942 ao Brasil para filmar *It's all true*[44].

Nesse contexto, o Museu de Arte Moderna de Nova York (MoMA) interessou-se pela arte da América Latina – em particular pelos muralistas mexicanos e Cândido Portinari – e programou uma grande exposição sobre a arquitetura brasileira no início de 1943. Para recompilar o material gráfico da exposição e catálogo, enviou o arqui-

MES, publicação no livro *Brazil Builds: Architecture New and Old, 1652-1942*, de Philip L. Goodwin

teto Philip Goodwin, membro da direção do museu, e o arquiteto fotógrafo George E. Kidder-Smith, que viajaram pelo país em 1942, documentando tanto a arquitetura colonial quanto a moderna. É possível imaginar o assombro de Goodwin ao conhecer as obras recentes projetadas e construídas pelos jovens arquitetos cariocas. Embora ele tenha projetado, juntamente com Edward Durell Stone, a sede do MoMA (1939), com uma linguagem racionalista ortodoxa[45], sua formação estava vinculada à arquitetura vernácula francesa, modelo utilizado nas luxuosas mansões que se construíam em Coral Gables nos anos 1920. Ao projetar casas de estilo em Miami, sua visão da América Latina estava certamente filtrada pelo estilo neocolonial, cuja expansão no sul dos Estados Unidos, entre a Califórnia e a Flórida, correspondia à necessidade de adaptação ao clima tropical[46]. No Rio de Janeiro, descobriu outras formas radicalmente diferentes de adequação ao trópico úmido.

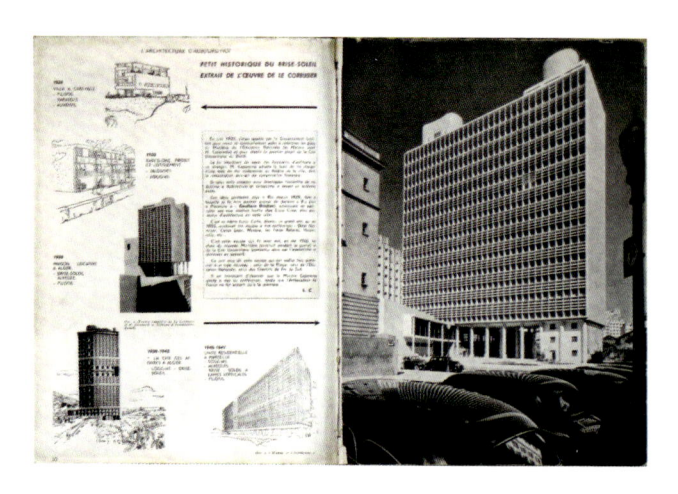

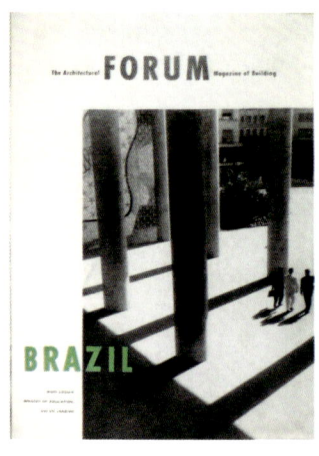

Desde o início, ele assumiu com entusiasmo a originalidade do MES, dando-lhe destaque, tanto em seus escritos como no livro publicado em 1943, no momento da exposição[47]. Ao descrever sua visita ao Rio, Goodwin declarou: "mas o edifício mais interessante é o da Educação que visitamos com o Oscar Niemeyer e Reidy [...] a influência de Le Corbusier é forte neste edifício e talvez seja o melhor no Rio, e ainda melhor do que muito daquilo feito nos EUA"[48]. De volta a Nova York, antes da inauguração da exposição em janeiro de 1943, permitiu a publicação de fotos do MES em diferentes jornais e revistas de grande difusão nacional. Na *Life* de outubro de 1942, apareceram as primeiras imagens do ministério e o comentário, talvez hoje percebido com um toque de ironia: "O Brasil fora declarado como sendo um paraíso para jovens arquitetos"[49]. Em várias ocasiões foram feitas referências à importância das obras brasileiras para servir como exemplos a serem aplicados na reconstrução da Europa após o fim da guerra. Em 1943 as principais revistas norte-americanas de arquitetura – *Architectural Record*, *Pencil Points* e *Architectural Forum* – incluíram o MES, citando sua originalidade tipológica, sem dúvida impactante num meio ainda dominado pela primazia da monumentalidade clássica. É emocionante constatar que, em 1943, Ray Eames fez o design de uma composição gráfica para a revista *California*

MES, publicação na revista *L'Architecture D'Aujourd'hui*, n. 13-14, setembro de 1947

MES, foto da colunata na abertura de projetos brasileiros publicados na revista *The Architectural Forum*, novembro de 1947

Arts and Architecture, colocando uma foto da fachada do MES junto aos principais ícones da modernidade: o Jeep Willys, Guernica de Picasso, a cadeira Eames, um avião biplano, uma torre de alta tensão e uma central elétrica[50]. Finalmente a exposição no MoMA atingiu uma grande repercussão e circulou até 1946 pelos museus dos Estados Unidos. O MES teve espaço privilegiado, cujos grandes painéis eram ressaltados pela maquete do edifício.

A notícia do impacto da exposição nos Estados Unidos, e em particular do MES, chegou rapidamente ao Brasil, determinando a mudança do grau das notas da imprensa. Elogiado no país assumido como o mais avançado do mundo, agora era possível afirmar sua qualidade e transcendência[51]. Pouco antes de sua inauguração, apareceram artigos na *Noite*, *Diário de Noticias*, *O Jornal* e *Revista do Globo*, apontando as qualidades funcionais, econômicas e técnicas do "edifício público mais discutido do mundo". Inclusive começaram a aparecer notas de prestigiosos escritores, como Mário de Andrade, que fez a resenha da exposição de Nova York na *Folha da Manhã*[52]; e do crítico de arte Celso Kelly, que defende no jornal A *Noite* a presença dos brise-soleil e das grandes fachadas de vidro[53], se juntando a Oscar Niemeyer na explicação do seu significado para o grande público. Os elogios locais culminaram, no dia da inauguração, com os discursos do ministro Gustavo Capanema e do antropólogo Roquette-Pinto, e com a carta emotiva enviada por Lúcio Costa a Capanema, que estava ausente do ato solene, sobre a experiência desenvolvida ao longo do processo construtivo[54]. Anos depois (1947), o presidente do Iphan, Rodrigo Melo Franco de Andrade, na abertura da sede provisória do MAM sob os pilotis do ministério, reafirmou a sua validez universal: "O próprio edifício, que nos hospeda neste momento, impôs-se e populariza-se internacionalmente como um dos monumentos de arte moderna mais importantes do patrimônio universal"[55]. Sua definitiva consagração nos anos 1950 aparece no primeiro panorama da arquitetura brasileira realizado localmente, porém publicado no exterior: *Modern Architecture in Brazil*, de Henrique Mindlin[56]. Em 2000, o historiador Carlos Lessa, dá seu corolário às avaliações do MES, assumindo-o como expressão do sincretismo artístico e cultural carioca[57].

MES, publicação na revista
L'Architecture D'Aujourd'hui,
n. 42-43, agosto de 1952

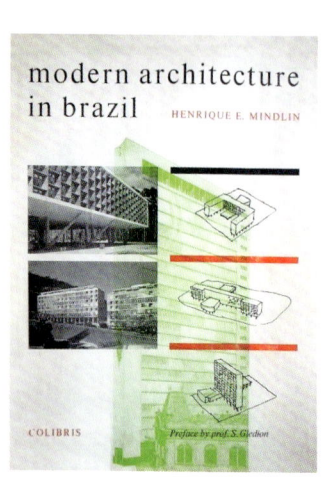

A inclusão precoce do MES nas revistas especializadas e nos livros de arquitetura publicados na Europa e nos Estados Unidos coincide com o interesse sobre o chamado "Terceiro Mundo", em um momento de crise de identidade do "Primeiro". As atrocidades da Segunda Guerra Mundial, em particular cometidas pelos nazistas, bem como o planejamento rigoroso da matança dos judeus no Holocausto, puseram em xeque a confiança irrestrita sobre as bases científicas da modernidade[58]. O fato de Mies van der Rohe ter flertado com o regime hitlerista, e este aplicar o rigor racionalista em obras industriais[59] – e também nos campos de concentração –, a colaboração de Neufert com Albert Speer, e a presença de Le Corbusier na França de Vichy promoviam o questionamento sobre a racionalidade rígida da linha dura da arquitetura europeia[60]. Por isso a busca de novas alternativas nas tendências marginais, tais como o neo-empirismo nórdico, o Bay Region Style californiano e as realizações dos países latino-americanos, como saída ao fracasso do movimento moderno, tanto em seu conteúdo social quanto em sua aspiração de representar a revolução tecnológica. Essa atitude é contrária ao que vemos hoje, no início do século 21, em que os centros metropolitanos assumiram novamente a liderança das propostas arquitetônicas de vanguarda, ao menos do ponto de vista formal e espacial, deixando à margem os países periféricos. Nos Estados Unidos, o peso da academia não facilitava a presença do movimento moderno. Somente no segundo pós-guerra, com a divulgação das obras dos mestres que haviam chegado ao país – Mies van der Rohe, Walter Gropius, Marcel Breuer, Richard Neutra, László Moholy-Nagy, Josef Albers e outros –, a modernidade arquitetônica começou a tomar a dianteira, embora Frank Lloyd Wright já a tivesse assimilado, reinterpretado e desenvolvido em seus projetos desde os anos 1930.

O interesse do MES, portanto, reside no fato de que, embora fosse ortodoxamente racionalista – persistiam os cinco pontos de Le Corbusier –, ao mesmo tempo integrava elementos expressivos: as primeiras curvas nos jardins, em alguns detalhes e no mobiliário; os murais, as obras de arte e a reinterpretação do classicismo. Abria caminho, assim, a uma nova experimentação formal, levada a cabo por Niemeyer em

Philip Goodwin e Maria Martins na Exposição de Nova York, publicação na *Folha da Manhã*, 1943

Capa do livro *Modern Architecture in Brasil*, de Henrique Mindlin, 1956

Pampulha, Belo Horizonte⁶¹. Entre os principais autores que citam o MES, aparece, já em 1940, J.M. Richards, importante crítico inglês e difusor do movimento moderno⁶², que precede o número monográfico da *Architectural Review* dedicado ao Brazilian Style, em 1944 – logo seguido pelo *Report on Brazil* (1954) –, apresentado por John Summerson, conhecido especialista em arquitetura clássica. Em 1947, *L'Architecture d'Aujourd'hui* edita uma monografia sobre o Brasil, com os brise-soleil do MES na capa, seguida, em 1948, por edições da revista italiana *Domus* e da suíça *Werk*. Inclusive os defensores mais fervorosos do racionalismo o incluem entre os exemplos valiosos do movimento moderno. Alberto Sartoris, que recopila em três volumes – *Encyclopédie de l'architecture nouvelle* – todos os exemplos mais significativos do mundo da arquitetura racionalista, coloca o MES na capa do volume *Ordre et climat américains*⁶³. O grego-francês Charalambos Sfaellos, professor na *École des Beaux-Arts* de Paris, o inclui entre as obras recentes da América Latina⁶⁴; e, finalmente, no principal livro de história da arquitetura moderna publicada na França, de Michel Ragon, o autor faz uma descrição detalhada da relação entre Niemeyer e o MES⁶⁵.

Nos Estados Unidos, a difusão por meio da exposição do MoMA, *Brazil Builds*, e o livro publicado, fomentaram o persistente interesse pela arquitetura brasileira e latino-americana. A presença de diretores europeus do CIAM, como Sigfried Giedion e Josep Lluís Sert, que se relacionaram com os arquitetos de vanguarda da América do Sul, também facilitou a aparição de publicações sobre o tema. Em 1955, o MoMA organizou uma nova exposição, desta vez continental, organizada por Henry-Russell Hitchock, que voltou a destacar o MES no leque de obras dos países da região⁶⁶, também citado em seu monumental livro de história da arquitetura dos séculos 19 e 20⁶⁷. Por sua vez, Sigfried Giedion, em um livro que fazia um panorama da arquitetura do pós-guerra, deu uma importância significativa à arquitetura do continente sul-americano e do Caribe, incluindo o MES e outras obras realizadas posteriormente⁶⁸. Naquela década, à luz da presença de Niemeyer no concurso da sede das Nações Unidas, o arquiteto grego Stamo Papadaki, radicado nos Estados Unidos – que em 1933 tinha organizado a viagem do Patris II a Atenas para a realização do Congresso do CIAM

Capa da *Architectural Review* com o tema *Brazilian Style*, 1944

Capa da *Architectural Review* com o tema *Report on Brazil*, 1954

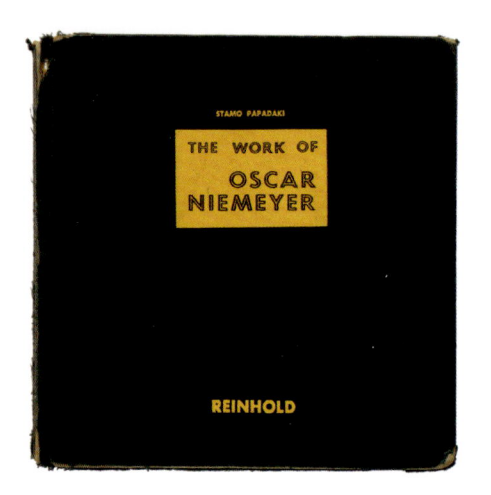

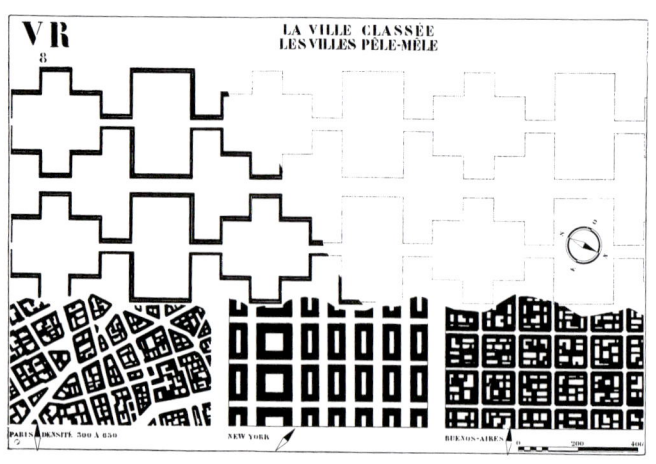

IV –, publicou o primeiro estudo monográfico sobre a obra de Niemeyer, no qual ressaltava a significação dual do MES como monumento e, ao mesmo tempo, representativo do caráter cívico da arquitetura moderna[69]. Mais recentemente, Kenneth Frampton destacou as associações existentes entre alguns elementos expressivos do ministério e a arquitetura barroca mineira do século 18, na busca das raízes históricas do movimento moderno[70]. Em todas essas interpretações havia um nexo sólido entre tradição e modernidade, e a criatividade de Niemeyer era valorizada em termos de uma nova expressão local, baseada nos componentes culturais que forjaram a identidade brasileira, assim como no aproveitamento das novas técnicas e materiais, de acordo com as possibilidades econômicas existentes. Entre os arquitetos daqueles anos surgiu outra apropriação do repertório da arquitetura carioca: aquela que assumia estritamente os componentes formais e decorativos. É o caso das formas curvas, em termos de composições volumétricas e planimétricas livres, aplicadas por Morris Lapidus em seus projetos de lojas e hotéis em Miami na década de 1950. Não é por acaso que, durante uma visita a Niemeyer, tenha declarado sua admiração pelas obras de Pampulha, evidentemente sem assumir os seus conteúdos conceituais[71].

Não podemos ignorar a significação do MES entre os críticos latino-americanos. O argentino Francisco Bullrich publicou o famoso livro editado em vários idiomas – *Nuevos caminos de la arquitectura latinoamericana* –, sendo um dos primeiros a falar sobre o "dialeto" regionalista brasileiro presente no ministério[72]. Ramón Gutiérrez assinalou a importância de ter superado "as imagens estereotipadas" do movimento moderno[73]. Em escritos recentes, Marina Waisman, Francisco Liernur e Roberto Segre reforçaram o valor icônico e canônico desse modelo, primeiro edifício de lâmina de escritórios adaptado ao clima tropical – como já havia sido mostrado desde o início por um visionário Goodwin – no que se resume à tradição local, clareza estrutural e sua percepção tectônica[74]. Ao mesmo tempo, o edifício se constituía em uma referência para os intelectuais latino-americanos, como expressão arquitetônica da cultura moderna do Continente, cuja vanguarda radicava no Brasil, como lembra Beatriz Sarlo: "o Rio, para nós, por mais tolo e míope que possa parecer, era Lúcio Costa,

Capa do livro *The work of Oscar Niemeyer*, de Stamo Papadaki, primeiro volume onde o autor cita o MES

Plan Voisin de Paris, 1925, Le Corbusier

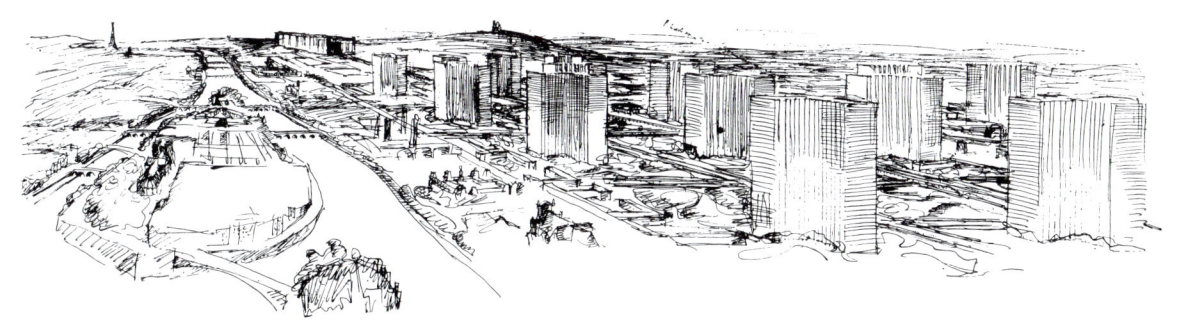

Niemeyer e Burle Marx. Movidos por esse desejo, praticávamos uma espécie de esnobismo modernista. Os pilotis do Ministério da Educação eram as colunas clássicas da nossa cultura visual, que começara no presente e se reduzia quase inteiramente ao presente"[75]. É admirável que, há mais de meio século de distância, sua presença continua incólume, alheia a qualquer envelhecimento temporal. Sem dúvida, como vários autores já afirmaram – entre eles Ítalo Campofiorito, um dos membros da vanguarda carioca[76] –, é um clássico "brasileiro" da arquitetura moderna mundial.

3. A DIMENSÃO URBANÍSTICA DO MES

Outorgar ao MES uma dimensão urbanística, além de sua significação arquitetônica, poderia ser entendido como um excesso de atribuições. Entretanto, é importante demonstrar que a presença do edifício no centro da cidade não somente foi um divisor de águas entre os enunciados acadêmicos do desenho urbano e a busca de uma organização funcional associada a uma renovação estética, mas também antecipou, em sua estrutura compositiva[77], uma concepção espacial do centro cívico, que seria aplicada nos projetos da década de 1950. Assim como os jovens arquitetos do MES reinterpretaram as imagens do ministério criadas por Le Corbusier, sua implantação urbana também trouxe uma mudança de escala em relação às ideias do mestre, na concepção dos espaços de centralidade. No período entre-guerras, as preocupações dos urbanistas do movimento moderno se focalizaram sobre dois aspectos básicos: a) a organização das funções essenciais da grande cidade e em particular o sistema circulatório; b) a habitação e suas infraestruturas. Naquele momento, o comércio e o consumo não constituíam problemas significativos da centralidade[78]. Tendo em vista que os centros urbanos não tinham sido danificados na Primeira Guerra Mundial, sua configuração não esteve presente nos congressos e formulações teóricas. Somente depois das grandes destruições das cidades europeias causadas pelos bombardeios intensos em Londres, Coventry, Rotterdam, Le Havre, Berlim, Dresden e Varsóvia, entre outras, foi que a reestruturação das áreas centrais ganhou uma importância

Plan Voisin de Paris, 1925,
Le Corbusier

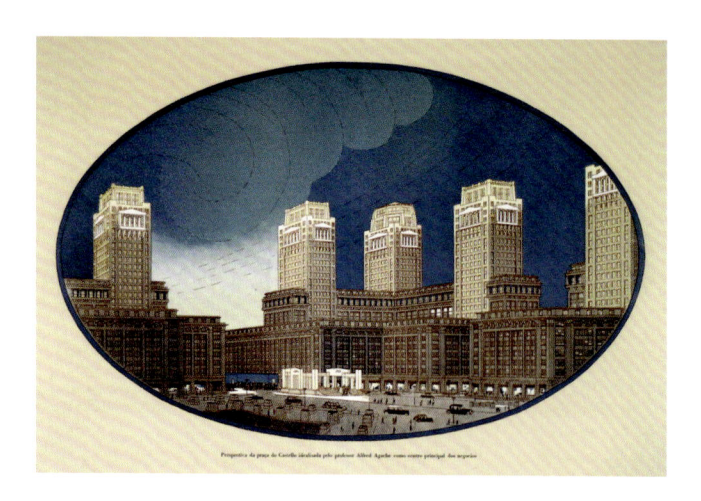

vital. Por isso o 8º Congresso do CIAM organizado em Hoddesdon, Inglaterra, teve como tema "Coração da Cidade"[79].

Le Corbusier assumia o centro como uma grande abstração, baseada no valor simbólico dos altos arranha-céus cartesianos que aparecem persistentemente em Une ville contemporaine de trois millions d'habitants (1922), o Plan Voisin de Paris (1925); a cidade de Némours (1934); o Plan Macià de Barcelona, elaborado com Josep Lluís Sert (1934); na Ville Radieuse (1935) e na ilha artificial construída sobre o rio da Prata em Buenos Aires (1938)[80]. Ao realizar o projeto da Cidade Universitária na Quinta da Boa Vista (1936), não define um centro caracterizado por sua particularidade espacial; coloca os edifícios como volumes autônomos – cubes bâties[81] –, dentro da malha virtual que organiza as funções. No esquema que realiza indicando o vínculo da universidade com o centro da cidade, não lhe dá grande importância, apesar de valorizar a significação dos monumentos modernos: o aeroporto e o Ministério de Educação e Saúde. Essa atitude também é demonstrada no projeto da Avenida Beira-Mar, em que se esquiva de qualquer contato com a estrutura urbana da centralidade. Isso é reflexo das teses formuladas na Carta de Atenas, elaborada no 5º Congresso do CIAM em 1933, dedicado à cidade funcional, estabelecendo os quatro pontos esquemáticos, tão universalmente aplicados: trabalhar, habitar, circular, cultivar o corpo e o espírito. Assim, nos projetos realizados contemporaneamente ao MES – a unidade habitacional no Bastion Kellermann (1934-1935) e a reconstrução do Îlot Insalubre nº 6 (1937-1939), ambos em Paris[82] – a atenção se dirigia à grande escala dos edifícios de habitação, a separação entre veículos e pedestres, além da presença de generosos espaços verdes. Esses princípios urbanísticos foram defendidos nas palestras ministradas no Rio de Janeiro durante sua estadia em 1936[83].

Na década de 1930, tanto no Brasil quanto na América Latina, a imagem da centralidade ainda estava dominada pelos princípios da monumentalidade arquitetônica. Os espaços abertos eram concebidos como marco perspectivo dos edifícios ou lugares de rituais e cerimônias oficiais. Isso se verifica nos projetos realizados por Donat-Alfred Agache no Rio de Janeiro (1926); J.N.L. Forestier em Havana (1925);

Plano Agache, perspectiva da
Praça do Castelo, Rio de Janeiro,
1930

Maurice Rotival em Caracas (1937); Karl Brunner em Santiago do Chile (1934); o Plan Noel em Buenos Aires (1924). As cidades de Caracas, Havana e Rio de Janeiro são paradigmáticas destes conceitos por conta da existência de grandes espaços livres que permitiram projetar os novos centros sem limitações contextuais. Por isso Agache, aproveitando a extensão da superfície criada após o desmonte do Morro do Castelo – morro que acolhia os monumentos representativos do nascimento da cidade[84] – projetou detalhadamente, não somente os blocos de escritórios dos quarteirões compactos, mas também os centros monumentais simbólicos das funções políticas, financeiras e religiosas: o conjunto da Entrada do Brasil constituía o gesto grandiloquente de recepção dos visitantes estrangeiros chegados em navio, assim como fez Forestier na Avenida de las Misiones, em Havana[85].

Diante do questionamento e interrupção do plano diretor de Agache, por iniciativa de Pedro Ernesto Batista, primeiro prefeito do governo Vargas, procurou-se alternativas para levar adiante os projetos dos novos conjuntos governamentais, administrativos e habitacionais, previstos para a Esplanada do Castelo, a futura área que a demolição do Morro de Santo Antônio deixaria livre, e a monumental Avenida Presidente Vargas, já projetada. Entretanto, com exceção dos projetos elaborados por Affonso Reidy, a maioria das soluções apresentadas pela Secretaria Geral de Viação, Trabalho e Obras Públicas, na 11ª Feira Internacional de Amostras da Cidade do Rio de Janeiro (1938) e na Exposição Pan-americana de Arquitetura e Urbanismo do 5º Congresso Pan-americano de Arquitetos, celebrado em Montevidéu (1940), propõem densas estruturas compactas e bloco de edifícios de dez andares, conformando eixos monumentais rígidos[86]. Affonso Reidy, funcionário do governo municipal, membro da equipe de projeto do MES e colaborador de Agache, foi sem dúvida o arquiteto do grupo que mais se identificou com o projeto urbano[87], assimilando os ensinos de Le Corbusier. Porém, curiosamente, não captou as potencialidades do MES como gerador de um espaço cívico, determinado através da multifuncionalidade da vida social urbana.

Nos projetos de ocupação das duas esplanadas, do Castelo (1938) e de Santo Antônio (1948), nos espaços que determinam as atividades governamentais, adminis-

Simulação do plano de reurbanização da Esplanada do Castelo, Rio de Janeiro, 1938, Secretaria Geral de Viação, Trabalho e Obras Públicas

Simulação do plano de reurbanização da Esplanada do Castelo, Rio de Janeiro, 1938, Affonso Reidy

trativas e culturais, dava-se maior importância à composição cartesiana livre dos edifícios que à caracterização dos espaços imaginados para a vida cotidiana dos pedestres. Não há dúvida de que a sua proposta pretendia abrir os espaços da cidade, contrapondo-se à concepção fechada de Agache. Porém, persistiam os eixos compositivos e o peso dado às vias elevadas de trânsito rápido; claramente antecipadoras das que seriam criadas a partir dos anos 1950, como é o caso da Avenida Perimetral. O projeto das áreas verdes – essencialmente lineares no Castelo – e a distribuição dos edifícios com funções especializadas – o museu de crescimento ilimitado de Le Corbusier, localizado no centro de Santo Antônio –, colocavam em evidência o princípio da grande composição, ainda impregnado das teorias acadêmicas, tão presentes nos traçados reguladores do mestre suíço[88]. Essa concepção não era somente aplicada por Reidy, mas também por Lúcio Costa e Jorge Machado Moreira nos projetos que ambos realizaram para as cidades universitárias do Rio de Janeiro, na Quinta de Boa Vista e na ilha do Fundão. Nelas, a presença dos eixos viários, das perspectivas monumentais e dos espaços livres se impõem sobre a escala reduzida do pedestre, característica da cidade tradicional. A culminação de uma modernidade clássica acontece em Brasília que, embora feche o ciclo da arquitetura moderna brasileira que se iniciou com o MES – segundo afirmara Capanema –, ao mesmo tempo nega, com seus espaços ilimitados, as propostas implícitas na estrutura urbanística do ministério[89].

A preocupação com a escala, função, forma e espaço do centro da cidade constituiu a principal preocupação dos Congressos do CIAM, a partir daquele organizado em Bridgewater em 1947, sobre a reconstrução. Le Corbusier já havia assimilado a necessidade de dialogar com a cidade tradicional[90], embora não tenha conseguido abandonar a ideia de centro como um conjunto de edifícios-símbolo, tal como fora projetado em menor escala na cidade de Saint-Dié (1947), e logo, voltando à monumentalidade, no capitólio de Chandigarh (1952). Entretanto, Josep Lluís Sert assumirá o tema, aprofundando sua significação social e seus antecedentes históricos, assim como sua projeção conceitual, além de seus limites funcionais, prevendo inconscientemente o mundo midiático que se aproximava, afirmando: "estes centros de

Simulação do plano de reurbanização da Esplanada de Santo Antônio, Rio de Janeiro, 1948, Affonso Reidy vida coletiva já não serão então somente lugares de reunião para a população local, mas também anfiteatros a partir dos quais se poderá contemplar o mundo inteiro"[91]. A sua tomada de consciência sobre a necessidade de conseguir uma articulação complexa e diversificada entre as diversas tipologias arquitetônicas foi despertada por uma carta que lhe foi enviada por Lewis Mumford (1940), questionando a rigidez dos quatro pontos da *Carta de Atenas*[92].

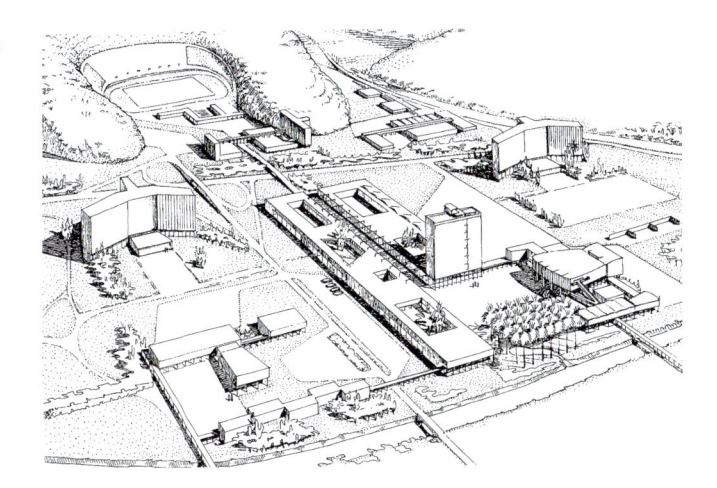

É nesse momento que aparece a exemplaridade urbana do MES. Diferentemente das torres cartesianas rígidas, a escala do MES era mais adequada ao diálogo com a cidade tradicional. E, ao mesmo tempo, a articulação assimétrica entre os volumes alto e baixo facilitava a determinação de espaços de pedestres de diferentes funções e significados, retomando as galerias cobertas das cidades coloniais latino-americanas, assim como o tamanho reduzido das praças secas centrais. Isso foi entendido por Josep Lluís Sert, ao percorrer a América Latina, convidado por diferentes países do Continente e Caribe para realizar os planos diretores de cidades antigas e novas: a Cidade dos Motores no subúrbio do Rio de Janeiro (1941); Chimbote no Peru (1946-1948); Tumaco, Medellín e Bogotá na Colômbia (1948-1949); Havana em Cuba (1955).

Nelas, a partir do primeiro projeto da Cidade dos Motores[93], o centro é definido pela articulação de volumes baixos sobre pilotis, destinados a atividades comerciais e escritórios; estes volumes menores abrigavam praças internas com vegetação e se articulavam com os edifícios altos governamentais e com os voltados às atividades culturais. Assim, a proposta básica era recuperar a tradição espanhola da vitalidade dos espaços públicos urbanos e, ao mesmo tempo, articular a praça brasileira com o 'corso' europeu. O novo urbanismo já não era uma abstração no papel, mas a utilização dos códigos do movimento moderno dialogando com a cidade, a vida e a comunidade tal como fora proposto pelos jovens membros do Team 10, no fechamento das atividades do CIAM realizado em Otterloo, em 1959[94].

Cidade dos Motores, Rio de Janeiro, 1941, Josep Lluis Sert, publicação no livro *Joseph Ll. Sert*, de Jaume Freixa

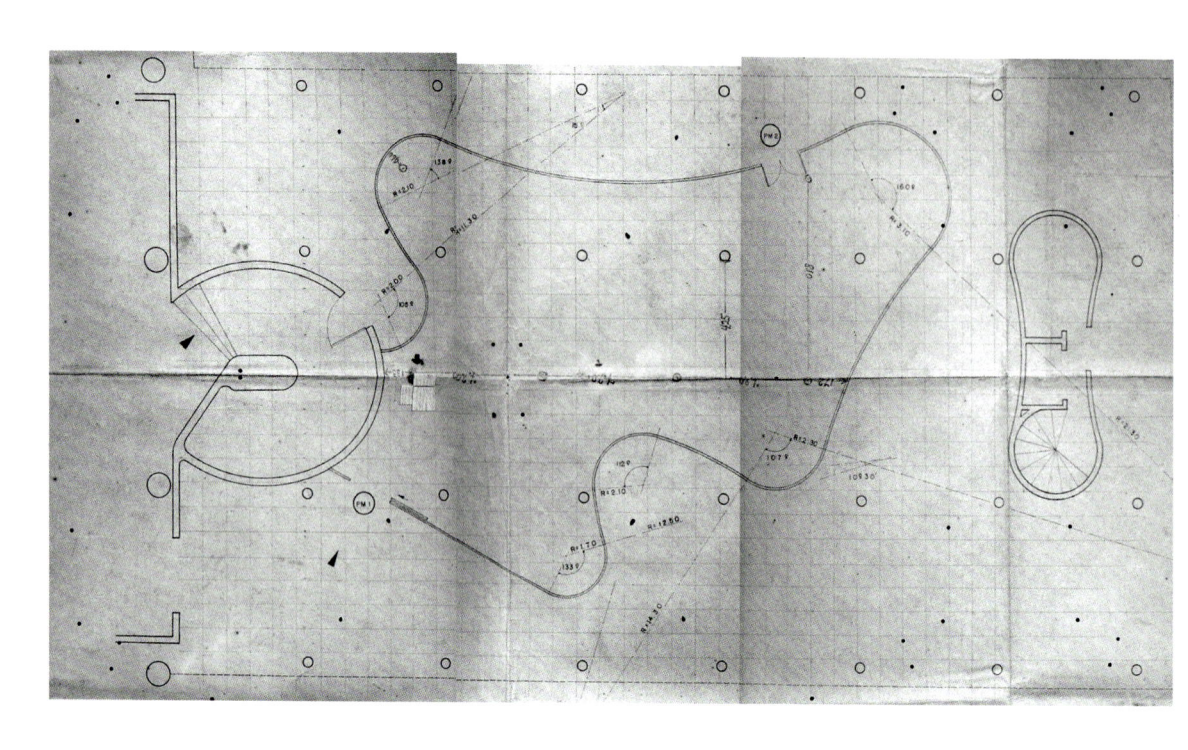

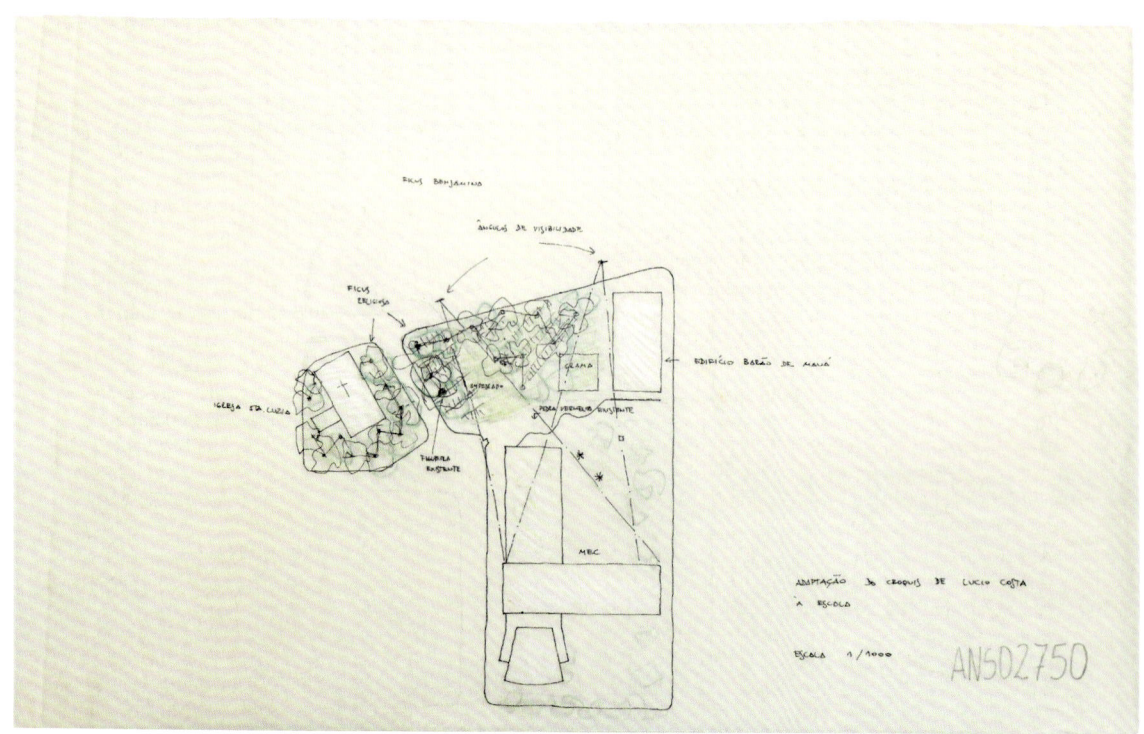

MES, planta da ocupação dos pilotis da sala de exposição pelo Museu de Arte Moderna, Rio de Janeiro, 1952-1957

Estudo da interferência visual do edifício Barão de Mauá, sede da Vale, adaptação de croqui de Lúcio Costa

NOTAS

1. Fernando Tude de Sousa, no artigo "O Palácio da Educação", publicado em 02 de outubro de 1945 no periódico carioca *O Jornal*, seção Educação, comenta: "O imponente edifício da esplanada do Castelo, de formas tão singulares, é indubitavelmente, uma obra de arte que os arquitetos do mundo inteiro apontam como uma das mais notáveis realizações da engenharia moderna". Apud LISSOVSKY, Mauricio; SÁ, Paulo Sergio Moraes de. Op. cit., p. 207.

2. Roquette-Pinto enaltece o edifício: "O ensino e a prédica precisavam de outra arquitetura. [...] Mas o que sei – porque é a mesma evidência – é que este palácio de vidro, tão escandalosamente grandioso, sem sombras, sugere algo de profundo, claro, forte e decisivo. [...] Se nas democracias tudo tem que ser acessível ao novo soberano, tudo tem de ser claro, esse Ministério da Educação é o mais expressivo dos nossos palácios oficiais. Palácio de Cristal de Guanabara". Apud LISSOVSKY, Maurício; SÁ, Paulo Sérgio Moraes de. Op. cit., p. 211.

3. CZAJKOWSKI, Jorge; CONDE, Luiz Paulo; ALMADA, Mauro (org.). Op. cit., p. 38.

4. Carlos Drummond de Andrade disse: "das amplas vidraças do 10º andar descortina-se a baía vencendo a massa cinzenta dos edifícios". Apud GUIMARAENS, Cêça de. *Paradoxos entrelaçados: as torres para o futuro e a tradição nacional* (op. cit.), p. 144.

5. É curiosa a coincidência de que a construção deste pavilhão, projetado pelos arquitetos parisienses Viret & Marmorat, estivesse a cargo da empresa do engenheiro Alberto Monteiro de Carvalho e Silva, Cavalheiro da Legião de Honra da França, que foi o contato com Le Corbusier nas negociações de sua viagem ao Rio de Janeiro em 1936. Ver: FICHER, Sylvia. *Os arquitetos da Poli: ensino e profissão em São Paulo*, p. 133.

6. Criado na Holanda e com ramificações internacionais, o Docomomo – Documentation and Conservation of Modern Movement – é um organismo internacional, com o intuito de proteger e documentar as obras significativas do movimento moderno. No Brasil, a sede nacional foi criada em Salvador, Bahia, no início dos anos 1990. Em 2006, surgiu o Docomomo-Rio, na Faculdade de Arquitetura e Urbanismo da Universidade Federal do Rio de Janeiro.

7. PESSÔA, José (org.) *Lúcio Costa: documentos de trabalho* (op. cit.), p. 67.

8. A Declaração de Patrimônio, apresentada por Alcides da Rocha Miranda em 1948, tem o seguinte texto: "Sr. Diretor da D.E.T.: Nos termos do art. 9, II, a, do Regimento aprovado pelo Decreto n. 20.303, de 2 de janeiro de 1946, tenho a honra de propor o tombamento, como monumento da arquitetura civil, do edifício sede do Ministério da Educação e Saúde, à Rua da Imprensa n. 16 no Distrito Federal, com a área complementar, integrante da mesma construção. [...] Justifica-se a medida proposta, pelo fato de tratar-se da primeira edificação monumental, destinada a sede de serviços públicos, planejada e executada no mundo, em estrita obediência aos princípios da moderna arquitetura. [...] Esse caráter de edifício, marco de uma nova fase da evolução da arquitetura, lhe vem sendo reconhecido pelos críticos e especialistas mais autorizados da Europa e da América, tal como é de conhecimento público, através das publicações técnicas. A obra em questão reveste-se, assim, da maior importância, do ponto de vista artístico e histórico, sendo de toda conveniência colocá-lo sobre proteção do Decreto-lei n. 25, de 30 de novembro de 1937, que classifica e manda conservar e proteger o patrimônio da arte do país". Documento no Arquivo Noronha Santos, Iphan, n. 375-T-44. Ver: MELLO JUNIOR, Donato. *Rio de Janeiro: planos, plantas e aparências* (op. cit.), p. 238.

9. Na atualidade, a Unesco outorga grande importância à significação do contexto urbano relacionado com o monumento que se deseja declarar "Patrimônio Cultural da Humanidade", definido como "zona tampão", ou *buffer zone*.

10. Essa proposta se manteve até os anos 1980 quando o Ministério da Educação e Cultura organizou a equipe de trabalho para desenvolver o Projeto de Recuperação e Preservação do Palácio da Cultura (1983), e tinha uma opção urbanística (P.A. n. 9198) que fechava a Rua Santa Luzia na Avenida Graça Aranha, e a praça pública se estendia até a Avenida Presidente Wilson, com a integração do MES com as torres de Barão de Mauá e Academia Brasileira de Letras.

11. REIDY, Affonso Eduardo. Urbanização da Esplanada do Castelo.

12. Na realidade houve o projeto de um volume baixo sobre pilotis, paralelo ao principal, que aparece implantado no espaço do jardim de Burle Marx, projetado no início dos anos 1940, sem que pudesse ser identificada a sua forma nem função.

13. PAPADAKI, Stamo. Op. cit., p. 196-201; BRUAND, Yves. Op. cit., p. 156; UNDERWOOD, David. Op. cit., p. 40-41; PESSÔA, José. Lúcio Costa e o Rio de Janeiro.

14. Foi importante o apelo deste pequeno espaço: em um ano foi visitado por 47 mil pessoas. Ali foram expostas obras de Max Bill, gravuras de Goya, fotos de Gautherot, projetos de Lúcio Costa e Sérgio Bernardes, e, pela primeira vez, os trabalhos premiados da I Bienal de São Paulo e duas exposições de arquitetura: "Arquitetura Brasileira Contemporânea" e "Exposição Volante de Arquitetura Moderna". NOBRE, Ana Luiza. *Carmen Portinho. O moderno em construção*, p. 76; Ver também: NOBRE, Ana Luiza. Um museu através.

15. SALVI, Ana Elena. Op. cit., p. 135.

16. SEGAWA, Hugo. Arquitetura na Era Vargas: o avesso da unidade pretendida (op. cit.), p. 84.

17. "Num ambiente excepcional, o do Ministério de Educação e Saúde, abre-se em novembro de 1946, no Rio de Janeiro, uma 'Exposição de pintura italiana antiga' (séculos XIII-XVIII)". TENTORI, Francesco. Op. cit., p. 172. Lina Bo Bardi lembra o fato assim: "Pietro havia trazido uma exposição de pintura muito bonita, obras da antiguidade até os modernos, uma coisa que nunca havia sido apresentada aqui antes. A exposição foi montada no Ministério da Educação que, naquele momento era fantástico;

montavam-se exposições e funcionava, era uma coisa formidável. Fiquei deslumbrada com uma arquitetura tão bonita, nunca tinha visto algo assim". [Na versão em espanhol: "Pietro había traído una exposición de pintura muy bonita, obras desde la antigüedad hasta los modernos, algo que no se había traído aquí nunca hasta entonces. La exposición se desarrolló en el Ministerio de Educación que, en aquel tiempo, era algo fantástico; se montaban exposiciones y funcionaba, era algo formidable. Me quedé deslumbrada con una arquitectura tan bonita; nunca había visto algo así". OLIVEIRA, Olivia de. Entrevista con Lina Bo Bardi, p. 242].

18. "Em poucos dias, estávamos prontos para montar a exposição no segundo andar do Ministério da Educação, que eu considero um dos prédios mais bonitos de hoje em dia, influenciado por Le Corbusier, com colunas de sustentação no térreo. Foi construído e projetado por Niemeyer, Costa, Moreira e outros". SARAIVA, Roberta (org.). *Calder no Brasil. Crônica de uma amizade*, p. 115.

19. CZAJKOWSKI, Jorge (org.). *Jorge Machado Moreira*, p. 110-112.

20. CZAJKOWSKI, Jorge; CONDE, Luiz Paulo; ALMADA, Mauro (org.). Op. cit., p. 29.

21. Idem, ibidem, p. 34-36.

22. CZAJKOWSKI, Jorge (org.). *Guia da arquitetura eclética no Rio de Janeiro* (op. cit.), p. 132.

23. GUIMARAENS, Cêça de. Op. cit., p. 151.

24. Em carta a Capanema, datada de 03 de outubro de 1945, Lúcio Costa exalta o novo edifício: "Eis por que, neste oásis circundados de pesados casarões de aspecto uniforme e enfadonho, viceja agora, irreal na sua limpidez cristalina, tão linda e pura flor". Apud SCHWARTZMAN, Simon; BOMENY, Helena Maria Bousquet; COSTA, Vanda Maria Ribeiro. Op. cit., p. 356.

25. Alguns autores se esquivam do MES ao se referir à origem do pano de vidro (*curtain wall*), associado à Lever House. JENCKS, Charles. *Modern Movements in Architecture* (op. cit.), p. 41; DORFLES, Gillo. Op. cit., p. 88; KHAN, Hasan-Uddin. *Estilo internacional. Arquitetura moderna de 1925 a 1965* (op. cit.), p. 130. O autor, ao comentar a solicitação feita pela empresa *Lever Brothers* ao escritório SOM (personalizado, no caso, pelo arquiteto Gordon Bunshaft), propunham que precisavam de um edifício "nítido, espetacular e americano". Por isso se manteve a tipologia do MES, em termos de distribuição e de volumetria, porém despojado de seus atributos originais e inovadores.

26. "Embora o Ministério possa ser considerado como um divisor de águas, não é tanto por seu caráter *iniciador*, mas sim por seu papel na cristalização de um modelo de sucesso: a arquitetura *nova* para um Estado Novo". [No original em espanhol: "Aunque si el Ministerio puede tomarse como un parteaguas, no es por su carácter *iniciador*, sino por su rol en la cristalización de un modelo exitoso: la arquitectura *nova* para un Estado Novo". GORELIK, Adrián. *Nostalgia y plan: el Estado como vanguardia. Notas sobre modernidad y vanguardia en la emergencia de la arquitectura moderna latinoamericana*, p. 664].

27. COHEN, Jean-Louis. *Le Corbusier et la mystique de l'URSS. Théories et projets pour Moscou 1928-1936* (op. cit.), p. 139.

28. Nesse exemplo, os efeitos de leveza e transparência se desdobravam no espaço interno, enquanto a percepção externa estava associada aos elementos compositivos da tradição clássica. CIUCCI, Giorgio; DE MICHELIS, Marco. *Giuseppe Terragni*.

29. Anteriormente tínhamos feito referência à posição política de direita de ambos profissionais, somando o ressentimento gerado por Arquimedes Memória por conta da negação de Capanema de construir seu projeto, vencedor no concurso; e em José Marianno Filho diante da suposta traição de Costa, seu discípulo predileto, que abandonou o grupo dos defensores do neocolonial.

30. No artigo "Esquerdismo arquitetônico", publicado no jornal carioca *A Ofensiva*, em 16 de janeiro de 1937, José Marianno Filho escreve: "Essas ideias de bolchevismo arquitetônico que os discípulos brasileiros do sr. Corbusier tentam inocular no espírito das nossas modernas gerações de construtores são de veras perigosas, porque sobre os seus passos nos virá ou bolchevismo literário, ou bolchevismo jurídico, ou bolchevismo social". Apud LISSOVSKY, Maurício; SÁ, Paulo Sérgio Moraes de. Op. cit., p. 133.

31. Em artigos publicados na *Folha Carioca* do Rio de Janeiro e *A Gazeta* de São Paulo, José Marianno Filho afirma, reitera suas acusações contra o MES: "Entretanto, nossos arquitetos 'novidadeiros' aplicam dispositivos arquitetônicos de Holanda e da Suécia às habitações do Brasil [...]. Inda outra dia, o arquiteto Oscar Niemeyer, tido como suboráculo da corrente de Le Corbusier entre nós, fez a apologia das fachadas envidraçadas, sustentando a curiosíssima tese de que o excesso de luminosidade produzido pelas extensas aberturas pode ser corrigido por meio de dispositivos protetores dos raios solares (*brise-soleil*). [...] Se o inimigo a combater é o sol, não se compreende que o arquiteto use o vidro para combatê-lo, e depois os brise-soleil para lutar com o vidro" (Arquitetos novidadeiros, *Folha Carioca*, 5 jul. 1944); "Pessoalmente, o ministro Capanema pode dar-se à recreação inofensiva de supor que o grotesco caixotão sobre colunas onde funciona o Ministério da Educação é o mais belo monumento arquitetônico da cidade" (Publicidade suspeita, *Folha Carioca*, 12 jul. 1944); "Combinaram, então, os agentes de Le Corbusier entre nós, dar o nome de 'tropical' ao estilo cerebrino destinado a destruir a tradição arquitetônica do país (Pode ser tudo menos tropical, *Folha Carioca*, 26 jul. 1944); "Cada povo tem a arquitetura que merece. Mas nós não merecemos essa que aí está, rotulada com os nomes de 'funcional', 'estatal' ou 'tropical'" (Arquitetura estatal, *A Gazeta*, 22 set. 1944). Apud LISSOVSKY, Maurício; SÁ, Paulo Sérgio Moraes de. Op. cit., p. 196, 197, 198 e 200, respectivamente.

32. A matéria "Parece navio japonês...", do jornal carioca *Vanguarda*, de 20 abril de 1945, ironiza: "É tão esquisito e escandalosamente maluco o edifício novo do Ministério da Educação que o bom humor popular já lhe deu o nome "Capanema-Maru"; "Capanema-

Maru" porque surgiu do cérebro do sr. Gustavo Capanema e traz no conjunto e nos detalhes a linha excêntrica dos navios japoneses, aqueles 'marus' que aqui chegavam pontualmente carregados de bugigangas ordinárias e de serpentes sob formas hugimanas". Apud. LISSOVSKY, Maurício; SÁ, Paulo Sérgio Moraes de. Op. cit., p. 204.

33. Ao se referir com indiferença à arquitetura da América Latina, Zevi afirma: "É ativa a América do Sul, particularmente o Brasil, onde vem aplicada rigorosa e frequentemente de modo acadêmico a temática de Le Corbusier; não tem nada mais de importante". [No original em italiano: "é ativo il Sud America, particolarmente il Brasile dove viene applicata rigorosamente e spesso scolasticamente la temática de Le Corbusier; non v'é altro di importante"]. ZEVI, Bruno. *Storia dell'architettura moderna*, p. 285.

34. Benevolo também não admirava a arquitetura de Niemeyer em Brasília: "egli procede in queste opere a una voluta simplificazione del repertorio racionalista". BENEVOLO, Leonardo. *Storia dell'architettura moderna*. Volume II, p. 974. [Na versão brasileira: "ele procede, nessas obras, a uma voluntária simplificação do repertório racionalista". BENEVOLO, Leonardo. *História da arquitetura moderna*, p. 714]. Tafuri e Dal Co, ignoram o MES e o Pavilhão de Nova York e ao mencionar Pampulha afirmam: "[Niemeyer] tenta conformar os seus objetos arquitetônicos como uma sequencia de imprevistos, espetáculos do absurdo, eufóricos fragmentos de natureza cristalizada". [No original em italiano: "[Niemeyer] tenta di plasmare i suoi oggetti architettonici come sequenza di imprevisti, spettacoli dell'assurdo, euforici frammenti di natura cristallizzata". TAFURI, Manfredo; DAL CO, Francesco. Op. cit., p. 337].

35. Sobre as críticas de Max Bill ao MES, ver nota 62 do capítulo 11. Ver também: PORTINHO, Carmen. *Por toda a minha vida. Depoimento a Geraldo Edson de Andrade*, p. 101. Portinho menciona a matéria "Max Bill gostaria de morar no conjunto de Pedregulho", publicada pelo jornal carioca *Tribuna da Imprensa*, em 6 de junho de 1953.

36. No original em inglês: "The Ministry building was too dirty and has a few leaks". Frase de Walter Gropius presente no número especial "Raport on Brazil" da revista *Architectural Review,* Londres, vol. 116; n. 694, out. 1954, p. 236-237. Apud DEL REAL, Patricio; GYGER, Helen. Introduction. *Ambiguous Territories*, p. 17.

37. RUDOFSKY, Bernard. Cantieri di Rio de Janeiro.

38. "Que dizer, então, do símbolo que vai erguer no campo o mais sagrado, o mais necessário para o bem da nação, o símbolo do próprio cérebro do Brasil: as colunas do Ministério da Educação?". BITTENCOURT, Sílvia. Colunas da Educação. *Correio da Manhã,* Rio de Janeiro, 25 ago. 1939. Apud LISSOVSKY, Maurício; SÁ, Paulo Sergio Moraes de. Op. cit., p. 161.

39. Ver nota 48 do capítulo 10.

40. MORAES, Vinícius de. A cidade em progresso (op. cit.), p. 108-109.

41. MORAES, Vinícius de. Azul e branco (op. cit.), p. 113-115. Ver a reprodução integral do poema no final do capítulo 13.

42. SEGAWA, Hugo. *Arquiteturas no Brasil 1900-1990*, p. 138.

43. Wallace K. Harrison, que participou nas decisões sobre a sede das Nações Unidas em Nova York, e logo assumiu a construção da obra, interessou-se pela presença de Oscar Niemeyer na equipe internacional de arquitetos que se reuniram em Nova York em 1947. Seu escritório, Harrison & Abramovitz, projetou em 1952 a Embaixada dos Estados Unidos no Rio de Janeiro.

44. Orson Welles declarou: "Vim ao Brasil com a intenção de mostrar aos Estados Unidos e aol mundo a verdade sobre esta cidade e sobre o Brasil". CALIL, Carlos Augusto. Op. cit., p. 342.

45. É importante lembrar que o MoMA acolheu a antológica exposição *The International Style*, organizada por Henry-Russell Hitchcock e Philip Johnson, que introduziu os códigos do Movimento Moderno europeu nos Estados Unidos. HITCHCOCK, Henry-Russell; JOHNSON, Philip. Op. cit., 1984.

46. BEHAR, Roberto M.; CULOT, Maurice G. (org.). *Coral Gables. An American Garden City*, p. 149. Goodwin, além de projetar uma dezena de residências no French Country Village de Coral Gables, publicou um livro em parceria: GOODWIN, Philiph L.; MILLIKEN, Henry Oothovt. *French Provincial Architecture: As shown in various examples of Town and Country Homes, Shops, and Public Places Adaptable to American Conditions.*

47. GOODWIN, Philip L. *Brazil Builds: architecture new and old 1652-1942* (op. cit.).

48. No original em inglês: "but the most interesting is the Education Building which we have visited with Oscar Niemeyer and Reidy [...] the Le Corbusier influence is strong in this building but it is perhaps the best in Rio and better than most in the U.S.A". Apud DECKKER, Zilah Quezado. Op. cit., p. 118.

49. No original em inglês: "Brazil was declared to be a paradise for young architects". Apud DECKKER, Zilah Quezado. Op. cit., p. 148.

50. DECKKER, Zilah Quezado. Op. cit., p. 156.

51. O artigo "Por que me ufano...", publicado no jornal paulistano *A Gazeta* em 10 de fevereiro de 1943, enaltece o edifício: "E no tocante a edifícios públicos, nem os imensuráveis recursos técnicos e financeiros dos Estados Unidos – onde tudo é 'big', é 'paramount', é 'greatest in the world' –, lograram fazer coisa que se iguale em perfeição e beleza ao edifício do nosso Ministério da Educação e Saúde. E isto tudo na opinião tão abalizada quanto insuspeita dos críticos americanos de arte arquitetônica, incontestavelmente os mais autorizados e os mais 'chauvinistas' da face da terra". Apud LISSOVSKY, Maurício; SÁ, Paulo Sérgio Moraes de. Op. cit., p. 173.

52. "Nós temos que nos conformar com a nossa mestiçagem, tanto de sangue como intelectual. Nós nunca seremos uns arianos, e talvez graças a Deus! *Brazil Builds* é um livro que nos regenera em nosso valor normal. [...] O gesto dos Estados Unidos, descobrindo para nós *Brazil Builds* deve nos regenerar. A nossa arquitetura moderna é tão boa como a arquitetura moderna dos Estados Unidos ou da França". ANDRADE, Mário de. Brazil Builds (op. cit.), p. 180.

53. No artigo "Quebra-sol, quebra-cabeças", publicado no jornal *A Noite* em 2 de julho de 1944, Celso Kelly lista as vantagens do brise soleil. No dia seguinte, no mesmo jornal, Kelly afirma no artigo "Para que tanto vidro?": "O grande paredão do Ministério da Educação, todo de vidro, dá justamente para o lado de entrada da barra, tem uma vista interessantíssima, acrescendo os jardins envolventes. Há o que ver lá fora. Por que iríamos tapar, com paredes, boas perspectivas?" Apud LISSOVSKY, Maurício; SÁ, Paulo Sérgio Moraes de. Op. cit., p. 194.

54. Escreve Lúcio Costa a Gustavo Capanema no dia 3 de outubro de 1945: "Não se trata, em verdade, da simples inauguração de mais um edifício como tantos que se inauguram, a cada passo, por todo o país, mas da inauguração de uma obra de arquitetura destinada a figurar, daqui por diante, na história geral das belas-artes como o marco definitivo de um novo e fecundo ciclo da arte imemorial de construir". Apud LISSOVSKY, Maurício; SÁ, Paulo Sérgio Moraes de. Op. cit., p. 215.

55. Apud GUIMARAENS, Cêça de. GUIMARAENS, Cêça de. *Paradoxos entrelaçados. As torres para o futuro e a tradição nacional* (op. cit.), p. 90.

56. Após a edição original publicada em Nova York (1956), o livro será publicado em alemão, no mesmo ano, em francês, no ano seguinte, e em português, apenas em 1999. Mindlin se refere ao MES: "Era uma obra acabada, um monumento da arquitetura contemporânea, de um grau de excelência incomparável. O Ministério da Educação e Saúde se impõe, não só no Brasil, mas no mundo ocidental, como uma contribuição definitiva à herança artística do nosso tempo". MINDLIN, Henrique. *Arquitetura moderna no Brasil* (op. cit.), p. 28.

57. "O Palácio da Educação, que como vimos foi simbolicamente erigido na Esplanada do Castelo, na projeção das antigas construções desaparecidas com o desmonte do monte, completa o criptograma de sincretismo no Rio". LESSA, Carlos. Op. cit., p. 276.

58. "Nossa mitologia moderna começa com um imenso ponto negativo: Deus criou o mundo e o ser humano criou Auschwitz". [No original em espanhol: "Nuestra mitología moderna empieza con un gigante punto negativo: Dios creó el mundo y el ser humano creó Auschwitz". KERTÉSZ, Imre. *Un instante de silencio en el paredón. El Holocausto como cultura*, p. 18]. Ver também: HUYSSEN, Andreas. Op. cit.

59. "Goering encarregou a planta de montagem da Força Aérea, Planta Experimental Alemã, onde as superfícies planas e os detalhes refinados em tijolo, aço e vidro constituíam um elegante refinamento, assumido dos projetos mais radicais da arquitetura industrial". LANE, Barbara Miller. Op. cit., p. 194.

60. As contradições existentes na arquitetura realizada nos anos da Segunda Guerra Mundial aparecem analisadas em: COHEN, Jean-Louis. *Architecture in Uniform. Designing and Building for the Second World War*.

61. O MES foi o ponto de partida da renovação arquitetônica brasileira, embora esta ideia seja contradita por Oscar Niemeyer: "Nunca considerei a sede do Ministério da Educação e Saúde como primeira obra de arquitetura moderna brasileira, mas sim um exemplo da arquitetura de Le Corbusier, um arquiteto estrangeiro que esclareceu para todos as razões do movimento moderno, dos pilotis, da estrutura independente, do painel de vidro, e isso foi muito importante para a nossa arquitetura". NIEMEYER, Oscar. *Minha arquitetura 1937-2004* (op. cit.), p. 149.

62. RICHARDS, James Maude. *An Introduction to Modern Architecture*, p. 106. Na edição portuguesa, aparece o MES na capa.

63. SARTORIS, Alberto. *Encyclopédie de l'architecture nouvelle*. Volume 2: Ordre et climat américains. Sobre o autor, ver: NAVARRO SEGURA, María Isabel (org.). *Alberto Sartoris. La concepción poética de la arquitectura – 1901-1998* (op. cit.).

64. SFAELLOS, Charambolos Ath. *Le functionnalisme dans l'architecture contemporaine*, p. 261.

65. "O MEC foi construído por Niemeyer, mas ao mesmo tempo Niemeyer foi 'construído' por este edifício para o qual projetou os famosos brise-soleil insólitos até então". RAGON, Michel. *Histoire mundiale de l'architecture et de l'urbanisme modernes* (op. cit.), volume 2, p. 214.

66. HITCHCOK, Henry-Russel. *Latin American Architecture since 1945*.

67. HITCHCOCK, Henry-Russell. *Architecture, Nineteenth & Twentieth Centuries*, p. 171.

68. GIEDION, Sigfried. *A Decade of Contemporary Architecture*, 1951.

69. PAPADAKI, Stamo. Op. cit., p. 49.

70. FRAMPTON, Kenneth. *Historia crítica da arquitetura moderna* (op. cit.), p. 258.

71. LAPIDUS, Morris. *Too Much is Never Enough. An Autobiography*, p. 149. O mesmo arquiteto comenta em outra circunstância: "E comecei a usar as formas livres e a expressão ornamental"; "A maioria dos meus projetos de lojas tinha planos com formas curvas. Sempre abominei a linha reta e ainda mais o retângulo". [No original em inglês: "I found myself using free forms as ornamental expression"; "Most of my store designs had sweeping curved plans. I have always abhorred a straight line and more so the rectangle". LAPIDUS, Morris. *An Architecture of Joy*, p. 104 e 125, respectivamente].

72. BULLRICH, Francisco. *Nuevos caminos de la arquitectura latinoamericana*, p. 22.

73. GUTIÉRREZ, Ramón. *Arquitectura y urbanismo en Iberoamérica* (op. cit.), p. 638.

74. SEGRE, Roberto. *América Latina fim do milênio. Raízes e perspectivas da sua arquitetura*, p. 171; LIERNUR, Jorge Francisco. *América Latina. los espacios del 'otro'* (op. cit.), p. 291; WAISMAN, Marina. Introduction, p. 8.

75. SARLO, Beatriz. Viagem ao futuro do passado. *Piauí*, São Paulo, n. 70, jul. 2012, p. 20.

76. "Passados mais de trinta anos, o edifício do ministério não só é a prova histórica de uma primeira aplicação dos princípios revolucionários de Le Corbusier [....] mas sobretudo um prédio extremamente jovem, onde um certo toque de leveza nas proporções, um jeito brasileiro, mostram a qualquer bom entendedor que o projeto final, embora de ascendência corbusiana, é brasileiro nato". CAMPOFIORITO,

Ítalo, *Olhares sobre o moderno. Arquitetura, patrimônio, cidade*, p. 49.

77. COMAS, Carlos Eduardo Dias. Rapport du Brésil.

78. SEGRE, Roberto. Os paradoxos do espaço público no movimento moderno: da Ville Radieuse ao MESP.

79. TYRWHITT, Jaqueline; SERT, Josep Lluis; ROGERS, Ernest. N. *The Heart of the City: Towards the Humanization of Urban Life*.

80. Embora no projeto da cidade de três milhões de habitantes ele colocasse um aeroporto na base de quatro torres, em Buenos Aires, além da "*cité*" dos negócios, imaginava a existência de vários centros secundários: o centro municipal, pan-americano, financeiro e de associações. CORBUSIER, Le. Plan Director para Buenos Aires (op. cit.), p. 42.

81. GOROVITZ, Matheus. Os riscos da modernidade. O 'campus' da Universidade do Brasil.

82. RAGOT, Gilles; DION, Mathilde. Op. cit., p. 243.

83. BARDI, Pietro Maria. *Lembranças de Le Corbusier. Atenas, Itália, Brasil* (op. cit.), p. 117-166; TSIOMIS, Yannis (org.). *Le Corbusier. Rio de Janeiro 1929-1936* (op. cit.), p. 41-551. Nelas, além da teoria geral da urbanização, o mestre privilegiou os temas da circulação, natureza, habitação e ócio. Ver também: TSIOMIS, Yannis. *Le Corbusier. Conférences de Rio* (op. cit.).

84. NONATO, José Antonio; SANTOS, Nubia Melhem (org.). Op. cit.

85. STUCKENBRUCK, Denise Cabral. Op. cit.; PEREIRA, Margareth da Silva. Pensando a metrópole moderna: os planos de Agache e Le Corbusier para o Rio de Janeiro; SEGRE, Roberto. La perle des Antilles: ombres et utopies tropicales de La Havane, p. 135-145.

86. Ver os projetos publicados na *Revista Municipal de Engenharia*, n. 6, Rio de Janeiro, novembro de 1938, p. 679-693; *Arquitetura e Urbanismo*, Rio de Janeiro, março/abril 1940, p. 118-131.

87. PEREIRA, Margareth da Silva. Reidy aprendeu cedo com Agache que arquitetura e cidade têm que andar juntas, p. 27-39.

88. Esta tese, sobre o "classicismo" de Le Corbusier, foi demonstrada por diversos autores, entre eles: BANHAM, Reyner. *Teoría y diseño arquitectónico en la era de la máquina*; ROWE, Colin. *Manierismo y arquitectura moderna y otros ensayos*; COLQUHOUN, Alan. *Modernidad y tradición clásica*.

89. BARKI, José. *Um estudo sobre as notações gráficas na concepção do projeto. Risco, logo projeto*.

90. "A guerra arrasou o centro das cidades: Orléans, Tours, Beauvais, Rouen etc. Somente igrejas e catedrais ficaram em pé. [...] Do que se trata, então, o caminho a partir deste momento? Mediante disposições apropriadas, colocar estas cidades em condições condizentes com a vida presente". [Na versão espanhola: "La guerra ha arrasado centros de ciudades: Orleans, Tours, Beauvais, Rouen, etc. Sólo iglesias y catedrales han quedado en pie. [...] De que se trata, pues, desde este momento? Mediante disposiciones apropiadas, colocar estas ciudades en las condiciones de vida presente". CORBUSIER, Le. *Como concebir el urbanismo*, p. 153].

91. COSTA, Xavier; HARTRAY, Guido (org.). *Sert. Arquitecto en Nueva York*, p. 135.

92. A carta foi enviada por conta da publicação do livro de Sert *Can Our Cities Survive?*, para difundir nos Estados Unidos os princípios do CIAM: "As quatro funções da cidade não me parecem cobrir de modo adequado o campo do urbanismo: casa, trabalho, tempo livre e transporte são importantes. Mas o que aconteceu com as funções política, educativa e culturais? Que fim foi dado ao papel desempenhado pela disposição e plantas dos edifícios ligados a essas funções na evolução global do projeto da cidade?". [Na versão italiana: "Le quattro funzioni della città non mi sembrano coprire in maniera adeguata il campo dell'urbanistica: casa, lavoro, tempo libero e trasporti sono importanti. Ma che ne é stato della funzione politica, di quella educativa e di quella culturale, che neé del ruolo giocato dalla disposizione e dalla pianta degli edifici collegati a queste funzioni nell'evoluzione globale del progetto della città?". ROVIRA, Josep M. *José Luis Sert 1901-1983* (op. cit.), p. 105]. E também escrevia: "no equívoco absoluto de criar estruturas físicas tendo como custo a destruição da estrutura social íntima da vida em comunidade". [No original em inglês: "on the absolute folly of creating physical structure at the price of destroying the intimate social structure of community's life". Apud Urban Design: Extracts from the 1956 First Urban Design Conference at the GSD, p. 8].

93. Projeto publicado na revista francesa *L'Architecture d'Aujourd'Hui*, em número monográfico dedicado ao Brasil. WIENER, Paul Lester; SERT, Josep Lluis. La Cité des Moteurs.

94. BARONE, Ana Cláudia Castilho. *Team 10. Arquitetura como crítica*.

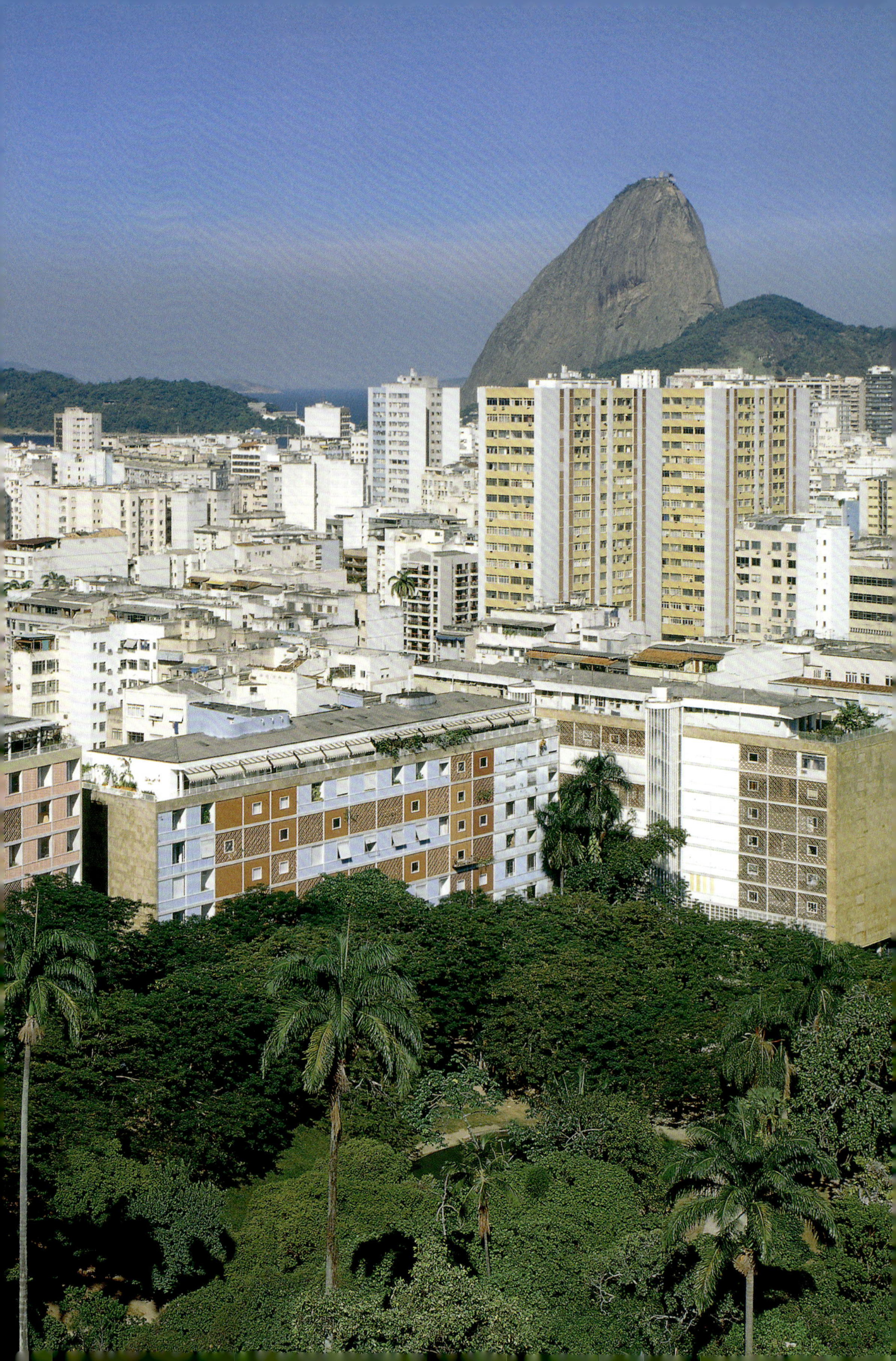

CAPÍTULO 16

DIFUSÃO, DISPERSÃO E DEFORMAÇÃO DO MODELO

1. BRASIL: VARIAÇÕES SOBRE O TEMA DA LÂMINA

É pertinente se perguntar a causa do sucesso nacional e internacional atingido pela tipologia da lâmina e embasamento materializada no edifício do MES, que foi repetida *urbe et orbi*. Existe uma justificativa funcional, com a organização de um sistema diferenciado de acessos e circulações entre o grande público e os funcionários administrativos; urbanística, com a presença de edifícios altos na cidade com um embasamento que estabelece a transição de escala entre a rua e a lâmina; e simbólica, com uma lâmina perceptível à distância, expressando a visível iconicidade de uma função estatal ou privada. Ou seja, o caráter inovador da sede do Ministério de Educação e Saúde não foi somente o resultado da aplicação canônica dos cinco pontos corbusianos, mas também a sua combinação inédita em um edifício alto administrativo ou de escritórios que, pela primeira vez, estabelecia um diálogo complexo com a malha urbana e resumia as múltiplas funções internas em um sistema formal e espacial de elementos geométricos simples, nítidos e puros. Essa linguagem arquitetônica foi amadurecida ao longo de mais de meio século, e sua significação estética ainda continua vigente nos dias de hoje. Não é por acaso que a transcrição novaiorquina do modelo – a Lever House – tenha servido de referência para uma exposição recente (2004) da arte minimalista no Museu Guggenheim[1].

Anteriormente ao MES, o tema da lâmina leve e transparente havia sido aplicado em projetos e obras do movimento moderno europeu[2], enquanto nos Estados Unidos ainda perduravam os arranha-céus maciços e opacos[3]. Em 1923, Mies van der Rohe projetou um edifício de escritórios em Berlim concebido como um paralelepípedo simples e baixo, com espaços internos contínuos e janelas em extensão[4], logo transformado em torre no conjunto de escritórios da Alexanderplatz (1928). Pouco depois, em 1924, Ludwig Hilberseimer imaginou uma cidade formada por lâminas de quinze andares, apoiadas em embasamentos de quatro andares que permitiam a separação entre automóveis e pedestres, que cruzavam as ruas por meio de pontes aéreas[5]. Uma concepção similar foi aplicada por Richard Neutra no projeto da Rush City Reformed (1923-1927). Por sua vez, Walter Gropius projetou

Na página anterior, blocos residenciais do Parque Guinle, anos 1940, Lúcio Costa, foto de 2001

Cidade vertical, perspectiva de conjunto, 1924, Ludwing Hilberseimer, publicação no livro *La arquitectura de la gran ciudad*

Edifício de apartamento Plaslaan, Roterdam, 1937-1938, Brinkman and van der Vlugt, foto de 1962

blocos de habitação coletiva de quinze andares com articulações volumétricas[6]. Le Corbusier, que desenvolveu na maioria de suas propostas a lâmina baixa – o Pavilhão Suíço da Cidade Universitária de Paris (1929), o Immeuble Clarté em Genebra (1930-1932) e o Centrosoyus em Moscou (1929) –, realizou suas primeiras experiências com o modelo vertical na Cité de Refuge de l'Armée du Salut (1929-1933) e nas lâminas com as extremidades laterais dobradas, presentes na perspectiva do Plano Macià de Barcelona (1934)[7]. Os edifícios de apartamentos já citados, Bergpolder e Plaslaan em Rotterdam[8] – indicados por José Marianno como antecedentes (ou referência da cópia) do MES – foram os primeiros paralelepípedos altos construídos na Europa, com um tímido embasamento contendo o comércio local de alimentos (1933-1937); seguidos pelo bloco compacto de apartamentos construído por Auguste Perret na Argélia (1939)[9].

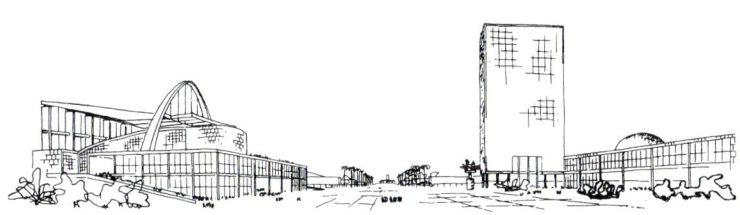

O paradigma do modelo do MES coincidiu com a presença da lâmina alta nos projetos da Cidade Universitária do Rio de Janeiro (1936-37), elaborados por Le Corbusier e Lúcio Costa. Em ambos, o espaço monumental que identificava a reitoria, a biblioteca e a aula magna – assumida do Palácio dos Sovietes de Moscou – estava dominado por um nítido paralelepípedo de vidro sobre pilotis, que marcava o conjunto de edificações baixas[10]. Entretanto, no final dos anos 1930, não existiam encomendas públicas ou privadas no Brasil que demandassem um edifício moderno de dimensões similares ao MES, e nem estavam disponíveis terrenos de grandes dimensões no espaço urbano, o que nos permite dizer que havia uma aplicação fragmentária de seus elementos básicos. O princípio dos pilotis de pé-direito duplo, estabelecendo o caráter transparente do embasamento e a continuidade entre o espaço urbano e o interior do volume retangular suspenso foi aplicado nos dois terminais aéreos contíguos: o aeroporto Santos Dumont de Marcelo e Milton Roberto (1937-1944) e a pequena estação de hidroaviões (1937-1938) de Atílio Corrêa Lima[11].

Na década de 1940, a tipologia da lâmina solta sobre o terreno foi difundida em inúmeros edifícios públicos em escala nacional. No Rio de Janeiro, o alto custo do solo urbano no *business district* condicionou a integração dos arquitetos ao sistema

Instituto de Resseguros do Brasil, Rio de Janeiro, 1941, MMM Roberto, foto de 2010

Cidade Universitária, Lúcio Costa, Affonso Reidy, Oscar Niemeyer, Firmino Saldanha, Jorge Machado Moreira,

Ângelo Bruhns e Paulo Fragoso, consultoria de Le Corbusier, Rio de Janeiro, 1936-1937

de quarteirões compactos, assumidos da herança agachiana. O Instituto de Resseguros do Brasil – IRB (1941-1942) foi uma exceção, resultado da nitidez formal do paralelepípedo dos irmãos M.M.M. Roberto, apesar do estreito terreno entre as Ruas Roosevelt e Churchill. O volume de fachadas opacas e com brise-soleil apoia-se sobre colunas altas, limite virtual do vestíbulo transparente que desmaterializa a esquina, cuja leveza dinâmica é acentuada pela visível escada helicoidal[12]. Oscar Niemeyer, na sede do Banco Boavista (1946), próximo à igreja da Candelária, conseguiu insinuar o volume puro apesar de sua pertinência à estrutura urbana definida por Agache no centro, situado numa esquina de um quarteirão estreito. As fachadas de vidro e brise-soleil em duas delas caracterizam as três faces do edifício, apoiado sobre pilotis e um embasamento aliviado por conta das paredes sinuosas translúcidas em tijolo de vidro[13]. Essa coesão formal se perdeu na sede da Imobiliária Seguradoras Reunidas, dos irmãos M.M.M. Roberto (1949), ao descompor o volume em duas fachadas independentes, unidas entre si por meio de um canto sinuoso. A solução magistral de Niemeyer foi conseguida por meio da leveza e transparência implícitas na lição do MES, nas duas cortinas suspensas no ar pelo jogo de planos do embasamento, articulado pelas colunas monumentais e as marquises horizontais[14]. Finalmente, Lúcio Costa, nos blocos residenciais do Parque Guinle – Nova Cintra, Bristol e Caledônia (1948-54) –, tropicalizou e regionalizou a lâmina, transformando os brise-soleils canônicos em uma malha de painéis cerâmicos, filtros ancestrais do ar e da luz[15].

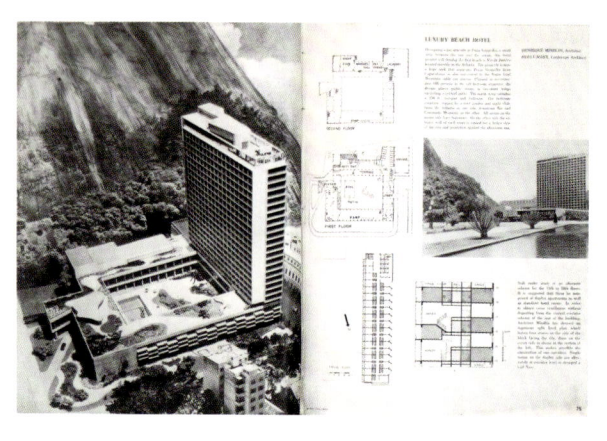

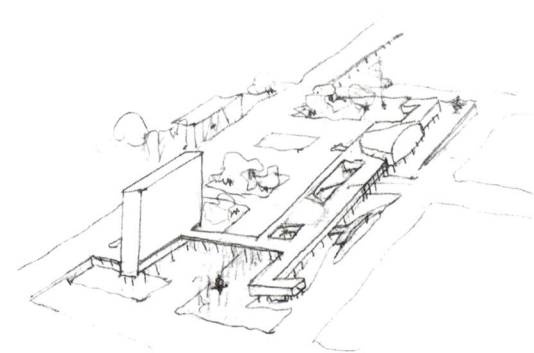

A dimensão canônica da lâmina, assim como os panos de vidro e as superfícies contínuas de brise-soleil, apareceu nos projetos de Henrique Mindlin, aquele apresentado ao concurso para a sede do Ministério de Relações Exteriores (1942), que obteve o primeiro prêmio, e o hotel na Praia Vermelha (1946) – ambos não executados –, cujo volume alto é apoiado sobre um longo embasamento que acolhia as principais funções sociais e uma piscina[16]. Essas soluções compositivas foram muito usadas pelos arquitetos cariocas que, ao participar de concursos nacionais, difundiram os códigos formais no restante do país. Esses códigos tiveram certo êxito

Acima, Hotel na Praia Vermelha, Henrique Mindlin, Rio de Janeiro, 1946, publicação na revista *The Architectural Forum*, novembro de 1947

Centro Cívico, perspectiva do conjunto, Porto Alegre, 1942-1952, Jorge Machado Moreira

em particular na cidade de Porto Alegre, que organizou algumas licitações para a construção de edifícios públicos[17]. A lâmina ortodoxa estava presente no Centro Cívico de Porto Alegre (1943), de Jorge Machado Moreira – em colaboração com Affonso Eduardo Reidy –, e também nas duas versões do projeto para o edifício da Viação Férrea do Rio Grande do Sul (1944) – a segunda com a lâmina alta, de Reidy; e posteriormente no Hospital das Clínicas da Universidade Federal do Rio Grande do Sul (1942-1952), exemplos que culminaram em 1953 no Palácio da Justiça, de Luiz Fernando Corona e Carlos Maximiliano Fayet; prédios que faziam referência direta à tipologia do MES, tanto em termos volumétricos quanto no tratamento da fachada com a sua malha de brise-soleil[18].

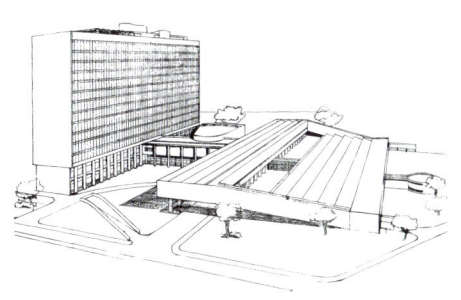

Em São Paulo, os recursos econômicos disponíveis permitiram a construção de alguns edifícios em lâmina sobre pilotis, tanto no caso da habitação coletiva – o edifício Prudência, de Rino Levi e Roberto Cerqueira César (1944), e os apartamentos Louveira, de João Vilanova Artigas e Carlos Cascaldi (1946) – quanto nos primeiros edifícios de escritórios com planta livre e pano de vidro recuado dentro da malha em concreto armado: o edifício CBI Esplanada, de Lucjan Korngold (1946), é um exemplo significativo[19]. A influência carioca também chegou ao Norte do Brasil, no caso da Secretaria de Fazenda de Pernambuco, quase uma mimese do MES, projeto de Fernando Saturnino de Brito, com a estrutura em concreto armado calculada pelo engenheiro Joaquim Cardozo, que resolveu persistentemente a sustentação das difíceis formas elaboradas por Oscar Niemeyer[20]. Em Salvador, o arquiteto Paulo Antunes Ribeiro realiza vários edifícios com os elementos característicos do movimento moderno utilizados no Rio de Janeiro, como os brise-soleils delicados e originais do edifício de escritórios Caramuru (1946) e as variações plásticas do embasamento no Hotel da Bahia (1951); em Manaus, ele projeta o hotel Amazonas (1947)[21], cujo volume puro sobre pilotis se separa do solo por meio de uma marquise horizontal que delimita o espaço das atividades públicas.

Após o fim da Segunda Guerra Mundial, e apesar do início da Guerra Fria entre os dois blocos sociopolíticos opostos, a década de 1950 caracterizou-se pelo oti-

Ministério de Relações Exteriores, Rio de Janeiro, 1942, Henrique Mindlin, publicação no livro *Modern Architecture in Brazil*

Hospital das Clínicas da UFRS, perspectiva da última versão, Porto Alegre, 1942-1952, Jorge Machado Moreira

Edifício Prudência, São Paulo, 1944-1948, Rino Levi, foto de 2008

Edifício Louveira, São Paulo, 1946, Vilanova Artigas e Carlos Cascaldi, foto de 2008

mismo e a esperança do bem-estar econômico em países capitalistas sob a influência do *american way of life*. Isso coincidiu com a expansão acelerada da indústria norte-americana, a formação das empresas transnacionais e sua hegemonia por meio do sistema bancário e financeiro; e o início do acesso em massa da população de classe média aos bens de consumo. Para isso eram necessárias torres de escritórios altas e sofisticadas, concentradas nas cidades dos países desenvolvidos; proliferaram os centros comerciais que culminaram logo com a construção dos shopping centers nas principais cidades dos cinco continentes. Os modelos arquitetônicos provinham dos Estados Unidos, país que finalmente havia assumido os códigos formais do movimento moderno, transformando-o no *International Style*. Com a construção em Nova York da Lever House (1950-1952)[22] – projeto de Gordon Bunshaft, arquiteto do escritório Skidmore, Owings & Merrill –, situada fora do *downtown* tradicional e compacto de Manhattan, na Park Avenue, retomava-se a tipologia do MES em seu embasamento sobre pilotis e a utilização do pano de vidro, transformando-a no paradigma do edifício de escritórios moderno.

A disponibilidade de recursos, tanto da iniciativa privada como por parte do Estado, que levaria à construção de Brasília, possibilitou em todo o país a construção de inúmeros edifícios baseados na tipologia da lâmina recuada em relação ao alinhamento da rua; especialmente nas duas principais Avenidas do Rio de Janeiro e São Paulo – a Avenida Rio Branco e a Avenida Paulista – que acolheram as funções comercial, financeira e bancária, substituindo a arquitetura acadêmica precedente do início do século pelas torres de aço e vidro sobre um embasamento horizontal. Num mesmo quarteirão da Avenida Rio Branco foram construídos, lado a lado, os edifícios Avenida Central – primeira construção de grande porte totalmente metálica, de Henrique Mindlin (1957) – e a sede da Caixa Econômica Federal, de Ney Fortes Gonçalves, J. A. Ortigão Tiedemann e Paulo Cardoso Mourão (1965)[23]. Em ambos, o embasamento horizontal acolhia as áreas de maior atividade pública, sendo que o edifício da Avenida Central inclui um shopping de informática que ainda mantém a sua vitalidade original. Os arquitetos Wallace Harrison e Max Abramovitz manti-

Secretaria da Fazenda de Pernambuco, Recife, 1939, Fernando Saturnino de Brito, foto de 1998

Edifício CBI Esplanada, São Paulo, 1948, Lucjan Korngold, foto de 2013

Edifício Avenida Central, Rio de Janeiro, 1961, Henrique Mindlin, foto de 2012

Sede da Fundação Getúlio Vargas, Botafogo, Rio de Janeiro, 1955, Oscar Niemeyer, foto de 2012

Faculdade Nacional de Arquitetura, atual FAU e Reitoria da UFRJ, Rio de Janeiro, 1946-1962, Jorge Machado Moreira, foto de 2012

veram uma atitude contextualista – talvez por conta do vínculo mantido com Oscar Niemeyer durante a discussão sobre o projeto para a sede das Nações Unidas – e projetaram o edifício da Embaixada dos Estados Unidos no Rio de Janeiro (1952) com uma tipologia de lâmina solta sobre o terreno, sem superar a altura dos quinze andares, em ressonância com o MES.

As variações sobre o tema do paralelepípedo de formas nítidas, com fachadas de vidro e brise-soleil, se expandiram a outras áreas da cidade, até culminar na sua aplicação em escala urbanística, no conjunto de edificações do campus da atual Universidade Federal do Rio de Janeiro, projetadas por Jorge Machado Moreira na ilha do Fundão (1949-1962), cuja estrutura distributiva aberta simbolizava os ideais corbusianos de *ville verte* e a validez universal dos componentes arquitetônicos utilizados anteriormente no MES[24]. Entre outros exemplos, podemos citar, de Oscar Niemeyer, o importante projeto para o Hospital Sul-América (1952) no Jardim Botânico, o jornal *Manchete* na Glória (1966), e a sede da Fundação Getúlio Vargas em Botafogo (1955), bloco implantado perpendicular à rua, apoiado sobre os gigantescos pilares em V, quebrando o esquema trivial dos edifícios-muro paralelos à beira do mar, que interrompiam a passagem de ar e as vistas ao mar. De outros arquitetos, temos: o Hospital dos Marítimos, de Firmino Saldanha, em Andaraí (1955); a sede do Instituto de Previdência do Estado do Rio de Janeiro – Iperj, de Affonso Eduardo Reidy, na Avenida Presidente Vargas (1957), cujos 22 andares transformaram a lâmina em um muro urbano, dividindo os bairros tradicionais da cidade. Com este último, começou o processo de deformação do modelo que alteraria o equilíbrio entre edifício e contexto urbano, que havia sido uma das premissas básicas estabelecidas pelo MES. Até mesmo Oscar Niemeyer não estava imune, conforme comprovam seus dois gigantescos falanstérios, imaginados como a expressão do novo modo de vida (utilizando um conceito proveniente da URSS) da modernidade: o ondulante edifício Copan em São Paulo (1951)[25], com 1.160 apartamentos, e a gigantesca lâmina de trinta andares no conjunto residencial Juscelino Kubitschek em Belo Horizonte, com 1.067 apartamentos (1951)[26].

FAU e Reitoria da UFRJ, pátio e escada de acesso à biblioteca, Rio de Janeiro, 1946-1962, Jorge Machado Moreira, foto de 2012

Edifício Copan, São Paulo, 1951, Oscar Niemeyer, foto de 2008

Entre os anos 1970 e 1980, durante os governos militares, devido ao chamado milagre econômico brasileiro e ao descontrole estatal e municipal sobre o solo urbano, surgiram inúmeros "elefantes brancos" no Rio de Janeiro, alterando drasticamente o *skyline* da área central, forjado nas primeiras décadas do século 20. A posição adversa da direção do Iphan em relação à arquitetura eclética, próxima ao movimento moderno, promoveu a sua eliminação – o exemplo mais claro foi a demolição do Palácio Monroe (1976), sede do Senado Federal, na Praça Marechal Floriano[27] – e facilitou a presença de torres desproporcionais ao longo da Avenida Central, próximas a edifícios históricos; entre elas, podemos citar a sede do Banerj, projetada por uma equipe dirigida por Henrique Mindlin (1963); a sede do BNH de Haroldo Cardoso de Souza e Rogério Márques de Oliveira (1968) nos terrenos do desmonte do Morro de Santo Antônio; os volumes agressivos da Academia Brasileira de Letras de Maurício e Márcio Roberto (1972), ao lado do MES; e, ainda, o Centro Cândido Mendes de Harry Cole (1977), que projeta a sua sombra negra sobre o Palácio Imperial. Essa sequência logo se estendeu ao longo da Avenida Rio Branco – edifícios Linneu de Paula Machado, de Arthur Lício e Davino Pontual (1972) e Século Frontin de Luiz Paulo Conde (1980) – e se finalizou na Praça Mauá. Ali, o pós-modernismo banal do Centro Empresarial Internacional Rio, de Edison e Edmundo Musa, cuja imensa volumetria domina a paisagem urbana do Rio a partir da baía de Guanabara (1989)[28], ofusca a leve e elegante lâmina – a primeira construída no Rio de Janeiro, em 1929 – do jornal *A Noite*, projetada por Joseph Gire e Elisiário da Cunha Bahiana[29].

No Rio de Janeiro, a herança do MES foi mutilada, quase perdida; não somente por sua exemplaridade como modelo arquitetônico, mas também pela crise dos conteúdos culturais e ideológicos que lhe deram origem. A imagem de uma cidade harmônica, equilibrada, com espaços públicos generosos para a vida social, foi subordinada à ação inescrupulosa dos interesses especulativos sobre a terra urbana, e também a uma concepção tecnocrática da cidade baseada nos modelos funcionais e arquitetônicos dos centros metropolitanos. A chama de sua lição ética e estética continuou acesa na configuração do projeto urbano e do sistema monumental do

Conjunto residencial Juscelino Kubitschek, Belo Horizonte, 1951, Oscar Niemeyer, foto de 1999

Paço Imperial com Edifício Centro Cândido Mendes de Harry Cole (1977) ao fundo, Rio de Janeiro, foto de 2012

Edifício 5ª Avenida, São Paulo, 1959, Pedro Paulo de Mello Saraiva e Miguel Juliano, foto de 2010

Conjunto Nacional, São Paulo, 1954, David Libeskind, foto de 2011

Plano Piloto de Brasília, elaborado por dois dos principais arquitetos do MES, levando seus postulados essenciais à escala territorial. Como afirmou Gustavo Capanema, sem o antecedente do Ministério da Educação e Saúde, não teria existido Brasília[30].

Em São Paulo, ao longo da Avenida Paulista, houve diversos exemplos do modelo lâmina-embasamento. O Conjunto Nacional, de David Libeskind (1954), situado em uma quadra inteira, integrava comércios no volume baixo e um hotel e apartamentos numa lâmina recuada com 25 andares e uma superfície total de 150 mil metros quadrados[31]. Uma vez concluído, constituiu-se em seu momento uma revolução arquitetônica, definindo uma nova escala da habitação e das atividades comerciais, agrupadas nos diversos andares do embasamento, anteriormente à existência da tipologia dos shoppings. Em seguida, Pedro Paulo de Melo Saraiva e Miguel Juliano e Silva projetaram o elegante edifício 5ª Avenida (1959), com fachadas de vidro e brise-soleil, implantado perpendicularmente à Avenida Paulista[32], como um eco do exemplo da Fundação Getúlio Vargas de Niemeyer.

Sem dúvida o Banco Sul-Americano do Brasil de Rino Levi, Roberto Cerqueira César e Luis Roberto Carvalho Franco (1962), com sua elegância e refinamento, constituiu a homenagem paulista ao MES, tanto por sua escala e proporções quanto pela sua superfície de fachada recoberta com os brise-soleils horizontais móveis. Na desordem e autonomia formal e espacial das torres da Avenida Paulista, a sua sobriedade plástica, a precisão dos detalhes e a inserção no terreno, também perpendicular à rua, foram uma demonstração de que a cidade "homogênea" se constrói por meio de peças soltas de projeto contido e rigoroso. O volume alto flutua sobre um embasamento translúcido, quase uma cortina metálica que separa virtualmente a Avenida do edifício, onde se cria a continuidade do espaço público no seu interior por meio do piso da calçada[33]. Essa lição de sobriedade expressiva chegou até os dias de hoje na vibração sutil dos brise-soleil da lâmina da sede do Conselho Regional de Contabilidade de Marcelo Barbosa, Jupira Corbucci e Roberto Amá (1995)[34]. Finalmente, essa solução tipológica foi utilizada em todo o país, respondendo a exigências temáticas diferentes: em Campinas, Rubens Carneiro Vianna

Sede do Conselho Regional de Contabilidade – CRC, São Paulo, 1991, Marcelo Barbosa e Jupira Corbucci, foto de 1992

Banco Sul-Americano do Brasil, São Paulo, 1962, Rino Levi, Roberto Cerqueira César e Luiz Roberto Carvalho Franco, foto de 2000

Palácio da Justiça, Porto Alegre,
1952, Carlos Maximiliano Fayet e
Luiz Fernando Corona, foto de 2009

e Ricardo Sievers projetam o Palácio Municipal (1959); em Porto Alegre, Carlos Maximiliano Fayet e Luiz Fernando Corona construíram o já mencionado Palácio da Justiça (1952); e Alberto Botti e Marc Rubin projetaram um hotel em Campo Grande, cujo volume alto se caracterizava por uma fachada modulada que coincidia com a estrutura compositiva do MES (1965)[35].

2. A ASSIMILAÇÃO NA AMÉRICA LATINA

À luz da exposição realizada no Museu de Arte Moderna (MOMA) de Nova York em 1943, a arquitetura brasileira atingiu uma inusitada ressonância internacional, especialmente após o fim da Segunda Guerra Mundial. Na maioria dos países da América Latina, os estudantes e jovens arquitetos se entusiasmaram com os modelos do modernismo carioca, expressão de uma linguagem renovadora surgida da livre interpretação da herança europeia do movimento moderno. Com exceção da região do Caribe – submetida à influência dos Estados Unidos, tanto em suas manifestações tecnológicas quanto na orientação regionalista de Frank Lloyd Wright –, predominava no continente a figura paradigmática de Le Corbusier, cujos seguidores incondicionais assumiram primeiramente o purismo das "caixas brancas" e logo os exemplos representativos de sua conversão radical ao brutalismo. Entretanto, depois do término dos conflitos bélicos, os questionamentos filosóficos à herança do Iluminismo, e a busca das próprias raízes culturais como defesa da assimilação mimética dos modelos externos, impulsionaram uma linguagem arquitetônica, que, sem se afastar das vanguardas europeias ou norte-americanas, assumia os componentes das tradições locais. Nesse sentido, a obra de Niemeyer, Costa, Reidy, Bernardes, Artigas e outros abria um caminho renovador e exemplar para a América Latina.

As transformações sociais e econômicas aceleradas que ocorreram no segundo pós-guerra tiveram uma forte repercussão nas estruturas urbanas da região. O vertiginoso crescimento da população por conta dos fluxos migratórios internos e externos, a irrupção do automóvel na vida cotidiana, os novos hábitos de consumo

La ciudad frente al rio, Buenos Aires, 1948-1949, Antoni Bonet, publicação na *Revista de Arquitectura*, da Sociedad Central de Arquitectos de Buenos Aires, n. I-II, 1953

e a consolidação de uma indústria nacional nos países de maior desenvolvimento tecnológico exigiram a modernização das cidades, ainda configuradas pela herança colonial e a renovação acadêmica das primeiras décadas do século 20. Nos anos 1950, as ideias da vanguarda urbanística provinham dos Congressos do CIAM, dominados pela velha guarda da *Carta de Atenas* – Le Corbusier, Josep Lluís Sert, Sigfried Giedion, Walter Gropius e outros –, sendo difundidas na América Latina por meio de seu pequeno grupo de fiéis seguidores: Antoni Bonet, Juan Kurchan, Jorge Ferrari Hardoy e Jorge Vivanco na Argentina; Julio Vilamajó no Uruguai; Rogelio Salmona na Colômbia; Eugenio Batista e Nicolás Arroyo em Cuba; Carlos Raúl Villanueva na Venezuela; Mario Pani no México[36].

Essa é a razão pela qual as propostas elaboradas localmente, tanto para renovar as áreas centrais quanto para a criação de novas expansões residenciais, se inspiravam do modelo corbusiano de lâminas e torres livremente implantadas sobre o território. Em cada capital da região surgiram planos diretores e projetos urbanos parciais assumindo estas tipologias arquitetônicas, situações que expressa uma inquestionável modernidade presente e futura. Em Buenos Aires, a Ciudad frente al río (1948-49) e a remodelação do bairro de San Telmo (1957), ambos de Antoni Bonet[37], que eliminava radicalmente um dos bairros mais tradicionais da cidade, substituindo-o por novos edifícios, foram propostas apoiadas pelo governo municipal. Com objetivos similares em Montevidéu, o Plano Piloto da Asociación Pro Ciudad Vieja (1956)[38], substituía as velhas quadras por um conglomerado de lâminas e torres; o Plano de Remodelação do Centro de Lima, elaborado em 1949 pela Oficina Nacional de Planeamiento y Urbanismo – ONPU, aplicava quase mecanicamente o exemplo do Plan Voisin de Le Corbusier[39].

Em todos os exemplos citados, o modelo do MES estava diluído em uma massa construída na qual se perdia a relação equilibrada entre o edifício e o contexto urbano, face à repetição infinita de lâminas e torres. A interpretação do modelo realizada por Josep Lluís Sert foi mais sutil, nos projetos elaborados para vários países da América Latina: a Cidade dos Motores no Brasil (1944), Chimbote (1946-48) no

Empresa Nacional de Telecomunicaciones, Buenos Aires, 1951-1964, Santiago Sánchez Elía, Federico Peralta Ramos e Alfredo Agostini / SEPRA, foto de 2002

Biblioteca Central, Cidade Universitária, Caracas, 1948-1952, Carlos Raúl Villanueva, foto de 1990

Peru; Bogotá (1949-53), Tumaco (1948-49) e Medellín (1948-52) na Colômbia; Havana em Cuba (1955-58) e diversos projetos para cidades novas na zona petrolífera de Maracaibo e no delta do Orinoco[40]. A formação hispânica de Sert o levou a estudar e compreender as condições específicas do habitat latino-americano em relação às formas de vida locais, impulsionado pelo seu desejo de não aplicar mecanicamente os princípios da *Carta de Atenas*. Por esse motivo, a sua visão de centro cívico não reproduzia o difundido exemplo do projeto para a cidade de Saint Dié (1945-46) de Le Corbusier[41], que ainda o concebia como um conjunto rígido de edifícios monumentais. Em Chimbote, as lâminas sobre pilotis identificavam a sede municipal, o hotel e os principais escritórios, sempre emolduradas pelos embasamentos horizontais que se estendiam na área central, acolhendo as atividades comerciais e culturais. Ou seja, os espaços verdes livres, por conta do clima tropical, eram alternados com as circulações cobertas das galerias utilizadas pelos habitantes urbanos que vinham ao centro em busca da intensa vida social que historicamente caracterizou a cidade colonial. Segundo as palavras de Sert, o seu objetivo era configurar "um Centro Cívico que recupere a tradição espanhola dos espaços públicos [...] que seja uma fusão da praça brasileira e o corso europeu"[42].

No Cone Sul, a influência de Le Corbusier persistiu intensamente até a década de 1960. Isso significava que nos exemplos de edifícios públicos e privados construídos depois da Segunda Guerra se mesclaram os elementos tipológicos representativos do MES com aqueles brutalistas, utilizados pelo mestre na torre do Quartier de la Marine em Argel (1942) e a Unidade Habitacional de Marselha (1947)[43]. Na cidade de Buenos Aires, a tradicional malha compacta dos quarteirões hispânicos foi pouco propícia ao surgimento de edifícios soltos sobre o terreno, especialmente na área central. A subdivisão da propriedade condicionou a presença da brancura das empenas laterais dos edifícios – Clorindo Testa afirmou que constituíam o "segundo" céu de Buenos Aires –, reduzindo ao mínimo os espaços livres nas áreas privadas. Foi uma exceção o edifício de apartamentos de Juan Kurchan e Jorge Ferrari Hardoy (1941-43), situado no bairro suburbano de Palermo. A utilização dos brise-soleils na fachada cromática

Teatro San Martin, Buenos Aires, 1954-1960, Mario Roberto Álvarez e Macedonio Ruiz, foto de 2002

Centro Simón Bolívar, Caracas, 1949, Cipriano Domínguez, foto de 1990

Conjunto Parque Central, Caracas, 1969, Siso & Shaw, foto de 1990

e o volume baixo dedicado às atividades sociais da comunidade recebia claramente influência da arquitetura brasileira[44]. Posteriormente, a "deformação" do modelo apareceu na escala monumental de torres de escritórios: a sede brutalista da Empresa Nacional de Telecomunicaciones (1951-64), de SEPRA (arquitetos Santiago Sánchez Elía, Federico Peralta Ramos e Alfredo Agostini) na Rua Corrientes; e no edifício Mirafiori (1964)[45], de Rafael Amaya, Miguel Devoto, Alberto Lanusse, Eduardo Martín e Augusto Pieres, sede dos escritórios centrais da empresa Fiat na Argentina, situado na Avenida 9 de Julho; cujo pano de vidro estava mais próximo da linguagem do International Style e do modelo da Lever House.

Em Montevidéu, o apego à arquitetura acadêmica e também ao primeiro racionalismo não facilitou a presença de lâminas, restando alguns exemplos da especulação imobiliária: no centro se construiu o edifício Ciudadela (1959) de Raúl Sichero, deformando o espaço da cidade primária[46]. A tipologia do MES foi utilizada nos projetos apresentados no concurso para a sede do Banco Hipotecário do Uruguai (1956), que não foi construída[47]. Em Santiago do Chile, na área central, surgiram dois blocos de habitação com comércio no embasamento, carentes de espaços livres no nível do pedestre, projetados por prestigiosos arquitetos locais, mais inspirados na Lever House que no MES: o edifício Plaza de Armas (1955) de Sergio Larraín, Emilio Duhart, Osvaldo Larraín e Jaime Sanfuentes; e o edifício Arturo Prat (1956) de Sergio Larraín e Emilio Duhart[48]. Em Lima, a influência do modelo brasileiro estava mais difundida. Os brise-soleils e os pilotis foram utilizados nos edifícios da Avenida Guzmán Blanco de M. Villarán (1952) e no edifício El Pacífico de F. De Osma (1957)[49]. A herança monumental persistente da tradição mexicana não propiciava a construção de edifícios transparentes e leves. Essa foi a razão pela qual a nova tipologia da lâmina ter sido caracterizada pelos embasamentos pesados e volumes maciços nos exemplos construídos no México DF: Carlos Obregón Santacilia projeta o Instituto Mexicano do Seguro Social (1945-50); e Juan O'Gorman, Gustavo Saavedra e Juan Martínez de Velazco convertem o edifício em um "palimpsesto" do processo histórico mexicano na Biblioteca Central (1948-1952) da Cidade Universitária da Unam[50].

Retiro Médico, Havana, Cuba, 1955, Antonio Quintana, foto de 1980

Banco Central da República Dominicana, República Dominicana, 1978, Rafael Calventi, foto de 1991

Edifício Don Matias, Maracaibo, Buenos Aires, 1959, José Hernández Casas, foto de 1990

Em Caracas, alternaram-se as influências da vanguarda brasileira, de Le Corbusier e do modelo norte-americano. Cipriano Domínguez, no Centro Simón Bolívar (1949), materializou um conjunto original de blocos simétricos com brise-soleil e superfícies cromáticas, levantados sobre um complexo embasamento de dimensões urbanísticas[51]. Em 1953, José Miguel Galia projetou a torre La Polar na Plaza Venezuela, constituindo a primeira aplicação do pano de vidro na Venezuela. No projeto de Richard Neutra para o Trébol Radiante em La Hoyada (1960) apareciam lâminas leves sobre pilotis, articulados com longos embasamentos horizontais. Por sua vez, Carlos Raúl Villanueva elaborou múltiplas variações sobre o tema da lâmina, desde a série de blocos de habitação nos conjuntos de Cerro Piloto, El Paraíso e 23 de Enero (1955-57)[52], até os edifícios da Cidade Universitária (1944-1970). A Faculdade de Arquitetura e a Biblioteca, com suas malhas, filtros, brise-soleil e superfícies cromáticas, também usados nos volumes horizontais e circulações lineares, foram uma contribuição criativa na busca pela integração urbanística entre os edifícios e os espaços livres circundantes[53]. Entretanto, o modelo foi deformado totalmente pelo gigantismo do conjunto Parque Central, dos arquitetos Siso & Shaw (1969), surgido com o boom do petróleo daqueles anos. Cinco edifícios de apartamentos de 45 andares, duas torres de escritórios com sessenta andares, apoiados sobre um embasamento polifuncional, irromperam agressivamente na paisagem urbana do vale de Caracas.

Finalmente, nas Antilhas, apesar da influência direta dos Estados Unidos na arquitetura das ilhas, a experiência brasileira teve uma significação particular em Cuba, Porto Rico e República Dominicana. Não é um acaso que a revista *Espacio*, editada pelos estudantes da Faculdade de Arquitetura da Havana, dedicasse, na década de 1950, dois números monográficos para difundir a obra da vanguarda carioca e paulista. Entre os escassos exemplos realizados, citemos a sede do Retiro Médico de Antonio Quintana (1955) na capital cubana; e as duas versões no Caribe do hotel Hilton. A sede de San Juan em Porto Rico foi construída por Osvaldo Toro e Miguel Ferrer (1949)[54], cujo projeto criou a tipologia identificadora da cadeia de hotéis, baseada na lâmina e o embasamento transparente; logo aplicada na Havana

Sede das Nações Unidas, Nova York, 1947-1950, Oscar Niemeyer e Le Corbusier, foto de 2005

Edifício Lever House, Nova York, 1952, Gordon Bunshaft / Skidmore, Owings & Merril, foto de 2008

por Welton Becket em 1958⁵⁵. Em Santo Domingo foram tardias as duas lâminas com brise-soleil: o edifício de escritórios governamentais Juan Pedro Duarte de Pedro José Borrel (1974) e o Banco Central da República Dominicana de Rafael Calventi (1978) são os dois exemplos mais representativos⁵⁶.

3. LÂMINA E EMBASAMENTO NO MUNDO

Não descreveremos aqui todas as experiências internacionais baseadas na utilização da tipologia lâmina-embasamento, mas devemos citar algumas das experiências nos Estados Unidos e Europa. A sede das Nações Unidas em Nova York (1947-1950) surgiu na cidade como o principal ícone deste modelo, expressão da fusão – voluntária ou não – das ideias de Oscar Niemeyer e Le Corbusier⁵⁷. A herança do MES esteve mais presente na proposta de Niemeyer do que na de Le Corbusier, tanto no que diz respeito à articulação clara entre a lâmina alta, o volume horizontal baixo paralelo ao rio e o salão da assembleia lateral, com o intuito de criar uma praça generosa que se abria à cidade compacta. Finalmente se concretizou a solução que estabelecia uma posição intermediária entre os dois projetos apresentados, sendo colocada a assembleia no centro do terreno⁵⁸.

Entretanto, a sede da empresa de sabonetes Lever (1952), projetada por Gordon Bunshaft, do escritório Skidmore, Owings & Merrill – SOM, atingiu a solução harmoniosa entre a lâmina e o embasamento, que transformou este edifício no paradigma do edifício moderno de escritórios, cujas formas simples e abstratas, além da universalidade da técnica do pano de vidro, lhe dariam adaptabilidade a qualquer latitude urbana. Embora seja divergente com o MES, ao separar nitidamente os blocos alto e baixo, e integrando o espaço público da praça de pedestres no interior do embasamento, o princípio compositivo, estrutural e funcional era similar⁵⁹. O seu caráter inovador, no contexto urbano de Nova York, residia na solução oposta ao aproveitamento especulativo do terreno, que impunha a forma escalonada aos volumes, de acordo com a diagonal legislativa do recuo obrigatório para permitir

Edifício Seagram, Nova York, 1958, Mies van der Rohe, foto de 2012

Edifício Pan Am, atual Edifício Met-Life, Nova York, 1958-1962, Emery & Roth, Walter Gropius e Pietro Belluschi, foto de 2011

que o sol chegasse até a calçada. A partir de então, o modelo da Lever foi seguido por outras torres que abandonariam o espaço público introvertido no interior do embasamento: o Seagram Building de Mies van der Rohe (1958), manteve os pilotis e o espaço livre da minúscula praça em frente ao Park Avenue, vazio cenográfico carente de toda função social. De acordo com esta tipologia surgiram o Union Carbide Building (1955-60) também de SOM, o First National City Bank, de Carson & Lundin (1961), e o Hilton Nova York de William B. Tabler (1963). Walter Gropius, Pietro Belluschi e Emery & Roth foram os responsáveis por uma agressiva deformação do modelo: o Pan Am Building (1963), colocado sobre a Grand Central Terminal, fechou definitivamente as visuais urbanas da Park Avenue[60], densificando ainda mais a compacta ilha de Manhattan. Na mesma data, Wallace Harrison (1962-1962) reproduziu no seu banal projeto do centro de Albany a sequência de lâminas da esplanada dos ministérios de Brasília.

Embora na Europa tenham surgido as primeiras imagens inéditas dos edifícios altos, leves e transparentes – as propostas de Mies van der Rohe, Gropius, Hilberseimer, Sant'Elia e dos construtivistas russos –, não foi fácil materializar estas propostas no processo de reconstrução levado adiante depois do final da Segunda Guerra Mundial. A necessidade urgente de habitações, tanto nos países do Ocidente quanto no leste europeu socialista, fez com que se expandissem sobre os subúrbios urbanos conjuntos de lâminas anônimas e torres pré-fabricadas, contrapondo paisagens áridas à cidade tradicional. Nas áreas centrais destruídas pelos bombardeios, a criação de infraestruturas comerciais aplicou o princípio compositivo dos volumes baixos e contínuos definindo ruas exclusivas de pedestres, acompanhados por lâminas altas com apartamentos e escritórios, transformando o modelo do MES em um sistema urbano. O primeiro construído foi o Lijnbaan em Rotterdam (1951-53), de Jacob B. Bakema e Johannes H. van den Broek[61], seguido pelo projeto de Norrmalm, próximo a Estocolmo, de Sven Markelius (1952), definido por um eixo de pedestres que articula entre si cinco lâminas de apartamentos e escritórios. Este tema reaparece isoladamente no centro de Copenhague, na torre da SAS de Arne Jacobsen (1957-62)[62].

Normalm, Estocolmo, 1952, Sven Markelius, foto de 1967

SAS Royal Hotel, Copenhaguen, 1957-1962, Arne Jacobsen, foto de 1967

Com a crítica ao stalinismo e suas manifestações arquitetônicas, iniciadas por Kruschov nos anos 1950, a URSS e os países do bloco socialista abandonam progressivamente os modelos monumentais e acadêmicos para assimilar os códigos do movimento moderno e do *International Style*. Privilegiando a dimensão urbana e coincidindo com o incremento do consumo de bens pela população, houve a necessidade de construir conjuntos multifuncionais nas áreas centrais. Assumindo a experiência das cidades de Rotterdam e Estocolmo, foram projetados os novos centros comerciais, culturais e administrativos em Moscou e Varsóvia, repetindo o sistema de lâminas sobre embasamentos contínuos, privilegiando a dimensão do pedestre. Na capital da URSS, M. Posokhin, A. Mndoyants, S. Airapetov, G. Makarevich, I. Pokrovski, Y. Popov e B. Tkhor remodelam a área do tradicional bairro de Arbat e configuram a Avenida Kalinin, novo centro da vida social urbana. Uma operação similar é realizada em Varsóvia por Zbigniev Karpinski, Jan Klewin, Zbigniew Waclawer, Marcin Boguslawski e Andrzej Kaliszewski[63]. Os objetivos iniciais do MES, de articular tanto a monumentalidade quanto o simbolismo da função com a linguagem da vanguarda arquitetônica e a qualificação do espaço público, finalmente superou a dimensão experimental e isolada do modelo para se transformar nas experiências europeias do Leste e Oeste, em um sistema estruturador da vida social urbana.

Ficaram assim demonstradas, em sua exemplaridade internacional, a originalidade e a vitalidade do MES, cujos valores estéticos e funcionais o converteram em um modelo "clássico" da arquitetura moderna universal. Em um século curto e contraditório – parafraseando a Eric Hobsbawm[64] – ele representou os ideais de liberdade, democracia e integração social que se esperava acontecer no espaço da cidade, na fusão entre público e privado, entre indivíduo e comunidade, entre cultura, arte, arquitetura e urbanismo. Construiu-se assim um fragmento de utopia que poderia se concretizar no novo mundo latino-americano, onde o Brasil assumia uma posição de vanguarda. Mas a história da segunda metade do século 20 e o início do século 21 evidenciou que esses ideais ainda pertencem ao futuro e não a este presente incerto e angustiante.

Avenida Kalinin, Moscou, foto de 1989

NOTAS

1. Randy Kennedy se refere ao comentário de Michael Gabellini, arquiteto da exposição, que assume como antecedentes arquitetônicos do atual "minimalismo" a Lever House (1952) e o Seagram Building (1958), imagens que – apesar de nunca ser reconhecido – têm seu antecedente direto no edifício do MES (1936). KENNEDY, Randy. Minimalist Oases in a Bustling Manhattan.

2. Lúcio Costa afirmou "essa arquitetura nasceu na Europa, teve o seu primeiro exemplo, de caráter monumental, aqui, num país subdesenvolvido, realizado por arquitetos jovens, inexperientes". SABBAG, Haifa. Op. cit. p. 17-18.

3. Até o Empire State Building (1931), a torre havia predominado na tipologia do arranha-céu. No Rockefeller Center apareceu a lâmina abstrata, porém conservando a imagem maciça. STERN, Robert A. M.; GILMARTIN, Gregory; MELLINS, Thomas. Op. cit., p. 617.

4. NEUMEYER, Fritz. Mies van der Rohe. La palabra sin artificio. Reflexiones sobre arquitectura. 1922-1968, p. 363; ROHE, Ludwig Mies van der. Bürohaus. *G – Zeitschrift für Elementare Gestaltung*, p. 3.

5. É o projeto teórico da *Hochhausstadt*. EATON, Ruth. *Ideal Cities. Utopianism and the (Un)Built Environment*, p. 177.

6. Edifícios altos para o bairro experimental Spandau-Haselhorst (1929). BENEVOLO, Leonardo. *Storia dell'architettura moderna*, p. 646.

7. ROVIRA, Josep M. *José Luis Sert 1901-1983* (op. cit.), p. 77; ARGOT, Gilles; DION, Matilde. *Le Corbusier en France. Projets et realizations*, p. 156.

8. Bloques de viviendas Bergpolder y Plaslaan en Rotterdam (Holanda). 1933-34 y 1937-38.

9. COHEN, Jean-Louis; ABRAM, Joseph; LAMBERT, Guy. Op. cit., p. 189.

10. GOROVITZ, Matheus. *Os riscos do projeto. Contribuição à análise do juízo estético na arquitetura* (op. cit.), p. 74-84.

11. CAVALCANTI, Lauro (org.). *Quando o Brasil era moderno. Guia de arquitetura 1928-1960* (op. cit.), p. 69-71 e 210-213.

12. "A Enciclopédia Britânica em seu *Year Book* de 1945 seleciona o prédio do IRB dentre as melhores construções do ano de 44 no mundo inteiro". BRITO, Alfredo. MMM Roberto. O espírito carioca na arquitetura (op. cit.), p. 71.

13. BOTEY, Josep Maria. Op. cit., p. 54-57.

14. XAVIER, Alberto; BRITTO, Alfredo; NOBRE, Ana Luiza. Op. cit., p. 70.

15. WISNIK, Guilherme. Op. cit., p. 87-95.

16. MINDLIN, Henrique. *Arquitetura moderna no Brasil* (op. cit.), p. 37.

17. MARQUES, Sergio M. *A revisão do movimento moderno? Arquitetura no Rio Grande do Sul nos anos 80*, p. 85.

18. CZAJKOWSKI, Jorge (org.). *Jorge Machado Moreira* (op. cit.), p. 120-123; BONDUKI, Nabil (org.) *Affonso Eduardo Reidy* (op. cit.), p. 72.

19. XAVIER, Alberto; LEMOS, Carlos; CORONA, Eduardo. *Arquitetura moderna paulistana*, p. 14.

20. ROCHA, Edileusa da (org.). *Guia do Recife. Arquitetura e paisagismo*, p. 97.

21. CAVALCANTI, Lauro (org.). *Quando o Brasil era moderno. Guia de arquitetura 1928-1960* (op. cit.), p. 314-323.

22. "Nos anos cinquenta, este estilo atingiu uma espécie de penúltimo desenvolvimento – e também aceitação – com a criação da parede cortina. [...] Inicia-se o seu desenvolvimento decisivo com o Edifício Lever, na Park Avenue, em Nova Iorque". JENCKS, Charles. *Movimentos modernos em arquitetura*, p. 43. [No original em inglês: "In the 1950s the International Style reached a sort of penultimate development and acceptance with the final working out of the curtain wall. […] It starts its final development with the Lever Building on Park Avenue in New York". JENCKS, Charles. *Modern Movements in Architecture* (op. cit.), p. 41].

23. CZAJKOVSKI, Jorge; SENDIK, Fernando (org.). *Guia da arquitetura moderna no Rio de Janeiro* (op. cit.), p. 38-39.

24. SEGRE, Roberto. A ortodoxia corbusierana na obra de Jorge Machado Moreira (op. cit.), p. 20-24.

25. BONDUKI, Nabil. Oscar Niemeyer, cidadão de São Paulo, cidadão do mundo, p. 74.

26. PIMENTEL, Thaís Velloso Cougo. *A torre Kubitschek. Trajetória de um projeto em 30 anos de Brasil*, p. 15.

27. Este edifício possuía um significativo valor histórico e arquitetônico, por haver sido projetado pelo prestigioso arquiteto carioca Marcelino de Souza Aguiar, como Pavilhão do Brasil na Exposição Internacional de Saint Louis, celebrada em 1904. CZAJKOWSKI, Jorge. *Guia da arquitetura eclética no Rio de Janeiro* (org.), p. 132.

28. CZAJKOWSKI, Jorge; SENDIK, Fernando (org.). *Guia da arquitetura moderna no Rio de Janeiro* (op. cit.); Alberto Xavier, Alfredo Brito, Ana Luiza Nobre, *Arquitetura Moderna no Rio de Janeiro*, op. cit.

29. CZAJKOWSKI, Jorge; CONDE, Luiz Paulo; ALMADA, Mauro (org.). Op. cit., p. 29.

30. "É impossível desconectar a importância do significado histórico-arquitetônico e da relação formal existente entre o prédio do MEC, no Rio de Janeiro, e a estrutura que envolve a Esplanada dos Ministérios e seus prédios em Brasília". GUIMARAENS, Cêça de. *Paradoxos entrelaçados: as torres para ou futuro e a tradição nacional* (op. cit.), p. 133.

31. BRASIL, Luciana Tombi. *David Libeskind. Ensaio sobre as residências unifamiliares*, p. 40.

32. XAVIER, Alberto; LEMOS, Carlos; CORONA, Eduardo. Op. cit., p. 50. Os brises foram removidos em uma das reformas sofridas pelo edifício.

33. ANELLI, Renato; GUERRA, Abilio; KON, Nelson. *Rino Levi. Arquitetura e cidade*, p. 168-175.

34. SEGRE, Roberto. *Arquitetura brasileira contemporânea*, p. 82-83.

35. OTMAR, Renee (org.) *Botti Rubin Architects – Selected and Current Works*.

36. MUMFORD, Eric. Op. cit.; BALLENT, Anahi. *El diálogo de las antípodas: los CIAM y América Latina*.

37. MOLINA Y VEDIA, Juan. *Mi Buenos Aires herido*, p. 165 e 203.

38. CARMONA, Liliana. *Ciudad vieja de Montevideo. 1829-1991. Transformaciones y propuestas urbanas*, p. 131.

39. MARTUCCELLI, Elio. *Arquitectura para una ciudad fragmentada. Ideas, proyectos y edificios en la Lima del siglo XX*, p. 173.

40. FREIXA, Jaume. *Joseph Ll. Sert*, p. 53-79.

41. ARGOT, Gilles; DION, Matilde. Op. cit., p. 284.

42. No original em espanhol: "un Centro Cívico que recupere la tradición española de los espacios públicos [...] que sea una fusión de la plaza brasileña y el corso europeo". Apud ROVIRA, Josep. M. Op. cit., p. 127.

43. É surpreendente que Moos, um profundo conhecedor da obra do mestre, ao referir-se aos brise-soleils da torre da Argélia, não cite como antecedente a fachada do MES, que sem dúvida influenciou a solução argelina. Ver MOOS, Stanislaus von. *Le Corbusier*, p. 218.

44. É curioso que Liernur, ao fazer referência a esta obra, não cite a influência do vocabulário brasileiro, associando-o mais às experiências inglesa e norte-americana. LIERNUR, Jorge Francisco. *Arquitectura en la Argentina del siglo XX. La construcción de la modernidad* (op. cit.), p. 235.

45. PETRINA, Alberto (org.). *Buenos Aires. Guia de arquitectura*, p. 100 e 103.

46. Chama a atenção que no guia da arquitetura de Montevidéu não apareça nenhum edifício representativo da tipologia da lâmina. Ver: LEÓN, Marta Ponce de (org.). *Guía arquitectónica y urbanística de Montevideo*.

47. HABITAT. Concurso de Anteprojetos para o edifício sede do Banco Hipotecário do Uruguai (1955-56).

48. ELIASH, Humberto; MORENO, Manuel. Op. cit., p. 156.

49. MARTUCCELLI, Elio. Op. cit., p. 143.

50. ANDA ALANÍS, Enrique X. de (org.). *Ciudad de México: arquitectura 1921-70*, p. 231-238. Ver também: GORTÁZAR, Fernando González (org.). *La arquitectura mexicana del siglo XX*.

51. VALLMITJANA, Marta (org.). *El Plan Rotival. La Caracas que no fue 1939-1989. Un plan urbano para Caracas*, p. 159.

52. SEGRE, Roberto. *América Latina fin de milenio. Raíces y perspectivas de su arquitectura* (op. cit.), p. 206.

53. VILLANUEVA, Paulina; PINTÓ, Maciá. *Carlos Raúl Villanueva*.

54. SEGRE, Roberto. *Arquitectura antillana del siglo XX*, p. 234.

55. MARTÍN ZEQUEIRA, Maria Elena; RODRÍGUEZ FERNÁNDEZ, Eduardo Luis (org.). *La Habana. Guia de Arquitectura*, p. 188.

56. DELMONTE, José Enrique (org.). *Guía de arquitectura de Santo Domingo*, p. 275-277.

57. DECKKER, Zilah Quezado. Op. cit., p. 172.

58. UNDERWOOD, David. Op. cit., p. 153.

59. Inclusive ambos os projetos estavam unidos na busca da originalidade e unidade, proposta pelos empreendedores, tanto o ministro Capanema como Charles Luckman, presidente da Lever, que pediu ao SOM a elaboração de um edifício "eminente, novo, nítido, espetacular e americano". KHAN, Hasan-Uddin. *Arquitectura modernista de 1925 a 1965* (op. cit.), p. 130.

60. STERN, Robert A. M.; MELLINS, Thomas; FISHMAN, David. *New York 1960. Architecture and Urbanism Between the Second World War and the Bicentennial*, p. 360.

61. GROENENDIJK, Paul; VOLLAARD, Piet. *Guide to Modern Architecture in the Netherlands*, p. 256.

62. TAFURI, Manfredo; DAL CO, Francesco. Op. cit., volume 2, p. 334.

63. SEGRE, Roberto. *Historia de la arquitectura y del urbanismo. Países desarrollados, siglos XIX y XX* (op. cit.), p. 478-485.

64. HOBSBAWM, Eric, *Era dos Extremos. O breve século XX. 1914-1991*. São Paulo, Companhia das Letras, 1996.

BIBLIOGRAFIA

ÁBALOS, Iñaki. Le Corbusier pintoresco: el pintoresquismo en la modernidad. In *Massilia – Anuario de Estudios Lecorbusieranos*. Saint Cugat del Vallès, Associació d'idees. Centre d'investigacions Estétiques, 2004, p. 22-31.

ÁBALOS, Iñaki; HERREROS, Juan. La piel frágil. In POLO, Zaera; Ábalos e Herreros. Montevideo. Tipologías Contemporáneas. Seminario Contenedores Híbridos. Experimentaciones de Grado. Dominó. *Arquitectura Urbanismo – Revista del Taller Sprechmann*, Montevidéu, n. 2. FAU, mar. 1988, p. 42-53.

ABREU, Mauricio de Almeida. *A evolução urbana do Rio de Janeiro*. Rio de Janeiro, Prefeitura da Cidade do Rio de Janeiro/Secretaria Municipal de Urbanismo/Iplanrio, 1997.

ADAMS, William Howard. *Roberto Burle Marx. The Unnatural Art of the Garden*. Nova York, MoMA, 1991.

AGACHE, Donat Alfred. *Cidade do Rio de Janeiro, extensão, remodelação, embellezamento*. Paris, Foyer Brasilien, 1930.

ALAZARD, Jules; HEBERT, Jean-Pierre. *De la fenêtre au pan de verre dans l'oeuvre de Le Corbusier*. Paris, Dunod, 1961.

ALBRECHT, Donald; BROIKOS, Chrysanthe. El rostro de los negocios. La oficina americana a lo largo del siglo XX. *Arquitectura Viva*, Madri, n. 79-80, jul./out. 2001, p. 117-121.

ALLAN, John. *Berthold Lubetkin. Architecture and the Tradition of Progress*. Londres, Riba, 1992.

ALLAN, John. Berthold Lubetkind: creatividad y continuidad. In *DPA – Documents de Projectes d'Arquitectura*, Barcelona, n. 12, UPC, 1997, p. 10-21.

ALMODÓVAR MELENDO, José Manuel. Da janela horizontal ao brise-soleil de Le Corbusier: análise ambiental da solução proposta para o Ministério da Educação de Rio de Janeiro. *Arquitextos*, São Paulo, n. 051.02, Vitruvius, ago. 2004 <www.vitruvius.com.br/revistas/read/arquitextos/05.051/554>.

ALTBERG, Alexandre (org.). *1o Salão de arquitetura tropical*. Catálogo de exposição. Rio de Janeiro, 1933.

ALVIM, Sandra. *Arquitetura religiosa colonial no Rio de Janeiro. Revestimentos, retábulos e talha*. Rio de Janeiro, Editora UFRJ/Iphan/Prefeitura da Cidade do Rio de Janeiro, 1997.

AMARAL, Aracy (org.). *Arte y arquitectura del modernismo brasileño (1917-1930)*. Caracas, Biblioteca Ayacucho, 1978.

AMARAL, Aracy (org.). *Modernidade. Arte brasileira do século 20*. São Paulo, Ministério da Cultura/Câmara de Comércio e Indústria Franco-Brasileira de São Paulo, 1988.

AMARAL, Aracy. *Arte para quê? A preocupação social na arte brasileira – 1930-1970*. São Paulo, Nobel, 1987.

AMARAL, Aracy. *Artes plásticas na Semana de 22*. São Paulo, Editora 34, 1998.

AMARAL, Aracy. *Blaise Cendrars no Brasil e os modernistas*. São Paulo, Martins, 1970.

AMARAL, Aracy. Stages in the Formation of Brazil's Cultural Profile. *The Journal of Decorative and Propaganda Arts*, Miami, n. 21 (Brazil Theme Issue), The Wolfson Foundation, 1995, p. 9-24.

ANDA ALANÍS, Enrique X. de (org.). *Ciudad de México: arquitectura 1921-70*. México/Sevilla/Madrid, Gobierno del Distrito Federal/Conserjería de Obras Públicas y Transportes/Agencia Española de Cooperación Internacional, 2001.

ANDRADE, Mário de. Brazil Builds. In XAVIER, Alberto (org.) *Depoimento de uma geração. Arquitetura moderna brasileira*. Edição revista e ampliada. São Paulo, Cosac Naify, 2003, p. 177-181. Publicação original: ANDRADE, Mário de. Brazil Builds. *Folha da Manhã*, São Paulo, seção Mundo Musical, 23 mar. 1944.

ANDRADE, Mário de. O movimento modernista. In ANDRADE, Mário de. *Aspectos da literatura brasileira*. 5. edição. São Paulo, Martins, 1974, p. 231-255.

ANDRADE, Mário de. *Táxi e crônicas no Diário Nacional*. Organização de Telê Porto Ancona Lopez. Coleção Excelsior, volume 41. Belo Horizonte, Itatiaia, 2005, p. 135-136.

ANDRADE, Oswald de (1928). Manifesto Antropófago. In ANDRADE, Oswald de. *Do Pau-Brasil à antropofagia e às utopias. Manifestos, teses de concursos e ensaios*. Obras Completas Volume 6. Rio de Janeiro, Civilização Brasileira, 1972, p. 11-19.

ANDREATTA, Verena, *Cidades quadradas, paraísos circulares. Os planos urbanísticos do Rio de Janeiro no Século 19*. Rio de Janeiro, Mauad X, 2006.

ANDREOLI, Elisabetta, FORTY Adrian, *Brazil's Modern Architecture*. Londres, Phaidon, 2004.

ANELLI, Renato; GUERRA, Abilio; KON, Nelson. *Rino Levi. Arquitetura e cidade*. São Paulo, Romano Guerra, 2001.

AQUINO, Paulo Mauro Mayer de (org.). *Gregori Warchavchik – acervo fotográfico*. Volumes I e II. São Paulo, edição Família Warchavchik, 2005/2007.

ARANGO, Silvia. *Historia de la Arquitectura en Colombia*. Bogotá, Centro Editorial y Facultad de Artes, Universidad Nacional de Colombia, 1989.

ARANTES, Otília. *O lugar da arquitetura depois dos modernos*. São Paulo, Studio Nobel/Edusp, 1993.

ARAÚJO, Ramón. Vestidos de altura. Fachadas de rascacielos, la experiencia de Madrid. *Arquitectura Viva*, Madri, n. 121, 2008, p. 32-45.

ARGAN, Giulio Carlo. *Arte moderna. Do iluminismo aos movimentos contemporâneos*. São Paulo, Companhia das Letras, 1996.

ARGAN, Giulio Carlo. Landscape Architecture. In *Encyclopedia of World Art*. Volume 8. Nova York, McGraw Hill, 1963.

ARGAN, Giulio Carlo. *Walter Gropius y el Bauhaus*. Buenos Aires, Nueva Visión, 1957.

ARGOT, Gilles; DION, Matilde. *Le Corbusier en France. Projets et realizations*. Paris, Le Moniteur, 1997.

ARQUITETURA E URBANISMO. Rio de Janeiro, mar./abr. 1940, p. 118-131.

Arte no Brasil. Prefácio Pietro Maria Bardi. Introdução Pedro Manuel. São Paulo, Abril Cultural, 1979.

ARTIGAS, João Vilanova. *Caminhos da arquitetura*. São Paulo, Cosac Naify, 1999.

ASSIS, Machado de. Crônica de 13 de agosto de 1893. In LEITE, Aluizio; CECILIO, Ana Lima; JAHN, Heloisa (org.). *Machado de Assis. Obra completa em quatro volumes*. Volume IV – crônica / bibliografia.

2. edição. Rio de Janeiro, Nova Aguilar, 2008. Publicação original: ASSIS, Machado. Crônica. *Gazeta de Notícias*, Rio de Janeiro, 13 ago. 1893.

ATIQUE, Fernando. *Memória moderna. A trajetória do Edifício Esther*. São Paulo, Rima, 2004.

BACON, Mardges, *Le Corbusier in America. Travels in the Land of the Timid*. Cambridge, The MIT Press, 2001.

BALLENT, Anahi. *El diálogo de las antípodas: los CIAM y América Latina*. Buenos Aires, Facultad de Arquitectura, Diseño y Urbanismo, Universidad de Buenos Aires, 1995.

BANHAM, Reyner. *La arquitectura del entorno bien climatizado*. Buenos Aires, Infinito, 1975.

BANHAM, Reyner. *Teoría y diseño arquitectónico en la era de la máquina*. Buenos Aires, Nueva Visión, 1971.

BARATA, Mário. O ressentimento de Lipchitz. *Arte Hoje*, Rio de Janeiro, n. 23, ano 2, maio 1979, p. 32-34.

BARDI, Pietro Maria, *The Tropical Gardens of Burle Marx*. Nova York, Reinhold, 1964.

BARDI, Pietro Maria. Architettura, arte dello Stato. In VERONESE, Giulia. *Difficoltà politiche dell'architettura in Italia – 1920-1940*. Milão, Tamburini, 1953.

BARDI, Pietro Maria. *Lembrança de Le Corbusier. Atenas, Itália, Brasil*. São Paulo, Nobel, 1984.

BARKI, José. *Um estudo sobre as notações gráficas na concepção do projeto. Risco, logo projeto*. Tese de Doutorado. Rio de Janeiro, Prourb/FAU UFRJ, 2003.

BARONE, Ana Cláudia Castilho. *Team 10. Arquitetura como crítica*. São Paulo, Annablume/Fapesp, 2002.

BARRA, Sérgio. *Entre a corte e a cidade. O Rio de Janeiro no tempo do rei (1808-1821)*. Rio de Janeiro, José Olympio, 2008.

BAUMAN, Zygmunt. *Modernidade líquida*. Rio de Janeiro, Jorge Zahar, 2001.

BEHAR, Roberto M.; CULOT, Maurice G. (org.). *Coral Gables. An American Garden City*. Paris, Norma, 1997.

BENCHIMOL, Jaime Larry. A modernização do Rio de Janeiro. In DEL BRENNA, Giovanna Rosso. *O Rio de Janeiro de Pereira Passos. Uma cidade em questão II*. Rio de Janeiro, Solar Grandjean de Montigny/PUC-Rio, 1985, p. 599-611.

BENCHIMOL, Jaime Larry. *Pereira Passos: um Haussmann tropical. A renovação urbana da cidade do Rio de Janeiro no início do século XX*. Coleção Biblioteca Carioca. Rio de Janeiro, Prefeitura da Cidade do Rio de Janeiro/Secretaria Municipal de Cultura, Turismo e Esportes, 1990.

BENEVOLO, Leonardo. *A arquitetura no novo milênio*. São Paulo, Estação Liberdade, 2007.

BENEVOLO, Leonardo. *Storia dell'architettura moderna*. Volume II. Bari, Laterza, 1960. Edição em português: BENEVOLO, Leonardo. *História da arquitetura moderna*. São Paulo, Perspectiva, 1976.

BENTON, Tim; COHEN, Jean-Louis (org.). *Le Corbusier Le Grand*. Londres, Phaidon, 2008.

BERGOT, Françoise. Expresión graphique et picturale. *Aujourd'hui Art et Architecture*, Paris, n. 51 ("Le Corbusier"), nov. 1965, p. 102-107.

BERMAN, Marshall. *Tudo que é sólido desmancha no ar. A aventura da modernidade*. São Paulo, Companhia das Letras, 1982. Original em inglês: BERMAN, Marshall. *All that is Solid Melts into Air. The Experience of Modernity*. Nova York, Simon and Schuster, 1982.

BILL, Max (org.) (1938). *Le Corbusier & P. Jeanneret. Oeuvre Complète 1934-1938*. 5. edição. Zurique, Girsberger, 1953.

Bloques de viviendas Bergpolder y Plaslaan en Rotterdam (Holanda). 1933-34 y 1937-38. *2C – Construcción de la Ciudad*, Barcelona, n. 22 ("La línea dura: el ala radical del racionalismo, 1924-1934"), abr. 1985, p. 74-79.

BOAVENTURA, Maria Eugenia (org.). *22 por 22. A Semana de Arte Moderna vista pelos seus contemporâneos*. São Paulo, Edusp, 2000.

BOESIGER, Willy (org.) (1935). *Le Corbusier et Pierre Jeanneret – Oeuvre Complète de 1929-1934*. 6. edição. Zurique, Girsberger, 1957.

BOESIGER, Willy (org.) (1946). *Le Corbusier. Oeuvre Complète 1938-46*. 3. edição. Zurique, Girsberger, 1955.

BOESIGER, Willy; STORONOV, Oscar (org.) (1936). *Le Corbusier et Pierre Jeanneret – Oeuvre Complète de 1910-1929*. 5. edição. Zurique, Girsberger, 1948.

BOMENY, Helena Maria Bousquet. Três decretos e um ministério: a propósito da educação no Estado Novo. IN PANDOLFI, Dulce (org.). *Repensando o Estado Novo*. Rio de Janeiro, FGV, 1999, p. 137-166.

BONDUKI, Nabil (org.). *Affonso Eduardo Reidy*. Lisboa/São Paulo, Blau/Instituto Bardi, 2000.

BONDUKI, Nabil. Oscar Niemeyer, cidadão de São Paulo, cidadão do mundo. In OHTAKE, Ricardo (org.). *Oscar Niemeyer em São Paulo*. Catálogo de exposição. São Paulo, Instituto Tomie Ohtake, 2004.

BORDE, Andréa de Lacerda Pessoa. *Vazios urbanos: perspectivas contemporâneas*. Tese de doutorado. Rio de Janeiro, Prourb/FAU UFRJ, 2008.

BORNGRÄBER, Christian. Le Corbusier a mosca. *Rassegna*, Bolonha, n. 3, vol. II, 1980, p. 79-85.

BOTEY, Josep Maria. *Oscar Niemeyer*. Barcelona, Gustavo Gili, 1996.

BRASIL, Luciana Tombi. *David Libeskind. Ensaio sobre as residências unifamiliares*. São Paulo, Romano Guerra/Edusp, 2007.

BRAUN, Clara; CACCIATORE, Julio. El imaginario interior: el intendente Alvear y sus herederos. Metamorfosis y modernidad urbana. In RIAL, Horacio Vázquez. *Buenos Aires 1880-1930. La capital de un Imperio imaginario*. Madri, Alianza, 1996, p. 31-71.

BRAZIL, Álvaro Vital. Sobre o Palácio do Centrosoyus de Moscou. *Revista de Arquitetura*, Rio de Janeiro, n. 10, Diretório da ENBA, 1935, p. 19-26.

BRITO, Alfredo. Jayme da Silva Telles. Olhar pioneiro. *AU – Arquitetura e Urbanismo*, São Paulo, n. 67, ano 11, ago./set. 1996, p. 73-79.

BRITO, Alfredo. MMM Roberto. O espírito carioca na arquitetura. *AU – Arquitetura e Urbanismo*, São Paulo, n. 52, ano 10, fev./mar. 1994, p. 67-78.

BROOKS, H. Allen (org.). *Buildings and Projects 1933-1937. The Le Corbusier Archive*. Nova York/Londres, Garland, 1983.

BROOKS, H. Allen (org.). *The Le Corbusier Archive. Pavillon des Temps Nouveaux and Other Buildings* and Projects, 1936-1937. Nova York/Londres, Garland, 1983.

BRUAND, Yves. *Arquitetura contemporânea no Brasil.* São Paulo, Perspectiva, 1999.

BULLRICH, Francisco. *Nuevos caminos de la arquitectura latinoamericana.* Barcelona, Blume, 1969.

BURIAN, Edward R. La arquitectura de Juan O'Gorman. Dicotomía y deriva. In BURIAN, Edward R. (org.). *Modernidad y arquitectura en México.* Cidade do México, Gustavo Gili, 1998, p. 129-151.

CADORIN, Mônica de Almeida. A pintura histórica de Victor Meirelles. In PEREIRA, Sônia Gomes (org.). *180 anos de Escola de Belas Artes. Anais do Seminário EBA 180.* Rio de Janeiro, EBA /UFRJ/, 1997, p. 165-174.

CAIXETA, Eline Maria Moura Pereira. Affonso Eduardo Reidy, o poeta construtor. In KIEFER, Flávio; LIMA, Raquel Rodrigues; MAGLIA, Viviane Villas Boas (org.). *Crítica na arquitetura. V Encontro de teoria e história da arquitetura.* Porto Alegre, Editora Ritter dos Reis, 2001, p. 145-155.

CALIL, Carlos Augusto. Tradutores de Brasil. In Schwartz, Jorge (org.). *Brasil 1920-1950. Da antropofagia a Brasília.* São Paulo, Faap/Cosac Naify, 2002.

CALLADO, Antonio. *Retrato de Portinari.* Rio de Janeiro, Jorge Zahar, 2003.

CALVINO, Ítalo. *Seis propuestas para el próximo milênio.* Madri, Siruela, 1998.

CAMISSASA, Maria Marta dos Santos. Desvelando alguns mitos: as revistas modernistas e a arquitetura moderna. In CARDOSO, Luiz Antonio Fernandes; OLIVEIRA, Olivia Fernandes de (org.). *(Re)Discutindo o modernismo. Universalidade e diversidade do movimento moderno em arquitetura e urbanismo no Brasil.* Salvador, UFBA, 1997, p. 129-138.

CAMPOFIORITO, Ítalo, *Olhares sobre o moderno. Arquitetura, patrimônio, cidade.* Rio de Janeiro, Casa da Palavra, 2012.

CAMPOS, Candido Malta. *Os rumos da cidade. Urbanismo e modernização em São Paulo.* São Paulo, Senac, 2002.

Cândido Portinari 1903-1962: pinturas e desenhos. Rio de Janeiro, Pinakotheke, 2002.

CANTACUZANO, Sherban. People in Offices. *Architectural Review*, Londres, n. 884, out. 1970.

CAPANEMA, Gustavo. Depoimento sobre o edifício do Ministério da Educação. In XAVIER, Alberto (org.). *Arquitetura moderna brasileira. Depoimento de uma geração.* São Paulo, ABEA/FVA/PINI, 1987, p. 121-131. Publicação original: CAPANEMA, Gustavo. Entrevista a Alberto Xavier, José Carlos Coutinho e J. Luiz Sisberg. *Módulo*, Rio de Janeiro, n. 85, maio 1985, p. 113-126.

CAPANEMA, Gustavo. Ministério de Educação e Saúde. In SOLAR GRANDJEAN DE MONTIGNY. *Affonso Eduardo Reidy.* Catálogo de exposição. Rio de Janeiro, PUC-Rio/Solar Grandjean de Montigny, 1985.

CAPANEMA, Gustavo; ANDRADE, Carlos Drummond de; COSTA, Lúcio. A sede do MEC: onde a arte começou a mudar. *Módulo*, Rio de Janeiro, n. 40, set. 1975, p. 19-23.

CARDEMAN, David; CARDEMAN, Rogerio Goldfeld. *O Rio de Janeiro nas alturas.* Rio de Janeiro, Mamad, 2004.

CARDOZO, Joaquim. As casas sobre palafitas do Amazonas. *Módulo*, Rio de Janeiro, n. 1, mar. 1955.

CARDOZO, Joaquim. Azulejos no Brasil: alguns exemplos de antigas e modernas aplicações na arquitetura. In MACEDO, Danilo Matoso; SOBREIRA, Fabiano José Arcádio (org.). *Forma estática – forma estética: ensaios de Joaquim Cardozo sobre arquitetura e engenharia.* Brasília, Câmara dos Deputados/Edições Câmara, 2009, p. 105-108.

CARDOZO, Joaquim. Azulejos no Brasil: alguns exemplos de antigas e modernas aplicações na arquitetura. In MACEDO, Danilo Matoso; SOBREIRA, Fabiano José Arcádio. *Forma estática – forma estética: ensaios de Joaquim Cardozo sobre arquitetura e engenharia.* Brasília, Centro de Documentação e Informação/Edições Câmara, 2009, p. 105-108.

CARDOZO, Joaquim. Forma estática, forma estética. In MACEDO, Danilo Matoso; SOBREIRA, Fabiano José Arcádio (org.). *Forma estática – forma estética: ensaios de Joaquim Cardozo sobre arquitetura e engenharia.* Brasília, Câmara dos Deputados/Edições Câmara, 2009, p. 135-136.

CARMONA, Liliana. *Ciudad vieja de Montevideo. 1829-1991. Transformaciones y propuestas urbanas.* Montevidéu, Fundación de Cultura Universitaria, 1993.

CARPEAUX, Otto Maria. Fragmentos sobre Carlos Drummond de Andrade. In CARVALHO, Olavo de (org.). *Otto Maria Carpeaux. Ensaios reunidos 1942-1978.* UniverCidade/Topbooks, Rio de Janeiro, 1999, p. 438-443.

CARPENTIER, Alejo. El arte de Jacques Lipchitz. (1930). In CARPENTIER, Alejo. *Crónicas.* Volume I. Havana, Arte y Literatura, 1975, p. 165-168.

CARPENTIER, Alejo. La Exposición Internacional de Paris (1937). In CARPENTIER, Alejo. *Crónicas.* Volume II. Havana, Arte y Literatura, 1976.

CARRAZZONI, Maria Elisa (org.). *Guia dos bens tombados. Rio de Janeiro.* Rio de Janeiro, Expressão e Cultura, 1980.

CARSALADE, Flávio de Lemos. *Arquitectura: interfaces.* Belo Horizonte, AP Cultural, 2001.

CARVALHO Cláudia; NÓBREGA, Cláudia; SÁ, Marcos. Introdução: guia da arquitetura colonial. In CZAJKOWSKI, Jorge (org.). *Guia da arquitetura colonial, neoclássica e romântica no Rio de Janeiro.* Rio de Janeiro, Prefeitura da Cidade do Rio de Janeiro/Centro de Arquitetura e Urbanismo do Rio de Janeiro/Casa da Palavra, 2000, p. 5-24.

CARVALHO, Claudia Suely Rodrigues de. *Preservação da arquitetura moderna: edifícios de escritórios no Rio de Janeiro construídos entre 1930-1960.* Tese de doutorado. São Paulo, FAU USP, 2005.

CARVALHO, Flávio. A cidade do homem nu. In MATTAR, Denise (org.) *Flávio de Carvalho. 100 anos de um revolucionário romântico.* Catálogo de exposição. Rio de Janeiro, CCBB, 1999, p. 79-82.

CARVALHO, Maria Alice Rezende de. *Quatro vezes cidade.* Rio de Janeiro, Sette Letras, 1994.

CARVALHO, Maurício Rocha de. El nacionalismo historicista en Brasil. *DC – Revista de Crítica Arquitectónica*, Barcelona, n. 3, ETSAB-UPC, set. 1999, p. 27-42.

CASSIGOLI, Renzo, *Renzo Piano. La désobéissance de l'architecture. Conversation avec Renzo Cassigoli*. Paris, Arléa, 2009.

CATTANI, Airto. A evolução da arquitetura: contribuições da teoria de Bachelard. *Arqtextos*, Porto Alegre, n. 6, ano VI, Propar/UFRGS, 2005, p. 68-75.

CAVALCANTI, Lauro (org.). *Quando o Brasil era moderno. Guia de arquitetura 1928-1960*. Rio de Janeiro, Aeroplano, 2001.

CAVALCANTI, Lauro. *As preocupações do belo*. Rio de Janeiro, Taurus, 1995.

CAVALCANTI, Lauro. *Moderno e brasileiro. A história de uma nova linguagem na arquitetura (1930-60)*. Rio de Janeiro, Jorge Zahar, 2006.

CAVALCANTI, Lauro. Preocupações do belo. In SCHIAVO, Cléia; ZETTEL, Jayme. *Memória, cidade e cultura*. Rio de Janeiro, Eduerj/Iphan, 1997, p. 29-39.

CAVALCANTI, Lauro; DAHDAH, Farés el (org.) *Roberto Burle Marx 100 anos. A permanência do instável*. Rio de Janeiro, Rocco, 2009.

CAVALCANTI, Nireu. *O Rio de Janeiro setecentista. A vida e a construção da cidade da invasão francesa até a chegada da Corte*. Rio de Janeiro, Jorge Zahar, 2004.

CAVALCANTI, Nireu. *Rio de Janeiro. Centro histórico 1808-1998. Marcos da Colônia*. Rio de Janeiro, Dresdner Bank Brasil, 1998.

CHUVA, Márcia Regina Romero. *Sociogénese das práticas de preservação do patrimônio cultural no Brasil (anos 1930-1940)*. Rio de Janeiro, Editora UFRJ, 2009.

CIUCCI, Giorgio; DE MICHELIS, Marco. *Giuseppe Terragni*. Madri/Sevilla/Milão, Ministerio de Fomento/Junta de Andalucía/Electa, 1997.

COBBERS, Arnt. *Architecture in Berlin*. Berlim, Jaron, 1998.

COHEN, Alberto A.; FRIDMAN, Sérgio A. *Rio de Janeiro: ontem & hoje*. Volume 1. Rio de Janeiro, Amazon, 1998.

COHEN, Jean-Louis. *Architecture in Uniform. Designing and Building for the Second World War*. Paris, Hazan/Canadian Centre for Architecture, 2011.

COHEN, Jean-Louis. *Le Corbusier 1887-1965. El lirismo de la arquitectura en la era de la máquina*. Colônia, Taschen, 2004.

COHEN, Jean-Louis. *Le Corbusier et la mystique de l'URSS. Théories et projets pour Moscou 1928-1936*. Bruxelas, Pierre Mardaga, 1987.

COHEN, Jean-Louis. *Le Corbusier. La planète comme chantier*. Paris, Textuel, 2005.

COHEN, Jean-Louis. Le Corbusier's Nietzschean Metaphors. In KOSTKA, Alexandre; WOHLFARTH, Irving (org.). *Nietzsche and 'An Architecture of Our Minds'*. Los Angeles, The Getty Reserch Institute Publications and Exhibitions Program, 1999, p. 311-332.

COHEN, Jean-Louis; ABRAM, Joseph; LAMBERT, Guy. *Enciclopédie Perret*. Paris, Éditions du Patrimoine/IFA/Le Moniteur, 2002.

COHEN, Jean-Louis; EVENO, Claude. *Une cité à Chaillot. Avant-première*. Paris, L´Imprimeur, 2001.

COLLINS, Peter. *Los ideales de la arquitectura moderna. Su evolución – 1750-1950*. Barcelona, Gustavo Gili, 1973.

COLOMINA, Beatriz. *La domesticidad en guerra*. Barcelona, Actar, 2007.

COLOMINA, Beatriz. The Medical Body in Modern Architecture. In DAVIDSON, Cynthia C. (org.) *Anybody*. Nova York/Cambridge, Anyone Corporation/The MIT Press, 1997, p. 228-239.

COLOMINA, Beatriz. The Split Wall: Domestic Voyeurism. In COLOMINA, Beatriz (org.), *Sexuality & Space*. Nova York, Princeton University Press, 1992, p. 73-128.

COLQUHOUN, Alan. *Arquitectura moderna y cambio histórico. Ensayos 1962-1976*. Barcelona, Gustavo Gili, 1978.

COLQUHOUN, Alan. Clasicismo e ideología. In COLQUHOUN, Alan. *Modernidad y tradición clásica. Ensayos sobre crítica arquitectónica*. Madri, Júcar Universal, 1991, p. 241-246.

COLQUHOUN, Alan. *Modernidad y tradición clásica. Ensayos sobre crítica arquitectónica*. Madri, Júcar Universal, 1991. Edição em português: COLQUHOUN, Alan. *Modernidade e tradição clássica. Ensaios sobre arquitetura 1980-87*. Tradução Christiane Brito. São Paulo, Cosac Naify, 2004.

COMAS, Carlos Eduardo Dias. A máquina para recordar: Ministério da Educação no Rio de Janeiro, 1936/45. *Arquitextos*, São Paulo, n. 005.01, Vitruvius, out. 2000 <www.vitruvius.com.br/revistas/read/arquitextos/01.005/967>. Publicação original: COMAS, Carlos Eduardo Dias. Una máquina para recordar: Ministerio de Educación en Rio de Janeiro, 1936-1945. *2G*. Barcelona, n. 8, ano IV, 1998.

COMAS, Carlos Eduardo Dias. Arquitetura moderna, estilo Corbu, pavilhão brasileiro. In GUERRA, Abilio (org.). *Textos fundamentais sobre história da arquitetura moderna brasileira – parte 1*. Coleção RG Bolso, n. 1. São Paulo, Romano Guerra, 2010, p. 207-225. Publicação original: COMAS, Carlos Eduardo Dias. Arquitectura moderna, estilo Corbu, pabellón brasileño. In *DC – Revista de Crítica Arquitectónica*, Barcelona, n. 3, ETSAB/UPC, set. 1999.

COMAS, Carlos Eduardo Dias. Le Corbusier: os riscos brasileiros de 1936. In TSIOMIS, Yannis (org.). *Le Corbusier. Rio de Janeiro. 1929-1936*. Rio de Janeiro, Prefeitura da Cidade do Rio de Janeiro/Centro de Arquitetura e Urbanismo do Rio de Janeiro, 1998, p. 26-31.

COMAS, Carlos Eduardo Dias. Lúcio Costa e a revolução na arquitetura brasileira 30/39. De lenda(s e) Le Corbusier. *Arquitextos*, São Paulo, n. 02.022, Vitruvius, mar. 2002 <www.vitruvius.com.br/revistas/read/arquitextos/02.022/798>.

COMAS, Carlos Eduardo Dias. Moderna (1930 a 1960). In MONTEZUMA, Roberto (org.). *Brazil 500 anos. Uma invenção recíproca*. Recife, Universidade Federal de Pernambuco, 2002, p. 182-238.

COMAS, Carlos Eduardo Dias. Niemeyer's Casino and the Misdeeds of Brazilian Architecture. In HERNÁNDEZ, Felipe; MILLINGTON, Mark; BORDEN, Ian (org.) *Transculturation, Cities, Spaces and Architecture in Latin America*. Amsterdã/Nova York, Rodopi, 2005, p. 169-188.

COMAS, Carlos Eduardo Dias. O passado mora ao lado: Lúcio Costa e o projeto do Grand Hotel de Ouro

Preto, 1938/40. *Arqtexto*, Porto Alegre, n. 2, Propar UFRGS, 2002, p. 6-19. Republicação: COMAS, Carlos Eduardo Dias. O passado mora ao lado. Lúcio Costa e o projeto do Grand Hotel de Ouro Preto, 1938/40. *Arquitextos*, São Paulo, 11.122, Vitruvius, jul. 2010 <www.vitruvius.com.br/revistas/read/arquitextos/10.122/3486>.

COMAS, Carlos Eduardo Dias. *Precisões brasileiras: sobre um estado passado da arquitetura e urbanismo modernos a partir dos projetos e obras de Lúcio Costa, Oscar Niemeyer, MMM Roberto, Affonso Reidy, Jorge Moreira & Cia., 1936-1945*. Tese de doutorado. Paris, Universidade de Paris VIII-Vincennes/Saint Denis, 2002 <http://hdl.handle.net/ 10183/10898>.

COMAS, Carlos Eduardo Dias. Protótipo e monumento, um ministério, o Ministério. In GUERRA, Abilio (org.). *Textos fundamentais sobre história da arquitetura moderna brasileira – parte 1*. Coleção RG Bolso, n. 1. São Paulo, Romano Guerra, 2010, p. 79-108. Publicação original: COMAS, Carlos Eduardo Dias. Protótipo e monumento, um ministério, o Ministério. *Projeto*, São Paulo, n. 102, ago. 1987.

COMAS, Carlos Eduardo Dias. Questões de base e situação: arquitetura moderna e edifícios de escritórios, Rio de Janeiro, 1936-45. *Arquitextos*, São Paulo, n. 078, Vitruvius, nov. 2006 <www.vitruvius.com.br/revistas/read/arquitextos/07.078/293>.

COMAS, Carlos Eduardo Dias. Rapport du Brésil. In LEJEUNE, Jean-François (org.). *Cruauté & Utopie. Villes et paysages d'Amérique latine*. Bruxelas, CIVA – Centro International pour la ville, l'architecture et le paysage, 2003, p. 173-181.

CONDURU, Roberto. Grandjean de Montigny. Um acadêmico na selva. In BANDEIRA, Julio; MARTINS, Pedro; XÉXEO, Caldas; CONDURU, Roberto. *Missão Francesa*. Rio de Janeiro, Sextante Artes, 2003, p. 141-201.

CONDURU, Roberto. Razão ao cubo. In CZAJKOWSKI, Jorge (org.). *Jorge Machado Moreira*. Rio de Janeiro, Prefeitura da Cidade do Rio de Janeiro/Centro de Arquitetura e Urbanismo do Rio de Janeiro, 1999, p. 14-33.

CONDURU, Roberto. *Vital Brazil*. São Paulo, Cosac Naify, 2000.

CONNIFF, Michael L. *Política urbana no Brasil. A ascensão do populismo, 1925-1945*. Rio de Janeiro, Relume Dumará, 2006.

CONSIGLIERI, Victor. *As significações da arquitetura 1920-1990*. Lisboa, Estampa, 2000.

CONY, Carlos Heitor. Tombamento inútil. *Folha de São Paulo*, São Paulo, 05 fev. 2005, p. A2.

COOKE, Catherine (org.). *Architectural Drawings of the Russian Avant-Garde*. Nova York, MoMA, 1990.

CORBUSIER, Le. A arquitetura e as Belas Artes. Apresentação e tradução de Lúcio Costa. *Revista do Patrimônio Histórico e Artístico Nacional*, Rio de Janeiro, n. 19, 1984, p. 53-68. Edição eletrônica: http://www.iphan.gov.br/baixaFcdAnexo.do?id=3195.

CORBUSIER, Le. *A Carta de Atenas*. Introdução de Rebeca Scherer. São Paulo, Hucitec/Edusp, 1993. Edição em espanhol: CIAM. *La Carta de Atenas*. Introdução de Jean Giraudoux. Buenos Aires, Contémpora, 1957.

CORBUSIER, Le. *Aircraft*. Londres, The Studio, 1935.

CORBUSIER, Le. *Como concebir el urbanismo*. Buenos Aires, Infinito, 1959.

CORBUSIER, Le. Conférence de Monsieur Le Corbusier VI. Les Congrès Internationaux d'Architecture Moderne Légifèrent sur des Bases Nouvelles. In TSIOMIS, Yannis (org.) *Le Corbusier. Conférences de Rio*. Paris, Flammarion, 2008.

CORBUSIER, Le. Corolário brasileiro... que também é uruguaio. In CORBUSIER, Le. *Precisões sobre um estado presente da arquitetura e do urbanismo*. Tradução Carlos Eugênio Marcondes de Moura. São Paulo, Cosac Naify, 2004, p. 227-238.

CORBUSIER, Le. *Cuando las catedrales eran blancas (viaje al país de los tímidos)*. Buenos Aires, Poseidón, 1948.

CORBUSIER, Le. *Des canons? Des munitions. Merci, des logis S.V.P.* Paris, Éditions de L'Architecture d'Aujourd'Hui, 1938.

CORBUSIER, Le. *El espíritu nuevo en arquitectura. En defensa de la arquitectura*. Murcia, Colegio Oficial de Aparejadores y Arquitectos Técnicos/Librería Yerba, 1993.

CORBUSIER, Le. *Hacia una arquitectura*. Buenos Aires, F. Conti Impresor, 1939. Edição em português: CORBUSIER, Le. *Por uma arquitetura*. Coleção Estudos, n. 27, 6. edição. Tradução Ubirajara Rebouças. São Paulo, Perspectiva, 2002.

CORBUSIER, Le. *L'art décoratif d'aujourd'hui*. Paris, Vincent Fréal, 1959.

CORBUSIER, Le. L'Autorité devant les taches contemporaines. *L'Architecture d'Aujourd'hui*, Paris, n. 9, set. 1935. Republicação: *L'Architecture d'Aujourd'hui*, Paris, n. 158, out./nov. 1971.

CORBUSIER, Le. *La Ville Radieuse. Éléments d'une doctrine d'urbanisme pour l'équipement de la civilisation machiniste*. Paris, Éditions de L'Architecture d'Aujourd'Hui, 1935.

CORBUSIER, Le. Le brise-soleil. In BOESIGER, Willy (org.). *Le Corbusier. Oeuvre Complète 1938-46*. Zurique, Girsberger, 1946, p. 108-113.

CORBUSIER, Le. *Mensaje a los estudiantes de arquitectura*. Buenos Aires, Infinito, 1993.

CORBUSIER, Le. Plan Director para Buenos Aires. *La arquitectura de hoy*, Buenos Aires, n. 4, abr. 1947.

CORBUSIER, Le. *Por las cuatro rutas*. Barcelona, Gustavo Gili, 1972.

CORBUSIER, Le. *Précisions sur un état présent de l'architecture et de l'urbanisme*. Paris, Vincent Fréal, 1960. Edição em português: CORBUSIER, Le. *Precisões sobre um estado presente da arquitetura e do urbanismo*. Tradução Carlos Eugênio Marcondes de Moura. São Paulo, Cosac Naify, 2004.

CORBUSIER, Le. *Une petite maison. Les carnets de la recherche patiente*. Zurique, Girsberger, 1954.

CORBUSIER, Le. *Voyage d'Orient. Carnets*. Milão, Electa/Fondation Le Corbusier, 1987. Edição em português: CORBUSIER, Le. *A viagem do Oriente*. Tradução de Paulo Neves. São Paulo, Cosac Naify, 2007.

CORONA, Eduardo. *Oscar Niemeyer: uma lição de arquitetura*. São Paulo, Fupam, 2001.

CORRÊA, Marcos Sá. *Oscar Niemeyer*. Rio de Janeiro, Relume Dumará, 1996.

CORRES, Elena. Proyecto Dom ino: el sistema estructural. In QUETGLAS, Josep (org.). *Massilia 2002. Anuario de Estudios Lecorbusieranos*. Barcelona, Fundación Caja de Arquitectura, 2002, p. 4-39.

CORTÉS, Juan Antonio. Delirio y más. I. Las lecciones del rascacielo. *El Croquis*, Madri, n. 131/132, 2006, p. 8-30.

COSTA, Francisco. Un admirable edificio y su error de arquitectura. *DC – Revista de Crítica Arquitectónica*, Barcelona, n. 3, ETSAB-UPC, set. 1999 p. 51-56.

COSTA, Lúcio. Anotações ao correr da lembrança. In COSTA, Lúcio. *Lúcio Costa: registro de uma vivência*. São Paulo, Empresa das Artes, 1995, p. 498-517.

COSTA, Lúcio. Antônio Francisco Lisboa, o 'Aleijadinho'. In *Aleijadinho*. Rio de Janeiro, Museu de Arte Moderna/Embratur, 1978.

COSTA, Lúcio. Considerações sobre arte contemporânea (anos 1940). In *Lúcio Costa. Registro de uma vivência*. São Paulo, Empresa das Artes, 1995, p. 245-258.

COSTA, Lúcio. Desencontro. In *Lúcio Costa: registro de uma vivência*. São Paulo, Empresa das Artes, 1995, p. 202-203.

COSTA, Lúcio. Entrevista a Mário César Carvalho. In COSTA, Lúcio. *Lúcio Costa. Registro de uma vivência*. Separata. São Paulo, Empresa das Artes, 1995, separata.

COSTA, Lúcio. Esclarecimento. In COSTA, Lúcio. *Lúcio Costa. Registro de uma vivência*. Separata. São Paulo, Empresa das Artes, 1995, p. 132-134.

COSTA, Lúcio. Imprevisto e importância da contribuição da arquitetura brasileira ao desenvolvimento atual da arquitetura contemporânea. In *Arquitetura no Rio de Janeiro. 1950*. Rio de Janeiro, João Fortes Engenharia, 1950.

COSTA, Lúcio. *Lúcio Costa: registro de uma vivência*. São Paulo, Empresa das Artes, 1995.

COSTA, Lúcio. Ministério da Educação e Saúde. In COSTA, Lúcio. *Lúcio Costa. Registro de uma vivência*. Separata. São Paulo, Empresa das Artes, 1995, p. 122-130.

COSTA, Lúcio. Monlevade. In COSTA, Lúcio. *Lúcio Costa: registro de uma vivência*. São Paulo, Empresa das Artes, 1995, p. 91-99.

COSTA, Lúcio. Muita construção, alguma arquitetura e um milagre (1951). In COSTA, Lúcio. *Lúcio Costa: registro de uma vivência*. São Paulo, Empresa das Artes, 1995, p. 157-171.

COSTA, Lúcio. O arquiteto e a sociedade contemporânea (1952). In *Lúcio Costa: registro de uma vivência*. São Paulo, Empresa das Artes, 1995, p. 268-275. Publicação original: COSTA, Lúcio. El arquitecto en la sociedad contemporánea. In PIZZETTI, ILDEBRANDO (org.). *El artista en la sociedad contemporánea*. Anais da Conferência Internacional de Artistas, Veneza, 22-28 set. 1952. Paris, Unesco, 1954, p. 89-100.

COSTA, Lúcio. O projeto para o Ministério da Educação e Saúde Pública. *Módulo*, Rio de Janeiro, n. 96 (especial Le Corbusier), nov. 1987, p. 23-27.

COSTA, Lúcio. Opção, recomendações e recado. In COSTA, Lúcio. *Lúcio Costa. Registro de uma vivência*. São Paulo, Empresa das Artes, 1995, p. 382.

COSTA, Lúcio. Oportunidade perdida (1953). In *Lúcio Costa: sobre arquitetura*. Porto Alegre, Centro dos Estudantes Universitários de Arquitetura, 1962, p. 252-259.

COSTA, Lúcio. Pavilhão do Brasil. Feira Mundial de Nova York de 1939. In COSTA, Lúcio. *Lúcio Costa: registro de uma vivência*. São Paulo, Empresa das Artes, 1995, p. 157-171.

COSTA, Lúcio. Presença de Le Corbusier (1987). In *Lúcio Costa: registro de uma vivência*. São Paulo, Empresa das Artes, 1995, p. 144-154.

COSTA, Lúcio. Razões da nova arquitetura. In *Lúcio Costa: registro de uma vivência*. São Paulo, Empresa das Artes, 1995, p. 108-116.

COSTA, Lúcio. Relato pessoal (1975). In COSTA, Lúcio. *Lúcio Costa. Registro de uma vivência.* Separata. São Paulo, Empresa das Artes, 1995, p. 135-138.

COSTA, Lúcio. Uma escola viva de Belas Artes. In XAVIER, Alberto (org.). *Arquitetura moderna brasileira. Depoimento de uma geração*. São Paulo, Abea/FVA/Pini, 1987, p. 47-51.

COSTA, Lúcio. Uma escola viva de Belas-Artes (1931). In XAVIER, Alberto (org.). *Arquitetura moderna brasileira. Depoimento de uma geração*. São Paulo, ABEA/FVA/Pini, 1987.

COSTA, Lúcio. Universidade do Brasil. Memória descritiva do trabalho elaborado com demais membros do grupo brasileiro do CIAM (1936). In XAVIER, Alberto (org.). *Lúcio Costa: sobre arquitetura*. Textos de Lúcio Costa. Porto Alegre, Centro dos Estudantes Universitários de Arquitetura, 1962, p. 67-85.

COSTA, Lúcio; NIEMEYER, Oscar; REIDY, Afonso Eduardo, MOREIRA, Jorge Machado; LEÃO, Carlos; VASCONCELLOS, Ernani M. Edifício do Ministério da Educação e Saúde. *Arquitetura e Urbanismo*, Rio de Janeiro, n. 4, vol. IV, jul./ago. 1939, p. 543-551.

COSTA, Maria Elisa. Apresentação. In PESSÔA, José (org.) *Lúcio Costa: Documentos de trabalho*. Rio de Janeiro, Iphan, 1999.

COSTA, Maria Elisa. *Com a palavra, Lúcio Costa*. Rio de Janeiro, Aeroplano, 2000.

COSTA, Xavier; HARTRAY, Guido (org.). *Sert. Arquitecto en Nova York*. Barcelona, Museu d'Art Contemporani de Barcelona/Actar, 1997.

COUTINHO, Wilson. Os anos 30 e 40: as décadas da crença. In CAVALCANTI, Lauro (org.). *Quando o Brasil era moderno. Artes plásticas no Rio de Janeiro*. Rio de Janeiro, Aeroplano, 2001, p. 120-155.

CURTIS, William. *La arquitectura moderna desde 1900*. Madri, Hermann Blume, 1986. Edição em português: CURTIS, William. *Arquitetura moderna desde 1900*. 3. edição. Porto Alegre, Bookman, 2008.

CURTIS, William. *Le Corbusier. Ideas y formas*. Madri, Hermann Blume, 1987.

CZAJKOVSKI, Jorge; SENDIK, Fernando (org.). *Guia da arquitetura moderna no Rio de Janeiro*. Rio de Janeiro, Prefeitura da Cidade do Rio de Janeiro/Centro de Arquitetura e Urbanismo do Rio de Janeiro/Casa da Palavra, 2000.

CZAJKOWSKI, Jorge (org.). *Guia da arquitetura eclética no Rio de Janeiro*. Introdução de Gustavo Rocha-Peixoto. Rio de Janeiro, Prefeitura da Cidade do Rio de Janeiro/Centro de Arquitetura e Urbanismo do Rio de Janeiro/Casa da Palavra, 2000.

CZAJKOWSKI, Jorge. (org.) *Do cosmógrafo ao satélite. Mapas da cidade do Rio de Janeiro*. Rio de Janeiro, Prefeitura da Cidade do Rio de Janeiro/Centro de Arquitetura e Urbanismo do Rio de Janeiro, 2000.

CZAJKOWSKI, Jorge. (org.). *Jorge Machado Moreira*. Catálogo da exposição. Rio de Janeiro, Prefeitura da Cidade do Rio de Janeiro/Centro de Arquitetura e Urbanismo do Rio de Janeiro, 1999.

CZAJKOWSKI, Jorge. A arquitetura racionalista e a tradição brasileira. *Gávea*, Rio de Janeiro, n. 10, PUC-Rio, mar. 1993, p. 22-35. Republicação: CZAJKOWSKI, Jorge. A arquitetura racionalista e a tradição brasileira. In GUERRA, Abilio (org.). *Textos fundamentais sobre historia da arquitetura moderna brasileira. Parte 2*. Coleção RG bolso, volume 2. São Paulo, Romano Guerra., 2010.

CZAJKOWSKI, Jorge. Carlos Leão. Mestre da justa medida. *AU – Arquitetura e Urbanismo*, São Paulo, n. 48, vol. IX, jun./jul. 1993, p. 70-79.

CZAJKOWSKI, Jorge; CONDE, Luiz Paulo; ALMADA, Mauro (org.). *Guia da arquitetura art déco no Rio de Janeiro*. Rio de Janeiro, Prefeitura da Cidade do Rio de Janeiro/Centro de Arquitetura e Urbanismo do Rio de Janeiro/Casa da Palavra, 2000.

D'AQUINO, Flávio. Max Bill censura os arquitetos brasileiros (entrevista). *Arte em Revista*, n. 4, São Paulo, ago. 1980, p. 49-50. Publicação original: D'AQUINO, Flávio. Max Bill, o inteligente iconoclasta (entrevista). *Manchete*, Rio de Janeiro, n. 60, 13 jun. 1953. Republicação sintética: D'AQUINO, Flávio. Max Bill censura os arquitetos brasileiros (entrevista). *Habitat*, São Paulo, n. 12, set. 1953. Republicação parcial: BILL, Max. Max Bill, o inteligente iconoclasta (entrevista). In XAVIER, Alberto (org.). *Lúcio Costa: sobre arquitetura*. Textos de Lúcio Costa. Porto Alegre, Centro dos Estudantes Universitários de Arquitetura, 1962, p. 252-254.

DANCY, Jean-Marie. Murondins (Constructions). In LUCAN, Jacques (org.). *Le Corbusier. Une encyclopédie*. Paris, Centre Pompidou/CCI, 1987, p. 263-266.

DE ANDA, Enrique Alanis. *Historia de la arquitectura mexicana*. México DF, Gustavo Gili, 1995.

DECKKER, Zilah Quezado. *Brazil Built. The Architecture of the Modern Movement in Brazil*. Londres/Nova York, Spon Press, 2001.

DEL BRENNA, Giovanna Rosso. *O Rio de Janeiro de Pereira Passos. Uma cidade em questão II*. Rio de Janeiro, Solar Grandjean de Montigny/PUC-Rio, 1985.

DEL REAL, Patricio; GYGER, Helen. Introduction. Ambiguous Territories. In DEL REAL, Patricio; GYGER, Helen (org.). *Latin American Modern Architectures. Ambiguous Territories*. Nova York, Routledge, 2012, p. 1-29.

DELEUZE, Gilles; GUATTARI, Felix. *L'anti-Oedipe. Capitalisme et schizophrénie*. Paris, Minuit, 1973.

DELEUZE, Gilles; GUATTARI, Felix. *Qu'est-ce que la philosophie?* Paris, Minuit, 1991.

DELMONTE, José Enrique (org.). *Guía de arquitectura de Santo Domingo*. Santo Domingo/Sevilha, Fundación Erwin Walter Palm/Junta de Andalucía, 2006.

Diccionario de Filosofía. Moscou, Progreso, 1984.

DORFLES, Gillo. *L'architettura moderna*. Milão, Garzanti, 1954.

DOURADO, Guilherme Mazza. *Modernidade verde. Jardins de Burle Marx*. São Paulo, Senac/Edusp, 2009.

DUMONT, Marie-Jeanne (org.) *Le Corbusier. Lettres à Auguste Perret*. Paris, Linteau, 2002.

EATON, Ruth. *Ideal Cities. Utopianism and the (Un) Built Environment*. Londres, Thames & Hudson, 2002.

ECO, Umberto. *História da beleza*. Rio de Janeiro, Record, 2004.

EISENMAN, Peter. *Giuseppe Terragni: transformations, decompositions, critiques*. Nova York, Monacelli Press, 2003.

ELIASH, Humberto; MORENO, Manuel. *Arquitectura y modernidad en Chile 1925-1965. Una realidad múltiple*. Santiago de Chile, Ediciones Universidad Católica de Chile, 1989.

ELIOVSON, Sima. *The Gardens of Roberto Burle Marx*. Nova York, Harry N. Abrams, 1991.

ELSEN, Albert E. La arquitectura de la autoridad. In SUST, Xavier; ELSEN, Albert E.; MILLER LANE, Barbara; VON MOOS, Stanislaus (org.). *La arquitectura como símbolo del poder*. Barcelona, Tusquets, 1975, p. 13-70.

ENDERS, Armelle. *A história do Rio de Janeiro*. Rio de Janeiro, Gryphus, 2009.

ERMAKOFF, George. *Rio de Janeiro 1900-1930. Uma crônica fotográfica*. Rio de Janeiro, G. Ermakoff, 2008.

EVANS, John Martin; SCHILLER, Silvia de. The friendly city, the sun and Le Corbusier. Form, function and bioclimatic response. In MALDONADO, Eduardo; YANNAS, Sios. *Environmentally Friendly Cities. Proceedings of PLEA Conference Lisboa Junho 1998*. Londres, James and James, 1998, p. 221-224.

EVENSON, Norma. *Two Brazilian Capitals. Architecture and Urbanism in Rio de Janeiro and Brasilia*. New Haven, Yale University Press, 1973.

EVERS, Bern; THOENES, Christof. *Teoría de la arquitectura. Del renacimiento a la actualidad*. Colônia, Taschen, 2003.

FABRIS, Annateresa. *Ecletismo na arquitetura brasileira*. São Paulo, Nobel/Edusp, 1987.

FABRIS, Annateresa. *Fragmentos urbanos. Representações culturais*. São Paulo, Studio Nobel, 2000.

FAORO, Raymundo. *Os donos do poder. Formação do patronato político brasileiro*. Volume 2. São Paulo, Globo, 1995.

FAUSTO, Boris. *História do Brasil*. São Paulo, Edusp, 1995.

FERNÁNDEZ-GALIANO, Luis. *El fuego y la memoria. Sobre arquitectura y energía*. Madri, Alianza, 1991.

FERREZ, Gilberto. A Avenida Central e seu álbum. In FERREZ, Marc. *O Álbum da Avenida Central. Um documento fotográfico da construção da Avenida Rio Branco. Rio de Janeiro, 1903-1906*. São Paulo, Ex Libris, 1983.

FERREZ, Gilberto. *A Praça 15 de Novembro – antigo Largo do Carmo*. Rio de Janeiro, Riotur, 1978.

FERREZ, Marc. *O Álbum da Avenida Central. Um documento fotográfico da construção da Avenida Rio Branco. Rio de Janeiro, 1903-1906*. Apresentação de Gilberto Ferrez. Estudo de Paulo F. Santos. São Paulo, Ex Libris, 1983.

FICHER, Sylvia. Edifícios altos no Brasil. *Espaço & Debates*, São Paulo, n. 37, ano XIV, 1994, p. 61-76.

FICHER, Sylvia. *Os arquitetos da Poli. Ensino e profissão em São Paulo*. São Paulo, Edusp, 2005.

FLORIANO, César. Roberto Burle Marx: jardins do Brasil, a sua mais pura tradução. *Esboços*, Florianópolis, n. 15, Programa de Pós-graduação em História da UFSC, 2006, p. 11-24.

FONSECA, Maria Cecília Londres. *O patrimônio em processo: trajetória da política federal de preservação no Brasil*. Rio de Janeiro, UFRJ/MinC./Iphan, 1999.

FORTY, Adrian. *Words and Buildings. A Vocabulary of Modern Architecture*. Londres, Thames & Hudson, 2002.

FORTY, Adrian; ANDREOLI, Elisabetta (org.). *Arquitetura moderna brasileira*. Londres, Phaidon, 2004.

FOSTER, Kurt W. Edificios como archivos y secretos del saber. In CIUCCI, Giorgio; MICHELIS, Marco de (org.). *Giuseppe Terragni*. Catálogo de la Exposición. Madrid/Milão, Ministerio de Fomento/Electa, 1996, p. 113-125.

FRAMPTON, Kenneth. *Historia crítica de la arquitectura moderna*. Barcelona, Gustavo Gili, 1981. Edição em português: FRAMPTON, Kenneth. *História crítica da arquitetura moderna*. Tradução Jefferson Luiz Camargo. São Paulo, Martins Fontes, 1997.

FRAMPTON, Kenneth. L'autre Le Corbusier: la forme primitive et la ville lineaire. *L'Architecture d'Aujourd'Hui*, Paris, n. 249, fev. 1987, p. 2.

FRAMPTON, Kenneth. La Maison de Verre: Pierre Chareau & Bernard Bijvoet. *AMC – Architecture, Mouvement, Continuité*, Paris, n. 46. 1978.

FRAMPTON, Kenneth. *Studies in Tectonic Culture: The Poetics of Construction in Nineteenth and Twentieth Century Architecture*. Cambridge, The MIT Press, 1995.

FRASER, Valerie. *Building the New Word, Studies in the Modern Architecture of Latin America, 1930-1960*. Londres, Verso, 2000.

FRASER, Valerie. Cannibalizing Le Corbusier: The MES Gardens of Roberto Burle-Marx. *The Journal of the Society of Architectural Historians*, Chicago, vol. 59, n. 2, jan. 2000, p. 180-193.

FREIRE, Américo; OLIVEIRA, Lucia Maria Lippi (org.). *Capítulos da memória do urbanismo carioca*. Rio de Janeiro, Folha Seca, 2002.

FREIXA, Jaume. *Joseph Ll. Sert*. Barcelona, Gustavo Gili, 1979.

FROTA, Leila Coelho. *Alcides da Rocha Miranda. Caminho de um arquiteto*. Rio de Janeiro, Editora UFRJ, 1993.

FUSS, Peter. *Rio, capital da beleza*. Catálogo de exposição. Rio de Janeiro, Prefeitura da Cidade do Rio de Janeiro/Centro de Arquitetura e Urbanismo do Rio de Janeiro, 1999.

GAULIN, Kenneth. The Flying Boats: Pioneering Days to South America. *The Journal of Decorative and Propaganda Arts*, Miami, n. 15, inverno/primavera 1990, p. 78-95.

GIEDION, Sigfrid. *Espaço, tempo e arquitetura. O desenvolvimento de uma nova tradição*. Tradução de Alvamar Lamparelli. São Paulo, Martins Fontes, 2006. Original em ingles: GIEDION, Sigfried. *Space, Time and Architecture. The growth of a new tradition*. Cambridge, Harvard University Press, 1967.

GIEDION, Sigfried. *A Decade of Contemporary Architecture*. Nova York, George Wittenborn, 1951.

GIEDION, Sigfried. *Mechanization Takes Command*. Nova York, Oxford University Press, 1948.

GINZBURG, Carlo. *Olhos de madeira. Nove reflexões sobre a distância*. São Paulo, Companhia das Letras, 2001.

GIORDANI, Jean-Pierre. Territoire. In LUCAN, Jacques (org.). *Le Corbusier. Une Encyclopédie*. Paris, Centre Georges Pompidou, 1987, p. 402-406

GLANCEY, Jonathan. *20th Century Architecture. The Structures that Shaped the Century*. Londres, Carlton Books, 2000.

GOLAN, Romy. Architecture et arts figuratifs au congrés A. Volta. In TALAMONA, Marida (org.). *L'Italie de Le Corbusier*. XV Rencontres de la Fondation Le Corbusier. Paris, Fondation Le Corbusier/Éditions de La Villette, 2010, p. 111-125.

GOODWIN, Philiph L. *Brazil Builds: architecture new and old 1652-1942*. Fotos de Kidder Smith. Nova York, The Museum of Modern Art, 1943.

GOODWIN, Philiph L.; MILLIKEN, Henry Oothovt. *French Provincial Architecture: As shown in various examples of Town and Country Homes, Shops, and Public Places Adaptable to American Conditions*. Paris, F. Contet, 1924.

GORELIK, Adrián. *Das vanguardas a Brasilia. Cultura urbana e arquitetura na América Latina*. Belo Horizonte, Editora UFMG, 2005.

GORELIK, Adrián. Hannes Mayer e o regionalismo (onde está a periferia?). *Óculum*, Campinas, n. 5/6. Campinas, Hollons/FAU PUC-Campinas, Maio 1995.

GORELIK, Adrián. Nostalgia y plan: el Estado como vanguardia. Notas sobre modernidad y vanguardia en la emergencia de la arquitectura moderna latinoamericana. In CURIEL, Gustavo; GONZÁLEZ MELLO, Renato; GUTIÉRREZ HACES, Juana (org.). Arte, historia e identidad en América: visiones comparativas. Volume 3. México, Unam, 1994, p. 655-670.

GORELIK, Adrián; LIERNUR, Jorge Francisco. *La sombra de la vanguardia. Hannes Meyer en México, 1938-1949*. Buenos Aires, Proyecto Editorial SCA/FADU/IAA, 1993.

GOROVITZ, Matheus. Os riscos da modernidade. O 'campus' da Universidade do Brasil. In *Massilia 2000. Anuario de Estudios Lecorbusieranos*. Barcelona, Fundación Caja de Arquitectos, 2002, p. 134-139.

GOROVITZ, Matheus. *Os riscos do projeto. Contribuição à análise do juízo estético na arquitetura*. São Paulo, Studio Nobel/Edunb, 1993.

GORTÁZAR, Fernando González (org.). *La arquitectura mexicana del siglo XX*. Cidade do México, Consejo Nacional para las culturas y las artes, 1994.

GORTÁZAR, Fernando González. La integración plástica en el trabajo de Mario Pani. In NOELLE, Louise (org.) *Mario Pani*. Cidade do México, Universidad Autónoma de México/Instituto de Investigaciones Estéticas, 2008, p. 81-103.

GREGOTTI, Vittorio. *Inside Architecture*. Chicago, MIT Press/Graham Foundation, 1996.

GREIF, Martin. *Depression Modern. The Thirties Style in América*. Nova York, Universe Books, 1975.

GRESLERI, Giuliano (org.). *Viaggio in Oriente: gli*

inediti di C.E. Jeanneret – fotografo e scritore. Catálogo de exposição. Veneza, Marsilio/Fondation Le Corbusier, 1984.

GROENENDIJK, Paul; VOLLAARD, Piet. *Guide to modern architecture in the Netherlands*. Roterdã, 010 Publishers, 2000.

GUERRA, Abilio. *O primitivismo em Mário de Andrade, Oswald de Andrade e Raul Bopp. Origem e conformação no universo intelectual brasileiro*. São Paulo, Romano Guerra, 2010.

GUIDO, Ángel. *La Machinolâtrie de Le Corbusier*. Rosário, edição do autor, 1930.

GUIMARAENS, Cêça de. *Lúcio Costa. Um certo arquiteto em incerto e secular roteiro*. Rio de Janeiro, Relume Dumará, 1996.

GUIMARAENS, Cêça de. *Paradoxos entrelaçados. As torres para o futuro e a tradição nacional*. Rio de Janeiro, Editora UFRJ, 2002.

GULLAR, Ferreira. Lição de Arquitetura. In *Poemas, testemunhos, cartas*. Depoimentos históricos e recentes sobre a obra e a personalidade de Oscar Niemeyer. São Paulo, Fundação Memorial da América Latina, 1998.

GUTIÉRREZ, Ramón. *Arquitectura y urbanismo en Iberoamérica*. Madri, Cátedra, 1983.

GUTIÉRREZ, Ramón. *Buenos Aires. Evolución histórica*. Buenos Aires, Fondo Editorial Escala Argentina, 1992.

GUTIÉRREZ, Ramón. Le Corbusier en Buenos Aires. Nuevas lecturas sobre el viaje de 1929. In MENDEZ, Patricia (org.). *Le Corbusier en el Rio de la Plata*. Buenos Aires/Montevidéu, Cedodal/Farq, 2009.

GUTIÉRREZ, Ramón; MÉNDEZ, Patricia (org.). *Le Corbusier en el Río de la Plata, 1929*. Buenos Aires/Montevidéu, Cedodal/Farq, 2009.

GUTMAN, Margarita (org.). *Buenos Aires 1910: Memoria del porvenir*. Buenos Aires, Gobierno de la Ciudad de Buenos Aires/Consejo del Plan Urbano Ambiental/Facultad de Arquitectura, Diseño y Urbanismo de la Universidad de Buenos Aires/Instituto Internacional de Medio Ambiente y Desarrollo IIED – América Latina, 1999.

HABERMAS, Jürgen. Moderno, postmoderno e neoconservatorismo. *Alfabeto*, Milão, n. 22, 1981.

HABITAT. Concurso de Anteprojetos para o edifício sede do Banco Hipotecário do Uruguai (1955-56). *Habitat*, São Paulo, n. 36, nov. 1956, p. 27-38.

HARDOY, Jorge Enrique. Teorías y prácticas urbanísticas en Europa entre 1850 y 1930. Su traslado a América Latina. In HARDOY, Jorge E.; MORSE, Richard M. *Repensando la ciudad de América Latina*. Buenos Aires, Grupo Editor Latinoamericano/IIED-América Latina, 1988, p. 97-126.

HARRIES, Karsten. *The Ethical Function of Architecture*. Cambridge, The MIT Press, 1998.

HARRIS, Elisabeth D. *Le Corbusier. Riscos brasileiros*. São Paulo, Nobel, 1987.

HASTINGS, Max. *Inferno. O mundo em guerra, 1939-1945*. Rio de Janeiro, Intrínseca, 2012.

HAVLICEK, Josef; HONZIK, Karel. Caixa de Aposentadorias de Praga. Tradução de Affonso Eduardo Reidy. *Revista da Diretoria de Engenharia*, Rio de Janeiro, n. 18, vol. II, set. 1935, p. 509-510.

HAYS, K. Michael. *Modernism and Posthumanis Subject. The Architecture of Hannes Meyer and Ludwig Hilberseimer*. Cambridge, The MIT Press, 1995.

HELLER, Sylvia (org.). *Géza Heller. Um "carioca" sonhador*. Rio de Janeiro, Enbbey Produções, 2012.

HERRERA, Bernal. El regionalismo hispanoamericano: coordenadas culturales y literarias. Havana, *Casa de las Américas*, n. 224, jul./set. 2001, p. 3-15.

HESKETT, John. *Industrial Design*. Londres, Oxford University Press, 1980.

HILBERSEIMER, Ludwig (1927). *La arquitectura de la gran ciudad*. Barcelona, Gustavo Gili, 1999.

HINE, Thomas. Intrigas de oficinas. La vida interior de la cultura corporativa. *Arquitetura Viva*, Madri, n. 79-80, jul./out. 2001, p. 122-127.

HITCHCOCK, Henry-Russel; JOHNSON, Philip. *El estilo internacional: Arquitectura desde 1922*. Valencia, Colegio de Aparejadores y Arquitectos Técnicos de Alicante, 1984.

HITCHCOK, Henry-Russel. *Architecture, Nineteenth & Twentieth Centuries*. Harmondsworth, Penguin Books, 1958.

HITCHCOK, Henry-Russel. *Latin American Architecture since 1945*. Nova York, Museum of Modern Art, 1955.

HOBSBAWM, Eric. *Era dos extremos. O breve século XX. 1914-1991*. São Paulo, Companhia das Letras, 1996.

HOLANDA, Sérgio Buarque de. *Raízes do Brasil*. 19. edição. Rio de Janeiro, José Olympio, 1987.

HOLM, Lorens. Reading Through the Mirror: Brunelleschi, Lacan, Le Corbusier. The Invention of Perspective and the Post-Freudian Eye. *Assemblage*, Cambridge, n. 18, MIT Press, 1992, p. 21-39.

HUYSSEN, Andreas. *Seduzidos pela memória*. Rio de Janeiro, Aeroplano, 2000.

INGERSOLL, Richard. *Le Corbusier. A Marriage of Contours*. Nova York, Princeton Architectural Press, 1990.

IRACE, Fulvio. Brasil. *Abitare*, Milão, n. 374. jun. 1998, p. 84-89.

IRIGOYEN, Adriana. *Wright e Artigas. Duas viagens*. São Paulo, Ateliê, 2002.

JACQUES, Paola Berenstein. As favelas do Rio, os modernistas e a influência de Blaise Cendrars. *Interfaces*, Rio de Janeiro, n. 7, ano VI, nov. 2000.

JAGUARIBE, Beatriz. *Fins de século. Cidade e cultura no Rio de Janeiro*. Rio de Janeiro, Rocco, 1998.

JENCKS, Charles. *Le Corbusier and the Continual Revolution in Architecture*. Nova York, Monacelli, 2000.

JENCKS, Charles. *Movimentos modernos em arquitetura*. Coleção Arquitectura & Urbanismo, n. 3. Lisboa, Edições 70, 1985. Publicação original: JENCKS, Charles. *Modern Movements in Architecture*. Harmondsworth, Penguin Books, 1973.

JOLLOS, Waldemar. *Arte tedesca fra le due guerre*. Milão, Arnaldo Mondadori, 1955.

KAHN, Louis. Monumentality. In OCKMAN, Joan (org.). *Architecture Culture 1943-1968. A Documentary Anthology*. Columbia Books of Architecture. Nova York, Rizzoli, 1993, p. 48-54.

KELSEY, Albert. *Concurso para el Faro a la Memoria de Cristóbal Colón.* Santo Domingo, Unión Panamericana, 1931.

KENNEDY, Randy. Minimalist Oases in a Bustling Manhattan. *The New York Times,* Nova York, 24 abr. 2004. Disponível em <www.nytimes.com/2004/04/23/arts/minimalist-oases-in-a-bustling-manhattan.html?scp=1&sq=Minimalist%20Oases%20in%20a%20Bustling%20Manhattan&st=cse>.

KERTÉSZ, Imre. *Un instante de silencio en el paredón. El Holocausto como cultura.* Barcelona, Herder, 2002.

KESSEL, Carlos. *A vitrine e o espelho. O Rio de Janeiro de Carlos Sampaio.* Rio de Janeiro, Secretaria das Culturas/Prefeitura da Cidade do Rio de Janeiro/Arquivo Geral da Cidade do Rio de Janeiro, 2001.

KHAN, Hasan-Uddin. *Arquitectura modernista de 1925 a 1965.* Colônia, Taschen, 2001.

KHAN, Hasan-Uddin. *Estilo internacional. Arquitectura moderna de 1925 a 1965.* Colônia, Taschen, 2001.

KNAUSS, Paulo. O homem brasileiro possível. Monumento da juventude brasileira. In KNAUSS, Paulo (org.). *Cidade vaidosa. Imagens urbanas do Rio de Janeiro.* Rio de Janeiro, Sette Letras, 1999, p. 29-44.

KOOLHAAS, Rem; MAU, Bruce. *S.M.L.XL.* Nova York, Monacelli, 1995.

KOPP, Anatole. *Quando o moderno não era um estilo e sim uma causa.* São Paulo, Nobel/Edusp, 1990.

KORNIS, Mônica Almeida; LAMARÃO, Sérgio. Contextualização histórica. In CAVALCANTI, Lauro (org.). *Quando o Brasil era moderno. Artes plásticas no Rio de Janeiro 1905-1960.* Rio de Janeiro, Aeroplano, 2001, p. 190-199.

KOSTOF, Spiro. *A History of Architecture. Settings and Rituals.* Nova York/Oxford, Oxford University Press, 1985.

KWINTER, Sanford. *Architetures of Time. Towards a Theory of the Event in Modernist Culture.* Cambridge, The MIT Press, 2001.

LANE, Barbara Miller. *Architecture and politics in Germany 1918-1945.* Cambridge, Harvard University Press, 1968.

LANE, Barbara Miller. *Architecture and Politics in Germany, 1918-1945.* Cambridge, Harvard University Press, 1968.

LAPIDUS, Morris. *An Architecture of Joy.* Miami, E. A. Seemann Publishing, 1979.

LAPIDUS, Morris. *Too Much is Never Enough. An Autobiography.* Nova York, Rizzoli, 1996.

LARRAÑAGA, Maria Isabel de. Las normativas edilícias como marco de la arquitectura moderna en Buenos Aires (1930-1940). *Anales,* Buenos Aires, n. 27/28, IAA/FADU/UBA, 1989/1991, p. 172-182.

LAUBER, Wolfgang, *Tropical Architecture. Sustainable and Human Building in Africa, Latin America and South-East Asia.* Munique, Prestel, 2005.

LEAL, Brigitte (org.). *Jacques Lipchitz.* Collections du Centre Pompidou, Musée National d'Art Moderne et Musée des Beaux-Arts de Nancy. Paris, Éditions du Centre Pompidou, 2004.

LEÃO, Carlos. Diretoria do Serviço Technico do Café, São Paulo. *PDF – Revista da Directoria de Engenharia,* Rio de Janeiro, n. 18, ano IV, set. 1935, p. 521-527.

LEFÈBVRE, Henri. The Reproduction of Space. The Monument (extracts). In LEACH, Neil (org.). *Rethinking Architecture. A Reader in Cultural Theory.* Nova York/Londres, Routledge, 1997, p. 138-146.

LEJEUNE, Jean François. Rêves d'un ordre: utopie, cruauté et modernité. In LEJEUNE, Jean François (org.) *Cruauté & Utopie. Villes et paysages d'Amérique Latine.* Bruxelas, Centre International pour la Ville, l'Architecture et le Paysage, 2003.

LEÓN, Marta Ponce de (org.). *Guía arquitectónica y urbanística de Montevideo.* Sevilha/Montevidéu, Junta de Andalucía/Intendencia Municipal de Montevideo/Dos Puntos, 1996.

LEONÍDIO, Otavio. *Carradas de razões. Lúcio Costa e a arquitetura moderna brasileira (1924-1951).* Rio de Janeiro/São Paulo, Editora PUC-Rio/Loyola, 2007.

LESSA, Carlos. *O Rio de todos os Brasis. Uma reflexão em busca de auto-estima.* Rio de Janeiro, Record, 2000.

LEVY, Ruth. *A Exposição do Centenário e o meio arquitetônico carioca no início dos anos 1920.* Rio de Janeiro, EBA Publicações, 2010.

LIERNUR, Jorge Francisco. América Latina. Los espacios del 'otro'. In KOSHALEK, Richard; SMITH, Elisabeth A. T. (orgs.). *A fin de siglo. Cien años de arquitectura.* Los Angeles/Cidade do México, El Antiguo Colegio de San Ildefonso/The Museum of Contemporary Art, 1998, p. 277-319.

LIERNUR, Jorge Francisco. *Arquitetura en la Argentina del siglo XX. La construcción de la modernidad.* Buenos Aires, Fondo Nacional de las Artes, 2001.

LIERNUR, Jorge Francisco. The south american way. O milagre brasileiro, os Estados Unidos e a Segunda Guerra Mundial – 1939-1943. In GUERRA, Abilio (org.). *Textos fundamentais sobre história da arquitetura moderna brasileira – parte 1.* Coleção RG Bolso, n. 1. São Paulo, Romano Guerra, 2010, p. 169-217. Original em espanhol: LIERNUR, Jorge Francisco. The South American Way. El 'milagro' brasileño, los Estados Unidos y la Segunda Guerra Mundial (1939-1943). Block, Buenos Aires, n. 4, Instituto Torcuato Di Tella, dez. 1999, p. 23-41.

LIERNUR, Jorge Francisco; ALIATA, Fernando. *Diccionario de arquitectura en la Argentina. Estilos, Obras, biografias, instituciones, ciudades.* Buenos Aires, Clarin Arquitectura, 2004.

LIERNUR, Jorge Francisco; PSCHEPIURCA, Pablo. *La red austral. Obras y proyectos de Le Corbusier y sus discípulos en la Argentina (1924-1965).* Buenos Aires, Universidad Nacional de Quilmes/Prometeo Libros, 2008.

LIMA, Evelyn Furquim Werneck. *Arquitetura do espetáculo. Teatros e cinemas na formação da Praça Tiradentes e da Cinelândia.* Rio de Janeiro, Editora UFRJ, 2000.

LIMA, Evelyn Furquim Werneck. *Avenida Presidente Vargas: uma drástica cirurgia.* Rio de Janeiro, Secretaria Municipal de Cultura, Turismo e Esportes/Prefeitura da Cidade do Rio de Janeiro, 1990.

LIMA, Lucia de Meira. O Palace Hotel. Um espaço de vanguarda no Rio de Janeiro. In CAVALCANTI, Lauro (org.). *Quando o Brasil era moderno. Artes Plásticas no Rio de Janeiro, 1905-1960.* Rio de Janeiro, Aeroplano, 2001, p. 60-115.

LIMA, Taís. A iluminação natural na modelagem do espaço: o prédio do MEC no Rio de Janeiro. In GAZZANEO, Luiz Manoel Cavalcanti; SARAIVA, Suzana Barros Corrêa (org.). *A República no Brasil 1889-2003. Ideário e realizações. Arquitetura*. Coleção Proarq, Volume 1. Rio de Janeiro, Papel Virtual, 2004, p. 187-204.

LIPCHITZ, Jacques; ARNASON, H. Harvard. *My Life in Sculpture*. Nova York, Viking Press, 1972.

LISSOVSKY, Mauricio; SÁ, Paulo Sergio Moraes de. *Colunas da Educação. A construção do Ministério de Educação e Saúde – 1935-1945*. Rio de Janeiro, Iphan/Ministério da Cultura/Fundação Getúlio Vargas, 1996.

LODDER, Christina. The Vkhutemas and the Bauhaus. A Creative Dialogue. *AD – Art & Design*, Londres, n. 29 ("The Great Russian Utopia"), 1993, p. 28-41.

LONDRES, Cecília. A invenção do patrimônio e a memória nacional. In BOMENY, Helena Maria Bousquet (org.). *Constelação Capanema: intelectuais e políticas*. Rio de Janeiro, Editora FGV, 2001.

LÓPEZ, Jorge Gorostiza. *Cine y arquitectura*. Las Palmas de Gran Canaria, Escuela Técnica Superior de Arquitectura/Ediciones Universidad Palmas de Gran Canaria, 1990, p. 47-53. Edição na internet: http://www.cervantesvirtual.com/obra-visor/cine-y-arquitectura--0/html/.

LUCAN, Jacques (org.). *Le Corbusier. Une encyclopédie*. Paris, Centre Pompidou/CCI, 1987.

LUIGI, Gilbert. *Oscar Niemeyer. Une esthétique de la fluidité*. Paris, Parenthèses, 1987.

LYRA, Cyro Corrêa. *Documenta Histórica dos Municípios do Estado do Rio de Janeiro*. Rio de Janeiro, Documenta Histórica, 2006.

MAFFESOLI, Michel. *Elogio de la razón sensible. Una visión intuitiva del mundo contemporáneo*. Barcelona, Piados, 1997.

MANSON, Grant Carpenter. *Frank Lloyd Wright. The first golden age*. Nova York, Reinhold, 1958.

MARCHI, Virgilio. *Architettura Futurista*. Foligno, Franco Campitelli, 1924.

MARIANI, Riccardo. *Razionalismo e architettura moderna. Storia di una polemica*. Milão, Comunità, 1989.

MARIANNO FILHO, José. *À margem do problema arquitetônico*. Rio de Janeiro, Edição do Autor, 1943.

MARIANNO FILHO, José. Alimentando a confusão. In MARIANNO FILHO, José. *À margem do problema arquitetônico*. Rio de Janeiro, Edição do Autor, 1943.

MARIANNO FILHO, José. *Debates sobre estética e urbanismo*. Rio de Janeiro, Edição do Autor, 1943.

MARIANNO FILHO, José. O incrível edifício do Ministério da Educação. In MARIANNO FILHO, José. *Debates sobre estética e urbanismo*. Edição do Autor, Rio de Janeiro, 1943, p. 153-156.

MARIANNO FILHO, José. Pode ser tudo menos tropical. *Folha Carioca*, Rio de Janeiro (26 jul. 1944). In LISSOVSKY, Mauricio; SÁ, Paulo Sergio Moraes de. *Colunas da Educação. A construção do Ministério de Educação e Saúde (1935-1945)*. Rio de Janeiro, Iphan/Ministério da Cultura/Fundação Getúlio Vargas, 1996, p. 198-199.

MARIANNO FILHO, José. Viva o ministro. In MARIANNO FILHO, José. *Debates sobre estética e urbanismo*. Edição do Autor, Rio de Janeiro, 1943, p. 45-46.

MARINS, Paulo César Garcez. Habitação e vizinhança: limites da privacidade no surgimento das metrópoles brasileiras. In NOVAIS, Fernando A.; SEVCENKO, Nicolau. *História da vida privada no Brasil*. Volume 3: República: da belle époque à era do rádio. São Paulo, Companhia das Letras, 1998, p. 131-214.

MARQUES, Sergio M. *A revisão do movimento moderno? Arquitetura no Rio Grande do Sul nos anos 80*. Porto Alegre, Editora Ritter dos Reis, 2002.

MARSÁ, Ángel; MARSILLACH, Luis. La montaña iluminada. In QUETGLAS, Josep. *Eh horror cristalizado. Imágenes del Pabellón de Alemania de Mies van der Rohe*. Barcelona, Actar, 2001.

MARTÍ, Carles; MONTEYS, Xavier. La línea dura. El ala radical del racionalismo. *2C – Construcción de la Ciudad*, Barcelona, n. 22, abr. 1985, p. 2-17.

MARTÍN ZEQUEIRA, Maria Elena; RODRÍGUEZ FERNÁNDEZ, Eduardo Luis (org.). *La Habana. Guia de Arquitectura*. Sevilla/Madrid/La Habana, Junta de Andalucía/Agencia Española de Cooperación Internacional/Consejo de la Administración Provincial, 1998.

MARTINS, Carlos Alberto Ferreira. 'Há algo de irracional...'. Notas sobre a historiografia da arquitetura brasileira. In GUERRA, Abilio (org.). *Textos fundamentais sobre história da arquitetura moderna brasileira – parte 2*. Coleção RG Bolso, n. 2. São Paulo, Romano Guerra, 2010, p. 131-168. Original em espanhol: MARTINS, Carlos Alberto Ferreira. Hay algo de irracional.....Apuntes sobre la historiografía de la arquitectura brasileña. In *Block*, Buenos Aires, n. 4, Universidad Torcuato Di Tella, dez. 1999, p. 8-22.

MARTINS, Carlos Alberto Ferreira. *Arquitetura e Estado no Brasil. Elementos para uma investigação sobre a constituição do discurso moderno no Brasil: a obra de Lúcio Costa*. Dissertação de mestrado. São Paulo, FFLCH USP, 1987.

MARTINS, Carlos Alberto Ferreira. Identidade nacional e Estado no projeto modernista. Modernidade, Estado e tradição. In GUERRA, Abilio (org.). *Textos fundamentais sobre história da arquitetura moderna brasileira*. Parte I. Coleção RG Bolso, n. 1. São Paulo, 2010, p. 279-297. Publicação original: MARTINS, Carlos Alberto Ferreira. Identidade nacional e Estado no projeto modernista. Modernidade, Estado e tradição. *Óculum*, Campinas, n. 2, FAU PUC-Campinas, set. 1992, p. 71-76.

MARTINS, Elisabete Rodrigues de Campos. A modernidade está nos jornais: Affonso Eduardo Reidy e o Museu de Arte Moderna. In GUIMARAENS, Cêça (org.). *Arquitetura e movimento moderno*. Rio de Janeiro, Proarq/Prourb/FAU UFRJ, 2006, p. 185-196.

MARTINS, Elisabete Rodrigues de Campos. O ex-aluno Carlos Leão. *Academia*, Rio de Janeiro, n. 4, ano IV, FAU UFRJ, 2003, p. 13-15.

MARTUCCELLI, Elio. *Arquitectura para una ciudad fragmentada. Ideas, proyectos y edificios en la Lima del siglo XX*. Lima, Universidad Ricardo Palma, 2000.

McCARTER, Robert. *Frank Lloyd Wright*. Londres, Phaidon, 1999.

McEWEN, Indra Kagis. *Socrates' Ancestor. An Essay on Architectural Beginnings*. Cambridge, MIT Press, 1993.

McLEOD, Mary. L'appel de la méditerranée. In LUCAN, Jacques (org.). *Le Corbusier. Une Encyclopédie*. Paris, Centre Georges Pompidou, 1987, p. 26-32.

McLEOD, Mary. La era de Reagan. Del postmoderno a la deconstrucción. *Arquitectura Viva*, Madri, n. 8, out. 1989, p. 7-19.

McLEOD, Mary. Le Corbusier and Algiers. *Oppositions*, Nova York, n. 19-20, inverno/primavera 1980.

McLEOD, Mary. Le rêve transi de Le Corbusier: L'Amérique 'catastrophe féerique'. In COHEN, Jean-Louis; DAMISCH, Hubert. *Américanisme et modernité. L'ideal américain dans l'architecture*. Paris, Flammarion, 1993, p. 209-227.

MELLO JÚNIOR, Donato. *Rio de Janeiro: planos, plantas e aparências*. Rio de Janeiro, Galeria de Arte do Centro Empresarial Rio/João Fortes Engenharia, 1988.

MELLO JÚNIOR, Donato. Um campus universitário para a cidade. *Arquitectura Revista*, Rio de Janeiro, n. 2, FAU UFRJ, 1985, p. 52-72.

MELO Neto, João Cabral de. *O engenheiro*. In NOVAIS, Fernando A.; SEVCENKO, Nicolau. *História da vida privada no Brasil. República: da belle époque à era do rádio*. São Paulo, Companhia das Letras, 1998.

MEMÓRIA FILHO, Péricles. *Archimedes Memória. O último dos ecléticos*. Rio de Janeiro, Editora e Livra-[-ria Brasil, 2008.

MEYER, Hannes. *El arquitecto en la lucha de clases*. Havana, Arte y Literatura, 1981.

MICELI, Sérgio. *Intelectuais à brasileira*. São Paulo, Companhia das Letras, 2001.

MILNER, John. *Vladimir Tatlin and the Russian Avant-Garde*. New Haven, Yale University Press, 1983.

MINDLIN, Henrique E. *Álvaro Vital Brazil. 50 anos de arquitetura*. São Paulo, Nobel, 1986.

MINDLIN, Henrique E. *Arquitetura moderna no Brasil*. Rio de Janeiro, Aeroplano, 1999. Publicação original: MINDLIN, Henrique E. *Modern Architecture in Brazil*. Nova York, Reinhold, 1956.

MOLINA Y VEDIA, Juan. *Mi Buenos Aires herido*. Buenos Aires, Colihue, 1999.

MONTANER, Josep Maria. *As formas do século XX*. Barcelona, Gustavo Gili, 2002.

MONTERO, Marta Iris. *Burle Marx. Paisajes líricos*. Buenos Aires, Edição da Autora, 1997.

MONTEYS, Xavier, El hombre que veía vastos horizontes. Le Corbusier, el paisaje y la Tierra. In *Massilia – Anuario de Estudios Lecorbusieranos*. Saint Cugat del Vallès, Associació d'idees/Centre d'investigacions Estétiques, 2004, p. 6-21.

MOOS, Stanislaus von. *Le Corbusier*. Barcelona, Lumen, 1977.

MORAES, Paulo Jardim de. *Por uma 'Nova Arquitetura' no Brasil. Jorge Machado Moreira (1904-1992)*. Dissertação de mestrado. Rio de Janeiro, FAU UFRJ, 2001.

MORAES, Vinícius de. A cidade em progresso. In HOLLANDA, Heloisa Buarque de (org.). *Guia poético do Rio de Janeiro. O olhar modernista*. Rio de Janeiro, Aeroplano, 2001, p. 108-109.

MORAES, Vinícius de. Azul e branco. In MORAES, Vinicius de. *Antologia poética*. Rio de Janeiro, José Olympio, 1978.

MORAES, Vinícius de. O Morro do Castelo. In HOLLANDA, Heloisa Buarque de (org.). *Guia poético do Rio de Janeiro. O olhar modernista*. Rio de Janeiro, Aeroplano, 2001.

MORAIS, Fernando. *Olga*. São Paulo, Companhia das Letras, 1994.

MORAIS, Frederico. *Cronologia das artes plásticas no Rio de Janeiro 1816-1994*. Rio de Janeiro, Topbooks, 1995.

MORAIS, Frederico. *Núcleo Bernardelli. Arte brasileira nos anos 30 e 40*. Rio de Janeiro, Pinakotheke, 1982.

MOREIRA, Jorge Machado; VASCONCELLOS, Ernani M. de. Anteprojeto para a Associação Brasileira de Imprensa. *Revista da Diretoria de Engenharia*, Rio de Janeiro, n. 5, vol. III, set. 1936, p. 261-270.

MOTTA, Flávio. *Roberto Burle Marx e a nova visão da paisagem*. São Paulo, Nobel, 1884.

MOTTA, Flávio. Introduzione al Brasile. Número temático "Rapporto Brasile". *Zodiac*, Milão, n. 6, 1960, p. 57-139.

MOTTA, Marly Silva da. *A Nação faz 100 anos. A questão nacional no centenário da Independência*. Rio de Janeiro, CPDOC FGV, 1992.

MOTTA, Marly Silva da. O 'Hércules da Prefeitura' e o 'Demolidor do Castelo': o executivo municipal como gestor da política urbana da cidade do Rio de Janeiro. In OLIVEIRA, Lucia Maria Lippi (org.). *Cidade: história e desafios*. Rio de Janeiro, Editora FGV, 2002, p. 195-211.

MUMFORD, Eric. *The CIAM: Discourse on Urbanism, 1928-1960*. Cambridge, The MIT Press, 2000.

NAVARRO SEGURA, María Isabel (org.). *Alberto Sartoris. La concepción poética de la arquitectura – 1901-1998*. València, Institut Valencia d'Art Modern/Centre Julio Gonzalez, 2000.

NEEDELL, Jeffrey D. *Belle époque tropical*. São Paulo, Companhia das Letras, 1993.

NEUFERT, Ernst (1936). *Arte de proyectar en arquitectura*. Barcelona, Gustavo Gili, 1976.

NEUMEYER, Fritz. *Mies van der Rohe. La palabra sin artificio. Reflexiones sobre arquitectura, 1922-1968*. Madri, El Croquis, 1995.

NIEMEYER, Oscar. *A forma na arquitetura*. Rio de Janeiro, Avenir, 1978.

NIEMEYER, Oscar. Arquiteto por nascimento. *Módulo*, Rio de Janeiro, n. 96 ("Le Corbusier"), nov. 1987, p. 18-19.

NIEMEYER, Oscar. *As curvas do tempo. Memórias*. Rio de Janeiro, Revan, 1998.

NIEMEYER, Oscar. Club Sportivo. *PDF – Revista da Diretoria de Engenharia*, Rio de Janeiro, n. 14, ano III, 1935, p. 236-240.

NIEMEYER, Oscar. Le Corbusier. In XAVIER, Alberto (org.). *Arquitetura moderna brasileira. Depoimento de uma geração*. São Paulo, ABEA/FVA/Pini, 1987, p. 329-330.

NIEMEYER, Oscar. *Minha arquitetura 1937-2004*. Rio de Janeiro, Revan, 2004.

NIEMEYER, Oscar. *Oscar Niemeyer*. São Paulo, Almed, 1985.

NIEMEYER, Oscar. *Oscar Niemeyer*. Milão, Arnoldo Mondadori, 1975.

NIEMEYER, Oscar. Présentation. In BOESIGNER, Willy (org.). *Le Corbusier et son atelier rue de Sèvres 35. Oeuvre Complète 1957-1965*. Zurique, Les Éditions d'Architecture, 1965.

NIETO, José Ramírez. *El discurso Vargas Capanema y la arquitectura moderna en Brasil*. Bogotá, Facultad de Artes, Universidad Nacional de Colombia, 2000.

NIETZSCHE, Friedrich Wilhelm. *Assim falava Zaratustra*. São Paulo, Hemus, s.d.

NOBRE, Ana Luiza. *Carmen Portinho. O moderno em construção*. Rio de Janeiro, Relume Dumará, 1999.

NOBRE, Ana Luiza. Um museu através. In COELHO, Frederico (org.). *Museu de Arte Moderna: arquitetura e construção*. Rio de Janeiro, Cobogó, 2010, p. 110-116.

NONATO, José Antonio; SANTOS, Nubia Melhem. *Era uma vez o Morro do Castelo*. Rio de Janeiro, Iphan/Casa da Palavra, 2000.

NORBERG-SCHULZ, Christian. *Il mondo dell'architettura. Saggi scelti*. Milão, Il Saggiatore, s.d.

NOUVEL, Jean. Além da escala. *AU – Arquitetura e Urbanismo*, São Paulo, n. 99, ano 16, dez. 2001/jan. 2002, p. 64-71.

NOVAIS, Fernando A.; SCHWARCZ, Lilia Moritz. *História da vida privada no Brasil*. Volume IV. São Paulo, Companhia das Letras, 2001.

OCKMAN, Joan (org.). *Architecture Culture 1943-1968. A Documentary Anthology*. Columbia Books of Architecture. Nova York, Rizzoli, 1993

OCKMAN, Joan. Los años de la guerra: Nueva York, nueva monumentalidad. In COSTA, Xavier; HARTRAY, Guido (org.). *Sert. Arquitecto en Nueva York*. Barcelona, Museu d'Art Contemporani de Barcelona/Actar, 1997, p. 23-45.

OECHSLIN, Werner. 'Not from an aestheticizing, but from a general cultural point of view'. Mies's Steady Resistence to Formalism and Determinism: A Plea for Value-Criteria in Architecture. In LAMBERT, Phyllis (org.). *Mies in America*. Nova York, Harry N. Abrams, 2001.

OLIVEIRA, Ana Rosa de. Un paisaje y un jardín para el ministerio. *DC – Revista de Crítica Arquitectónica*, Barcelona, n. 3, ETSAB UPC, set. 1999, p. 57-66.

OLIVEIRA, Lucia Maria Lippi. O intelectual do DIP: Lourival Fontes e o Estado Novo. In BOMENY, Helena Maria Bousquet (org.). *Constelação Capanema: intelectuais e políticas*. Rio de Janeiro, FGV, 2001, p. 37-58.

OLIVEIRA, Olivia de. Entrevista com Lina Bo Bardi. *2G*, Barcelona, n. 23/24, 2002, p. 230-255.

OLIVEIRA, Sonia Maria Queiroz de (org.). *Planos urbanos do Rio de Janeiro. Plano Agache*. Rio de Janeiro, Centro de Arquitetura e Urbanismo, 2009.

OSINAGA, J. C. Sancho. *El sentido purista de Le Corbusier*. Madri, Munilla-Lería, 2000.

OTMAR, Renee (org.). *Botti Rubin Architects – Selected and Current Works*. Mulgrave, The Image Publishing Group, 2002.

OYARZÚN, Fernando Pérez (org.). *Le Corbusier y sudamérica. viajes y proyectos*. Ediciones de Arquitectura. Santiago do Chile, Escuela de Arquitectura/Pontifica Universidad Católica de Chile, 1991.

PAETZOLD, Heinz. The Philosophical Notion of the City. In MILES, Malcolm; HALL, Tim; BORDEN, Ian. *The City Cultures Reader*. Londres, Routledge, 2000, p. 204-220.

PAGANO, Giuseppe. Del 'monumentale' nell'architettura moderna. In PAGANO, Giuseppe. *Architettura e cittá durante il fascismo*. Organização de C. De Seta. Bari, Laterza, 1990, p. 95-102.

PANDOLFI, Dulce (org.). *Repensando o Estado Novo*. Rio de Janeiro, Editora FGV, 1999.

PANOFSKY, Erwin. *Il significato nelle arti visive*. Turim, Einaudi, 1962.

PAPADAKI, Stamo. *The Work of Oscar Niemeyer*. Nova York, Reinhold, 1951.

Pavilhão dos pingüins no zôo de Londres. Lubetkin, Drake & Tecton (CIAM). *PDF – Revista da Directoria de Engenharia*, Rio de Janeiro, n. 16, ano IV, maio 1935, p. 401-404.

PAWLEY, Martin. *Le Corbusier*. Nova York, Simon & Schuster, 1970.

PEDROSA, Mário. A arquitetura moderna no Brasil. In PEDROSA, Mário. *Dos murais de Portinari aos espaços de Brasília*. Organização de Aracy Amaral. São Paulo, Perspectiva, 1981, p. 255-264.

PEDROSA, Mário. *Dos murais de Portinari aos espaços de Brasília*. Organização de Aracy Amaral. São Paulo, Perspectiva, 1981.

PEDROSA, Mário. O depoimento de Oscar Niemeyer. In PEDROSA, Mário. *Dos murais de Portinari aos espaços de Brasília*. Organização de Aracy Amaral. São Paulo, Perspectiva, 1981, p. 289-291.

PEDROSA, Mário. O paisagista Burle Marx (1958). In PEDROSA, Mário. *Dos murais de Portinari aos espaços de Brasília*. Organização de Aracy Amaral. São Paulo, Perspectiva, 1981, p. 285-287.

PEDROSA, Mário. Portinari. De Brodósqui aos murais de Washington (1942). In PEDROSA, Mário. *Dos murais de Portinari aos espaços de Brasília*. Organização de Aracy Amaral. São Paulo, Perspectiva, 1981, p. 7-25.

PEIXOTO, Marta. Sistema de proteção de fachada na escola carioca de 1935 a 1955. *Arqtexto*, Porto Alegre, n. 2, UFRGS, 2002, p. 122-137.

PEREIRA, Margareth da Silva. *Os correios e telégrafos no Brasil; um patrimônio histórico e arquitetônico*. São Paulo, Empresa Brasileira de Correios e Telégrafos, 1999.

PEREIRA, Margareth da Silva. Paris-Rio: le passé américain et le goût du monument. IN LORTIE, André (org.). *Modele d'Architecture ou Architectures Modeles*. Coleção Editions du Pavillon de l'Arsenal. Paris, Picard, 1995, p. 141-148.

PEREIRA, Margareth da Silva. Pensando a metrópole moderna: os planos de Agache e Le Corbusier para o Rio de Janeiro. In RIBEIRO, Luiz César de Queiroz; PECHMAN, Roberto (org.). *Cidade, povo e nação. Gênese do urbanismo moderno*. Rio de Janeiro, Civilização Brasileira, 1996, p. 363-376.

PEREIRA, Margareth da Silva. Reidy aprendeu cedo com Agache que arquitetura e cidade têm que andar juntas. In FREIRE, Américo; OLIVEIRA, Lucia Maria Lippi (org.). *Capítulos da memória do urbanismo carioca*. Rio de Janeiro, Folha Seca/FGV, 2002, p. 27-39.

PEREIRA, Margareth da Silva. The Time of the Capitals: Rio de Janeiro and São Paulo: Words, Actors and Plans. In ALMANDOZ, Arturo. *Planning Latin America's Capital Cities, 1850-1950*, Londres, Routledge, 2002, p. 75-108.

PEREIRA, Margareth da Silva. *Um Brasil em Exposição*. Rio de Janeiro, Casa Doze, 2010.

PEREIRA, Miguel Alves. *Arquitetura, texto e contexto: o discurso de Oscar Niemeyer*. Brasília, Editora UnB, 1997.

PESSÔA, José. Lúcio Costa e o Rio de Janeiro. In NOBRE, Ana Luiza; KAMITA, João Masao; LEONÍDIO, Otávio; CONDURU, Roberto, *Lúcio Costa. Um modo de ser moderno*. São Paulo, Cosac Naify, 2004, p.146-158.

PESSÔA, José. *Lúcio Costa. Documentos de trabalho*. Coleção Edições do Patrimônio. Rio de Janeiro, Iphan/Ministério da Cultura, 1999.

PETIT, Jean. *Niemeyer: poeta da arquitetura*. Lugano, Fidia Edizioni, 1995.

PETRINA, Alberto (org.). *Buenos Aires. Guia de arquitectura*. Buenos Aires/Sevilha, Municipalidad de la Ciudad de Buenos Aires/Conserjería de Obras Públicas y Transportes de Sevilla, 1994.

PEVSNER, Nikolaus. *Historia de las tipologías arquitectónicas*. Barcelona, Gustavo Gili, 1979.

PHILIPPOU, Styliane. *Oscar Niemeyer. Curves of Irreverence*. New Haven, Yale University Press, 2008.

PIGNATARI, Decio. Por uma crítica da arquitetura no Brasil. Suplemento Caderno T, n. 14 (Instituto Takano). *Bravo!*, São Paulo, n. 51, ano 5, dez. 2001.

PIMENTEL, Thaís Velloso Cougo. *A torre Kubitschek. Trajetória de um projeto em 30 anos de Brasil*. Belo Horizonte, Secretaria de Estado da Cultura, 1993.

PINHEIRO, Augusto Ivan Freitas; RABHA, Nina Maria de Carvalho Elias. *Porto do Rio de Janeiro. Construindo a modernidade*. Rio de Janeiro, Andréa Jakobsson Estúdio Editorial, 2004.

PINHEIRO, Gerson Pompeu. A estrutura livre. *Arquitetura e Urbanismo*, Rio de Janeiro, n. 4, jul./ago. 1937, p. 173-175.

PINHEIRO, Gerson Pompeu. O Estado e a arquitetura. *Arquitetura e Urbanismo*, Rio de Janeiro, n. 4, jul./ago. 1938.

PINHEIRO, Gerson Pompeu. Rumo à casa brasileira. *Arquitetura e Urbanismo*, Rio de Janeiro, n. 3, maio/jun. 1938, p. 113-115.

PINHEIRO, Gerson Pompeu. Urbanismo no Rio de Janeiro. *Arquitetura e Urbanismo*, Rio de Janeiro, n. 5, set./out. 1938, p. 16-18.

PONCE DE LEÓN, Marta; ALTEZOR, Carlos (org.). *Guía arquitectónica y urbanística de Montevideo*. Dos Puntos/Junta de Andalucía/Agencia Española de Cooperación Internacional/Intendencia Municipal de Montevideo/Facultad de Arquitectura, 1996.

PONTI, Gio. *Amate l'Architettura*. Milão, Società, 2004.

PONTUAL, Roberto. Antropofagia e/ou construção: uma questão de modelos. In *Modernidade. Arte brasileira do século 20*. São Paulo, Musée d'Art Moderne de la Ville de Paris/Museu de Arte Moderna de São Paulo, 1988.

PONTUAL, Roberto. *Entre dois séculos. Arte brasileira do século XX na Coleção Gilberto Chateaubriand*. Rio de Janeiro, JB, 1987.

PORTINARI, João Cândido. *War and Peace. Portinari*. Rio de Janeiro, Portinari Project, 2007.

PORTINHO, Carmen. Arquitetura moderna na Holanda. *Revista Municipal de Engenharia*, Rio de Janeiro, n. 1, vol. 1, jun. 1932.

PORTINHO, Carmen. *Por toda a minha vida. Depoimento a Geraldo Edson de Andrade*. Rio de Janeiro, Eduerj, 1999.

PRENTICE, Robert R. O conjunto dos três edifícios. *Arquitetura e Urbanismo*, Rio de Janeiro, n. 3, mar./abr. 1937, p. 77-100.

PUJADE, Jean. Liminar. In PONGE, Robert (org.). *Surrealismo e Novo Mundo*. Porto Alegre, Editora UFRGS, 1999, p. 19-21.

PUPPI, Lionello. *A arquitetura de Oscar Niemeyer*. Rio de Janeiro, Revan, 1988.

PUPPI, Marcelo. *Por uma história não moderna da arquitetura brasileira*. Campinas, Pontes/CPHA/IFCH Unicamp, 1998.

QUETGLAS, Josep. Con el público en suspenso. *Circo*, Madri, n. 91, 2001, p. 2-15.

QUETGLAS, Josep. *Der Gläserne Schrecken. Imágenes del Pabellón de Alemania*. Montreal, Section B, 1991.

QUETGLAS, Josep. *El horror cristalizado. Imágenes del Pabellón de Alemania de Mies van der Rohe*. Barcelona, Actar, 2001.

QUILICI, Vieri. *L'architettura del construttivismo*. Bari, Laterza, 1969.

RABHA, Nina (org.). *Planos urbanos. Rio de Janeiro. O século XIX*. Rio de Janeiro, Instituto Municipal de Urbanismo Pereira Passos/SMU IPP, 2008.

RAGON, Michel. Architecture et urbanisme en France de 1937 à 1957. In HULTEN, Pontus (org.). *Paris-Paris 1937-1957. Créations en France*. Paris, Centre Georges Pompidou, 1981, p. 422-429.

RAGON, Michel. *Histoire mondiale de l'architecture et de l'urbanisme modernes*. Tomos 1 e 2 – Pratiques et Méthodes, 1911-1971. Paris, Casterman, 1972.

RAGOT, Gilles; DION, Mathilde. *Le Corbusier en France. Projets et réalisations*. Paris, Le Moniteur, 1997.

RAMÍREZ, Mari Carmen. Utopias regressivas? Radicalismo vanguardista em Siqueiros e Oswald. In *Núcleo Histórico: antropofagias e histórias de canibalismos*. Catálogo da XXXIV Bienal de São Paulo. São Paulo, Fundação Bienal de São Paulo, 1998, p. 318-325.

REBELO, Marques; BULHÕES, Antonio. *O Rio de Janeiro do Bota-Abaixo*. Rio de Janeiro, Salamandra, 1997.

RECAMÁN, Luiz. Forma sem utopia. In FORTY, Adrian; ANDREOLI, Elisabetta (org.). *Arquitetura moderna brasileira*. Londres, Phaidon, 2004, p. 108-139.

RECHDAN, Luís Henrique Junqueira de Almeida. *Moderno entre modernos: a escolha do projeto do edifício-sede do Ministério da Educação e Saúde Pública (1935-1937)*. Dissertação de mestrado. São Paulo, PUC-SP, 2009.

REESE, Carol McMichael. The Urban Development of Mexico City, 1850-1930. In ALMANDOZ, Arturo (org.). *Planning Latin America's Capital Cities 1850-1950*. Londres, Routledge, 2002.

REICHLIN, Bruno. From Produt to Process. The Van Nelle Factories in Rotterdam. Brinkman & Van der

Vlugt, 1928-1931. *Docomomo Journal*, Delft, n. 26 ("Engineering the future"), dez. 2001, p. 44-51.

REIDY, Affonso Eduardo. Urbanização da Esplanada do Castelo. *Revista Municipal de Engenharia*, Rio de Janeiro, volume V, Secretaria Geral de Viação, Trabalho e Obras Públicas, set. 1938, p. 604-607.

REIS, José de Oliveira. História urbanística do Rio de Janeiro. O Rio: cidade de pântanos e lagoas. *Revista Municipal de Engenharia*, Rio de Janeiro, vol. XL, Prefeitura da Cidade do Rio de Janeiro, jan./mar. 1983.

REVISTA MUNICIPAL DE ENGENHARIA. Rio de Janeiro, n. 6, nov., p. 679-693.

REZENDE, Vera F. Evolução da produção urbanística na cidade do Rio de Janeiro, 1900, 1950, 1965. In LEME, Maria Cristina da Silva (org.). *Urbanismo no Brasil 1895-1965*. São Paulo, Fupam/Studio Nobel, 1999.

REZENDE, Vera F. *Planejamento urbano e ideologia. Quatro planos para a cidade do Rio de Janeiro*. Rio de Janeiro, Civilização Brasileira, 1982.

RIBEIRA, Paulo Antunes. Hospital do Funcionário Público. *PDF – Revista da Directoria de Engenharia*, Rio de Janeiro, n. 4, vol. III. jul. 1936, p. 176-178.

RIBEIRO, Paulo Eduardo Vidal Leite. Palácio Gustavo Capanema. Processo de restauração e revitalização. *Anais do III Seminário Docomomo-Brasil*. São Paulo, dez. 1999 <www.docomomo.org.br/seminario 3 pdfs/subtema_B1F/Paulo_eduardo_ribeiro.pdf>.

RICALDONI, Américo. El concepto de lo monumental en arquitectura. *Arquitetura e Urbanismo*, Rio de Janeiro, n. 2, mar./abr. 1938, p. 61-69.

RICALDONI, Américo. El concepto de lo monumental en arquitectura. *Arquitetura e Urbanismo*, Rio de Janeiro, n. 3, maio/jun. 1938, 116-121.

RICHARDS, James Maude. *An Introduction to Modern Architecture*. Harmondswortt, Penguin, 1940. Edição em português: RICHARDS, James Maude. *Introdução à arquitetura moderna*. Porto, Sousa & Almeida, 1960. Edição em português: RICHARDS, James Maude. *Introdução à arquitetura moderna*. Porto, Edições Sousa & Almeida, 1960.

RIEGL, Alois. The Modern Cult of Monuments: Its Character and Its Origin. In HAYS, K. Michael (org.). *Opposition Reader*. Nova York, Princeton Architectural Press, 1998, p. 621-651.

RIZZO, Giulio G. *Roberto Burle Marx. Il giardino del Novecento*. Firenzi, Cantini, 1992.

ROBERTO, Marcelo; ROBERTO, Milton. Associação Brasileira de Imprensa. *Arquitetura e Urbanismo*, Rio de Janeiro, n. 5. set./dez. 1940, p. 261-278.

ROBERTO, Marcelo; ROBERTO, Milton. O Palácio da Imprensa. *Arquitetura e Urbanismo*, Rio de Janeiro, n. 2, mar./abr. 1937, p. 64-72.

ROCHA, Edileusa da (org.) *Guia do Recife. Arquitetura e paisagismo*. Recife, Editora dos Autores, 2004.

ROCHA-PEIXOTO, Gustavo. O ecletismo e seus contemporâneos na arquitetura do Rio de Janeiro. In CZAJKOWSKI, Jorge (org.). *Guia da arquitetura eclética no Rio de Janeiro*. Rio de Janeiro, Prefeitura da Cidade do Rio de Janeiro/Centro de Arquitetura e Urbanismo do Rio de Janeiro/Casa da Palavra, 2000, p. 5-23.

ROCHA-PEIXOTO, Gustavo. *Reflexos das luzes na terra do sol. Sobre a teoria da arquitetura no Brasil da Independência. 1808-1831*. São Paulo, ProEditores, 2000.

ROGERS, Ernesto N. *Esperienza dell'Architettura*. Turim, Einaudi, 1958.

ROGERS, Ernesto N. Il sogno ad occhi aperti di Le Corbusier. *Casabella-continuità*, Milão, n. 274, abr. 1963, p. 1.

ROHE, Ludwig Mies van der. Arquitectura y voluntad de época! (1924). In NEUMEYER, Fritz. *Mies van der Rohe. La palabra sin artificio. Reflexiones sobre arquitectura 1922/1968*. Madri, El Croquis, 1995.

ROHE, Ludwig Mies van der. Bürohaus. *G – Zeitschrift für Elementare Gestaltung*, n. 1, Berlim, jul. 1923, p. 3.

ROOB, Alexander. *El museo hermético. Alquimia & mística*. Colônia, Taschen, 2005.

ROSSI, Aldo. *L'architettura della cittá*. Pádua, Marsilio, 1966. Edição em português: ROSSI, Aldo. A arquitetura da cidade. São Paulo, WMF Martins Fontes, 1995.

ROVIRA, Josep M. *José Luis Sert 1901-1983*. Milão, Electa, 2000.

ROWE, Colin (org). *The Mathematics of the Ideal Villa and Other Essays*. Cambridge, The MIT Press, 1976.

ROWE, Colin. *Manierismo y arquitectura moderna y otros ensayos*. Barcelona, Gustavo Gili, 1978.

ROWE, Colin; SLUTZKY, Robert. Transparency: Literal and Phenomenal. In *The Mathematics of the Ideal Villa and Other Essays*. Cambridge, The MIT Press, 1976, p. 160-183.

RUDOFSKY, Bernard. Cantieri di Rio de Janeiro. *Casabella*, Milão, n. 136, abr. 1939, p. 12-17.

SABBAG, Haifa. Entrevista a Lúcio Costa. A beleza de um trabalho precursor, síntese da tradição e da modernidade. *AU – Arquitetura e Urbanismo*, São Paulo, n. 1, ano 1, jan. 1985, p. 15-19.

SADDY, Pierre. Deux héros de l'époque machiniste, ou le passage du témoin. In LUCAN, Jacques (org.). *Le Corbusier. Une encyclopédie*. Paris, Centre Pompidou/CCI, 1987, p. 300.

SALLES, Evandro (org.). *Gráfica utópica. Arte gráfica russa. 1904-1942*. Rio de Janeiro, Centro Cultural Banco do Brasil, 2002.

SALVI, Ana Elena. *Cidadelas da civilização: políticas norte-americanas no processo de urbanização brasileira com ênfase na metropolização paulistana dos anos 1950 a 1960*. Tese de doutorado. São Paulo, FAU USP, 2005.

SANTOS, Afonso Carlos Marques dos. Entre a destruição e a preservação: Notas para o debate. In SCHIAVO, Cléia; ZETTEL, Jayme. *Memória, cidade e cultura*. Rio de Janeiro, Eduerj/Iphan, 1997, p. 15-27.

SANTOS, Cecília Rodrigues dos. Problema mal posto, problema reposto. In NOBRE, Ana Luiza; KAMITA, João Masao; LEONÍDIO, Otávio; CONDURU, Roberto (org.). *Lúcio Costa. Um modo de ser moderno*. São Paulo, Cosac Naify, 2004.

SANTOS, Cecília Rodrigues dos; PEREIRA, Margareth Campos da Silva; PEREIRA, Romão Veriano da Silva; SILVA, Vasco Caldeira da. *Le Corbusier e o Brasil*. São Paulo, Tessela/Projeto, 1987.

SANTOS, Eloísa dos. *O paisagismo de Burle Marx e*

a diversidade da moderna arquitetura brasileira. Dissertação de mestrado. Rio de Janeiro, Proarq/FAU UFRJ, 2003.

SANTOS, Joaquim Ferreira dos. Ambulatorial. *O Globo*, Rio de Janeiro, 2º Caderno, 27 dez. 2004, p. 8.

SANTOS, Paulo F. *Formação de cidades no Brasil colonial*. Rio de Janeiro, Editora UFRJ, 2001.

SANTOS, Paulo F. *Quatro séculos de arquitetura*. Rio de Janeiro, Coleção IAB, 1981.

SARAIVA, Roberta (org.). *Calder no Brasil. Crônica de uma amizade*. São Paulo, Cosac Naify, 2006.

SARLO, Beatriz. Viagem ao futuro do passado. *Piauí*, São Paulo, n. 70, jul. 2012, p. 18-22.

SARTORIS, Alberto. *Encyclopédie de l'architecture nouvelle*. Volume 1: Ordre et climat méditerranéens. Milão, Ulrico Hoepli, 1948.

SARTORIS, Alberto. *Encyclopédie de l'architecture nouvelle*. Volume 2: Ordre et climat américains. Milão, Ulrico Hoepli, 1949.

SARTORIS, Alberto. *Encyclopédie de l'architecture nouvelle*. Volume 3: Ordre et climat nordiques. Milão, Ulrico Hoepli, 1957.

SCHOPENHAUER, Arthur. *O mundo como vontade e representação*. Rio de Janeiro, Contraponto, 2001.

SCHWARTZMAN, Simon; BOMENY, Helena Maria Bousquet; COSTA, Vanda Maria Ribeiro. *Tempos de Capanema*. Rio de Janeiro, Paz e Terra/FGV, 2000.

SCOFFIER, Richard. Os quatro conceitos fundamentais da arquitetura contemporânea. In OLIVEIRA, Beatriz Santos de et alii (org.) *Leituras em teoria da arquitetura. 1. Conceitos*. Rio de Janeiro, Viana & Mosley, 2009.

SCRUTON, Roger. Principios arquitectónicos en una edad de nihilismo. *Composición Arquitectónica. Art & Architecture*, Bilbao, n. 5, fev. 1990.

SEGAWA, Hugo. *Ao amor do público. Jardins no Brasil*. São Paulo, Studio Nobel, 1996.

SEGAWA, Hugo. Arquitetura na Era Vargas: O avesso da unidade pretendida. In PESSÔA, José; VASCONCELOS, Eduardo; REIS, Elisabete; LOBO, Maria (org.) *Moderno e nacional*. Niterói, Eduff, 2006, p. 83-99.

SEGAWA, Hugo. *Arquiteturas no Brasil 1900-1990*. São Paulo, Edusp, 1998.

SEGAWA, Hugo. Do ministério ao Modulor (entrevista de Carmen Portinho). *Projeto*, São Paulo, n. 102, ago. 1987, p. 120.

SEGAWA, Hugo. Ministério, da participação de Baumgart à revelação de Niemeyer (entrevista de Lúcio Costa). *Projeto*, São Paulo, n. 102, ago. 1987, p. 158-163.

SEGRE, Roberto. A ortodoxia corbusierana na obra de Jorge Machado Moreira. *Projeto Design*, São Paulo, n. 289, mar. 2004, p. 20-24.

SEGRE, Roberto. *América Latina, fim de milênio. Raízes e perspectivas de sua arquitetura*. São Paulo, Studio Nobel, 1991. Edição em espanhol: SEGRE, Roberto. *América Latina fin de milenio. Raíces y perspectivas de su arquitectura*. Havana, Arte y Literatura, 1999, p. 89-113.

SEGRE, Roberto. *Arquitectura antillana del siglo XX*. Bogotá/Havana, Universidad Nacional de Colombia/Arte y Literatura, 2003.

SEGRE, Roberto. *Arquitetura brasileira contemporânea*. Petrópolis, Viana & Mosley, 2003.

SEGRE, Roberto. El sistema monumental en la ciudad de La Habana. In SEGRE, Roberto. *Lectura crítica del entorno cubano*. Havana, Letras Cubanas, 1990.

SEGRE, Roberto. *Historia de la arquitectura y del urbanismo. Países desarrollados, siglos XIX y XX*. Madri, Instituto de Estudios de Administración Local, 1985.

SEGRE, ROBERTO. Ideologia e estética no pensamento de Lúcio Costa. In NOBRE, Ana Luiza; KAMITA, João Masao; LEONÍDIO, Otávio; CONDURU, Roberto, *Lúcio Costa. Um modo de ser moderno*. São Paulo, Cosac Naify, 2004, p.104-117.

SEGRE, Roberto. La perle des Antilles: Ombres et utopies tropicales de La Havane. In LEJEUNE, Jean-François. *Cruauté & utopie. Villes et paysages d'Amérique Latine*. Bruxelas, Centre International pour la Ville l'Architecture et le Paysage CIVA, 2003, p. 134-145.

SEGRE, Roberto. Le Corbusier, un jeune et 'vieux Brésilien'. In AUJAME, Roger et alli. *Le Corbusier. Moments Biographiques*. Catálogo do XIV Rencontres de la Fondation Le Corbusier. Paris, Fondation Le Corbusier/Éditions de La Villette, 2008, p. 198-221.

SEGRE, Roberto. Lo sviluppo urbanistico di Buenos Aires. *Casabella Continuitá*, Milão, n. 285, mar. 1964, p. 32-41.

SEGRE, Roberto. Louis H. Sullivan. In SANTOS, Fina; ALEXANDER, Ricardo J.; BONTA, Juan; et al. *Antecedentes de la arquitectura actual. 13 ensayos sobre la genealogia de nuestra actualidad arquitectónica*. Buenos Aires, Contémpora, 1959, p. 106-119.

SEGRE, Roberto. Os caminhos da modernidade carioca (1930- 1980). In CZAJKOWSKI, Jorge (org.). *Guia da arquitetura moderna no Rio de Janeiro*. Rio de Janeiro, Prefeitura da Cidade do Rio de Janeiro/Centro de Arquitetura e Urbanismo do Rio de Janeiro/ Casa da Palavra, 2000, p. 5-22.

SEGRE, Roberto. Os paradoxos do espaço público no movimento moderno: da Ville Radieuse ao MESP. In GUIMARAENS, Cêça (org.). *Arquitetura e movimento moderno*. Rio de Janeiro, Proarq/Prourb/FAU UFRJ, 2006, p. 59-69.

SEGRE, Roberto. *Rio de Janeiro. Guias de Arquitectura Latinoamericana: Río de Janeiro*. Buenos Aires, Arq.Clarín/Diário de Arquitectura, 2009.

SEGRE, Roberto; BARKI, José. Niemeyer jovem: o amor à linha reta. *AU – Arquitetura e Urbanismo*, São Paulo, n. 345, nov. 2008, p. 90-97.

SEGRE, Roberto; BARKI, José. Oscar Niemeyer and Lúcio Costa in Brasília: Genealogy of the Congress Palace. In JORMAKKA, Kari. *Building, Designing, Thinking*. Catálogo do 3rd International Alvar Aalto Meeting on Modern Architecture. Jyväskylä, Alvar Aalto Academy, 2008, p. 94-101.

SEGRE, Roberto; ROSENBUSCH, Maria Laura. Historias paralelas: coincidencias y divergencias. Avenida Central em Río de Janeiro y Avenida de Mayo em Buenos Aires. *Summa+*, Buenos Aires, n. 114, abr. 2011, p. 52-59.

SERT, Josep Lluís; LÉGER, Fernand; GIEDION, Sigfried. Nine Points on Monumentality. In OCKMAN, Joan (org.). *Architecture Culture 1943-1968*. A

Documentary Anthology. Columbia Books of Architecture. Nova York, Rizzoli, 1993, p. 29-30.

SFAELLOS, Charambolos Ath. *Le functionnalisme dans l'architecture contemporaine*. Paris, Vincent Fréal, 1952.

SILVA NETO, Napoleão Ferreira da. *O Palácio da Cultura. Poder e arquitetura*. Fortaleza, Expressão, 1999.

SILVA, Breno Carlos da. Gustavo Capanema: a construção das relações entre a *intelligentsia* nacional e o Estado no Brasil (1934-1945). Dissertação de mestrado. Araraquara, FCL Unesp, 2010.

SILVA, Elvan. A vanguarda incômoda: a resistência ao moderno na arquitetura brasileira. *Arqtexto*, Porto Alegre, n. 2, Propar/UFRGS, 2002, p. 88-97.

SILVA, Enéas. Os novos prédios escolares do Districto Federal. *PDF – Revista da Directoria de Engenharia*, Rio de Janeiro, n. 16, ano IV, maio 1935, p. 359-365.

SILVA, Lúcia Helena Pereira da. O Rio de Janeiro e a reforma urbana da gestão de Dodsworth (1937-1945): a atuação da Comissão do Plano da Cidade. In *Anais. V Encontro Nacional da Anpur*. Volume 1. Belo Horizonte, ago. 1993, p. 45-55.

SIQUEIRA, Vera Beatriz. *Burle Marx*. São Paulo, Cosac Naify, 2001.

SIQUEIRA, Vera Beatriz; MOTTA, Marcus Alexandre. Escritos de viagem: girar sobre os próprios passos. In MARTINS, Carlos (org.). *Paisagem carioca*. Rio de Janeiro, Museu de Arte Moderna/Prefeitura da Cidade do Rio de Janeiro, 2000, p. 98-109.

SISSON, Rachel. Escolas públicas do primeiro grau. Inventário, tipologia e história. *Arquitetura Revista*, Rio de Janeiro, n. 8, vol. 8. FAU UFRJ, 1990, p. 63-78.

SISSON, Rachel. *Espaço e poder. Os três centros do Rio de Janeiro e a chegada da Corte Portuguesa*. Rio de Janeiro, Arco, 2008.

SISSON, Rachel. Rio de Janeiro, 1875-1945: The Shaping of a New Urban Order. *The Journal of Decorative and Propaganda Arts*, Miami, n. 21 ("Brazil"), 1995.

SOLSONA, Justo; HUNTER, Carlos. *La Avenida de Mayo. Un proyecto inconcluso*. Buenos Aires, Facultad de Arquitectura, Diseño y Urbanismo de la Universidad Nacional de Buenos Aires/Librería Técnica CP67, 1990.

SOUZA, Abelardo de. A ENBA, antes e depois de 1930. In XAVIER, Alberto (org.). *Arquitetura moderna brasileira. Depoimento de uma geração*. São Paulo, Abea/FVA/Pini, 1987.

STEPHENS, Suzanne. The New York Times Building. *Architectural Record*, Nova York, n. 02, 2008, p. 94-104.

STERN, Robert A. M.; GILMARTIN, Gregory; MELLINS, Thomas. *New York 1930. Architecture and Urbanism Between the Two World Wars*. Nova York, Rizzoli, 1987.

STERN, Robert A. M.; MELLINS, Thomas; FISHMAN, David. *New York 1960. Architecture and Urbanism Between the Second World War and the Bicentennial*. Nova York, Monacelli, 1995.

STUCKENBRUCK, Denise Cabral. *O Rio de Janeiro em questão: o Plano Agache e o ideário reformista dos anos 20*. Rio de Janeiro, Observatório de Políticas Urbanas/Ippur/Fase, 1996.

SUMI, Christian. Il progetto Wanner. *Rassegna*, Bolonha, n. 3, ano II, 1980.

SZILARD, Adalberto. Edifícios públicos. *Arquitetura e Urbanismo*, Rio de Janeiro, n. 1, jan./fev. 1942, p. 36-41.

SZILARD, Adalberto. Folhas de informação. Escritórios. *Arquitetura e Urbanismo*, Rio de Janeiro, n. 3, maio/jun. 1949, p. 178-180.

TABET, Sérgio Roberto; PUMAR, Sônia. *O Rio de Janeiro em antigos cartões postais*. Rio de Janeiro, Edição do Autor, 1985.

TAFURI, Manfredo. *Progetto e utopia. Architettura e sviluppo capitalistico*. Bari, Laterza, 1973. Edição em português: TAFURI, Manfredo. *Projecto e utopia. Arquitectura e desenvolvimento do capitalismo*. Lisboa, Presença, 1985.

TAFURI, Manfredo; CACCIARI, Massimo; DAL CO, Francesco. *De la vanguardia a la metrópoli*. Barcelona, Gustavo Gili, 1972.

TAFURI, Manfredo; DAL CO, Francesco. *Architettura contemporanea*. Volumes 1 e 2. Milão, Electa, 1979.

TALAMONA, Marida (org.). *L'Italie de Le Corbusier*. XV Rencontres de la Fondation Le Corbusier. Paris, Fondation Le Corbusier/Éditions de La Villette, 2010.

TALAMONA, Marida. Á la recherche de l'autorité. In TALAMONA, Marida (org.). *L'Italie de Le Corbusier*. XV Rencontres de la Fondation Le Corbusier. Paris, Fondation Le Corbusier/Éditions de La Villette, 2010, p. 175-187.

TAVEIRA, Alberto. Alguns edifícios desaparecidos. In CZAJKOWSKI, Jorge (org.). *Guia da arquitetura eclética no Rio de Janeiro*. Rio de Janeiro, Prefeitura da Cidade do Rio de Janeiro/Centro de Arquitetura e Urbanismo do Rio de Janeiro/Casa da Palavra, 2000.

TEIXEIRA, Anísio. Um presságio de progresso. In XAVIER, Alberto (org.) *Depoimento de uma geração. Arquitetura moderna brasileira*. Edição revista e ampliada. São Paulo, Cosac Naify, 2003, p. 207-209.

TELLES, Augusto da Silva. Neocolonial: la polémica de José Marianno. IN AMARAL, Aracy (org.). *Arquitectura neocolonial. América Latina, Caribe, Estados Unidos*. Cidade do México/São Paulo, Fondo de Cultura Econômica/Memorial de América Latina, 1994, p. 237-243.

TELLES, Pedro Carlos da Silva. *História da Engenharia no Brasil. Século 20*. Rio de Janeiro, Clavero/Clube de Engenharia, 1993.

TELLES, Sophia Silva. O desenho: forma & imagem. *AU – Arquitetura e Urbanismo*, São Paulo, n. 55, ano 10, ago./set. 1994, p. 91-95.

TENTORI, Francesco. *P. M. Bardi*. São Paulo, Instituto Bardi/Imprensa Oficial do Estado, 2000.

TERÁN, Fernando de (org.). *La ciudad hispanoamericana. El sueño de un orden*. Madri, CEOHPU/Ministerio de Obras Públicas y Urbanismo, 1989.

TINEM, Nelci. Arquitetura moderna brasileira: a imagem como texto. *Arquitextos*, São Paulo, n. 06.072, Vitruvius, maio 2006 <www.vitruvius.com.br/revistas/read/arquitextos/06.072/352>.

TINEM, Nelci. *O alvo do olhar estrangeiro. O Brasil na historiografia da arquitetura moderna*. João Pessoa, Manufatura, 2002.

TOGNON, Marcos. *Arquitetura italiana no Brasil. A obra de Marcello Piacentini*. Campinas, Edunicamp, 1999.

TORRES, Antônio. *Centro das nossas desatenções*. Rio de Janeiro, Rioarte/Relume Dumará, 1996.

TOTA, Antonio Pedro. *O imperialismo sedutor: a americanização do Brasil na Época da Segunda Guerra*. São Paulo, Companhia das Letras, 2000.

TSCHUMI, Bernard. Algunos conceptos urbanos. In SOLÀ-MORALES, Ignasi; COSTA, Xavier (org.). *Presente y futuros. La arquitectura en las ciudades*. Barcelona, Colegio de Arquitectos de Cataluña/Centro de Cultura Contemporánea de Barcelona, 1996, p. 40-43.

TSIOMIS, Yannis (org.). *Le Corbusier. Conférences de Rio*. Paris, Flammarion, 2008.

TSIOMIS, Yannis (org.). *Le Corbusier. Rio de Janeiro 1929-1936*. Rio de Janeiro, Prefeitura da Cidade do Rio de Janeiro/Centro de Arquitetura e Urbanismo do Rio de Janeiro, 1998.

TSIOMIS, Yannis. Da utopia e da realidade da paisagem. In TSIOMIS, Yannis (org.). *Le Corbusier. Rio de Janeiro 1929-1936*. Rio de Janeiro, Prefeitura da Cidade do Rio de Janeiro/Centro de Arquitetura e Urbanismo do Rio de Janeiro, 1998, p. 12-19.

TSIOMIS, Yannis. La Charte d'Athénes: atopia ou utopia. *Urbanisme*, Paris, n. 282, maio/jun. 1995.

TSIOMIS, Yannis. Paris-Rio... et retour. Le projet de paysage de Le Corbusier. *Les Cahiers de la Recherche Architectural et Urbaine*, Paris, n. 18-19, Éditions du Patrimoine, maio 2006, p. 67-78.

TSIOMIS, Yannis. Rio-Alger-Rio, 1929-1936.Transfers. In BONILLO, Jean-Lucien (org.). *Le Corbusier. Visions d'Alger*. XVI Rencontres de la Fondation Le Corbusier. Paris, Fondation Le Corbusier/Éditions de La Villette, 2012, p. 85-101.

TUMMINELLI, Roberto. A triste saga do Monroe. Blog O mundo da história <http://elianarochahistoria.blogspot.com/2007/12/triste-saga-do-monroe.html>.

TURNER, Paul V. *La formation de Le Corbusier. Idealisme & Mouvement Moderne*. Paris, Éditions Macula, 1987.

TYRWHITT, Jaqueline; SERT, Josep Lluis.; ROGERS, Ernest. N. *The Heart of the City: Towards the Humanization of Urban Life*. Londres, Lund Humphries, 1952.

TZONIS, Alexander; LEFAIVRE, Liane. *La arquitectura en Europa desde 1968*. Madri, Destino, 1993.

UNDERWOOD, David. *Oscar Niemeyer and the Architecture of Brazil*. Nova York, Rizzoli, 1994.

Urban Design: Extracts from the 1956 First Urban Design Conference at the GSD. In *Havard Design Magazine*, Cambridge, n. 24, Spring/Summer 2006.

UZEDA, Helena Cunha de. *Ensino acadêmico e modernidade. O curso de arquitetura na Escola Nacional de Belas Artes, 1890-1930*. Tese de doutorado. Rio de Janeiro, EBA UFRJ, 2000.

VALLMITJANA, Marta (org.). *El Plan Rotival. La Caracas que no fue 1939-1989. Un plan urbano para Caracas*. Caracas, Ediciones del Instituto de Urbanismo/FAU UCV, 1991.

VASCONCELLOS, Augusto Carlos. *O concreto no Brasil*. São Paulo, Pini, 1992.

VASCONCELLOS, Eduardo Mendes de. Le Corbusier e Lúcio Costa, 'le Maître' e o mestre, ou o intercâmbio de saberes. Mímeo. Rio de Janeiro, Prourb/FAU UFRJ, 1998.

VASCONCELOS JR., Augusto. O monumental em arquitetura. *Arquitetura e Urbanismo*, Rio de Janeiro, n. 4, jul./ago. 1938, p. 580-582.

VATTIMO, Gianni. Ornament/Monument. In LEACH, Neil (org.). *Rethinking Architecture. A Reader in Cultural Theory*. Londres, Routledge, 2000, p. 155-160.

VAZ, Lilian Fessler. *Modernidade e moradia. Habitação coletiva no Rio de Janeiro, séculos XIX e XX*. Rio de Janeiro, 7 Letras, 2002.

VENTURI, Robert. *Complexidade e contradição em arquitetura*. Tradução de Alvaro Cabral. São Paulo, Martins Fontes, 1995. Original em inglês: VENTURI, Robert. *Complexity and Contradiction in Architecture*. Nova York, Museum of Modern Art, 1966.

VERÍSSIMO, Francisco Salvador; BITTAR, William Seba Mallmann; ALVAREZ, José Maurício. *Vida Urbana. A evolução do cotidiano da cidade brasileira*. Rio de Janeiro, Ediouro, 2001.

VIANNA, Luiz Fernando. *Rio de Janeiro: imagens da aviação naval. 1916-1923*. Rio de Janeiro, Argumento, 2001.

VIDLER, Anthony. Espacio, tiempo y movimiento. In KOSHALEK, Richard; SMITH, Elisabeth T. *A fin de siglo. Cien años de arquitectura*. Cidade do México/Los Angeles, El Colegio de San Ildefonso/The Museum of Contemporary Art, 1999, p. 101-125.

VIDLER, Anthony. *The Architectural Uncanny. Essays in the Modern Unhomely*. Cambridge, The MIT Press, 1992.

VIEIRA, Lucia Gouvêa. *Salão de 1931: marco da revelação da arte moderna em nível nacional*. Prefácio de Lúcio Costa. Rio de Janeiro, Funarte/Instituto Nacional de Artes Plásticas, 1984.

VIGATÁ, Antonio E. Méndez. Política y lenguaje arquitectónico. Los regímenes posrevolucionarios en México y su influencia en la arquitectura pública 1920-1952. In BURIAN, Edward R. (org.). *Modernidad y arquitectura en México*. México, Gustavo Gili, 1998, p. 61-90.

VILAS BOAS, Naylor Barbosa. *A Esplanada do Castelo: fragmentos de uma história urbana*. Tese de Doutorado. Rio de Janeiro, Prourb/FAU UFRJ, 2007.

VILAS BOAS, Naylor. *O Passeio Público do Rio de Janeiro: análise histórica através da percepção do espaço*. Dissertação de mestrado. Rio de Janeiro, Proarq/FAU UFRJ, 2000.

VILLANUEVA, Paulina; PINTÓ, Maciá. Hospital Clínico. Ciudad Universitaria (1945). In VILLANUEVA, Paulina; PINTÓ, Maciá. *Carlos Raúl Villanueva*. Madrid, Tanais, 2000.

VIÑUALES, Rodrigo Gutiérrez. *Monumento conmemorativo y espacio público en Iberoamérica*. Madri, Cátedra, 2004.

VITRÚVIO POLIÃO, Marco. *Da arquitetura*. Tradução Marco Aurélio Logonegro. São Paulo, Hucitec/Fupam, 1999. Versão em espanhol: VITRUVIO, Marco Lucio. *Los diez libros de arquitectura*. Tradução de Agustín Blánquez. Barcelona, Iberia, 1997.

VOGT, Adolf Max. Le Corbusier, marqué par la fièvre

lacustre. In BARBEY, Gilles; BAUDIN, Antoine; BIENZ, Peter; CÉLIO, Marie-Eve. *Le Corbusier, La Suisse, les Suisses*. Paris, Fondation Le Corbusier/Éditions de La Villette, 2006, p. 221-231.

VOGT, Adolf Max. *Le Corbusier, the Noble Savage. Towards an Archaelogy of Modernism*. Cambridge, The MIT Press, 1998.

VON MOOS, Stanislaus. A *Ville Radieuse* e seus fantasmas. In TSIOMIS, Yannis (org.). *Le Corbusier. Rio de Janeiro. 1929-1936*. Rio de Janeiro, Prefeitura da Cidade do Rio de Janeiro/Centro de Arquitetura e Urbanismo do Rio de Janeiro, 1998.

WAISMAN, Marina. Introduction. In QUANTRILL, Malcolm (org.). *Latin American Architecture. Six Voices*. College Station, Texas A&M University Press, 2000.

WALDEN, Russell (org.). *The Open Hand. Essays on Le Corbusier*. Cambridge, MIT Press, 1982.

WARCHAVCHIK, Gregori. Acerca da arquitetura moderna. In WARCHAVCHIK, Gregori. *Arquitetura do século XX e outros escritos*. Organização de Carlos Alberto Ferreira Martins. São Paulo, Cosac Naify, 2006, p. 33-38.

WARCHAVCHIK, Gregori. Architectura moderna. In *Forma*, Rio de Janeiro, n. 2-3, out./nov. 1930, p. 9-10.

WARCHAVCHIK, Gregori. Arquitetura do século XX. In WARCHAVCHIK, Gregori. *Arquitetura do século XX e outros escritos*. Organização de Carlos Alberto Ferreira Martins. São Paulo, Cosac Naify, 2006, p. 61-149.

WEBER, Nicholas Fox. *Le Corbusier. A Life*. Nova York, Alfred A. Knopf, 2008, p. 385-386.

WIENER, Paul Lester; SERT, Josep Lluis. La Cité des Moteurs. *L'Architecture d'Aujourd'hui*, Paris, n.13-14, ano 18, set. 1947, p. 99-119.

WILSON, Sarah. 1937. Problèmes de la peinture en marge de l'exposition internationale. In HULTEN, Pontus (org.). *Paris-Paris 1937-1957. Créations en France*. Paris, Centre Georges Pompidou, 1981, p. 42-46.

WISNIK, Guilherme. *Lúcio Costa*. São Paulo, Cosac Naify, 2001.

WITTGENSTEIN, Ludwig. *Culture and Value (1947-1948)*. Edição de G. H. von Wright. Oxford, Basil Blackwell, 1989.

WOGENSCKY, André; BESSET, Maurice; FRANCLIEU, Françoise de. *Le Corbusier. Carnets*. Volume 1 (1914-1948). Paris, Hercher Dessain et Tolra/Fondation Le Corbusier, 1981.

WOLF, José; PEDREIRA, Lívia Álvares. Escola carioca. Depoimentos. Lúcio Costa. *AU – Arquitetura e Urbanismo*, São Paulo, n. 16, fev./mar. 1988, p. 57-58.

WOODS, Lebbeus. Freespace and the Tyranny of Types. In NOEVER, Peter (org.). *The End of Architecture? Documents and Manifestos: Vienna Architecture Conference*. Munique, Prestel, 1993.

XAVIER, Alberto (org.) *Arquitetura moderna brasileira. Depoimento de uma geração*. São Paulo, ABEA/FVA/PINI, 1987.

XAVIER, Alberto (org.) *Depoimento de uma geração. Arquitetura moderna brasileira*. Edição revista e ampliada. São Paulo, Cosac Naify, 2003.

XAVIER, Alberto (org.). *Lúcio Costa: sobre arquitetura. Textos de Lúcio Costa*. Porto Alegre, Centro dos Estudantes Universitários de Arquitetura, 1962.

XAVIER, Alberto; BRITO, Alfredo; NOBRE, Ana Luiza. *Arquitetura moderna no Rio de Janeiro*. Rio de Janeiro, Fundação Vilanova Artigas/Pini/Rioarte, 1991.

XAVIER, Alberto; LEMOS, Carlos; CORONA, Eduardo. *Arquitetura moderna paulistana*. São Paulo, Pini, 1983.

ZANINI, Walter. *História Geral da Arte no Brasil*. Volume II. São Paulo, Instituto Walther Moreira Salles/Fundação Djalma Guimarães, 1983.

ZANINI, Walter. *Tendências da escultura moderna*. São Paulo, Cultrix, 1980.

ZEVI, Bruno. *Arquitetura e judaísmo: Mendelsohn*. São Paulo, Perspectiva, 2002.

ZEVI, Bruno. *Saber ver a arquitetura*. 5. edição. São Paulo, Martins Fontes, 1996. Original em italiano:

ZEVI, Bruno. *Saper vedere l'architettura*. Turim, Einaudi, 1953.

ZEVI, Bruno. *Storia dell'architettura moderna*. Turim, Einaudi, 1953.

ZILIO, Carlos. *A querela do Brasil*. Rio de Janeiro, Funarte, 1982.

ZUKOWSKY, John (org.). *The Many Faces of Modern Architecture. Building in Germany between the World Wars*. Munique/Nova York, Prestel, 1994.

ÍNDICE ONOMÁSTICO

Os números de páginas em itálico referem-se a ocorrências em notas de rodapé e legendas das imagens.

AALTO, Alvar, 166, 286
ÁBALOS, Iñaki, 270
ABRAMOVITZ, Max, *489*, 499
ABREU, Fernando, *469*, 471
ADORNO, Theodor, 43
AGACHE, Donat Alfred, 50, 61, 64, 65, 66, 73, 78, 130, 169, 187, 190, 191, *213*, 255, 256, 257, 295, 318, 342, 343, 347, 475, 482, 483, 484, *491*, 496
AGOSTINI, Alfredo, *509*, 511
AGUIAR, Eduardo Duarte de Souza, 79, *80*, 92, 154, *249*, *273*, *335*, *374*
AGUIAR, Francisco Marcelino de Souza, 59, *76*, 471, *514*
AIRAPETOV, S., 513
AITA, Zina, *117*
ALBERS, Josef, 478
ALBERTI, Leon Battista, 380
ALBUQUERQUE, Rubens de Castro, 439
ALFIERI, Bruno, *210*
ALMEIDA, Guilhermo de, *278*
ALMEIDA, Luiz Fernando de, 33, 544
ALMEIDA, Paulo de Camargo e, *142*
ALMEIDA, Valentim, *412*
ALTBERG, Alexandre, 110
ALVAREZ PROZOROVICH, Fernando, 35
ALVAREZ, Mário Roberto, *508*
ALVEAR, Torcuato de, 52
AMÁ, Roberto, 504
AMADO, Jorge, 106
AMARAL, Antônio José de Azevedo, 103, 394
AMARAL, Mário do, *110*
AMARAL, Tarsila do, 84, 106, 386, 389, *430*
AMAYA, Rafael, 509
AMBROSI, Alfredo Gauro, *109*
AMORIM, Delfim, 475
ANDRADE, Carlos Drummond de, 106, 111, 112, *113*, *145*, *170*, 295, 300, 315, *333*, *375*, 394, 471, *487*
ANDRADE, Carlos Fernando de, 34
ANDRADE, Mário de, 84, 106, *115*, *116*, *118*, 127, *143*, 295, *376*, 383, 386, 387, 388, 394, 395, 396, 406, 413, 477
ANDRADE, Oswald de, 84, 106, 166, 179, 387, *430*
ANDRADE, Rodrigo Melo Franco de, 110, 112, 123, 295, 389, 394, 398, *430*, 436, 437, 463, *456*, *457*, 467, 477
ANTÔNIO, Celso, *102*, 110, 193, 229, 231, 383, *385*, *386*, *391*, 392, 393, *394*, 395, *396*, 397, 398, *427*, 429
AQUINO, Paulo Mauro Mayer de, 36
ARAGON, Louis, *181*
ARANHA, José Pereira da Graça, 106, *117*, 389
ARAUJO & ABREU, 366
ARAÚJO, Jayme de, 77
ARAÚJO, Pedro Correia de, *250*
ARCHIPENKO, Alexander, 391
ARGAN, Giulio Carlo, 137, 164, *178*, *179*
ARP, Hans, 137, 267, 391, 412, 414, *430*
ARROYO, Nicolás, 509
ARTARIA, Paul, *427*
ARTIGAS, João Batista Vilanova, 30, *118*, *497*, *498*, 506
ARUCA, Lohania, 31
ASSIS, Machado de, *71*, *431*, *394*
ASTAIRE, Fred, 108

AZAMBUJA, Ary Fontoura de, 77
AZÉMA, Leon, 339
AZEREDO, J. Cordeiro, 108
AZEVEDO, Fernando de, *335*
AZEVEDO, Francisco de Paula Ramos de, *142*
AZEVEDO, Orlando da Silva, *142*
AZEVEDO, Washington, 155
BACHELARD, Gaston, 224
BAHIANA, Elisiário da Cunha, 54, *342*, 343, 502
BAKEMA, Jacob B., 514
BALDASSINI, Alessandro, 98, 110, *60*, 343
BALLA, Giacomo, 319
BANDEIRA, Manuel, 110, *114*, 123, 295, 394, *427*, *430*
BANHAM, Reyner, *179*, 318, *334*
BARÃO DE NOVA FRIBURGO (Antônio Clemente Pinto), 47
BARÃO DO RIO BRANCO (José Maria da Silva Paranhos Júnior), 60
BARATA, Mário, *210*
BARBOSA, Marcelo, 504
BARDI, Lina Bo, 30, *487*, *488*
BARDI, Pietro Maria, *117*, *164*, 165, 167, 169, *179*, *210*, *212*, *215*, *248*, *263*, *278*, *332*, 464, 475, *487*, *488*
BARKI, José, 32
BARR, Alfred H. 399, 412
BARROSO, Gustavo, 102
BASTIDE, Roger, 106, 387
BASTOS, Jorge, 36
BAT'A, Antonin, 170, 171
BAT'A, Tomas, 170, 171
BATALHA, Salvador Duque Estrada, 79, *80*, 82, 85
BATISTA, Eugenio, 306, 507
BATISTA, Pedro Ernesto, 78, 93, 99, 109, *160*, 187, 383, 483
BAUMGART, Emílio, 63, 110, 130, 136, *142*, 153, 222, 229, *250*, *273*, 313, *333*, 343, 357, 359, 360, 361, 365, *376*, 453

BAUMGART, Otto, 453
BAZIN, Leon, *118*
BEAUDOUIN & LODS, *299*
BECKET, Welton, 513
BELLUSCHI, Pietro, *511,* 512
BENÁRIO, Olga, 103, 390, 399
BENEVOLO, Leonardo, *70,* 474, *489*
BENJAMIN, Walter, 43, 311, *332*
BENTO, Antônio, *112*
BERMAN, Marshall, *212,* 393
BERNARDES, Sérgio, *487,* 506
BERNARDINO, Nina Dalla, 36
BIJVOET, Bernard, 310
BILAC, Olavo, 60, *71, 72*
BILL, Max, 318, *334,* 342, *374,* 380, 413, *427, 431, 473,* 474, *487, 489*
BIRRA, Giuseppina, *215*
BITTAR, William Seba, *99*
BITTENCOURT, Clemente Mariani, 457
BITTENCOURT, Sílvia, *250,* 474
BLAKE, William, *143,* 319
BLANCO, Roberto, 450
BOAS, Mariah Villas, 36
BOAS, Naylor Vilas, 32
BOASE, Arthur J., *375*
BOCCIONI, Umberto, 319, 381, 391
BOECKE, Luiz Carlos de Oliveira, 447
BOGUSLAWSKI, Marcin, 513
BOLONHA, Francisco, *99,* 384
BONARDI, Ivo, 439
BONET, Antoni, 35, *508,* 507
BONTEMPELLI, Massimo, 169
BORBEIN, Adolf Heinrich, *376,* 359
BORDE, Andrea, 32
BORREL, Pedro José, 511
BOTEY, Josep Maria, *144*
BOTTI, Alberto, 506
BOURDELLE, Antoine, 391
BOUVARD, Joseph Antoine, 342
BRAGA, Theodoro, *98*
BRANCUSI, Constantin, 391
BRANGWYN, Frank, *427*
BRAQUE, Georges, 389, 412
BRAUDEL, Fernand, *70*
BRAZIL, Álvaro Vital, 89, 107, 127, 345
BRECHERET, Victor, *117,* 391, 394, 399
BRETON, André, 387, *428*
BREUER, Marcel, 356, 478
BRILHANTE, Floriano, *118*
BRINKMAN, Johannes Andreas, 299, 310, *311,* 360, *494*
BRITO FILHO, Francisco Saturnino, 64, 94, 122, *132,* 155, *171,* 339, *499*
BRITO, Ronaldo, *117*
BRIZOLA, Leonel, *72*

BROEK, Johannes H. van den, 512
BROGGI, Carlo, 105, 381
BRONSTEIN, Marcela, 37
BROOKS, H. Allen, 188
BRUAND, Yves, 127, *143, 144*
BRUHNS, Ângelo, *73, 142,* 155, *212,* 313, 343, *495*
BRUNNER, Karl, 342, 483
BUDDEUS, Alexander, 475
BULLRICH, Francisco, 480
BUNSHAFT, Gordon, *300, 488,* 501, *512,* 513
BUONARROTI, Michelangelo (Miguel Angelo), 194, 380, *427*
BURLAMAQUI, Maria Cristina, *117, 161*
BURNHAM, Daniel, 64
BUSTILLO, Alejandro, 342
BYRRO, Matina, 447
CALABI, Daniele, 475
CALDER, Alexander, 391, *466,* 467
CALIL, Ivanise, 36
CALVENTI, Rafael, *511,* 513
CALVINO, Ítalo, 304, 319
CAMPELLO, Glauco, 438, 446, 454
CAMPELO, Gláucio, 448
CAMPOFIORITO, Ítalo, 438, 446, 481
CAMPOFIORITO, Quirino, 390, 403
CAMPOS, Cândido, *377*
CAMPOS, Ernesto de Sousa, *144, 145*
CAMPOS, Francisco, 78, 103, 395
CAMPOS, Olavo Redig de, 34, 80, *82,* 127, *144*
CAMPOS, Roberto, 123
CANDIOTA, Paulo, 109
CAPANEMA, Gustavo, 26, 27, 43, 76, 78, 79, 80, 81, 88, 92-95, *98, 99,* 101-103, *104,* 108, 109, 111-113, *116, 118, 119,* 122, 123,125, 127, *128, 142-145,* 148, 150, 153, 154, 156, *158, 160,* 165, 166, *168, 170,* 171, *179, 180,* 189, 190, 197, 199, *212-214,* 218-222, 229, *236, 237, 240,* 248-251, 294, 295, 297, *298, 300,* 311, 314, 323, *331-334, 335,* 228, 339, 346, 351, 354, 357, 366, 368, *371, 374-377,* 383, 385, 388, 391, 392-396, 398, 399, 402, 410, 412, 417, *427-431,* 434, 437, 438, *459,* 462, 477, 484, *488, 489, 490,* 504, *515*
CÁRDENAS, Eliana, 31
CÁRDENAS, Lázaro, 385
CARDOZO, Joaquim, 295, *300, 376,* 463, 497
CARLU, Jacques, 339
CARPENTIER, Alejo, *299, 430*
CARSON & LUNDIN, 514

CARVALHO, Alberto Monteiro de, 155, 168, *180, 487*
CARVALHO, Flávio de, *116,* 156, 165, *178,* 389
CARVALHO, Pedro Paulo Paes de, *111*
CARVALHOSA, Carlito, 36
CASAS, José Hernández, *509*
CASCALDI, Carlos, 497, *498*
CASSA, Rubem, 416
CASTRO, Aloísio de, 93
CATULLE-MENDÈS, Jane, 40
CAVALCANTI, Carlos de Lima, 137
CAVALCANTI, Emiliano Di, *98,* 106, 110, *117, 180,* 386, 396
CAVALCANTI, Lauro, 125, 165
CENDRARS, Blaise, 106
CÉSAR, Roberto Cerqueira, *494,* 499, 504
CÉSPEDES, Carlos Miguel de, 52
CÉZANNE, Paul, 137
CHAGALL, Marc, 412
CHAREAU, Pierre, 310, 351
CHEDANNE, George, 309
CHERNIKHOV, Yakov Georgievich, 304
CINTRA, Osvaldo, 448
CLAUDEL, Paul, 106, 304
CODDOU, Flávio, 36
COHEN, Jean-Louis *70, 178,* 188
COIMBRA, Elaine Ramos, 35
COLE, Harry, 469, 504
COLOMBO, Celso, 35
COLQUHOUN, Alan, 195
COMAS, Carlos Eduardo Dias, *143,* 164, 167, 192, 193, 225, 229, *248, 250, 270, 278,* 288, 292, 298, 338, 380, *427*
CONDE, Luiz Paulo, 31, 502
COOKE, Catherine*,* 305
CORBUCCI, Jupira, 504
CORONA, Eduardo, 30, 384, *505*
CORONA, Luiz Fernando, 497, 506
CORTEZ, José, *73*
COSTA, Álvaro Ribeiro da, *111*
COSTA, Artur da Souza, 77, 105, 388
COSTA, Heitor da Silva, *142*
COSTA, Lúcio, 25, 26, 36, 41, 42, 50, 54, 58, 59, 60, 65, 67, *70, 72, 73,* 81, 82, 92-95, *98, 99,* 107, 108, 110, 111, *118,* 121-125, 127, 128, 130, 133, 134, 136, 137, *138, 139, 142-145,* 148, *149,* 150, 151-153, 156, 157, *159, 160, 161,* 165, 166, 167, 169, *178, 179, 181,* 184, 189, 190, 191, 192, 197, 199, *210- 213, 215, 218,* 219, 220, 221, *224,* 228, 229, *232, 233, 234, 237, 238, 248-251,* 257, 259, 267, *277, 278,* 282, 286, 287, 288, 292, 294, 295, *299,*

300, 305, 306, 308, 313, 314, 315, 317, *331, 333,* 347, 356, 359, 369, *375, 376,* 383, 384, 393, 398, 399, 402, 403, 413, *427, 428, 430, 431,*437, 438, 441, 446, 449, *459,* 462, 463, 467, 471, 472, *473,* 474, 477, 480, 484, *486, 487, 488, 490,* 495, 496, *514*
COSTA, Maria Elisa, 36, 438
COUCHET, Francisque, 59, 76, *77, 82, 116*
COUTINHO, Júlio, 471
COUTINHO, Rachel, 32
CRET, Paul, 156
CROSS & CROSS, 339
CUNHA, Domingos Silva, 94, 122, 155
CUNHA, Euclides da, *431*
CUNHA, Oscar Henrique Liberal de Brito e, 447
CURTIS, William, *70*
CZAJKOWSKI, Jorge, *117*
D'AQUINO, Flávio, *334*
DACOSTA, Milton, 390, *428*
DAL CO, Francesco, *70,* 474, *489*
DANOWSKI, Sula, 35
DECKKER, Zilah Quezado, 472
DELAUNAY, Robert, 319, *427*
DELAUNAY, Sonia, *427*
DELEUZE, Gilles, 282, *298*
DERAIN, André, 412
DESKEY, Donald, 356
DESPIAU, Charles, 391
DEVOTO, Miguel, 509
DIAS, Antônio, *110*
DIAS, Cícero, *111*
DÍAZ, Porfirio, 52
DODSWORTH, Henrique de Toledo, 66, 187, *211,* 277
DOMÍNGUEZ, Cipriano, *508,* 510
DONADUSSI, Marcelo, 35
DOURADO, Guilherme Mazza, 35
DRAGO, Niuxa, 32
DUARTE, Cesário Coelho, *111*
DUARTE, Hernani Coelho, *110*
DUBY, George, *70*
DUCCI, Daniel, 35
DUCHAMP, Marcel, 319, *430*
DUDOK, Willem Marinus, *160*
DUFY, Raoul, 389
DUHART, Emilio, 511
DUIKER, Johannes, *160, 181*
DUTRA, Eurico Gaspar, 76, 77, 105, 388, 395
EAMES, Ray, 476
ECO, Umberto, 33, 70
EL LISSITZKY (Lazar Markovich Lissitzky) 172, 304, *305,* 319, 320
ELÍA, Santiago Sánchez, *507,* 509
ELIAS, Norbert, *70*
EMERY & ROTH, *511,* 512
EPPENS, Francisco, *412*
ERMAKOFF, George, 35

ESCRITÓRIO TÉCNICO RAMOS DE AZEVEDO, 104, 469
ESPALLARGAS GIMENEZ, Luis, 35
EUPALINOS, *427*
FABRIS, Annateresa, 125, 294
FAHRENKAMP, Emil, 105
FALCÃO, Waldemar Cromwell do Rego, 77, 105
FAVRE, Gabriela, 36
FAYET, Carlos Maximiliano, 497, *505,* 506
FERRARI, Florencia, 35
FERREIRA, Carlos Eduardo Nunes, 31
FERREIRA, Carlos Frederico, *142*
FERREIRA, Flávio, *99*
FERREIRA, Napoleão, *142, 300*
FERRER, Miguel, 512
FERRIS, Hugh, 342
FERTIN, Mário, 82, 85, *86,* 88, 122
FICHER, Sylvia, 33
FILHO, Péricles, *99*
FIORI, Ernesto de, 394, 398, *430*
FLEGENHEIMER, Julien, 105, 339, 381
FORD, Henry, *250*
FORESTIER, Jean-Claude Nicolas, 52, 64, *73,* 342, 482, 483
FOSSATI, Luís, 343
FOSTER, Hal, 70
FOSTER, Kurt, *332*
FOSTER, Norman, 283, 297
FOUCAULT, Michel, 304
FOUJITA, Léonard Tsugouharu, 389
FRAGA, Moacyr, 110
FRAGOSO, Paulo, *495*
FRAMPTON, Kenneth, *70,* 167, *179, 181*, 480
FRANCO, Afonso Arinos de Melo, 110
FRANCO, Francisco, 104, 385
FRANCO, Luis Roberto Carvalho, *494,* 504
FRASER, Valerie, 267, *377*
FREEDLANDER & HAUSLE, 339
FREIRE, Mário, 343
FREUD, Sigmund, 282, *298,* 385
FREYRE, Gilberto, 84, 106, 263, 269, 295, *300,* 383, 387, 393, 396
FUSS, Peter, 107
GABELLINI, Michael, *514*
GALIA, José Miguel, 512
GALVÃO, Rafael, 82, 85, *86,* 88, 109, 122, 125
GARCÍA MÁRQUEZ, Gabriel, 122
GARCIA, Ivana Barossi, 36
GAUDÍ, Antoni, 319, 381
GAUTHEROT, Marcel, *487*
GEDDES, Norman Bel, 286
GEISEL, Ernesto, 60, *73*

GELFREIKH, Vladimir, 168
GIEDION, Sigfried, 152, *211,* 286, 287, *298, 299,* 305, 319, *332, 334,* 479, 507
GINZBURG, Carlo, 27, *70,* 170
GIORDANI, Jean-Pierre, *178*
GIORGI, Bruno, 231, *262, 263, 266,* 270, 321, *380,* 391, *393, 394, 395,* 396, 398, 399, 431
GIRE, Joseph, 54, *342,* 343, 502
GLADOSCH, Arnaldo, *98,* 343
GLAZIOU, Auguste François Marie, 46, *71*
GODOY, Armando de, 64
GOERING, Hermann, *490*
GOGH, Vincent van, 137
GONÇALVES, Ney Fortes, 501
GOODWIN, Philip, *99,* 286, 300, 338, 399, 402, *475,* 476, 480, *489*
GOROVITZ, Matheus, *212*
GOYA, Francisco de, *487*
GRAF, Mittmann, *347*
GRIS, Juan, 309
GROPIUS, Walter, 42, 111, 128, 166, 309, 320, 344, 382, 391, 473, 474, 478, *489,* 494, 507, *511,* 512
GUATTARI, Félix, 282, *298*
GUERRA, Abilio, 25, 34, 35
GUIDO, Ángel, 171, *181*
GUIGNARD, Alberto da Veiga, 412
GUIMARAENS, Ceça, 467
GUIMARÃES FILHO, Augusto, 439, 443, *459*
GUINZBOURG, Moisseï, 58
GULLAR, Ferreira, 305, *331,* 438, 449
GUSMÃO, Dourado & Baldassini, *98, 118,* 343
GUTIÉRREZ, Ramón, 164, 480
HAESLER, Otto, *181*
HANS, Wittwer, *181*
HARDOY, Jorge Enrique Ferrari, 169, 507, 508
HARRIS, Elisabeth, *248-50,* 350, 354, *377*
HARRISON & ABRAMOVITZ, *489*
HARRISON, Wallace, 475, *489,* 499, 512
HAUSSMANN, Georges-Eugène, 191
HAVLICEK & HONZIK, 89, 150
HEEP, Adolf Franz, 475
HEIDEGGER, Martin, *428*
HELLER, Géza, 35, *358, 359,* 384, *428*
HELLER, Sylvia, 35
HÉNARD, Eugène, *213*
HESSE, Herman, 187
HILBERSEIMER, Ludwig, 494, 514
HITCHCOCK, Henry-Russell, *70, 116, 298,* 479, *334, 489*

HITLER, Adolf, 104, 105, *116*, 171, 285, 339, 385, 390
HOBSBAWM, Eric, 515
HOLABIRD & ROCHE, *374*
HOLANDA, Sérgio Buarque de, 44, 269, *300*
HOMEM, Lopo, 40
HOOD, Raymond, *285*, 344, *345*, 383
HORTA, Victor, 309, 319
HOUAISS, Antônio, 438
INGERSOLL, Richard, 167
IOFAN, Boris M., 58, 168, *181, 283*
IRIGOYEN, Adriana, *428*
IRMÃOS ROBERTO, 80, 94, *117, 118*, 127, 131, 135, 137, 257, 262, 267, 295, 308, 317, 323, *333*, 345, 354, *375*, 495, 496
JACOBSEN, Arne 514
JAGUARIBE, Beatriz, 43, 370
JAMESON, Frederic, *70*
JANACÓPULOS, Adriana, 396, *267, 269*, 398
JANNUZZI, Antonio, *72*
JEANNERET, Pierre, *160*, 170
JEFFERSON, Thomas, *427*
JENCKS, Charles, 167, *178*, 188
JERMANN, German, *376*
JOÃO VI, Dom (Imperador), 46, 47, 49, 50, 254
JOHNSON, Philip, *489*
JONES, Inigo, *178*
JORDÃO, Barz, 108
JORDÃO, Cesar, 34
JOYCE, James, 148, *160*
KALISZEWSKI, Andrzej, 513
KANDINSKY, Wassily, 137
KARPINSKI, Zbigniew, 513
KELLY, Celso, 315, 383, 477, *490*
KENNEDY, Randy, *514*
KHAN, Louis I., 156, 283
KIDDER-SMITH, George E., 476
KIESLER, Frederick, 324
KLEE, Paul, 137, 309
KLEWIN, Jan, 513
KON, Nelson, 35
KOOLHAAS, Rem, 171, 282, *298*, 338
KOPP, Anatole, 41, *70*
KORN, Arthur, *332*
KORNGOLD, Lucjan, 475, 497, *499*
KÓS, José Ripper, 31, 32
KOURY, Ana Paula, 35
KRUSCHOV, Nikita, 515
KUBITSCHEK, Juscelino, *145*, 413, 467
KUNDERA, Milan, 304
KURCHAN, Juan, 169, 507, 508
L'ENFANT, Pierre Charles, 339
LADOVSKY, Nikolai Alexandrovich, 304
LANUSSE, Alberto, 509
LAPIDUS, Morris, 480

LAPRADE, Albert, *118*
LARA, Fernando, 36
LARRAÍN, Osvaldo, 511
LARRAÍN, Sergio, 509
LAURENS, Henri, 391
LE CORBUSIER (Charles-Édouard Jeanneret) , 26, 27, 30, 33, 34, 42, 43, 50, 64, 65, 67, *70, 72, 73*, 80, 89, 92, 107, 111, 112, *117, 119*, 124, 125, 128, 130, 133, 135, *142, 143, 144*, 148, 150, 151, 153, 154, 155, 156, 157, 160, 161, 163, 164-173, *174*, 179-181, 184, *185*, 186, 188-191, 193-199, *200-215*, 217, 218-222, 224, 225, 228, *229*, 230, *232, 233, 234, 238, 248-251*, 257, 267, *277, 278, 279*, 283, 285, 287, 288, 295, 297, *298*, 305, 306, 309, 310, 313, 314, 315, 318, 321, 323, 324, *331-335*, 338, 339, 342, 345, 347, 351, 354, 355, 356, 359, 361, 369, *374-377*, 380, 382, *386*, 391, 392, 393, 396, 399, 402, 412, *427, 428, 429, 431*, 439, 451, 462, 472, 473, 475, 476, 478, *480*, 481, 482, 483, 484, *487, 488, 489, 490, 491*, 495, 506, 507, 508, 510, 511
LE GOFF, Jacques, *70*
LEÃO, Carlos, 81, 93, 95, *98, 99, 110*, 125, 127, 128, 130, 133, 136, *142-145, 148, 149*, 150, *151, 152, 153, 159*, 197, *210, 212, 218, 224, 232, 233, 234, 237, 238, 249, 251*, 323, 383, 384, 396, *427, 429, 431*, 441, 463, 474
LEÃO, Francisca de Azevedo, 133
LEEUW, Cornelis Hendrik (Cees) van der, *332*
LEFAIVRE, Liane, *179*
LEFEBVRE, Henri, 282
LEFEVRE, Camille, 105, 381
LÉGER, Fernand, 286, 305, 389, 412, *427, 429*
LEITÃO, Thiago, 32
LEME, Alaor Prata, 61, *64*
LENIN, Vladimir, 107, *117*, 304, 387, 391
LEONÍDIO, Otávio, *142*
LEONIDOV, Ivan, 58, 304, *331*
LESCAZE, William, *335*, 344
LESSA, Carlos, *331*, 339, 477
LEVI, Rino, *494*, 499, *500*, 504
LÉVI-STRAUSS, Claude, 106, 387
LEVY, Maria Claudia, 36
LEVY, Marta, 36
LHOTE, André, 389
LIBESKIND, David, *503*, 504
LIEBNECHT, Karl, 391
LIERNUR, Jorge Francisco, 164, *333*, 338, 480, *515*
LIMA, Alceu Amoroso, 103, 111, *116*

LIMA, Atílio Corrêa, 65, *117*, 127, *129, 142, 144*, 323, 495
LIMA, Negrão de, 471
LIMA, Patrícia Oliveira, 36
LINCOLN, Abraham, *427*
LIPCHITZ, Jacques, 25, 398, 402, *403, 430*
LISBOA, Antônio Francisco (Aleijadinho), 416
LISSOVSKY, Maurício, 32, 122, 402, 473, *474*
LOBATO, Monteiro, 103
LOBO, Fernando, 79, 108, *334*, 354, *374, 375*
LOEWY, Raymond, 356
LOMBROSO, Cesare, *116*, 393
LOPES, Elias Antônio, 47
LOPES, Luciano Pereira, 34, 447
LOPES, Luís Simões, *278*, 45
LOUIS Boileau, 339
LOURENÇO, João, *111*
LUBETKIN, Berthold, 131, *334, 375*
LUBETKIN, DRAKE & TECTON, 131, *144*
LUCKMAN, Charles, 515
LUDWIG, Rubem, 439
LUÍS, Washington, 64
LURÇAT, André, 172, *181*
LURÇAT, Jean, 172, *181*
LUSTOSA, Heloisa, 438
LUXEMBURGO, Rosa, 391
LYRA, Irapoan Cavalcanti de, 439
M.M.M. ROBERTO, *131, 135, 137, 248, 495*, 498
MACHADO, Aníbal, 390, *427*
MACHADO, Denise Pinheiro, 31
MACHADO, Gerardo, 52, 104, 385
MACKINTOSH, Charles Rennie, 309
MACULAN, Nelson, 31
MAFFESOLI, Michel, 43
MAGALHÃES, Aloísio, 297, 438, 439
MAGALHÃES, Fernão de, *277*
MAIA, César, *73*
MAIA, Francisco Prestes, *142*
MAIA, Mário dos Santos, 77, *79*, 105, 344
MAILLOL, Aristide, 391
MAKAREVICH, Gleb, 513
MALDONADO, Tomas, 473
MALEVICH, Kazimir, 128, 319, 386
MALFATTI, Anita, *117, 427, 430*
MALLET-STEVENS, Robert, 108, *118*
MALRAUX, André, *181, 300*, 318, *334*
MANSHIP, Paul, 402
MANZON, Jean, *70*

MARCHI, Virgilio, 344
MAREY, Jules, 319
MARIANNO FILHO, José, 58, 82, 84, 103, 104, 110, *116*, *118*, *119*, 122, *142*, 155, 165, 171, *178*, *179*, *181*, *299*, *300*, 314, *333*, 389, 473, *488*, 495
MARINETTI, Tommaso, 165, *211*, 389
MARINHO, Roberto, *73*, 108
MARINHO, Roberto, *73*, 108
MARKELIUS, Sven, 286, 514
MARQUÊS DE POMBAL (Sebastião José de Carvalho e Melo), 47
MARTÍN, Eduardo, 511
MARTÍNEZ, Juan, 511
MARTINS, Elisabete Rodrigues de Campos, 34
MARTINS, Luciano, *117*
MARTINS, Maria, 390, 399, *430*
MARX, Roberto Burle, 31, 35, 50, 67, *126*, 127, 136, 137, 222, 229, 231, 259, *262*, 263, *266*, 267, *268*, 269, 270, *272*, *274*, *275*, *278*, 292, 295, 320, 321, 324, 351, 354, 396, 403, 412, 414, 416, 436, 438, 441, *442*, 443, 446, 463, 467, 481, *487*
MASSON, André, 412
MATISSE, Henri, 137, 412, *427*
MAUCLAIR, Camile, 171
MAXIMILIANO (Imperador), 49, 52
MAY, Ernst, *181*, *427*
MEIRELLES, Vítor, 410, *431*
MELLO, Heitor de, 59, *72*, 82, *116*
MELNIKOV, Konstantin, 42, 304, *389*, 390
MELO NETO, João Cabral de, *117*
MELO, Cônego Olimpo, 184
MELO, Ícaro de Castro, *126*
MEMÓRIA, Arquimedes, 58, 59, 76, *77*,82, *83*, 85, 93, 94, 95, *99*, 102, 103, 110, *116*, 123, 122, 125, *142*, 148, 155, 171, 345, 389, *428*, 473, *488*
MENDELSOHN, Erich, 89, 92, 166, 319, 344, 345, 472
MENEZES, Olympio de, 84, *98*
MERKUROV, Sergei, 168
MEYER, Hannes, 172, *181*, 288, 310, 311, *332*, *427*
MILHAUD, Darius 106
MILYUTIN, Nikolay Alexandrovich, 170
MINDLIN, Henrique, *99*, 467, 477, *490*, 496, 499, 502
MIRANDA, Alcides da Rocha, *110*, 127, 161, *300*, 384, 416, 436, *456*, 463, *487*
MIRANDA, Carmem, 108, 306, 399, 475
MIRÓ, Joan, 137, 267, 389, 412
MNDOYANTS, Ashot, 513

MODESTO, Hélio, *376*
MOHOLY-NAGY, Lázló, 309, 320, 478
MONROE, James, 60
MONTEIRO, Vicente do Rego, 84, *98*, 117
MONTIGNY, Auguste-Henri-Victor Grandjean de, *48*, 49, 50, 51, 254, 257
MOOS, Stanislaus von, *517*
MORAES, Paulo Jardim de, *213*
MORAES, Vinícius de, 106, *116*, 133, *144*, 306, *331*, 384, 416, 419, 474
MORAIS NETO, Prudente de, 110
Moreira, Jorge Machado, 35, 67, 77, 80, 81, 89, *91*, *92*, *93*, 95, 125, *126*, 127, 128, 130, 131, 133, 134, 136, *143*, *145*, *148*, *149*, 150, 151, *152*, *153*, *159*, 215, *218*, 221, *224*, 228, *232*, *233*, *234*, *237*, *238*, *249*, *251*, 313, 323, *332*, 345, *431*, *441*, 467, *468*, 484, *488*, *495*, *496*, 497, *500*, 501
MORGADO, Conchita Pedrosa, 37
MORI, Victor Hugo, 35
MORPURGO, Vittorio, 65, 190
MOSES, Herbert, 108, *118*
MOTA, Édson, 390
MOTTA, Flávio, *210*
MOURA, Guilherme Leão de, *110*
MOURA, Luiz Eduardo Hitler de, 77, *78*, 105
MOURÃO, Paulo Cardoso, 499
MUKHINA, Vera, 395
MUMFORD, Lewis, 282, *298*, 485
MUSA, Edison, 502
MUSA, Edmundo, 502
MUSSOLINI, Benito, 30, 79, 92, 104, 105, *116*, *117*, 165, 166, 167, 169, *179*, *180*, 186, *299*, 311, 385, 388, 396, *429*
NABUCO, Maurício, 94, 122, 155
NAPOLEÃO III (Imperador), 52
NÉNOT, Henri-Paul, 105, 339, 381
NERY, Ismael, 389
NEUFERT, Ernst, 345, *347*, 354, 356, *375*, 478
NEUTRA, Richard, 478, 494, 512
NEVES, Cristiano Stockler das, 77, 103, 105, 156
NEVES, Lourenço Baeta, *142*
NIEMEYER, Oscar, 25, 26, 30, 34, 60, *71*, 77, 95, *119*, 125, *126*, 127, 128, 130, *132*, 133, 134, 136, *138*, *139*, *143*, *144*, *145*, 148, *149*, 150, *151*, *152*, *153*, *159*, *160*, *161*, 173, *181*, 189, 195, 196, 197, *210*, 212, *213*, 215, 217, *218*, 220, 221, 222, *223*, 224, 225, 228, 229, *230*, 231, *232*, *233*, *234*, *237*, *238*, 248-251, 259, 267, 270, 286, 288, *300*, 305,

306, 315, 317, 321, *322*, 323, *331*, *333*, 347, 351, *352*, *353*, 354, 355, 356, 357, *375*, 384, 393, 395, 396, 399, 402, 403, 413, 414, *429*, *430*, *431*, 436-438, 441, 446, 448, 463, 464, *465*, 467, 469, 472, 474-481, *488*, *489*, *490*, *495*, 496, 497, *500*, 501, *502*, 504, 506, *510*, 511
NIETZSCHE, Friedrich Wilhelm, 187, 188, 385, 393
NIJINSKY, Vaslav, 305
NÓBREGA, Renzo Augusto de, 447
NOUVEL, Jean, 50, 283
O'GORMAN, Juan, *181*, 323, 509
OBREGÓN, Álvaro, 110, 509
OLAVO, Agostinho, 403
OLIVEIRA, José Aparecido de, 438
OLIVEIRA, Rogério Marques de, 469, 502
ONO, Haruyoshi, 35
ONO, Isabela, 35
OROZCO, José Clemente, 110, 386, 387, 406
ORTEGA Y GASSET, José, *428*
ORTIZ, Daniela, 34
OTERO, Andres, 35
OTLET, Paul, 210
OUD, Jacobus Johannes Pieter, *160*, 166, 381
OYARZÚN, Fernando Pérez, 164, *178*, *210*
OZENFANT, Amadée, 321
PAGANO, Giuseppe, *117*, 151, *160*
PALADINI, Natal, 79, *80*, 82
PALANTI, Giancarlo, 475
PALLADIO, Andrea, *178*, 292
PANCETTI, José, 390, 412
PANI, Mario, 507
PAPADAKI, Stamo 287, *465*, 479
PARAÍZO, Rodrigo Cury, 32
PARUCHER, João Claudio, 36
PASSOS, Francisco de Oliveira, 58
PASSOS, Francisco Pereira, 51, 52, *71*, 190, 191, *213*, 254, *277*
PAXTON, Joseph, 304
PEÇANHA, Honório, 412
PEDRO II, Dom (Imperador), 47
PEDROSA, Mario, *111*, *118*, 278, 388, 390, 406, *428*, 467
PENA, Belisário, 78
PENNINGTON, LEWIS & MILLS, 339
PEPIN, Héctor, *61*
PERALTA RAMOS, Federico, *507*, 509
PEREIRA FILHO, Hilário, 33
PEREIRA, Margareth da Silva, 66, 164, 167
PÉRET, Benjamin, 387, *428*

PERÓN, Juan 306
PERRAULT, Dominique, *333*
PERRET, Auguste, 80, 151, 156, 160, 309, 375, 382, 475, 495
PERRIAND, Charlotte, *127*
PESSOTTO, Thays, 33
PETIT, Jean, *144*
PEVSNER, Nikolaus, *334*, 391
PIACENTINI, Marcello, 65, 92, 93, *99*, 104, 111, 112, *117*, 123, 151, 165, 166, *178*, *179*, 190, *210*, *212*, *213*, *283*, 285, *343*, 475
PIANO, Renzo, *277*, 297, *301*
PICASSO, Pablo, 137, 389, 395, 410, 412, *427*, 477
PIERES, Augusto, 509
PILEGGI, Gabriela, 36
PINHEIRO, Gérson Pompeu, 82, *87*, 88, 105, 122, 125, 130
PINHO, Péricles, 437
PIRANESI, Giambattista, 319
PIRES, Paulo Everard Nunes, *142*
PIRES, Washington, 78, 111
PIRIE, Villares & Cia., 350
PLATÃO, 188
POKROVSKI, Igor, 513
POLLETTI, Maria José, 36
PONTUAL, Arthur Lício, 469
PONTUAL, Davino, 469
POPOV, Y., 513
PORCINA, Pietro, *210*
PORTINARI, Cândido, 36, 106, *111*, 112, *114*, *115*, 137, 229, 231, 295, 305, 321, 383, 386, 389, 390, 396, 399, 403, *404*, *405*, 406, *407*, *408*, *409*, 410, *411,413*, 414, *415*, 416, *417*, *420-423* *427*, *430*, *431*, 448, 449, 450, 464, 475
PORTINARI, João Cândido, 35
PORTINHO, Carmen, 80, 81, 111, *127*, 131, 199, *215*, *489*
PORTO, Carlos, 80, *81*, *142*
PORTO, João Gualberto Marques, 184, 192
PORTO, Pery, 439
PORTO, Sérgio, 439, *459*
PORTZAMPARC, Christian de, 26, 50
POSOKHIN, Mikhail, 513
PRADO JÚNIOR, Antônio, 64, 255
PRADO, Nazareth, *248*
PRADO, Paulo, *180*
PRENTICE, Robert T., 155, 311, *332*, 343
PRESTES, Júlio, 428
PRESTES, Luís Carlos, 102, 103, 134, *144*, 390
PRICE, Thomas D., 267
PUPPI, Lionello, *144*
PUTZ, Leo, 137
QUETGLAS, Josep, *211*, *250*
QUINCY, Quatremère de, 151

QUINTANA, Antonio, *511*, 510
RADICE, Mario, 412
RAGON, Michel, *70*, 334, 479
RAMOS, Carlos de Andrade, 77
RAMOS, Graciliano, 106
RAYMOND HOOD, GODLEY & FOUILHOUX, *285*, 344, *345*
REBECCHI, Rafael, *72*
RECHDAN, Luís, 78, 80, *116*, *119*
REIDY, Affonso Eduardo, 65, 66, 67, *73*, 80, 81, 82, 88, 89, *90*, 92, 95, *98*, *99*, 125, 127, 128, 130, 131, 136, *142-145*, *148*, *149*, 150, 151, *152*, *153*, *159*, *160*, *211*, *212*, *213*, *218*, 224, *232*, *233*, *234*, *237*, *238*, *251*, 254, 295, 313, 323, *324*, 344, *431*, 463, 464, 474, 476, 483, 484, *489*, *491*, *495*, 497, 501, 506
REINEL, Jorge, 40
REINEL, Pedro, 40
REIS, José de Oliveira, 64
REIS, José de Souza, 133, 134, *144*, *212*
RENAULT, Abgard de Castro Araújo, 110
REY, Ari Leon, *118*
RIBEIRO, Darcy, *72*, 438
RIBEIRO, José Octacílio Saboya, 64
RIBEIRO, Paulo Antunes, 85, 308, 345, 462, 497
RIBEIRO, Paulo Eduardo Vidal Leite, 33, 447, 449, *459*
RICHARD, Michel, 35
RICHARDS, James Maude, *70*, 298
RIEGL, Alois, 282
RIOS FILHO, Adolfo Morales de los, 79, 80, *142*, *428*
RIOS, Adolfo Morales de los, 58, *72*
RIVERA, Diego, 110, 323, *324*, 386, 387, 406, 410, *427*
ROBERTO, Marcelo, 80, 94, *117*, *118*, 127, 131, 135, 137, 257, 262, 267, 295, 308, 317, 323, *333*, 345, 354, *375*, 495, 496
ROBERTO, Márcio, 471, 502
ROBERTO, Maurício, 384, 471, 496, 502
ROBERTO, Milton, 80, 94, *117*, *118*, 127, 131, 135, 137, 257, 262, 267, 295, 308, 317, 323, *333*, 345, 354, *375*, 495, 496
ROCHA, Paulo Mendes da, 30
ROCKEFELLER, Nelson, *118*, 387, 390, 399, 475
RODIN, Auguste, 391, 392, *428*
ROGERS, Ernesto Nathan,167, *179*, 282, 473, 474
ROGERS, Ginger, 107
ROHE, Ludwig Mies van der, 26, 42, 128, 131, 166, *278*, 286, *299*, 309, 310, *332*, 344, 356, 359, 391,

472, 478, 494, *511*, 512
RÖNTGEN, Wilhelm Conrad, 310
ROOSEVELT, Franklin, 88, 103, 107, *118*, 285, 339, 344, 385, 390, 399, 472, 475
ROOSEVELT, Theodor, *427*
ROQUETTE-PINTO, Edgar, 311, *332*, 339, 392, 394, 462, 477, *487*
ROSSI, Aldo, 282
ROSSI-OSIR, Paulo, 414, *445*, *447*, 450
ROTIVAL, Maurice, 342, 483
ROWE, Colin, *277*, *299*, *331*, 315
RUBIN, Marc, 506
RUDOFSKY, Bernard, 474, 475
RUIZ, Macedonio, *508*
RUSKIN, John, 381
RUSSOLO, Luigi, 319
SÁ, Cássio Veiga de, *132*, 134
SÁ, Estácio de, 40, 44, 47, 57
SÁ, Joaquim Bittencourt de, *333*, *377*
SÁ, Paulo Sérgio Moraes de, 122, 402, *474*
SÁ, Paulo Sergio Moraes de, 32
SAAVEDRA, Gustavo, 509
SABSOVICH, Leonid, 170
SALAZAR, António de Oliveira, 104, 385
SALDANHA, Firmino, 80, *81*, *142*, *212*, 384, *495*, 501
SALGADO FILHO, Joaquim Pedro, 105, 388
SALGADO, Plínio, 102, 106, 394, *428*
SALMONA, Rogelio, 507
SALVI, Ana Elena, 267
SAMPAIO, Carlos, 41, 54, *64*, *277*
SANFUENTES, Jaime, 511
SANT'ELIA, Antonio, 320, *334*, 344, 512
SANTOS, Cecília Rodrigues dos, 165
SANTOS, Eloísa, 267
SANTOS, Paulo F., *70*, *73*, 93, *99*, *142*, *143*, *428*
SANTOS, Silvana Romano, 35
SANZIO, Rafael, 380
SARAIVA, Pedro Paulo de Melo, *503*, 504
SARLO, Beatriz, 480
SARTORIS, Alberto, 165, *179*, *298*, 318, 475, 479
SCAMOZZI, Vincenzo, *178*
SCHMIDT, Hans, *181*
SCHULZ, Paul, 67, 475
SCHUSSEV, Alexei, 58, 391
SCHWARZENEGGER, Arnold, 392
SCHWITTERS, Kurt, 309
SCULLY, Vincent, *331*
SEGALL, Lasar, 389, *430*
SEGAWA, Hugo, *143*

540

SEGRE, Roberto, 25, 27, 480, 544
SENGER, Alexander von, 171
SEOUD, Eliza, 35
SERLIO, Sebastiano, *178*
SERRADOR, Francisco, 61, *73*, *277*, 343
SERT, Josep Lluís, 67, 286, 305, 381, 475, 479, 482, 484, 485, *491*, 507, 508
SFAELLOS, Charalambos, 479
SHCHUKO, Vladimir, 168
SHMIDT, Hans, *427*
SICHERO, Raúl, 509
SIEVERS, Ricardo, 504
SIGAUD, Eugênio de Proença, 384, 390, *428*
SIGNORELLI, Luiz, 78
SILVA, Enéas, 77, 105, 110, *118*, *125*
SILVA, Luiz Roberto do Nascimento e, 438
SILVA, Miguel Juliano e, *503*, 504
SILVA, Valentim de Fonseca e, 46
SIMEONE, Adriana, 32
SIMONSON, Lee, 356
SIQUEIROS, David Alfaro, 110, 386, 387, 406, *428*
SISO & SHAW, *508*, 510
SITTE, Camillo, *213*
SKIDMORE, Owings & Merrill (SOM), *488*, 499, *510*, 511, 514, *515*
SLUTZKY, Robert, *214*, 331
SOARES, José Roberto de Macedo, 79
SOBRAL, Julieta, 36
SOUSA, Fernando Tude de, *487*
SOUZA, Carlos Martins Pereira e, 399
SOUZA, Haroldo Cardoso de, 469, 502
SOUZA, Wladimir Alves de, 77, 105, *118*, *125*
SPEER, Albert, 285, 478
STALIN, Josef, 58, 104, 386, 472
STAM, Mart, *181*, *427*
STEINER, Rudolph, 319
STONE, Edward Durell, 476
STROEBEL, Carlos, 317, 366
SULLIVAN, Louis, 381
SUMMERSON, John, 479
SZILARD, Adalberto, 105
TABLER, William B., 514
TAFURI, Manfredo, *70*, 164, *178*, 188, 474, *489*
TARSO, Paulo, 165
TATI, Jacques, 324, *335*
TATLIN, Vladimir, 58, 304, 320, *331*
TAUT, Bruno, 309
TEAGUE, Walter Dorwin, 356
TEIGE, Karel, 172, *427*

TEIXEIRA, Anísio, 110, *119*, *212*, *331*, 383
TEIXEIRA, Carlos Moreira, 35
TELLES, Augusta Silva, 438
TELLES, Jayme da Silva, 127, 164, *178*, 165
TERRAGNI, Giuseppe, 89, 311, *332*, 412, 472
TESTA, Clorindo, 508
TIEDEMANN, J. A. Ortigão, 499
TIJEN, Willem Van, *181*
TINEM, Nelci, *334*
TKHOR, Boris Ivanovich, 513
TOLEDO, Aldary, 416
TORO, Osvaldo, 510
TORRE ARQUITETOS ASSOCIADOS, *271*
TORRES, Alberto, 103, 394
TREIDER, Benno, 82
TRUJILLO, Leónidas, 104, 306, 385
TSCHUMI, Bernard, 40
TSIOMIS, Yannis, 167
TUMMINELLI, Roberto, *73*
TURNER, Joseph M. William, 319
TZONIS, Alexander, *179*
UIBURU, José Felix, 104, 385
ULIANA, Dina, 36
UNDERWOOD, David, *144*
VAGO, Joseph, 105, 381
VAILLANT-COUTURIER, Paul (Paul Charles Couturier), 391
VALADARES, Benedito, *145*
VARGAS, Getúlio, 27, 43, 57, 58, 64, 65, 66, 76, 77,78, 82, 89, 93, 94, 95, *98*, 102, 103, 105, 109, 112, 127, *160*, 166, 167, *179*, *251*, 256, 269, *278*, 294, *298*, 306, 311, *323*, 342, 346, 380, 383, 385, 388, 390, 292, *392*, 394, 395, 396, 402, 406, *427*, *428*, 462, 475, 483
VASCONCELLOS, Eduardo Mendes de, 32
VASCONCELLOS, Ernani Mendes de, 80, 81, 89, *91*, *92*, *93*, 95, 125, 127, 128, 130, 131,*143*, *148*, *149*, 150, 151, *152*, *153*, *159*, *213*, *218*, *224*, *232*, *233*, *234*, *237*, *238*, *251*, 345, 441
VASCONCELLOS, Sílvio de, 295
VASCONCELOS CALDERON, José, 110, 389
VASCONCELOS, José, 110, 389
VAZ, Juvenil da Rocha, 393
VAZ, Lílian Fessler, 32
VELOSO, Leão, 412
VENTURI, Robert, 59, *431*
VERONESE, Giulia, *210*
VESNIN, Alexander Aleksandrovic, 166, 304, 309
VIANA, Oliveira, 103, 393, 394
VIANNA, A. Segadas, 108
VIANNA, Rubens Carneiro, 506

VIDAL, Oscar, 33
VIEIRA, Lucia Gouvêa, *427*
VILAMAJO, Julio, 509
VILLA-LOBOS, Heitor, 106, 112, *117*, 304, *305*, 383, 388, 410
VILLANUEVA, Carlos Raúl, 507, 510
VILLEGAIGNON (Durand, Nicolas), 40
VINCI, Leonardo da, 380
VIRET & MARMORAT, *487*
VITRÚVIO POLIÃO, Marco (Vitruvius; Marco Lucio Vitruvio), 380
VIVANCO, Jorge, 507
VLAMINCK, Maurice de, 389
VLUGT, Leendert Cornelis van der, 299, 310, *311*, *332*, 360, *494*
VOLPI, Alfredo, 450
WACLAWER, Zbigniew, 513
WAISMAN, Marina, 480
WANNER, Edmond, 313, 333
WARCHAVCHIK, Gregori, 95, *99*, 108, *111*, *118*, *122*, 123, 127, *143*, 165, *178*, 389, *428*, 430, 475
WARCHAVCHIK, Paulo, *110*
WASHINGTON, George, *427*
WEBER, Hilda, 450
WEBER, Nicholas, *178*
WEIL, Simone, 43
WELLES, Orson, 108, 399, 475, *489*
WIEBENGA, Jan Gerko, *376*
WIENER, Paul Lester, 67, 475
WILLER, Alfred, 469
WILLIAMS, Evan Owen, 310, 360
WILLYS, Jeep, 476
WLAMINK, Maurice de, 389
WRIEDT, Ricardo, *98*, 108, *342*, 343
WRIGHT, Frank Lloyd, 27, 108, 110, *111*, *161*, 166, 324, *334*, 354, 382, 389, *428*, 478, 506
ZADKINE, Ossip, 391
ZAMOISKI, Augusto, 396
ZANINI, Mário 450
ZAPPA, Cristina, 34
ZEVI, Bruno, *70*, *210*, *278*, 319, *334*, 416, 473, 474, *489*
ZÍLIO, Carlos, *431*
ZUBEN, Carolina Von, 36

CRÉDITOS

Fotógrafos

Abilio Guerra – p. 79 (dir.), 137, 309 (dir.), 310 (esq.), 324 (dir.), 471, 495 (esq.), 500, 501 (esq.)

Ana Paula Koury – p. 131 (dir.), 443 (esq.), 446, 447

Bianca Antunes – p. 264-265

Carlos Moreira Teixeira – p. 502 (esq.)

Daniel Ducci – p. 503 (abaixo)

Hector Barrientos – p. 319 (dir.)

José Barki – p. 398 (esq.)

Luis Espallargas Gimenez – p. 511 (esq.)

Marcelo Donadussi – p. 505

Nelson Kon – p. 2, 4, 6, 8, 11, 14, 17, 18, 20, 22, 24, 28-29, 38, 67, 100, 227-228, 252, 258, 259 (esq.), 260-261, 266 (abaixo), 267, 268, 269, 288, 289, 290-291, 293, 294 (dir.), 296, 307 (acima, dir.), 308 (dir.), 312, 313, 314, 316, 318, 321 (dir.), 322, 323, 325, 340-341, 348, 351 (dir.), 353 (acima), 355 (esq.), 362 (abaixo), 367, 378, 392, 393, 394, 395, 396 (dir.), 397 (abaixo), 398 (dir.), 399, 400-401, 407, 410 (dir.), 411, 413 (esq.), 414 (esq.), 415 (acima), 418-419, 435 (abaixo), 441 (acima), 443 (dir.), 445, 452, 453, 492, 498, 499 (meio), 501 (dir.), 504

Pedro Kok – p. 503 (acima)

Roberto Segre – p. 169 (esq.), 229 (dir.), 283, 285, 295, 297, 304, 309 (esq., meio), 310 (dir.), p. 319 (esq.), 320, 324 (esq.), 342, 343 (esq.), 345, 381, 382, 402 (esq.), 410 (esq.), 412 (dir.), 413 (dir.), 494 (dir.), 499 (esq.), 507, 508, 509, 511 (dir.), 512, 514

Silvana Romano Santos – p. 40, 49, 50, 61, 74, 76 (dir.), 77, 78, 79 (esq.), 131 (esq.), 259 (dir.), 266 (acima), 321 (esq.), 351 (esq.), 362 (acima), 365, 366 (esq.), 414 (dir.), 415 (abaixo), 440 (abaixo), 441 (abaixo), 448, 469, 470, 499 (dir.), 502 (dir.), 544

Victor Hugo Mori – p. 136 (esq.), 343 (dir.), 406, 416, 510

Acervos

Acervo Abilio Guerra – p. 122 (esq.), 223 (acima), 317, 474, 475, 478 (dir.), 497

Acervo Fernando Alvarez Prozorovich – p. 506

Acervo Gèza Heller (família) – p. 358, 359

Acervo George Ermakoff – p. 53, 58, 60, 76 (esq.); p. 68 (Milan Alran)

Acervo Ícaro de Castro Melo (família) – p. 126

Acervo Nelson Kon – p. 535 (desenho de Paulo Von Poser)

Acervo Roberto Segre – p. 222 (esq.), 305 (esq.), 389

Arquivo do Grupo de Pesquisa e Assessoria em Habitação e Urbanismo da EESC USP – p. 495 (dir.)

Arquivo Nacional – p. 42, 43, 45

Arquivo Geral da Cidade do Rio de Janeiro – p. 56, 107, 108

©Photo Scala, Florence / Artists Rights Society (ARS), Nova York / ADAGP, Paris / FLC – p. 460

Biblioteca EBA UFRJ – p. 48, 383

Biblioteca FAU Mackenzie – p. 222 (esq.)

Biblioteca FAU UFRJ – p. 81, 89 (esq.), 90, 91, 105, 107, 336

Biblioteca FAU USP – p. 69, 106, 110, 122 (dir.), 124, 125, 132, 136 (dir.), 140, 141, 223 (abaixo), 318 (dir.), 338, 347, 465 (acima, meio), 476, 477, 480 (esq.), 482, 496 (esq.)

Burle Marx & Cia Ltda – p. 272, 273, 274, 275, 276 (reproduções de Andres Otero)

Casa de Lucio Costa – p. 138, 139

Coleção Gregori Warchavchik – p. 111, 123

Collectie Staats Tretjakov Galerie Moskou – p. 305 (meio)

Departamento do Patrimônio Histórico e Artístico do Distrito Federal (DPHA-DF) – p. 122 (M. M. Fontenelle)

Fundação Biblioteca Nacional – p. 41, 44; p. 46-47 (Antônio Caetano da Costa Ribeiro); p. 305 (dir.) (União Brasileira de Compositores)

Fundação Getúlio Vargas – CPDOC – p. 156, 168, 170, 201 (acima), 219, 220 (esq.), 221, 231, 262 (esq.), 307 (acima, esq.), 336, 360 (dir.), 384, 385, 391, 396 (dir.), 402 (meio), 462, 478 (esq.)

Fundação Le Corbusier – p. 162, 165, 169 (dir.), 172, 174-175, 175, 176-177, 185, 186, 188, 189, 190, 193, 195, 198, 199, 201 (abaixo), 202 (abaixo), 203, 204, 205, 206, 207, 216, 220 (dir.), 224, 225, 228, 229 (esq.), 238, 239, 412 (esq.), 480 (dir.), 481

Instituto do Patrimônio Histórico e Artístico Nacional (Iphan) – p. 57, 80, 83, 85 (dir.), 86, 87, 88 (esq.), 96, 97, 104, 127 (esq.; meio), 146, 148, 149, 150, 151 (esq.), 152, 153, 158, 159, 171, 184, 200, 230, 232, 233, 234, 235, 236, 237, 240-241, 263 (esq.), 308 (esq.), 315, 317 (dir.), 326, 326-327, 327, 328, 329, 330, 339, 352, 353 (meio, abaixo), 355 (dir.), 371 (acima), 372, 373, 386, 402 (dir.), 423, 432, 439, 444, 449, 450, 45-451, 451, 456, 457, 458, 486 (abaixo); p. 361 (esq.), 366 (dir.) (Renato Morgado)

Instituto Moreira Salles (IMS) – p. 82 (Coleção Olavo Redig de Campos); p. 126, 129, 135, 262 (esq.), 262 (esq.), 271, 280, 292, 294 (esq.), 307 (abaixo), 397 (acima), 403 (Marcel Gautherot); p. 55 (The Aircraft Operating C. Ltd)

Laboratório de Análise Urbana e Representação Digital (Laurd) – p. 369

Museu da Imagem e do Som (MIS) – p. 270 (Augusto Malta)

Museu de Arte Moderna (MAM) – p. 465 (abaixo, esq. e dir.), 466 (acima), 486 (acima)

Museu Nacional de Belas Artes (MNBA) – p. 182, 194, 202 (acima, meio), 208. 209

Núcleo de Pesquisa e Documentação da Faculdade de Arquitetura e Urbanismo da Universidade Federal do Rio de Janeiro (NPD FAU UFRJ) – p. 92, 93 (esq.), 127 (dir.), 130, 133, 151 (dir.), 154, 356, 357, 360 (esq.), 361 (dir.), 435 (acima), 467, 496 (dir.), 497 (dir.)

Projeto Portinari – p. 112, 113, 114, 115, 404, 405, 408, 409, 417, 420, 421, 422

The Wolfsonian-FIU (Florida International University) / The Mitchell Wolfson, Jr. Collection – p. 109

Torre Arquitetos Associados – p. 371 (abaixo)

University of Texas at Austin School of Architecture Library – p. 479

Desenhos em computação gráfica

Ivana Barossi Garcia / Laurd – p. 242, 243, 244, 245, 246, 247

Laboratório de Análise Urbana e Representação Digital (Laurd) – p. 59, 62, 63, 64, 65, 66, 84, 85 (esq.), 88 (dir.), 89 (dir.), 93 (dir.), 192, 196, 197, 254, 255, 256, 257, 349, 350, 354, 364, 370, 424, 425, 426, 440 (acima), 463, 464, 468, 472, 473, 483, 484

Ministério da Educação e Saúde: ícone urbano da modernidade brasileira (1935-1945)

Autoria
Roberto Segre

Colaboração
José Ripper Kós, José Barki, Naylor Vilas Boas, Rodrigo Cury Paraízo, Thiago Leitão de Souza, Andrea Borde, Paulo Vidal Leite Ribeiro, César Jordão e Eduardo Vasconcelos

Equipe de pesquisa
Adriana Simeone, Ana Carolina Libardi, Daniela Ortiz dos Santos, Fagner das Neves, Gabriel Costa Alves, Itaci Aragão, Juliana Mattos, Karina Cavadas Figueira, Luis Estrella, Marcel Cadaval Pereira, Marcia Furriel Galvez, Marcio Nisenbaum, Maria Branca Rabelo de Moraes, Maria Laura Rosembuch, Mario Luis Pinto de Magalhães, Mônica da Silva Colmonero, Natalia Duffles de Brito, Niuxa Dias Drago, Rossana Beck, Tabitha Nicoletti Von Krüger, Verônica Gomez Natividade e Vinicius Constantino / Laboratório de Análise Urbana e Representação Digital (Laurd)

Coordenação editorial
Abílio Guerra, Silvana Romano Santos e Ana Paula Koury

Tradução do original espanhol
Flávio Coddou

Tradução da apresentação
Cecília Rodrigues dos Santos

Ensaio fotográfico
Nelson Kon

Desenho gráfico
Carlito Carvalhosa e Gabriela Favre

Produção gráfica
Motivo / Jorge Bastos

Fotos do acervo Iphan
Oscar Vidal

Fotos de estúdio
Nelson Kon Fotografias / Rafaela Netto; Caio Romano Guerra

Desenhos 3D
Laboratório de Análise Urbana e Representação Digital (Laurd)

Desenhos CAD
Ivana Barossi Garcia; Laurd

Pesquisa complementar
Nina Dalla Bernardino, Patrícia Oliveira Lima, Marta Levy e Francesco Perrotta-Bosch

Índice onomástico
Maria Cláudia Levy

Preparação de texto
Abilio Guerra

Revisão de texto
Carolina Von Zuben e Fernanda Windholz

Gráfica
Pancrom

Assessoria cultural
VB Oficina de Projetos Ltda / Mariah Villas Boas e Gabriela Pileggi; Marcela Bronstein Marketing + Produções; Ivanise Calil

Patrocínio cultural
Vale, Caixa Econômica Federal e Imprensa Oficial do Estado

Apoio institucional
Instituto do Patrimônio Histórico e Artístico Nacional (Iphan), Fondation Le Corbusier e Projeto Portinari

Apoio à pesquisa
Programa de Pós-Graduação em Urbanismo da Faculdade de Arquitetura e Urbanismo da Universidade Federal do Rio de Janeiro (Prourb FAU UFRJ), Fundação de Amparo à Pesquisa do Estado do Rio de Janeiro (Faperj), Conselho Nacional de Desenvolvimento Científico e Tecnológico (CNPq)

Agradecimentos
Anna Beatriz Ayroza Galvão, Anna Naldi, Aracy Amaral, Carlos Augusto Machado Calil, Cecília Rodrigues dos Santos, Claudia Weigert, Delphine Studer, Elisa Albernaz, Jurema de Sousa Machado, Laura Elisa Poggio, Lia Motta, Luiz Philippe Torelly, Mario Ferraz, Marisa Gandelman, Paula Marinho M. Masullo, Paulo Von Poser, Romão Veriano da Silva Pereira / Biblioteca EBA UFRJ, Biblioteca Nacional, Museu de Arte Moderna do Rio de Janeiro (MAM-Rio), União Brasileira de Compositores

A reprodução ou duplicação integral ou parcial desta obra sem autorização expressa do autor e dos editores se configura como apropriação indevida dos direitos intelectuais e patrimoniais do autor.
© do texto: Roberto Segre
© desta edição: Romano Guerra Editora
Romano Guerra Editora
Rua General Jardim 645 conj. 31
Vila Buarque
01223-011 São Paulo SP Brasil
Tel: (11) 3255.9535
rg@romanoguerra.com.br
www.romanoguerra.com.br
Printed in Brazil 2013
Foi feito o depósito legal

Se38   Segre, Roberto.
        Ministério da Educação e Saúde : ícone urbano da modernidade brasileira (1935-1945) /
    Roberto Segre. – São Paulo : Romano Guerra Editora, 2013.
    544 p. ; 24 cm.

ISBN: 978-85-88585-40-9

1. Arquitetura Moderna. I. Título.

CDD 724.981

Serviço de Biblioteca e Informação da Faculdade de Arquitetura e Urbanismo da USP

ROBERTO SEGRE

Nascido em 1934 na cidade italiana de Milão, Roberto Segre migrou com sua família para a Argentina em 1939, fugindo do antissemitismo do governo fascista de Benito Mussolini. Graduou-se arquiteto na Universidade de Buenos Aires em 1960 e logo depois, em 1963, radicou-se em Havana, Cuba, onde ministrou aulas de história da arquitetura durante três décadas. Em 1994, inicia sua trajetória brasileira como pesquisador e professor nos cursos de pós-graduação em urbanismo da Faculdade de Arquitetura e Urbanismo da Universidade Federal do Rio de Janeiro, onde atuou até março de 2013. Durante estas décadas de atividades profissionais tornou-se crítico e historiador respeitado, com vasta produção de livros e artigos de extrema relevância, que constituem peças fundamentais da historiografia da arquitetura latino-americana.

Nos últimos doze anos, Roberto Segre se dedicou a uma aprofundada pesquisa sobre a história do Ministério da Educação e Saúde, atual Palácio Capanema, inaugurado no Rio de Janeiro em 1945. Em 2009, seu trabalho chegou às mãos de Luiz Fernando de Almeida, na ocasião presidente nacional do Iphan, que o convocou para coordenar a elaboração do documento que pleiteia a inclusão do edifício na lista de Patrimônio Cultural da Humanidade da Unesco.

A pesquisa também se converteu em projeto editorial, desenvolvido nos últimos cinco anos pela Romano Guerra Editora. Nas duas últimas semanas de produção, o autor – entusiasmado com a prova praticamente final do livro – apresentava radiante a publicação para amigos e colegas no iPad que levava a tiracolo. "Este é o grande livro da minha vida", dizia para os amigos que encontrava pelos corredores da FAU.

Na manhã do dia 10 de março de 2013, dois dias antes de o livro iniciar o processo gráfico, Roberto Segre enviou para o editor a correção final: "Achei um último erro. Na bibliografia, aparece repetida a referência do livro *América Latina fim do milênio*! Verifique isso". Saiu então para sua caminhada domingueira na praia. Logo depois, a aventura magnífica de sua vida foi interrompida por uma motocicleta em alta velocidade.